民事证据实务

CIVIL
EVIDENCE
PRACTICE

Thinking, Examples and Skills

思维·实例·技巧

杨中洁　　著

图书在版编目(CIP)数据

民事证据实务：思维·实例·技巧 / 杨中洁著. --北京：法律出版社，2025
ISBN 978－7－5197－9124－7

Ⅰ.①民… Ⅱ.①杨… Ⅲ.①民事诉讼－证据－研究－中国 Ⅳ.①D925.113.4

中国国家版本馆 CIP 数据核字(2024)第 095865 号

民事证据实务：思维·实例·技巧
MINSHI ZHENGJU SHIWU：SIWEI·SHILI·JIQIAO

杨中洁 著

策划编辑 朱海波
责任编辑 朱海波
装帧设计 汪奇峰

出版发行 法律出版社	开本 710 毫米×1000 毫米 1/16
编辑统筹 法律应用出版分社	印张 52.5 字数 800 千
责任校对 邢艳萍	版本 2025 年 6 月第 1 版
责任印制 刘晓伟	印次 2025 年 6 月第 1 次印刷
经　　销 新华书店	印刷 涿州市星河印刷有限公司

地址：北京市丰台区莲花池西里 7 号(100073)
网址：www.lawpress.com.cn　　　　　　销售电话：010－83938349
投稿邮箱：info@lawpress.com.cn　　　　客服电话：010－83938350
举报盗版邮箱：jbwq@lawpress.com.cn　　咨询电话：010－63939796
版权所有·侵权必究

书号：ISBN 978－7－5197－9124－7　　　　定价：168.00 元

凡购买本社图书，如有印装错误，我社负责退换。电话：010－83938349

前　言

本书共七章,包括民事证据思维、证据的收集、举证责任、举证实务和运用、证据的组织编排和展示、质证、鉴定。

本书结合笔者18年(2008年至2025年)的办案经验,紧扣实务,全面系统地对证据进行深入浅出的论述;总结举证、质证常用的要点和意见;以实例为例,全面展示如何收集证据,如何对证据进行编排和展示,如何对证据进行举证和质证;对实务中的难点——鉴定,通过专章进行论述。

本书是市面上少有的对民事证据进行全面系统论述的书籍,总结了大量举证质证的规律和常用意见,这些规律和意见可以直接用于具体案件;本书还通过实例,全面展示办理案件的全过程和流程以及相应的文书,全面展示办理案件的思维策略和技巧,让读者通过一个案件,了解掌握办好一个民事案件该如何思考、如何制定诉讼策略、如何收集证据、如何举证、如何质证、如何将己方的举证质证意见用直观的可视化图表展示并取得较好的办案效果。

特点1:教会读者如何运用证据思维收集证据、举证和质证。

思维决定行动,没有证据意识,没有证据思维,就无法有效地在实务中收集证据、举证和质证,本书将教会读者何为证据思维,如何运用证据思维进行推理,如何运用证据思维进行举证质证。

特点2:紧紧围绕实务,手把手教会读者如何收集证据。

收集证据是举证的前提,如何收集证据,如何才能收集到完整且案件所需的证据,本书以实际案例为例,总结收集证据的规律和方法,让读者读罢此书,可以在短时间内学会如何有效地收集到所需要的证据材料。

特点3：以实例为例，全面展示如何通过证据的收集、编排和展示，对证据进行审核和质证，在二审和再审中实现逆转。

本书中，笔者以典型的实际案例为例，向读者全面展示，在二审和再审中，如何运用证据思维，制定诉讼策略，收集和组织证据，通过可视化的图表展示证据；如何能在二审和再审中，在事实不变的情况下，逆转取得较好的办案效果。让读者通过该案，可以在短时间内提升办案的思维及收集证据、组织证据的能力。

特点4：书中总结的方法、要点可以直接用于具体案件中。

全书贯穿的理念是让每一个读到此书的人，能迅速准确地将书中介绍的方法、要点等在实务中予以运用，因此本书所论述的各种举证、质证要点和常用举证质证意见，均可以用于实际案件。

特点5：本书第四章"举证实务和运用"总结了举证的11条规律，读完此书，可以迅速掌握举证规则；实务中，哪些证据需要收集、提供；哪些证据不能提交等。

特点6：本书对实务中的难点"鉴定"进行了全面论述。

本书将教会读者，在有鉴定的案件中，该不该申请鉴定，该如何申请鉴定；如何对鉴定申请提出异议，如何将提出的异议反映在鉴定意见中，如何对鉴定意见进行质证，如何与鉴定人对质等，让看似困难的鉴定变得简单容易。

缩 略 语 表

一、本书中,法律、法规等规范性文件名称一律使用简称,如《中华人民共和国民法典》,简称《民法典》。

二、其他规范性文件简称如下(按颁布的时间先后顺序):

序号	文件全称	文件简称	义号
1	《最高人民法院关于适用〈中华人民共和国民事诉讼法〉的解释》(2022年3月22日第二次修正,自2022年4月10日起施行)	《民事诉讼法解释》	法释〔2022〕11号
2	《最高人民法院关于审理民间借贷案件适用法律若干问题的规定》(2020第二次修正)	《民间借贷解释》	法释〔2020〕17号
3	《全国法院民商事审判工作会议纪要》	《九民纪要》	法〔2019〕254号
4	《最高人民法院关于民事诉讼证据的若干规定》	《民事证据规定》	法释〔2019〕19号
5	《最高人民法院关于审理建设工程施工合同纠纷案件适用法律问题的解释(一)》	《建设工程解释一》	法释〔2020〕25号

目 录
CONTENTS

第一章 Chapter 1 民事证据思维

第一节 民事证据思维的特征 / 003

一、民事证据思维是建立在民事证据规则框架下的特有思维方式 / 003

二、民事证据思维以民事证据规则为据,由此也区别于行政诉讼证据思维和刑事诉讼证据思维 / 004

三、民事证据思维的过程同时也是逻辑推理的过程 / 005

案例1-1:对于较大金额房款的支付,不能仅提供购房收据,还应提供支付的证明文件 / 005

案例1-2:自认的事实与已经查明的事实不符的,人民法院不予确认 / 009

第二节 应然与实然 / 016

一、应然是收集证据的要求和标准 / 017

(一)应按应然的要求和标准收集提供证据 / 017

案例1-3:开工令记载的开工时间与实际进场时间不符的,应按实际进场施工时间确定开工时间 / 018

(二)应然证据产生于特定领域实施和操作的每一环节,只有对案涉领域专业熟悉,了解案涉专业领域的实施和操作流程,才能掌握完整的应然证据并收集 / 020

(三)应然证据、充要条件和实然证据 / 021

案例1-4:实际施工人认定的标准,主要从三个方面考虑:其一,是否投入资金独自完成;其二,是否采购材料或租赁设备;其三,是否投入了人力和劳动力完成工程 / 022

二、实然证据不符合应然证据,被告可以辩称原告提供的证据不足以证明待证事实 / 026

(一)实然证据达不到应然证据要求,被告可抗辩原告证据不足以证明待证事实 / 026

(二)从被告答辩而言,应以应然证据为标准,论述原告提供的证据不符合应然证据要求,因此对原告诉讼请求应予驳回。如提供反驳证据的,亦应按照应然证据要求提供反驳证据 / 026

(三)案例:就原告诉讼请求,应按照应然证据要求举证;被告反驳,亦应按应然证据提供反驳证据 / 027

案例 1-5:保险代理人与保险公司之间属于民事委托法律关系而非劳动关系 / 027

第三节 | 民事证据思维的三段论推理 / 031

一、民事证据思维中的三段论推理 / 031

二、民事证据思维中三段论思维的推理过程和步骤 / 032

(一)民事证据思维中的三段论推理 / 032

(二)从一个案件看三段论思维的具体运用 / 032

案例 1-6:构成表见代理,相对人需善意且无过失 / 032

第四节 | 以实例为例:民事证据思维在实务中的运用 / 038

一、案情简介、当事人诉讼请求及事实与理由 / 038

二、诉讼过程中印章真伪的鉴定情况 / 040

三、一审法院认定的主要事实 / 040

四、本案一审法院归纳的争议焦点和部分判决结果 / 042

五、二审法院的认定和判决结果 / 044

六、申请再审以及再审阶段的思路和策略 / 046

七、本案再审结果 / 062

八、案件发回重审后的结果 / 063

九、律师点评(综合评述) / 063

第二章 Chapter 2 证据的收集

第一节 | 收集证据的基本原则 / 067

一、收集证据的原则1:实事求是原则 / 067

(一)收集证据应尊重证据本身原样,不得对证据进行后期的编辑、加工,更不得对客观形成的证据进行涂改、篡改等 / 067

(二)应以收集到的证据所反映的客观事实提起诉讼,不得背离证据反映的事实而捏

造事实,也不得对证据进行断章取义的截取和理解而故意捏造、编造事实 / 069

案例2-1:经法院释明,证据原件的持有人未予提交原件,可以认定复印件内容为真实 / 070

案例2-2:对方当事人否认控制书证的,人民法院应根据法律规定、习惯等因素,结合案件的事实、证据,对于书证是否在对方当事人控制之下的事实作出综合判断 / 071

案例2-3:无法与原件核对一致的证据,不能单独作为定案依据,但并非不能作为定案依据,此时,需要结合其他证据由法庭予以综合认定。就此,应尽可能收集实际履行该证据内容的其他证据或收集对方对该证据的真实性予以认可的证据 / 075

案例2-4:在国家机关存档的文件,其复制件、副本、节录本经档案部门或者制作原本的机关证明其内容与原本一致的,该复制件、副本、节录本具有与原本相同的证明力 / 077

案例2-5:测谎的形式及内容不属于法定的证据形式 / 082

案例2-6:"对审理案件需要的证据",是指人民法院认定案件基本事实所必需的证据 / 083

案例2-7:如何对证据的关联性进行审核和质证——以被告视角对证据关联性进行判断和质证 / 085

案例2-8:人民法院审理民事案件中发现存在虚假诉讼可能时,应当依职权调取相关证据,详细询问当事人,全面严格审查诉讼请求与相关证据之间是否存在矛盾,以及当事人诉讼中言行是否违背常理。经综合审查判断,当事人存在虚构事实、恶意串通、规避法律或国家政策以谋取非法利益,进行虚假民事诉讼情形的,应当依法予以制裁 / 090

二、收集证据的原则2:完整性原则 / 109

三、收集证据的原则3:全面性原则 / 110

(一)收集全面证据,必须遵循的思考路径:"现有的证据能否证明己方主张,能否充分证明己方主张,还可能存在哪些疏漏,对方对现有证据可能提出何种质证意见,如果提出,现有证据是否足以反驳" / 111

案例2-9:以对方对己方主张和证据的质证意见收集提供证据 / 111

(二)应想尽一切办法、使用一切合法手段收集证据 / 114

案例2-10:通过诉讼的方式收集证据 / 114

第二节 收集证据的方法和要点 / 120

一、收集证据的方法和要点1:司法三段论是收集证据的基本手段和方法 / 120

(一)原告提供证据是为了证明其诉讼请求,被告提供证据是为了反驳并推翻原告诉讼请求,如何证明原告诉讼请求并提供相应证据,如何反驳原告诉讼请求并提供相应反驳证据,司法三段论是最常见也是最有效的方法和手段 / 120

(二)司法三段论在证据收集中的运用 / 121

(三)司法三段论在证据收集中的运用——以具体案例为例 / 122

案例 2-11:李某雄、张某敏民间借贷纠纷案 / 122

二、收集证据的方法和要点 2:收集证据应了解相应领域的惯例、流程和运行规则 / 127

(一)案例 2-12:如何收集齐备的建设工程资料和证据 / 127

(二)实务要点 / 130

三、收集证据的方法和要点 3:收集证据应当与当事人进行充分而有效率的沟通;以己方当事人的陈述为线索收集证据 / 132

(一)案例:收集证据应当与当事人进行充分而有效率的沟通;应熟知涉案领域的操作流程 / 132

案例 2-13:N 公司与 B 公司商品房买卖合同纠纷案 / 132

(二)实务要点 / 140

四、收集证据的方法和要点 4:以原告的起诉状或被告答辩状、代理词或对方当事人或其代理人向法庭提交的其他文书、证据目录和证据为收集证据的线索并相应收集证据 / 143

(一)原告的起诉状(或被告的答辩状)、代理词、证据和证据目录、向法院提交的其他文书(如追加被告、第三人申请书、鉴定申请书等),是对方当事人收集证据的重要线索 / 143

(二)以原告的起诉状(或被告的答辩状)、代理词、证据和证据目录、向法院提交的其他文书(如追加被告、第三人申请书、鉴定申请书等)作为线索收集证据的方法和应注意要点 / 144

(三)实务运用 / 145

案例 2-14:以原告起诉状为线索收集证据 / 145

五、收集证据的方法和要点 5:在对方当事人提交的起诉状或被告答辩状、代理词或对方当事人或其代理人向法庭提交的其他文书、证据目录和证据中寻找收集对己方有利的证据并作为己方证据提交 / 155

(一)对方当事人提交的起诉状或被告答辩状、代理词或对方当事人或其代理人向法庭提交的其他文书、证据目录和证据,亦成为己方收集证据的来源和线索 / 155

(二)案例:起诉状、答辩状陈述的事实,构成自认,如无证据推翻,法院将其作为定案依据并无不当 / 156

案例2-15:对方的起诉状、答辩状、证据目录和证据、其他向法院提交的文书,可以作为己方收集证据的来源和线索 / 156

(三)案例:诉讼中提供的证据亦构成自认 / 157

案例2-16:诉讼过程中,当事人的自认不仅局限于起诉状、答辩状、代理词等,当事人提交的证据、证据目录等,其中记载的事实亦构成自认 / 157

第三节 | 必须收集的证据 / 159

一、被告签字或盖章的证据必须收集 / 159

(一)被告签字或盖章的证据必须收集 / 159

(二)收集被告签字或盖章证据应注意的问题 / 160

案例2-17:当事人在借款合同上加盖具有特定用途的公司项目资料专用章,超越了该印章的使用范围,在未经公司追认的情况下,不能认定借款合同是公司的意思表示 / 161

二、涉案项目或标的有政府依职权作出的行政许可、审批;报政府备案的文件;政府依职权作出的行政强制措施、行政处罚;政府依职权作出的有关事故认定、事故调查报告等,以上证据必须收集 / 165

(一)当事人资质证明文件、政府依职权作出的行政许可、审批(如土地使用权证、建设工程规划许可证、建设工程施工许可证等);经政府确认的备案、政府依职权作出的事故认定和调查报告等(如竣工验收备案表、交通事故认定书等),以上证据具有较强的证明力,法院一般予以采纳作为定案依据,以上证据为必须收集的证据 / 165

案例2-18:政府职能部门依职权作出的文书具有较强的证明力 / 165

(二)当事人资质证明文件、涉案项目或标的有政府依职权作出的行政许可、审批;报政府备案的文件等证据,对合同效力、过错的认定、责任划分等具有重大影响,此类证据必须收集 / 168

(三)报政府备案的文件;政府依职权作出的行政强制措施、行政处罚;政府依职权作出的有关事故认定、事故调查报告等,对于认定各方过错、事故发生原因、责任划分等具有重大影响,法院一般也会以上述文件认定的事实作为定案的事实,上述文件确定的各方责任作为各方承担案件责任的依据,此类证据应当收集 / 168

三、通过最高人民法院网站查询被告是否被列入失信被执行人,如果是,则收集相应的证据(如打印网页截屏);通过裁判文书网查询类案并收集有关裁判文书;通过启信宝或企查查或其他查询工具查询被告公司股东情况、缴纳注册资本金情况等,打印并收集被告工商登记资料 / 169

(一)查询被告是否被列入失信被执行人并收集相应证据 / 169

案例2-19:实务中如何运用不安抗辩权 / 169

(二)通过启信宝或企查查或其他查询工具,查询被告的股东是否系全资单一股东;被告股东是否完成了注册资本金的实缴;查询完毕后,应同时打印相应的工商登记资料 / 170

(三)通过启信宝或企查查或其他查询工具,查询数个被告之间是否存在关联关系,如存在关联关系,可以结合其他证据证明关联公司之间因彼此存在人员、财务和业务混同而撤销关联公司之间的交易行为或要求关联公司对债务承担连带责任 / 171

四、与本案有关的纠纷,如有相关生效裁判文书的,应收集 / 172

(一)与本案有关的纠纷,如有相关生效裁判文书的,则本案一般亦会参照生效的案件作出相同或类似的裁判,因此有必要收集已经生效的文书,具体可以通过裁判文书网进行查询 / 172

(二)经人民法院生效裁判所确认的事实,当事人无须举证 / 172

(三)案例2-20:已为人民法院发生法律效力的裁判所确认的基本事实无须举证 / 174

五、案件涉及款项支付的,应收集金融机构的转账凭证和发票 / 177

(一)对于负有支付价款义务的一方而言,提供金融机构的转账凭证可以证明其履行了合同约定的付款义务 / 177

(二)金融机构的转账凭证可以证明原、被告之间存在一定的法律关系 / 177

(三)发票是证明法律关系和款项支付的重要证据 / 178

第三章 Chapter 3 举证责任

第一节 "谁主张,谁举证" / 181

一、"谁主张,谁举证" / 182

(一)案例:当事人对自己提出的诉讼请求所依据的事实或者反驳对方诉讼请求所依

据的事实,应当提供证据加以证明 / 182

案例3-1:房屋买卖居间合同中关于禁止买方利用中介公司提供的房源信息却绕开该中介公司与卖方签订房屋买卖合同的约定合法有效 / 182

(二)当事人提供证据必须证明的事项 / 185

二、当事人应提供证据证明的待证事实 / 185

(一)当事人应提供证据证明其主张的法律关系 / 185

案例3-2:当事人以订立买卖合同作为民间借贷合同的担保,借款到期后借款人不能还款,出借人请求履行买卖合同的,人民法院应当按照民间借贷法律关系审理 / 187

(二)原告应提供证据证明其为适格主体 / 190

案例3-3:当事人之间系劳务法律关系,且系从事泥水劳务的人员,并非法律意义上的实际施工人 / 191

(三)原告应提供证据证明被告系应承担责任的适格主体 / 195

案例3-4:合同无效不能等同于没有合同关系。合同无效应产生合同无效的法律后果,合同无效不是当事人主张突破合同相对性的理由 / 195

案例3-5:关联公司人格混同,严重损害债权人利益的,关联公司相互之间对外部债务承担连带责任 / 199

案例3-6:公司减资未按照法律规定程序通知债权人,公司股东应在减资范围内对公司债务承担补充赔偿责任 / 201

案例3-7:出资期限尚未届满的股东转让股权后,对转让前的公司债务承担补充清偿责任 / 203

(四)原告应提供证据证明其请求权基础(法律规定)所要求的事实 / 205

案例3-8:当事人就其提出的诉讼请求,有义务提供证据证明 / 207

(五)原告应提供证据证明其主张的损失以及该损失与被告行为之间的因果关系 / 211

案例3-9:原告主张的收益损失显属市场风险造成的,非为双方当事人所能预见,亦非被告过错所致。因被告行为与该部分损失之间不存在因果关系,故不应承担市场行情变化导致的收益损失 / 214

第二节 | 实体法对举证责任的规定 / 216

一、民事实体法规定了举证责任分担;涉及举证责任倒置的,基本由民事实体法规定 / 216

(一)民事实体法规定了举证责任分担 / 216

(二)有的实体法直接在法律条款中对举证责任进行分担,此类法律条款规定的责任

分担多涉及举证责任倒置 / 217

二、司法解释对举证责任的规定 / 219

（一）劳动争议案件有关举证责任倒置的规定 / 220

（二）环境侵权案件举证责任的分担 / 220

（三）公司股东就股东是否履行了出资义务发生争议的举证责任 / 220

（四）食品安全领域，食品的生产者与销售者应提供证据证明食品符合质量标准 / 220

（五）保险合同纠纷中，对是否符合承保条件的，由保险人承担举证责任 / 221

第三节 | 原告应提供证据证明案件事实符合其主张的请求权所依据的法律规定 / 222

一、原告应提供证据证明案件事实符合其主张的请求权所依据的法律规定 / 222

案例 3-10：多层转包分包的实际施工人向总承包人主张权利的，法院不予支持 / 222

二、提供证据证明请求权依据的法律规定的方法和要点 / 226

（一）应对请求权依据的法律规定进行解构，按照解构后的法律规定的事实分别举证 / 226

案例 3-11：对法律规定要件进行解构，明确符合该法律规定所需具备的要件，以案件事实进行对比，判断是否符合该法律规定 / 226

（二）请求权依据的法律规定对适用该规定有主体资格要求的，原告应首先提供证据证明其符合法律规定的主体资格 / 233

案例 3-12：当事人如不是实际施工人，无权要求发包人在欠付工程款范围内承担付款责任 / 233

三、法律规定适用该条必须具备一定条件的，应提供证据证明本案事实达到了法律规定的条件 / 237

四、对于请求权的基础法律规范所规定的权利义务内容或行为，原告应提供证据证明 / 237

案例 3-13：未招先定签订的建设工程施工合同无效，应按照实际履行的合同确定工程造价 / 238

第四节 | 被告应积极提供反驳证据 / 243

一、提供证据证明被告与本案无关、被告并非本案承担责任的适格主体、根据法律规定或合同约定被告不应承担责任 / 244

（一）被告与本案无关或被告并非本案承担责任的适格主体 / 244

（二）根据法律规定或合同约定被告不应承担责任 / 246

(三)从具体案例展现其适用 / 248

案例3-14:除在结算时因存有争议而声明保留的项目外,竣工结算报告经各方审核确认后的结算意见,属于合同各方进行工程价款清结的最终依据。一方当事人在进行结算时没有提出相关索赔主张或声明保留,完成工程价款结算后又以对方之前存在违约行为提出索赔主张,依法不予支持 / 248

二、提供证据否定原告主张的事实,尤其是否定原告诉讼请求依据的法律规定的事实 / 253

案例3-15:应提供证据否定原告请求权所依据的法律事实 / 254

三、侵权案件应提供证据证明本案侵权责任系原告或他人行为所致;合同纠纷案件,提供证据证明原告对违约责任和损失需承担一定责任,包括原告违约、原告对损失以及损失的扩大存在过错等 / 256

案例3-16:买受人一直拒不收房,对房屋长期闲置、损失扩大也应承担一定的责任。在此情形下,二审判决酌定双方各承担50%的责任并无不当 / 257

四、提供证据证明原告主张的本金过高或不完全属实,应予减少;提供证据否定或减少原告主张的损失赔偿金额,如证明原告主张的损失赔偿实际上并不存在或缺乏事实依据或原告主张的违约金或赔偿金额过高;提供证据证明原告主张的损失与被告违约(或侵权)行为不存在直接因果关系 / 260

案例3-17:鑫龙公司未积极采取适当措施要求理工学院和六建公司明确停工时间以及是否需要撤出全部人员和机械,而是盲目等待近两年时间,从而放任了停工损失的扩大,就此应承担相应的责任 / 264

五、提供证据否定原告证据的真实性、合法性、关联性或其证明目的 / 271

案例3-18:生效判决认定的事实虽具有免证性,却并非绝对而是相对的,当事人可以用相反的证据予以推翻 / 271

六、提供证据证明原告违约或被告的履行行为符合合同约定和法律规定;或实施的行为符合法律规定,即被告不存在违约或侵权行为 / 275

案例3-19:承包人在没有证据证明其每月提交了应付工程进度款数额以及发包人不及时足额支付进度款的情况下,其请求发包人承担月工程进度款逾期付款违约责任的理由,没有事实和法律依据,法院不予支持 / 276

七、合同纠纷案件,被告虽然存在违约行为,但被告系行使同时履行抗辩权、先履行抗辩权或不安抗辩权,因此被告无须承担违约责任,就此被告可提供相应的证据;侵权案件,被告虽然存在侵权行为,但本案存在原告故意、紧急避险、自甘风险或不可抗力等可免责的法定事由,因此被告无须承担责任 / 281

案例 3-20：建设工程施工合同法律关系中，发包方的主要合同义务在于按照合同约定按时足额向施工方支付工程进度款，施工方的主要合同义务在于按照约定开展施工活动并保证按时向发包方交付符合工程质量要求的建设工程。在双方的主要合同义务关系上，发包方按时足额支付工程进度款是施工方按约开展施工活动的重要保证。如果发包方未能按时足额根据双方约定支付工程进度款，难以要求施工方及时开展相关施工活动 / 283

第五节 以实例为例：被告该如何核实原告证据、如何收集并提供反驳证据 / 289

一、孙某亿诉 H 三建公司、武汉市 H 区人民政府街道办事处建设工程纠纷案基本情况 / 289

二、被告 H 三建公司代理律师接受代理后开展的工作——初步确定代理思路、查事实和收集证据 / 292

（一）确定本案的诉讼思路即设置多条抗辩防线，以该诉讼思路为指引，核实事实并收集相应的证据 / 292

（二）查原告诉状中陈述的事实并收集提供相应的证据：对原告诉状中述及的每一个事实，逐一核实其真实与否，收集相应的证据；如果原告所述不属实或不完全属实，则收集相应的反驳证据 / 295

（三）对原告提供的证据进行审查和核实 / 302

（四）查清本案的法律关系，包括有几重法律关系，各自关系如何，所核实的法律关系是否有相应的证据；在核实清楚上述事实的基础上，考虑本案是否遗漏当事人，是否需要追加当事人 / 302

（五）现场踏勘 / 303

（六）向经办人了解项目情况 / 303

三、查清事实后，案件存在的风险、可能的结果以及应采取的措施 / 305

（一）风险 1：法院判决 H 三建公司向孙某亿支付的金额远远大于其从街道办取得的工程款，最终本案项目巨亏 / 305

（二）风险 2：已经支付的款项，孙某亿不认可，且法庭不予支持，最终导致 H 三建公司多支付款项 / 307

（三）风险 3：H 三建公司需要根据《HD 产业园某还建小区（二期）工程收尾协议书》直接向原告承担责任 / 307

四、程序方面所做的准备和工作 / 308

（一）追加当事人，即将肖某波追加为本案的第三人 / 308

（二）申请对案涉项目工程造价进行鉴定 / 308

（三）鉴定的事项：应根据合同约定的计价方式提出鉴定申请 / 308

（四）关于反诉 / 309

（五）关于管辖 / 309

五、证据的组织和提交 / 310

（一）结合本案法律关系，组织和提交证据 / 310

（二）以主体为据提供证据证明应认定为孙某亿收到或视为其收到款的证据以及金额 / 311

六、法院委托鉴定机构作出的鉴定结论和结算总价 / 321

（一）材料价差的鉴定结论 / 321

（二）签证金额 / 321

（三）H三建公司与街道办最终结算总价 / 321

七、对于法律关系通过可视化进行展示，让法官可以不需思考即能看到本案的法律关系、付款明细等 / 322

八、通过列表，将H三建公司与肖某波之间的结算、付款关系予以展示；将孙某亿收款予以展示 / 323

（一）H三建公司与肖某波之间的结算、付款关系列表 / 323

（二）肖某波与孙某亿之间的结算、付款关系列表 / 327

九、开庭举证质证后法庭认定并查明的事实 / 332

十、法院对事实认定的情况和判决结果 / 335

十一、律师点评（对全案综合点评）/ 338

第四章 Chapter 4　举证实务和运用

第一节　提供证据的基本原则 / 345

一、对收集到的证据进行分类 / 345

（一）按照证据的形式，分为当事人的陈述、书证、物证、视听资料、电子数据、证人证言、鉴定意见、勘验笔录 / 345

（二）按照证据反映的事实是否有利于当事人对证据进行分类 / 345

(三)按照证据与当事人主张请求权的关联程度对证据进行分类 / 346

二、提供证据的基本原则 / 347

(一)提供证据的六大基本原则 / 347

(二)案例:证据提交原则在实务中的运用 / 347

案例4-1:债务人将主要财产以明显不合理低价转让给其关联公司,关联公司在明知债务人欠债的情况下,未实际支付对价的,可以认定债务人与其关联公司恶意串通、损害债权人利益,与此相关的财产转让合同应当认定为无效 / 348

案例4-2:以被告的视角,通过个案对以上总结的提供证据的基本原则一、原则三和原则六如何运用进行论述 / 355

第二节 | 举证规律 / 361

一、规律1:直接证据优于间接证据:证明诉讼请求的证据既有直接证据,也有间接证据,应优先提交直接证据,如直接证据足以证明,可无须提交间接证据;如直接证据存在瑕疵,需配合提交间接证据以弥补直接证据存在的瑕疵;如果缺少直接证据证明案件事实,则应尽可能收集并提交间接证据以证明案件事实 / 362

(一)直接证据和间接证据的概念 / 362

(二)实务要点 / 362

(三)从具体案例展现其适用 / 364

案例4-3:如果直接证据存在瑕疵,则应补充提交间接证据以弥补直接证据存在的瑕疵 / 364

案例4-4:在缺乏直接证据的情况下如何尽可能运用更多的间接证据形成证据链,以达到证明待证事实的目的 / 368

二、规律2:书证优先于证人证言:证明待证事实既有书证也有证人证言的,应优先提交书证,原则上无须提交证人证言 / 372

案例4-5:对合同当事人之间的法律关系、合同签订和履行的证明,依据的是书证、物证,以证人证言来证明双方之间的法律关系、合同签订和合同履行几无作用 / 373

三、规律3:证据不是越多越好,也不是越少越好,关键在于提交的证据能形成证据链以证明其主张;证据与证据之间应相互印证,不应存在矛盾和冲突;证据与证据相结合能形成证据链证明待证事实和原告诉讼请求 / 377

案例4-6:当事人提供的证据应形成完整的证据链证明待证事实 / 379

四、规律4:证据与原告的诉讼请求应保持一致,不应存在矛盾和冲突 / 383

五、规律5:对方的陈述和证据如能证明己方主张,可以利用作为己方证据并提交法

庭;对方签字或盖章确认的对己方有利的证据(如确认的事实为己方拟证明事实或该证据足以支持原告诉请)应当提交 / 386

案例 4-7:事故发生后打捞公司出具情况说明确认吊装过程中齿轮箱与联接轴发生碰撞,该份证据属于诉讼外的当事人自认。虽然其效力不能等同于《民事证据规定》第 8 条规定的诉讼中自认,可免除对方当事人的举证责任,但是作为当事人一方所作不利于自己的事实陈述,其依然具有相当证明效力 / 388

六、规律 6:承担款项支付义务的一方应提供付款有关凭证,包括付款凭单、收据等 / 396

案例 4-8:以原告方名义代付款,应取得原告同意的证明文件(如授权书、代付同意的证明等) / 398

七、规律 7:当事人单方加盖印章或签字的函件或文件,一般情况下不予提交,除非有证据证明对方在函件上签署意见且该意见对己方有利;或有证据证明向对方送达了该函件或文件 / 408

八、规律 8:对待证事实的证明,证据的链条和推理的环节切忌过长,尽可能简单直接和明确 / 409

案例 4-9:对待证事实的证明,证据的链条和推理的环节切忌过长,尽可能简单直接和明确 / 410

九、规律 9:原告拟证明与被告存在某种关系或履行了某一份合同,则原告应尽可能提供与被告存在某种关系或与该合同履行有关的证据;相反,被告可不提供证据或提供与原告不可能存在某种关系往来或不可能履行某一份合同的证据 / 412

案例 4-10:在确定中标人前,招标人不得与投标人就投标价格、投标方案等实质性内容进行谈判 / 415

十、规律 10:特定行业、领域对市场主体准入、交易条件等有特别规定,且一旦违反将可能导致合同无效,如原告认为合同有效并根据合法有效的合同向对方主张违约责任的,一般应就合同主体、交易条件等符合国家法律法规进行举证,以证明合同合法有效 / 418

十一、规律 11:必须招投标的项目,应提供招标文件、投标文件和中标通知书;不是必须招投标的项目但亦进行了招投标,应提供招标文件、投标文件和中标通知书 / 420

案例 4-11:建设工程施工合同因违反《招标投标法》应被认定为无效 / 422

案例 4-12:不支持无效合同中约定总价下浮的案例 / 424

案例 4-13:支持无效合同中约定总价下浮的案例 / 426

第三节 | 各种不同类型证据的举证实务和运用 / 428

一、当事人陈述 / 428

（一）法律规定 / 428

（二）实务要点 / 429

案例4-14：陈述的事实不应超出证据反映的事实本身 / 429

案例4-15：陈述事实不应对事实本身进行评价和定性 / 431

（三）从具体案例展现其适用 / 438

案例4-16：代理律师应对案件基本事实熟悉掌握；对当事人的诉讼请求，代理律师应能准确及时地将计算依据、过程进行陈述 / 438

案例4-17：陈述事实必须以当事人确认的证据为依据，如实陈述证据反映的事实 / 441

二、书证 / 447

（一）法律规定 / 447

（二）实务要点 / 448

（三）从具体案件展现其适用 / 452

案例4-18：没有双方合同的明确约定，也无被代理人对行为人的明确授权，更无相应的证据证明行为人有权代理被代理人收取投资款等事项的客观事实，因此行为人的行为不构成表见代理 / 452

案例4-19：单位的证明仅加盖单位印章，单位负责人及制作证明材料的人员未在证明上签名或者盖章，该证据不符合法律规定的形式，原判决未采信该证明并无不当 / 457

三、物证 / 460

（一）法律规定 / 460

（二）实务要点 / 460

（三）从具体案例展现其适用 / 461

案例4-20：以不动产作为证据，现场查验并非法院审理案件的必经程序 / 461

四、视听资料、电子数据 / 463

（一）法律规定 / 463

（二）实务要点 / 464

（三）从具体案例展现其适用 / 466

案例4-21：微信聊天记录能够反映涉案软件研发情况，在雄狮公司未提交相反证据的情况下，原审法院依据该"微信聊天记录"认定涉案软件研发情况，并无不当 / 466

五、证人证言 / 468

（一）法律规定 / 468

（二）实务要点 / 470

（三）从具体案例展现其适用 / 472

案例4-22：证人与当事人之间系雇佣关系，其证言的证明效力不足 / 472

六、鉴定意见 / 482

七、勘验笔录 / 482

（一）法律法规 / 482

（二）实务要点 / 483

（三）从具体案例展现其适用 / 483

案例4-23：法院勘验笔录具有较强证明力，一般均作为认定案件事实的依据 / 483

第四节 以实例为例：将对方证据为我所用 / 487

一、利用对方提供证据来证明己方证据具有真实性、合法性和关联性 / 487

案例4-24：利用对方证据证明己方提供证据的真实性 / 488

二、以被告为视角，利用原告提供的证据推翻原告的诉讼请求 / 490

案例4-25：被告应积极提供反驳证据，充分利用原告证据推翻原告诉讼请求 / 490

第五章 Chapter 5 证据的组织编排和展示

第一节 证据的组织和编排 / 503

一、证据和证据目录的组织和编写 / 503

（一）证据目录应注明案由、提交人、提交时间、案号、所在的程序 / 503

（二）对于提交的证据，应编写页码；对于提交多组证据的，每组证据的序号和页码都应接续上一组证据的序号和页码，而不是每组证据重新编写序号和页码 / 504

二、证据的编排 / 513

（一）证据编排的目的 / 513

（二）证据编排常用方法 / 513

案例5-1：对于待证事项较多的，可以按具体事项编排证据 / 514

第二节 | 在纷繁复杂的案件材料中,应归纳出案件关键事实并通过简单便捷的方式呈现给裁判人员 / 521

一、无论案件事实和证据多么纷繁复杂,涉及案件的关键事实和证据并不多,应结合案件法律关系和双方争议焦点,对案件事实和证据进行抽丝剥茧,归纳出与本案定案有关的关键事实和己方主张成立所依据的关键事实 / 521

二、合同纠纷中常见可以归纳的主要事实和证据 / 522

三、侵权纠纷中常见可以归纳的主要事实和证据 / 523

四、以实例为例,如何归纳案件主要事实和证据并向裁判人员呈现 / 523

案例 5-2:将归纳的案件主要事实和证据通过列表的方式向裁判人员呈现 / 523

第三节 | 以实例为例:针对具体争议焦点可将证据相应进行汇总并运用可视化图表将证据和案件事实进行展示 / 531

一、案件当事人及案由 / 531

二、原告诉请 / 531

三、法院认定事实情况 / 532

四、本案双方争议焦点 / 533

(一)争议焦点 / 533

(二)一审法院认定 / 533

五、一审判决结果 / 534

六、一审判决后,代理律师针对二审提出的诉讼策略 / 535

(一)本案系典型的未招先定案件,两份合同的签订因违反《招标投标法》均应认定无效 / 535

案例 5-3:江苏省第一建筑安装集团股份有限公司、唐山市昌隆房地产开发有限公司建设工程施工合同纠纷二审民事判决书 / 538

案例 5-4:黑龙江鸿基米兰房地产开发有限公司、江苏江中集团有限公司建设工程施工合同纠纷二审民事判决书 / 539

案例 5-5:江苏省苏中建设集团股份有限公司、宁夏银古实业有限公司建设工程施工合同纠纷二审民事判决书 / 539

案例 5-6:湖北泰地置业发展有限公司、武汉鲁园建设集团有限公司建设工程施工合同纠纷二审民事判决书 / 540

(二)进一步收集和提供证据证明双方实际履行的合同为 516 合同 / 541

七、二审法院的认定和判决结果 / 546

八、申请再审 / 546

九、再审过程中对证据进行可视化的展示,通过可视化图表,结合再审意见,能让法官迅速了解案件事实和当事人的主张以及该主张依据的证据和事实 / 557

十、最终结果 / 558

十一、律师点评(综合评述) / 558

第六章 质证
Chapter 6

第一节 应对证据的类型、内容以及反映的事实进行审核,围绕证据的三性进行质证 / 565

一、当事人陈述 / 565

(一)审核要点 / 566

(二)常用质证意见 / 568

(三)案例6-1:当事人在起诉状、答辩状、代理词等书面材料中,对于己不利的事实明确表示承认的,另一方当事人无须举证证明 / 569

二、书证 / 572

(一)审核要点 / 572

案例6-2:深圳市深沙贸易有限公司、深圳东丰珠宝首饰有限公司买卖合同纠纷案 / 576

案例6-3:陈某浴与内蒙古昌宇石业有限公司合同纠纷案 / 577

(二)常用质证意见 / 580

(三)案例6-4:如何在实务中对对方证据进行分析,找到其中对其不利的事实或己方要证明的事实(以上诉人广西YX商贸有限责任公司的视角分析) / 582

三、物证 / 591

(一)审核要点 / 591

(二)案例:对于当事人单方委托所出具的专门性意见,可参考以下最高人民法院的裁判案例中的裁判意见进行答辩 / 592

案例6-5:当事人单方委托的机构出具的意见,因未纳入民事诉讼程序,保障当事人充分行使诉权,不具有鉴定意见的证据效力 / 592

四、视听资料 / 592

(一)审核要点 / 593

(二) 常用质证意见 / 594

(三) 案例：一方举示电话录音光盘，未举示原始载体，对方对录音真实性未提出异议，认可录音的真实性，主动放弃对录音进行声纹鉴定，该录音证据可作为定案依据 / 595

案例6-6：重庆甲壳虫展览服务有限公司与薛某洋劳动争议二审民事判决书 / 595

五、电子数据 / 597

(一) 审核要点 / 597

(二) 常用质证意见 / 599

(三) 案例：因电子证据保存于网站之中，只能从中导取相关数据作为证据，原审判决结合本案事实，依照民事诉讼优势证据规则和高度盖然性的证明标准对开户视频资料和交易结算记录的真实性予以确认并无不当 / 600

案例6-7：韩某亮、西南证券股份有限公司重庆涪陵滨江路证券营业部期货经纪合同纠纷再审审查与审判监督案 / 600

(四) 案例：微信语音聊天记录，既没有显示系谁发出的该聊天语音，又没有该聊天语音的上下文情景，无法判断该证据的完整性，不能客观地反映事实 / 604

案例6-8：黄石市馨隆劳务有限公司、周某冬等建设工程施工合同纠纷二审民事判决书 / 604

六、证人证言 / 606

(一) 审核要点 / 607

(二) 常用质证意见 / 607

(三) 案例：当事人的利害关系人单方提供的证据不足以推翻当事人在一审、二审中的自认 / 610

案例6-9：泰宏建设发展有限责任公司与莫某某民间借贷纠纷案 / 610

七、鉴定意见 / 612

八、勘验笔录 / 612

(一) 审核要点 / 612

(二) 常用质证意见 / 613

第二节 应对证据有无证明力和能否达到证明目的进行质证 / 614

一、对证据有无证明力和能否达到证明目的进行质证的重要性 / 614

二、对证据有无证明力和能否达到证明目的进行分析和质证可以采用的方法 / 615

(一) 对证据有无证明力和能否达到证明目的，仅仅对对方证据进行简单的否认是远

远不够的 / 615

案例 6-10:当事人应就其主张提供证据予以证明 / 615

(二)对证据能否达到证明目的可以采用的分析方法 / 624

第三节 | 以实例为例:如何对证据进行审核和质证 / 625

一、对原告提供的证据不能简单地否认,而应从形式和内容审查判断是否符合证据三性以及能否达到证明目的;尽可能运用原告提供的证据来证明被告观点 / 625

案例 6-11:刘某福、秦某平诉 H 省工业建筑总承包集团第三建筑工程有限公司建设工程施工合同纠纷案 / 625

二、应对原告提供的证据进行逐一分析,如原告证据不足以达到其证明目的,可以运用可视化图表对结论进行展示并向法官呈现,以便法官无须思考即可明白被告的质证意见 / 658

案例 6-12:广西 W 商贸有限责任公司(以下简称 W 公司)与广西 N 超市有限公司(以下简称 N 公司)合同纠纷案 / 658

第七章 Chapter 7 鉴定

第一节 | 鉴定意见的概念和作为证据的意义 / 693

一、鉴定意见的概念 / 693

二、鉴定意见作为证据的意义 / 694

(一)鉴定意见在诉讼中具有重要甚至决定性作用 / 694

(二)对于鉴定意见的异议,应尽可能在鉴定阶段解决,如鉴定人不采纳异议,必须申请鉴定人到庭 / 694

案例 7-1:在鉴定意见作出前后,一审法院多次组织双方当事人质证、赴工程现场踏勘,鉴定意见依据充分、程序合法,一审、二审采用鉴定意见作为认定案涉工程造价依据并无不当 / 695

案例 7-2:鉴定意见将不能成立的证据作为鉴定依据并出具意见,属于典型的以鉴代审,在对鉴定意见质证时务必提出 / 699

第二节 | 举证与申请鉴定 / 704

一、申请鉴定是行使举证权利、履行举证义务的一种方式 / 704

案例 7-3:适用事实推定应以待证事实无法直接证明作为前提条件 / 704

二、单方委托第三方机构出具的专业咨询意见 / 711

（一）单方委托的专业机构作出的意见一般不能作为定案依据 / 711

案例7-4：单方委托作出的鉴定结论，因未纳入民事诉讼程序，保障当事人充分行使诉权，不具有鉴定意见的证据效力 / 711

（二）单方委托专业机构出具意见，意味着负有举证责任一方完成了初步举证义务，相对方如不同意的，根据《民事证据规定》应有证据或理由足以反驳并申请鉴定 / 720

（三）案例：经法院释明，当事人不同意重新鉴定，亦无相反证据推翻鉴定意见，鉴定机构据实鉴定，鉴定意见能够客观反映工程造价，故法院按照该鉴定意见认定案涉工程各部分造价，符合法律规定 / 723

案例7-5：经法院释明的事项当事人应当按照法院释明的事项办理 / 723

三、是否申请鉴定 / 730

（一）最高人民法院对不予委托鉴定事项作了专门规定 / 730

（二）是否应申请鉴定的判断方法 / 731

四、何时申请鉴定 / 733

（一）一般情况下应在一审期间提出鉴定申请 / 733

（二）二审再审程序申请鉴定的争议 / 735

案例7-6：申请鉴定属于当事人应有的诉讼权利，法律并未规定一审未申请鉴定的当事人不能在二审提出鉴定申请，当事人在二审规定的举证期限内提出鉴定申请并不违反法律规定 / 736

案例7-7：一审法院《民事诉讼风险提示书》对不按规定申请鉴定的后果作了明确的风险提示，路桥建设公司未向一审法院提出鉴定申请，在二审中申请鉴定超过了申请鉴定的期限，且委托鉴定的资料须经承发包双方共同确认，而该公司提交的证明工程造价的证据不为中交第一公司、公路工程公司所认可，并缺乏证明力，故对路桥建设公司的鉴定申请不予准许 / 738

五、如何申请鉴定 / 739

案例7-8：认为对方提供的证据并非本人签字，应申请鉴定 / 740

案例7-9：侵权案件，原告应就损害事实与其主张的侵权行为存在因果关系承担证明责任 / 743

六、鉴定申请提出并为法院所受理后该如何准备材料 / 746

案例7-10：整理和提交鉴定材料的原则：让鉴定机构在最短时间内可以理解申请鉴定的目的、要点，引导鉴定机构按照当事人的设想完成工作 / 748

第三节 | 对当事人提出的鉴定申请提出异议 / 759

一、结合案件证据和事实,根据法律规定,无须鉴定 / 759

案例7-11:应尊重当事人对结算方式约定所体现出的意思自治 / 760

二、当事人申请鉴定的事项并非专门性问题,不属于鉴定的范围 / 768

案例7-12:司法鉴定的对象只能是查明事实的专门性问题,不得对事实问题的法律性质作出认定 / 768

三、鉴于本案证据事实,当事人的诉讼请求不应得到支持,因此没有必要鉴定;或者申请鉴定的事项无论结果如何,均不影响对案件事实的认定 / 772

案例7-13:一审未准许工程质量鉴定不仅影响当事人的实体权利,而且影响当事人的程序利益,剥夺当事人的举证权利 / 774

案例7-14:《询问笔录》系单方陈述,且未经生效裁判认定,在无其他证据佐证的情况下,不足以证明当事人主张 / 776

第四节 | 对鉴定意见如何审核和质证 / 782

一、对鉴定的依据进行审核 / 782

(一)审核要点 / 782

(二)案例:人民法院组织双方选定鉴定机构后,该鉴定机构所依据的鉴材应由当事人质证方能进行鉴定,未进行质证,相关鉴定结论不应采信 / 785

案例7-15:成都嘉诚天下公共设施有限公司、四川华南金旭建工集团有限公司建设工程施工合同纠纷再审审查与审判监督民事裁定书 / 785

二、将鉴定意见与己方答辩意见以及己方对申请鉴定一方主张的金额进行对比,对比遵循从大到小的顺序,找出之间的不同点,就不同点各自的依据、计算方法进行对比论证,分析判断鉴定机构的意见是否有充分的事实和法律依据,计算依据和金额是否正确,是否有合同约定或法律规定;如认为鉴定机构出具的意见依据不足、计算金额有误,应提出反驳意见并将反驳意见依据的证据、证据来源附在意见后面提供给法庭 / 789

(一)找出鉴定机构出具的意见与己方答辩意见的差别并结合证据进行分析判断 / 789

(二)鉴定机构计算金额必须有相应的合同依据和法律规定,对于缺乏合同依据和法律规定的计算以及金额,应提出异议 / 790

案例7-16:建设工程造价鉴定意见包括确定性意见、推断性意见和供选择性意见 / 790

三、鉴定机构如依据申请鉴定一方提供的证据出具了意见,而己方就该待证事实亦提

供了相反证据或反驳证据,应要求鉴定机构分别出具意见,以供法庭参考 / 804

(一)对于鉴定事项,合同约定矛盾或鉴定事项中部分内容或证据矛盾,法院暂不明确要求鉴定人分别鉴定的,可建议鉴定机构分别按照不同的合同约定或证据,作出选择性意见,由委托人判断使用 / 804

(二)案例:当鉴定项目合同约定矛盾或鉴定事项中部分内容证据矛盾,委托人暂不明确要求鉴定人分别鉴定的,可分别按照不同的合同约定或证据,作出选择性意见,由委托人判断使用 / 806

案例7-17:在招、投标文件和案涉施工合同中均有"如果乙方清单报价中有通过不平衡报价获得超额利润的项目,在任何时候,甲方都有权对其不合理单价进行调整"的约定,虽然在招投标文件中该约定是在确定变更价款项下,而案涉施工合同中该约定是在价格调整方式项下,但不宜据此认定属于招标人和中标人另行签订的建设工程施工合同约定的工程范围、建设工期、工程质量、工程价款等实质性内容与中标合同不一致的情形 / 806

第一章 民事证据思维

民事证据思维是法律人特有的思维,是将客观事实转变为法律事实所需要具备的思维和意识。"打官司就是打证据""证据为王",缺少证据,再雄辩也无济于事,毕竟"巧妇难为无米之炊"。法院审理案件,是以事实为根据,以法律为准绳。法律适用是建立在事实基础上的,没有事实,再精妙的法律适用都是空中楼阁,当事人的主张亦不会得到支持。因此,对于证据,对于民事证据思维的重要性,无论如何强调和重视都不为过。

第一节

民事证据思维的特征

民事证据思维是进行民事诉讼必须具备,有别于其他行业的特有的思维方式。民事证据思维相较于其他行业,具有其特有的特征,具体如下。

一、民事证据思维是建立在民事证据规则框架下的特有思维方式

民事证据思维与其他行业思维最大的区别在于,民事证据思维是建立在法律规定的民事证据规则的基础上,而其他行业则并非如此。

所有关于证据的举证、质证、认定都必须按照既有的民事证据规则展开。我国有关的民事证据规则规定包括《民事诉讼法》、《民事诉讼法解释》、《民事证据规定》、实体法关于证据方面的规定、最高人民法院的指导案例以及其他裁判案例等,都可能成为一方当事人援引的证据规则,亦可能影响法官裁判案件时对证据的认定。

以民事证据规则中最基本的举证规则"谁主张,谁举证"为例,《民事诉讼法》第67条第1款规定:"当事人对自己提出的主张,有责任提供证据。"按照该条规定,一般情况下,当事人应就其主张提供证据支持,不能提供证据或提供的证据不足以证明其主张的,法院将可能驳回其诉讼请求。从诉讼而言,当事人必须将客观真实转化为法律事实,而证据是这个转化过程的桥梁和通道,只有通过证据才能将客观真实转化为法律事实,其过程必须遵循证据规则规定:提供证据,庭审质证,法庭认定,经上述程序确认的事实才能作为定案的事实。

再如,民事证据规则中的举证责任倒置,举证责任倒置是民事证据规则领域特有的规定,程序法和实体法规定了在一定条件下,由被告方就法律规定的减轻或免责事由提供证据证明,否则承担不利后果。有关举证责任倒置的规定,如《民法

典》第1230条规定:"因污染环境、破坏生态发生纠纷,行为人应当就法律规定的不承担责任或者减轻责任的情形及其行为与损害之间不存在因果关系承担举证责任。"根据该条规定,由行为人就法律规定的不承担责任或者减轻责任的事由及其行为与损害之间不存在因果关系承担举证责任,而不是由受害人来证明行为人存在过错、违法行为、违法行为与损害事实之间存在因果关系。

二、民事证据思维以民事证据规则为据,由此也区别于行政诉讼证据思维和刑事诉讼证据思维

民事诉讼、行政诉讼和刑事诉讼,所依据的证据规则并不相同,每个诉讼都有自己特定的证据规则,由此也导致民事证据思维、行政诉讼证据思维和刑事诉讼证据思维不同。

以举证规则为例,民事诉讼贯彻的是"谁主张,谁举证"的基本规则,除非有法律规定,否则当事人应当就其主张提供证据支持,未能提供证据或提供的证据不足,都可能导致被驳回诉讼请求的后果。

行政诉讼的举证规则则相反,作为被告的行政机关,有义务证明其行政行为符合法律规定,不能证明或证据不足以证明的,将承担不利后果。

《行政诉讼法》第34条规定:"被告对作出的行政行为负有举证责任,应当提供作出该行政行为的证据和所依据的规范性文件。被告不提供或者无正当理由逾期提供证据,视为没有相应证据。但是,被诉行政行为涉及第三人合法权益,第三人提供证据的除外。"

刑事诉讼证据举证规则因公诉案件和自诉案件而有所不同。

《刑事诉讼法》第51条规定:"公诉案件中被告人有罪的举证责任由人民检察院承担,自诉案件中被告人有罪的举证责任由自诉人承担。"

当然除了以上规定之外,民事诉讼、行政诉讼、刑事诉讼在诸如证据的类别、证据的收集方式、证据应达到的证明程度等方面均有所不同,本书不再一一列举。总而言之,民事证据思维以民事证据规则为据,由此也区别于行政诉讼证据思维和刑事诉讼证据思维。

三、民事证据思维的过程同时也是逻辑推理的过程

提供证据的目的是证明待证事实,证明的过程需要进行推理,推理的方式只能是逻辑推理,只有运用逻辑推理,才能就所提供的民事证据以合乎逻辑的方式推导出一定的事实,而经过逻辑推理得到的事实才能得到法官的支持。因此民事证据思维的过程也是逻辑推理的过程,通过运用逻辑推理,将证据反映和证明的待证事实呈现给法官并得到其支持,而对对方提供证据的反驳,也是通过逻辑推理的方式完成。

下面通过两个案例来具体说明。

案例1-1:对于较大金额房款的支付,不能仅提供购房收据,还应提供支付的证明文件

——广东万佳投资发展有限公司、东莞市三元盈晖投资发展有限公司商品房预售合同纠纷再审审查与审判监督民事裁定书

审理法院:最高人民法院

案号:(2017)最高法民申4734号

裁判日期:2017年12月26日

案由:民事 > 合同、准合同纠纷 > 合同纠纷 > 房屋买卖合同纠纷 > 商品房预售合同纠纷

再审申请人广东万佳投资发展有限公司(以下简称万佳公司)因与被申请人东莞市三元盈晖投资发展有限公司(以下简称三元盈晖公司)、原审第三人张某权、胡某容商品房预售合同纠纷一案,不服广东省高级人民法院(2015)粤高法民一终字第40号民事判决,向本院申请再审。本院依法组成合议庭进行了审查,现已审查终结。

万佳公司申请再审称:一、原判决认定万佳公司的诉讼请求不能成立,系对万佳公司出示证据认知偏差,进而导致事实认定错误。万佳公司原审中提供的收据、委托经营管理协议书和录音证据形成完整的证据链,能够相互印证万佳公司已履行了支付购房款的义务。关于收据,该12张收据合计金额与房屋买卖合同约定的购房款金额一致,这意味着万佳公司有权在案涉房屋具备过户条件时,可

以直接要求三元盈晖公司办理产权登记手续，而不必重复支付购房款。三元盈晖公司一直对收据上其印章的真实性予以回避，但无法对开具12张收据的历史原因作出令人信服的解释。三元盈晖公司开具12张收据的唯一可能性是，其确认万佳公司已经通过双方认可的方式完成了支付全部购房款的义务。无论是现金方式支付还是"债转支付"，均不影响购房款已经实际支付的客观事实。关于委托经营管理协议，万佳公司与三元盈晖公司签订买卖合同前，三元盈晖公司已经与东莞市维尔物业投资有限公司(以下简称维尔物业公司)另行签订了商品房买卖合同，并进行了预售备案登记。维尔物业公司又以经营管理者身份与万佳公司签订委托经营管理协议，为万佳公司代管代租案涉商铺，并承诺支付回报。这充分说明三元盈晖公司与维尔物业公司之间的买卖合同是虚假的。原审中三元盈晖公司也认可维尔物业公司是其关联企业。委托经营管理协议的签订恰好证明万佳公司已经实际付款，否则三元盈晖公司、维尔物业公司不会在委托经营管理协议中共同承认万佳公司的房屋买受人身份。关于录音，胡某荣在录音中多次提到"三元盈晖""给钱""全部清了给你""加点利息""3500万这个数"等内容，涉及的主体、金额与本案一致，可以证明万佳公司主张的"债转支付"事实。原审法院否认万佳公司巨额债权转购房款的事实，是错误的。

二、原审法院对录音证据拒绝进行声纹鉴定，导致本案关键事实无法查清，程序存在重大疏漏。万佳公司在原审中提交的录音证据是证明三元盈晖公司是否对万佳公司负有巨额债务的直接证明。原审法院确认了录音证据中"涉及三元盈晖公司欠款事宜"，应进一步通过技术手段确认该录音为原始录音，录音中的男声系胡某容，结合录音内容证明三元盈晖公司因无清偿能力，与万佳公司签订房屋买卖合同将所借债务转为万佳公司购房款并开具等额收据的事实。但原审法院不采纳万佳公司的鉴定申请，程序存在重大疏漏，最终造成错案。故依照2017年《民事诉讼法》①第200条第5项、第6项的规定申请再审。

本院经审查认为：一、本案原审中，万佳公司、三元盈晖公司均确认万佳公司未直接支付案涉购房款。万佳公司主张因其法定代表人张伟权与三元盈晖公司存在借款关系，双方同意将借款转化为万佳公司的购房款。三元盈晖公司对此不

---

① 本书案件中引用的法律法规为案例裁判时依据的法律法规，笔者增加了年份以示区分，部分法律法规可能有修订或变化，请读者参考时注意。

予认可,且主张本案虽存在 12 张购房款收据,但没有银行转账等支付凭证予以佐证,不能证明万佳公司已支付购房款,且收据所载金额与是否支付购房款也无关联。本院认为,根据 2015 年《民事诉讼法解释》第 90 条第 1 款规定:"当事人对自己提出的诉讼请求所依据的事实或者反驳对方诉讼请求所依据的事实,应当提供证据加以证明,但法律另有规定的除外。"据此,就本案所涉借款关系及事实,万佳公司及张某权应提供证据加以证明。人民法院应结合借贷金额、款项交付、当事人的经济能力、当地或者当事人之间的交易方式、交易习惯、当事人财产变动情况以及证人证言等事实和因素,综合判断查证借贷事实是否发生。本案中,万佳公司申请再审虽主张,本案存在将借款转化为购房款的事实,但万佳公司未提交相关借款合同、转账凭证等直接证据证明借款事实成立,也无证据证明三元盈晖公司同意将借款转成购房款。同时,万佳公司与维尔物业公司签订委托经营管理协议书的行为,亦无法单独推导出万佳公司已实际支付购房款的结论。故原判决认定本案当前证据不足以证实万佳公司支付了案涉购房款,并据此驳回万佳公司关于判令三元盈晖公司返还购房款 9288.12 万元及其利息的诉讼请求,无明显不当。万佳公司的该项申请再审理由不能成立。

二、根据万佳公司提交的录音及录音书面整理资料,该录音为两名男子的对话,其中虽涉及三元盈晖公司欠款事宜,但未涉及案涉购房款的收付及三元盈晖公司借款转为购房款经各方确认等明确内容。根据 2015 年《民事诉讼法解释》第 95 条的规定,当事人申请调查收集的证据,与待证事实无关联、对证明待证事实无意义或者其他无调查收集必要的,人民法院不予准许。故原审法院对万佳公司关于声纹鉴定的申请不予采纳,亦无不当。

此外,万佳公司虽依照 2017 年《民事诉讼法》第 200 条第 6 项规定申请再审,但从其再审申请理由看,万佳公司主要围绕原判决存在事实认定错误问题予以主张,未明确原判决适用法律确有错误的具体情形,本院对此不予支持。

依照 2017 年《民事诉讼法》第 204 条(2023 年《民事诉讼法》第 215 条)第 1 款,2015 年《民事诉讼法解释》第 395 条第 2 款的规定,裁定如下:

驳回万佳公司的再审申请。

实战点评与分析

1. 仅提供购房收据不足以证明实际支付购房款，还应提供付款凭证

本案双方争议焦点为：万佳公司提供的由三元盈晖公司出具的购房收据合计金额9288.12万元能否证明万佳公司已经足额支付了该款。

本案可运用逻辑推理进行论述：

万佳公司提供的由三元盈晖公司出具的购房收据，此收据系结果即收到购房款的结果，但导致该结果可能存有以下原因：万佳公司实际支付了购房款，三元盈晖公司出具收据；或者万佳公司未实际支付购房款，但通过债权（当然这个债权可能是合法债权亦可能是非法债权，这也是法官要求提供债权证明文件的原因之一）转让的方式支付购房款，就此应有相应的借款凭单（或其他债权凭证）、支付借款的付款凭单等予以证明；或者并未实际支付购房款，但三元盈晖公司先行出具收据。从以上可见，结合交易习惯和生活常识，对于大额资金（9288.12万元）的支付，不可能仅只有收据，因此，仅提供收据不足以证明万佳公司实际支付购房款的事实，还需提供付款凭证或其他证明文件，就此，万佳公司主张系因其法定代表人张某权与三元盈晖公司存在借款关系，双方同意将借款转化为万佳公司的购房款，但万佳公司未提供任何的借款凭证、借款支付证明文件等，且三元盈晖公司对此亦不予认可，法院最终认定，仅仅只提供收据不足以证明万佳公司实际支付了9288.12万元购房款的事实，对其再审申请不予支持。

本案法官对收据以及收据与待证事实之间因果关系进行的推理，运用的就是逻辑推理的方法：收据只能证明三元盈晖公司出具证明文件证实收到了9288.12万元，但不能证明万佳公司就9288.12万元的实际支付行为，万佳公司需要证明的是支付行为本身，而不是收到款项的结果，毕竟即便开具收据但不等于万佳公司实际进行了支付。万佳公司只有提供证据证明其实际支付行为，结合收据，才能形成完整的证据链证明万佳公司实际支付了购房款。

2. 对调取与待证事实无关的证据，法官有权不予准许

本案中，万佳公司为了证明债权的真实性，提供了录音证据，该录音为两名男子的对话，其中虽涉及三元盈晖公司欠款事宜，但未涉及案涉购房款的收付及三元盈晖公司借款转为购房款经各方确认等明确内容,因此对万佳提出的对录音声纹的鉴定法院未予准许。根据2015年《民事诉讼法解释》第95条的规定,当事人申请调查收集的证据,与待证事实无关联、对证明待证事实无意义或者其他无调查收集必要的,人民法院不予准许。故原审法院对万佳公司关于声纹鉴定的申请不予采纳,并无不当。

案例1-2：自认的事实与已经查明的事实不符的，人民法院不予确认

——海南海联工贸有限公司(以下简称海联公司)与海南天河旅业投资有限公司(以下简称天河公司)、三亚天阔置业有限公司(以下简称天阔公司)等合作开发房地产合同纠纷案

审理法院：最高人民法院

案号：(2015)民提字第64号

• 最高人民法院裁判意见

根据当事人再审申请请求及答辩,本案的争议焦点为:一、天阔公司是否系海联公司与天河公司共同设立的项目公司;二、邢某1、邢某2是否代海联公司持有天阔公司的股权;三、邢某1、邢某2转让其在天阔公司的23.8%股权,能否产生海联公司在《合作项目合同书》中权利义务消灭的法律后果以及海联公司是否有权解除《合作项目合同书》,并要求天阔公司将"天阔广场"土地及项目开发权、项目建设主体返还并变更为海联公司。

一、关于天阔公司是否系海联公司与天河公司共同设立的项目公司的问题

本院认为,根据查明的事实,2007年4月23日,海联公司与天河公司签订《合作项目合同书》,约定:海联公司提供46.5亩建设用地及项目开发权,天河公司提供全部建设资金合作开发房地产项目,所建成的商品房销售收入,按海联公司23.8%,天河公司76.2%的比例分配;为保障双方权益及便于管理,双方同意就本项目开发组成具备独立法人资格的项目有限责任公司。项目公司注册资本为1000万元,海联公司出资238万元,占23.8%股权,天河公司出资762万元,占76.2%股权,海联公司应缴的出资由天河公司代付。但随后,双方并未按照《合作项目合同书》的约定成立项目公司,而是借用了早在2006年10月16日即已设立的天阔公司作为合作开发的项目公司。根据天阔公司的工商注册登记显示,天阔

公司注册资金1000万元，全部为货币出资，股东为天河公司和三个自然人，其中天河公司出资687万元，占68.7%股权；王某金出资75万元，占7.5%股权；邢某1出资138万元，占13.8%股权；邢某2出资100万元，占10%股权。为履行《合作项目合同书》的约定，2007年5月9日，海联公司和天河公司联合致函三亚市发展和改革局，请求将三亚市政府原决定由海联公司与世英公司开发建设的"世英花园"项目业主变更为天阔公司，项目名称也变更为"天阔广场"。同年5月11日，三亚市发展和改革局批准将"世英花园"的项目名称变更为"天阔广场"，业主变更为天阔公司。随后，根据海联公司的申请，"天阔广场"项目的《建设规划许可证》《拆迁许可证》等政府批文全部变更为天阔公司。2008年4月1日，海联公司又致函三亚市政府，承诺将三亚市政府尚未兑现的三亚金融开发区投资补偿权益转让给天阔公司。根据该承诺，海口仲裁委员会于2009年2月2日裁决将海联公司与三亚市政府之间的投资补偿合同关系及三亚市政府向海联公司协议出让土地，变更为三亚市政府与天阔公司之间的投资补偿关系，三亚市政府向天阔公司协议出让天阔广场项目土地使用权。至此，海联公司完成了《合作项目合同书》约定的义务，天阔公司成为海联公司与天河公司合作开发建设"天阔广场"的项目公司。虽然天阔公司承担了"天阔广场"项目的开发建设职能，但天阔公司并非由海联公司与天河公司按照《合作项目合同书》约定共同设立的合作开发项目公司，其只是被海联公司和天河公司为合作开发"天阔广场"而借用的一个项目公司，从其成立的时间和股东构成也可得到进一步证实。天阔公司成立于2006年10月16日，股东为天河公司和邢某1、邢某2、王某金；而海联公司与天河公司签订《合作项目合同书》则是在2007年4月23日，合作方为海联公司与天河公司。据此，可以认定，天阔公司并非由海联公司和天河公司共同设立的项目公司。

尽管海联公司在起诉状中也自认天阔公司系其与天河公司共同成立的项目公司，而且在后期海联公司致三亚市发展和改革局《关于变更"世英花园"项目和项目业主的请示》声明、海联公司向海口仲裁委员会提交的《承诺书》中等均声明天阔公司是其与天河公司共同设立的项目公司，但正如海联公司在声明中所称，海联公司与天河公司联合投资，成立了天阔公司作为项目公司，项目由天阔公司投资建设和经营管理，请求将该项目的用地选址意见和《建设用地规划许可证》办理到天阔公司名下，以便项目的顺利开发。这恰恰说明，天阔公司是海联公司与天河公司为便于合作项目的顺利开发而借用天阔公司作为项目公司，海联公司是在按照《合作项目合同书》的约定履行义务。如何认定天阔公司是海联公司与天河公司共同设立的项目公司，应当依据《公司法》的规定，而不应仅凭借当事人的自认。根据《公司法》关于有限责任公司设立的规定，设立有限责任公司应由全体股东指定的代表或者共同委托的代理人向公司登记机关报送登记申请书、公司章程、验资证明等文件，申请设立登记；股东应当按期足额缴纳公司章程中规定的各自认缴的出资额；有限责任公司成立后，应当向股东签发出资证明书。而天阔公司并非海联公司与天河公司申请设立的，也没有共同制定天阔公司的章程，没有按章程缴纳出资，天阔公司也没有向海联公司签发出资证明书，更没有将海联公司登记在天阔公司的股东名册上。如果认定天阔公司为海联公司与天河公司共同设立，天阔公司的工商注册股东就应当是海联公司与天河公司，即便如海南高院所认定的，天阔公司股权登记在邢某1、邢某2名下是和天河公司共同商量的，那么天阔公司的另一个股东王某金又是如何成为海联公司与天河公司合作项目的成员。尽管天阔公司作为开发天阔广场的项目公司，是各方当事人均认可的客观事实，并承担了合作项目公司的职能，但不能就此认定天阔公司是海联公司与天河公司共同设立的项目公司，三亚中院和海南高院认定天阔公司是海联公司与天河公司共同设立的项目公司显属不当。即便如海南高院判决所认定的天阔公司是海联公司与天河公司共同设立的项目公司，但天阔公司也仅是天河公司与海联公司双方按照《合作项目合同书》约定为进行天阔广场项目合作开发，履行各自权利义务的载体，并非《合作项目合同书》的合同主体，更不是海联公司、天河公司在合作开发协议中的合同相对方。

二、关于邢某1、邢某2是否代海联公司持有天阔公司股权的问题

本院认为，根据《公司法》的规定，股东资格的认定是以工商登记和股东名册进行确认。本案事实表明，天阔公司的股东是天河公司、邢某1、邢某2、王某金，没有海联公司。即便邢某1、邢某2应认缴的238万元天阔公司注册资金为天河公司法定代表人高某代付，但这仅是高某与邢某1、邢某2之间的债权债务关系，不能就此否认邢某1、邢某2没有出资，否定其公司股东资格。虽然《合作项目合同书》第六章第一款有项目公司注册资本中海联公司出资238万元占公司股权的23.8%股权，海联公司应缴付的出资由天河公司代付的约定，但这是海联公司与天河公司之间的约定，况且海联公司与天河公司根本没有按照《合作项目合同书》的约定申请设立项目公司。天河公司法定代表人高某代邢某1、邢某2出资是天

河公司、邢某1、邢某2、王某金四方在设立天阔公司过程中发生的债权债务关系，不能据此认定邢某1、邢某2不实际缴付238万元注册资金而享有天阔公司23.8%的股权，系海联公司在《合作项目合同书》中的权利，海联公司既没有向天阔公司缴纳注册资金，更不能成为天阔公司的股东，其所享有的23.8%权益是依据《合作项目合同书》对合作项目"天阔广场"的利益分配比例，而非天阔公司的股东权。既然海联公司非天阔公司股东，也没有委托邢某1、邢某2代为持股的事实，就不能认定邢某1、邢某2在天阔公司的股权是代海联公司持股。三亚中院、海南高院仅以邢某1作为海联公司的法定代表人，是实际控制人，在履行合作开发"天阔广场"项目过程中的一系列行为，而认定海联公司已形骸化，海联公司与邢某1本人之间已构成人格混同，从而判定邢某1、邢某2系海联公司持有天阔公司23.8%股权，没有事实和法律依据。公司是否已经形骸化，公司与股东之间是否构成人格混同，应严格按照法律关于公司法人终止，股东是否滥用权利，是否在财产、业务、人员等多方面出现混同等因素进行判定。从本案事实看，海联公司并不存在形骸化和公司与股东人格混同的情形。邢某1、邢某2所持有的天阔公司23.8%的股权不能视为海联公司在《合作项目合同书》中的合同权益，海联公司是否为天阔公司的股东，不影响其在《合作项目合同书》中所应享有的权利。

实战点评与分析

1. 逻辑推理三段论是民事证据思维最基本的思维方式

所谓三段论推理是演绎推理中的一种简单判断推理。三段论推理包括大前提、小前提，经过推理，如小前提符合大前提，亦取得大前提同样的效果。

三段论推理是法律逻辑思维中最基本的思维方式，民事证据思维也同样如此。

以本案为例，关于如何认定天阔公司是海联公司与天河公司共同设立的项目公司，应当依据《公司法》的规定，而不应仅凭借当事人的自认。

从大前提(应然证据)而言，天阔公司如果是海联公司与天河公司共同设立的项目公司，则至少应具有《公司法》设立公司所具备的证据要求，即根据《公司法》关于有限责任公司设立的规定，设立有限责任公司应由全体股东指定的代表或者共同委托的代理人向公司登记机关报送登记申请书、公司章程、验资证明等文件,申请设立登记;股东应当按期足额缴纳公司章程中规定的各自认缴的出资额;有限责任公司成立后,应当向股东签发出资证明书。

如果本案事实(实然证据)符合以上大前提(应然证据)要求,则可以认定天阔公司为海联公司与天河公司共同设立的项目公司,否则不能予以认定。

从小前提而言(本案实然证据),本案天阔公司并非海联公司与天河公司申请设立的,海联公司和天河公司没有共同制定天阔公司的章程,没有按章程缴纳出资,天阔公司也没有向海联公司签发出资证明书,更没有将海联公司登记在天阔公司的股东名册上。综上可见,小前提的事实(实然证据)无法达到大前提(应然证据)的基本要求。因此,无法认定天阔公司系海联公司和天河公司共同设立的项目公司。

2. 当事人的自认与法院查明的事实不符的,法院可以不予确认当事人自认的事实

就本案而言,关于天阔公司是否系海联公司和天河公司共同设立的项目公司,海联公司做了多次确认,"海联公司在起诉状中也自认天阔公司系其与天河公司共同成立的项目公司,而且在后期海联公司致三亚市发展和改革局《关于变更'世英花园'项目和项目业主的请示》声明、海联公司向海口仲裁委员会提交的《承诺书》等材料均声明天阔公司是其与天河公司共同设立的项目公司,但正如海联公司在声明中所称,海联公司与天河公司联合投资,成立了天阔公司作为项目公司,项目由天阔公司投资建设和经营管理,请求将该项目的用地选址意见和《建设用地规划许可证》办理到天阔公司名下,以便项目的顺利开发。这恰恰说明,天阔公司是海联公司与天河公司为便于合作项目的顺利开发而借用天阔公司作为项目公司,海联公司是在按照《合作项目合同书》的约定履行义务"。

最高人民法院最终未按照当事人自认的事实作为认定案件的事实依据,而是实事求是对天阔公司成立过程进行审理和查明,并按照实际查明的事实认为天阔公司并非海联公司和天河公司共同设立的公司。可见,即使当事人在诉讼过程中作出对己方不利事实的自认,对方无须举证,但该事实并不一定是法院最终采信的事实,毕竟法院审理案件还是要查明事实,因此,根据《民事

证据规定》,如法院查明的事实与当事人自认的不利于己方的事实不同的,应以法院查明的事实作为定案依据。

相关法律规定:

《民事证据规定》第8条:"《最高人民法院关于适用〈中华人民共和国民事诉讼法〉的解释》第九十六条第一款规定的事实,不适用有关自认的规定。自认的事实与已经查明的事实不符的,人民法院不予确认。"

3.认定公司和股东人格混同,必须证明公司和股东在人员、财务和业务方面的混同

本案中,原一审和二审法院认为,"三亚中院、海南高院仅仅以邢某1作为海联公司的法定代表人,是实际控制人,在履行合作开发'天阁广场'项目过程中的一系列行为,而认定海联公司已形骸化,海联公司与邢某1本人之间已构成人格混同,从而判定邢某1、邢某2系代海联公司持有天阁公司23.8%股权,没有事实和法律依据"。

关于公司和人格混同,在本案中,没有提供任何证据证明公司与股东在人员、财务和业务方面混同,仅仅以邢某1作为海联公司的法定代表人,是实际控制人,在履行合作开发"天阁广场"项目过程中的一系列行为,而认定海联公司已形骸化,海联公司与邢某1本人之间已构成人格混同是远远不够的。

关于公司股东与公司人格混同,《九民纪要》作了详细规定,该纪要第11条规定:"【过度支配与控制】公司控制股东对公司过度支配与控制,操纵公司的决策过程,使公司完全丧失独立性,沦为控制股东的工具或躯壳,严重损害公司债权人利益,应当否认公司人格,由滥用控制权的股东对公司债务承担连带责任。实践中常见的情形包括:

(1)母子公司之间或者子公司之间进行利益输送的;

(2)母子公司或者子公司之间进行交易,收益归一方,损失却由另一方承担的;

(3)先从原公司抽走资金,然后再成立经营目的相同或者类似的公司,逃避原公司债务的;

(4)先解散公司,再以原公司场所、设备、人员及相同或者相似的经营目的另设公司,逃避原公司债务的;

(5)过度支配与控制的其他情形。

控制股东或实际控制人控制多个子公司或者关联公司,滥用控制权使多个子公司或者关联公司财产边界不清、财务混同,利益相互输送,丧失人格独立性,沦为控制股东逃避债务、非法经营,甚至违法犯罪工具的,可以综合案件事实,否认子公司或者关联公司法人人格,判令承担连带责任。"

第二节

应然与实然

生活是丰富多彩而千变万化的,要把丰富多彩的生活转化为法律事实,需要证据,需要以民事证据思维将客观事实转化为法律事实。在组织、收集和提供证据过程中,应始终贯穿的思维和理念是"应然与实然":实然应尽可能完全等于应然或接近应然,如此,收集提供的证据才能足以证明待证事实。

应然指的是应该有的样子,与"实然"相对;"实然"指的是实际的样子。在法律上,应然指的是一个事实的产生、发展和结束,应该具备的相应的证据。实然则是一个事实产生、发展和结束,实际具有的证据。如果实然证据能完全符合应然证据,则一般情况下,该等证据具备了充分和必要的条件,足以证明案件事实;如果实然证据不完全符合应然证据,意味着证据并不充分,需要补充其他证据予以证明。当然,实然证据不完全符合应然证据,并不意味着不能证明待证事实;实然证据不完全符合应然证据,通过补充其他证据或运用证据规则(如举证责任分担),也可以达到证明待证事实的效果。

从诉讼实务而言,实然证据不完全符合应然证据属于常态,生活的纷繁复杂和多变决定了实然证据在大多数情况下是不符合应然证据的,这就需要法律人对案件事实进行深入了解和研究,对实地进行调查,结合当事人陈述和此种领域下各种证据保存的方式,运用法律思维和证据规则,对证据进行组织编排,并提供给法庭,以达到证明待证事实的目的。

比如民间借贷案件,如果从应然角度看,民间借贷案件应具备如下证据:书面借款合同,支付借款的银行付款凭单(该回单备注用途为提供借款),借款人开具的收到借款的收据。以上证据可以形成完整的证据链证明双方之间存在真实的借贷关系,且出借人将借款如约支付给了借款人。但实际上,现实生活中,民间借贷很多情况下双方不会签订书面的借款合同,付款有时候系通过第三人代付,收款人也不一定是借款人本人;支付款项有时候通过现金直接交付,没有转账回单,就算是有银行回单,有的不会对用途进行备注或者简单备注为"往来款";至于收据,很多情况下借款人不会签署收据,就算签了收据,也不会注明系借款收据,只会简单写收到多少钱等。由于实然证据往往与应然证据不符,在诉讼中,需要结合证据规则,由法官运用自由裁量权,按照证明盖然性标准,结合法官的内心确认作出最终的裁决。以民间借贷案件为例,如果出借人仅有付款凭单,显然无法证明原、被告之间有民间借贷的意思表示,此时,原告可以运用证据规则,以付款凭单为证据在被告不能证明该款系偿还之前借款或其他债务关系,可以认定双方之间存在民间借贷关系,相应法律依据为《民间借贷解释》第16条规定:"原告仅依据金融机构的转账凭证提起民间借贷诉讼,被告抗辩转账系偿还双方之前借款或者其他债务的,被告应当对其主张提供证据证明。被告提供相应证据证明其主张后,原告仍应就借贷关系的成立承担举证责任。"

一、应然是收集证据的要求和标准

(一)应按应然的要求和标准收集提供证据

1. 对每一个待证事实,都应当按照应然的要求收集证据

虽然实然证据往往与应然证据不相符合,但从证据收集而言,应按照应然证据的要求收集证据,对于不符合应然证据要求的,应通过其他证据补充证明,以尽可能使实然证据符合应然证据。

以建设工程施工合同纠纷中常见的开工时间争议为例,按应然而言,一个建设工程施工项目开工,一般由监理发出开工令:开工令由施工单位盖章报审,并载明图纸已经完成会审,场地已经移交,开工所需的证照已经办理完毕,具备开工条件,申请开工。监理和发包人在该申请单上盖章确认,载明"同意开工"。从开工令可见,项目只有具备了开工条件才下达开工令,且按照开工令记载的内容可以证明图纸会审已经完成,场地已经移交,开工所需的证照已经办理完毕等,因此,从应然角度而言,开工令下达时,至少还应具有以下证据:图纸会审记录、场地移交单、施工许可证等,以上证据可以相互印证证明开工令记载的开工时间为项目具备开工条件,且实际施工的时间。但事实上,很多项目开工不下发开工令,或者开工令记载的时间并非实际开工时间(如场地仍未移交,图纸亦未会审等),实际开工时间则成为此类案件争议焦点。

从应然的角度,收集实际开工的证据包括开工令、图纸会审纪要、场地移交证明、施工许可证,且图纸会审纪要、场地移交证明、施工许可证等时间应早于或等于开工令记载的时间。

从实然的角度,如果有开工令的,则可以提交开工令作为证据,如果图纸会审纪要、场地移交证明等时间早于或等于开工令记载时间,亦可以提交作为佐证。如果没有开工令,则应收集可以证明实际开工时间的证据,包括场地移交证明、监理的证明、监理日记、监理会议纪要、双方当事人在往来函件中对开工时间的确定等其他证据。收集提供的证据应能基本相互印证,证明实际开工时间。

2. 下面以案例1-3来具体说明

案例1-3:开工令记载的开工时间与实际进场时间不符的,应按实际进场施工时间确定开工时间

——广西建工集团第五建筑工程有限责任公司(以下简称广西五建公司)
建设工程施工合同纠纷再审审查与审判监督民事裁定书

审理法院:最高人民法院

案号:(2019)最高法民申3651号

裁判日期:2019年9月29日

案由:民事 > 合同、准合同纠纷 > 合同纠纷 > 建设工程合同纠纷 > 建设工程施工合同纠纷

• **最高人民法院裁判意见**

广西五建公司申请再审称:一、原判决认定的基本事实缺乏证据证明。原判决依据2010年3月5日至同年9月3日召开的监理例会以及工作会议所形成的会议纪要、监理记录表等认定涉案工程的开工日期,但柳州望泰公司提供的2010年9月3日的会议纪要并没有任何相关记载,原判决认定该基本事实缺乏证据证

明。二、原判决认定事实错误。1.原判决错误认定涉案工程的开、竣工时间。关于开工时间,《建设工程施工合同》第一部分第3条明确约定,合同工期的开工日期以开工令为准。因此,本案应当以2010年8月18日开工令上注明的开工时间2010年8月24日为准……

本院经审查认为,本案系当事人申请再审案件,本院应当围绕当事人申请再审的理由是否成立进行审查。

一、关于开工时间的认定

广西五建公司主张原判决认定涉案工程的开工日期为2010年3月5日缺乏证据证明。根据2018年《最高人民法院关于审理建设工程施工合同纠纷案件适用法律问题的解释(二)》(已失效)第5条的规定:当事人对建设工程开工日期有争议的,人民法院应当分别按照以下情形予以认定:(一)开工日期为发包人或者监理人发出的开工通知载明的开工日期;开工通知发出后,尚不具备开工条件的,以开工条件具备的时间为开工日期;因承包人原因导致开工时间推迟的,以开工通知载明的时间为开工日期。(二)承包人经发包人同意已经实际进场施工的,以实际进场施工时间为开工日期。(三)发包人或者监理人未发出开工通知,亦无相关证据证明实际开工日期的,应当综合考虑开工报告、合同、施工许可证、竣工验收报告或者竣工验收备案表等载明的时间,并结合是否具备开工条件的事实,认定开工日期。广西五建公司与柳州望泰公司2010年3月5日至同年9月3日多次召开的监理例会以及工作会议所形成的会议纪要、监理记录表等书面记录能够证明工程的实际开工时间,从"截至2010年7月31日,7#楼完成五层主体,8#、9#、10#楼要向7#楼看齐"的记载可见,广西五建公司已经于2010年7月31日前进场施工。原审法院根据2010年3月5日监理例会记录"今日是本工程第一次生产前例会,今天定为开工日期"的记载,将实际进场施工日期2010年3月5日确定为涉案工程的开工日期,符合2018年《最高人民法院关于审理建设工程施工合同纠纷案件适用法律问题的解释(二)》第5条第2项的规定。

……

实战点评与分析

本案双方争议焦点之一为实际开工时间如何确定。再审申请人广西五建公司认为应按照开工令记载的开工时间即2010年8月10日,而原审法院认为应按照实际进场开工时间为准即2010年3月5日,关于将开工时间认定为2010年3月5日,有广西五建公司与柳州望泰公司2010年3月5日至同年9月3日多次召开的监理例会以及工作会议所形成的会议纪要、监理记录表等书面记录足以证明,再审法院认为:从"截至2010年7月31日,7#楼完成五层主体,8#、9#、10#楼要向7#楼看齐"的记载可见,广西五建公司已经于2010年7月31日前进场施工。原审法院根据2010年3月5日监理例会记录"今日是本工程第一次生产前例会,今天定为开工日期"的记载,将实际进场施工日期2010年3月5日确定为涉案工程的开工日期,符合2018年《最高人民法院关于审理建设工程施工合同纠纷案件适用法律问题的解释(二)》第5条第2项的规定。

以上从应然证据而言,开工令时间与实际进场施工时间应是一致的,因此开工令记载的开工时间应与此后的监理会议纪要、往来函件等一致。

从实然而言,本案的开工令记载的开工时间与实际进场时间不一致,法官最终综合各方证据,尤其是多次监理会议纪要等,认定实际开工时间为2010年3月5日。

该案也说明,应然的证据属于完美化理想化的证据,而纷繁复杂的世界所呈现的证据往往与应然证据不符甚至差别巨大,但无论如何,从收集证据而言,应按照应然证据收集和提供。

(二)应然证据产生于特定领域实施和操作的每一环节,只有对案涉领域专业熟悉,了解案涉专业领域的实施和操作流程,才能掌握完整的应然证据并收集

证据在人类生产生活中产生,没有对案涉专业领域的熟悉,不了解案涉专业领域的实施和操作流程,是不可能知晓应然证据,更不可能按照应然证据要求收集并提供证据。

以建设工程施工合同纠纷中常见的设计变更签证争议为例。从实务操作流程而言,设计变更一般先由设计院出具设计变更方案和相应的图纸,经发包人确认无误后,由发包人将设计变更通知单送达给承包人,承包人按设计变更通知单施工,施工完成后,经监理和发包人验收通过。以上流程对应的证据包括:加盖有设计单位出图专用章的设计变更通知单,发包人向承包人出具的工程联系单,承包人按设计变更施工完成后的验收单（一般由监理或发包人验收并在验收单上加盖项目章），针对此项变更由发包人、监理人和承包人共同盖章确认的变更签证单，变更签证单完整记载了施工时间、施工内容、工程量和造价等，如果合同就签证流程有约定的，按照合同约定执行。因此，如承包人拟主张签证索赔，应按照以上应然证据收集。如果不了解建设工程施工领域设计变更的流程和操作，是无法真正了解清楚应然证据，更不可能收集到尽可能完整的设计变更签证证据。

实然证据：实际上，涉及签证证据往往并不能达到以上应然证据要求，很多情况下设计变更通知单是白图，且没有加盖设计出图章；很多签证事项，发包人审批并不及时，导致有的设计变更签证单直到工程竣工验收尚未完成发包人盖章手续等。如果无法按应然证据要求收到完善的证据，则可以收集其他证据以证明设计变更存在的事实，以及针对设计变更事项已经实际完成施工的事实，此类证据包括双方往来函件、监理会议纪要、签证单（虽然没有发包人盖章但有监理的盖章或签字）、经发包人审核确认的进度款预算书（其中记载有签证事项）等。

相关法律规定：

《建设工程解释一》第 20 条："当事人对工程量有争议的，按照施工过程中形成的签证等书面文件确认。承包人能够证明发包人同意其施工，但未能提供签证文件证明工程量发生的，可以按照当事人提供的其他证据确认实际发生的工程量。"

（三）应然证据、充要条件和实然证据

如前所述，应然证据是按照理想化的要求，就事件发生、经过和结束所产生的应该具备的证据，而现实生活中，实然证据往往少于应然证据，缺少应然证据的主张可能得到法官支持，也可能被驳回：如果实然证据缺少了支持其主张的必要证据，则可能承担不利后果，如果实然证据具备了支持其主张的必要证据，但缺乏充分证据，其主张亦可能得到支持。而实然证据所具备的证据是必要证据还是充分证据，标准只有一个：必要证据是指请求权基础所要求的证据，除此以外的其他证据是充分证据。

从证据收集和提供而言，应首先就请求权依据的基础规范所要求的法律要件提供证据予以证明，然后可以提供其他证据作为补充，以强化当事人的主张。

以建设工程施工合同领域实际施工人向发包人主张权利为例：

实际施工人向发包人主张权利的法律依据为《建设工程解释一》第43条："实际施工人以转包人、违法分包人为被告起诉的,人民法院应当依法受理。

实际施工人以发包人为被告主张权利的,人民法院应当追加转包人或者违法分包人为本案第三人,在查明发包人欠付转包人或者违法分包人建设工程价款的数额后,判决发包人在欠付建设工程价款范围内对实际施工人承担责任。"

《最高人民法院民事审判第一庭2021年第20次专业法官会议纪要》："《建设工程解释一》第43条规定的实际施工人是否包含借用资质及多层转包和违法分包关系中的实际施工人？可以依据《建设工程解释一》第43条规定突破合同相对性原则请求发包人在欠付工程款范围内承担责任的实际施工人不包括借用资质及多层转包和违法分包关系中的实际施工人,即《建设工程解释一》第43条规定的实际施工人不包含借用资质及多层转包和违法分包关系中的实际施工人。"

综上,如原告拟以实际施工人身份向发包人主张权利,应提供以下必要证据：

(1)原告系案涉项目的实际施工人,一般需要提供:项目中标通知书、发包人与总承包人签订的建设工程施工合同、原告与总承包人签订的项目承包合同；

(2)案涉项目系转包和违法分包,而非借用资质:实务中,如总承包人中标后将工程发包给原告,则此种情况下一般可以认定为转包或分包,此时原告与总承包人签订的转包或分包合同时间晚于项目中标时间；

(3)本案并非属于多层转包和分包的情形。

以上证据系必须具备的证据,原告如果无法提供证据证明以上事实,或本案事实不符合以上规定,则原告将可能被驳回诉讼请求。

案例1-4：实际施工人认定的标准,主要从三个方面考虑：其一,是否投入资金独自完成；其二,是否采购材料或租赁设备；其三,是否投入了人力和劳动力完成工程

——蔡某峰、临沂玉兰置业有限公司建设工程施工合同纠纷
再审审查与审判监督民事裁定书

审理法院:最高人民法院

案号:(2021)最高法民申 1156 号

裁判日期:2021 年 5 月 12 日

案由:建设工程施工合同纠纷

- **最高人民法院裁判意见**

本院经审查认为,本案的争议焦点为蔡某峰是否系案涉全部工程的实际施工人。首先,玉兰公司与金颐公司就曲沂社区综合服务楼建设项目签订了《建设工程施工合同》,案涉工程的合同相对人为玉兰公司与金颐公司。蔡某峰主张其与金颐公司签订了书面的转包合同,但未提交证据予以证实,其现有证据不足以证实其为转包合同的承包人或违法分包合同的承包人,应承担举证不能的法律后果。其次,蔡某峰提交的有关金颐家园抹灰分项等合同载明其以金颐公司委托代理人身份与合同相对方签订合同。山东省临沂市中级人民法院(以下简称一审法院)认定,蔡某峰参与的部分分包合同的工程款或者劳务费的付款均由玉兰公司承担。因此,蔡某峰以其签订合同为由主张其系实际施工人依据不足。再次,关于蔡某峰有无向王某涛借款 160 万元问题。蔡某峰主张其向王某涛借款 160 万元用于支付相应合同的工程款或者劳务费,具体表现为:2015 年由王某涛向张某军、李某荣等施工班组银行转账支付的 160 万元为蔡某峰所借款项,且蔡某峰已经于 2016 年 9 月 19 日向王某涛之姐王某芬偿还上述借款利息合计 200 余万元。金颐公司称上述 160 万元款项系其向王某涛所借并用于向施工班组支付工程款或劳务费,且已于 2016 年 2 月 3 日偿还王某涛借款本息。金颐公司提交了王某涛向施工班组支付相应工程款或劳务费的银行转账凭证原件,亦提交了于 2016 年 2 月 3 日向王某涛支付 200 万元的银行转账凭证原件,而蔡某峰提供的王某芬于 2016 年 9 月 19 日出具的《收款条》载明的收款内容仅为利息 449,600 元,亦无相应的转款凭证予以佐证。比较双方当事人提交证据的证明力,一、二审法院认定金颐公司向王某涛借款 160 万元用于向施工班组支付工程款或劳务费,且已向王某涛偿还本息,并无不当。复次,关于蔡某峰在案涉工程中投入资金问题。蔡某峰主张其作为实际施工人负责案涉整体工程施工现场的全部作业。一审法院依照蔡某峰的申请依法委托山东蓝图工程造价咨询有限公司对案涉工程造价进行鉴定,鉴定结果为:内墙抹灰及内墙网格布、外墙砂浆材料费、地暖工程依据蔡某峰签字的合同计取,总造价为 98,383,993.58 元;内墙抹灰及内墙网格布、外墙砂浆材料费、地暖工程依据玉兰公司、金颐公司提供的合同计取,总造价为95,633,427.45元。蔡某峰在再审申请书中主张其建设工程的施工款为52,052,783.07元,其中通过银行转账的垫资数额为4,505,496元。一审法院认定,蔡某峰主张的通过银行转账投入的资金为250余万元。二审法院认定,蔡某峰主张其在案涉工程中投入资金43,561,336.38元,其中,工人工资及部分材料款25,930,289元,购买材料等费用17,631,047.38元。蔡某峰主张其通过大量现金往来向案涉工程投入资金,但未提交充分证据予以证实,故一、二审法院认为蔡某峰仅以现有的250余万元银行转账证据证实其已经投入资金完成了5000余万元工程依据不足,符合本案客观情况。最后,蔡某峰在申请再审程序中提交的证人证言等证据未满足"足以推翻原判决、裁定的"条件。综上,蔡某峰主张其为案涉全部工程的实际施工人证据不足,原审法院适用法律并无不当,故对蔡某峰再审申请不予支持。此外,二审判决已经释明,蔡某峰确已参与案涉工程建设,并投入了部分资金,其可根据在案涉工程中的实际地位,另行主张权利。

综上,蔡某峰的再审申请不符合《民事诉讼法》第200条(2023年《民事诉讼法》第211条)第1项、第2项、第4项、第6项规定的情形。本院依照2017年《民事诉讼法》第204条(2023年《民事诉讼法》第215条)第1款、2015年《民事诉讼法解释》第395条第2款之规定,裁定如下:

驳回蔡某峰的再审申请。

实战点评与分析

1. 实际施工人的认定标准

实际施工人并非一个严格意义上的法律概念,是最高人民法院在2004年10月25日颁布的《最高人民法院关于审理建设工程施工合同纠纷案件适用法律问题的解释》(法释〔2004〕14号)(已失效,笔者注)创设出来的概念,条款原文为第26条:"实际施工人以转包人、违法分包人为被告起诉的,人民法院应当依法受理。实际施工人以发包人为被告主张权利的,人民法院可以追加转包人或者违法分包人为本案当事人。发包人只在欠付工程价款范围内对实际施工人承担责任。"在作出该条规定时,未对实际施工人的内涵和外延进行界定,导致实务中,大量的所谓实际施工人起诉发包人,而各地法院基于对该条的理解不一,处理结果也完全不同,极大损害了司法的统一性和权威性;

此条规定导致实务中大量的发包人被与其无关的案外人起诉,严重破坏了合同相对性原则,而合同相对性原则一旦被破坏,则当事人通过签订履行合同从事经营活动并通过合同的预先安排达成其预期效果这一市场经济基石亦被摧毁。

目前对实际施工人的解释普遍趋于严格,关于认定的标准,主要从三个方面考虑:其一,是否投入资金独自完成;其二,是否采购材料或租赁设备;其三,是否投入了人力和劳动力完成工程。

最高人民法院民事审判第一庭认为,就实际施工人"一般而言:(1)实际施工人是实际履行承包义务的人,既可能是对整个建设工程进行施工的人,也可能是对建设工程部分进行施工的人。(2)实际施工人与发包人没有直接的合同关系或名义上的合同关系。实际施工人如果直接与发包人签订建设工程施工合同,则属于承包人、施工人,无须强调'实际'二字。(3)实际施工人同与其签订转包合同、违法分包合同的承包人或者出借资质的建筑施工企业之间不存在劳动人事关系或劳务关系。司法实践中,对于在合法专业分包、劳务分包中的承包人不认定为实际施工人"。①

综合以上,本案亦是围绕以上几个方面对再审申请人蔡某峰是否系实际施工人展开论述。

如关于资金投入,再审法院认为:关于蔡某峰在案涉工程中投入资金问题。蔡某峰主张其作为实际施工人负责案涉整体工程施工现场的全部作业。一审法院依照蔡某峰的申请依法委托山东蓝图工程造价咨询有限公司对案涉工程造价进行鉴定,鉴定结果为:内墙抹灰及内墙网格布、外墙砂浆材料费、地暖工程依据蔡某峰签字的合同计取,总造价为98,383,993.58元;内墙抹灰及内墙网格布、外墙砂浆材料费、地暖工程依据玉兰公司、金颐公司提供的合同计取,总造价为95,633,427.45元。蔡某峰在再审申请书中主张其建设工程的施工款为52,052,783.07元,其中通过银行转账的垫资数额为4,505,496元。一审法院认定,蔡某峰主张的通过银行转账投入的资金为250余万元。二审

---

① 最高人民法院民事审判第一庭编著:《最高人民法院新建设工程施工合同司法解释(一)理解与适用》,人民法院出版社2021年版,第445~446页。

法院认定,蔡某峰主张其在案涉工程中投入资金 43,561,336.38 元,其中,工人工资及部分材料款 25,930,289 元,购买材料等费用 17,631,047.38 元。蔡某峰主张其通过大量现金往来向案涉工程投入资金,但未提交充分证据予以证实,故一、二审法院认为蔡某峰仅以现有的 250 余万元银行转账证据证实其已经投入资金完成了 5000 余万元工程依据不足,符合本案客观情况。

总而言之,实际施工人拟按照《建设工程解释一》第 43 条向发包人主张权利,必须首先证明其为案涉项目实际施工人。

2. 必要证据的范围以请求权依据的法律规定来确定,实然证据缺少必要证据的,其诉讼请求将可能被驳回

以本案为例,由于蔡某峰未能提供证据证明其为案涉项目实际施工人,因此其依据《建设工程解释一》第 43 条向发包人主张权利被驳回。

二、实然证据不符合应然证据,被告可以辩称原告提供的证据不足以证明待证事实

(一)实然证据达不到应然证据要求,被告可抗辩原告证据不足以证明待证事实

实然证据达不到应然证据要求,存在两种可能:一是诉讼请求经审理,法官确信该待证事实属实的,判决支持原告诉讼请求;二是法官以原告证据不足以证明待证事实为由驳回原告诉讼请求。从以上分析可见,实然证据达不到应然证据要求,意味着赋予法官自由裁量权,一旦赋予法官自由裁量权,则意味着诉讼存在较大风险。只有实然证据越充分,越符合应然证据要求,才能极大减少法官自由行使裁量权的余地并尽可能确保当事人主张得到法院支持。

(二)从被告答辩而言,应以应然证据为标准,论述原告提供的证据不符合应然证据要求,因此对原告诉讼请求应予驳回。如提供反驳证据的,亦应按照应然证据要求提供反驳证据

既然应然证据为证明待证事实应具备的证据,如原告提供的证据达不到应然证据的要求,被告可以以原告提供的证据不足以证明待证事实为由,请求法院对原

告诉讼请求予以驳回。除此之外,如能提供证据证明原告提供的证据达不到应然证据的要求,则应提供相应的反驳证据。

(三)案例:就原告诉讼请求,应按照应然证据要求举证;被告反驳,亦应按应然证据提供反驳证据

案例1-5:保险代理人与保险公司之间属于民事委托法律关系而非劳动关系

——陈某与某保险公司劳动关系劳动争议案

- **陈某仲裁请求**

(1)请求确认申请人与被申请人2015年11月1日至2016年5月20日存在劳动关系;

(2)被申请人支付拖欠申请人2016年1月工资1700元及25%的经济补偿425元;

(3)被申请人支付拖欠申请人2016年4月工资50,000元及25%的经济补偿金12,500元;

(4)被申请人支付拖欠申请人2016年4月工资50,000元及25%的经济补偿12,500元;

(5)被申请人支付申请人2016年5月工资33,333.3元;

(6)被申请人支付申请人2015年11月1日至2016年5月20日未签订劳动合同的二倍工资差额283,333.3元;

(7)被申请人支付申请人解除劳动关系经济补偿金50,000元。

- **基本案情**

陈某于2015年11月进入某保险公司成为该保险公司业务员代理销售该公司各类保险,双方签订了《个人代理销售人员保险代理合同书》(以下简称《保险代理合同》),未签订书面劳动合同。2016年5月20日,陈某向某市劳动人事争议仲裁委员会提出仲裁申请,要求确认其与某保险公司存在劳动合同关系并要求保险公司支付其拖欠工资、经济补偿金等。

- **裁判结果**

申请人提交的证据不能证明其与被申请人之间存在劳动关系,而被申请人提交的证据包括《保险代理合同》、保险行业协会《关于解答个人保险代理人是否与保险公司之间产生劳动关系的复函》等证据相互印证，形成有效的证据链，证明申请人与被申请人签订了《保险代理合同书》，申请人与被申请人属于保险代理关系，申请人代理销售被申请人的保险业务，被申请人按照合同约定的比例结算申请人的佣金，即双方已经按照《保险代理合同书》的约定履行。且陈某无须接受某保险公司的管理及考勤，与保险公司不存在身份上的从属关系，而劳动者与用人单位在身份上的从属性是劳动关系形成的本质特征。陈某与某保险公司之间不符合上述规定中形成劳动关系的条件。因此本委对申请人的主张不予支持。

实战点评与分析

1. 本案争议焦点以及各自应具备的应然证据

本案争议的焦点是申请人与被申请人之间的法律关系是劳动关系还是委托代理关系。如果是劳动关系，则申请人的部分申请可以得到仲裁庭支持；如果是委托代理关系，其仲裁请求自然被驳回。

就两种不同的法律关系而言，其应然证据和对应的事实分别如下。

如果陈某与某保险公司之间确系劳动关系，则应具备以下证据：劳动合同、劳动报酬支付凭证、按照劳动报酬缴纳税款的完税凭证；陈某应接受某保险公司的管理，相应的证据包括考勤记录等。如陈某无法提供以上证据的，则被申请人可以抗辩申请人陈某的证据不足以证明其申请事项。

如果陈某与某保险公司系委托代理关系，则应具备以下证据：双方经平等协商签订了委托代理合同；某保险公司按照申请人代理销售的营业金额，再按照合同约定将扣除税金后的佣金支付给陈某，佣金的税金系按照劳务报酬的比例计取，此部分对应的应然证据包括：陈某每月对当月完成业绩金额的签字确认并形成相应的确认单，某保险公司按照该业绩金额计取佣金，该佣金金额得到陈某的签字确认并形成相应的确认单，按照劳务报酬计税标准缴纳税款后将实付佣金支付给陈某，就此应有相应的税务完税凭证和计税依据（提供法律法规或行业规范作为佐证），陈某收到实付佣金后签字的收据等。如能收集到以上证据，则可以作为反驳证据提交，并主张本案双方法律关系并非劳动关系而是委托代理关系，应驳回申请人申请。

2. 案件事实

就本案事实而言，申请人实际上系公司营销人员即个人代理销售人员，并非公司员工，公司对个人代理销售人员并不按照劳动关系管理，也不结算支付工资，该人员的收入系通过销售收取佣金取得，而被申请人支付给申请人的款项也是根据其代理销售金额，按双方约定的比例支付佣金，由于每月销售额不同，因此每个月支付的佣金金额并不一样，这与劳动关系也完全不同。

综上，就本案而言，申请人与被申请人之间的法律关系实际上是委托代理关系，此种委托代理关系并非劳动关系，双方之间并不存在劳动法律关系意义上的管理与被管理关系，双方之间并不结算支付工资，而是按照申请人当月完成销售金额，按照一定比例计提佣金。在确定双方真实法律关系后，就被申请人而言，提供相应的证据证明双方之间的真实法律关系为委托代理关系则成为案件重点和胜败的关键。

由于双方之间的法律关系系委托代理关系，因此某保险公司收集并提供了以下证据：

其一，双方签订的委托代理合同。

该合同首段即载明："本合同仅构成甲乙双方的保险代理关系，在任何时候均不构成甲、乙双方之间的劳动关系或劳务关系。"对于此种关系并非劳动关系，《保险法》的相关规予了明确，该法第117条规定："保险代理人是根据保险人的委托，向保险人收取佣金，并在保险人授权的范围内代为办理保险业务的机构或者个人。保险代理机构包括专门从事保险代理业务的保险专业代理机构和兼营保险代理业务的保险兼业代理机构。"

其二，由陈某签字确认的佣金收据（该收据系按照代理合同约定，按照劳务报酬扣除税金以后的实付金额），该证据证明向陈某支付的款项是按照双方订立的委托代理合同约定的比例和时间支付，由此需要提供：每月双方核对的申请人的销售金额，被申请人按照该销售金额支付款项的付款凭单。

证据准备情况：被申请人保险公司提供了由申请人签字确认的申请人自从事销售代理活动以来的佣金收入，该收入是扣除税后所得，且已通过银行转账方式支付完毕。第一笔佣金6924.31元，于2016年2月23日支付；第二笔佣金2058.29元，于2016年3月10日支付；第三笔佣金10,033.35元，于

2016年4月7日支付,以上款项支付后均由申请人签字确认,因此实际上也不存在所谓"拖欠工资"的事实。

其三,支付的金额涉及缴纳税款的,税款的缴纳并非按照个人所得税对应的"工资、薪金所得"比例缴纳,而是按照"劳务报酬"所得缴纳,且按照该比例缴纳,应当有保监会(现为国家金融监督管理总局)对个人销售代理人员佣金缴纳税款的文件规定。

证据准备情况:被申请人提供了保监会(现为国家金融监督管理总局)关于个人销售代理缴纳税款如何计算的文件,结合该文件、委托代理合同以及经申请人确认的每月其业绩金额计算,刚好得出每月实际支付给申请人的金额,该金额亦得到申请人签字确认,由此形成完整证据链证明双方真实的法律关系并非劳动关系而是委托代理关系。

本案被申请人按照上述思路提供证据,最终仲裁庭认定双方之间的关系从合同的签订到履行均体现为委托代理关系,因此驳回了申请人的申请。

从以上案例不难看出,无论是原告提出诉讼请求还是被告答辩,均应按照应然证据的标准收集提供证据,实然证据不符合应然证据要求的,其诉讼请求或答辩将可能无法得到法院支持。

第三节

民事证据思维的三段论推理

"法学方法论作为保障法官依法公正裁判的工具,必然以司法三段论为基础而展开,因为司法活动主要围绕裁判活动展开,而裁判活动必然要以法律和事实两项要素为基础,这两项要素是通过三段论发生联系和互动的。法律人正是利用三段论这个基本的推理工具来确定法律和事实的。从这个意义上讲,法律方法论也必然要以司法三段论作为讨论的起点。""三段论是从两个前提推得一个结论的演绎论证。在形式逻辑上,三段论的推论形式为,大前提是 T,小前提是 S,如果 T 有法律效果 R,则当 S 与 T 相对应时,也能够产生 R 的效果。以上用公式表示就是:

T→R(如果具备 T 的要件,则适用 R 的法律效果)

S = T(特定的案件事实符合 T 的要件)

S→R(得出结论 S 即适用 R 的法律效果)。"[①]

司法三段论,既是法官裁判的主要手段,也是民事证据思维中的主要思维推理方式。

一、民事证据思维中的三段论推理

当事人提出的诉讼请求应符合法律规定,有相应的法律依据,换言之,当事人的任何诉讼请求都必须以实体法作为请求权基础,没有法律依据的诉讼请求将无法得到法院支持。因此,当事人的举证亦应以实体法规定的请求权基础为基准,提供充分的证据证明原告的诉讼请求所依据的事实符合请求权基础的规定。民事证据思维中的三段论,本质上是以实体法规定的请求权基础所规定的法律事实为要件,结合本案证据事实进行推理,如经过推理,本案的事实符合法律规定的法律事

---

① 王利明:《法学方法论》,中国人民大学出版社2016年版,第69页。

实要件,则本案当事人的诉讼请求应得到支持;反之亦然。这一推理过程实际就是民事证据思维中三段论推理过程,民事证据思维中的三段论推理过程系完全建立在民事实体法和程序法之上,围绕着民事实体法和程序法展开的思维方式。

二、民事证据思维中三段论思维的推理过程和步骤

(一)民事证据思维中的三段论推理

民事证据思维与其他思维存在诸多不同,其中重要原因之一是民事证据思维中的三段论推理必须以民事实体法和民事证据的规范文件为据,这也是民事证据思维的主要特点,民事证据思维具体推理过程如下:

其一,当事人提出诉讼请求;

其二,明确当事人诉讼请求所依据的法律规定;

其三,在必要的时候可以对当事人诉讼请求所依据的法律规定进行解构,分解成若干构成要件;

其四,以应然证据标准分析确定当事人诉讼请求所依据的法律规定所对应的法律事实和相应证据;

其五,本案的证据和证据证明的事实;

其六,推理:本案的证据和证据证明的事实是否符合请求权所依据的法律规定,如果符合,则可以取得法律规定的法律效果;如果不符合,则不能取得法律规定的法律效果,其诉讼请求将可能被驳回。

以上过程实际上亦为三段论推理的过程。

(二)从一个案件看三段论思维的具体运用

案例1-6:构成表见代理,相对人需善意且无过失

——[公报案例]李某勇与中国农业银行股份有限公司
重庆云阳支行储蓄存款合同纠纷案

案号:(2013)民提字第95号

判决结果：维持原判

• **最高人民法院主要裁判意见**

原告李某勇以被告方农行负责人即农行云阳支行行长谭某力作出的行为，且办理存款的地点在办公室并不构成表见代理。

构成表见代理，相对人需善意且无过失。"相对人善意且无过失"构成应当包含两点：一是相对人相信代理人所进行的代理行为属于代理权限内的行为；二是相对人无过失，即相对人已尽了充分的注意，仍无法否认行为人的代理权。案件当事人存在未尽合理注意义务的过失，因此不构成表见代理。

本案中，李某勇不符合善意且无过失的表见代理要求：

一是对谭某力行长的身份未经核实即轻信。李某勇是经刚认识的刘某等陌生人介绍认识"行长"谭某力，谭某力接待李某勇时并未在农行云阳支行办公地点，而是在农行云阳支行云江大道分理处的办公室，作为"行长"的谭某力亲自带李某勇到柜台办理"存款"业务，李某勇因为疏忽，对谭某力作为"行长"不符合常规的做法未产生怀疑，未尽合理注意义务。

二是李某勇对存款过程存在的诸多不合常规操作未产生怀疑。谭某力交给李某勇的《承诺书》载明，农行云阳支行在3个月存款期内承诺对款项"不抵押、不查询、不提前支取"。

因李某勇不符合善意无过错的表见代理构成要件要求，谭某力的行为不构成表见代理。李某勇向谭某力作出的存款意思表示不能视为向农行云阳支行作出的意思表示。李某勇关于在农行云阳支行办公室这一特定环境内，造成其相信谭某力行长身份，确信谭某力代表农行云阳支行，存款业务无须储户亲自到柜台向柜员说明的观点，缺乏依据，本院不予采信。

实战点评与分析

1. 三段论推理是对案件证据是否达到法律规定证明标准的基本推理方式

本案双方争议的焦点为谭某力实施的行为对农行云阳支行是否构成表见代理，李某勇作为相对人，主观上是否善意且无过失。

(1)按照三段论的推理，首先必须明确构成表见代理的法律规定

《民法典》第172条规定:"行为人没有代理权、超越代理权或者代理权终止后,仍然实施代理行为,相对人有理由相信行为人有代理权的,代理行为有效。"

最高人民法院颁布的《关于当前形势下审理民商事合同纠纷案件若干问题的指导意见》的通知(法发〔2009〕40号)第13条规定:"合同法第四十九条规定的表见代理制度不仅要求代理人的无权代理行为在客观上形成具有代理权的表象,而且要求相对人在主观上善意且无过失地相信行为人有代理权。合同相对人主张构成表见代理的,应当承担举证责任,不仅应当举证证明代理行为存在诸如合同书、公章、印鉴等有权代理的客观表象形式要素,而且应当证明其善意且无过失地相信行为人具有代理权。"

根据以上规定,构成表见代理需具备以下条件:

其一,行为人实施民事法律行为时,没有代理权、超越代理权或者代理权已经终止;

其二,行为人实施民事法律行为时系以被代理人名义实施;

其三,相对人有理由相信行为人有代理权,在主观上善意且无过失。

(2) 以上法律规定所对应的法律事实和相应证据

其一,签订该合同时,被代理人未在合同上签字或盖章,或虽有签字和盖章,但经鉴定并非被代理人签字或盖章。如果签订该合同时系被代理人签字或盖章,则合同一经签订即成立,没有适用表见代理的余地。

其二,签订合同的行为由无权代理人实施,原告应提供证据证明无权代理人实施了合同签订行为,如在合同中作为委托代理人签字。

其三,无权代理人实施民事法律行为时系以被代理人名义实施,如签订合同加盖的印章虽然经鉴定系虚假,但名称为被代理人名称。

其四,相对人在主观上善意且无过失,关于"相对人在主观上善意且无过失"的举证和判断标准,最高人民法院颁布的《关于当前形势下审理民商事合同纠纷案件若干问题的指导意见》的通知(法发〔2009〕40号)作了规定,该意见第14条规定:"人民法院在判断合同相对人主观上是否属于善意且无过失时,应当结合合同缔结与履行过程中的各种因素综合判断合同相对人是否尽到合理注意义务,此外还要考虑合同的缔结时间、以谁的名义签字、是否盖有相关印章及印章真伪、标的物的交付方式与地点、购买的材料、租赁的器材、所借款项的用途、建筑单位是否知道项目经理的行为、是否参与合同履行等各种因素,作出综合分析判断。"

(3)本案的证据事实

①表见代理的行为人需以被代理人名义实施民事法律行为

本案谭某力就其为李某勇办理的业务,系以农行云阳支行名义办理,包括:其一,2009年1月15日上午,刘某、刘某毅等人带领李某勇到谭某力原农行云阳支行云江大道分理处的办公室,并向李某勇介绍谭某力是谭行长;其二,谭某力将事先准备好的《承诺书》交给李某勇,《承诺书》载明"我行客户李某勇在我行存入的三个月定期存款1000万元整。我行特此作出如下承诺:在三个月内本笔存款不抵押、不查询、不提前支取,并保证存款到期时由我行负责凭李某勇的存单和本承诺书原件兑付该笔1000万元整的存款。特此承诺。中国农业银行云阳支行,二〇〇九年一月十五日"。李某勇看后,谭某力在《承诺书》上签名。刘某毅称银行的公章马上送过来,就叫人将唐某生私刻的"中国农业银行云阳支行"印章加盖在承诺书上。

②表见代理的行为人系无权代理

谭某力实施的行为未取得农行云阳支行的授权,属于无权代理。

③相对人需善意且无过失

最高人民法院认为相对人李某勇存有过错,不符合"善意且无过失"的要件,理由见上文。

(4)推理

由于李某勇在实施本案民事法律行为时存在过错,因此本案事实不符合表见代理的构成要件,对于李某勇主张谭某力的行为构成表见代理并要求农行云阳支行承担责任不予支持。

2. 应善于对当事人诉讼请求所依据的法律规定进行解构,分解成若干构成要件

民事证据思维的三段论,首先必须明确请求权依据的基础法律规范的

构成要件,对于法律规范的构成要件,可通过对法律规范条款进行解构,经对法律规范进行解构可更加明晰该法律规范适用的条件和构成要件,经解构后的条件可以作为当事人收集证据的指引。相应地,当事人也应围绕解构后对应的条件相应收集证据,尽可能使本案的证据以及证据证明的事实符合法律规定要件。

以当事人主张法定抵销权为例,《民法典》第568条规定:"当事人互负债务,该债务的标的物种类、品质相同的,任何一方可以将自己的债务与对方的到期债务抵销;但是,根据债务性质、按照当事人约定或者依照法律规定不得抵销的除外。当事人主张抵销的,应当通知对方。通知自到达对方时生效。抵销不得附条件或者附期限。"

根据以上规定,一方当事人主张抵销权,必须符合以下条件:

其一,必须是双方互负债务;

其二,互负的债务种类、品质相同;

其三,对方债务已经到期;

其四,拟用于抵销的债务根据债务性质、双方约定或法律规定,并不属于不得抵销的范围;

其五,主张抵销的一方应向对方发出通知。

通过以上解构,可以更加明确抵销权的构成要件,以该构成要件为指引收集和提供证据。(见表1-1)

表1-1 抵销权构成要件解构与举证指引

解构法律规定(大前提的事实)	举证对应的证据(小前提的事实)
双方互负债务	借款合同、付款凭单、借据、收据或其他债权证明文件
互负的债务种类、品质相同	当事人互负的债务都为金钱类的债
对方债务已经到期	对方欠付当事人的债务已经到期,如借款合同约定的借款期限已经届至

续表

解构法律规定(大前提的事实)	举证对应的证据(小前提的事实)
拟用于抵销的债务根据债务性质、双方约定或法律规定,并不属于不得抵销的范围	拟用于抵销的债权,双方未在合同中约定该债务不得抵销
主张抵销的一方应向对方发出通知	主张抵销的通知和送达证据,如快递回单、微信或其他方式足以证明送达了抵销通知

第四节

以实例为例：民事证据思维在实务中的运用

民事证据思维是办理民事案件的指导性思维方式，贯穿全部民事诉讼活动。法律人必须通过长期不断的学习和实践，使民事证据思维成为法律人下意识的思维方式，并在具体案件中，运用民事证据思维收集证据、组织和整理证据、举证、质证，如此才能使已方提供的证据和主张得到法官支持。以下以一实例说明民事证据思维在诉讼活动中的作用以及如何运用民事证据思维指导证据的收集、举证和质证。

一、案情简介、当事人诉讼请求及事实与理由

· 案情简介

2014年9月26日，D公司将其广西崇左市扶绥县工业区生产基地项目工程"发包"给HB三建公司承包施工，双方就此签订了《建设工程施工合同》；此后，HB三建公司又于2014年9月30日"发包"给刘某实际施工，双方签订了《合同协议》。按照刘某与HB三建公司所签订的施工承包合同的约定，刘某要向HB三建公司支付合同履约保证金3,000,000元，并约定该保证金必须于3个月内返还。2014年9月29日，刘某向HB三建公司支付了3,000,000元保证金并按时进场开工建设。按照合同约定，HB三建公司应当于2014年12月29日前退还刘某3,000,000元保证金，但是一直未退还。经法院查实，刘某所建工程结算造价为5,661,529.95元。但刘某未收到工程款，因此向法院提起诉讼。

· 原告刘某诉讼请求

1. HB三建公司、D公司立即退还刘某合同履约保证金3,000,000元并支付利息165,000元（利息以3,000,000元为基数，按同期银行贷款利率计算，从2014

年9月29日起暂计至2015年9月30日,以后另计算至还清之日止);

2. HB三建公司、D公司向刘某支付逾期退还合同履约保证金的违约金360,000元(违约金以3,000,000元为基数,按每日万分之五,从2014年12月29日起暂计算至2015年9月30日,以后另计算至履约保证金还清之日止);

3. HB三建公司、D公司立即向刘某支付工程款5,661,529.95元及利息211,363元(利息以工程款5,661,529.95元为基数,按同期银行贷款利率计算,从2015年1月22日起暂计算至2015年9月30日,以后另计算至工程款付清之日止);

4. HB三建公司、D公司向刘某支付拖欠工程款的违约金(违约金以所拖欠的工程款5,661,529.95元为基数,按每日万分之五,从起诉之日起计算至工程款付清之日止);

5. HB三建公司、D公司退还刘某支付的预算费20,000元、项目管理费120,000元、误工遣散费13,750元、材料看管费18,000元、工地看管费30,000元、工程保险费50,000元;

6. HB三建公司、D公司对上述债务互负连带清偿责任;

7. 张某斌、张某、王某梁在其未在出资本息范围内对D公司不能清偿案涉债务的部分承担补充赔偿责任;

8. 张某斌、张某对D公司应退还的履约保证金承担连带清偿责任;

9. HB三建公司、D公司承担本案诉讼费、评估鉴定费全部费用。

• 事实与理由

2014年9月26日,D公司将其广西崇左市扶绥县工业区生产基地项目工程发包给HB三建公司承包施工,HB三建公司又于2014年9月30日转包给刘某实际施工。按照刘某与HB三建公司所签订的施工承包合同的约定,刘某要向HB三建公司支付合同履约保证金3,000,000元,并约定该保证金必须于3个月内返还。2014年9月29日,刘某向HB三建公司支付了3,000,000元保证金并按时进场开工建设。按照合同约定,HB三建公司应当于2014年12月29日前退还刘某3,000,000元保证金,但是一直拖延不予退还,导致刘某无法继续施工并遭受重大损失。之后,刘某与HB三建公司、D公司进行了结算,刘某所建工程结算造价为5,661,529.95元,同时将所建工程交接给了HB三建公司、D公司。刘某多次向

HB 三建公司、D 公司索要保证金和工程款,但均遭到拒绝。按照合同约定和法律规定,HB 三建公司、D 公司应承担拒不退还保证金、拒不支付工程款的逾期违约金和银行利息。HB 三建公司、D 公司还应退还刘某支付的预算费 20,000 元、项目管理费 120,000 元、误工遣散费 13,750 元、材料看管费 18,000 元、工地看管费 30,000 元、工程保险费 50,000 元。根据 2004 年《最高人民法院关于审理建设工程施工合同纠纷案件适用法律问题的解释》(已失效,笔者注)的相关规定,HB 三建公司、D 公司应对刘某诉请的债务互负连带清偿责任。张某斌、张某、王某梁作为 D 公司的股东,应在各自未出资本息范围内对 D 公司不能清偿案涉债务的部分承担补充赔偿责任。

二、诉讼过程中印章真伪的鉴定情况

诉讼过程中,HB 三建公司申请对本案中盖有"HB 省工业建筑总承包集团第三建筑工程公司"印文的证据上的"HB 省工业建筑总承包集团第三建筑工程公司"印文的真伪进行鉴定。经鉴定机构广西科桂司法鉴定中心核对,本案中盖有"HB 省工业建筑总承包集团第三建筑工程公司"印文的证据中,仅有 2014 年 11 月 17 日的《关于项目监理部印章使用说明》、2014 年 9 月 30 日的《合同协议》、2014 年 10 月 1 日的《收据》(凭证号码 No.4046895)、2014 年 10 月 6 日的《收据》(凭证号码 No.4046898)、2014 年 10 月 8 日的《收据》(凭证号码 No.4046928)这五份证据具备鉴定的条件。经鉴定,广西科桂司法鉴定中心于 2018 年 7 月 26 日作出科桂司鉴中心[2018]文鉴字第 113 号《司法鉴定意见书》,认定 2014 年 11 月 17 日的《关于项目监理部印章使用说明》、2014 年 9 月 30 日的《合同协议》、2014 年 10 月 1 日的《收据》(凭证号码 No.4046895)、2014 年 10 月 6 日的《收据》(凭证号码 No.4046898)、2014 年 10 月 8 日的《收据》(凭证号码 No.4046928)的"HB 省工业建筑总承包集团第三建筑工程公司"印文与同名样本印文不是同一枚印章盖印。

三、一审法院认定的主要事实

2014 年 9 月 26 日,D 公司与 HB 三建公司签订《建设工程施工合同》,双方约定 D 公司将其位于扶绥县的"扶绥某项目工程"发包给 HB 三建公司承建,工程内容包括厂房四栋、办公楼一栋、宿舍两栋、综合楼一栋,承包范围包括桩基础、防水、土建、装饰、装修、消防、防雷等施工图纸内的所有工程内容,承包方式为包工包料,双方在合同第41条第3款第3项中约定,HB三建公司在本合同签订之日当日支付1,000,000元合同履约金,收到进场通知书后3个工作日内将剩余2,000,000元合同履约保证金转至D公司指定的账户上,合同履约保证金3个月返还3,000,000元(不计利息),如未按时返还,D公司每日支付合同履约金的万分之五作为违约金支付给HB三建公司,违约金按月支付;合同第47条第1款约定,承包人自愿垫资完成基础、土建、钢构、装修等至10,000,000元的工程量;合同还约定了其他事宜。合同落款处盖有"HB省工业建筑总承包集团第三建筑工程公司"印章,庞某欢为HB三建公司的委托代理人在合同上签字。

2014年9月30日,HB三建公司与刘某签订《合同协议》,双方约定HB三建公司将其承包的位于扶绥县的"扶绥某项目工程"发包给刘某施工建设,工程内容包括厂房四栋、办公楼一栋、宿舍两栋、综合楼一栋,承包范围包括桩基础、防水、土建、装饰、装修、消防、防雷等施工图纸内的所有工程内容;刘某向HB三建公司支付合同履约保证金3,000,000元;合同还约定了其他事宜。合同落款处盖有"HB省工业建筑总承包集团第三建筑工程公司"印章,庞某欢以HB三建公司的委托代理人身份在合同上签字。2014年9月29日,刘某通过银行转账支付500,000元履约保证金给庞某欢,2014年10月8日,刘某通过银行转账支付2,850,000元履约保证金给庞某欢,庞某欢之后将上述保证金支付给D公司。合同签订后,刘某进场施工。2014年11月17日,涉案工程的监理单位广西HD工程项目管理咨询有限公司出具《关于项目监理部印章使用说明》,明确了监理单位在涉案工程使用印章的情况以及范围,D公司、HB三建公司广西分公司在《关于项目监理部印章使用说明》上加盖印章确认,同时该《关于项目监理部印章使用说明》盖有"HB省工业建筑总承包集团第三建筑工程公司"印文。2015年1月21日。刘某支付抹灰施工队遣散费13,750元,并通过《工程确认单》给监理单位以及D公司就该笔费用进行协商。2015年2月13日,D公司、张某、张某斌共同出具《保证书》给刘某,内容为:D公司保证于2015年3月30日前支付完尚欠合同履约保证金2,800,000元,如到期未能支付,愿意承担所产生的一切后果,张某斌、张某在保证人栏上签字并捺印。2015年5月12日,HB三建公司广西分公司出具《联系函》给D公司……

2015年8月19日,张某收到涉案工程《工程结算书》一份,该结算书上盖有"HB省工业建筑总承包集团第三建筑工程公司广西分公司"印文。2015年9月12日,刘某、HB三建公司广西分公司出具《扶绥厂房工程交接结算函》,将涉案工程交付给D公司,张某在《扶绥厂房工程交接结算函》上签字。刘某在D公司所施工的3#、4#厂房的造价为5,247,500.29元(含建安营业税),D公司至今未支付任何工程款。本案中,2014年11月17日的《关于项目监理部印章使用说明》、2014年9月30日的《合同协议》、2014年10月1日的《收据》(凭证号码No.4046895)、2014年10月6日的《收据》(凭证号码No.4046898)、2014年10月8日的《收据》(凭证号码No.4046928)的"HB省工业建筑总承包集团第三建筑工程公司"印文与同名样本印文不是同一枚印章盖印。D公司已退还给刘某部分合同履约保证金,至今尚有2,770,000元合同履约保证金未退还。刘某支付给周某山看管涉案工程2015年2月至10月的看管费30,000元。2016年1月8日,HB三建公司向扶绥县公安局报案称其公司印章被伪造,扶绥县公安局于2016年1月28日出具受理的回执。

四、本案一审法院归纳的争议焦点和部分判决结果

本案的争议焦点为:(1)HB三建公司与刘某、D公司之间是否存在合同关系,若存在合同关系,合同是否合法、有效;(2)刘某诉请HB三建公司、D公司支付工程款是否有法律依据;(3)刘某交付的合同履约保证金应该由谁退还;(4)刘某要求HB三建公司、D公司退还预算费20,000元、项目管理费120,000元、误工遣散费13,750元、材料看管费18,000元、工地看管费30,000元、工程保险费50,000元等费用是否合法、有据;(5)D公司的股东张某斌、张某、王某梁是否应当承担补充赔偿责任;(6)张某斌、张某是否应当承担连带责任。

关于争议焦点一"HB三建公司与刘某、D公司之间是否存在合同关系,若存在合同关系,合同是否合法、有效",本院认为,HB三建公司在收到本案的应诉材料后,向本院提交的公司法定代表人证明以及公司营业执照复印件上盖印的是"HB省工业建筑总承包集团第三建筑工程公司",之后该公司法定代表人变更后,该公司重新提交了法定代表人证明以及公司营业执照复印上盖印的则是"HB省工业建筑总承包集团第三建筑工程公司(1)",说明HB三建公司不只存在一枚公

章。HB三建公司存在多枚公章,应对此负有管理义务,由此带来的风险应由其自行承担。另外,HB三建公司虽然否认与D公司、刘某签订过合同,并且刘某提交的2014年9月30日的《合同协议》上的"HB省工业建筑总承包集团第三建筑工程公司"印文与同名样本印文不是同一枚印章盖印,但是HB三建公司广西分公司在《关于项目监理部印章使用说明》《联系函》《工程结算书》《扶绥厂房工程交接结算函》四份书证上盖有该分公司的印章,说明HB三建公司广西分公司是知晓D公司的扶绥某项目工程的,并认可该工程由刘某实际施工。据此,总公司应为其分公司的行为负责,HB三建公司应对签订《建设工程施工合同》以及与刘某签订的《合作协议》的行为负责。HB三建公司与D公司签订的《建设工程施工合同》是双方的真实意思表示,没有违反法律或者行政法规的强制性规定,合法、有效,双方应当按照合同约定全面履行义务。HB三建公司与刘某签订《合作协议》,将其承包的D公司的扶绥某项目工程转包给刘某属于违法转包,并且刘某没有相应的资质,双方签订的《合作协议》无效。

关于争议焦点二"刘某诉请HB三建公司、D公司支付工程款是否有法律依据",由于HB三建公司与刘某签订《合作协议》无效,无效的合同自始没有法律约束力。但刘某是实际施工人。根据2004年《最高人民法院关于审理建设工程施工合同纠纷案件适用法律问题的解释》(已失效)第2条规定:"建设工程施工合同无效,但建设工程经竣工验收合格,承包人请求参照合同约定支付工程价款的,应予支持。"2015年9月12日,刘某、HB三建公司广西分公司出具《扶绥厂房工程交接结算函》,将涉案工程交付给D公司,张某在《扶绥厂房工程交接结算函》上签字,张某作为D公司的股东,并且是该公司的原法定代表人,其在《扶绥厂房工程交接结算函》上签字,足以代表D公司接收涉案工程,涉案工程已视为验收合格。刘某建设扶绥某项目工程3#、4#厂房,已完成工程造价5,247,500.29元(含建安营业税),因此,HB三建公司应当支付工程款5,247,500.29元。刘某主张工程款的违约金,由于刘某与HB三建公司签订的《合作协议》无效,该合同关于违约金的约定不能作为刘某主张工程款违约金的依据。因此,刘某主张HB三建公司支付工程款违约金,本院不予支持。刘某主张工程款利息以工程款5,661,529.95元为基数,按同期银行贷款利率计算。2004年《最高人民法院关于审理建设工程施工合同纠纷案件适用法律问题的解释》(已失效)第2条规定:"利息从应付工程价款之日计付。当事人对付款时间没有约定或者约定不明的,下列时间视为应付款时间:(一)建设工程已实际交付的,为交付之日;……"刘某于2015年9月12日向D公司移交建设工程,利息应从2015年9月12日起计算。因此,HB三建公司应以5,247,500.29元为基数,按照中国人民银行流动资金贷款利率计,从2015年9月12日起计至实际清偿之日止。D公司承认至今未支付任何工程款,其应对上述工程款以及利息在欠付的工程款范围内承担连带还款责任……

一审判决部分结果:

1. HB省工业建筑总承包集团第三建筑工程公司在本判决生效之日起10日内支付刘某工程款5,247,500.29元及利息(利息以5,247,500.29元基数,按照中国人民银行流动资金贷款利率计,从2015年9月12日起计至实际清偿之日止);

2. D公司在欠付的工程款范围内对上述债务承担连带还款责任;

3. D公司在本判决生效之日起10日内退还刘某履约保证金2,770,000元及利息(利息应以2,770,000元为基数,按照中国人民银行流动资金贷款利率计,从2015年3月31日起计至实际清偿之日止);

4. 张某斌、张某对D公司退还履约保证金负连带清偿责任;

5. 驳回刘某的其他诉讼请求。

五、二审法院的认定和判决结果

一审判决后,HB三建公司提起上诉,二审法院最终认为:(1)关于HB三建公司与D公司、刘某是否存在建设工程施工合同关系的问题。虽经一审法院委托广西科桂司法鉴定中心对本案刘某提交的《关于项目监理部印章使用说明》、《合同协议》、凭证号码分别为No.4046895、40466898、40466928的《收据》中的"HB工业建筑总承包集团第三建筑工程公司"进行鉴定,鉴定结果为上述五份检材与同名样本印文"HB工业建筑总承包集团第三建筑工程公司"不一致,但本案中刘某难以确认盖有"HB工业建筑总承包集团第三建筑工程公司"的印章与上述"同名样本"是否一致,HB三建公司没有证据证实刘某、D公司明知本案盖有"HB工业建筑总承包集团第三建筑工程公司"的印章与"同名样本"的印章不一致,HB三建公司亦没有证据证实本案施工过程其使用"同名样本"印章的唯一性,HB三建公司答辩中承认HB三建公司有多个分支机构和多个职能部门,项目涉及全国各地,存在多枚印章是符合常理和商业习惯,因此,D公司、刘某有理由相信其分别与HB三建公司签订的《建设工程施工合同》《合同协议》系双方真实意思表示,同时亦有理由相信HB三建公司广西分公司在《关于项目监理部印章使用说明》《联系函》《工程结算书》《扶绥厂房工程交接结算函》四份书证上盖章的真实性。HB三建公司上诉申请对"HB工业建筑总承包集团第三建筑工程公司"和"HB工业建筑总承包集团第三建筑工程公司广西分公司"的印章的真实性进行鉴定,因鉴定结果不影响本案审理结果,故对该申请不予准许。因D公司与HB三建公司签订的《建设工程施工合同》没有违反法律或者行政法规的强制性规定,为有效合同;因刘某没有相应的施工资质,刘某与HB工业建筑总承包集团第三建筑工程公司签订的《合作协议》为无效合同。故HB三建公司上诉主张其对涉案工程不知晓,与D公司、刘某不存在合同关系,亦不是本案适格主体不予支持。

(2)关于HB三建公司应否支付刘某工程款及工程款数额如何确定的问题。2015年9月12日,刘某、HB三建公司广西分公司出具《扶绥厂房工程交接结算函》,将涉案工程交付给D公司,张某在《扶绥厂房工程交接结算函》上签字,张某作为D公司的股东,并且是该公司的原法定代表人,其在《扶绥厂房工程交接结算函》上签字,足以代表D公司接收涉案工程,涉案工程已视为验收合格。刘某施工的扶绥某项目工程3#、4#厂房经一审法院委托广西合生工程造价咨询有限公司柳州市分公司鉴定造价为5,247,500.29元,HB三建公司尚未支付,故HB三建公司尚欠刘某工程款5,247,500.29元。D公司对鉴定结果不予认可,并主张涉案工程造价最多为3,368,400元,但没有相应的证据证实,不予采信。D公司作为发包方,至今未支付任何工程款,故其应在欠付HB三建公司工程价款范围内对HB三建公司支付刘某工程款5,247,500.29元承担连带责任。至于D公司是否连带支付工程款利息的问题。利息是法定孳息,只要欠款存在,就应支付利息。D公司应对欠付工程款利息承担连带清偿责任。

综上所述,D公司、HB三建公司的上诉请求不能成立,应予驳回。

六、申请再审以及再审阶段的思路和策略

HB 三建公司代理律师接受再审代理后,对案件材料,一审、二审判决在事实认定和法律适用方面进行梳理,结合 2021 年《民事诉讼法》第 207 条[①],申请再审。理再审阶段的代理思路,主要包括:

- 对照 2021 年《民事诉讼法》第 207 条规定,判断本案是否存有该条规定应该再审的情形;

- 在再审阶段,如有新证据足以推翻原审判决的,应提供;

- 对一审、二审法院认定的事实重新进行梳理,审查其中是否存在明显错误之处;

- 审查一审、二审程序是否存在错误,该等错误是否直接导致案件判决结果错误;该等程序错误是否符合再审条件;

- 一审、二审法院关于表见代理的认定是否有充分的事实和法律依据,认定是否正确;如案件能进入再审,应重点对表见代理所涉的构成要件进行重点询问和查明;

- 假如一审、二审法院判决正确,则该结果对照本案的证据事实,是否合乎常理;如不合乎常理,即便所加盖的印章确实是 HB 三建公司的印章,HB 三建公司亦不应承担责任。

1. 办理再审申请和再审案件,必须将一审、二审判决与 2021 年《民事诉讼法》第 207 条的各项条件对比,判断是否存有 2021 年《民事诉讼法》第 207 条规定的情形。申请再审时应结合案件事实,紧紧围绕第 207 条书写再审申请书,并将关键证据作为申请书附件一并提交给再审法院立案部门

相关法律规定:

2023 年《民事诉讼法》第 211 条:"当事人的申请符合下列情形之一的,人民法院应当再审:

(一)有新的证据,足以推翻原判决、裁定的;

(二)原判决、裁定认定的基本事实缺乏证据证明的;

(三)原判决、裁定认定事实的主要证据是伪造的;

---

① 2023 年版修正为第 211 条。

(四)原判决、裁定认定事实的主要证据未经质证的;

(五)对审理案件需要的主要证据,当事人因客观原因不能自行收集,书面申请人民法院调查收集,人民法院未调查收集的;

(六)原判决、裁定适用法律确有错误的;

(七)审判组织的组成不合法或者依法应当回避的审判人员没有回避的;

(八)无诉讼行为能力人未经法定代理人代为诉讼或者应当参加诉讼的当事人,因不能归责于本人或者其诉讼代理人的事由,未参加诉讼的;

(九)违反法律规定,剥夺当事人辩论权利的;

(十)未经传票传唤,缺席判决的;

(十一)原判决、裁定遗漏或者超出诉讼请求的;

(十二)据以作出原判决、裁定的法律文书被撤销或者变更的;

(十三)审判人员审理该案件时有贪污受贿,徇私舞弊,枉法裁判行为的。"

2. 再审阶段的新证据

对于再审案件,如能收集到新证据,且新证据足以推翻原判决裁定的,应提供。

就本案而言,针对二审法院不准许对"HB 省工业建筑总承包集团第三建筑工程公司广西分公司"印章的真伪进行鉴定,HB 三建公司代理律师建议由 HB 三建公司自行委托有资质的鉴定机构出具咨询意见,该意见虽然系单方委托,但仍具有一定的证明力。

就庞某欢等人伪造"HB 省工业建筑总承包集团第三建筑工程公司广西分公司"和"HB 省工业建筑总承包集团第三建筑工程公司"印章等事宜,催促公安部门加快立案进程,如此可以推动民事案件的审理。

综上,在再审阶段,HB 三建公司提供了有资质的第三方机构的咨询意见,认定案涉"HB 省工业建筑总承包集团第三建筑工程公司广西分公司"的印章并非"HB 省工业建筑总承包集团第三建筑工程公司广西分公司"的备案印章。

在再审阶段,HB 三建公司提供 W 市公安局某分局受理案件回执,该回执内容如下:2019 年 1 月 24 日,W 市公安局某区分局受理了 HB 三建公司举报庞某欢、庞某太私刻"HB 省工业建筑总承包集团第三建筑工程公司"印章一案,并认为,"嫌疑人庞某欢和庞某太私刻'HB 省工业建筑总承包集团第三建筑工程公司'公章,并以此实施诈骗,经现场勘查及调查走访确实属实,已受理"。

就上述证据,代理律师向法院提出以下意见:

结合上述证据,以及本案在一审程序中广西科桂司法鉴定中心出具的鉴定结论,均已证实本案中所盖的"HB 省工业建筑总承包集团第三建筑工程公司"的相关印章均为伪造,并且庞某欢利用私刻伪造的印章与本案中的被申请人之一的 D 公司签订《建设工程施工合同》,并在签订该合同后通过欺骗的方式与被申请人之一的刘某签订《合同协议》,在与刘某签订该协议后,又通过欺骗的方式让刘某将所谓的履约保证金 300 万元支付至庞某欢个人账户,此款至今仍有 2,770,000 元未归还,其行为属于典型的利用虚假合同骗取对方财物,已经涉嫌合同诈骗罪。依据《最高人民法院关于在审理经济纠纷案件中涉及经济犯罪嫌疑若干问题的规定》第 5 条,"行为人盗窃、盗用单位的公章、业务介绍信、盖有公章的空白合同书,或者私刻单位的公章签订经济合同,骗取财物归个人占有、使用、处分或者进行其他犯罪活动构成犯罪的,单位对行为人该犯罪行为所造成的经济损失不承担民事责任"。

本案因庞某欢私刻印章进行诈骗,根据上述规定,其行为及结果不应由 HB 三建公司承担,因此庞某欢涉嫌私刻印章实施诈骗的刑事案件处理结果与本案有直接利害关系,会对本案的审理结果造成实质性影响,且其涉嫌刑事犯罪相关事实与本案事实是同一法律事实。

综合以上,申请人 HB 三建公司认为,由于公安机关已经对庞某欢涉嫌私刻印章进行诈骗立案侦查,且该案结果对本案审理有实质性影响,W 市公安局某区分局立案告知书属于重大的新证据,且足以推翻原判决,因此本案应当再审。

3. 将原审判决依据的证据事实与 2021 年《民事诉讼法》第 207 条进行对比,判断是否符合再审条件

事实和证据是再审案件中最关键的因素。办理任何再审案件,应首先从证据和事实着手,审查事项主要包括:(1)原审法院已经查明的事实是否属实,依据的证据是否充分,对所依据的证据的认定是否正确;(2)原审法院是否漏查了重要事实,该事实是否有证据,证据是否具备三性;(3)原审法院查明的事实是否正确,是否存在错查的情形,该错查的事实是否是认定案件的主要事实,找出错查的事实所对应的证据。

结合上述思路,针对本案,经查:

（1）一审、二审认定案件事实所依据的主要证据均系伪造，符合2021年《民事诉讼法》第207条规定的第3项，"原判决、裁定认定事实的主要证据是伪造的"。

①认定HB三建公司系案涉工程的承包人所依据的证据是伪造的。

一审、二审法院认定HB三建公司与D公司间存在建设工程施工合同关系的依据是与D公司签订的盖有"HB省工业建筑总承包集团第三建筑工程公司"印文的《建设工程施工合同》，在盖章处有庞某欢的签字，但经一审法院委托鉴定，该印章系伪造，因此，认定该事实的证据系伪造。

②认定HB三建公司与刘某存在合同关系并据此判决HB三建公司向刘某支付工程款的依据系刘某提供的证据1《合同协议书》，但经广西科桂司法鉴定中心鉴定并认定，《合同协议书》加盖的"HB省工业建筑总承包集团第三建筑工程公司"印章系假冒和伪造，因此认定HB三建公司与刘某存在合同关系的证据也系伪造。

③其他涉及合同履行过程中的证据亦被认定为伪造。

根据广西科桂司法鉴定中心出具的鉴定结论（科桂司鉴中心[2018]文鉴字第113号）认定，被申请人刘某提交加盖有HB三建公司印章的证据1《合同协议书》、证据3《收据》、证据37《关于项目监理部印章使用说明》中"HB省工业建筑总承包集团第三建筑工程公司"与同名样本印文"HB省工业建筑总承包集团第三建筑工程公司"不一致，即被申请人刘某提供的以上加盖有HB三建公司印章证据全部系伪造。

综上，一审定案依据的所有关于HB三建公司的所谓事实均是建立在伪造证据之上，所认定的所谓"事实"并无依据，但一审、二审却仍判决HB三建公司对伪造证据产生的结果承担责任，此等判决显然是错误的。因此本案符合再审的条件。

（2）鉴于一审、二审认定案件事实依据的主要证据系伪造，以伪造的证据作为定案依据，显然缺乏证据证明，因此本案符合2021年《民事诉讼法》第207条规定的再审条件的第2项，原判决、裁定认定的基本事实缺乏证据证明。

2021年《民事诉讼法》第207条："当事人的申请符合下列情形之一的，人民法院应当再审：……（二）原判决、裁定认定的基本事实缺乏证据证明的；……"

4. 原一审、二审判决认定的事实缺乏证据；认定事实的主要证据未经质证

本案一审、二审均认为，HB三建公司存在多枚印章，进而认为HB三建公司不只存在一枚公章。HB三建公司存在多枚公章,应对此负有管理义务,由此带来的风险应由其自行承担。尤其是一审法院认为,"HB三建公司在收到本案的应诉材料后,向本院提交的公司法定代表人证明以及公司营业执照复印件上盖印的是'HB省工业建筑总承包集团第三建筑工程公司',该公司法定代表人变更后,该公司重新提交了法定代表人证明以及公司营业执照复印件上盖印的则是'HB省工业建筑总承包集团第三建筑工程公司(1)',说明HB三建公司不只存在一枚公章。HB三建公司存在多枚公章,应对此负有管理义务,由此带来的风险应由其自行承担"。

二审法院亦采纳此观点,并据此认定"HB三建公司亦没有证据证实本案施工过程其使用'同名样本'印章的唯一性,HB三建公司答辩中承认HB三建公司有多个分支机构和多个职能部门,项目涉及全国各地,存在多枚印章是符合常理和商业习惯的,因此,D公司、刘某有理由相信其分别与HB省工业建筑总承包集团第三建筑工程公司签订的《建设工程施工合同》《合同协议》系双方真实意思表示"。

但很显然,一审、二审所述的向法院提交的法定代表人证明和营业执照复印件等并未作为证据由其中任何一方提交,上述文件只是在诉讼过程中当事人向法庭提交的身份证明文件,该等文件未经双方质证,但却被一审、二审法院作为定案依据,显然是错误的。经查原一审、二审庭审笔录以及其他相关材料,HB三建公司从未陈述"三建公司有多个分支机构和多个职能部门,项目涉及全国各地,存在多枚印章"。

至于一审、二审法院所称的HB三建公司存在多枚印章的事实,有必要对本案所涉印章使用情况、印章数量,结合原审法院的认定重新进行梳理、列表,制作成专项意见提供给法庭,就此,再审律师做了以下工作并向再审法院提出以下意见。

(1)由于本案一审、二审时间跨度长,因此有必要将一审、二审期间出现的涉及HB三建公司的印章列表,并注明来源,从所列表格中找出印章使用的变迁过程和事实,具体见表1-2。

表1-2 印章涉及的证据和文书目录

——案号:(2020)桂1421民初×××号

提交人:HB三建公司

提交时间: 年 月 日

序号	证据(或文书)名称	证据(或文书)形成时间	证明内容	证据(或文书)来源	页码
1	证明(由W市公安局某分局出具)	2010年3月23日	证明HB三建公司在2017年12月25日名称变更并刻新印章"HB工建集团第三建筑工程有限公司"前,只有一枚公章名称为"HB省工业建筑总承包集团第三建筑工程公司"	一审[(2015)扶民初字第×××94号]科桂司法鉴定中心的鉴定材料(样本1)	
2	营业执照(名称为"HB省工业建筑总承包集团第三建筑工程公司")	2015年12月16日	证明2017年12月25日HB三建公司名称变更并刻制新印章"HB工建集团第三建筑工程有限公司"前,只有一枚公章名称为"HB省工业建筑总承包集团第三建筑工程公司"	一审[(2015)扶民初字第×××94号]期间提供给法院的文书材料	
3	法定代表人证明书(法定代表人为董某雁)	2017年3月22日	证明2017年12月25日HB三建公司名称变更并刻制新印章"HB工建集团第三建筑工程有限公司"前,只有一枚公章名称为"HB省工业建筑总承包集团第三建筑工程公司"	一审[(2015)扶民初字第×××94号]期间提供给法院的文书材料	
4	法定代表人(董某雁)身份证复印件	2017年3月22日	证明2017年12月25日HB三建公司名称变更并刻制新印章"HB工建集团第三建筑工程有限公司"前,只有一枚公章名称为"HB省工业建筑总承包集团第三建筑工程公司"	一审[(2015)扶民初字第×××94号]期间提供给法院的文书材料	

续表

序号	证据(或文书)名称	证据(或文书)形成时间	证明内容	证据(或文书)来源	页码
5	法定代表人(郑某)证明书	2017年12月20日	法定代表人证明书加盖的印章名称为"HB省工业建筑总承包集团第三建筑工程公司",证明在2017年12月25日名称变更并刻制新印章"HB工建集团第三建筑工程有限公司"前,只有一枚公章名称为"HB省工业建筑总承包集团第三建筑工程公司"	一审[(2015)扶民初字第×××94号]期间HB三建公司提供给法院的文书材料	
6	营业执照(名称为"HB省工业建筑总承包集团第三建筑工程公司")	2017年12月20日	营业执照加盖的印章名称为"HB省工业建筑总承包集团第三建筑工程公司",证明在2017年12月25日HB三建公司名称变更并刻制新印章"HB工建集团第三建筑工程有限公司"前,只有一枚公章名称为"HB省工业建筑总承包集团第三建筑工程公司"	一审[(2015)扶民初字第×××94号]期间HB三建公司提供给法院的文书材料	
7	一审庭审笔录	2018年9月6日	庭审笔录第6页,申请人代理人陈述,申请人系国有企业,管理规范,不存在使用多个公章,更不可能伪造	一审[(2015)扶民初字第×××94号]法院庭审笔录	
8	广西科桂司法鉴定中心出具的《司法鉴定意见书》	2018年7月26日	意见书第2、3页载明,申请人提供的样本,时间涵盖了从2010年3月23日的公安机关印章备案证明,到2014年7、9、11月,2017年8月18日的文书,加盖印章的名称为"HB省工业建筑总承包集团第三建筑工程公司"的公章均是一致的,也就是只有一枚公章	一审[(2015)扶民初字第×××94号]法院委托的司法鉴定意见	

第一章　民事证据思维 | 053

续表

序号	证据(或文书)名称	证据(或文书)形成时间	证明内容	证据(或文书)来源	页码
9	企业改制通知书(改制时间为2017年12月15日)	2018年12月17日	"HB省工业建筑总承包集团第三建筑工程公司"自2017年12月15日起,名称变更为"HB工建集团第三建筑工程有限公司"	二审[(2018)桂14民终×××90号]HB三建公司提交给崇左市中级人民法院的文书材料	
10	印章备案证明	2017年12月25日	因"HB省工业建筑总承包集团第三建筑工程公司"自2017年12月15日起,名称变更为"HB工建集团第三建筑工程有限公司",因此在2017年12月25日,重新刻制印章,刻制的印章数为四枚	二审[(2018)桂14民终×××90号]HB三建公司提交给崇左市中级人民法院的证据	
11	营业执照(名称为"HB工建集团第三建筑工程有限公司")	2018年3月5日	HB三建公司因名称变更并刻制新的印章,因此这时候提供的身份证复印件加盖的印章名称为"HB工建集团第三建筑工程有限公司(1)"	一审[(2015)扶民初字第×××94号]HB三建公司提交给扶绥法院的文书	
12	法定代表人(郑某)身份证复印件	2018年3月5日	HB三建公司因名称变更并刻制新的印章,因此这时候提供的身份证复印件加盖的印章名称为"HB工建集团第三建筑工程有限公司(1)"	一审[(2015)扶民初字第×××94号]HB三建公司提交给扶绥法院的文书	
13	身份证(姜某,二审代理人)复印件	2018年12月17日	HB三建公司因名称变更并刻制新的印章,因此这时候提供的身份证复印件加盖的印章名称为"HB工建集团第三建筑工程有限公司"	二审[(2018)桂14民终×××90号]HB三建公司提交给崇左市中级人民法院的文书材料	

续表

序号	证据(或文书)名称	证据(或文书)形成时间	证明内容	证据(或文书)来源	页码
14	身份证(鲁某,二审代理人)复印件	2018年12月17日	HB三建公司因名称变更并刻制新的印章,因此这时提供的身份证复印件加盖的印章名称为"HB工建集团第三建筑工程有限公司"	二审[(2018)桂14民终××90号]HB三建公司提交给崇左市中级人民法院的文书材料	
15	介绍信	2018年12月17日	HB三建公司因名称变更并刻制新的印章,因此这时提供给崇左市中级人民法院的介绍信上加盖的印章名称为"HB工建集团第三建筑工程有限公司"	二审[(2018)桂14民终××90号]HB三建公司提交给崇左市中级人民法院的文书材料	
16	二审授权(受托人为鲁某)委托书	2018年12月17日	HB三建公司因名称变更并刻制新的印章,因此这时提供给崇左市中级人民法院的授权书上加盖的印章名称为"HB工建集团第三建筑工程有限公司"	二审[(2018)桂14民终××90号]HB三建公司提交给崇左市中级人民法院的文书材料	
17	法定代表人(郑某)身份证复印件	2018年12月17日	HB三建公司因名称变更并刻制新的印章,因此这时提供给崇左市中级人民法院的法定代表人证明书上加盖的印章名称为"HB工建集团第三建筑工程有限公司"	二审[(2018)桂14民终××90号]HB三建公司提交给崇左市中级人民法院的文书材料	
18	营业执照(名称为"HB工建集团第三建筑工程有限公司")	2018年12月17日	HB三建公司因名称变更并刻制新的印章,因此这时提供给崇左市中级人民法院的营业执照上加盖的印章名称为"HB工建集团第三建筑工程有限公司"	二审[(2018)桂14民终××90号]HB三建公司提交给崇左市中级人民法院的文书材料	

从表1-2可以看出,在改制以及名称变更前即2017年12月15日前,"HB省工业建筑总承包集团第三建筑工程公司"只有一枚公章,并不存在多枚印章,本案

发生的时间是在 2014 年至 2015 年,此时也只有一枚公章,但一审、二审法院却以存在所谓的多枚公章为由判决 HB 三建公司承担责任,显然是错误的。

(2)有了表 1-2,HB 三建公司印章名称、使用情况的脉络就清晰地展现出来,就此,有必要对上述表格的情况以及证明的事实进行说明,具体如下:

关于 HB 三建公司是否存在多枚印章的问题

一、名称变更

HB 工建集团第三建筑工程有限公司成立于 1980 年 10 月 29 日,成立后的名称为"HB 省工业建筑总承包集团第三建筑工程公司",公司于 2017 年 12 月 15 日经工商部门变更登记,名称变更为"HB 工建集团第三建筑工程有限公司"。

二、本案诉讼过程中名称的变迁

在刘某诉 HB 工建集团第三建筑工程有限公司、D 公司、庞某欢等人建设工程施工合同纠纷一案中,起诉受理时间为 2015 年 11 月 6 日,一审判决时间为 2018 年 9 月 29 日,因此在一审、二审诉讼过程中,本再审案件申请人的名称发生了变更,即从"HB 省工业建筑总承包集团第三建筑工程公司"变更为"HB 工建集团第三建筑工程有限公司",名称的变更必然导致在公安部门备案刻制的印章名称变更。

三、印章的变更以及对应的文书变更

其一,结合本案证据,自 2010 年 3 月 23 日,经公安部门备案,"HB 省工业建筑总承包集团第三建筑工程公司"在公安部门备案了四枚印章,分别是公章、财务专用章、合同专用章、法人印鉴,这里的四枚印章是所有公司都备案的,其中公章只有一枚。

其二,因 2017 年 12 月 15 日,经工商部门变更登记,"HB 省工业建筑总承包集团第三建筑工程公司"名称变更为"HB 工建集团第三建筑工程有限公司",因名称变更,在 2017 年 12 月 25 日,经公安部门备案刻制了"HB 工建集团第三建筑工程有限公司"的公章,此次刻制的公章共计四枚,印章名称分别是"HB 工建集团第三建筑工程有限公司""HB 工建集团第三建筑工程有限公司(1)""HB 工建集团第三建筑工程有限公司(2)""HB 工建集团第三建筑工程有限公司(3)"。

其三，与本案有关的文书和印章。从上述名称和印章的变动不难看出，在名称变更及完成备案印章变更刻制前(2017年12月25日)，"HB省工业建筑总承包集团第三建筑工程公司"只有一枚公章，并不存在所谓的多枚公章的情形，且在此前所有提交给法院以及涉及本案的文书(具体见表1-2)，均使用"HB省工业建筑总承包集团第三建筑工程公司"一枚印章，并不存在使用多枚印章的情形，至于因名称变更后经公安部门备案刻制的四枚公章，既与本案无关(因为本案发生时间为2014年至2015年)，也不能证明公司管理印章的混乱，更不能以此为由认定本案构成表见代理。

另外，从本案法院委托的鉴定机构广西科桂司法鉴定中心出具的司法鉴定意见书看，由HB三建公司提供的名称为"HB省工业建筑总承包集团第三建筑工程公司"样本看，样本涉及文件的时间跨度从2010年3月23日至2017年8月18日，经鉴定，样本的印章均一致，此足以证明，"HB省工业建筑总承包集团第三建筑工程公司"从始至终只有一枚公章，并不存在其他公章的情形。

四、一审、二审法院关于印章认定的明显错误之处

其一，申请人从未承认过"HB省工业建筑总承包集团第三建筑工程公司"存在使用多枚印章的情形。结合2018年9月6日一审庭审笔录第6页，当时申请人的代理人在庭审时明确说道："我方作为国有企业，管理规范，不存在使用多个公章，更不可能伪造公章。"

其二，从以上事实不难看出并证明，"HB省工业建筑总承包集团第三建筑工程公司"从始至终只有一枚公章，相反，本案从始至终没有证据证明"HB省工业建筑总承包集团第三建筑工程公司"存在使用多枚印章的情形，一审、二审认为"HB三建公司亦没有证据证实本案施工过程其使用'同名样本'印章的唯一性"，不仅没有查明事实，相反是一个反判，是一个严重背离基本事实的认定，是错误的。

其三，本案中，一审、二审法院在认定证据时还存在严重违法情形。一审、二审以申请人提供的文书，如法定代表人证明书、授权书等存在所谓的多枚印章为由，据此认定申请人在施工中存在使用多枚印章的情形，换言之，其是以申请人提供的文书作为证据并据以定案，而这些被法院作为判决据以定案的文书

> 从未经过申请人和案件其他当事人作为证据进行举证,更未经各方当事人进行质证,在没有经过举证质证的情况下,却被一审、二审法院直接作为认定案件事实的依据,显然违反了《民事诉讼法解释》第103条第1款的规定:"证据应当在法庭上出示,由当事人互相质证。未经当事人质证的证据,不得作为认定案件事实的根据。"

(3)一审、二审法院关于印章以及有关举证责任的认定是错误的。

原告刘某以HB三建公司存在的所谓多枚印章而要求HB三建公司承担责任,颠倒了本案的举证责任。

①本案中,刘某提供《合同协议书》拟证明其与被告HB三建公司存在合同关系,HB三建公司经申请法院鉴定,确认该协议书加盖的印章并非HB三建公司的印章,在此情况下,HB三建公司已经证明了印章的加盖并非HB三建公司的真实意思表示,至于刘某是否难以确认该印章的真实性,该后果应由其自行承担,就算刘某难以确认真实性,但不等于假冒HB三建公司加盖的印章是真实的。

如果按照原一审、二审法院的逻辑,它会导致一个恶劣结果:所有的假冒他人信息的诈骗犯所犯的一切诈骗罪的结果和骗取的钱财都应当由被假冒的人承担,尽管其对此一无所知,因为对于受害者而言,其难于确认对方身份的真实性,这样的结论显然是极其荒唐的,也不符合常理。

②本案如果按照原告的逻辑,其认为,HB三建公司没有证据证明HB三建公司只有一枚印章,因此刘某有理由相信所加盖的印章是HB三建公司的真实意思表示。这个结论更是荒唐。

无论HB三建公司有多少枚印章,但绝不等于刘某提供的《合同协议书》加盖的印章是真实的,更何况,刘某在签订《合同协议书》时根本不知道所谓的HB三建公司有多枚印章,就此,以所谓的HB三建公司有多枚印章导致刘某有理由相信加盖伪造的HB三建公司的印章是HB三建公司的真实意思表示明显缺乏依据

5.一审、二审法院关于表见代理的认定是否有充分的事实和法律依据,认定是否正确;如案件能进入再审,则应重点对表见代理所涉的构成要件进行重点询问和查明

以民事证据思维三段论,判断一审、二审法院关于表见代理认定是否有充分的

事实和法律依据,认定是否正确。

(1)表见代理的构成要件。

《民法典》第172条规定:"行为人没有代理权、超越代理权或者代理权终止后,仍然实施代理行为,相对人有理由相信行为人有代理权的,代理行为有效。"

最高人民法院印发《关于当前形势下审理民商事合同纠纷案件若干问题的指导意见》规定:"13.合同法第四十九条①规定的表见代理制度不仅要求代理人的无权代理行为在客观上形成具有代理权的表象,而且要求相对人在主观上善意且无过失地相信行为人有代理权。合同相对人主张构成表见代理的,应当承担举证责任,不仅应当举证证明代理行为存在诸如合同书、公章、印鉴等有权代理的客观表象形式要素,而且应当证明其善意且无过失地相信行为人具有代理权。14.人民法院在判断合同相对人主观上是否属于善意且无过失时,应当结合合同缔结与履行过程中的各种因素综合判断合同相对人是否尽到合理注意义务,此外还要考虑合同的缔结时间、以谁的名义签字、是否盖有相关印章及印章真伪、标的物的交付方式与地点、购买的材料、租赁的器材、所借款项的用途、建筑单位是否知道项目经理的行为、是否参与合同履行等各种因素,作出综合分析判断。"

从以上规定可以看出,构成表现代理不仅要求代理人的无权代理行为在合同缔结时客观上形成具有代理权的表象,而且要求相对人在主观上善意且无过失地相信行为人有代理权。

(2)本案事实。

本案在合同缔约时不具有表见代理的客观表象,被申请人刘某及D公司均不具有善意且存在重大过失。具体分析如下:

①本案在合同缔约时不具有表见代理的客观表象。本案中,HB三建公司未出具任何授权委托书,根据刘某及D公司在再审过程中的当庭陈述,其均未要求庞某欢提供授权文件,也未看到过HB三建公司的授权书,且已经注意到经营场所与营业执照存在明显差异。在此情况下,其仍未予以重视并就庞某欢身份及是否有代理权等进行核实,足以证明D公司和刘某存在重大过错。

②HB三建公司未参与涉案项目的履行。经查并经HB三建公司提供的证据

---

① 对应《民法典》第172条,有调整。

证实,HB 三建公司与本案相关的所有主体无任何的款项和资金往来,也没有就涉案工程开具过任何发票,换言之,本案中没有任何证据证明 HB 三建公司参与了本案涉案合同的签订和履行。本案所有涉及 HB 三建公司及 HB 三建公司广西分公司的合同和文件,包括所谓的 HB 三建公司与 D 公司的承包合同、HB 三建公司与刘某的分包合同以及所有加盖有 HB 三建公司印章的其他材料等,全部都是伪造和假冒的。该等假冒的合同及相关材料不能构成签订合同时具有表见代理的客观形式要素。综上,本案在缔约时不存在任何合法的权利外观。

③本案中,刘某与 D 公司不具有善意,且存在重大过失。

其一,HB 三建公司及其广西分公司的信息,包括电话、地址等都可以通过公开渠道简单查询得到,如被申请人刘某提供的关于 HB 三建公司工商信息以及该工商登记信息上所记载的电话(0×××7-87257×××)以及 HB 三建公司的邮箱等都可以通过公开渠道查询(工商局的全国企业信用信息公示系统),但从签订合同至今,被申请人 D 公司和刘某都没有去核实,没有履行核查义务。

其二,经过刘某的自认和法庭对庞某欢的询问,缔约地点是在南宁市某大道,该地点并非 HB 三建公司及广西分公司的注册地及营业场所。

其三,根据刘某的陈述,缔约时刘某并未在现场看到盖章的过程,刘某根本不知道是谁盖的章,在哪里盖的章,其事后也没有去核实。

其四,根据刘某的陈述,现场技术人员和管理人员的资料均是庞某欢提供的,技术资料登记的人员中,除刘某燕、吴某禄、李某阳属于 HB 三建公司的员工,马某光属于广西分公司负责人外,其他人员包括庞某超、韦某江、农某秀、冼某娟等均与HB 三建公司和广西分公司没有任何关系,同时经 HB 三建公司委托的 HB 诚信司法鉴定所出具的司法鉴定意见书鉴定,涉及刘某燕、吴某禄、李某阳的签名全是假的,换言之,本案 HB 三建公司从未向项目现场派出任何人员,也未提供过任何资料。

其五,HB 三建公司与 D 公司、刘某等涉案相关主体均没有任何资金往来,D公司、刘某关于涉案项目的所有的款项往来均未通过 HB 三建公司的账户,HB 三建公司从未参与涉及本案的任何合同的签订及履行。综上,被申请人在缔约及合同履行过程中均未尽到合理的注意义务,被申请人主观上不具有善意,且存在重大过失。

④刘某以 HB 三建公司自身存在使用多枚印章的情形,进而刘某有理由相信其分别与 HB 省工业建筑总承包集团第三建筑公司签订的《合同协议书》系双方真实意思表示,同时亦有理由相信 HB 省工业建筑总承包集团第三建筑公司广西分公司在《关于项目监理部印章使用说明》《联系函》《工程结算书》《扶绥厂房工程交接结算函》四份书证上盖章的真实性,完全罔顾事实并严重违法。

其一,按照原告的逻辑,如果一个公司存在使用多枚印章的情况,则任何一个主体都可以伪造并私刻该公司印章,且该等私刻的印章都对该公司有效,这样的结论显然极其荒唐,因为伪造的印章就是虚假的,它绝不可能因为被伪造人自身使用多枚印章而变成真实的印章。

其二,HB 三建公司的所有印章都经过公安部门备案。本案一审、二审、再审以及发回重审期间,HB 三建公司向法院提供的所有印章均经过公安机关备案,如此足以证明,未经公安机关备案的印章,HB 三建公司并未使用。本案原告刘某提供的所有涉及 HB 三建公司以及 HB 三建公司广西分公司的文件合同加盖的印章均不是被告 HB 三建公司以及 HB 三建公司广西分公司在公安机关备案的印章,均是伪造的印章。

其三,假设 HB 三建公司有使用多枚印章的情形,但是绝不等于本案的印章是真实的,实际上本案原告要证明的不是 HB 三建公司使用多枚印章,而是案涉印章是否是 HB 三建公司所使用的真实印章。

综合以上因素进行分析,本案中在合同缔结时及履行过程中,庞某欢的行为不构成表见代理,其利用私刻公章签订的合同不能代表申请人的真实意思表示,申请人不应承担责任。

6.假如一审、二审法院判决正确,则该结果对照本案的证据事实,是否合乎常理;如不合乎常理,则即便所加盖的印章确实是 HB 三建公司的印章,HB 三建公司亦不应承担责任

应然与实然:如果本案一审、二审判决正确,则按此判决,本案应具备相应的事实和证据,如果完全不具备,意味着此种判决并不合乎常理,按照这个思考路径,代理律师在再审期间提出如下意见:

本案中,假设一审、二审认定的加盖的"HB 省工业建筑总承包集团第三建筑公司广西分公司"的印章是真实的,本案也不应由申请人承担责任。

（1）根据《九民纪要》第 41 条，人民法院审理案件时，应当主要审查签约人于盖章之时有无代表权或代理权，从而根据代表或代理的相关规则来确定合同的效力。公章之于合同效力，不在于公章的真假，而在于盖章之人有无代表权或代理权。盖章之人如无代理权或代表权，则即便加盖的是真公章，该合同仍然可能会因为无权代表或代理而最终归于无效。

本案中，庞某欢从始至终从未取得申请人的合法授权，其在根本没有代理权的情况下对外与涉案其他主体 D 公司、刘某等以 HB 三建公司的名义从事的民事行为，不能代表申请人的真实意思表示，不应由申请人承担责任。

（2）根据最高人民法院公布的公报案例，再审申请人内蒙古昌宇石业有限公司（以下简称昌宇公司）因与被申请人陈某浴合同纠纷一案，最高人民法院认为，"在证据意义上，印章真实一般即可推定合意形成行为真实，但在有证据否定或怀疑合意形成行为真实性的情况下，即不能根据印章的真实性直接推定协议的真实性，也就是说，印章在证明协议真实性上尚属初步证据，人民法院认定协议的真实性需综合考虑其他证据及事实"。本案如果认定 HB 三建公司系本案的承包人，则存在以下诸多不合常理之处：

第一，如果本案系 HB 三建公司承包，则 HB 三建公司至少应该给庞某欢合法有效的授权书或与庞某欢之间存在挂靠或借用资质的合同，但本案并无任何此类证据，尤其不合理的是，本案中申请人没有必要使用虚假的印章与 D 公司签订施工合同，亦没有必要使用虚假的印章与刘某签订合同协议书。

第二，如果本案是 HB 三建公司转包，则 HB 三建公司应当收取转包的管理费或挂靠费，但是本案至今所有的资金均未进入 HB 三建公司账户，而是直接支付给庞某欢，庞某欢也并未将任何款项支付给 HB 三建公司。

第三，如果本案是 HB 三建公司真实承包并转包给刘某，签约的地点应当位于 HB 三建公司或 HB 三建公司广西分公司的办公地点，而不会在庞某欢提供的与申请人没有任何联系的南宁某大道的地址。

第四，本案如果是 HB 三建公司承包，对于保证金的收取应当会进入 HB 三建公司的账户，而不是支付给庞某欢。

第五，本案如果是 HB 三建公司承包，则 HB 三建公司不会与刘某、D 公司等涉案主体无任何的资金往来、函件往来。

第六，本案如果是 HB 三建公司承包，至少会派人对项目进行巡检等，会进行劳务分包或采购有关材料，但本案中 HB 三建公司没有任何人员参与涉案项目，没有与案涉的任何主体存在任何关系，签订任何合同。

第七，本案如果判决 HB 三建公司承担责任，导致的后果是：HB 三建公司未有任何一人参与合同的签订履行，未有任何一份关于项目合同履行的相关证据，未收到任何款项，未与案涉项目的当事人有任何资金往来，但却被要求向刘某承担工程款支付责任，以及连带此后的维保等责任，这样的判决是难以想象和荒唐的。

综合以上一系列不符合常理的因素，本案即便加盖的印章是真实的 HB 三建公司印章，很显然也不能认定 HB 三建公司参与涉案项目合同的签订与履行，HB 三建公司不应承担责任。

七、本案再审结果

本案提交再审申请书后，广西高院受理后决定提审，提审后，作出了相应的裁定，主要裁定意见如下：

本院再审认为，HB 三建公司对庞某欢以"HB 省工业建筑总承包集团第三建筑工程公司"委托代理人名义签订涉案合同并不认可，认为庞某欢伪造 HB 三建公司原印章分别与 D 公司、刘某签订涉案合同，已向公安机关举报庞某欢私刻假冒"HB 省工业建筑总承包集团第三建筑工程公司"印章并获公安机关立案。同时，HB 三建公司认为刘某提供与涉案工程相关的《关于项目监理部印章使用说明》《联系函》《工程结算书》《扶绥厂房工程交接结算函》四份材料所盖"HB 省工业建筑总承包集团第三建筑工程公司广西分公司"的印章亦系庞某欢私刻伪造，并非 HB 三建公司广西分公司的真实印章。而 D 公司、张某、刘某均陈述称涉案合同是在庞某欢办公室签订，发现庞某欢办公室有 HB 三建公司招牌，庞某欢在其办公室出示了 HB 三建公司广西分公司营业执照。故在本案中，庞某欢与 HB 三建公司及其广西分公司之间是什么关系，以及涉案 HB 三建公司广西分公司所盖印章的真实性尚需进一步查明。因上述事实属于本案的基本事实，对本案的审理判决有重大影响，而原审法院没有进行审理并作出认定，属认定基本事实不清。

依照 2017 年《民事诉讼法》第 170 条第 1 款第 3 项、第 207 条第 1 款，《最高人民法院关于民事审判监督程序严格依法适用指令再审和发回重审若干问题的规定》第 4 条规定，裁定如下：

1. 撤销崇左市中级人民法院(2018)桂 14 民终×××90 号民事判决和扶绥县人民法院(2015)扶民初字第×××94 号民事判决；

2. 本案发回扶绥县人民法院重审。

八、案件发回重审后的结果

案件发回扶绥县法院重审期间，扶绥法院应 HB 三建公司申请，对加盖有"HB 省工业建筑总承包集团第三建筑工程公司广西分公司"的文书进行鉴定，经鉴定，认定该印章并非 HB 三建公司广西分公司备案印章。扶绥法院最终判决 HB 三建公司对本案不承担责任，一审判决后，刘某未上诉，案件已经最终生效。

九、律师点评（综合评述）

1. 申请再审必须紧紧围绕 2023 年《民事诉讼法》第 211 条，将案件事实与《民事诉讼法》第 211 条逐一对照，如果案件事实确实符合再审条件的，亦应围绕第 211 条书写再审申请书并组织和准备证据。

2. 办理二审和再审案件，不能轻易相信和认同一审法院、二审法院查明和认定的事实，对事实的查明，应回到案件的证据材料。本案中，一审、二审均以虚假印章证明的事实为事实，并最终作出对 HB 三建公司不利的判决。如果不回到案件的证据材料，仅依赖于原判决查明的事实，是不可能发现一审、二审认定事实存在的问题，更不可能就错误认定的事实申请再审。

3. 应善于对复杂的案件事实，通过表格的方式，按照时间顺序进行梳理。以本案为例，一审、二审法院未注意到 HB 三建公司因改制所导致的名称变动，在名称变动后刻制新的印章这一事实，而仅以该案件中，当事人提供的文书中存在不同名称的印章简单认为 HB 三建公司存在多枚印章，并作出对 HB 三建公司不利的判决。再审阶段，代理律师对所有加盖有 HB 三建公司印章的文书重新进行梳理，制成表格，通过表格可以证明，HB 三建公司在本案合同履行过程中始终只有一枚印章，而改制的时间发生在诉讼过程中，因此才会在诉讼中出现了名称不同的印章。

4.运用民事证据思维的三段论,结合案件事实,对本案是否构成表见代理进行推理。本案中,双方争议焦点之一为庞某欢的行为是否构成表见代理。在进行推理时,先明确表见代理的法律依据,结合本案事实,判断本案事实是否符合表见代理的构成要件,如果不符合,则原告刘某援引表见代理要求被告 HB 三建公司承担责任不能得到法院支持。

5.运用应然与实然的民事证据思维。本案中,实然的证据与应然要求的证据相去甚远,不符合常理,因此,在再审期间,代理律师以本案如果 HB 三建公司确实是案涉项目承包人的情况下,本案应具有的特征和证据,对比本案实际存在的证据,通过分析后认为,本案中如果 HB 三建公司系承包人,完全不符合常理,因此法院对刘某要求 HB 三建公司承担责任应不予支持。

第二章
Chapter 2　证据的收集

"打官司就是打证据""证据为王",在诉讼中,对证据的作用无论如何强调都不为过。原告的诉讼请求要得到支持,需按照法律规定提供相应的证据;被告的答辩要得到支持,往往也需要提供证据来推翻原告的主张和证据。但案件涉及的事实纷繁复杂、各种法律关系纵横交错,如何收集到诉讼案件需要的证据,成为办理案件首先需要解决的问题。证据的收集也将决定此后当事人提交的证据是否充分,因此要办理好民事诉讼案件,首先必须懂得该如何查清事实并相应收集充分的证据材料。

第一节

收集证据的基本原则

收集证据应遵循以下原则:实事求是、完整、全面。

一、收集证据的原则1:实事求是原则

所谓实事求是,是指应尊重证据本身原样,不得对证据进行后期的编辑、加工,更不得对客观形成的证据进行涂改、篡改等;应对证据的真实性进行核实;不得伪造、变造证据。

(一)收集证据应尊重证据本身原样,不得对证据进行后期的编辑、加工,更不得对客观形成的证据进行涂改、篡改等

所有的证据都产生于特定时间空间,证据一旦产生,就具有其特定的内容和外观。并不是所有的证据都完美无瑕;相反,从达到证明目的而言,证据或多或少存在一定瑕疵,在此情况下,笔者认为,客观形成的证据,无论存在任何瑕疵,甚至该瑕疵可能导致该证据无法达到当事人要证明的目的,都不应对证据进行任何形式的编辑、加工,更不得对证据进行涂改、篡改等,应本着实事求是的原则,将证据原本提交给法庭。至于证据存在的瑕疵,应通过其他证据或举证规则进行弥补。

举例1:借款合同纠纷,出借人和借款人签订了借款合同,合同中约定有借款利息的条款,但对于借款利息,却没有填写具体的利率,如借款利息条款约定为"双方同意借款利息按月利率【   】计算",因各种原因,双方在签订借款合同时未能将借款利率填写上去,在此情况下,如借款人未能及时还款,原告诉至法院,要求被告清偿借款本息。但本案中,因为借款合同中借款利率未填写,有的当事人为了明确借款利率,在起诉前将空白的借款利率一栏填写上去,以达到证明借

款利率的目的。笔者认为,收集提交证据应遵循实事求是的原则,应尊重证据本身的原貌,原告不应为了主张利息而在起诉时将利率填上去。至于如何确认利率,可以通过其他证据补正,如被告归还利息的银行付款凭单、双方聊天记录等予以证明。如果此后的证据确实无法证明被告需要计付利息以及相应利率,则不计付利息为本借款合同双方真实意思表示,既然如此,更应遵循实事求是的原则,不应为了诉讼而在借款合同空白的地方后补填写计算利息的利率。

举例 2:某二手房买卖合同,出卖人将房屋出卖给买受人,合同一式两份,双方仅在合同最后一页签字,且未加盖骑缝手印。合同履行中,买受人因未能如约支付房价款,出卖人向买受人提出解除合同,并按照合同约定主张违约金,双方约定的违约金为未付房款的 0.1%/日。出卖人诉至法院后,买受人认为原来合同约定违约金过高,买受人提出,由于合同只是在最后一页签字,因此对于原合同约定违约金的这一页,另行打印一张,把违约金改为 0.01%,这样可以大大降低违约金。以上做法是比较典型的对原始证据篡改的行为,对此笔者并不赞成,理由如下:

其一,对于违约金过高,可以通过法院运用自由裁量权进行调整,无须篡改合同。关于合同约定的违约金,在一方主张违约金过高的情况下,法院会结合违约程度,依照法律规定对违约金是否过高进行审查,如违约金确实过高,法院可运用自由裁量权对违约金比例进行调整,如按照一年期 LPR 利率上浮一定比例确定违约金。此种判决结果,被告无须通过篡改合同而通过正常的抗辩也可以达成,如抗辩双方约定违约金过高,毕竟每日千分之一的违约金,意味着年利率为 36.5%,确实远高于 LPR 利率,在被告提出违约金过高的情况下,法官一般也会对违约金进行调整。

相关法律规定:

《民法典》第 585 条规定:"当事人可以约定一方违约时应当根据违约情况向对方支付一定数额的违约金,也可以约定因违约产生的损失赔偿额的计算方法。

约定的违约金低于造成的损失的,人民法院或者仲裁机构可以根据当事人的请求予以增加;约定的违约金过分高于造成的损失的,人民法院或者仲裁机构可以根据当事人的请求予以适当减少。

当事人就迟延履行约定违约金的,违约方支付违约金后,还应当履行债务。"

其二,篡改证据需承担伪造变造证据的重大法律风险甚至是刑事风险。对于无须通过篡改合同即可达成的结果,由于被告篡改合同,被告需额外承担伪造变造证据的重大法律风险甚至是刑事风险,显然是不值得的。

对证据进行后期的填写、编辑、加工存在如下问题:

1. 对证据进行后期的填写、编辑、加工,容易导致证据与内容形成时间不一,一旦被鉴定出来或查出,反而影响该证据的真实性和证明力;

2. 即使后期通过人工填写、涂改证据的内容,如要具备法律效力,还需双方在涂改、后期填写的内容处共同盖章或加盖手印或签字,方具备约束力;因此后期对证据填写、编辑、加工的内容未必能得到支持;

3. 如证据双方都持有,则后期填写的证据会与对方持有的证据不同,法官一般会结合合同履行情况综合评定,并不一定采纳后期填写的证据。

综上,对证据进行后期的填写、编辑和加工,不仅不能达成目的,反而可能影响证据的真实性和证明力,更使当事人或代理律师承担伪造、变造证据的重大法律风险,可谓得不偿失。

(二)应以收集到的证据所反映的客观事实提起诉讼,不得背离证据反映的事实而捏造事实,也不得对证据进行断章取义的截取和理解而故意捏造、编造事实

1. 收集证据的同时,应对证据的真实性进行初步核实

(1)收集的证据是否有原件

如果当事人未持有原件,则原件在哪一方持有;如果当事人将原件交付给相关主体,是否有签收手续;对于原件拟证明的事项,是否有其他证据可以佐证,如果有,应尽可能收集;该证据所载明的内容,双方是否实际履行,如果履行,则提供履行的证据以证明该证据的真实性。这里尤其要强调的是,收集到的证据尽可能有原件,如果确实没有原件,可以按照以下方法办理:

①收集该证据为对方持有的证据,在举证期限内,向法庭申请要求对方提供该证据的原件,同时向法庭提交书证提出命令的申请;尽可能收集能证明该证据系真

实的证据或履行该证据内容的证据,并同时向法庭提交书证提出命令。

案例 2－1:经法院释明,证据原件的持有人未予提交原件,可以认定复印件内容为真实

——吉美投资有限公司(以下简称吉美公司)、河南鹰城集团
有限公司(以下简称鹰城房地产公司)股权转让纠纷案

审理法院:最高人民法院

案号:(2017)最高法民终 651 号

裁判日期:2017 年 12 月 28 日

· 最高人民法院裁判意见

……其五,关于张某上诉提出的案涉股权转让未经鹰城房地产公司的合营股东华丰集团同意的问题。张某作为华丰集团的法定代表人在鹰城房地产公司合同、章程修改协议以及同意吉美公司向鹰城集团转让股权的董事会决议上签字,其行为系法定代表人的职务行为,法律后果应由华丰集团承担。故《股权转让合同》不存在侵害其他股东同意权及优先购买权的应予撤销情形。鹰城房地产公司董事会决议及合同、章程修改协议虽系复印件,但上述原件曾提交过平顶山商务局,现为鹰城房地产公司持有,经河南高院释明,鹰城房地产公司未予提交,一审判决依据 2015 年《民事诉讼法解释》第 112 条的规定认定复印件书证内容真实,符合法律规定。张某关于案涉股权转让未经华丰集团同意的上诉理由不能成立。

实战点评与分析

1.控制书证的当事人拒不提供该书证的,应由其承担不利后果

2015 年《民事诉讼法解释》第 112 条第 1 款规定:"书证在对方当事人控制之下的,承担举证证明责任的当事人可以在举证期限届满前书面申请人民法院责令对方当事人提交。"

本案中,涉及鹰城房地产公司董事会决议及合同、章程修改协议等,仅有复印件,但上述文件原件曾经提交给平顶山商务局,因此足以证明鹰城房地产公司持有该原件,经河南高院释明,鹰城房地产公司未提交原件,法院认定该复印件内容真实。从以上法院裁判意见可以得出以下结论:其一,作为证据,

仅有复印件并不一定都不能作为定案依据；其二，如要求对方提供该证据原件，应证明对方持有该证据原件，证明的路径除《民事证据规定》第47条规定的情形外，也包括对方曾经向相关政府部门或其他主体提交过原件，如本案中，鹰城房地产公司曾向平顶山商务局提交过鹰城房地产公司董事会决议及合同、章程修改协议的原件，以上足以证明鹰城房地产公司持有上述证据的原件。

2.法定代表人以法人名义从事的民事法律行为，其后果由法人承受

《民法典》第61条规定："依照法律或者法人章程的规定，代表法人从事民事活动的负责人，为法人的法定代表人。

法定代表人以法人名义从事的民事活动，其法律后果由法人承受。

法人章程或者法人权力机构对法定代表人代表权的限制，不得对抗善意相对人。"

本案中，张某上诉提出案涉股权转让未经鹰城房地产公司的合营股东华丰集团同意，但张某作为华丰集团的法定代表人在鹰城房地产公司合同、章程修改协议以及同意吉美公司向鹰城集团转让股权的董事会决议上签字，其行为系法定代表人的职务行为，行为后果由华丰集团承担，故《股权转让合同》不存在侵害其他股东同意权及优先购买权的应予撤销情形。

案例2-2：对方当事人否认控制书证的，人民法院应根据法律规定、习惯等因素，结合案件的事实、证据，对于书证是否在对方当事人控制之下的事实作出综合判断

——马某平、芜湖市中医院买卖合同纠纷案

审理法院：安徽省芜湖市中级人民法院

案号：(2020)皖02民终2083号

裁判日期：2020年8月27日

• **二审法院裁判意见**

……(2)民事诉讼中，当事人对自己诉请或抗辩所主张的事实负有举证责任，应提供相应证据加以证明，否则承担举证不能的法律后果。本案买卖合同法律关系中，芜湖中医院作为买受人，其确认原臣健公司已向其供货；马某平作为出卖人

原臣健公司的股东,即主张案涉债权的承继人,亦确认芜湖中医院支付了部分款项,仍有大部分尾款尚未支付。故马某平作为主张权利的一方当事人,其应就案涉欠款金额承担举证责任。(3)本案一审、二审中,马某平均申请人民法院责令芜湖中医院提交有关财务账目资料。《民事诉讼法解释》第112条第1款规定:"书证在对方当事人控制之下的,承担举证证明责任的当事人可以在举证期限届满前书面申请人民法院责令对方当事人提交。"第102条规定:"当事人因故意或者重大过失逾期提供的证据,人民法院不予采纳。但该证据与案件基本事实有关的,人民法院应当采纳,并依照民事诉讼法第六十五条、第一百一十五条第一款的规定予以训诫、罚款。当事人非因故意或者重大过失逾期提供的证据,人民法院应当采纳,并对当事人予以训诫。"根据上述司法解释的规定,马某平提交的上述申请虽超过法定期限,但与本案基本事实有关,故一审以超出举证期限为由对其上述申请不予准许,确有不妥。(4)《民事证据规定》第45条规定,"当事人根据《最高人民法院关于适用〈中华人民共和国民事诉讼法〉的解释》第一百一十二条的规定申请人民法院责令对方当事人提交书证的,申请书应当载明所申请提交的书证名称或者内容、需要以该书证证明的事实及事实的重要性、对方当事人控制该书证的根据以及应当提交该书证的理由。对方当事人否认控制书证的,人民法院应当根据法律规定、习惯等因素,结合案件的事实、证据,对于书证是否在对方当事人控制之下的事实作出综合判断"。具体到本案,马某平作为原臣健公司法定代表人、股东,理应持有有关本案欠款的初步证据,但其在本案一审、二审中均未予提供,其提出上述申请并另申请调取芜湖中医院电子财务系统中有关数据材料,但亦未提交任何芜湖中医院就案涉买卖合同欠款数额持有纸质或电子记录的依据,芜湖中医院对此亦不予认可。考虑到案涉买卖合同已过去十年有余,且芜湖中医院存在搬迁等客观事由,本院对马某平提出芜湖中医院持有相应证据的主张不予采信。马某平应承担本案举证不能的法律后果。一审对此认定准确,本院予以确认。

综上,马某平的上诉请求不能成立,应予驳回;一审判决认定事实清楚,适用法律正确,应予维持。

实战点评与分析

结合以上二审裁判意见,可以得出以下结论:

其一，书证提出命令应当在举证期限内向法庭提出申请，就本案而言，在一审中，原告提出了书证提出命令申请，但超过了举证时限，因此一审法院予以驳回，虽然二审法院对一审以超过举证时限为由驳回书证提出命令申请予以纠正，但至少说明，超过举证时限申请书证提出命令，存在被法院驳回的可能和风险。

其二，书证提出命令应明确载明所申请提交的书证名称或者内容、需要以该书证证明的事实及事实的重要性、对方当事人控制该书证的根据以及应当提交该书证的理由。如申请书记载的书证名称内容等含混不清的，则法院可能不予支持。

其三，申请书证提出命令应提供证据证明对方持有该证据，以本案为例，二审法院认为，"马某平作为原臣健公司法定代表人、股东，理应持有有关本案欠款的初步证据，但其在本案一审、二审中均未予提供，其提出上述申请并另申请调取芜湖中医院电子财务系统中有关数据材料，但亦未提交任何芜湖中医院就案涉买卖合同欠款数额持有纸质或电子记录的依据，芜湖中医院对此亦不予认可"。就其申请调取的所谓"芜湖中医院电子财务系统中有关数据材料"，法院认为，"考虑到案涉买卖合同已过去十年有余，且芜湖中医院存在搬迁等客观事由，本院对马某平提出芜湖中医院持有相应证据的主张不予采信。马某平应承担本案举证不能的法律后果"。

其四，书证提出命令不得代替当事人应承担的举证责任。以本案为例，马某平作为出卖人原臣健公司的股东，即主张案涉债权的承继人，确认芜湖中医院支付了部分款项，仍有大部分尾款尚未支付。故马某平作为主张权利的一方当事人，其应就案涉欠款金额承担举证责任，换言之，证明被告欠付款项以及欠款金额是原告应承担的举证责任，在此情况下，原告不得以书证提出命令的方式代替其举证责任，本案中，因原告未能提供证据证明被告欠款金额，其打算通过书证提出命令的方式收集被告承认欠款以及欠款金额的证据，法院综合案件情况未予准许，并最终未支持原告主张。

法律依据：

《民事证据规定》第45条："当事人根据《最高人民法院关于适用〈中华人民共和国民事诉讼法〉的解释》第一百一十二条的规定申请人民法院责令对

方当事人提交书证的,申请书应当载明所申请提交的书证名称或者内容、需要以该书证证明的事实及事实的重要性、对方当事人控制该书证的根据以及应当提交该书证的理由。

对方当事人否认控制书证的,人民法院应当根据法律规定、习惯等因素,结合案件的事实、证据,对于书证是否在对方当事人控制之下的事实作出综合判断。"

第46条:"人民法院对当事人提交书证的申请进行审查时,应当听取对方当事人的意见,必要时可以要求双方当事人提供证据、进行辩论。

当事人申请提交的书证不明确、书证对于待证事实的证明无必要、待证事实对于裁判结果无实质性影响、书证未在对方当事人控制之下或者不符合本规定第四十七条情形的,人民法院不予准许。

当事人申请理由成立的,人民法院应当作出裁定,责令对方当事人提交书证;理由不成立的,通知申请人。"

第47条:"下列情形,控制书证的当事人应当提交书证:

(一)控制书证的当事人在诉讼中曾经引用过的书证;

(二)为对方当事人的利益制作的书证;

(三)对方当事人依照法律规定有权查阅、获取的书证;

(四)账簿、记账原始凭证;

(五)人民法院认为应当提交书证的其他情形。

前款所列书证,涉及国家秘密、商业秘密、当事人或第三人的隐私,或者存在法律规定应当保密的情形的,提交后不得公开质证。"

第48条:"控制书证的当事人无正当理由拒不提交书证的,人民法院可以认定对方当事人所主张的书证内容为真实。

控制书证的当事人存在《最高人民法院关于适用〈中华人民共和国民事诉讼法〉的解释》第一百一十三条规定情形的,人民法院可以认定对方当事人主张以该书证证明的事实为真实。"

《民事诉讼法解释》第112条:"书证在对方当事人控制之下的,承担举证证明责任的当事人可以在举证期限届满前书面申请人民法院责令对方当事人提交。

申请理由成立的,人民法院应当责令对方当事人提交,因提交书证所产生的费用,由申请人负担。对方当事人无正当理由拒不提交的,人民法院可以认定申请人所主张的书证内容为真实。"

②证据原件决定着证据真实性以及能否作为定案依据,但该证据没有原件不等于该证据不能作为定案依据;缺少证据原件的证据,应尽可能收集实际履行该证据内容的其他证据或提供其他证据证明对方对该证据的真实性予以认可

《民事证据规定》第 90 条规定:"下列证据不能单独作为认定案件事实的根据:……(五)无法与原件、原物核对的复制件、复制品。"根据上述规定,无法与原件核对一致的证据,不能单独作为定案依据,但并非不能作为定案依据,此时,需要结合其他证据由法庭予以综合认定。就此,应尽可能收集实际履行该证据内容的其他证据或收集对方对该证据的真实性予以认可的证据。

具体操作如下:

- 以证据为线索,对证据中记载的内容进行分解;
- 对分解后的证据内容,分别收集对应履行证据,如请款记录、付款凭单、往来函件等;
- 将证据与上述收集到的证据进行整合,以证明该证据的证明力。

案例 2-3:无法与原件核对一致的证据,不能单独作为定案依据,但并非不能作为定案依据,此时,需要结合其他证据由法庭予以综合认定。就此,应尽可能收集实际履行该证据内容的其他证据或收集对方对该证据的真实性予以认可的证据

甲(发包人)、乙(承包人)于 2018 年 5 月 1 日就案涉项目签订了《建设工程施工合同》,合同约定的开工日期为 2018 年 6 月 30 日,但直到 2018 年 12 月 2 日,发包人才通过监理发出开工令,开工令记载的开工时间为 2018 年 12 月 3 日。在合同履行过程中,甲乙双方于 2020 年 3 月 23 日,就此前双方合同履行情况进行梳理,并签订会议纪要,双方均加盖印章,会议纪要主要内容如下:二期 A 标 62#楼调差按广西区域成本管理部审核的价格执行;价差按固定总价包干执行以补充协议形式签订。待补充协议双方签订后,可申请该部分款项;前期因各种原因,造成 61#、63#、64#的合同工期滞后,双方本次约定互不追究相关违约责任,项目同意取

消各类工期罚款。但后期61#、63#、64#剩余楼层按6天一层施工,其中屋面及电梯机房工期14天,其他穿插工序(砌体、抹灰、交场)以结构进度为基准顺延。

甲乙双方因建设工程施工合同履行发生纠纷,承包人乙方向甲方主张逾期开工的违约责任和停工窝工损失,甲方提交了以上3月23日的会议纪要以证明双方就甲方超过合同约定的开工日期发布开工令和移交场地所产生的责任损失双方已经予以免除,但甲方未能提供该会议纪要的原件,因此有必要提供其他证据证明该证据的真实性。经查,2020年4月13日,承包人向发包人发出了一份《工程联系函》,函件主要内容为:"为不影响项目后续工作,我司同意按2020年3月23日的会议精神(详见会议纪要)最新调整方案,即62#楼及其地下室土建调增总价190.85万元,以固定总价包干形式签订补充协议(62#楼及其地下室后续调差基数按2019年12月信息价执行。)"

实战点评与分析

就本案而言,双方争议焦点之一为2018年6月30日至12月3日的停工误工赔偿。关于该时间段赔偿,双方在2020年3月23日签订了会议纪要,对此前双方各自违约责任予以免除,因此该证据足以达到驳回承包人主张此时间段赔偿的目的,但发包人未能提供原件,因此只能通过其他证据来证明该会议纪要的真实性。该会议纪要主要内容包括对于62#楼调差的价差按固定总价确定,双方签订补充协议。

2020年4月13日,承包人发给发包人的函件,明确记载了3月23日会议纪要,并根据该纪要内容,向发包人报送了62#楼调差的报价,并按照会议纪要内容确定报价方式为总价包干。该证据足以证明2020年3月23日会议纪要的真实性,且双方此后亦按该会议纪要实际履行。因此,发包人可提供该《工程联系函》证明3月23日会议纪要的真实性。

综上,对于缺少证据原件或证据本身存在瑕疵的,应提供其他证据证明该证据的真实性或弥补该证据的瑕疵。

③由证据的出具主体对证据的真实性予以认定(如在复印件上加盖原色印章并注明与原件一致)或向法院申请调查取证;在国家机关存档的文件,其复制件、副本、节录本经档案部门或者制作原本的机关证明其内容与原本一致的,该复制件、

副本、节录本具有与原本相同的证明力。

案例2-4：在国家机关存档的文件，其复制件、副本、节录本经档案部门或者制作原本的机关证明其内容与原本一致的，该复制件、副本、节录本具有与原本相同的证明力

——金昌和兴水电开发有限公司(以下简称和兴公司)与永昌县水电开发有限责任公司买卖合同纠纷再审审查与审判监督民事裁定书

审理法院：甘肃省高级人民法院

案号：(2020)甘民申92号

裁判日期：2020年7月20日

• 甘肃省高级人民法院裁判意见

本院经审查认为,本案系买卖合同纠纷案件。本案审查的焦点问题为和兴公司提交的证据是否符合再审新证据的法定条件;和兴公司提供的新的证据是否能够证明原审判决认定基本事实或者裁判结果错误。《民事诉讼法解释》第387条规定,再审申请人提供的新的证据,能够证明原判决、裁定认定基本事实或者裁判结果错误的,应当认定为《民事诉讼法》第200条第1项规定的情形。第388条规定,再审申请人证明其提交的新的证据符合下列情形之一的,可以认定逾期提供证据的理由成立：(1)在原审庭审结束前已经存在,因客观原因于庭审结束后才发现的;(2)在原审庭审结束前已经发现,但因客观原因无法取得或者在规定的期限内不能提供的;(3)在原审庭审结束后形成,无法据此另行提起诉讼的。

首先,和兴公司提交的证据是否符合再审新证据的法定条件问题。经对和兴公司所提交的证据进行审查,其中除证据一[甘肃省水利厅、甘肃省发展和改革委员会联合印发的甘水发(2006)515号关于对金昌市永昌县小水电代燃料工程实施方案的批复(2006年12月29日)]、证据二[甘肃省水利厅、甘肃省发展和改革委员会联合印发的甘水发(2010)297号关于对永昌县丁家峡小水电代燃料项目请予备案的报告(2010年5月24日)]、证据三[金昌市发展和改革委员会金发改函(2019)269号关于永昌县丁家峡水电站通过竣工验收的函及附件永昌县丁家峡水电站工程竣工验收鉴定书(2019年10月22日)]三份证据之外,其余证据均为在原审法院开庭时已向法庭提供且经过质证的证据,不符合《民事诉讼法解释》

关于新证据的规定,应当不予认可。

和兴公司所提交的证据一、证据二,在原审法院庭审结束前已经存在,证据三为原审庭审结束后形成。证据一、证据二来源为永昌县水务局于2019年5月20日对丁家峡水电站以"未通过竣工验收"下达停水通知,和兴公司遂向永昌县人民政府进行行政复议,复议中得知有该两份文件,申请人向档案部门调取了证据一、证据二。和兴公司提供了永昌县水务局永水发(2019)129号永昌县水务局关于对丁家峡等5座水电站停水的紧急通知和永昌县人民政府永政复决字(2019)4号行政复议决定书,以证明其逾期提供证据的理由成立。证据三为金昌市发展和改革委员会关于永昌县丁家峡水电站通过竣工验收的函及验收鉴定书。以上三份证据均为政府管理审批性文件,根据《民事证据规定》第91条第2款"在国家机关存档的文件,其复制件、副本、节录本经档案部门或者制作原本的机关证明其内容与原本一致的,该复印件、副本、节录本具有与原本相同的证明力"的规定,经本院公开听证、质证,以上证据一、证据二、证据三来源合法、有效,符合再审新证据的法定条件。

其次,和兴公司提供的新的证据是否能够证明原审判决认定基本事实或者裁判结果错误的问题。经对证据一、证据二、证据三进行审查,三份证据所载明的内容只是说明丁家峡水电站被审核批准为小水电代燃料生态电站,工程建设单位为永昌县水电开发公司、金昌和兴水电开发有限公司,并不能否定本案中永昌水电公司与三台商(郑某和、牛某兴、郑某雄)约定,将丁家峡水电站"已建成部分以现有状态整体转让给三台商,转让价款1780万元",以及和兴公司在催款通知上书写"欠款1660万元属实,本公司在电站投产后积极还款"的基本事实。且证据三载明"工程建设单位为永昌县水电开发公司、金昌和兴水电开发有限公司",也印证了和兴公司在接手丁家峡水电站后进行建设完善并运营的基本事实。和兴公司系三台商发起设立的有限责任公司,依法独立享有民事权利和承担民事义务。原判以和兴公司与永昌水电公司之间不存在买卖合同关系,和兴公司要求永昌水电公司承担违约损害赔偿责任的请求没有事实和法律依据,判决驳回和兴公司的诉讼请求并无不当。和兴公司提供的新的证据不能够证明原审判决认定基本事实或者裁判结果错误。故本院对和兴公司的申请再审理由依法不予支持。

综上所述,和兴公司的再审申请不属于2017年《民事诉讼法》第200条第1项规定的再审事由。依照2017年《民事诉讼法》第204条第1款,2015年《民事诉讼法解释》第 395 条第 2 款的规定，裁定如下：

驳回和兴公司的再审申请。

实战点评与分析

1. 在国家机关存档的文件，其复制件、副本、节录本经档案部门或者制作原本的机关证明其内容与原本一致的，该复制件、副本、节录本具有与原本相同的证明力

本案中，和兴公司提交的证据一、证据二和证据三，均为政府管理审批性文件，其中证据一、证据二为和兴公司向档案部门调取，证据三为金昌市发展和改革委员会关于永昌县丁家峡水电站通过竣工验收的函及验收鉴定书，因上述三份证据均为政府管理审批性文件，因此法院予以认定。

2. 再审新证据的认定

当事人申请再审提供的新证据足以推翻原判决裁定的，可以再审。本案中，和兴公司提供了三份证据作为申请再审的证据，由此涉及对"新证据"该如何认定。

2022 年《民事诉讼法解释》第 386 条规定："再审申请人证明其提交的新的证据符合下列情形之一的，可以认定逾期提供证据的理由成立：

（一）在原审庭审结束前已经存在，因客观原因于庭审结束后才发现的；

（二）在原审庭审结束前已经发现，但因客观原因无法取得或者在规定的期限内不能提供的；

（三）在原审庭审结束后形成，无法据此另行提起诉讼的。

再审申请人提交的证据在原审中已经提供，原审人民法院未组织质证且未作为裁判根据的，视为逾期提供证据的理由成立，但原审人民法院依照民事诉讼法第六十八条规定不予采纳的除外。"

再审法院根据上述规定对和兴公司提供的证据是否属于新证据予以审理和认定。

经核实，证据一、证据二在原审庭审前已经存在，但系在另案行政复议中才取得，符合以上条件第 2 项，即在原审庭审结束前已经存在，因客观原因无法取得。

而证据三系原审庭审结束后才产生,因此属于第 3 项,在原审庭审结束后形成,无法据此另行提起诉讼。

3. 新证据必须足以推翻原判决裁定,才符合再审条件

本案中,虽然和兴公司再审期间提供了新证据,但该新证据仍不足以推翻原判决认定的事实和判决结果,因此其再审申请未得到准许。

④如该证据为本案定案依据(如合同),且证据亦有对方签字或盖章,可以在法庭调查阶段向对方或第三人询问该证据的真实性或对方对该证据是否认可等

例如,甲乙双方签订了二手房买卖合同,该合同由出卖人、买受人、房产中介公司三方签订,因合同履行发生纠纷,买受人将出卖人诉至法院要求解除合同、退还已经支付的房价款并要求出卖人承担违约责任。起诉时,买受人未能提供该合同的原件,在庭审时,买受人可以向出卖人或中介公司询问对该合同的真实性等是否认可,即使出卖人不认可,但由于中介公司亦在合同上盖章,因此中介公司对合同真实性认可的,该合同亦会作为定案依据。

(2)收集的证据如系盖章的应核对的事项

所加盖的印章是何种形式的印章(公章、财务专用章、合同专用章、法人印鉴或其他形式的印章),加盖的印章是否经过备案,是否在本案或其他地方使用过;如加盖的印章并非备案的印章(公章、财务专用章、合同专用章、法人印鉴),当事人对该印章是否认可(如项目部印章、资料签收章、技术审查章等),如不认可,则该印章刻制和使用的主体是何人?该主体与当事人的关系;刻制该印章时,当事人是否知情,该印章是否使用过(如用于请款、往来函件等);盖章的人是否有相关的授权或盖章的人盖章是否属于职务行为?加盖的印章所对应的民事法律行为是什么?是否符合该民事法律行为的用途?加盖印章的地方是否有人签字?签字的人是什么人?身份是什么?与本案的关系是什么?为什么在上面签字?

(3)收集的证据如有签字的核实的事项

签字是否是本人签字,如果不是,则代签字的人是否取得合法有效的授权,代签字人的身份是何身份,与被代签人的关系是何种关系;应核实证据材料中所有签字人员的情况,包括:签字的名字是什么人?职务是什么?身份是什么?属于哪个公司或单位?与该单位是什么关系?与本案当事人什么关系?与本案是什么关

系？为什么会在相关材料签字？所签名字是否是本人签字？其签字的行为是否属于职务行为或代理行为？如果是职务行为，是否与其职务有关？如果是代理行为，是否取得了授权委托书？其签字的行为的后果是什么？签字的行为后果该由何方承担？是否构成表见代理？签字的人在本案其他材料上是否也有签字？

(4) 对于签字盖章除审核以上事项外，还应充分考虑的事项

①对签字和盖章的确认，对本案其他证据认定有何影响，如相关证据的三性是否将得到认定？

②对签字盖章的确认，对案件结果的影响？

③本案对该签字和盖章的认定，对此后其他类似案件或系列案件的影响？

④对该签字或盖章的确认，是否意味着对相关人员身份的确认以及该人员签署其他文件和材料的确认？

⑤如果对签字和盖章的确认可能造成不利后果，能否有其他证据可以补正或进行辩驳？能否以合同或法律规定限制该签字或盖章行为造成的不利后果？

2. 收集证据的同时，应对证据的合法性进行初步核实，包括对证据形式是否合法、证据的来源是否合法、证据的内容是否合法等进行核实

证据形式是否合法，是指证据的形式是否符合《民事诉讼法》第66条规定的形式，该法第66条规定："证据包括：（一）当事人的陈述；（二）书证；（三）物证；（四）视听资料；（五）电子数据；（六）证人证言；（七）鉴定意见；（八）勘验笔录。证据必须查证属实，才能作为认定事实的根据。"如果某项证据不属于上述范围的，则该证据不具有证明力，亦不得作为定案依据。

证据来源是否合法，主要影响证据能否作为定案依据和其证明力。通过非法手段取得或通过侵犯他人合法权益取得的证据，因其来源不符合法律规定，不能作为定案依据。

证据内容是否合法，并不影响证据的证明力，但对该证据所载内容是否合法有效以及能否达到证明目的有影响。如签订买卖枪支的合同，该证据本身可以作为定案依据，但因买卖枪支违反强制性法律法规，因此买卖枪支的合同无效。

相关法律规定：

《民事证据规定》第87条："审判人员对单一证据可以从下列方面进行审核认定：

（一）证据是否为原件、原物，复制件、复制品与原件、原物是否相符；

（二）证据与本案事实是否相关；

（三）证据的形式、来源是否符合法律规定；

（四）证据的内容是否真实；

（五）证人或者提供证据的人与当事人有无利害关系。"

案例 2-5：测谎的形式及内容不属于法定的证据形式

——徐州清华蒜业有限公司（以下简称清华公司）、李某民间借贷纠纷再审审查与审判监督案

审理法院：最高人民法院

案号：（2016）最高法民申 3600 号

裁判日期：2016 年 12 月 26 日

· 最高人民法院裁判意见

……四、关于原审审理程序是否违反法律规定的问题。（1）关于录音证据是否应采信的问题。经查，清华公司整理的录音材料内容中并无李某就本案 500 万元借款的性质、形成过程、形成时间的陈述或认可，该录音证据中亦无其他与本案争议事实相关的内容，故原审法院未采纳该录音证据并无不当。（2）关于是否应以测谎方式查明案件事实的问题。因测谎的形式及内容并不属于 2012 年《民事诉讼法》第 63 条（2023 年《民事诉讼法》第 66 条）规定的民事诉讼中合法的证据形式，故原审法院未采取该形式调查案件事实并无不当。（3）关于原审法院是否应就清华公司的申请进行调查取证的问题。本案中，清华公司申请二审法院对银行承兑汇票进行调查，但其在二审及再审中主张本案争议借款 500 万元系通过青山公司银行转款的方式偿还，与该承兑汇票并无关联，故原审法院未依清华公司的申请进行调查取证并无不当，清华公司该项再审申请事由不能成立，本院不予支持。

实战点评与分析

1. 证据能否得到法庭的采信，关键在于该证据是否具有真实性、合法性和关联性。而法庭审理案件，对双方提交的证据是否采信，亦是从证据的真实

性、合法性和关联性进行评判。就清华公司提供的录音证据,法庭经审理认为该证据与本案无关,即该证据"无李某就本案500万元借款的性质、形成过程、形成时间的陈述或认可,该录音证据中亦无其他与本案争议事实相关的内容,故原审法院未采纳该录音证据并无不当"。

至于测谎,因测谎的证据形式并不属于2023年《民事诉讼法》第66条规定的证据形式,因此该证据的形式不符合法律规定,法院未予采信。

2. 向法院申请调取的证据应当与本案有关,否则法院有权不予准许。本案中,清华公司申请二审法院对银行承兑汇票进行调查,但其在二审及再审中主张本案争议借款500万元系通过青山公司银行转款的方式偿还,与该承兑汇票并无关联,二审法院认为,原审法院未依清华公司的申请进行调查取证并无不当。

3. 收集证据的同时应对证据关联性进行初步核实

(1) 与待证事实无关的证据,法院不予采信并作为定案依据。

案例2-6:"对审理案件需要的证据",是指人民法院认定案件基本事实所必需的证据

——付某红与菏泽康乐普外专科医院劳务合同纠纷
再审复查与审判监督案

审理法院:山东省高级人民法院

案号:(2016)鲁民申80号

裁判日期:2016年3月30日

• **法院裁判意见**

根据2008年《最高人民法院关于适用〈中华人民共和国民事诉讼法〉审判监督程序若干问题的解释》第12条(2020年第9条)的规定,"对审理案件需要的证据",是指人民法院认定案件基本事实所必需的证据。本案系劳务合同纠纷,菏泽康乐普外专科医院是否取得《药品生产许可证》《医疗机构制剂许可证》以及其工作人员是否具有医师资格与认定付某红与菏泽康乐普外专科医院是否有劳务合同关系没有直接关联性,并非认定本案基本事实所必需的证据,因此,原一、二审

法院对付某红调取证据的申请未予支持并无不当。原一、二审判决认为付某红未能提供书面劳务合同,也未提供其他有效证据证明双方有两年劳务合同的事实,认定双方于2013年10月16日已实际解除劳务关系,之后付某红未再向菏泽康乐普外专科医院提供过劳务,认定事实、适用法律并无不当。关于原审审判人员审理该案时是否存在枉法裁判行为。根据2015年《民事诉讼法解释》第394条规定:"民事诉讼法第二百条第十三项规定的审判人员审理该案件时有贪污受贿、徇私舞弊、枉法裁判行为,是指已经由生效刑事法律文书或者纪律处分决定所确认的行为。"因付某红的该申请理由不符合上述法律规定且其没有依据2012年《民事诉讼法》第200条(2023年《民事诉讼法》第211条)第13项之规定申请再审,故对该申请理由依法不予支持。

实战点评与分析

1. 所谓证据关联性,"是指人民法院认定案件基本事实所必需的证据"。换言之,一份证据是否与本案有关,关键在于该证据是否系认定案件事实所需要的证据。至于哪些事实属于认定案件事实,可以从以下方面判断:

(1)原告主体是否适格,被告是否系承担本案责任的适格主体,是法院必须查明的事实,也是认定案件的事实;

(2)原告请求权依据的事实,一般是认定案件的所需要查明的事实;

(3)被告否定原告请求权依据的事实所涉及的事实;

(4)法庭归纳的争议焦点所涉及的事实,一般是认定案件需要查明的事实;

(5)涉及合同效力的事实是法庭必须查明的事实,也是认定案件的事实。

与以上事实有关的证据,一般均与本案具有关联性,法院应予查明。

2. 申请调取的证据与本案无关的,法庭可不予准许。

《民事诉讼法解释》第95条:"当事人申请调查收集的证据,与待证事实无关联、对证明待证事实无意义或者其他无调查收集必要的,人民法院不予准许。"

再审法院认为:本案系劳务合同纠纷,菏泽康乐普外专科医院是否取得《药品生产许可证》《医疗机构制剂许可证》以及其工作人员是否具有医师资格与认定付某红与菏泽康乐普外专科医院是否有劳务合同关系没有直接关联性,并非认定本案基本事实所必需的证据,因此,原一、二审法院对付某红调取证据的申请未予支持并无不当。

(2)如何判断证据的关联性,"关联性法则是证据法中的首要规则,是一切证据具有可采性的先决条件。它既统领所有的言词证据,也统领所有的实物证据,因此它也是最重要的证据规则之一"①。

证据与待证事实是否有关联,不取决于该证据本身而取决于以下两个要素:其一,案件所涉的案由以及对应的法律关系;其二,原告或被告的主张。具体的判断方法为:从证据的出具主体、标的内容以及该证据成立的后果判断,尤其是可以从证据成立后果来判断:如提供的证据对判决结果有影响的,则该证据一般与待证事实有关联;反之亦然。

案例2-7:如何对证据的关联性进行审核和质证——以被告视角对证据关联性进行判断和质证

原告:刘某进

被告:南宁某置业有限公司(以下简称置业公司)

• 案情简介

2017年11月,置业公司与案外人余某斌签订《零星收尾工程施工合同》,该合同约定,置业公司将某小区7号地块水电零星收尾工程发包给余某斌,承包范围包括该小区7号地块首层及地下室水电安装零星收尾工程,具体工作内容为完成5号、6号、7号、8号、9号、10号楼商铺剩余防雷工程,完成所有首层接入排水沟雨水管及污水管安装,完成所有商铺给水管道及排水管道安装等。

2017年11月22日,刘某进因右眼球爆裂在广西医科大学第一附属医院住院,手术后刘某进要求转院至有条件的医院进一步治疗,2017年11月26日出院。2017年11月30日至12月1日,刘某进在中山大学附属眼科医院住院治疗。刘某进住院期间医疗费由余某斌支付。

---

① 易延友:《证据法学:原则 规则 案例》,法律出版社2017年版,第101页。

刘某进认为其系经余某斌介绍到置业公司从事水电施工工作,余某斌与其口头约定日工资为240元。刘某进的工作由置业公司员工黄某杰、卫某波负责安排。因此刘某进起诉要求:确认其与置业公司成立劳动关系;置业公司应支付刘某进医疗费20,935.06元,伙食补助费900元,护理费2077元,住宿费5470元,交通费2558.5元;停工留薪期间工资9360元。以上合计41,300.56元。

本案起诉前,原告曾向南宁市劳动仲裁委申请仲裁,仲裁委未支持其申请,因此其向南宁市青秀区法院提起诉讼。

刘某进为支持其主张提供的证据包括:

证据1,置业公司与余某斌签订的《零星收尾工程施工合同》,约定置业公司将某小区7号地块水电零星收尾工程发包给余某斌施工。

证据2,分别由邹某顺、邱某、余某斌出具的证明,证明中陈述邹某顺、邱某及刘某进于2017年11月22日由置业公司员工黄某杰、卫某波安排到7号地块2号楼商铺卫生间进行排水管疏通工作,在工作过程中发生事故造成原告眼部受伤。

证据3,《住院病历首页》、医疗收费发票等,证实原告住院的事实以及所支付的医疗费。

经分析,被告认为其与原告不存在劳动关系,应驳回原告诉请,针对原告诉请和举证,被告分析判断如下:

1.本案原告主张的法律关系、诉讼请求、答辩思考路径。

原告主张其与置业公司之间存在劳动关系,且本案亦为劳动关系确认之诉,因此应当首先从该案由着手,以司法三段论作为思考方法,先结合相关法律法规,确定何为劳动关系,劳动关系的特征是什么,认定劳动关系所需要的证明材料,再结合原告提供的证据,看此类证据与原告诉请以及证明劳动关系是否相关,即与案件是否存在关联性。具体分析可以从证据的出具主体、内容和成立后果进行分析。

2.结合原告诉请、主张的法律关系、被告答辩综合判断原告提供证据的关联性:

相关法律、法规等对劳动关系的规定:

《劳动和社会保障部关于确立劳动关系有关事项的通知》:"一、用人单位招用劳动者未订立书面劳动合同,但同时具备下列情形的,劳动关系成立。

(一)用人单位和劳动者符合法律、法规规定的主体资格;

(二)用人单位依法制定的各项劳动规章制度适用于劳动者,劳动者受用人单位的劳动管理,从事用人单位安排的有报酬的劳动;

(三)劳动者提供的劳动是用人单位业务的组成部分。

二、用人单位未与劳动者签订劳动合同,认定双方存在劳动关系时可参照下列凭证:

(一)工资支付凭证或记录(职工工资发放花名册)、缴纳各项社会保险费的记录;

(二)用人单位向劳动者发放的'工作证'、'服务证'等能够证明身份的证件;

(三)劳动者填写的用人单位招工招聘'登记表'、'报名表'等招用记录;

(四)考勤记录;

(五)其他劳动者的证言等。

其中,(一)、(三)、(四)项的有关凭证由用人单位负举证责任。

……

四、建筑施工、矿山企业等用人单位将工程(业务)或经营权发包给不具备用工主体资格的组织或自然人,对该组织或自然人招用的劳动者,由具备用工主体资格的发包方承担用工主体责任。"

结合上述规定以及原告诉请,对于与上述规定有关的证据材料或能证明原告诉讼请求的证据材料,与本案有关,否则与本案无关。

就原告提供的三份证据,被告认为:

证据1,置业公司与余某斌签订的《零星收尾工程施工合同》,此份证据与证明劳动关系并无关联,但对于要求其承担用工责任则存在关联性。置业公司将零星工程发包给余某斌,该份发包合同显然与证明劳动关系成立的要素无关,且就算是该合同成立并有效,其结果也只是证明置业公司将零星工程发包给了案外人余某斌,并不等于与原告形成劳动关系,也不等于置业公司的规章制度适用于原告,更不等于原告受置业公司管理并从事置业公司安排的有报酬工作,因此该施工合同虽然加盖有置业公司印章,但从其内容和成立的结果而言,显然与证明劳动关系的成立无关;但该份施工合同却与诉请要求置业公司承担用工主体的责任相关,根据《劳动和社会保障部关于确立劳动关系有关事项的通知》第4条规定,"四、建筑施工、矿山企业等用人单位将工程(业务)或经营权发包给不具备用工主体资格的组织或自然人,对该组织或自然人招用的劳动者,由具备用工主体资格的发包方承担用工主体责任。"即便无法证明与置业公司存在劳动关系,但该证据显示,置业公司将零星收尾工程发包给了不具备资质的余某斌,原告可以根据以上规定第4条主张要求置业公司承担用工主体的责任。从证据分析而言,如果此份证据成立并结合其他证据(如发包人营业执照载明其有建筑施工资质),则置业公司将可能承担用工主体责任。当然,本案中,由于置业公司只是房地产公司,且其营业执照载明的营业范围并不包括建筑施工,其也不是矿山企业,因此原告也无权根据此条要求置业公司承担责任。

证据2,三个证人的证词。三个证人出具的证言载明,其工作系受置业公司员工黄某杰安排并在置业公司所属的7号地块上从事劳动。由于黄某杰实际上也是由余某斌雇请,并非置业公司员工,此份证明成立的结果也只表明原告系受余某斌雇请并听从余某斌雇请的黄某杰的安排和管理,与置业公司无任何关系,因此此份证言对于证明劳动关系的成立并无关联。

证据3,医疗费票据等。该证据对于证明劳动关系并无关联,但对于证明原告所受到的损害起着直接证明的作用,因此与本案原告第二项诉请存在关联性。

综合以上可以看到,原告对于其诉请确认劳动关系存在并无充分的有关联性的证据,这也是原告最终被法院驳回其诉请的主要原因,如法院判决所写:"本案中,置业公司将南宁某小区7号地块水电零星收尾工程发包给余某斌。经余某斌雇请的带班人员之一卫某波联系邱某后,刘某进由邱某于2017年11月20日带到南宁,并于2017年11月22日下午开始在南宁某小区7号地块从事水电施工工作。刘某进工作期间受余某斌雇请的带班人员黄某杰、卫某波安排管理,接受黄某杰转交的由余某斌发放的报酬,刘某进所从事的水电施工工作系余某斌承包的南宁某小区7号地块上水电零星收尾工程的组成部分。综上,刘某进并未与置业公司建立劳动法律意义上的劳动关系,刘某进与置业公司自2017年11月20日起并不存在劳动关系。"

总之,判断分析某份证据是否存在关联性,关键是以案件法律关系和原告诉请或被告答辩为依据,从证据出具的主体、证据内容以及证据成立的结果来判断证据与案件是否存在关联性。

4. 收集证据的同时,应结合证据对原告陈述的事实和被告答辩的事实是否属实、证据反映的事实是否属实等进行核实,在核实完毕上述证据和事实后,应结合证据,根据核实到的真实事实,实事求是地提起诉讼请求和进行答辩

原告起诉或被告答辩,应结合证据反映的真实事实,实事求是地提起诉讼或进行答辩,不得对证据进行断章取义的截取和解读,故意歪曲事实提起诉讼;也不得偏离证据故意捏造、编造事实。故意捏造事实编造事实提起诉讼,除可能承担败诉风险外,还可能涉嫌虚假诉讼并被追究责任。

相关法律规定:

《最高人民法院、最高人民检察院关于办理虚假诉讼刑事案件适用法律若干问题的解释》第1条:"采取伪造证据、虚假陈述等手段,实施下列行为之一,捏造民事法律关系,虚构民事纠纷,向人民法院提起民事诉讼的,应当认定为刑法第三百零七条之一第一款规定的'以捏造的事实提起民事诉讼':

(一)与夫妻一方恶意串通,捏造夫妻共同债务的;

(二)与他人恶意串通,捏造债权债务关系和以物抵债协议的;

(三)与公司、企业的法定代表人、董事、监事、经理或者其他管理人员恶意串通,捏造公司、企业债务或者担保义务的;

(四)捏造知识产权侵权关系或者不正当竞争关系的;

(五)在破产案件审理过程中申报捏造的债权的;

(六)与被执行人恶意串通,捏造债权或者对查封、扣押、冻结财产的优先权、担保物权的;

(七)单方或者与他人恶意串通,捏造身份、合同、侵权、继承等民事法律关系的其他行为。

隐瞒债务已经全部清偿的事实,向人民法院提起民事诉讼,要求他人履行债务的,以'以捏造的事实提起民事诉讼'论。

向人民法院申请执行基于捏造的事实作出的仲裁裁决、公证债权文书,或者在民事执行过程中以捏造的事实对执行标的提出异议、申请参与执行财产分配的,属于刑法第三百零七条之一第一款规定的'以捏造的事实提起民事诉讼'。"

案例 2-8：人民法院审理民事案件中发现存在虚假诉讼可能时，应当依职权调取相关证据，详细询问当事人，全面严格审查诉讼请求与相关证据之间是否存在矛盾，以及当事人诉讼中言行是否违背常理。经综合审查判断，当事人存在虚构事实、恶意串通、规避法律或国家政策以谋取非法利益，进行虚假民事诉讼情形的，应当依法予以制裁

——最高人民法院指导案例 68 号：上海欧宝生物科技有限公司（以下简称欧宝公司）诉辽宁特莱维置业发展有限公司（以下简称特莱维公司）企业借贷纠纷案

（最高人民法院审判委员会讨论通过 于 2016 年 9 月 19 日发布）

关键词 民事诉讼/企业借贷/虚假诉讼

• **裁判要点**

人民法院审理民事案件中发现存在虚假诉讼可能时，应当依职权调取相关证据，详细询问当事人，全面严格审查诉讼请求与相关证据之间是否存在矛盾，以及当事人诉讼中言行是否违背常理。经综合审查判断，当事人存在虚构事实、恶意串通、规避法律或国家政策以谋取非法利益，进行虚假民事诉讼情形的，应当依法予以制裁。

• **相关法条**

《民事诉讼法》第 112 条

• **基本案情**

欧宝公司诉称：欧宝公司借款给特莱维公司 8650 万元，用于开发辽宁省东港市特莱维国际花园房地产项目。借期届满时，特莱维公司拒不偿还。故请求法院判令特莱维公司返还借款本金 8650 万元及利息。

特莱维公司辩称：对欧宝公司起诉的事实予以认可，借款全部投入特莱维国际花园房地产项目，房屋滞销，暂时无力偿还借款本息。

一审申诉人谢某诉称：特莱维公司与欧宝公司，通过虚构债务的方式，恶意侵害其合法权益，请求法院查明事实，依法制裁。

法院经审理查明：2007 年 7 月至 2009 年 3 月，欧宝公司与特莱维公司先后签订 9 份《借款合同》，约定特莱维公司向欧宝公司共借款 8650 万元，约定利息为同年贷款利率的4倍。约定借款用途为：只限用于特莱维国际花园房地产项目。借款合同签订后，欧宝公司先后共汇款10笔，计8650万元，而特莱维公司却在收到汇款的当日或数日后立即将其中的6笔转出，共计转出7050万余元。其中5笔转往上海翰皇实业发展有限公司(以下简称翰皇公司)，共计6400万余元。此外，欧宝公司在提起一审诉讼要求特莱维公司还款期间，仍向特莱维公司转款3笔，计360万元。

欧宝公司法定代表人为宗某光，该公司股东曲某丽持有73.75%的股权，姜某琪持有2%的股权，宗某光持有2%的股权。特莱维公司原法定代表人为王某新，翰皇公司持有该公司90%股权，王某持有10%的股权，2010年8月16日法定代表人变更为姜某琪。工商档案记载，该公司在变更登记时，领取执照人签字处由刘某君签字，而刘某君又是本案原一审诉讼期间欧宝公司的委托代理人，身份系欧宝公司的员工。翰皇公司于2002年3月26日成立，法定代表人为王某新，前身为上海特莱维化妆品有限公司，王某新持有该公司67%的股权，曲某丽持有33%的股权，同年10月28日，曲某丽将其持有的股权转让给王某。2004年10月10日该公司更名为翰皇公司，公司登记等手续委托宗某光办理，2011年7月5日该公司注销。王某新与曲某丽系夫妻关系。

本案原一审诉讼期间，欧宝公司于2010年6月22日向辽宁省高级人民法院(以下简称辽宁高院)提出财产保全申请，要求查封、扣押、冻结特莱维公司5850万元的财产，王某以其所有的位于辽宁省沈阳市和平区澳门路、建筑面积均为236.4平方米的两处房产为欧宝公司担保。王某鹏以其所有的位于沈阳市皇姑区宁山中路的建筑面积为671.76平方米的房产为欧宝公司担保，沈阳沙琪化妆品有限公司(以下简称沙琪公司，股东为王某义和修某芳)以其所有的位于沈阳市东陵区白塔镇小羊安村建筑面积分别为212平方米、946平方米的两处厂房及使用面积为4000平方米的一块土地为欧宝公司担保。

欧宝公司与特莱维公司的《开立单位银行结算账户申请书》记载地址均为东港市新兴路1号，委托经办人均为崔某芳。再审期间谢某向辽宁高院提供上海市第一中级人民法院(2008)沪一中民三(商)终字第426号民事判决书一份，该案系张某珍、贾某克诉翰皇公司、欧宝公司特许经营合同纠纷案，判决所列翰皇公司的法定代表人为王某新，欧宝公司和翰皇公司的委托代理人均系翰皇公司员工宗某光。

二审审理中另查明：

（一）关于欧宝公司和特莱维公司之间关系的事实

工商档案表明，沈阳特莱维化妆品连锁有限责任公司（以下简称沈阳特莱维）成立于2000年3月15日，该公司由欧宝公司控股（持股96.67%），设立时的经办人为宗某光。公司登记的处所系向沈阳丹菲专业护肤中心承租而来，该中心负责人为王某义。2005年12月23日，特莱维公司原法定代表人王某新代表欧宝公司与案外人张某珍签订连锁加盟（特许）合同。2007年2月28日，霍某代表特莱维公司与世安建设集团有限公司（以下简称世安公司）签订关于特莱维国际花园项目施工的《补充协议》。2010年5月，魏某丽经特莱维公司授权办理银行账户的开户，2011年9月又代表欧宝公司办理银行账户开户。两账户所留联系人均为魏某丽，联系电话均为同一号码，与欧宝公司2010年6月10日提交辽宁高院的民事起诉状中所留特莱维公司联系电话相同。

2010年9月3日，欧宝公司向辽宁高院出具《回复函》称：同意提供位于上海市青浦区苏虹公路332号的面积12,026.91平方米、价值2亿元的房产作为保全担保。欧宝公司在庭审中承认，前述房产属于上海特莱维护肤品股份有限公司（以下简称上海特莱维）所有。上海特莱维成立于2002年12月9日，法定代表人为王某新，股东有王某新、翰皇公司的股东王某、邹某、欧宝公司的股东宗某光、姜某琪、王某等人。王某同时任上海特莱维董事，宗某光任副董事长兼副总经理，王某任副总经理，霍某任董事。

2011年4月20日，欧宝公司向辽宁高院申请执行（2010）辽民二初字第15号民事判决，该院当日立案执行。同年7月12日，欧宝公司向辽宁高院提交书面申请："为尽快回笼资金，减少我公司损失，经与被执行人商定，我公司允许被执行人销售该项目的剩余房产，但必须由我公司指派财务人员收款，所销售的房款须存入我公司指定账户。"2011年9月6日，辽宁高院向东港市房地产管理处发出《协助执行通知书》，以相关查封房产已经给付申请执行人抵债为由，要求该处将前述房产直接过户登记到案外买受人名下。

欧宝公司申请执行后，除谢某外，特莱维公司的其他债权人世安公司、江西临川建筑安装工程总公司、东港市前阳建筑安装工程总公司也先后以提交执行异议等形式，向辽宁高院反映欧宝公司与特莱维公司虚构债权进行虚假诉讼。

翰皇公司的清算组成员由王某新、王某、姜某琪担任，王某新为负责人；清算组在成立之日起10日内通知了所有债权人,并于2011年5月14日在《上海商报》上刊登了注销公告。2012年6月25日,王某新将翰皇公司所持特莱维公司股权中的1600万元转让于王某,200万元转让于邹某,并于2012年7月9日办理了工商变更登记。

沙琪公司的股东王某义和修某芳分别是王某新的父亲和母亲;欧宝公司的股东王某2系王某新的哥哥王某鹏之女;王某新与王某系兄妹关系。

(二)关于欧宝公司与案涉公司之间资金往来的事实

欧宝公司尾号为8115的账户(以下简称欧宝公司8115账户),2006年1月4日至2011年9月29日的交易明细显示,自2006年3月8日起,欧宝公司开始与特莱维公司互有资金往来。其中,2006年3月8日欧宝公司该账户汇给特莱维公司尾号为4891账户(以下简称特莱维公司4891账户)300万元,备注用途为借款,2006年6月12日转给特莱维公司801万元。2007年8月16日至23日从特莱维公司账户转入欧宝公司8115账户近70笔款项,备注用途多为货款。该账户自2006年1月4日至2011年9月29日与沙琪公司、沈阳特莱维、翰皇公司、上海特莱维均有大笔资金往来,用途多为货款或借款。

欧宝公司在中国建设银行东港支行开立的账户(尾号0357)2010年8月31日至2011年11月9日的交易明细显示:该账户2010年9月15日、9月17日由欧宝公司以现金形式分别存入168万元、100万元;2010年9月30日支付东港市安邦房地产开发有限公司工程款100万元;2010年9月30日自特莱维公司账户(尾号0549)转入100万元,2011年8月22日、8月30日、9月9日自特莱维公司账户分别转入欧宝公司该账户71.6985万元、51.4841万元、62.3495万元,2011年11月4日特莱维公司尾号为5555账户(以下简称特莱维公司5555账户)以法院扣款的名义转入该账户84.556,787万元;2011年9月27日以"往来款"名义转入欧宝公司8115账户193.5万元,2011年11月9日转入欧宝公司尾号4548账户(以下简称欧宝公司4548账户)157.995万元。

欧宝公司设立在中国工商银行上海青浦支行的账户(尾号5617)显示,2012年7月12日该账户以"借款"名义转入特莱维公司50万元。

欧宝公司在中国建设银行沈阳马路湾支行的4548账户2013年10月7日至2015年2月7日的交易明细显示,自2014年1月20日起,特莱维公司以"还款"名义转入该账户的资金,大部分又以"还款"名义转入王某鹏个人账户和上海特莱维的账户。

翰皇公司建设银行上海分行尾号为4917账户(以下简称翰皇公司4917账户)2006年1月5日至2009年1月14日的交易明细显示,特莱维公司4891账户2008年7月7日转入翰皇公司该账户605万元,同日翰皇公司又从该账户将同等数额的款项转入特莱维公司5555账户,但自翰皇公司打入特莱维公司账户的该笔款项计入了特莱维公司的借款数额,自特莱维公司打入翰皇公司的款项未计入该公司的还款数额。该账户同时间段还分别和欧宝公司、沙琪公司以"借款""往来款"的名义进行资金转入和转出。

特莱维公司5555账户2006年6月7日至2015年9月21日的交易明细显示,2009年7月2日自该账户以"转账支取"的名义汇入欧宝公司的账户(尾号0801)600万元;自2011年11月4日起至2014年12月31日止,该账户转入欧宝公司资金达30多笔,最多的为2012年12月20日汇入欧宝公司4548账户的一笔达1800万元。此外,该账户还有多笔大额资金在2009年11月13日至2010年7月19日以"借款"的名义转入沙琪公司账户。

沙琪公司在中国光大银行沈阳和平支行的账户(尾号6312)2009年11月13日至2011年6月27日的交易明细显示,特莱维公司转入沙琪公司的资金,有的以"往来款"或者"借款"的名义转回特莱维公司的其他账户。例如,2009年11月13日自特莱维公司5555账户以"借款"的名义转入沙琪公司3800万元,2009年12月4日又以"往来款"的名义转回特莱维公司另外设立的尾号为8361账户(以下简称特莱维公司8361账户)3800万元;2010年2月3日自特莱维公司8361账户以"往来款"的名义转入沙琪公司账户的4827万元,同月10日又以"借款"的名义转入特莱维公司5555账户500万元,以"汇兑"名义转入特莱维公司4891账户1930万元,2010年3月31日沙琪公司又以"往来款"的名义转入特莱维公司8361账户1000万元,同年4月12日以系统内划款的名义转回特莱维公司8361账户1806万元。特莱维公司转入沙琪公司账户的资金有部分流入了沈阳特莱维的账户。例如,2010年5月6日以"借款"的名义转入沈阳特莱维1000万元,同年7月29日以"转款"的名义转入沈阳特莱维2272万元。此外,欧宝公司也以"往来款"的名义转入该账户部分资金。

欧宝公司和特莱维公司均承认,欧宝公司4548账户和在中国建设银行东港支行的账户(尾号0357)由王某新控制。

● **裁判结果**

辽宁高院 2011 年 3 月 21 日作出(2010)辽民二初字第 15 号民事判决:特莱维公司于判决生效后 10 日内偿还欧宝公司借款本金 8650 万元及借款实际发生之日起至判决确定给付之日止的中国人民银行同期贷款利息。该判决发生法律效力后,因案外人谢某提出申诉,辽宁高院于 2012 年 1 月 4 日作出(2012)辽立二民监字第 8 号民事裁定再审本案。辽宁高院经再审于 2015 年 5 月 20 日作出(2012)辽审二民再字第 13 号民事判决,驳回欧宝公司的诉讼请求。欧宝公司提起上诉,最高人民法院第二巡回法庭经审理于 2015 年 10 月 27 日作出(2015)民二终字第 324 号民事判决,认定本案属于虚假民事诉讼,驳回上诉,维持原判。同时作出罚款决定,对参与虚假诉讼的欧宝公司和特莱维公司各罚款 50 万元。

● **裁判理由**

法院生效裁判认为:人民法院保护合法的借贷关系,同时对于恶意串通进行虚假诉讼意图损害他人合法权益的行为,应当依法制裁。本案争议的焦点问题有两个,一是欧宝公司与特莱维公司之间是否存在关联关系;二是欧宝公司和特莱维公司就争议的 8650 万元是否存在真实的借款关系。

一、欧宝公司与特莱维公司是否存在关联关系的问题

2005 年《公司法》第 217 条(2023 年《公司法》规定在第 265 条)规定,关联关系,是指公司控股股东、实际控制人、董事、监事、高级管理人员与其直接或间接控制的企业之间的关系,以及可能导致公司利益转移的其他关系。可见,公司法所称的关联公司,既包括公司股东的相互交叉,也包括公司共同由第三人直接或者间接控制,或者股东之间、公司的实际控制人之间存在直系血亲、姻亲、共同投资等可能导致利益转移的其他关系。

本案中,曲某丽为欧宝公司的控股股东,王某新是特莱维公司的原法定代表人,也是案涉合同签订时特莱维公司的控股股东翰皇公司的控股股东和法定代表人,王某新与曲某丽系夫妻关系,说明欧宝公司与特莱维公司由夫妻二人控制。欧宝公司称两人已经离婚,却未提供民政部门的离婚登记或者人民法院的生效法律文书。虽然辽宁高院受理本案诉讼后,特莱维公司的法定代表人由王某新变更为姜某琪,但王某新仍是特莱维公司的实际控制人。同时,欧宝公司股东兼法定代表人宗某光、王某等人,与特莱维公司的实际控制人王某新、法定代表人姜某

琪、目前的控股股东王某共同投资设立了上海特莱维,说明欧宝公司的股东与特莱维公司的控股股东、实际控制人存在其他的共同利益关系。另外,沈阳特莱维是欧宝公司控股的公司,沙琪公司的股东是王某新的父亲和母亲。可见,欧宝公司与特莱维公司之间、前述两公司与沙琪公司、上海特莱维、沈阳特莱维之间均存在关联关系。

欧宝公司与特莱维公司及其他关联公司之间还存在人员混同的问题。首先,高管人员之间存在混同。姜某琪既是欧宝公司的股东和董事,又是特莱维公司的法定代表人,同时还参与翰皇公司的清算。宗某光既是欧宝公司的法定代表人,又是翰皇公司的工作人员,虽然欧宝公司称宗某光自2008年5月即从翰皇公司辞职,但从上海市第一中级人民法院(2008)沪一中民三(商)终字第426号民事判决载明的事实看,该案在2008年8月至12月审理期间,宗某光仍以翰皇公司工作人员的身份参与诉讼。王某既是欧宝公司的监事,又是上海特莱维的董事,还以该公司工作人员的身份代理相关行政诉讼。王某既是特莱维公司的监事,又是上海特莱维的董事。王某新是特莱维公司原法定代表人、实际控制人,还曾先后代表欧宝公司、翰皇公司与案外第三人签订连锁加盟(特许)合同。其次,普通员工也存在混同。霍某是欧宝公司的工作人员,在本案中作为欧宝公司原一审诉讼的代理人,2007年2月23日代表特莱维公司与世安公司签订建设施工合同,又同时兼任上海特莱维的董事。崔某芳是特莱维公司的会计,2010年1月7日代特莱维公司开立银行账户,2010年8月20日本案诉讼之后又代欧宝公司开立银行账户。欧宝公司当庭自述魏某丽系特莱维公司的工作人员,2010年5月魏某丽经特莱维公司授权办理银行账户开户,2011年9月诉讼之后又经欧宝公司授权办理该公司在中国建设银行沈阳马路湾支行的开户,且该银行账户的联系人为魏某丽。刘某君是欧宝公司的工作人员,在本案原一审和执行程序中作为欧宝公司的代理人,2009年3月17日又代特莱维公司办理企业登记等相关事项。刘某以特莱维公司员工名义代理本案诉讼,又受王某新的指派代理上海特莱维的相关诉讼。

上述事实充分说明,欧宝公司、特莱维公司以及其他关联公司的人员之间并未严格区分,上述人员实际上服从王某新一人的指挥,根据不同的工作任务,随时转换为不同关联公司的工作人员。欧宝公司在上诉状中称,在2007年借款之初就派相关人员进驻特莱维公司,监督该公司对投资款的使用并协助工作,但早在欧宝公司所称的向特莱维公司转入首笔借款之前5个月,霍某即参与该公司的合同签订业务。而且从这些所谓的"派驻人员"在特莱维公司所起的作用看,上述人员参与了该公司的合同签订、财务管理到诉讼代理的全面工作,而不仅是监督工作,欧宝公司的辩解,不足为信。辽宁高院关于欧宝公司和特莱维公司系由王某新、曲某丽夫妇控制之关联公司的认定,依据充分。

二、欧宝公司和特莱维公司就争议的8650万元是否存在真实借款关系的问题

根据《民事诉讼法解释》第90条规定,当事人对自己提出的诉讼请求所依据的事实或者反驳对方诉讼请求所依据的事实,应当提供证据加以证明;当事人未能提供证据或者证据不足以证明其事实主张的,由负有举证证明责任的当事人承担不利的后果。第108条规定:"对负有举证证明责任的当事人提供的证据,人民法院经审查并结合相关事实,确信待证事实的存在具有高度可能性的,应当认定该事实存在。对一方当事人为反驳负有举证责任的当事人所主张的事实而提供的证据,人民法院经审查并结合相关事实,认为待证事实真伪不明的,应当认定该事实不存在。"在当事人之间存在关联关系的情况下,为防止恶意串通提起虚假诉讼,损害他人合法权益,人民法院对其是否存在真实的借款法律关系,必须严格审查。

欧宝公司提起诉讼,要求特莱维公司偿还借款8650万元及利息,虽然提供了借款合同及转款凭证,但其自述及提交的证据和其他在案证据之间存在无法消除的矛盾,当事人在诉讼前后的诸多言行违背常理,主要表现为以下七个方面:

第一,从借款合意形成过程来看,借款合同存在虚假的可能。欧宝公司和特莱维公司对借款法律关系的要约与承诺的细节事实陈述不清,尤其是作为债权人欧宝公司的法定代表人、自称是合同经办人的宗某光,对所有借款合同的签订时间、地点、每一合同的己方及对方经办人等细节,语焉不详。案涉借款每一笔均为大额借款,当事人对所有合同的签订细节,甚至大致情形均陈述不清,于理不合。

第二,从借款的时间上看,当事人提交的证据前后矛盾。欧宝公司的自述及其提交的借款合同表明,欧宝公司自2007年7月开始与特莱维公司发生借款关系。向本院提起上诉后,其提交的自行委托形成的审计报告又载明,自2006年12月开始向特莱维公司借款,但从特莱维公司和欧宝公司的银行账户交易明细看,在2006年12月之前,仅欧宝公司8115账户就发生过两笔高达1100万元的转款,其中,2006年3月8日以"借款"名义转入特莱维公司账户300万元,同年6月12

日转入 801 万元。

第三,从借款的数额上看,当事人的主张前后矛盾。欧宝公司起诉后,先主张自 2007 年 7 月起累计借款金额为 5850 万元,后在诉讼中又变更为 8650 万元,上诉时又称借款总额为 1.085 亿元,主张的借款数额多次变化,但只能提供 8650 万元的借款合同。而谢某当庭提交的银行转账凭证证明,在欧宝公司所称的 1.085 亿元借款之外,另有 4400 多万元的款项以"借款"名义打入特莱维公司账户。对此,欧宝公司自认,这些多出的款项是受王某新的请求帮忙转款,并非真实借款。该自认说明,欧宝公司在相关银行凭证上填写的款项用途极其随意。从本院调取的银行账户交易明细所载金额看,欧宝公司以借款名义转入特莱维公司账户的金额远远超出欧宝公司先后主张的上述金额。此外,还有其他多笔以"借款"名义转入特莱维公司账户的巨额资金,没有列入欧宝公司所主张的借款数额范围。

第四,从资金往来情况看,欧宝公司存在单向统计账户流出资金而不统计流入资金的问题。无论是案涉借款合同载明的借款期间,还是在此之前,甚至诉讼开始以后,欧宝公司和特莱维公司账户之间的资金往来,既有欧宝公司转入特莱维公司账户款项的情况,又有特莱维公司转入欧宝公司账户款项的情况,但欧宝公司只计算己方账户转出的借方金额,而对特莱维公司转入的贷方金额只字不提。

第五,从所有关联公司之间的转款情况看,存在双方或多方账户循环转款问题。如上所述,将欧宝公司、特莱维公司、翰皇公司、沙琪公司等公司之间的账户对照检查,存在特莱维公司将己方款项转入翰皇公司账户过桥欧宝公司账户后,又转回特莱维公司账户,造成虚增借款的现象。特莱维公司与其他关联公司之间的资金往来也存在此种情况。

第六,从借款的用途看,与合同约定相悖。借款合同第二条约定,借款限用于特莱维国际花园房地产项目,但是案涉款项转入特莱维公司账户后,该公司随即将大部分款项以"借款""还款"等名义分别转给翰皇公司和沙琪公司,最终又流向欧宝公司和欧宝公司控股的沈阳特莱维。至于欧宝公司辩称,特莱维公司将款项打入翰皇公司是偿还对翰皇公司借款的辩解,由于其提供的翰皇公司和特莱维公司之间的借款数额与两公司银行账户交易的实际数额互相矛盾,且从流向上看大部分又流回了欧宝公司或者其控股的公司,其辩解不足为凭。

第七,从欧宝公司和特莱维公司及其关联公司在诉讼和执行中的行为来看,与日常经验相悖。欧宝公司提起诉讼后，仍与特莱维公司互相转款；特莱维公司不断向欧宝公司账户转入巨额款项，但在诉讼和执行程序中却未就还款金额对欧宝公司的请求提出任何抗辩；欧宝公司向辽宁高院申请财产保全，特莱维公司的股东王某却以其所有的房产为本应是利益对立方的欧宝公司提供担保；欧宝公司在原一审诉讼中另外提供担保的上海市青浦区房产的所有权，竟然属于王某新任法定代表人的上海特莱维；欧宝公司和特莱维公司当庭自认，欧宝公司开立在中国建设银行东港支行、中国建设银行沈阳马路湾支行的银行账户都由王某新控制。

对上述矛盾和违反常理之处，欧宝公司与特莱维公司均未作出合理解释。由此可见，欧宝公司没有提供足够的证据证明其就案涉争议款项与特莱维公司之间存在真实的借贷关系。且从调取的欧宝公司、特莱维公司及其关联公司账户的交易明细发现，欧宝公司、特莱维公司以及其他关联公司之间、同一公司的不同账户之间随意转款，款项用途随意填写。结合在案其他证据，法院确信，欧宝公司诉请之债权系截取其与特莱维公司之间的往来款项虚构而成，其以虚构债权为基础请求特莱维公司返还8650万元借款及利息的请求不应支持。据此，辽宁高院再审判决驳回其诉讼请求并无不当。

至于欧宝公司与特莱维公司提起本案诉讼是否存在恶意串通损害他人合法权益的问题。首先，无论是欧宝公司，还是特莱维公司，对特莱维公司与一审申诉人谢某及其他债权人的债权债务关系是明知的。从案涉判决执行的过程看，欧宝公司申请执行之后，对查封的房产不同意法院拍卖，而是继续允许该公司销售，特莱维公司每销售一套，欧宝公司即申请法院解封一套。在接受法院当庭询问时，欧宝公司对特莱维公司销售了多少查封房产，偿还了多少债务陈述不清，表明其提起本案诉讼并非为实现债权，而是通过司法程序进行保护性查封以阻止其他债权人对特莱维公司财产的受偿。虚构债权，恶意串通，损害他人合法权益的目的明显。其次，从欧宝公司与特莱维公司人员混同、银行账户同为王某新控制的事实可知，两公司同属一人，均已失去公司法人所具有的独立人格。2012年《民事诉讼法》第112条（2023年《民事诉讼法》规定在第115条第1款）规定："当事人之间恶意串通，企图通过诉讼、调解等方式侵害他人合法权益的，人民法院应当驳回其请求，并根据情节轻重予以罚款、拘留；构成犯罪的，依法追究刑事责任。"一审申诉人谢某认为欧宝公司与特莱维公司之间恶意串通提起虚假诉讼损害其合法权益的意见,以及对有关当事人和相关责任人进行制裁的请求,于法有据,应予支持。

(生效裁判审判人员:胡云腾、范向阳、汪国献)

实战点评与分析

一、不得以证据为据,捏造编造事实提起诉讼

本案中,欧宝公司与特莱维公司系关联公司,关联公司之间存在较多的资金往来,但这些资金往来并非真正的借贷,而欧宝公司与特莱维公司基于彼此间的资金往来,编造双方之间民间借贷的虚假事实,并以此提起诉讼,最终被认定为构成虚假诉讼。具体理由以上最高人民法院指导案例已经做了充分论述。由此可见,在收集证据时,应结合证据和案件真实情况,实事求是地提起诉讼,不得对证据进行断章取义的解读和使用,不得以证据虚构编造虚假的事实,否则不仅可能导致诉讼请求无法得到法院支持,反而可能涉嫌虚假诉讼,得不偿失。

二、办理民间借贷案件应重点查明核实的内容

就欧宝公司诉特莱维公司8650万元民间借贷案件,最高人民法院最终认定,本案属于虚假诉讼,对此,最高人民法院从借款人和贷款人关系、借款合意形成过程、借款时间、借款数额、资金往来、借款用途、原告、被告之间账务往来等7个方面,从法律、常识等方面进行分析和推理,最终认定欧宝公司与特莱维公司之间的诉讼系虚假诉讼,相应地,在办理民间借贷案件过程中,也应重点对所代理案件相关的款项来源、借款用途、借款利率、借款金额、借款的时间地点等涉及借款的关键事实进行重点核实,在起诉状、庭审回答法官询问、代理词等涉及前述事实的表述中应前后一致,避免相互矛盾或语焉不详,如此原告诉请才能避免被法官认定为虚假诉讼,其诉请才能得到法院支持。

(一)民间借贷案件应对借款人和贷款人的身份、关系进行核实

1. 贷款人的身份对合同效力的影响

《九民纪要》第53条:"未依法取得放贷资格的以民间借贷为业的法人,以及以民间借贷为业的非法人组织或者自然人从事的民间借贷行为,应当依法认定无效。同一出借人在一定期间内多次反复从事有偿民间借贷行为的,

一般可以认定为是职业放贷人。民间借贷比较活跃的地方的高级人民法院或者经其授权的中级人民法院,可以根据本地区的实际情况制定具体的认定标准。"

根据上述规定,职业放贷人作为贷款主体签订的借款合同无效,合同约定的利息亦无法得到法院支持,只能参照一年期贷款市场报价利率计算利息。

关于认定职业放贷人的标准,最高人民法院及各地法院标准不一,部分省高级人民法院结合当地情况,制定了具体的指导意见和标准。

(1)最高人民法院部分司法判例对职业放贷人的认定。

最高人民法院判例1:大连高金投资有限公司(以下简称高金公司)、中国工商银行股份有限公司大连星海支行企业借贷纠纷、金融借款合同纠纷二审案,案号:(2017)最高法民终647号

在该案中,最高人民法院关于职业放贷人作出了如下认定:

关于案涉两份《借款合同》的效力问题。根据本案查明的事实,高金公司贷款对象主体众多,除本案债务人德亨公司以外,高金公司于2009年至2011年分别向新纪元公司、金华公司、荟铭公司、鼎锋公司和顺天海川公司等出借资金,通过向社会不特定对象提供资金以赚取高额利息,出借行为具有反复性、经常性,借款目的也具有营业性,未经批准,擅自从事经常性的贷款业务,属于从事非法金融业务活动。《银行业监督管理法》第19条规定:"未经国务院银行业监督管理机构批准,任何单位和个人不得设立银行业金融机构或者从事银行业金融机构的业务活动。"该强制性规定直接关系国家金融管理秩序和社会资金安全,事关社会公共利益,属于效力性强制性规定。根据原《合同法》第52条关于"有下列情形之一的,合同无效:……(五)违反法律、行政法规的强制性规定"的规定,以及原《合同法解释二》第14条关于"合同法第五十二条第(五)项规定的'强制性规定',是指效力性强制性规定"的规定,应认定案涉《借款合同》无效。高金公司的经营范围为项目投资(不含专项审批)、财务咨询、企业管理咨询,高金公司所从事的经常性放贷业务,已经超出其经营范围。《合同法解释一》第10条规定:"当事人超出经营范围订立合同,人民法院不因此认定合同无效。但违反国家限制经营、特许经营以及法律、行政法规禁止经营规定的除外。"金融业务活动系国家特许经营业务,故依照上述

规定也应认定案涉《借款合同》无效。因此，原审判决认定案涉《借款合同》无效，认定事实清楚，适用法律正确，应予维持。高金公司上诉主张《借款合同》有效，缺乏事实和法律依据，本院不予支持。

从以上最高人民法院的认定可见，最高人民法院对于职业放贷人的认定标准是：通过向社会不特定对象提供资金以赚取高额利息，出借行为具有反复性、经常性，借款目的也具有营业性，未经批准，擅自从事经常性的贷款业务，属于从事非法金融业务活动。

(2)《最高人民法院、最高人民检察院、公安部、司法部关于办理非法放贷刑事案件若干问题的意见》第1条规定："违反国家规定，未经监管部门批准，或者超越经营范围，以营利为目的，经常性地向社会不特定对象发放贷款，扰乱金融市场秩序，情节严重的，依照刑法第二百二十五条第(四)项的规定，以非法经营罪定罪处罚。

前款规定中的'经常性地向社会不特定对象发放贷款'，是指2年内向不特定多人(包括单位和个人)以借款或其他名义出借资金10次以上。"

(3)部分省高级人民法院制定的职业放贷人认定标准。

浙江省高级人民法院、浙江省人民检察院、浙江省公安厅、浙江省司法厅、国家税务总局、浙江省税务局、浙江省地方金融监督管理局关于《依法严厉打击与民间借贷相关的刑事犯罪强化民间借贷协同治理的会议纪要》规定："纳入'职业放贷人名录'，一般应当符合以下条件：

1. 以连续三年收结案数为标准，同一或关联原告在同一基层法院民事诉讼中涉及20件以上民间借贷案件(含诉前调解，以下各项同)，或者在同一中级法院及辖区各基层法院民事诉讼中涉及30件以上民间借贷案件的；

2. 在同一年度内，同一或关联原告在同一基层法院民事诉讼中涉及10件以上民间借贷案件，或者在同一中级法院及辖区各基层法院民事诉讼中涉及15件以上民间借贷案件的；

3. 在同一年度内，同一或关联原告在同一中级法院及辖区各基层法院涉及民间借贷案件5件以上且累计金额达100万元以上，或者涉及民间借贷案件3件以上且累计金额达1000万元以上的；

4. 符合下列条件两项以上，案件数达到第1、2项规定一半以上的，也可认定为职业放贷人：

(1) 借条为统一格式的；

(2) 被告抗辩原告并非实际出借人或者原告要求将本金、利息支付给第三人的；

(3) 借款本金诉称以现金方式交付又无其他证据佐证的；

(4) 交付本金时预扣借款利息或者被告实际支付的利息明显高于约定的利息的；

(5) 原告本人无正当理由拒不到庭应诉或到庭应诉时对案件事实进行虚假陈述的。

自职业放贷人名录公布之日起连续三个年度内，该名录上人员涉及民间借贷纠纷的案件量少于前款第1、2、4项认定职业放贷人标准案件量二分之一的，可以将其从职业放贷人名录上撤出。"

(4) 实务要点：办理民间借贷案件，必须首先核实原告是否属于职业放贷人，具体可以对原告提供借款的笔数、时间、是否向不特定人提供借款、是否有固定的借款合同模板、约定的利率等方面进行核实，同时务必通过裁判文书网查询原告涉案的案件情况，以判断其是否属于职业放贷人。

2. 借款人的身份和对款项的使用有时对借款责任的承担有影响

借款人的身份和所借款项的用途一般不影响借款人责任的承担，有的当事人常以借款资金的实际使用人为被告诉至法院，并认为使用人也应承担还款责任。就此，笔者认为，原则上，贷款人向借款人提供借款后，借款人如何使用借款，将借款交给何人使用与贷款人无关，贷款人也不得以借款资金的具体使用人为被告主张权利，毕竟合同具有相对性，在资金使用人未参与借款合同签订的情况下，仅以其使用了借款资金为由而要求其承担借款清偿责任，既有违合同相对性的原则，也违反一般常识，比如借款人取得借款后，将借款交给其姐姐或朋友使用，在此情况下，其姐姐或朋友作为资金使用人，显然无需承担还款责任。

但如果是公司法定代表人以个人名义与出借人签订借款合同，所借款项用于单位经营，则法定代表人与单位对借款承担连带责任。《民间借贷解释》第22条规定："法人的法定代表人或者非法人组织的负责人以单位名义与出借人签订民间借贷合同,有证据证明所借款项系法定代表人或者负责人个人使用,出借人请求将法定代表人或者负责人列为共同被告或者第三人的,人民法院应予准许。法人的法定代表人或者非法人组织的负责人以个人名义与出借人订立民间借贷合同,所借款项用于单位生产经营,出借人请求单位与个人共同承担责任的,人民法院应予支持。"

3. 借款人与出借人的关系是判断借款是否属实,民间借贷诉讼是否属于虚假诉讼的重要因素

如借款人与出借人系关联公司关系,且其实际控制人系同一人或实际控制人系亲属关系,对于在关联公司之间发生的民间借贷诉讼,必须事先审核彼此之间的资金往来性质,即此种往来是关联公司之间正常的账务往来还是真实的借款,毕竟在法人治理结构不完善的企业,关联公司之间资金的调配和往来是很正常的,但此种资金往来并非借贷。以本案为例,法院在分析欧宝公司与特莱维公司之间的民间借贷诉讼是否属于虚假诉讼,都是以欧宝公司与特莱维公司之间系关联关系,且实际控制人是同一人或系亲属关系为前提展开,经分析欧宝公司与特莱维公司之间借款合意形成过程、资金往来、关联公司之间的转款情况、欧宝公司和特莱维公司及其关联公司在诉讼和执行中的行为,法院认定本案借贷不符合常理,比如法院认为,"从欧宝公司和特莱维公司及其关联公司在诉讼和执行中的行为来看,与日常经验相悖。欧宝公司提起诉讼后,仍与特莱维公司互相转款;特莱维公司不断向欧宝公司账户转入巨额款项,但在诉讼和执行程序中却未就还款金额对欧宝公司的请求提出任何抗辩;欧宝公司向辽宁高院申请财产保全,特莱维公司的股东王某却以其所有的房产为本应是利益对立方的欧宝公司提供担保;欧宝公司在原一审诉讼中另外提供担保的上海市青浦区房产的所有权,竟然属于王某新任法定代表人的上海特莱维;欧宝公司和特莱维公司当庭自认,欧宝公司开立在中国建设银行东港支行、中国建设银行沈阳马路湾支行的银行账户都由王某新控制"。以上违反常理的根本原因在于欧宝公司与特莱维公司系关联公司,且实际控制人实际为同一人所致,而正是基于此种关联关系以及由此导致的诸多违反常理的情形,法院最终认定本案系虚假诉讼。

4. 实务要点

办理民间借贷案件,针对贷款主体和借款主体,务必核实以下事项:

(1)务必核实和查明贷款主体是否系职业放贷人,核实和查明的方式包括:①登录裁判文书网,查询贷款人涉诉情况,如贷款人在法院涉诉案件较多,则贷款人可能系职业放贷人;②了解贷款人资金来源情况(贷款人的资金是否是自有资金还是通过向不特定人募集取得的资金,如果是后者,则贷款人往往是职业放贷人);③贷款人是否使用固定的合同版本,如果贷款人有固定的借款合同模板,则贷款人可能系职业放贷人。

(2)务必核实贷款人与借款人的关系:如贷款人与借款人系关联公司,则务必核实贷款人主张的所谓借款是关联公司之间的正常资金往来还是借款;如贷款人系借款人的股东,则务必核实贷款人主张的借款是股东提供给公司的借款还是股东对公司的资金投入。

(二)民间借贷案件,务必核实贷款人和借款人之间全部资金往来

核实贷款人与借款人所有的资金往来,而不仅仅是本案的资金往来情况。查询资金往来,除了了解双方之间借款还款的真实情况外,还能从资金往来的情况了解双方之间到底是借款还是其他法律关系,本案主张的借款是否是真实的借款,本案主张的借款是否已经还清等。

以本案为例,最高人民法院正是通过查询欧宝公司与特莱维公司之间的资金往来,通过分析,认定双方之间存在多次多笔互相转款的情形,此种循环转款,来回倒款造成借款虚增,进而最终认定本案属于虚假诉讼,法院认为:"……第五,从所有关联公司之间的转款情况看,存在双方或多方账户循环转款问题。如上所述,将欧宝公司、特莱维公司、翰皇公司、沙琪公司等公司之间的账户对照检查,存在特莱维公司将己方款项转入翰皇公司账户过桥欧宝公司账户后,又转回特莱维公司账户,造成虚增借款的现象。特莱维公司与其他关联公司之间的资金往来也存在此种情况。"

(三)民间借贷案件,务必对贷款人和借款人双方合意形成的过程、借款的时间、金额、用途、签约地点、欠付的本金、利息以及利息的计算方法等重要细节能作出清楚明确且前后一致的陈述,陈述的事实尽可能有证据支持

1. 民间借贷案件,代理律师应事先查明借款合意形成的过程、借款的具体

时间、地点等,对于上述事实在起诉状、代理词和庭审陈述时应前后一致

尽管有借款合同、收据等作为证据,但就金额较大的借款以及缺少转账凭单的民间借贷案件,为了查明借款的真实性,法院需查清借款的具体时间、地点等;同时,为了查明借贷案件是否是虚假诉讼,法官还需查明双方合意形成的过程、借款的具体时间、地点。

(1)关于借款合意形成的过程,重点应核实:贷款人与借款人是何时商量该笔借款,具体联络的人员是谁,联络的过程是否有证据保留,商量的时间地点等。

以本案为例,法院对借款合意进行了核实,经核实,法院认为:"第一,从借款合意形成过程来看,借款合同存在虚假的可能。欧宝公司和特莱维公司对借款法律关系的要约与承诺的细节事实陈述不清,尤其是作为债权人欧宝公司的法定代表人、自称是合同经办人的宗某光,对所有借款合同的签订时间、地点、每一合同的己方及对方经办人等细节,语焉不详。案涉借款每一笔均为大额借款,当事人对所有合同的签订细节,甚至大致情形均陈述不清,于理不合。"

(2)核实借款合意形成的过程,核实本案借贷的基础法律关系。民间借贷案件无外乎两种,一种是双方之间原本的法律关系即为民间借贷,因借款人无法清偿借款,贷款人起诉借款人;另一种则是双方的基础法律关系并非民间借贷,而是另外的法律关系(如货物买卖等),因负有支付款项的一方无法按合同约定支付价款,双方进行结算,并由债务人以借款合同或借条的方式承诺对欠付款项予以清偿,因债务人无法清偿欠款,债权人以结算后债务人书写的借款合同和借条将债务人诉至法院。

以上两种情形下贷款人的举证责任不同。原本的法律关系为民间借贷,贷款人起诉的,则只需要提供借款合同、付款凭单等,以证明双方之间系借贷的法律关系;而后一种,因双方基础法律关系并非民间借贷,而是经双方对欠付款结算后由债务人出具借条或欠条,因此债权人有义务证明欠付款的产生以及形成的证据,如双方系货物买卖合同法律关系,由出卖人向买受人供货,因买受人未能按照合同约定支付货款,经买受人与出卖人结算确认买受人仍欠付货款100万元,就此由买受人出具借条载明,买受人借到出卖人100万元

人民币,承诺于2021年10月1日前付清。此类案件系基于货物买卖产生的民间借贷,出卖人无法提供支付借款的转账凭单等,因此,出卖人应提供货物买卖合同、供货证明等以证明欠付100万元款项的真实性。

《民间借贷解释》(2020第二次修正)第14条规定:"原告以借据、收据、欠条等债权凭证为依据提起民间借贷诉讼,被告依据基础法律关系提出抗辩或者反诉,并提供证据证明债权纠纷非民间借贷行为引起的,人民法院应当依据查明的案件事实,按照基础法律关系审理。当事人通过调解、和解或者清算达成的债权债务协议,不适用前款规定。"

(3)关于借款时间地点应核实和注意的事项:从基本的事实而言,如民间借贷案件系真实的,则对于借款发生的时间、地点等涉及借款的具体信息,应该是唯一的,如贷款人对借款的时间地点等,在起诉状、代理词或庭审过程中陈述前后不一,法官有可能结合案件其他事实(如大额的借款只有借款收据而没有付款凭单,或贷款人与借款人系关联关系等)认定该民间借贷系虚假诉讼或认定原告主张的借款难以成立。

《民间借贷解释》(2020第二次修正)第18条规定:"人民法院审理民间借贷纠纷案件时发现有下列情形之一的,应当严格审查借贷发生的原因、时间、地点、款项来源、交付方式、款项流向以及借贷双方的关系、经济状况等事实,综合判断是否属于虚假民事诉讼:

(一)出借人明显不具备出借能力;

(二)出借人起诉所依据的事实和理由明显不符合常理;

(三)出借人不能提交债权凭证或者提交的债权凭证存在伪造的可能;

(四)当事人双方在一定期限内多次参加民间借贷诉讼;

(五)当事人无正当理由拒不到庭参加诉讼,委托代理人对借贷事实陈述不清或者陈述前后矛盾;

(六)当事人双方对借贷事实的发生没有任何争议或者诉辩明显不符合常理;

(七)借款人的配偶或者合伙人、案外人的其他债权人提出有事实依据的异议;

(八)当事人在其他纠纷中存在低价转让财产的情形;

（九）当事人不正当放弃权利；

（十）其他可能存在虚假民间借贷诉讼的情形。"

以本案为例，法院认为："……第二，从借款的时间上看，当事人提交的证据前后矛盾。欧宝公司的自述及其提交的借款合同表明，欧宝公司自2007年7月开始与特莱维公司发生借款关系。向本院提起上诉后，其提交的自行委托形成的审计报告又载明，自2006年12月开始向特莱维公司借款，但从特莱维公司和欧宝公司的银行账户交易明细看，在2006年12月之前，仅欧宝公司8115账户就发生过两笔高达1100万元的转款，其中，2006年3月8日以'借款'名义转入特莱维公司账户300万元，同年6月12日转入801万元。"本案中，正是因为欧宝公司陈述的借款时间与其自行提交的审计报告所载明的事实不符，导致法院最终认定本案系虚假诉讼。

（四）民间借贷案件，对于原告主张的本金、利息、被告已付款、已付款支付的是本金还是利息，是先还本还是先付息等，均应当清楚明确，同时建议对于上述事项，应通过表格的方式表达出来

民间借贷案件中贷款人的主要诉求为要求借款人还本付息，因此，对于贷款人实际支出的款项、借款人实际清偿的借款（含本金和利息）等均应明确清楚，且应实事求是。有的借款人可能是以现金偿付，即便其缺乏证据，但作为贷款人，也应本着实事求是的原则，如实承认该笔还款。

对于借款人的还款，应判断该还款是还本还是付息，原则上，对于双方未约定款项清偿顺序的，按照《民法典》第561条的规定："债务人在履行主债务外还应当支付利息和实现债权的有关费用，其给付不足以清偿全部债务的，除当事人另有约定外，应当按照下列顺序履行：

（一）实现债权的有关费用；

（二）利息；

（三）主债务。"

对于提供借款的本金和被告应付利息、被告已付款等事实的陈述应前后一致，避免前后矛盾。陈述的事实应有相应的证据支持。

本案中，因欧宝公司对于借款的本金利息等陈述前后不一，法院结合案件其他事实最终认定本案系虚假诉讼，法院认为："……第三，从借款的数额上看，

当事人的主张前后矛盾。欧宝公司起诉后,先主张自2007年7月起累计借款金额为5850万元,后在诉讼中又变更为8650万元,上诉时又称借款总额1.085亿元,主张的借款数额多次变化,但只能提供8650万元的借款合同。而谢某当庭提交的银行转账凭证证明,在欧宝公司所称的1.085亿元借款之外,另有4400多万元的款项以"借款"名义打入特莱维公司账户。对此,欧宝公司自认,这些多出的款项是受王某新的请求帮忙转款,并非真实借款。该自认说明,欧宝公司在相关银行凭证上填写的款项用途极其随意。从本院调取的银行账户交易明细所载金额看,欧宝公司以借款名义转入特莱维公司账户的金额远远超出欧宝公司先后主张的上述金额。此外,还有其他多笔以"借款"名义转入特莱维公司账户的巨额资金,没有列入欧宝公司所主张的借款数额范围。

二、收集证据的原则2:完整性原则

所谓完整性原则,包括:(1)对证据本身而言,应收集完整的证据,不得对该证据进行节录、摘抄、截取或仅收集该证据的部分。如建设工程施工合同,一般页数较多,就此,无论建设工程合同有多少页,都必须收集完全部合同,不得仅复印或收集其中一部分。(2)对于与该证据相关的证据,也必须收集,如建设工程中常见的监理日记,不能仅复印其中一页日记,应将整本日记均收集齐备;建设工程施工合同如果是经招投标签订的,不能仅收集施工合同本身,还必须收集招标文件、投标文件、中标通知书,如履行过程中签订有补充协议的,亦应收集补充协议,这样才能确保证据的完整。

实务中如何贯彻执行完整性原则,可按照以下要点办理:

1. 收集的证据如果是合同,必须复印全部合同;审核该合同是否有附件,如有附件,必须同时收集全部附件;不得以合同页数太多、复印太麻烦而不收集完整的证据。

2. 核实签订合同后,各方是否签订有补充协议、会议纪要、备忘录等,如有,必须收集。

3. 必须收集全部的付款凭证和发票;同时必须相应收集付款审批手续、发票签收记录等证据。

4. 收集的证据为政府的审批文件、答复等的，必须复印完整的审批文件和答复，不得仅截取其中一部分。

5. 收集的证据为法院、仲裁庭的文书，必须收集完整的判决书、裁决书等，不能仅收集其中的一部分；如果是庭审笔录，必须收集完整的庭审笔录，不能仅复印笔录的其中一部分。

6. 通过招投标签订的合同，必须收集招标文件、投标文件、中标通知书、合同。

7. 如收集资料为各类日记、日志的，则必须将整本的日记、日志收集，而不能仅收集其中的某一页。

8. 如收集的证据为微信聊天记录、QQ聊天记录、电子邮件的，必须收集全部微信的聊天记录、QQ聊天记录、全部往来电子邮件，而不能仅收集其中部分记录。

9. 如果收集的证据为图纸，因图纸分专业，包括总图、建筑、结构、给排水、暖通、电气，因此应收集全套施工图纸，而不是仅其中一部分；图纸根据出图的阶段，还分为方案、初步设计（扩充）、施工图，因此还应当收集各阶段涉及的图纸。

10. 如果是各类验收报告，则应收集全部相关验收报告，如建设工程施工合同履行过程中，一般包括桩基础验收、结构封顶验收、人防验收、钢筋检测、混凝土检验、五方验收（建设、施工、监理、勘察、设计等）、消防验收、规划核实、环保验收、竣工验收备案等。

11. 合同履行过程中双方以及各方全部往来文件、函件等。

12. 履行义务一方履行义务的全部证据，如送货单、结算单等。

13. 如果是鉴定报告或各类评估报告的，必须收集完整的报告，而不能只收集报告的结论部分。

三、收集证据的原则3：全面性原则

收集证据全面性原则，是指应穷尽手段，收集与本案有关的证据；应收集与本案有关的各种类型的证据，包括对己方有利的证据和对己方不利的证据。

(一)收集全面证据,必须遵循的思考路径:"现有的证据能否证明己方主张,能否充分证明己方主张,还可能存在哪些疏漏,对方对现有证据可能提出何种质证意见,如果提出,现有证据是否足以反驳"

办理诉讼案件,应主动收集证据,而不应满足于仅仅对对方提供的证据否定其"三性";应当主动收集与本案有关的证据;对于证明案件所需,但当事人无法提供的证据,应想方设法尽力收集,直至穷尽所有的办法。收集证据应站在对方角度,思考对方对己方证据可能如何质证,对于对方的质证,己方现有证据是否充分,是否存在瑕疵或缺漏。

收集证据应结合诉讼和举证思路,根据法律法规规定、生活常识、当事人陈述等,以该证据产生和存放之处为线索,沿着线索想尽一切办法收集证据。

案例2-9:以对方对己方主张和证据的质证意见收集提供证据

• 案件基本事实

甲为某科技公司,主要经营业务范围包括广西糖料蔗大数据服务平台。平台集成订单农业、卫星遥感、砍运调度管理、运蔗车辆管理、AI质检、智能地磅、蔗款结算等系统,业务领域覆盖甘蔗耕、种、砍、收、运全生命周期。

乙为甲公司员工,2021年6月,乙提出离职,离职后就职于丙公司,丙公司部分业务(主要是订单农业)与甲方存在竞争,就此甲方向劳动仲裁委申请仲裁,要求乙方履行竞业禁止义务。

本案甲的仲裁申请要得到支持,必须证明:其一,乙符合竞业禁止规定的范围,即乙属于甲公司的高级管理人员、高级技术人员或其他负有保密义务的人员,《劳动合同法》第24条第1款规定:"竞业限制的人员限于用人单位的高级管理人员、高级技术人员和其他负有保密义务的人员。竞业限制的范围、地域、期限由用人单位与劳动者约定,竞业限制的约定不得违反法律、法规的规定。"其二,甲与乙就职的丙公司生产或者经营同类产品,从事同类业务,甲丙存在竞争关系。

• 证据收集过程

律师1:律师1认为,关于乙是否属于竞业禁止人员范围,只需要提供甲乙签订的劳动合同即可,根据劳动合同约定,乙担任甲公司的运营经理,且乙在入职时与甲签订了《保密和竞业限制协议》，以上证据足以证明乙属于竞业禁止范围；至于甲与丙业务是否存在竞争，可以提供营业执照，只要营业执照中记载的经营范围存在重叠，可以证明甲与丙存在业务上的竞争。结合以上思路，律师1收集并提供了以下证据：甲乙签订的《劳动合同》、《保密和竞业限制协议》、甲的工商登记资料、丙的工商登记资料。

律师2：律师2接到案件后，认为律师1收集的证据远不足以证明其申请，理由如下：

1. 仅仅提供甲乙双方签订的《劳动合同》和《保密和竞业限制协议》不能充分证明乙属于竞业禁止范围。

（1）《劳动合同》不能证明乙属于甲公司高级管理人员。根据劳动合同，乙的职位为运营经理，并非《劳动合同法》所规定的"高级管理人员"，2018年《公司法》第216条（2023年《公司法》规定在第265条）："本法下列用语的含义：（一）高级管理人员，是指公司的经理、副经理、财务负责人，上市公司董事会秘书和公司章程规定的其他人员……"根据上述规定，乙显然并非甲公司的经理、副经理、财务负责人，且乙提供了甲的工商登记资料，在该登记资料中记载的"高级管理人员"一栏，也没有乙的名字。

（2）乙也并非高级技术人员。乙的职位为运营经理，并非技术人员岗位，即使乙属于技术人员，但如何理解"高级技术人员"的"高级"，这里的"高级"其内涵和外延如何界定等，本身亦存在争议，在此情况下，以乙为"高级技术人员"为由而认定其属于竞业禁止范围，极有可能不被仲裁庭采纳。

（3）排除以上"高级管理人员""高级技术人员"，甲必须证明乙为"其他负有保密义务的人员"。就此，律师1收集并提供了甲乙签订的《保密和竞业限制协议》，但律师2认为，仅有这份证据是远远不够的，因为虽然甲乙签订了《保密和竞业限制协议》，但如果乙未接触到甲公司的商业秘密，即使合同约定其负有保密义务，但由于其未能接触和知悉甲的商业秘密，乙亦无须承担保密义务，因此，《劳动合同》和《保密和竞业限制协议》仅能证明乙负有保密的义务，但不能证明乙需要实际承担该义务。

综上，仅以《劳动合同》《保密和竞业限制协议》不足以证明乙属于竞业禁止的范围。

2. 营业执照登记的范围不足以证明甲与丙存在业务上的竞争关系。营业执照登记的范围是办理营业执照时登记的经营范围,但不能证明实际开展了营业执照登记的业务,相反,实务中,大量的公司并未开展营业执照登记的业务;即使营业执照记载的业务范围相同,但这只是名称的相同,并不等于具体的业务内容相同或相似。综上,营业执照登记的业务范围不能证明甲与丙存在竞争关系。

3. 结合以上意见,律师 2 认为,律师 1 此前收集的证据不足以证明其仲裁申请。就此律师 2 提出以下证据收集的思路和方法。

(1) 重点收集乙已经实际接触甲商业秘密的证据,就此,律师 2 开展以下工作以收集关于乙负有保密义务的证据

寻找证据线索: 与乙在甲公司时的主管领导沟通,向其询问乙在甲公司工作的情况,包括其岗位职责、提交过的工作成果、在甲公司工作时是否有专门的 OA 账号或邮箱账户、甲公司的其他人员包括乙的主管领导、其他部门人员是否发送过文件给乙;乙的主管领导、乙的同事是否有通过 QQ 和微信与乙联系,并通过微信向乙发送过文件材料;如有以上资料的,务必将这些资料提供给律师;经查实,乙在职期间,其主管领导、同事均向乙发送过文件,发送的方式包括电子邮件、微信、OA 系统、QQ 等。

证据收集: 收集乙在职期间,各部门和人员发给乙的全部文件邮件;提供乙在甲公司签署的一切文件资料;收集乙在职期间各同事通过微信、QQ 以及微信群发送给乙方的一切文件材料。

收集到以上邮件、QQ 和微信聊天记录后,结合《保密和竞业限制协议》中约定的"秘密"的定义和范围,向甲公司技术人员请教上述资料文件哪些属于"秘密",将这些资料按照《保密和竞业限制协议》约定的秘密的类型分门别类做成证据提交给仲裁庭。

(2) 关于甲丙业务存在竞争

寻找证据线索: 向甲公司技术人员咨询了解,甲公司认为丙与甲公司存在业务竞争关系,主要是哪一方面业务存在竞争,如存在竞争业务,则该等业务内容是什么,该业务的运行模式如何、业务的具体内容如何;上述业务的内容、模式,如何证明?是否可以通过甲的官方网站、公开的 App 软件系统体现上述业务内容和模式,如可以,则将具体的业务内容、操作流程等的截屏打印出来,开庭时,现场打开网站和 App 进行展示;至于丙开展的与甲存在竞争的业务,具体指的哪种业务,此种业务在哪一方面与甲的业务存在竞争(如业务内容、模式、操作流程等),上述业

务内容能否通过丙的官网或下载 App 可以查询到。

证据收集：上述涉及的内容,可以查询甲、丙的官网并打印官网截屏;至于甲、丙竞争业务的 App,通过进入 App 操作,显示各自的业务范围、业务内容、操作流程等,以此证明甲、丙业务存在竞争。

(3)关于甲、丙是否对存在竞争的业务进行过推广

寻找证据线索：对于甲认为与丙存在竞争的业务,甲是否通过公开渠道进行推广,如有,提供相应的新闻报道、政府通知开会的文件等。

证据收集：通过网络检索,查询到甲丙分别对各自存在竞争的业务进行宣传、推广的有关网站和新闻;向甲收集政府或有关部门召开订单农业有关业务学习的通知和文件,通知最好加盖有政府的印章。

4.结果:律师2最终收集了65组证据,充分证明了乙在职期间实际接触甲公司商业秘密,乙属于负有保密义务的人员;且乙所就职的公司与甲存在业务竞争关系。

(二)应想尽一切办法、使用一切合法手段收集证据

1.应想尽一切办法收集证据

有的情况下,当事人持有的证据极为有限,作为代理律师,不应坐等当事人提供证据和收集证据,而应想尽一切办法收集证据,毕竟办法总比困难多。

案例2-10：通过诉讼的方式收集证据

原告危某于2011年5月27日向被告某财产保险股份有限公司桂林中心支公司(以下简称保险公司)为其车辆(以下简称标的车)购买了机动车损失险、第三者责任险以及附加险、机动车交通事故责任强制保险等,并足额缴纳了保险费。保险期间为2011年5月28日至2012年5月27日,机动车损失险限额为90万元。

2011年10月26日,危某的标的车出险,2011年11月21日,危某将其车交付给柳州市某汽车销售服务有限公司(以下简称汽车销售公司)进行修理并同时对该车进行保养,当日14时30分办理了车辆交接手续,危某将车交付给汽车销售公司后,该公司员工黄某将车开出,后在柳州市柳太路河西工业园内发生重大事故,经交警部门认定,该车负事故全部责任。就该车的维修,汽车销售公司报价,

维修金额总计为246,839元,2011年12月22日,柳州市价格认证中心出具价格认证书,该证书载明车辆修复价格为175,091元。维修完毕,危某并未实际向汽车销售公司支付维修款,且也未提供证据证明其实际支付了维修款。2012年1月,原告向其承保的保险公司以车辆损失险索赔车辆维修款246,839元以及其他施救费、公共设施损失费、车辆损失鉴定费等。

2012年1月19日,保险公司以危某此次事故属于保险条款的免责范围为由拒绝赔偿,根据双方保险条款第6条规定:"下列情况下,不论任何原因造成被保险机动车损失,保险人均不负赔偿责任:……(二)竞赛、测试,在营业性维修、养护场所修理、养护期间……"

根据以上条款,保险公司认定此次事故是车辆在维修期间发生,本次事故不属于保险理赔范围,保险公司对此次事故所造成的损失不负赔偿义务。

因保险公司拒绝赔偿,被保险人以保险合同纠纷为由,向法院提起诉讼,要求保险公司承担本案赔偿责任。

• 保险公司代理律师的代理思路和证据收集过程

(1)代理思路

保险公司代理律师接受代理后经向保险公司了解,该车在投保时,投保单极有可能并非危某本人所写,因此该案未提供投保单作为证据。

在保险公司未提交投保单的情况下,本案保险公司仅仅依据免责条款予以拒赔,其面临的难题是如何证明保险公司已经就免责条款向投保人被保险人进行了明确提示和说明。由于未提供投保单作为证据,如保险公司以免责条款拒绝赔偿,原告将直接根据《保险法》第17条"订立保险合同,采用保险人提供的格式条款的,保险人向投保人提供的投保单应当附格式条款,保险人应当向投保人说明合同的内容。对保险合同中免除保险人责任的条款,保险人在订立合同时应当在投保单、保险单或者其他保险凭证上作出足以引起投保人注意的提示,并对该条款的内容以书面或者口头形式向投保人作出明确说明;未作提示或者明确说明的,该条款不产生效力"确认以上免责条款不产生效力进而要求保险公司予以赔偿,由于保险公司未能提供最有利的投保单证明其履行了明确提示和说明义务,保险公司将面临败诉的可能。

综上,仅以免责条款进行抗辩显然将承担败诉的后果,经分析案件后,代理律师认为，本次事故，由于危某将车交给汽车销售公司进行维修和保养，汽车销售公司与危某之间形成加工承揽的合同关系，根据原《合同法》第265条："承揽人应当妥善保管定作人提供的材料以及完成的工作成果，因保管不善造成毁损、灭失的，应当承担损害赔偿责任。"(《民法典》第784条："承揽人应当妥善保管定作人提供的材料以及完成的工作成果，因保管不善造成毁损、灭失的，应当承担赔偿责任。")本次事故系因汽车销售公司在维修期间保管不当并导致事故损失，汽车销售公司理应无偿为危某维修车辆，并承担相应的赔偿责任，换言之，危某索赔的第一对象应是汽车销售公司而不是保险公司；此外，根据本案案情，由于汽车销售公司已经无偿为危某维修好车辆，至少意味着汽车销售公司已经直接承担了责任后果，此时危某再向保险公司索赔并且其索赔成立，则意味着危某通过事故，不仅车辆得到维修恢复到原状，还得到同等价款的赔偿，即通过事故获得了额外利益，此种获利与保险最基本的补偿原则和《保险法》第5条"保险活动当事人行使权利、履行义务应当遵循诚实信用原则"所规定的诚实信用原则相悖。因此，本案中，保险公司除引用免责条款抗辩外，更应强调，如果原告诉请成立，则意味着危某将在此次事故中既不用支付修理费，又能从保险公司取得赔偿，属于一次事故获得额外赔偿，背离了保险最基本的补偿原则。

(2) 部分证据收集过程

以答辩思路为指引，运用一切合法手段收集证据。

其一，事故肇事者黄某系汽车销售公司员工，其试车的行为属于职务行为，事故责任应由汽车销售公司承担。就此，代理律师向当地社保部门调取了汽车销售公司的社保记录，证明黄某于案发时系汽车销售公司员工。

其二，收集汽车销售公司已经将车辆无偿为危某修理完毕的证据。就此证据，在一审过程中，保险公司代理律师曾经请求汽车销售公司就此出具相关证明文件，但遭到拒绝。在一审庭审时，代理律师就此问题向危某律师进行了询问，但危某律师以此问题与本案无关为由拒绝回答，且法院也未就此继续了解和调查，在此情况下，一审法院判决支持原告诉请，其中包括支付车辆维修费和施救费。保险公司对判决其承担施救费并无异议，但不同意支付车辆维修款，一审判决后上诉期间，保险公司代理律师提出，由于保险公司同意支付施救费，因此可以先按照施救费金额将施救费支付给危某，在支付该款后，保险公司即取得相应款项的追偿权即向汽车销售公司追偿，此时保险公司可以提起代位权的诉讼，汽车销售公司被起诉后自然会应诉，此时，关于汽车销售公司是否将案涉车辆修理完毕以及危某是否实际支付修理费必然成为法庭需要调查的事实，即使法庭不作为重点调查，可以在当事人互相发问阶段向汽车销售公司询问，在汽车销售公司回答后，可将庭审笔录作为保险公司与危某保险合同纠纷的新证据提交，用以证明危某车辆已经实际修复但其未支付修理费。

后保险公司按照律师意见，向危某账户支付了施救费，支付该费用后即提起代位权之诉，后汽车销售公司在庭审中如实陈述其免费为危某修理好了案涉车辆。取得该笔录后，保险公司代理律师即将此笔录作为与危某保险合同纠纷案件二审新证据提交给法庭，最终在二审庭审中，危某承认汽车销售公司已经免费为其修理好了案涉车辆。

最终，二审法院采纳了保险公司答辩意见，并在二审判决中言明"本院认为：上诉人保险公司与被上诉人危某于2011年5月27日签订的保险合同是双方真实意思表示，符合法律规定，为有效合同。合同约定的险种为机动车损失险、第三者责任险及相关附加险、机动车交通事故责任强制险，保险期间为2011年5月28日零时至2012年5月27日24时，上述保险为财产险，其宗旨是对被保险人的财产损失进行补偿性的赔偿，被保险人不能在保险事故中获得额外利益。……此次事故保险车辆的损失虽经柳州市价格认证中心评估，但其为理论损失，上诉人不认可，被上诉人危某未能提供有效证据证明其向汽车销售公司支付了多少的修理费，即实际损失不能确定，故对被上诉人请求上诉人赔付车辆损失的诉讼请求本院不予支持"。二审判决后，危某申请再审，经再审审理后，法院维持了原二审判决。

实战点评与分析

本案中，二审之所以最终支持保险公司答辩意见并驳回原告主张的车辆维修费用的诉讼请求，关键点在于在二审中，保险公司代理律师提交了另案的庭审笔录作为证据。本案中，保险公司代理律师收集证据不拘泥于保险公司现有的证据，而是积极想办法，通过支付部分保险公司确认的费用，在另案中提起追偿权之诉，并通过庭审询问方式取得庭审笔录，并将笔录作为二审新证据提交，由此证明了汽车销售公司无偿为危某修理完毕车辆的事实。总而言之，对于有利于己方的证据，应想尽一切办法收集，要有一种不达目的誓不罢休的决心和精神。

2. 应使用一切合法手段收集证据

收集证据的手段,无外乎以下几种方式:向己方当事人收集、对方当事人提供、申请法院调查取证、申请法院鉴定、向法院申请书证提出命令。在证据收集阶段,应穷尽所有手段收集证据。

(1)向己方当事人收集证据。

向己方当事人收集证据,主要包括:

①向当事人收集其已经持有的证据,如合同;

②当事人未持有,但当事人可以自行收集的证据,如银行流水;

③当事人未持有,但可以通过当事人向其他主体收集的证据,如监理日记、单位证明文件,这些证据当事人未持有,但可以通过当事人协调收集;

④当事人未持有,但当事人提供了证据材料线索和存放地点,律师可在立案后,凭法院受理通知书或法院调查函等调取,如存放在城市档案馆的材料,律师可通过法院受理通知书、律师执照和律所的函调取。

(2)收集对方当事人提供的证据。

对方当事人提供的证据亦为己方当事人收集证据的来源,本章第二节第四点做了专门论述,不再赘述。

(3)申请法院调查取证。

对于因客观原因无法收集的证据,可以向法院申请调取。

相关法律规定:

《民事诉讼法》第67条:"当事人对自己提出的主张,有责任提供证据。

当事人及其诉讼代理人因客观原因不能自行收集的证据,或者人民法院认为审理案件需要的证据,人民法院应当调查收集。

人民法院应当按照法定程序,全面地、客观地审查核实证据。"

《民事证据规定》第20条:"当事人及其诉讼代理人申请人民法院调查收集证据,应当在举证期限届满前提交书面申请。

申请书应当载明被调查人的姓名或者单位名称、住所地等基本情况、所要调查收集的证据名称或者内容、需要由人民法院调查收集证据的原因及其要证明的事实以及明确的线索。"

(4)向法院提出鉴定申请。

对于需要查明的专门性事实,可以向法院申请鉴定。

相关法律规定:

《民事诉讼法》第79条:"当事人可以就查明事实的专门性问题向人民法院申请鉴定。当事人申请鉴定的,由双方当事人协商确定具备资格的鉴定人;协商不成的,由人民法院指定。

当事人未申请鉴定,人民法院对专门性问题认为需要鉴定的,应当委托具备资格的鉴定人进行鉴定。"

《民事证据规定》第30条:"人民法院在审理案件过程中认为待证事实需要通过鉴定意见证明的,应当向当事人释明,并指定提出鉴定申请的期间。

符合《最高人民法院关于适用〈中华人民共和国民事诉讼法〉的解释》第九十六条第一款规定情形的,人民法院应当依职权委托鉴定。"

第31条:"当事人申请鉴定,应当在人民法院指定期间内提出,并预交鉴定费用。逾期不提出申请或者不预交鉴定费用的,视为放弃申请。

对需要鉴定的待证事实负有举证责任的当事人,在人民法院指定期间内无正当理由不提出鉴定申请或者不预交鉴定费用,或者拒不提供相关材料,致使待证事实无法查明的,应当承担举证不能的法律后果。"

(5)向法院申请书证提出命令。

《民事证据规定》第45条:"当事人根据《最高人民法院关于适用〈中华人民共和国民事诉讼法〉的解释》第一百一十二条的规定申请人民法院责令对方当事人提交书证的,申请书应当载明所申请提交的书证名称或者内容、需要以该书证证明的事实及事实的重要性、对方当事人控制该书证的根据以及应当提交该书证的理由。

对方当事人否认控制书证的,人民法院应当根据法律规定、习惯等因素,结合案件的事实、证据,对于书证是否在对方当事人控制之下的事实作出综合判断。"

总而言之,对于无法收集但与本案有关且对己方有利的证据,应想尽一切办法、使用一切合法手段收集。

第二节

收集证据的方法和要点

提供充分合法有效的证据的前提是收集到充分的证据,收集证据是提供证据的前提,没有收集到充分的证据,提供充分合法有效的证据也就成为无源之水、无本之木。如何才能收集到充分、完整、合法、有效的证据,本节将结合法律规定和实务予以论述。

一、收集证据的方法和要点1:司法三段论是收集证据的基本手段和方法

(一)原告提供证据是为了证明其诉讼请求,被告提供证据是为了反驳并推翻原告诉讼请求,如何证明原告诉讼请求并提供相应证据,如何反驳原告诉讼请求并提供相应反驳证据,司法三段论是最常见也是最有效的方法和手段

三段论是从两个前提推得出一个结论的演绎论证,在形式逻辑上,三段论的推理形式为:大前提是T,小前提是S,如果T有法律效果R,则当S与T相对应时,也能产生R的效果。以上用公式表示就是:

T→R(如果具备T的要件,则适用R的法律效果)

S=T(特定的案件事实符合T的要件)

S→R(得出结论S即适用R的法律效果)

以上司法三段论,如果运用到证据收集中,如图2-1所示:

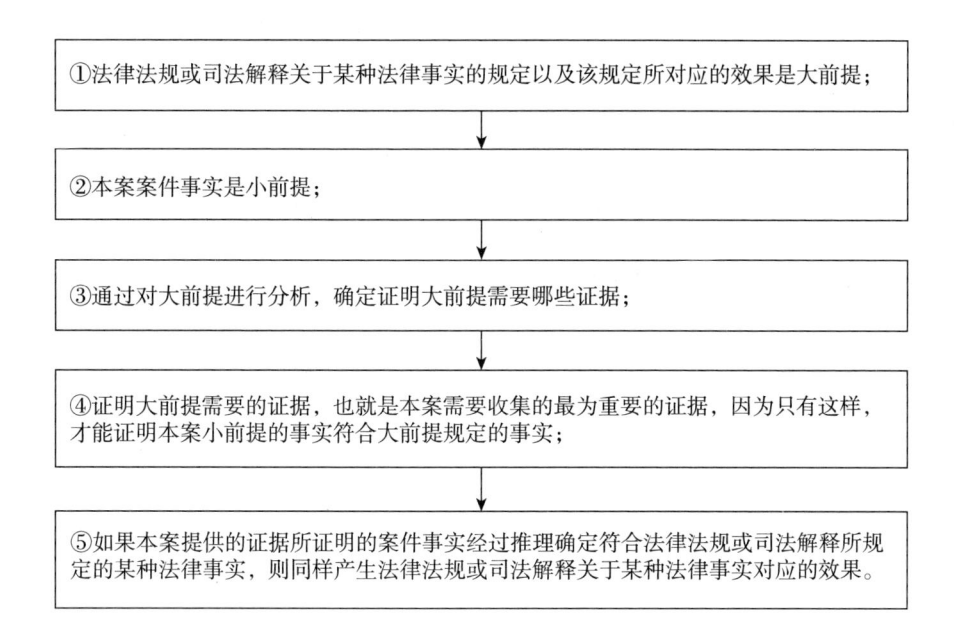

①法律法规或司法解释关于某种法律事实的规定以及该规定所对应的效果是大前提；

②本案案件事实是小前提；

③通过对大前提进行分析，确定证明大前提需要哪些证据；

④证明大前提需要的证据，也就是本案需要收集的最为重要的证据，因为只有这样，才能证明本案小前提的事实符合大前提规定的事实；

⑤如果本案提供的证据所证明的案件事实经过推理确定符合法律法规或司法解释所规定的某种法律事实，则同样产生法律法规或司法解释关于某种法律事实对应的效果。

图 2-1 司法三段论在证据收集中的运用

(二)司法三段论在证据收集中的运用

1. 盖然性标准是法律规定的民事证明标准。《民事诉讼法解释》第 108 条规定："对负有举证证明责任的当事人提供的证据，人民法院经审查并结合相关事实，确信待证事实的存在具有高度可能性的，应当认定该事实存在。

对一方当事人为反驳负有举证证明责任的当事人所主张事实而提供的证据，人民法院经审查并结合相关事实，认为待证事实真伪不明的，应当认定该事实不存在。

法律对于待证事实所应达到的证明标准另有规定的，从其规定。"

根据上述规定，提供证据证明己方主张是当事人的义务。对于己方提出的主张没有证据或提供的证据不足以证明的，其主张无法得到支持。而证明的标准，则是我们常说的"盖然性"标准，即达到法院能"确信待证事实具有高度可能性"即可。

2. 司法三段论是证据收集的基本手段和方法。

对于原告而言，其应当按司法三段论，按大前提应具备的证据相应收集证据；

对于被告而言,被告提交反驳证据,也应遵循司法三段论收集证据。

可以先假设原告诉请(或被告答辩)得到支持,根据法律规定,应至少具备哪些证据,就此相应收集证据。

(三)司法三段论在证据收集中的运用——以具体案例为例

案例 2-11：李某雄、张某敏民间借贷纠纷案

审理法院:广西壮族自治区南宁市(地区)中级人民法院

案号:(2017)桂 01 民终 6709 号

裁判日期:2018.06.20

案由:民间借贷纠纷

审理法官:覃若鹏、黄向洁、罗晖

上诉人李某雄、张某敏因与被上诉人覃某龙民间借贷纠纷一案,不服南宁市西乡塘区人民法院(2016)桂 0107 民初 2723 号民事判决,向本院提起上诉。本院受理后,依法组成合议庭进行了审理。本案现已审理终结。

上诉人上诉请求:撤销一审判决,驳回被上诉人的全部诉讼请求。事实和理由:(1)被上诉人仅依据金融机构转账凭证提起民间借贷诉讼,要求两上诉人偿还借款,一审法院引用 2015 年《民间借贷解释》第 17 条的规定作为裁判依据,该法律条文明确在被告提供反驳证据后,强调原告仍应对借贷关系是否成立继续承担举证责任,加强辅证。但本案中,在上诉人提供了相应证据证明其主张后,被上诉人并未提出任何如借条、收条、借款协议等其他证据进一步证明与上诉人之间存在借贷关系。被上诉人也不能就借贷原因、达成借贷合意的时间、场合作出合理陈述。因此,在上诉人有证据证明存在其他法律关系且不予认可被上诉人诉请的前提下,被上诉人向上诉人银行转账这一事实不能排除系双方其他经济往来的可能。一审法院在被上诉人未能进一步举证的情况下,即认定转账款项系借款,显然认定事实错误。(2)根据上诉人提供的证据,上诉人与被上诉人是合作投资关系,涉案款项是被上诉人的投资款,双方合作经营大米购销生意,虽然唯一的一份合作协议书由被上诉人掌握,但上诉人能够对整个合作关系、涉案款项的往来进行合理解释,且被上诉人无法提出反驳意见。综上,请求二审法院支持上诉人的上诉请求。

被上诉人辩称：一审判决认定事实清楚,适用法律正确,请求二审予以维持。

被上诉人向一审法院起诉请求：(1)两上诉人归还被上诉人借款本金410,000元;(2)两上诉人自2016年6月1日起至还清上述借款之日止,按中国人民银行同类同期贷款利率支付利息给被上诉人。

一审法院判决结果：(1)两上诉人共同偿还被上诉人借款本金410,000元;(2)两上诉人共同向被上诉人支付利息(利息计算方式:以借款本金410,000元为基数,自2016年6月1日至本案借款本金偿付完毕之日止,按中国人民银行同期流动资金贷款利率分段计付),一审案件受理费7450元,公告费350元,财产保全费2570元,合计10,370元,由两上诉人负担。

本案的争议焦点为：案涉转账款项是借款还是合作投资款?

本院认为：本案属于仅有转账凭证而无借据的民间借贷纠纷。依照2015年《民间借贷解释》第17条之规定,原告仅依据金融机构的转账凭证提起民间借贷诉讼,被告抗辩转账系偿还双方之前借款或其他债务,被告应当对其主张提供证据证明,被告提供相应证据证明其主张后,原告仍应就借贷关系的成立承担举证证明责任。本案中,被上诉人仅提供了转账凭证用以证明借贷关系,而缺乏相应的借据来证明存在借贷合意,上诉人反驳主张案涉转款系合作经营大米生意的投资款,则提供了银行交易流水以及证人证言予以证明。经审核认证,交易流水显示,上诉人收到被上诉人的转款后即汇给了大米供应商廖某深,而被上诉人在转款给上诉人的期间也曾汇款20万元给廖某深,且从交易流水的"摘要"一栏显示,被上诉人有多笔转款注明是"付大米款",反映了被上诉人经营大米的事实。此外,上诉人提供的两位证人证言亦相互印证了由被上诉人负责出资、销售,上诉人负责采购、运输,双方合作经营大米的事实,该两位证人分别是负责大米运输及仓储工作的当事人,其证言能够较为详细、完整地描述上诉人与被上诉人合作经营大米的过程及细节,证人之一李某明亦到庭接受了双方当事人及法庭的询问,庭上回答亦无纰漏,证言稳定、一致。故综合上述交易流水及证人证言进行判断,上诉人主张案涉转款系合作经营大米的投资款,不仅提供了相应证据而且亦达到了盖然性的证明标准。按上述司法解释的规定,被上诉人仍应就双方存在借贷合意承担举证证明责任,但被上诉人未能就此作进一步的举证证明,应承担举证不能的法律后果。因此,被上诉人主张案涉转款系借款,并据此主张上诉人返还款项,证据不充分,本院不予支持。

综上所述，一审判决认定事实及适用法律有误，本院予以纠正。依照《民事诉讼法》第 170 条第 2 项之规定，判决如下：

一、撤销南宁市西乡塘区人民法院(2016)桂 0107 民初 2723 号民事判决；

二、驳回被上诉人覃某龙的全部诉讼请求。

一审案件受理费 7450 元，公告费 350 元，财产保全费 2570 元，合计 10,370 元(被上诉人覃某龙已预交)，由被上诉人覃某龙负担。二审案件受理费 7450 元(上诉人李某雄、张某敏已预交)，由被上诉人覃某龙负担。

本判决为终审判决。

实战点评与分析

1. 原告举证和被告提供反驳证据，应按司法三段论进行分析

(1) 本案原告的初步证明责任以及对应证据

本案系民间借贷纠纷，原告起诉依据为 2020 年《民间借贷解释》第 16 条："原告仅依据金融机构的转账凭证提起民间借贷诉讼，被告抗辩转账系偿还双方之前借款或者其他债务的，被告应当对其主张提供证据证明。被告提供相应证据证明其主张后，原告仍应就借贷关系的成立承担举证责任。"

根据 2020 年《民间借贷解释》第 16 条，原告起诉依据的大前提的法律事实为：金融机构转账凭证。

根据该大前提法律事实，原告在具体案件需要提供金融机构转账凭证；因此，原告起诉时，需提供的证据为：金融机构转账凭证或回单(需加盖有银行的业务专用印章)；银行流水(需加盖有银行业务专用印章)。

收集证据方向：到银行柜台打印当日付款的银行凭单；打印当日的银行流水记录；从银行打印的文件，必须加盖银行业务专用印章。

结论：如原告收集了银行回单，则原告按照 2020 年《民间借贷解释》第 16 条规定的大前提对应的事实收集到了相应证据，该证据足以证明本案小提前的事实即金融机构的转账凭证和流水符合大前提规定的事实要件即"依据金融机构的转账凭证提起民间借贷诉讼"，因本案小前提事实符合大前提规定的事实，因此得出与大前提同样的法律效果即原告完成了原、被告之间成立民间借贷法律关系的初步证明责任。

(2)被告抗辩,被告的证明责任和对应证据

就被告而言,被告反驳原告诉讼请求亦需按照2020年《民间借贷解释》第16条提供反驳证据,结合2020年《民间借贷解释》第16条,"被告抗辩转账系偿还双方之前借款或者其他债务的,被告应当对其主张提供证据证明"。根据上述规定,被告提出抗辩的,法律规定的大前提事实为:原告提供的金融机构的转账凭证系"偿还双方之前借款"或"其他债务";要证明大前提事实,在具体案件必须提供以下证据:

其一,关于"偿还双方之前借款",对应证据为:此前双方签订的借款合同、付款凭单等。

其二,关于存在"其他债务",对应证据为:除本借款合同以外的其他合同(如买卖合同、租赁合同等)、送货单、结算单、"其他合同"的付款凭单、发票、往来函件等。

被告提供了上述证据的,则被告完成了其证明义务。

(3)被告抗辩成立并提供证据的,原告的证明责任和证据

如被告按前述要求提供证据的,根据2020年《民间借贷解释》第16条,原告"仍应就借贷关系的成立承担举证证明责任"。该条规定的大前提事实为:原、被告之间成立民间借贷关系,对应的证据为:借款合同、借条、借据等以证明原、被告之间为"民间借贷法律关系"。

证据收集方向:原、被告签订的借款合同、被告出具的借条或借据、被告通过微信或QQ聊天记录等承认双方存在民间借贷关系等。

综上可见,司法三段论系收集证据最为重要的方法和手段,只有通过司法三段论,结合请求权的基础,才能确定大前提规定的事实以及对应的证据,再根据大前提规定的事实和对应证据来相应收集证据,如此才能收集到足以证明原告诉请或被告答辩的证据,证据的收集工作才能做到有的放矢而不遗漏证据。

《民间借贷解释》于2015年6月23日最高人民法院审判委员会第1655次会议通过,根据2020年8月18日最高人民法院审判委员会第1809次会议通过的《最高人民法院关于修改〈关于审理民间借贷案件适用法律若干问题的规定〉的决定》第一次修正,根据2020年12月23日最高人民法院审判委员

会第1823次会议通过的《最高人民法院关于修改〈最高人民法院关于在民事审判工作中适用《中华人民共和国工会法》若干问题的解释〉等二十七件民事类司法解释的决定》第二次修正,在2020年12月23日修正前,涉案法律条文"原告仅依据金融机构的转账凭证提起民间借贷诉讼,被告抗辩转账系偿还双方之前借款或者其他债务的,被告应当对其主张提供证据证明。被告提供相应证据证明其主张后,原告仍应就借贷关系的成立承担举证责任"。为《民间借贷解释》第17条,在2020年12月23日修正后,该条调整为第16条。

2. 关于2020年《民间借贷解释》第16条的争议

2020年《民间借贷解释》第16条允许当事人可以仅依据金融机构转账凭证提起民间借贷诉讼,由被告抗辩或提供证据证明该转账凭证系之前借款的清偿或其他债务关系,意味着原告在仅有转账凭证的情况下,可以无须提供证据证明双方之间的借贷关系,即无须提供借款合同、借据等足以证明双方之间存在借款关系的证据,即可以起诉被告,并由被告证明该转账凭证系之前的借贷或其他债务,此条规定对原告极为有利,且也与2020年《民间借贷解释》第2条的规定相悖,该条规定"出借人向人民法院提起民间借贷诉讼时,应当提供借据、收据、欠条等债权凭证以及其他能够证明借贷法律关系存在的证据"。因此该条的出台以及适用,存在极大的争议。

最高人民法院民一庭认为:"但在原告不能提供借款合同、借据等表明双方之间存在借贷关系的书面证据时,仅提供金融机构的转账凭证,是否可以认为尽到举证责任的问题,司法实践中存在不同观点。有观点认为,金融机构的转账凭证是出借人已经将借款支付给借款人的证据,原告向法院提交该证据,可以证明其与被告之间的借款关系和其已经实际履行出借义务,因而应当认为尽到了作为出借人的举证责任。也有观点认为,借款合同关系的基础事实不仅包括款项的实际支付,更应包括双方存在借款合意,因而仅凭金融机构的转账凭证,尚不足以证明双方之间存在借款合意,除被告认可双方之间借贷关系的情形外,原告应当进一步举证证明双方之间存在借款关系。"[1]

---

[1] 杜万华主编、最高人民法院民事审判第一庭编著:《最高人民法院民间借贷审判实务指导与疑难解答(含最新民间借贷司法解释理解与适用)》,中国法制出版社2015年版,第206~207页。

以上是该条出台时两种争议的观点,最高人民法院最终认为:"实践中借款合同关系发生的情形比较复杂,在双方当事人存在其他交易关系的情况下,存在原告凭其他交易中的支付款项的转账凭证,试图要求被告归还并不真实的借款的可能,因此对此不应仅凭款项支付凭证认定双方之间的借贷关系,这是符合借款合同的成立以及双方当事人之间存在借贷合意为条件的。但同时考虑到一些借款合同的当事人确实存在缺乏法律意识,没有签订书面借款合同亦没有出具借据,出借人对于借款关系的证明存在一定困难,因而可以认为在提出金融机构转账凭证的情况下,出借人对双方之间借款合同关系的存在完成了初步举证责任,此时应当进一步结合被告的答辩情况,对双方是否存在借款合同关系进行分析认定。"[①]基于上述考虑,最高人民法院制定并颁布了以上2020年《民间借贷解释》第16条。

3. 实务要点

(1)提供借款,出借人应要求借款人书写借据或签订借款合同。

尽管2020年《民间借贷解释》第16条规定出借人可以提供转账凭单即可以提起民间借贷诉讼,但为避免争议,提供借款还是应当要求借款人书写借款合同或借据,以确保此后提起民间借贷诉讼能取得胜诉。

(2)对于款项支付,如果双方之间确实不是借款关系(如双方之间是委托投资关系),应通过书面方式予以确定(可以签订合同或其他文件),以免此后支付款项的主体以民间借贷为由要求退还支付的款项。

二、收集证据的方法和要点2:收集证据应了解相应领域的惯例、流程和运行规则

(一)案例2-12:如何收集齐备的建设工程资料和证据

甲将桩基础工程发包给乙,施工完毕后,乙向甲索要工程款,但甲拒绝支付,乙拟向法院提起诉讼,在起诉前,律师1和律师2分别与乙沟通并收集证据,具体

[①] 杜万华主编、最高人民法院民事审判第一庭编著:《最高人民法院民间借贷审判实务指导与疑难解答(含最新民间借贷司法解释理解与适用)》,中国法制出版社2015年版,第206~207页。

办理过程如下。

律师1向乙提出如下要求：请乙提供与案件有关的证据材料，如甲乙签订的施工合同、付款凭单、发票、乙的营业执照、主体资质证、乙与甲签字确认的有关工程量证据、有关验收资料等。

律师2向乙提出如下要求：

序号	证据名称	收集证据目的
1	甲乙签订的建设工程施工合同以及相应的补充协议	本案是建设工程施工合同纠纷，合同是本案最基本的证据，通过合同明确工期、质量、结算和违约责任等
2	项目报批报建手续：项目土地使用权证、建设用地规划许可证、建设工程规划许可证、建设工程施工许可证	项目是否具备相应的报批报建手续涉及本案施工合同是否有效
3	甲方的营业执照、房地产资质证；乙的营业执照、安全生产许可证、桩基础施工资质证	承包人是否具有相应资质涉及本案施工合同是否合法有效
4	开工令、停工令（如有）、竣工验收申请报告	开工令、停工令涉及工期以及有关工期延误赔偿问题
5	经各方确认的并由乙方报送的施工组织设计和方案（其中包括方案报审表、施工方案、工期节点等）	施工组织计划一般由施工方报审，经监理和发包人审核同意，施工组织计划往往也是合同的一部分，其中有关工期节点等，是判断承包人是否违反节点工期的证据
6	施工图纸（图纸应为蓝图，且加盖有设计单位印章和经第三方审图公司审核后加盖的审图章）（含电子版）	施工图纸是工程造价结算的关键证据，工程造价最终的计算必须根据图纸计算，根据住建部《房屋建筑和市政基础设施工程施工图设计文件审查管理办法》第3条规定，施工图必须经审图公司审核
7	桩基础检验合格的证据：由第三方有资质的检测公司出具的报告，包括但不限于静载荷试验报告、低应变检测报告等（根据不同的检验方法，如静载试验、钻芯法、低应变法、高应变法、声波透射法等检测出具的报告）	桩基础验收涉及承包人是否有权主张支付工程款，《民法典》第793条第1款规定："建设工程施工合同无效，但是建设工程经验收合格的，可以参照合同关于工程价款的约定折价补偿承包人。"

续表

序号	证据名称	收集证据目的
8	项目是否已经实际使用,如有,提供有关照片、交房通知、办理交房的交接记录(在物业处有)等	项目实际交付使用涉及承包人是否有权要求支付结算款,《建设工程解释一》第14条规定:"建设工程未经竣工验收,发包人擅自使用后,又以使用部分质量不符合约定为由主张权利的,人民法院不予支持;但是承包人应当在建设工程的合理使用寿命内对地基基础工程和主体结构质量承担民事责任。"
9	现场旁站记录(需有监理、业主和乙方现场人员签字)	桩基础施工过程中,一般由监理、发包人和承包人进行旁站,并对实际桩基础施工工程量签字确认,因此旁站记录是确定桩基础工程量的关键证据
10	签证单(含工期和费用的签证)以及签证单所附的甲方变更指令、变更图纸(需加盖有设计单位的印章并由设计人员签字,图纸需为蓝图)、签证单所附的预算清单	施工过程中对于超出合同范围以外的费用一般通过签证的形式予以确定;对于符合合同约定的工期顺延情形,一般通过签证对工期予以顺延;工期顺延还涉及工期延误的人材机的赔偿
11	地质勘察报告(含初勘和详勘)	地质勘察报告是进行施工图设计和桩基础施工的必备地质资料,也是进行桩基础施工的基础资料;如现场施工的地质情况与地勘报告不符,还涉及签证问题
12	乙方提交的请款单(最好有甲方签收记录)、请款单所附的工程进度表、请款单所附的预算清单	一般的施工合同关于付款都要求承包人按照合同约定的时间,提交符合合同约定的请款资料才能提出请款申请,此证据涉及发包人是否存在逾期付款
13	工程款支付的付款凭单、乙方开具的发票(最好同时附有清单)	付款凭单是判断发包人是否存在逾期付款的证据;由于一般的施工合同都约定付款必须先票后款,因此开具发票的时间往往也是判断发包人是否存在逾期付款的证据
14	往来工作联系函以及签收记录(如签收本等)	施工过程中的通知和告知,一般是通过工程联系函的方式进行通知和告知,同时通知或告知的签收一般是由对方在签收本上签字

续表

序号	证据名称	收集证据目的
15	监理发给乙方的各类监理通知、整改通知等	此证据涉及工程质量等问题
16	其他相关材料	

从以上对比可见，律师1由于缺乏对建筑施工行业尤其是桩基础施工行业的了解，其向当事人提出的证据要求也是含混不清，当事人也无法准确而全面理解律师1的办案思路和要求，自然也就难以提供全面而有效的证据；律师2则对建设工程施工行业较为了解，律师2从合同主体、项目报批报建、工期、质量、工程量价的确认等方面收集证据，开列的清单均为建筑施工领域特有的证据形式，如此有利于当事人有针对性地收集和提供证据。如果对建设工程领域不熟悉，不可能列出以上清单；如对桩基础施工领域不熟悉，根本不知道桩基础如何验收以及验收的形式是由第三方出具检验报告。因此不出意外，律师2收集并取得的证据要比律师1更为全面和充分。

（二）实务要点

收集证据必须了解相应领域的惯例、流程和运行规则，包括：

1.该行业和领域有关报批报建的流程以及各阶段形成的证明文件，如房地产领域从项目摘牌到办理不动产权证的流程包括：项目土地使用权经招标或挂牌，如房产公司中标或摘牌的，签署成交确认书、办理并取得用地规划许可证、缴纳税费、办理土地使用权证、建设工程规划许可证、建设工程施工许可证、预售许可证、竣工验收、竣工验收备案、办理房屋销售许可证、办理不动产首登等。因此在收集有关房地产相关证据时，可以根据房地产报批报建流程，相应收集各阶段证明文件。

2.该行业和领域的惯例、流程以及常见的文件资料。如以上案例中，律师2开列的有关证据材料清单。

3.了解该行业领域一般的计算量价的规则以及对应的证据。如施工图设计，对于施工图设计的计量，一般是按照项目设计的面积计量，而设计的面积一般是以最终完成施工图设计，报审图由公司审核，最终报给政府住建部门备案的面积作为确定最终计量的面积，具体证据体现为建设工程施工许可证上记载的面积，建设工程施工许可证记载的面积一般是按照发包人报政府并经政府备案的面积,因此在设计合同纠纷中,对于设计面积,可以提供有关建设工程施工许可证予以证明,且建设工程施工许可证上一般也会记载设计单位名称。

至于计价,则应熟悉该领域的计价规则。以建设工程施工合同为例,双方约定的价款一般为固定综合单价或总价包干,如约定不明的,则可参照当地建设行政主管部门颁布的定额来确定工程造价,如《建设工程解释一》第19条规定:"当事人对建设工程的计价标准或者计价方法有约定的,按照约定结算工程价款。

因设计变更导致建设工程的工程量或者质量标准发生变化,当事人对该部分工程价款不能协商一致的,可以参照签订建设工程施工合同时当地建设行政主管部门发布的计价方法或者计价标准结算工程价款。

建设工程施工合同有效,但建设工程经竣工验收不合格的,依照民法典第五百七十七条规定处理。"

4.了解该行业领域是如何验收、验收一般会形成哪些证据材料。以建设工程为例,从基础施工到最终的竣工验收,涉及的验收包括基坑槽验收、桩基础验收(一般由第三方出具有关检验报告)、结构封顶验收、五方验收(建设、施工、监理、勘察、设计)、竣工验收备案、消防验收、人防验收、一户一表验收、园林绿化备案等。同时应当熟悉每项验收的验收主体、形成的证明文件。

如当地政府部门对各类验收和流程有特别规定的,必须查清该流程以及该流程每个环节对应的证明文件,如南宁市关于房屋竣工验收和交付条件,特别制定了不同于其他地方政府的流程,其流程如下:

工程竣工预验收→规划条件核实(规划部门办理)→消防验收并出具验收合格意见书或验收备案公告、环保设施同步验收并出具认可或准许使用文件(消防、环保部门办理)→工程竣工五方验收。

5.了解并熟悉机器设备的构造、运行原理。如涉及机动车、计算机、电视机、电冰箱、空调器、洗衣机等耐用商品消费纠纷,如原告主张其购买的上述商品在接受商品后6个月内存在质量问题,并由此主张举证责任倒置,则在处理上述纠纷时,务必首先了解并熟悉上述商品的结构、生产、运行、维修等原理。

三、收集证据的方法和要点 3：收集证据应当与当事人进行充分而有效率的沟通；以己方当事人的陈述为线索收集证据

(一)案例：收集证据应当与当事人进行充分而有效率的沟通；应熟知涉案领域的操作流程

案例 2-13：N 公司与 B 公司商品房买卖合同纠纷案

• 案情简介

N 公司作为房屋买受人向 B 公司购买案涉房屋，双方约定最后一笔房价款支付条件为 B 公司将房屋权属登记办理完毕、停车楼竣工交付、设施设备完成交付。截至本案起诉时，房屋权属登记仍未完成。N 公司以房屋权属登记未按约办理完毕拒绝支付最后一期房款 76,762,091.16 元，B 公司认为导致房屋权属登记未能办理完毕的原因是 N 公司违法装修导致政府处罚所致，N 公司不得以此为由拒绝支付剩余房款。本案中，B 公司向法院起诉，要求 N 公司支付未付房价款违约金。

• 原告B公司诉讼请求

B 公司向一审法院起诉请求：(1)N 公司向 B 公司赔偿因 N 公司拖欠房款造成的利息损失 35,080,276 元（以未付房款 76,762,091.16 元为基数，按照每日万分之二计算，自 2012 年 5 月 15 日起暂计至 2018 年 8 月 16 日，之后另计至付清为止）；(2)本案诉讼费由 N 公司承担。

• 被告N公司向一审法院反诉请求

(1) B 公司向 N 公司支付停车楼逾期竣工验收并交付使用的违约金 100,324,507.62 元；(2) B 公司向 N 公司支付逾期办理房产证的违约金 326,467,044.98 元（暂计至 2018 年 4 月 30 日，之后每日按购房价款 749,809,474 元的万分之二支付至办理完毕某广场 A 区 1 层至 5 层、B 区 1 层至 5 层商业房产产权证书并交付给 N 公司之日止）；(3) B 公司向 N 公司支付未完项目改造（维修）费用 8,223,853.77 元；(4) B 公司向 N 公司支付因逾期交付合同导致 N 公司承担的契税滞纳金 147,017.4 元；以上合计 435,162,423.77 元；(5) B 公司向 N 公司无条件交付"空调水蓄冷池"设施；(6) B 公司办理某广场 A 区 1 层至 5 层、B 区 1 层至 5 层商业房产产权证书并交付给 N 公司；(7) 本诉及反诉费用均由 B 公司

承担。

• **法院查明的主要事实**

2010年12月22日,B公司(出卖人)与N公司(买受人)签订了一份《商品房买卖合同》(合同编号为20101201)(以下简称201合同)。该合同第1条约定:出卖人以出让方式取得位于南宁市某路M项目的土地使用权,该地块土地面积为20,090.03平方米,规划用途为城镇混合住宅,土地使用年限自2004年3月15日至2074年3月15日;出卖人经批准,在上述地块上建设商品房,项目名称为某广场。该合同第3条约定:买受人购买的商品房为本合同第1条规定的项目中的某广场A区第1层全部商铺及A区第2层全部商铺,建筑面积共6095.85平方米;建筑面积的最终确定,以具有测绘资格的测绘单位测量并报南宁市房屋产权登记机关备案的建筑面积为准。该合同第4条约定:A区第1层商铺的建筑面积为2329.14平方米,价格为59,319,194元;A区第2层商铺的建筑面积为3766.71平方米,价格为50,986,187元;A区第1层、第2层的总价为110,125,381元。

2010年12月22日,B公司(甲方,出卖人)与N公司(乙方,买受人)签订了一份《商品房买卖合同之补充协议》(以下简称201合同补充协议),约定对于M项目A区第1层、第2层商场的商品房买卖合同,在乙方的股东大会通过,且在房产管理部门进行合同备案登记后生效;甲乙双方协商确定目标房产的购房价为110,125,381元。该协议第4条约定:甲方保证自2011年1月1日起500日内,M项目房产整体项目通过综合验收,并使乙方获得目标房产的房屋所有权证,如逾期的,则乙方每日按购房总价款的万分之二,计收违约金;逾期超过30日的,乙方有权解除商品房买卖合同、本补充协议以及购买M项目房产的其他合同协议等;如乙方选择解除合同,甲方应在乙方提出解除协议之日起30日内,补偿乙方全部装修投入,返还乙方已经支付的全部款项,并按照乙方已付款项总额的8%向乙方支付违约金,如乙方选择继续履行合同,甲方只承担每日按购房总价款的万分之二计算的违约金。

2011年3月30日,B公司(出卖人)和N公司(买受人)签订了一份《商品房买卖合同》(合同编号为20110301)(以下简称301合同)。该合同第1条约定:出卖人以出让方式取得位于南宁市某路98号(编号为01070×××)的地块的土地使用权;出卖人经批准,在上述地块上建设商品房某广场。该合同第3条约定:买受人购买的商品房,为本合同第 1 条规定的 M 项目某广场 A 区第 3 层至第 5 层全部商铺及 B 区第 1 层至第 5 层的全部商铺;建筑面积的最终确定,以具有测绘资格的测绘单位测量,并报南宁市房屋产权登记机关备案的建筑面积为准。该合同第 4 条约定:购房价款合计为 639,684,093 元。

2011 年 3 月 30 日,B 公司(甲方)和 N 公司(乙方)签订了一份《商品房买卖合同之补充协议》(以下简称 301 合同补充协议)。该协议第 1 条约定:(1)在本协议生效之日起 20 个工作日内,乙方向甲方支付目标房产购房价款的 88%,即 562,922,001.84 元⋯⋯乙方取得目标房产的房屋所有权证之日起 20 个工作日内,乙方向甲方支付目标房产购房价款的 12%,即 76,762,091.16 元;(2)乙方应如期按前述约定向甲方支付目标房产购房价款,如逾期的,则甲方每日按购房总价款的万分之二计收违约金,逾期超过 30 日的,甲方有权解除合同,如甲方向乙方提出解除合同,甲方应在提出解除合同之日起 30 日内,按乙方未付购房价款总额的 8% 扣除违约金后,返还乙方已经支付的全部购房款项。

2011 年 12 月 22 日,B 公司向 N 公司发出一份《承诺书》,载明:根据双方于 2011 年 3 月 30 日签订的某广场 A 区 3 层至 5 层,B 区 1 层至 5 层相关约定,在某广场地面停车楼建成投入使用及乙方取得目标房产的房屋所有权证之日起 20 个工作日内,乙方向甲方支付目标房产购房价款的 12%,即 76,762,091.16 元;B 公司现承诺,因双方对某广场 A 区、B 区属于 B 公司施工安装的设施设备的验收,只是按目前现状交付,双方人员均未启动设施设备进行运行验收,如在上述付款条件达到合同约定时,该设施设备仍未达到正常使用状态的,B 公司同意待该设施设备达到正常使用状态后,N 公司才将上述款项 76,762,091.16 元支付给 B 公司。

2014 年 8 月 5 日,南宁市规划管理局向 B 公司发出了一份《建设工程规划核实意见通知书》,载明:B 公司申报的位于西乡塘区某路 98 号的某广场商业裙楼规划竣工验收项目,经审核并现场勘验,存在以下与规划审批不符的事项⋯⋯以上调整,共增加建筑面积约 2310 平方米,地下室停车位等调整为库房以及公厕调整为商业储物间的,须按原规划审批功能进行恢复,现将申报材料退回,请持本意见通知书,附带该项目有关报建材料到南宁市规划管理监察支队,接受处理;待支队处理完毕后,持《行政处罚决定书》和《结案表》,随项目重新申报。

2014 年 8 月 25 日的某广场停车楼《竣工验收备案表》载明:该工程开工日期

为2012年8月1日,竣工验收日期为2014年1月24日;勘察单位、设计单位、施工单位、监理单位、建设单位,竣工验收意见盖章的日期为2014年1月29日。

2015年2月13日,M项目停车楼取得南宁市规划管理局核发的《建设工程规划竣工验收合格证》,该证载明:本合格证作为房屋产权登记的凭证之一。

2018年12月18日,南宁市不动产登记中心盖章出具了一份《不动产测绘成果备案材料退件单》,载明:房屋坐落于南宁市西乡塘区某广场1层至5层;退件原因为,测绘报告有误,房屋现场与设计不符。

● 本案争议焦点

一审法院认为,B公司、N公司双方的争议主要在于涉案房产未能办理产权证的责任认定问题,停车楼交付期限的问题,水蓄冷池设备应否交付的问题,未完项目的改造修复费用应否在本案中处理的问题,剩余房款的付款条件是否成就的问题,以及其他在合同履行中所产生的争议。

● 一审法院判决部分内容

N公司在办证期限届满前,进行了违反规划设计的装修改造行为,导致涉案房产未能及时通过规划验收手续;而后仍因其装修改造行为,导致商铺现状与设计不符,以致权籍调查、测绘备案等手续无法推进;在各方协调可以进行按层办证手续的情况下,亦未及时向不动产登记部门提交同意按层办证的书面申请;故对于涉案房产至今未能取得房产权属证书的问题,应认定为N公司怠于履行其约定义务所导致,不可归责于B公司。因此,对于N公司诉请的逾期办理房产证的违约金326,467,044.98元,于法无据,应不予支持。

基于案件事实及前述分析可知,涉案房产由于仍存在商铺现状与规划设计不符的情况,按层办证的方案已是各方协调的变通方案,在N公司未能依约提出按层办证申请的情况下,N公司要求B公司为其办理产权证的诉请,于法无据,应不予支持。

(注:以上案件,由于双方在此期间都有要求对方履行义务的催告,并且证据充分,因此本案不考虑诉讼时效)

● 律师1:律师1负责办理一审,其收到B公司起诉材料后,律师1结合B公司起诉状和原告材料,考虑B公司的诉讼请求能否成立,其最终认为,B公司诉请不能成立,原因在于从B公司提供的证据材料看,虽然N公司被处罚并导致无法办理权属登记，但B公司并未告知N公司在装修过程中，哪些可以改，哪些不能改，对此B公司应承担全部责任。至于规划主管部门的处罚，从原告的证据材料看，该处罚通知最开始是送达给B公司，并未直接送达给N公司，且B公司没有提供证据证明其向N公司送达了通知书或政府部门向N公司送达了通知书，因此对于由此导致的扩大损失N公司不承担。至于反诉，N公司提供了此前N公司付款的凭单作为证据。该案办理过程中，律师1不了解房屋办理权属登记的流程，且仅依据自己对案件的认知和判断，没有与当事人，尤其是没有与经办整个项目购买、房屋交接、处理政府处罚、办理权属登记的当事人的经办人充分沟通，未能收集上述过程中对N公司有利的证据材料，并导致一审作出完全不利于N公司的判决，即一审法院认为，由于N公司违法装修，且该装修行为发生在2012年5月15日的权属登记办理前，因此可以认定之所以未能办理权属登记是由于N公司违法装修所致，因此N公司承担本案全部责任，最终全部支持B公司的诉讼请求，并驳回N公司的反诉请求。

● 律师2：律师2接到案件，开展了以下工作：

1. 一审代理思路存在的问题

律师2系常年专门从事房地产行业的律师，且在房地产公司工作多年，负责过项目报批报建和权属登记的办理。其接手案件后认为，如二审还是沿用一审思路，不出意外，二审必然驳回上诉维持原判，理由如下：N公司违法装修的行为比较明显，并且有政府的处罚通知书，因此企图否定该违法行为是不可能的，至于一审提到的认为由于B公司不告知装修事项和未提供证据证明向N公司送达处罚通知的证据并企图免责是不可能的：其一，B公司没有义务向N公司告知装修事项，相反按照B公司与N公司签订的商品房买卖合同约定，N公司必须依法依规装修，不得擅自拆除承重墙，因此依法装修是N公司的义务，B公司无须另行告知，如N公司违法装修，应自行承担相应的后果。其二，关于处罚通知送达问题，即使B公司未能提供证据证明向N公司送达处罚通知，但均不能改变N公司违法装修的事实，且如有必要，B公司可以申请法院调查有关处罚通知送达给N公司的证据即可。综上，如仍沿用一审代理律师的思路，二审判决结果必然是驳回上诉维持原判。

2. 二审调整后的代理思路

二审应当充分考虑办理权属登记需要的条件和流程，重点审查B公司在2012

年5月15日时是否达到了办证条件,是否开展了办理权属登记的工作。

综合以上考虑后,律师2结合房地产权属登记办理流程,并召集当时办理房屋买卖、房屋交接和权属登记的经办人召开会议,有针对性地对重要事实进行查实,并根据查实的事实收集证据。

其一,在2012年5月15日前,B公司出售给N公司的房屋是否达到了办证条件。按照当时南宁市的规定,达到办证条件必须由开发商(本案的出卖人B公司,下同)办理并取得商品房现售备案证,而要达到此条件,必须由开发商按照政府部门要求提交相应材料,由政府出具受理回执,并由政府在规定时间内将现售证颁发给开发商。在办理现售证前,最为重要的事项是开发商必须完成规划核实、消防验收、城建档案的归档并取得档案馆归档的回执等。如果案涉项目在2012年5月15日本身未达到办证条件,开发商未开展任何现售证的办理,即使N公司存在违法装修行为,该行为与所谓的无法办理权属登记并无直接因果关系,因为政府处罚的时间为2014年8月5日,如B公司在2012年5月15日前已经达到了办证条件并取得现售证,即使N公司存在违法装修行为,也只会导致政府对违建的处罚,并不会导致无法办理权属登记。

其二,N公司实际进场装修的时间是什么时候,是否是一审判决所认定的2012年4月;就此可以查询装修合同签订的时间、监理确认的实际进场装修时间。

其三,假如N公司进场装修时间确实是在2012年4月,2012年4月至5月15日具体进行的是什么事项的装修,在2014年8月5日政府处罚通知书里面涉及的违法事项是否是在2012年5月15日前实施,毕竟N公司的装修行为不会导致违法处罚,而只有违法装修的行为才导致处罚,因此一审法院笼统地以2012年4月开始装修即导致处罚显然过于粗糙。

3. 与当事人的经办人充分沟通并重新收集证据材料

带着上述思路问题,经向当事人查询沟通,律师2了解到以下重要信息:

其一,案涉项目包括住宅和商业项目,按照南宁市的规定,项目规划核实必须是住宅和商业同时验收,而住宅在2012年5月15日前根本没有完成规划核实,由此导致住宅业主维权,并引发政府关注,政府为此召开过多次会议并形成会议纪要,此后部分业主就逾期办理住宅权属登记等提起了诉讼并经法院判决,相关判决已经生效。由于住宅未能完成规划核实,商业的规划核实也无法完成。

其二,当事人经办人透露,其在工作对接中了解到,B公司最早也是在2013年

8月才完成城建档案的归档,为此他们还催促过B公司的工作人员。

其三,B公司与N公司签订的商品房买卖合同后面所附的备案图纸与B公司提交给房产部门办理权属登记的产权实测图存在重大差异,无法办证,为此B公司多次与N公司协商,要求重新签订商品房买卖合同。

4.证据收集工作以及成果

(1)收集政府召开有关会议的会议纪要:经查,在一审中B公司自行提交有部分会议纪要,对于其他的会议纪要,向城区政府收集并取得。

(2)通过裁判文书网查询住宅业主与B公司的买卖合同纠纷判决书,其中有记载住宅办理权属登记的情况;通过向南宁市档案馆申请,收集到该项目住宅和商业申请规划核实的时间,其中住宅为2013年12月,商业为2014年。

(3)关于案涉项目归档时间,N公司向南宁市档案馆申请并收集到案涉项目归档的回执,回执时间显示为2013年8月13日。

(4)在另案一审(本案B公司仅起诉了未付房款违约金,在另案中,B公司另行起诉要求N公司支付全部未付剩余房款)中向法院提交鉴定申请,申请事项为对商品房买卖合同附图与B公司在一审提交的用于产权登记的产权实测图的不同点进行鉴定。

(5)N公司提供了与装修公司签订的装修合同,合同签订时间为2012年6月,且本案装修工程的监理单位提供证据证明,案涉项目装修工程开工时间为2012年6月,并非2012年4月。

在了解到上述信息和收集到相应证据后,律师2认为,本案之所以导致房屋未能办证,其根本原因在于B公司开发的项目在合同约定的办理权属登记的期限内无法达到办证条件,即使最终认定N公司的装修行为与无法办证有关,但至少全部责任不在N公司,B公司也应承担相应的责任。而律师2很好奇的是,为什么一审办案过程中,对这些有利的信息N公司却只字不提,且未提供任何证据,就此当事人坦言,律师1办理案件时很少与他们交流,律师1只是按照自己的思路办理,所以他们也没有办法将这些有用的信息传达给律师1,尤其是律师1对房地产流程不熟悉,他并不知道办理权属登记还需要办理哪些验收,需要完成哪些流程,需要提交哪些资料等,所以律师1也不知道从办证条件的角度来思考这个案子。

以下为收集到的证据列表(为方便读者,下表在原收集的证据基础上进行了整合):

因 B 公司的原因无法办理并取得现售证一览表

序号	所属阶段	因 B 公司原因无法在合同约定期限内办理权属登记的事项	B 公司实际完成时间	证据来源
1	规划核实阶段	商业部分《南宁市建设工程规划竣工验收申请表》	2014 年 6 月 6 日	南宁市档案馆
2		工程竣工档案移交证明	2013 年 8 月 23 日	南宁市档案馆
3		由具有造价审核资质的第三方出具的竣工工程结算书	2013 年 5 月 20 日	南宁市档案馆
4		一层园林未做	2016 年 12 月 26 日	南宁市档案馆
5		因为住宅未办理规划核实导致商业无法办理规划核实	2012 年 8 月 7 日	B 公司一审证据目录（一）21，证据第 76~78 页
6		2007 年 7 月 17 日 B 公司违法建设导致容积率变动，未及时办理变动后的建设工程规划许可证	2017 年 1 月 3 日	B 公司一审提供证据 49，第 117~118 页；N 公司一审证据目录（一）证据 8~9，证据第 13~18 页
7	测绘报告	判决书（住宅业主）载明：B 公司提供的 2007 年 11 月 6 日《测绘报告》上记载的"用于权属登记的"报告是错误的报告	至今未完成	裁判文书网
8		出售给 N 公司且经备案的房屋的面积、房号、位置等总计 99 套，与 B 公司提交给房产部门的 2007 年 11 月 6 日《测绘报告》严重不符	至今未完成	由南宁中院委托的广西某测绘有限公司出具的《测绘成果报告》（编号：测 20220402）
9	开具不动产销售发票	不动产销售发票（办理权属登记必须提交的资料）	2014 年 5 月 26 日	N 公司一审证据目录（一）证据第 17，证据第 984~1017 页

实战点评与分析

同样的案件,在证据收集和提供方面,却呈现出了不同的结果,关键在于代理律师办案思路、办案方式的不同。尤其是,律师2熟悉房地产办证流程,主动与当事人的经办人充分沟通,从而了解到诸多对N公司有利的信息并收集到相应证据。

综上,律师办理案件,应避免闭门造车,应熟悉案涉领域的操作流程,应认真倾听当事人对有关事实的陈述和意见,如此才能收集和提供更多有利于当事人的证据材料。

(二)实务要点

1. 办理任何民事诉讼案件,对于证据的收集,应充分重视与当事人的沟通,应充分聆听当事人对事实、有关证据和证据线索的陈述

由于当事人是整个案件的亲历者和见证者,因此当事人对案件事实比律师一定更为清楚,对于本案涉及哪些证据,己方持有哪些证据,对方持有哪些证据,可以向哪一方收集证据比任何人都清楚,只有与当事人充分沟通,才能了解到上述情况,才能确定收集证据的方向并相应收集证据。

民事诉讼,从本质而言无非就是法官在查明事实的基础上,以事实为依据,对查明的事实进行评判并适用法律,因此民事诉讼首先和最重要的是查明事实,而查明事实有赖于证据的支撑,因此,律师办理民事案件,应当重视与当事人沟通,充分聆听当事人对事实的陈述,根据当事人的陈述和提供的线索收集证据为办理案件前期的重中之重。

2. 办理任何民事诉讼案件,应与当事人进行有效的沟通,对于与案件相关的重要事实,必须进行重点查明并收集相应证据

由于当事人并非律师,也缺乏法律知识,因此当事人陈述事实只是从自己的认知和经历进行陈述,当然其中也会夹带有当事人自己的主观判断,这就导致了当事人陈述的诸多事实往往与案件无关,甚至不着边际,如果任由当事人自我发挥陈述事实,既浪费时间,也会耽误对与案件相关的重要事实的查清。因此与当事人的沟通必须是有效率的沟通,且有必要对当事人进行适当引导,让当事人围绕案件相关事实陈述,同时就与案件有关的重要事实,经当事人陈述后,要求当事人提供并出示证据,如果没有或提供的证据并不充分,则由当事人提供证据线索,或者律师根据自己的执业和办案经验,提供证据线索,引导当事人收集。

以下是进行有效沟通需要注意的事项:

(1)当事人陈述事实时,必须要求当事人只陈述事实,切勿对事实进行评论,拒绝当事人对有关事实的自我辩论

诉讼案件之所以发生,其中必然有方方面面的原因,双方之间往往也各有责任,而当事人陈述事实时,往往喜欢为自己辩解,在陈述事实同时,花费大量时间、精力来为自己的行为辩解并企图让律师也认同并确认其做法符合法律规定,而对方必须承担全部责任。遇到此种情况,必须打断当事人的辩解,要求其只陈述事实,不要为自己辩解。

(2)任何民事案件,必须查清基本事实要素

其一,案件发生的时间、地点和相关当事人;

其二,合同案件,必须查明是否签订有合同,签订合同的主体,签订时间,合同上的签字或盖章是否真实,合同签订的方式(如是书面、口头或者微信、短信等);

其三,对合同履行情况进行核实,具体可以从以下方面核查:

①应对照合同约定来查合同履行情况。

举例:甲与乙合作种植手撕菠萝,双方约定甲投资66.66%,乙投资33.34%,双方约定按比例投入资金,且乙方愿意确保甲方收益,承担己方所投全部资金的风险,即如果发生亏损,乙方愿意以现金形式全额退还甲方的全部投资资金,如无法全额退还甲方的全部投资资金,甲方追究乙方法律责任,追回全部投资。合作期为三年。

三年期满,项目未取得预期效果并存在亏损,甲主张先后投入资金105万元,根据合同约定,甲有权要求乙方全额退还,遂聘请律师拟起诉乙退还105万元。律师接到案件后,经对照合同条款,尤其是合同第3条第3款,"财务管理模式:甲方派出2名员工,乙方派出1名员工,组成项目小组,由乙方指定人员担任项目小组组长,甲乙双方投入资金作为项目专项资金,如项目因翻耕、果苗采购、果树施肥等需要资金,由项目小组组长提出,经项目小组讨论通过,项目小组组长、财务会计签字后,即可以从项目专项资金中提取资金"。经查,甲主张投入的105万

元,所有的开支并未按照上述约定支出(由项目小组组长提出,经项目小组讨论通过,项目小组组长、财务会计签字后支出),而是直接由甲方通过现金或转账方式支付给第三方,对此律师提出,在此情况下直接起诉退还投入的105万元,对方如果援引上述条款作为抗辩,将导致不利的后果,因此建议应采取补救措施,即先由双方对账,确定甲方实际投入金额再起诉会比较稳妥。

从以上例子可见,在审查合同履行情况时,务必对照合同条款,结合实际履行情况进行审核,如此才能判断诉讼存在的风险和问题,毕竟即使案件由法院审理,法院也是同样以合同为依据来审查双方履行合同的情况。

②查付款:已经支付了多少钱,通过什么方式支付,有没有相应的证据,款项支付至什么账户,该账户是否是对方名称的账户,如果不是对方名称账户,是否有相应转付证据(如委托书、合同约定或者开具相应收据)。

③查主要义务履行情况:这里主要义务可以根据不同的合同类型,以合同约定为依据来判断:买卖合同,为货物交付情况;借款合同,为提供借款的情况;租赁合同,为房屋交付情况等。在查明合同主要义务履行情况时,务必要求查看相应证据。比如供货合同,当事人陈述已经如约供货,则要求查看供货的证据,如送货单、对账单等,并同时查看,送货单上是否有对方签字,该签字人员的身份,签字人员是否是双方约定的指定的签字人员;对账单是否有对方盖章或签字,如果是盖章,则所加盖的印章是什么类型的印章,印章是否是备案的印章,如果不是备案印章,在双方交易过程中是否使用过;如果是签字的,则签字人员的身份是什么,是否是双方约定的履行义务的人员,是否有授权,是否是对方工作人员,如果是,其职务是什么等;总而言之,对于主要义务的履行情况,除了询问事实外,务必查看证据,并对证据的真实性、合法性和关联性进行审核。

④查双方在履行合同中是否有违约,是否存在可以抗辩或免责的事由,收集相应的证据。

⑤如双方存在违约,是否造成了相应的损失,损失如何计算,是否有相应证据。

其四,双方因为什么发生争议:如供货质量不合格,收货方不同意付款;房屋在出租过程中因为漏水,出租人迟迟不维修,承租人因此拒绝支付租金;建设工程案件,因为承包人工期延误,发包人不予支付工程款或要扣罚违约金或者结算过程中,发包人对部分签证单不同意给予签证等。总而言之,案件争议焦点往往就是实际履行中双方争议点,正是因为双方在实际履行中产生争议,而该争议无法通过协商解决,所以才会产生诉讼,因此实际履行中的争议点往往就是诉讼中的争议焦点。

四、收集证据的方法和要点 4：以原告的起诉状或被告答辩状、代理词或对方当事人或其代理人向法庭提交的其他文书、证据目录和证据为收集证据的线索并相应收集证据

（一）原告的起诉状（或被告的答辩状）、代理词、证据和证据目录、向法院提交的其他文书（如追加被告、第三人申请书、鉴定申请书等）,是对方当事人收集证据的重要线索

从基本的诉讼逻辑而言,原告起诉被告依据的是证据以及证据可以证明的案件事实,就此原告向法院提交起诉状、证据以及证据目录以此向法院主张其权利；从被告而言,如证明原告起诉状陈述的事实不属实、提供的证据因真实性合法性关联性存在瑕疵,或原告陈述的事实属实、提供的证据具有真实性、合法性和关联性,但该证据不足以证明原告诉讼请求,则其诉讼请求亦无法得到支持。

综上,从被告而言,在收到原告起诉状、证据和证据目录后,应当对原告起诉状和证据目录等陈述的事实进行核实,如经核实,不属实的,应收集相应的反驳证据。

被告还应对原告提供的证据从证据三性（真实性、合法性和关联性）进行审核和核实,如经核实,该证据不完整、不真实、不合法或与本案无关的,应收集相应的反驳证据。

只有针对原告主张的每一个事实和证据进行审核核实,找出其中不真实、不合法或与本案无关之处,同时收集证据反驳其陈述的事实,提供证据反驳其证据,如此就可以取得良好的诉讼效果。可见,原告的起诉状、证据和证据目录,对被告而言,就是收集证据的线索,沿着该线索,收集相应的反驳证据。

（二）以原告的起诉状（或被告的答辩状）、代理词、证据和证据目录、向法院提交的其他文书（如追加被告、第三人申请书、鉴定申请书等）作为线索收集证据的方法和应注意要点

1.应对原告起诉状陈述的各个事实是否属实，被告对原告陈述的该等事实是否认可，原告对陈述的事实是否提供了相应的证据予以证明等进行核实，如经核实，原告陈述的事实不属实，则收集相应的反驳证据以证明原告陈述的事实并不属实。

2.应重点对以下事实进行核实并提供相应的反驳证据

（1）关于法律关系确认的事实是否正确并属实，如该等确认错误或不属实，应收集相应的反驳证据。

（2）对原告提供的书面证据，其中有被告或被告工作人员或相关人员签字或盖章的，应核实签字或盖章是否真实，如不属实，应对签字或盖章的真伪向法院申请鉴定。

（3）对于原告请求权依据的事实和证据应重点核实，如原告主张被告违约并要求被告承担违约责任，则应对原告陈述的被告违约的事实逐一核对，包括审核原告是否就此提供了证据，提供的证据是否充分，被告是否确实如原告所述存在违约，如被告履行行为确实不符合约定，是否有可以免责的事由或双方就此是否签署了免责的补充协议或会议纪要或签证等，如有，相应收集全部相关证据。

（4）原告提出的损失赔偿是否提供了证据，该证据被告是否签字或盖章确认，如未盖章或签字，则原告证明损失的证据是属于单方制作还是委托第三方进行评估，如系第三方评估，被告对该评估是否知情，是否参与了该评估，对评估结论是否认可等；原告是否申请对损失进行鉴定；如经核实，原告主张的损失并不属实或不完全属实，则应提供反驳证据。

以下以建设工程施工合同纠纷中停误工损失赔偿为例。

承包人提出停误工损失赔偿，主要涉及以下几个方面。

其一，停工是否系发包方的原因，如果并非发包方原因，则发包方应提供相应的反驳证据以证明系承包方原因所致：首先，应提供证据证明发包方如约支付了工程款，或虽未如约，但系因承包方原因所致（如合同约定承包方必须提供足额合法

有效的发票发包方才支付工程款,则提供承包方开具的发票以证明是由于承包方迟延开具发票导致工程款支付迟延,责任在承包方);其次,如因承包方过错或违约导致工期延误的,则提供相应的证据,如因承包方施工质量问题导致工地被停工整改,则应出具政府质量事故的调查报告以及停工整改命令等。

其二,停工时间,承包方主张的停工时间是否属实,该停工时间是否超过了实际停工时间,停工时间是否存在损失扩大的情形,就前述事项应收集以下证据:发包方或监理发出的停工命令、复工命令、承包方实际复工的证据(如人员、机械、设备重新进场等证据)。

其三,停工所导致的人材机的实际损失是否属实,如承包方提供的证据中,关于人员的数量是否属实,有关人员是否是应发包方要求驻守,驻守工地时间是否属实等;其他的机械设备和周转材也同样如此;以上如存在不属实的情形,则应收集反驳证据,如监理对现场人员清点的证据(包括监理日记、承包方自行提供的每天人员打卡记录等);承包方在停工期间设备退场记录等;发包方是否发过退场命令,是否送达,如发过退场命令,则应提供相应的函件和承包方签收记录等,对于承包方在发包方发出退场命令后拒绝退场的,则损失扩大部分,应由承包方自行承担。

(三)实务运用

案例 2-14:以原告起诉状为线索收集证据

——胡某某诉广西 GH 汽车销售有限公司合同纠纷案

• **案情简介**

胡某某提出诉讼请求如下:

(1)判决立即解除原告与被告之间的买卖合同关系。

(2)判令被告立即返还原告购买涉案车辆的价款 319,700 元,并赔偿原告二倍价款,共计 959,100 元;之后,原告将涉案车辆归还给被告。

(3)判令被告立即支付原告涉案车辆在维修期间合理的交通费补偿共计人民币 25,000 元。

(4)判令被告立即支付原告因涉案车辆故障支付的托运费 500 元。

(5)判令被告承担原告因本案所付律师费 22,680 元。

(6)判令被告承担本案诉讼费。

• **事实与理由**

原告胡某某于 2019 年 2 月 20 日在被告广西 GH 汽车销售有限公司(以下简称汽车销售公司)购买了一辆凯迪拉克小轿车,车牌号为桂 A368×××,车款总价为 319,700 元。原告主张在其使用过程中,在三包期内因车辆多次、频繁发生故障,具体为突然熄火、无法重新启动。维修时间为 2019 年 7 月 15 日、2019 年 10 月 2 日、2019 年 11 月 18 日、2020 年 3 月 17 日、2020 年 11 月 5 日、2021 年 1 月 15 日、2021 年 1 月 28 日。其中因为前述故障,导致 2021 年 1 月 16 日被追尾。经汽车销售公司诊断,故障均发生在差速器。经过多次维修,并不能解决问题,被告声称只能更换其他车型的配件或等新的技术改良后才能修复,导致涉案车辆至今无法正常使用,仍停放在被告维修车间内。

原告同时认为,被告出售给原告的车辆为试销车,该车至今仍未投入市场,且被告宣称该车具有先进技术,即总共有四个气缸,正常情况下使用两个气缸即可,需要大的动力时才需同时使用四个气缸,从而实现节能减排的目的。

• **诉讼请求的法律依据**

1. 被告应当向原告退货还款。

《家用汽车产品修理更换退货责任规定》第 24 条规定:"家用汽车产品在三包有效期内出现下列情形之一,消费者凭购车发票、三包凭证选择更换家用汽车产品或者退货的,销售者应当更换或者退货:

(一)因严重安全性能故障累计进行 2 次修理,但仍未排除该故障或者出现新的严重安全性能故障的;

(二)发动机、变速器、动力蓄电池、行驶驱动电机因其质量问题累计更换 2 次,仍不能正常使用的;

(三)发动机、变速器、动力蓄电池、行驶驱动电机、转向系统、制动系统、悬架系统、传动系统、污染控制装置、车身的同一主要零部件因其质量问题累计更换 2 次,仍不能正常使用的;

(四)因质量问题累计修理时间超过 30 日,或者因同一质量问题累计修理超过 4 次的。

发动机、变速器、动力蓄电池、行驶驱动电机的更换次数与其主要零部件的更换次数不重复计算。"

根据以上规定,原告作为消费者有权要求退货;案涉车辆的严重安全性能故障经过数次修理仍未排除,至今无法修复,故被告应退还货款。

2. 被告构成对原告作为消费者的严重欺诈。

《消费者权益保护法》第45条规定:"消费者因经营者利用虚假广告或者其他虚假宣传方式提供商品或者服务,其合法权益受到损害的,可以向经营者要求赔偿。广告经营者、发布者发布虚假广告的,消费者可以请求行政主管部门予以惩处。广告经营者、发布者不能提供经营者的真实名称、地址和有效联系方式的,应当承担赔偿责任。"

第55条规定:"经营者提供商品或者服务有欺诈行为的,应当按照消费者的要求增加赔偿其受到的损失,增加赔偿的金额为消费者购买商品的价款或者接受服务的费用的三倍;增加赔偿的金额不足五百元的,为五百元。法律另有规定的,依照其规定。

经营者明知商品或者服务存在缺陷,仍然向消费者提供,造成消费者或者其他受害人死亡或者健康严重损害的,受害人有权要求经营者依照本法第四十九条、第五十一条等法律规定赔偿损失,并有权要求所受损失二倍以下的惩罚性赔偿。"

因被告未如实告知该车是试销车,目前没有正常销售,日后维修时将面临没有原配部件的问题,那么原告不会购买该车。

被告对产品质量描述与产品实际情况不符。被告宣称该车具有先进的闭缸技术,总共有四个气缸,正常情况下使用两个气缸即可,需要大的动力时才需同时使用四个气缸,从而实现节能减排的目的,实际使用中却频繁突然熄火,无法重新启动。原告受被告欺诈,非但无法正常使用涉案车辆,反而为此遭受巨大人身安全风险和财产损失。

3. 在涉案车辆维修期间,应给予原告合理的交通补偿费25,000元。

根据《家用汽车产品修理更换退货责任规定》,该车长期多次在被告处维修,被告既没有为原告提供备用车,也没有给予原告相应的交通费补偿。

综合考虑,被告应给予交通费补偿。

4. 被告应支付托运费500元。由于涉案车辆于2021年1月28日再次发生故障,原告只能自付款项请拖车拖走涉案车辆。

5.由于被告欺诈作为消费者的原告,原告为维护自身合法权益,在与被告协商无果之下,只能委托律师代原告通过诉讼维护合法权益。

6.被告代理思路和办案过程。

(1)查事实,以查明的事实作为线索,收集提供反驳证据,包括:

序号	原告陈述的事实以及待查明的事实(以对该等事实的核实作为证据收集的线索)	经查实后的事实	核查证据	收集提供反驳证据
1	原、被告之间是否存在车辆买卖关系;原告是否按照合同约定支付了车款;车辆是否有交付手续(如交接单、验收单以及相应照片)	原、被告之间存在真实的买卖合同关系,且原告按约支付了车款;车辆已经实际交付,有交接单	1.核实买卖合同;2.结合买卖合同约定,核实被告保留的付款凭单,确认原告已经按约付款;3.核实交接单,但经对比,交接单上签署的原告的名字与原告起诉状的签名存在差异,经向交接单上工作人员核对,无法确定交接单签名是否是原告本人签署	提供买卖合同;付款凭单 注:交接单暂不提交,因为无法确定签字真实性,且对于交接的事实,原告亦做了自认
2	被告销售的汽车有没有所谓的试销车或正式车的区别?出售给原告的车辆是否是试销车	被告销售的车辆并不存在试销车或正式车,销售的车辆都是正式车,且该车在购买时在全国皆有销售,销量较好	登录生产商官网查询涉案同类型车辆的生产销售情况,经核实,该车系全国较为畅销的车型,并不存在试销车的说法	提供车辆生产商关于该车的介绍、公开的销售数据

续表

序号	原告陈述的事实以及待查明的事实(以对该等事实的核实作为证据收集的线索)	经查实后的事实	核查证据	收集提供反驳证据
3	被告出售车辆时,是否承诺或宣称该车有先进技术,即总共有四个气缸,正常情况下使用两个气缸即可,需要大的动力时才需同时使用四个气缸,从而实现节能减排的目的;如有,被告是否进行过广告宣传(宣传手册、电视、报纸或广告牌等)?被告是否持有类似的证据;该车气缸运行原理为何?	经查实,该车型本身就有四个气缸,且在所有的维修保养记录里面,从未有气缸的事项。至于原告提到的节能减排事宜,被告从未进行过此类宣传,也没有任何广告	经核实原告全部车辆进场记录和维修保养记录,并未发现气缸有任何维修记录,原告此前也从未提出过气缸存在问题	提供原告历次维修保养记录,即原告主张的维修时间:2019年7月15日、2019年10月2日、2019年11月18日、2020年3月17日、2020年11月5日、2021年1月15日、2021年1月28日,上述记录均有原告签字
4	原告主张车辆于2019年7月15日、2019年10月2日、2019年11月18日、2020年3月17日、2020年11月5日、2021年1月15日、2021年1月28日维修,真实情况如何,即上述时间是否有维修记录,如有,是属于维修还是保养或其他项目;是否有进场记录?进场记录上记载的内容是什么?进场记录上签字的人员是否是本人?如不是,则签字人员是什么人,与原告是什么关系?车辆维修或保养后是否有原告在有关收据和清单上签字,清单的内容是什么,原告是否就此支付了价款,如有,提供付款凭单等	原告车辆确实在前述时间内有进厂的记录,但基本上都是正常的保养和系统更新,2021年1月15日进厂确实为差速器存在问题,但已经修复并更换完毕,且此时进厂时显示的行驶里程为68,939公里,超过了《家用汽车产品修理、更换、退货责任规定》①第18条规定的三包有效期	原告仅提供2021年1月15日进厂交接单,其他未提供证据,经核查,其他进厂记录均在被告处,因此提供上述时间进厂的证据,包括进厂交接单,维修保养的收据(有原告签字)	同上

---

① 2012年颁行的《家用汽车产品修理、更换、退货责任规定》现已失效,依据为现行的《家用汽车产品修理更换退货责任规定》(2021年)。

续表

序号	原告陈述的事实以及待查明的事实(以对该等事实的核实作为证据收集的线索)	经查实后的事实	核查证据	收集提供反驳证据
5	车辆是否如原告所述,差速器发生多次故障?有证据显示的差速器存在问题第一次的时间,此时车辆行驶的公里数是多少?差速器在汽车的什么部位?是否属于《家用汽车产品修理、更换、退货责任规定》第18条规定的发动机和变速器?	车辆差速器确实出现过问题,但第一次出现问题的时间为2021年1月15日,且已经维修完毕,此时车辆行驶里程已经达68,939公里,超过了《家用汽车产品修理、更换、退货责任规定》第18条规定的三包有效期。差速器属于车辆变速器的一部分	原告提供的2021年1月15日的进场交接单属实,但该交接单上载明,车辆行驶里程为68,939公里,超过了家用汽车三包有效期	
6	车辆目前处于什么状态(如是否在被告修理厂,是否修理好)	车辆目前停放在修理厂,未修好,原因是原告不同意修理,要求换车		原告车辆最后一次进厂的车辆交接单即2021年1月28日的车辆交接单
7	与原告对接的被告的工作人员是谁?是否向原告出示或作出过任何承诺(包括通过短信、微信或被原告电话录音)	被告工作人员辜某与原告对接,有微信聊天记录,经翻看手机微信聊天记录,未有就车辆的销售和更换有过承诺		因微信聊天记录与本案无关,因此未提供

续表

序号	原告陈述的事实以及待查明的事实(以对该等事实的核实作为证据收集的线索)	经查实后的事实	核查证据	收集提供反驳证据
8	被告是否通过任何方式(口头、书面、电话、短信、微信等)告知原告车辆经过多次维修,故障均发生在差速器,且只能更换其他车型的配件或等新的技术改良才能修复	被告工作人员辜某与原告对接,有微信聊天记录,经翻看手机微信聊天记录,未有就车辆的销售和更换有过承诺,也未有书面的承诺或往来函件		因微信聊天记录与本案无关,因此未提供
9	原告与被告工作人员是否就本案争议进行过沟通调解,提供相应的书面、微信、短信等聊天记录	被告工作人员辜某与原告对接,有微信聊天记录,经翻看手机微信聊天记录,未有就车辆的销售和更换有过承诺		因微信聊天记录与本案无关,因此未提供

(2)答辩思路。

①原告主张撤销合同并予以双倍赔偿的请求与其请求解除涉案汽车买卖合同诉讼请求互相矛盾,人民法院应直接驳回原告该诉讼请求。

原告要求被告赔偿二倍车价款的诉讼请求,依据是认为被告存在虚假宣传等欺诈行为,其基于错误的认识与被告订立了汽车买卖合同,原告主张行使撤销权撤销与被告签订的汽车买卖合同并要求被告赔偿二倍车价款。撤销权行使的结果是合同自始无效,而原告的诉讼请求之一为请求判令解除双方的汽车买卖合同,解除合同是以双方签订的合同合法有效为前提,合同撤销的结果是合同自始无效,因此原告诉讼请求互相矛盾。由于原告请求法院判令解除合同,即意味着原告认为双方之间所签订的合同合法有效,根据《民法典》第152条的规定:"有下列情形之一的,撤销权消灭:……(三)当事人知道撤销事由后明确表示或者以自己的行为表明放弃撤销权。"由于原告在前述请求中已经确认了双方汽车买卖合同的合法有效性,即原告以明确的意思表示放弃了撤销权,因此,人民法院应直接驳回其要求双倍赔偿的请求。

②原告主张的车辆为试销车,并以此认为被告存在欺诈,没有任何证据证明;且被告销售的汽车从没有试销车这一说法。

③经查并提供证据证明,销售给原告的车辆不仅不是试销车,反而是畅销车。

④原告所谓的被告销售给原告的车辆存在多次故障毫无根据,原告主张其车辆于2019年7月15日、2019年10月2日、2019年11月18日、2020年3月17日、2020年11月5日、2021年1月15日、2021年1月28日维修,除2021年1月15日外,其他均无任何证据,更谈不上所谓的差速器存在多次故障。

⑤被告提供的证据证明,2019年7月15日、2019年10月2日、2019年11月18日、2020年3月17日、2020年11月5日、2021年1月15日、2021年1月28日所谓的维修,除2021年1月15日和2021年1月28日外,均属于正常的保养,就此被告提供了由原告签字的交接单、维修保养收据予以证明。

⑥原告主张所谓差速器存在问题的时间已经过了三包有效期,根据《家用汽车产品修理、更换、退货责任规定》第18条第1款的规定:"家用汽车产品的三包有效期不得低于2年或者行驶里程50,000公里,以先到者为准;包修期不得低于3年或者行驶里程60,000公里,以先到者为准。"原告第一次提出差速器存在问题时,车辆行驶里程为68,939公里,早已经过了三包有效期,对原告主张换车的请求应不予支持。

⑦原告主张免费更换发动机、变速器、动力蓄电池、行驶驱动电机等也已经超过了规定期限。

相关法律规定:

《家用汽车产品修理、更换、退货责任规定》第20条:"家用汽车产品自三包有效期起算之日起60日内或者行驶里程3000公里之内(以先到者为准),因发动机、变速器、动力蓄电池、行驶驱动电机的主要零部件出现质量问题的,消费者可以凭三包凭证选择更换发动机、变速器、动力蓄电池、行驶驱动电机。修理者应当免费更换。"

第23条:"家用汽车产品自三包有效期起算之日起60日内或者行驶里程3000公里之内(以先到者为准),因质量问题出现转向系统失效、制动系统失效、车身开裂、燃油泄漏或者动力蓄电池起火的,消费者可以凭购车发票、三包凭证选择更换家用汽车产品或者退货。销售者应当免费更换或者退货。"

第24条:"家用汽车产品在三包有效期内出现下列情形之一,消费者凭购车发票、三包凭证选择更换家用汽车产品或者退货的,销售者应当更换或者退货:

(一)因严重安全性能故障累计进行2次修理,但仍未排除该故障或者出现新的严重安全性能故障的;

(二)发动机、变速器、动力蓄电池、行驶驱动电机因其质量问题累计更换2次,仍不能正常使用的;

(三)发动机、变速器、动力蓄电池、行驶驱动电机、转向系统、制动系统、悬架系统、传动系统、污染控制装置、车身的同一主要零部件因其质量问题累计更换2次,仍不能正常使用的;

(四)因质量问题累计修理时间超过30日,或者因同一质量问题累计修理超过4次的。

发动机、变速器、动力蓄电池、行驶驱动电机的更换次数与其主要零部件的更换次数不重复计算。

需要根据车辆识别代号(VIN)等定制的防盗系统、全车主线束等特殊零部件和动力蓄电池的运输时间,以及外出救援路途所占用的时间,不计入本条第一款第(四)项规定的修理时间。"

综上,本案应全部驳回原告诉讼请求。

7.案件判决结果。

本案一审法院认为:

根据《最高人民法院关于适用〈中华人民共和国民法典〉时间效力的若干规定》第1条第2款"民法典施行前的法律事实引起的民事纠纷案件,适用当时的法律、司法解释的规定,但是法律、司法解释另有规定的除外"之规定,由于本案形成于《民法典》施行之前,故仍应适用当时的法律、司法解释的规定。

胡某某、汽车销售公司之间签订的《某品牌车辆买卖合约》系双方当事人的真实意思表示,内容未违反法律、行政法规的强制性规定,应属合法有效。胡某某主张汽车销售公司出售的车辆多次发生严重故障,根据2017年《民事诉讼法》第64条(2023年为第67条)第1款"当事人对自己提出的主张,有责任提供证据"的规定,胡某某对此负有举证责任。从胡某某提交的证据来看,仅有2021年2月20日打印的结算单上显示维修项目是拆装更换差速器及左半轴,在此之前,并无证据证实涉案车辆存在多次发生严重故障的事实。相反,汽车销售公司提交的《特约售后服务中心维修工单》《车辆交车检查表》《车辆预检问诊表》、结算单等可以证实胡某某所述的2019年7月15日、2019年10月2日、2019年11月18日、2020年3月17日、2020年11月5日维修时间正是车辆到汽车销售公司处进行常规保养的时间,并无维修记录。并且,在庭审中,经一审法院询问,胡某某明确表示不申请对涉案车辆进行质量鉴定,故由胡某某承担举证不能的责任,一审法院对胡某某的主张不予采信。现胡某某诉请解除其与汽车销售公司之间的车辆买卖合同关系,并要求汽车销售公司返还车款,无事实和法律依据,一审法院不予支持。至于胡某某主张适用《家用汽车产品修理、更换、退货责任规定》第20条的问题。涉案车辆因差速器问题于2021年1月15日送至汽车销售公司处维修时的行驶里程已经超过了60,000公里,根据《家用汽车产品修理、更换、退货责任规定》第17条"家用汽车产品包修期限不低于3年或者行驶里程60,000公里,以先到者为准;家用汽车产品三包有效期限不低于2年或者行驶里程50,000公里,以先到者为准"的规定,此时已经超过了该车的包修期,且胡某某未能提交证据证实在该车的三包有效期内发生了《家用汽车产品修理、更换、退货责任规定》第20条第3款所规定的消费者有权选择更换或退货的情形,因此,一审法院对胡某某的该项主张不予支持。关于汽车销售公司是否存在欺诈行为的问题。欺诈是指一方当事人故意告知对方虚假情况,或者故意隐瞒真实情况,诱使对方当事人作出错误的意思表示。本案中,胡某某主张涉案车辆为试销车且汽车销售公司对产品质量的描述与产品实际情况不符,但胡某某并未提交证据证实该事实存在,且胡某某亦未提交证据证实涉案车辆存在无法修复的严重质量问题。因此,根据现有证据,一审法院不能认定汽车销售公司在与胡某某签订合同及履行合同中存在故意隐瞒情况或故意告知虚假情况的情形,即汽车销售公司在本案中不构成欺诈。现胡某某诉请汽车销售公司赔偿二倍车价款,无事实和法律依据,一审法院不予支持。

8. 本案一审取得胜诉,关键在于以下几点:

(1)认真对涉及案件的每一个事实进行查证,且所核查的所有事实均必须有相应的证据;

(2)对原告的起诉,被告并非简单地对原告诉请和提供证据进行辩驳,而是对原告陈述的事实进行核实,以核实的事实以及反驳原告诉讼请求应提供的证据作为证据收集的线索，积极收集并提供有利于被告的证据，如原告主张车辆于 2019 年 7 月 15 日、2019 年 10 月 2 日、2019 年 11 月 18 日、2020 年 3 月 17 日、2020 年 11 月 5 日、2021 年 1 月 15 日、2021 年 1 月 28 日都在维修，但被告代理人核查后发现并非如此，相反原告主张的上述所谓维修其实基本上都是常规的保养和系统升级，就此即便原告未提供证据证明上述时间系维修，被告也相应收集证据并提供反驳证据，以证明原告陈述的所谓事实并不属实，由此取得了良好的效果。总而言之，被告在准备案件过程中，绝不能只对原告诉请和证据进行简单的辩驳，而是应积极收集并提供反驳证据，如此才能取得良好的效果。

相关法律规定：

《民事诉讼法解释》第 90 条："当事人对自己提出的诉讼请求所依据的事实或者反驳对方诉讼请求所依据的事实，应当提供证据加以证明，但法律另有规定的除外。

在作出判决前，当事人未能提供证据或者证据不足以证明其事实主张的，由负有举证证明责任的当事人承担不利的后果。"

五、收集证据的方法和要点 5：在对方当事人提交的起诉状或被告答辩状、代理词或对方当事人或其代理人向法庭提交的其他文书、证据目录和证据中寻找收集对己方有利的证据并作为己方证据提交

（一）对方当事人提交的起诉状或被告答辩状、代理词或对方当事人或其代理人向法庭提交的其他文书、证据目录和证据，亦成为己方收集证据的来源和线索

对于对方的起诉状或答辩状、代理词或对方当事人或其代理人向法庭提交的其他文书、证据目录和证据，从简单的诉讼逻辑看，己方一般都会予以反对，包括认为其陈述的事实不符合事实、提供的证据不符合证据的三性等，以此达到推翻原告诉请的目的。实际上，对方的起诉状或答辩状、代理词、证据目录所陈述的事实或对方提供的证据，其中也存在对提供一方不利的事实和证据，对于对方陈述的不利于对方的事实，构成对方的自认，对于不利于其的自认，无需举证法院即可作出对该方不利的认定；对于对方提供的证据，尽管存在不利于其的证据，由于该证据系对方提交，因此对方对该证据三性不持有异议，己方则可以利用该证据，用于证明不利于对方的事实或己方所主张的事实。

从以上不难看出,对方当事人提交的起诉状或答辩状、代理词或对方当事人或其代理人向法庭提交的其他文书、证据目录和证据,亦成为己方收集证据的来源和线索。

相关法律规定:

《民事证据规定》第 3 条:"在诉讼过程中,一方当事人陈述的于己不利的事实,或者对于己不利的事实明确表示承认的,另一方当事人无需举证证明。

在证据交换、询问、调查过程中,或者在起诉状、答辩状、代理词等书面材料中,当事人明确承认于己不利的事实的,适用前款规定。"

(二)案例:起诉状、答辩状陈述的事实,构成自认,如无证据推翻,法院将其作为定案依据并无不当

案例 2-15:对方的起诉状、答辩状、证据目录和证据、其他向法院提交的文书,可以作为己方收集证据的来源和线索

——代某与江西际洲建设工程集团有限公司建设工程施工合同纠纷案

审理法院:最高人民法院

案号:(2015)民申字第 2229 号

裁判日期:2015 年 11 月 26 日

案由:建设工程施工合同纠纷

• **最高人民法院裁判意见**

本院认为,本案再审审查争议焦点主要有七个问题:

一、二审判决认定 9946.16 立方米为代某未完成土石方工程量是否正确。江西际洲公司在一审答辩状以及其提交的《代某施工队完成情况确认单回复》等多份证据中均确认剩余工程量为 9946.16 立方米。其虽主张即使构成自认,也属于重大误解,但并无证据支持,因此,一、二审法院根据其认可未完成工程量的情况认定剩余工程量为 9946.16 立方米并无不当。鉴定机构认为三方联测只是在每个断面上测量一个点的数据,无法计算每个断面的面积,并提出计算断面面积至少要测量三个点,所以无法根据三方联测数据计算出工程量。江西际洲公司并无充分证据证明根据一个点结合图纸能够计算工程量。因此,其关于三方联测数据及设计图纸完全可以计算出未完工程量是 12,971 立方米的主张不能成立。在三

方联测时,江西际洲公司对代某完工部分的工程量进行了确认,该由监理单位和江西际洲公司对工程量的直接确认的证据的证明力高于江西际洲公司与朱某龙、周某斌及金某亮完成工程量的合同、工程量及单价的结算资料等证据的证明力,因此,江西际洲公司关于朱某龙、周某斌及金某亮完成工程量的证据可以作为代某未施工证据的再审申请理由不能成立。

实战点评与分析

本案中,对于代某未完成的土石方工程量,江西际洲公司在其一审答辩状以及其提交的《代某施工队完成情况确认单回复》等多份证据中均确认剩余工程量为9946.16立方米,原一审、二审均认定代某未完成的土石方工程量为9946.16立方米。尽管江西际洲公司主张即使构成自认,也属于重大误解,但并无证据支持,因此,一、二审法院根据其认可未完成工程量的情况认定剩余工程量为9946.16立方米。综上,对方起诉状、答辩状中陈述对其不利的事实,往往会被法院认定为案件事实。相应地,对方的起诉状、答辩状、证据目录和证据、其他向法院提交的文书,可以作为己方收集证据的来源和线索。

(三)案例:诉讼中提供的证据亦构成自认

案例 2–16:诉讼过程中,当事人的自认不仅局限于起诉状、答辩状、代理词等,当事人提交的证据、证据目录等,其中记载的事实亦构成自认

——同江兴和国际置业有限公司(以下简称兴和公司)
与大连东辰建设有限公司(以下简称东辰公司)
建设工程施工合同纠纷案

审理法院:最高人民法院
案号:(2014)民申字第1694号
裁判日期:2014年12月24日
案由:建设工程施工合同纠纷

• **最高人民法院裁判意见**

……2.关于对东辰公司提交的《通知》、《工程预付/进度款申请表》及《入库单》如何认定问题。兴和公司认为东辰公司制造一份假的"通知",即在其发出的通知上自行添加打印甲供材 1,158,950 元,用于否定甲供材 3,591,096.59 元;辽宁德恒物证司法鉴定所鉴定的《工程预付/进度款申请表》和两份入库单上兴和公司的印章与提供的兴和公司公章样本不一致,系东辰公司伪造,原审法院依据上述虚假证据所作认定是错误的。经审查,双方当事人在一审庭审中对兴和公司供材料数额进行质证过程中,东辰公司曾提交一份由兴和公司于 2010 年 10 月 11 日发给东辰公司的《通知》,该通知第二段载明"我方核实(4~10月)甲方供材料总额 6,485,650 元(尚明 5,326,700 元,甲供材料 1,158,950 元)。你方提供预算不准,结合实际重新提交预算书"。兴和公司对东辰公司提交的上述《通知》的真实性提出异议,东辰公司在庭后撤回了该份证据。但一审法院根据庭审查明的事实,认定东辰公司行为已构成自认,并据此在兴和公司不能提供供材小票以确定供材数量的情况下,确认兴和公司另供材料 1,158,950 元,并未损害兴和公司的利益。关于《工程预付/进度款申请表》和两份入库单上兴和公司的印章真实性问题,虽然鉴定意见为该三份证据上"兴和公司"的印章印文与提供的样本上"兴和公司"的印章印文不是同一印章印文,但一审法院已查明兴和公司并非仅使用一枚公章,兴和公司称东辰公司伪造其公章,也没有提供相应证据证明。故兴和公司认为《工程预付/进度款申请表》和两份入库单为假证的理由不能成立。因此,兴和公司认为原审法院依据假证认定其供材数额及增加人工费,违反了 2012 年《民事诉讼法》第 200 条(2023 年《民事诉讼法》第 211 条)第 3 项的规定,理由不充分,本院不予支持。

实战点评与分析

诉讼过程中,当事人的自认不仅局限于起诉状、答辩状、代理词等,当事人提交的证据、证据目录等,其中记载的事实亦构成自认,就本案而言,关于兴和公司供材的金额,东辰公司在质证过程中提交了一份由兴和公司于 2010 年 10 月 11 日发给东辰公司的《通知》,该通知第二段载明"我方核实(4~10月)甲方供材料总额 6,485,650 元(尚明 5,326,700 元,甲供材料 1,158,950 元)。你方提供预算不准,结合实际重新提交预算书"。虽然兴和公司不予认可该通知,但对于兴和公司而言,则构成兴和公司的自认,法院依据兴和公司自认认定了兴和公司供应材料的事实和金额。

第三节

必须收集的证据

以原告为视角,证据收集过程中,部分证据必须作为优先和重点收集的证据,包括:被告签字或盖章的证据;涉案项目或标的有政府依职权作出的行政许可、审批;报政府备案的文件;政府依职权作出的行政强制措施、行政处罚;政府依职权作出的有关事故认定、事故调查报告等;付款银行凭单、开具的发票;与本案有关的判决书、裁定书、裁决书等生效法律文书。

一、被告签字或盖章的证据必须收集

(一)被告签字或盖章的证据必须收集

从基本的诉讼逻辑而言,原告提出的诉讼请求、事实和理由、提供的证据,被告一般均予以否认,被告通过对原告的诉讼请求、事实和理由、提供的证据予以否定,最终达到推翻原告诉讼请求的目的。支持原告诉讼请求的是证据,如果原告提供的证据最终均未被法庭认定并作为定案依据,意味着原告提出的诉讼请求没有事实依据,而缺少事实依据的诉讼请求必然被法院驳回。被告虽然会对原告提供的证据予以否定,但一般不会否定其签字或盖章的证据,对此类证据,如有原件的,被告质证时一般对该证据的真实性予以认可,只是不同意原告的证明目的,此类证据法院一般采纳作为定案依据,因此在收集证据时,应尽可能收集被告或其工作人员或法定代表人签字、盖章的证据。

被告签字或盖章的证据一般包括两种情形:一种是原告与被告均签署的文件,如合同;另一种是被告签字或盖章,但原告未签字和盖章,如被告发送给原告的函件。两种证据形式不同,其效力不同:原、被告双方均签字或盖章的,该证据的内容

对双方均有约束力,此种证据,由于对原告本身具有约束力,因此提交的时候必须慎重,即要充分考虑:该证据是否必须提交,该证据除证明原告主张的待证事实外,是否有对原告不利的事实,如有不利的事实,是否有其他可以替代的证据足以证明原告主张的待证事实,被告对该证据可能提出何种质证意见,对于被告提出的不利于原告的质证意见,该证据本身是否足以反驳或是否有其他证据足以反驳等,在综合以上考虑后,如该证据是证明待证事实的唯一或关键证据,证据存有的不利于己方的事实可以通过其他证据予以化解或解释的,则可以提交该证据。

仅是被告签字或盖章,原告未签字或盖章的,此类证据以及证据记载的内容和事实,对被告有约束力,一般情况下对原告不具有约束力,毕竟原告并未签字或盖章。比如被告签字或盖章的申请书、承诺书、请款报告等。此类证据中即便记载了对原告不利的事实,由于此类证据原告未签字盖章,尽管记载有不利于原告的事实,但不能约束原告,亦不视为原告对该事实的确认。综上,仅是被告签字或盖章,原告未签字或盖章的证据,如此类证据与本案有关,且能证明待证事实的,一般可以提交。

(二)收集被告签字或盖章证据应注意的问题

1. 被告如为公司法人,务必核实证据中加盖印章的真实性,主要从以下几个方面核实:

其一,该印章是否是备案的印章;所加盖印章是何种类型的印章,加盖的印章应当与文书类型相匹配:如果是合同,一般加盖的是公章或合同专用章,而不应加盖财务专用章;如果是对账单,则可以加盖公章或财务专用章。加盖印章与文书类型不一致的,可能导致加盖印章行为超出其代理或代表权而不被法院认可。

其二,如印章并非备案印章,该印章是否在本案或其他案件或项目中使用过(如该印章用于本案或另案合同的签订、请款、办理签证、往来函件、结算等),如有,则应收集该印章在本案或另案使用的证据,以防被告对本案证据印章进行鉴定并以印章并非备案印章为由而对相关证据不予认可。

案例2-17：当事人在借款合同上加盖具有特定用途的公司项目资料专用章，超越了该印章的使用范围，在未经公司追认的情况下，不能认定借款合同是公司的意思表示

——陈某兵与国本建设有限公司(以下简称国本公司)、中太建设集团股份有限公司(以下简称中太公司)民间借贷纠纷申请再审民事裁定书

审理法院：最高人民法院

案号：(2014)民申字第1号

裁判日期：2014年7月25日

案由：民间借贷纠纷

陈某兵申请再审称：(1)二审判决认定事实错误。中太公司中标后，将星海·时代花苑项目交由江峰公司董事长张某孝挂靠施工，张某孝又将该项目交睢某红、徐某实际施工，中太公司收取相应的管理费并参与了诉争项目的施工管理。二审判决认定"国本公司与中太公司在中标星海·时代花苑项目后，自己并未实际施工"，与事实不符。(2)二审判决适用法律错误。①《江苏省高级人民法院关于审理建设工程施工合同纠纷案件若干问题的意见》(以下简称江苏高院意见)第25条规定："挂靠人以被挂靠人名义订立建设工程施工合同，因履行该合同产生的民事责任，挂靠人与被挂靠人应承担连带责任。"二审判决既然认定"睢某红、徐某借用国本公司、中太公司的资质施工"，就应依据上述规定判令被挂靠人国本公司、中太公司对本案借款承担连带清偿责任。②睢某红是星海·时代花苑项目的负责人及实际施工人，睢某红、徐某以星海·时代花苑项目部(以下简称项目部)名义向陈某兵借款是事实，且所借款项均用于该项目上。2012年2月2日借款协议上加盖的星海·时代花苑项目"中太公司技术资料专用章"，在诉争工程的开工报告、设计图纸会审等有关工程施工的资料上使用过，是诉争项目上唯一使用过的项目部真实印章，国本公司和中太公司未能提供该项目上使用过其他项目部印章的证据。陈某兵在借款过程中要求借款人提供工程手续和合同，并加盖项目部印章，已尽到了审慎义务。根据江苏高院意见第22条的规定，承包人的项目部或项目经理以承包人名义订立合同，债权人要求承包人承担民事责任的，人民法院应予支持。二审判决以所谓的合同相对性原则，不顾睢某红、徐某是中太公

司、国本公司挂靠人和项目部负责人的特殊身份以及陈某兵出借款项均用于诉争项目的事实，认定国本公司和中太公司不应承担连带还款责任，显属适用法律错误。陈某兵依据2012年《民事诉讼法》第200条（2023年《民事诉讼法》第211条）第2项、第6项的规定申请再审。

中太公司、国本公司提交意见称，陈某兵的再审申请缺乏事实与法律依据，请求予以驳回。

本院认为：(1)关于中太公司和国本公司是否实际参与施工的事实认定问题。中太公司和国本公司虽然中标取得涉案星海·时代花苑项目，但该项目实际是眭某红借用中太公司和国本公司的资质承接的工程，诉争《借款协议》载明了眭某红、徐某共同承接涉案项目、垫资施工的事实，故借款债权人陈某兵对眭某红、徐某是涉案项目实际施工人的事实是明知的，其在申请再审书中对该事实也予以认可。本案一审判决查明中太公司向施工现场派驻管理人员，该事实只能证明中太公司对借用资质的施工单位实施了管理，不能证明该公司实际参与了施工，本案也无其他证据证明国本公司参与工程施工，故二审判决认定国本公司和中太公司并未实际施工，并无不当。

(2)关于国本公司、中太公司是否应对眭某红的借款债务承担连带还款责任的问题。诉争《借款协议》是由出借人陈某兵与借款人眭某红、徐某签订，协议落款处借款人栏由眭某红、徐某签字并加盖中太公司项目部资料专用章。中太公司项目部资料专用章具有特定用途，仅用于开工报告、设计图纸会审记录等有关工程项目的资料上。尽管诉争借款用于涉案工程，但借款合同与建设工程施工合同是两个不同的合同关系，实际施工人对外借款不是对涉案项目建设工程施工合同的履行，《借款协议》也不属于工程项目资料，故在《借款协议》上加盖中太公司项目部资料专用章超越了该公章的使用范围，在未经中太公司追认的情况下，不能认定《借款协议》是中太公司的意思表示。再结合中太公司和国本公司未参与《借款协议》的签订、协议上未加盖国本公司公章以及出借人陈某兵对眭某红、徐某借用国本公司和中太公司的资质施工是明知的事实，应认定诉争借款是眭某红、徐某的个人债务，陈某兵要求中太公司和国本公司对诉争借款承担连带还款责任缺乏依据。江苏高院意见不属于司法解释，不能作为审理案件的法律适用依据，且本案也不属于该意见第22条和第25条规定的情形，陈某兵援引上述意见主张本案二审判决适用法律错误，本院不予支持。

实战点评与分析

1. 承包人向项目派驻人员并不等于实际参与施工

承包人中标后将工程进行分包或转包能否按照与次承包人约定收取管理费?

最高人民法院民事审判第一庭2021年第20次专业法官会议纪要认为:"……第五,合同无效,承包人请求实际施工人按照合同约定支付管理费的,不予支持。"

法律问题:

合同无效,承包人请求实际施工人按照合同约定支付管理费的,是否应予支持?

法官会议意见:

转包合同、违法分包合同及借用资质合同均违反法律的强制性规定,属于无效合同。前述合同关于实际施工人向承包人或者出借资质的企业支付管理费的约定,应为无效。实践中,有的承包人、出借资质的企业会派出财务人员等个别工作人员从发包人处收取工程款,并向实际施工人支付工程款,但不实际参与工程施工,既不投入资金,也不承担风险。实际施工人自行组织施工,自负盈亏,自担风险。承包人、出借资质的企业只收取一定比例的管理费。该管理费实质上并非承包人、出借资质的企业对建设工程施工进行管理的对价,而是一种通过转包、违法分包和出借资质违法套取利益的行为。此类管理费属于违法收益,不受司法保护。因此,合同无效,承包人或者出借资质的建筑企业请求实际施工人按照合同约定支付管理费的,不予支持。

根据以上规定,对于承包人不参与施工,将工程转包分包收取管理费,法院不予支持;但如承包人实际参与了施工和管理,有权取得管理费。

实务中,该如何认定承包人实际参与施工?

以本案为例,法院认为:"关于中太公司和国本公司是否实际参与施工的事实认定问题。中太公司和国本公司虽然中标取得涉案星海·时代花苑项目,但该项目实际是眭某红借用中太公司和国本公司的资质承接的工程,诉争《借款协议》载明了眭某红、徐某共同承接涉案项目、垫资施工的事实,故借款债权人陈某兵对眭某红、徐某是涉案项目实际施工人的事实是明知的,其在申请再审书中对该事实也予以认可。本案一审判决查明中太公司向施工现场派驻管理人员,该事实只能证明中太公司对借用资质的施工单位实施了管理,不能证明该公司实际参与了施工,本案也无其他证据证明国本公司参与工程施工,故二审判决认定国本公司和中太公司并未实际施工,并无不当。"

结合以上案例,诉讼中该如何证明承包人实际参与施工和管理,笔者认为可以从以下方面证明:

第一,向项目派驻管理人员,并向派驻的管理人员实际支付工资报酬;

第二,派驻的管理人员实际参与施工和管理,如参加会议、质量检查、安全检查等;

第三,向发包人发送各种往来函件,函件上有派驻施工人员的签名;

第四,定期或不定期对项目进行质量和安全检查,并出具检查的意见和整改意见;

第五,发生索赔事件,向发包人及时提出索赔申请;

第六,派驻人员参与各种费用和工期签证的审批;

第七,与发包人之间存在直接的工程款支付关系等。

2. 超越了该印章的使用范围,在未经公司追认的情况下,不能认定借款合同是公司的意思表示

本案中,诉争《借款协议》是由出借人陈某兵与借款人眭某红、徐某签订,协议落款处借款人栏由眭某红、徐某签字并加盖中太公司项目部资料专用章。中太公司项目部资料专用章具有特定用途,仅用于开工报告、设计图纸会审记录等有关工程项目的资料上。尽管诉争借款用于涉案工程,但借款合同与建设工程施工合同是两个不同的合同关系,实际施工人对外借款不是对涉案项目建设工程施工合同的履行,《借款协议》也不属于工程项目资料,故在《借款协议》上加盖中太公司项目部资料专用章超越了该公章的使用范围,在未经中太公司追认的情况下,不能认定《借款协议》是中太公司的意思表示。

**2. 如证据仅有签字,并无公司盖章,则务必核实:所签字迹是否真实、签字人员的身份、与公司是何种关系、签字人在公司所任职务、签字时是否取得相应授权或

签字行为是否属于职务行为。签字人员除了在该证据上签字外,在本案中是否在其他文件签过字,就此应收集以下证据:

(1)签字人员与公司签订的劳动合同、工资报酬支付证明、签字人员在公司缴纳社保的证明;

(2)公司给予签字人员的授权书,或者查看签字人员是否是合同约定的授权或派出代表,或者查看签字人员是否在合同盖章处系授权代表;

(3)签字人员在本案或另案或其他项目上的签字;

(4)签字人员是否参加过会议并在会议纪要或会议签到表上签字,如有则提供会议签到表(会议签到表一般会记载签字人员的身份)和会议纪要(最好能提供经双方签字或盖章的会议纪要);

(5)公司对签字人员及其身份确认的其他文件和证据材料,如经公司盖章的结算书、对账单、往来函件等。以上证据都足以证明签字人员的身份、职位等,此类证据应尽可能收集齐备,以防被告对签字人员的签字不予认可或认为其无权签字。

二、涉案项目或标的有政府依职权作出的行政许可、审批;报政府备案的文件;政府依职权作出的行政强制措施、行政处罚;政府依职权作出的有关事故认定、事故调查报告等,以上证据必须收集

(一)当事人资质证明文件、政府依职权作出的行政许可、审批(如土地使用权证、建设工程规划许可证、建设工程施工许可证等);经政府确认的备案、政府依职权作出的事故认定和调查报告等(如竣工验收备案表、交通事故认定书等),以上证据具有较强的证明力,法院一般予以采纳作为定案依据,以上证据为必须收集的证据

案例2-18:政府职能部门依职权作出的文书具有较强的证明力

——焦某某、中国平安人寿保险股份有限公司

庆阳中心支公司人身保险合同纠纷案

审理法院:最高人民法院

案号:(2020)最高法民申614号

裁判日期:2020年6月28日

· 最高人民法院裁判意见

……第二,原审判决认定事实的主要证据是否系伪造的问题。文县公安局为国家公安机关,具有道路交通安全管理职能,文县公安局对案涉事故原因进行调查、分析和认定,并作出《03.15事故调查分析报告书》《不予处理决定书》,并未超越其职权范围。《03.15事故调查分析报告书》为原审法院依职权从文县公安局调取,该报告的首页亦盖有文县公安局的印章,具有真实性和合法性,报告书是否符合《党政机关公文格式》的规定,并不影响该报告的内容及其证明效力。焦某某主张《不予处理决定书》《03.15事故调查分析报告书》系伪造,未提供证据证明,其该项申请再审理由不能成立。

关于原审判决认定事实的主要证据是否未经质证问题。经本院审查,二审法院向文县公安局调取《关于对焦小云信访案件的答复》后,依法通知双方当事人于2019年7月30日到庭阅看该答复并发表意见,在平安人寿庆阳支公司尚未到庭且未开始听取意见时,焦某某要求先行阅看该答复未获法庭允许并离开法庭。焦某某放弃发表质证意见的行为应视为其对自身诉讼权利的处分,其该项申请再审理由不能成立。

第三,原审判决适用法律是否错误问题。《民事诉讼法解释》第114条规定:"国家机关或者其他依法具有社会管理职能的组织,在其职权范围内制作的文书所记载的事项推定为真实,但有相反证据足以推翻的除外。必要时,人民法院可以要求制作文书的机关或者组织对文书的真实性予以说明。"本案中,案涉《03.15事故调查分析报告书》《不予处理决定书》系文县公安机关依职权作出,并未超出权限范围,原审判决依据上述司法解释对《03.15事故调查分析报告书》《不予处理决定书》的证据效力以及所载相关事实予以认定并无不当。《最高人民法院关于适用〈中华人民共和国保险法〉若干问题的解释(二)》第18条规定中的"交通事故认定书、火灾事故认定书等",是指交通事故、火灾事故等同类事故,而非单指上述两类事故,原审判决依据上述解释认定《03.15事故调查分析报告书》的证据效力并无不当。2012年《最高人民法院关于审理道路交通事故损害赔偿案件适用法律若干问题的解释》第27条(2020年规定在第24条)系关于认定"交通事故认定书"的相关规定,原审判决在本案适用上述司法解释对案件结果没有实质影响,适用法律并无不当。

实战点评与分析

1. 政府职能部门依职权作出的文书具有较强的证明力

本案中,再审申请人主张定案的证据为伪造,但经法院查明,文县公安局为国家公安机关,具有道路交通安全管理职能,文县公安局对案涉事故原因进行调查、分析和认定,并作出《03.15事故调查分析报告书》《不予处理决定书》,并未超越其职权范围。《03.15事故调查分析报告书》为原审法院依职权从文县公安局调取,该报告的首页亦盖有文县公安局的印章,具有真实性和合法性,报告书是否符合《党政机关公文格式》的规定,并不影响该报告的内容及其证明效力。焦某某主张《不予处理决定书》《03.15事故调查分析报告书》系伪造,未提供证据证明,其该项申请再审理由不能成立。

从实务而言,如案件事实已经由相关政府部门依职权进行调查处理的,应收集此类证据。

2. 放弃质证权利后,再以未经质证的证据不得作为定案依据为由申请再审,法院不予支持

本案中,再审申请人主张认定案件事实的主要证据未经质证。经查,二审法院向文县公安局调取《关于对焦小云信访案件的答复》后,依法通知双方当事人于2019年7月30日到庭阅看该答复并发表意见,在平安人寿庆阳支公司代表尚未到庭且未开始听取意见时,焦某某要求先行阅看该答复未获法庭允许并离开法庭。焦某某放弃发表质证意见的行为应视为其对自身诉讼权利的处分,其该项申请再审理由不能成立。

相关法律规定:

《民事诉讼法解释》第103条:"证据应当在法庭上出示,由当事人互相质证。未经当事人质证的证据,不得作为认定案件事实的根据。

当事人在审理前的准备阶段认可的证据,经审判人员在庭审中说明后,视为质证过的证据。

涉及国家秘密、商业秘密、个人隐私或者法律规定应当保密的证据,不得公开质证。"

(二)当事人资质证明文件、涉案项目或标的有政府依职权作出的行政许可、审批;报政府备案的文件等证据,对合同效力、过错的认定、责任划分等具有重大影响,此类证据必须收集

当事人资质证明文件、涉案项目或标的有政府依职权作出的行政许可、审批,对合同效力、责任的承担等具有重大甚至是决定性影响:如建设工程施工合同,承包人不具有相应资质、超越资质等级或借用资质签订的建设工程施工合同无效;项目未取得建设工程规划许可证,双方签订的建设工程施工合同无效。由于当事人资质证明文件、项目或标的有关行政审批手续等,对合同效力有重大甚至是决定性影响,上述文件涉及的证据必须收集。

相关法律规定:

《建设工程解释一》第1条:"建设工程施工合同具有下列情形之一的,应当依据民法典第一百五十三条第一款的规定,认定无效:

(一)承包人未取得建筑业企业资质或者超越资质等级的;

(二)没有资质的实际施工人借用有资质的建筑施工企业名义的;

(三)建设工程必须进行招标而未招标或者中标无效的。"

第3条第1款:"当事人以发包人未取得建设工程规划许可证等规划审批手续为由,请求确认建设工程施工合同无效的,人民法院应予支持,但发包人在起诉前取得建设工程规划许可证等规划审批手续的除外。"

(三)报政府备案的文件;政府依职权作出的行政强制措施、行政处罚;政府依职权作出的有关事故认定、事故调查报告等,对于认定各方过错、事故发生原因、责任划分等具有重大影响,法院一般也会以上述文件认定的事实作为定案的事实,上述文件确定的各方责任作为各方承担案件责任的依据,此类证据应当收集

如道路交通事故损害赔偿案件,交警部门依职权出具的事故认定书具有较强的证明力,该认定书可以证明事故发生的事实、各自责任比例的划分等,有关案件一旦诉至法院,法院一般亦会以该事故认定书确定的责任比例来确定各自过错的程度和赔偿比例。

> 三、通过最高人民法院网站查询被告是否被列入失信被执行人,如果是,则收集相应的证据(如打印网页截屏);通过裁判文书网查询类案并收集有关裁判文书;通过启信宝或企查查或其他查询工具查询被告公司股东情况、缴纳注册资本金情况等,打印并收集被告工商登记资料

(一)查询被告是否被列入失信被执行人并收集相应证据

案例2–19:实务中如何运用不安抗辩权

• 案件基本事实

甲方为房地产公司,乙方为设计公司,双方约定乙方为甲方提供设计图的审图服务,在乙方出具审图结果且提供合法有效发票后的10日内,甲方向乙方一次性付清全部设计费。乙方如约完成了设计服务并提供了审图报告,但由于甲方此前在与乙方合作的其他项目中存在欠款,乙方担心开具发票仍无法收到设计费,因此未开具设计费发票给甲方。对于欠付的设计费,乙方拟向法院起诉要求甲方予以清偿。

• 案件争议焦点

由于乙方未开具发票,乙方是否有权要求甲方支付设计费并承担违约责任。

• 诉讼思路

根据合同,开具发票系乙方的先义务,乙方如不打算开具发票而要求甲方支付设计费,则乙方只能以不安抗辩权作为依据。《民法典》第527条规定:"应当先履行债务的当事人,有确切证据证明对方有下列情形之一的,可以中止履行:(一)经营状况严重恶化;(二)转移财产、抽逃资金,以逃避债务;(三)丧失商业信誉;(四)有丧失或者可能丧失履行债务能力的其他情形。当事人没有确切证据中止履行的,应当承担违约责任。"

以上行使不安抗辩权的情形,其中"(一)经营情况严重恶化;(二)转移财产、抽逃资金,以逃避债务;"涉及被告内部经营,原告要收集提供相应证据困难较大;至于"(三)丧失商业信誉",该条的内涵外延均具有较大的不确定性,法官对此也有较大的自由裁量权,援引此条难度较大,也存在较大诉讼风险;而"(四)有丧失

或者可能丧失履行债务能力的其他情形",则可以通过查询被告是否被列入失信被执行人即可证明,此种查询既简单,也容易被法院认定,因此本案如原告拟援引不安抗辩权,则可以优先查询被告是否被法院列入失信被执行人。通过查询被告是否被法院列入失信被执行人,也可以了解被告是否具有清偿债务的能力。

• 判决结果

一审法院认为乙方未开具发票的行为系行使不安抗辩权,甲应当按约支付设计费。

(二)通过启信宝或企查查或其他查询工具,查询被告的股东是否系全资单一股东;被告股东是否完成了注册资本金的实缴;查询完毕后,应同时打印相应的工商登记资料

1. 一人公司的股东承担连带责任

被告一欠付原告设计费,原告拟起诉被告一,经查,被告二为被告一的全资股东,原告起诉时,将被告一、被告二列为共同被告,要求被告二对被告一的债务承担连带责任。

法律依据:

2018年《公司法》第63条(2023年《公司法》第23条第3款):"一人有限责任公司的股东不能证明公司财产独立于股东自己的财产的,应当对公司债务承担连带责任。"

2. 股东未实缴注册资本金,对公司债务在未实缴注册资金范围内承担补充赔偿责任

被告一为公司,欠付原告设计费,原告拟起诉被告一,经查,被告一的股东有两人,分别为甲和乙,但甲和乙未实际缴纳注册资本金。原告起诉时,将被告一、甲、乙列为共同被告,要求甲、乙在各自未实缴注册资本金范围内对被告一的债务承担补充赔偿责任。

相关法律规定:

《公司法解释三》第13条第1款、第2款:"股东未履行或者未全面履行出资义务,公司或者其他股东请求其向公司依法全面履行出资义务的,人民法院应予支持。

公司债权人请求未履行或者未全面履行出资义务的股东在未出资本息范围内

对公司债务不能清偿的部分承担补充赔偿责任的,人民法院应予支持;未履行或者未全面履行出资义务的股东已经承担上述责任,其他债权人提出相同请求的,人民法院不予支持。"

(三)通过启信宝或企查查或其他查询工具,查询数个被告之间是否存在关联关系,如存在关联关系,可以结合其他证据证明关联公司之间因彼此存在人员、财务和业务混同而撤销关联公司之间的交易行为或要求关联公司对债务承担连带责任

《九民纪要》第11条规定:"公司控制股东对公司过度支配与控制,操纵公司的决策过程,使公司完全丧失独立性,沦为控制股东的工具或躯壳,严重损害公司债权人利益,应当否认公司人格,由滥用控制权的股东对公司债务承担连带责任。实践中常见的情形包括:

(1)母子公司之间或者子公司之间进行利益输送的;

(2)母子公司或者子公司之间进行交易,收益归一方,损失却由另一方承担的;

(3)先从原公司抽走资金,然后再成立经营目的相同或者类似的公司,逃避原公司债务的;

(4)先解散公司,再以原公司场所、设备、人员及相同或者相似的经营目的另设公司,逃避原公司债务的;

(5)过度支配与控制的其他情形。"

根据上述规定,公司控制股东对公司过度支配与控制,操纵公司的决策过程,使公司完全丧失独立性,沦为控制股东的工具或躯壳,严重损害公司债权人利益,应当否认公司人格,由滥用控制权的股东对公司债务承担连带责任。

在最高人民法院指导案例33号"瑞士嘉吉国际公司诉福建金石制油有限公司等确认合同无效纠纷案"中,最高人民法院以关联公司之间存在关联交易恶意串通损害债权人为由,认定关联公司之间交易无效,该案裁判要点认为:"1.债务人将主要财产以明显不合理低价转让给其关联公司,关联公司在明知债务人欠债的情况下,未实际支付对价的,可以认定债务人与其关联公司恶意串通、损害债权人利益,与此相关的财产转让合同应当认定为无效。2.《中华人民共和国合同法》第五十九条规定适用于第三人为财产所有权人的情形,在债权人对债务人享有普通债权的情况下，应当根据《中华人民共和国合同法》第五十八条的规定，判令因无效合同取得的财产返还给原财产所有人，而不能根据第五十九条规定直接判令债务人的关联公司因'恶意串通，损害第三人利益'的合同而取得的债务人的财产返还给债权人。"

2023年《公司法》第23条："公司股东滥用公司法人独立地位和股东有限责任，逃避债务，严重损害公司债权人利益的，应当对公司债务承担连带责任。

股东利用其控制的两个以上公司实施前款规定行为的，各公司应当对任一公司的债务承担连带责任。"

四、与本案有关的纠纷，如有相关生效裁判文书的，应收集

（一）与本案有关的纠纷，如有相关生效裁判文书的，则本案一般亦会参照生效的案件作出相同或类似的裁判，因此有必要收集已经生效的文书，具体可以通过裁判文书网进行查询

例如，甲方为房地产公司，乙方为房屋买受人，乙方如约支付了全部房价款，但甲方未按照合同约定交房，乙方拟起诉要求甲方承担逾期交房的违约责任。甲方则抗辩其存在可以顺延交房的事由，不存在逾期交房的所谓违约行为。

案件争议焦点： 甲方是否存在逾期交房的违约行为，本案甲方是否可以以合同约定的免责事由为由而顺延房屋交付。

诉讼思路： 由于甲逾期交房，其他买受人可能在此前已经向甲提起诉讼并形成生效判决，此类案件应优先通过裁判文书网查询被告诉讼情况，如对于类似案件法院已经作出了生效判决，则本案再起诉，其结果与已经生效的判决结果基本相同，由此在起诉前就可以预见到本案判决结果，亦可以生效判决认定的事实作为本案事实。

（二）经人民法院生效裁判所确认的事实，当事人无须举证

《民事证据规定》第10条："下列事实，当事人无须举证证明：

（一）自然规律以及定理、定律；

(二)众所周知的事实;

(三)根据法律规定推定的事实;

(四)根据已知的事实和日常生活经验法则推定出的另一事实;

(五)已为仲裁机构的生效裁决所确认的事实;

(六)已为人民法院发生法律效力的裁判所确认的基本事实;

(七)已为有效公证文书所证明的事实。"

根据以上规定,经法院生效判决认定的事实,当事人无须举证,但该等事实并不包括判决中的裁判理由部分。在广州乾顺房地产信息咨询有限公司与张家港市滨江新城投资发展有限公司财产损害赔偿纠纷再审审查民事裁定书[(2021)最高法民申7088号]中,最高人民法院认为:

关于人民法院生效裁判文书中裁判理由内容能否被认定为"已为人民法院发生法律效力的裁判所确认的事实"。乾顺公司主张,广东高院(2017)粤执复281号复议决定书中"本院经审查认为"部分应被理解为《民事诉讼法解释》第93条第5项中规定的"已为人民法院发生法律效力的裁判所确认的事实"。本院认为,人民法院生效裁判文书中裁判理由的内容不能被认定为"已为人民法院发生法律效力的裁判所确认的事实"。民事诉讼裁判文书所确认的案件事实,是在诉讼各方当事人的参与下,人民法院通过开庭审理等诉讼活动,组织各方当事人围绕诉讼中的争议事项,通过举证、质证和认证活动依法作出认定的基本事实。一般来说,经人民法院确认的案件事实应在裁判文书中有明确无误的记载或表述。而裁判文书中的裁判理由,则是人民法院对当事人之间的争议焦点或其他争议事项作出评判的理由,以表明人民法院对当事人之间的争议焦点或其他争议事项的裁判观点。裁判理由的内容,既可能包括案件所涉的相关事实阐述,也可能包括对法律条文的解释适用,或者事实认定与法律适用二者之间的联系。但裁判理由部分所涉的相关事实,并非均是经过举证、质证和认证活动后有证据证明的案件事实,因此不能被认定为裁判文书所确认的案件事实。一般来说,裁判文书中裁判理由的内容无论在事实认定还是裁判结果上对于其他案件均不产生拘束力和既判力。因此,乾顺公司主张的广东高院(2017)粤执复281号复议决定书中"本院经审查认为"部分应被理解为《民事诉讼法解释》规定的"已为人民法院发生法律效力的裁判所确认的事实"的申请理由不能成立,本院不予支持。

(三)案例2-20:已为人民法院发生法律效力的裁判所确认的基本事实无须举证

——宜昌博高建筑工程有限公司(以下简称博高公司)、新疆佳盛房地产开发有限公司(以下简称佳盛公司)建设工程施工合同纠纷案

审理法院:最高人民法院

案号:(2020)最高法民终482号

裁判日期:2020年6月28日

案由:建设工程施工合同纠纷

• 最高人民法院裁判意见

(一)关于欠付工程款的问题

根据查明事实,案涉双方分别于2013年1月4日、2013年9月10日签订《施工合同一》《施工合同二》,约定佳盛公司将其开发的新疆宜化绿洲新城11~14号、16~21号楼主体及部分地下车库工程交由博高公司建设。随后博高公司中标案涉工程,双方依据中标文件签订五份《建设工程施工合同》并在相关部门备案。

因案涉工程为必须招标工程,虽佳盛公司按照相关规定组织了招投标程序,但在之前其已与博高公司就案涉工程进行了实质性磋商,双方签订的五份备案《建设工程施工合同》因违反法律强制性规定应属无效,同时《施工合同一》《施工合同二》亦属无效。

《施工合同一》签订之后,博高公司开始对案涉工程进行施工,截至本案一审起诉,工程虽未经竣工验收,但现已投入使用,故博高公司请求支付相关工程款应予支持。因本案所涉合同均属无效,依据《建设工程解释二》(已失效)第11条规定,案涉工程价款应参照实际履行的合同予以确定。实际施工过程中,博高公司将工程分为两个标段进行,一审诉讼中,案涉双方对一标段工程按内部合同结算无异议,关于二标段工程的结算标准问题存在争议,一审法院结合《施工合同一》的履行情况以及双方对二标段工程款项支付的举证情况,确认二标段工程亦应按照实际履行的内部合同进行结算,符合本案的实际情况,并无不妥。博高公司上诉认为备案合同系实际履行的合同,应以此作为案涉工程款的结算依据。本院认为,该上诉意见与博高公司向佳盛公司出具工程结算资料不符,与其在一审中认可一标段按内部合同进行结算的观点相悖,同时其亦无充分证据证明二标段应按

备案合同结算,故该上诉理由不能成立,本院不予支持。

诉讼中,因双方未进行结算,对于工程造价存在争议,据此一审法院依据博高公司的申请,对案涉工程造价对外委托进行鉴定,同时根据鉴定结论,扣减有争议项和无争议项后,佳盛公司应付款金额为 225,853,671.3 元,已付款为 204,813,488.55 元,佳盛公司尚欠 21,040,182.75 元应予支付。博高公司上诉认为鉴定是依据包干价加设计变更签证的原则进行,对未做的部分应减少项而非减少量,同时减少部分的价款应按照内部招标时的投标清单确定,鉴定意见书依据定额标准扣减错误,导致判决结果错误,该鉴定意见不应采信。经审查,一审法院根据博高公司的申请对外委托鉴定,因双方对鉴定依据及计价标准存在争议,经对博高公司多次释明无果的情况下,鉴定机构按照备案合同、内部合同及新疆维吾尔自治区昌吉市当地建设行政主管部门发布的计价标准,分别进行鉴定。同时,一审鉴定时,鉴定机构要求博高公司提交经济变更签证,但博高公司并未在规定的期限内提交,在此情况下,鉴定机构依据定额标准确定工程变更部分的价款,并无不妥。

(二)关于利息问题

博高公司上诉认为,证据显示,2016 年 4 月 1 日佳盛公司已将案涉工程交付九鼎公司进行物业管理,证明其在之前已将案涉工程交付佳盛公司,案涉欠付工程款的利息应从此时开始计算。本院认为,依据《民事证据规定》第 10 条第 1 款规定,已为人民法院发生法律效力的裁判所确认的基本事实,当事人无须举证证明。已生效的(2017)新 2301 民初 4611 号民事判决确认,2016 年 4 月 1 日佳盛公司已控制案涉工程,并交付物业公司进行管理,证明在此之前博高公司已交付了案涉工程,但博高公司无证据证明具体交付时间,故博高公司认为应从 2016 年 4 月 1 日起计算欠付工程款利息的上诉理由证据充分,本院予以支持。

实战点评与分析

1. 已为人民法院发生法律效力的裁判所确认的基本事实,当事人无须举证证明

本案中,双方争议焦点之一为对于欠付工程款何时开始计算利息。承包人博高公司未能提供证据证明案涉工程交付时间,但在另案生效判决中认定,发包人佳盛公司在 2016 年 4 月 1 日将案涉工程交给物业公司,因此足以证明承包人至迟于 2016 年 4 月 1 日已经将工程交付给佳盛公司,因此二审法院判决佳盛公司应从 2016 年 4 月 1 日起计算欠付工程款利息。

相关法律规定:

《建设工程解释一》第 26 条:"当事人对欠付工程价款利息计付标准有约定的,按照约定处理。没有约定的,按照同期同类贷款利率或者同期贷款市场报价利率计息。"

第 27 条:"利息从应付工程价款之日开始计付。当事人对付款时间没有约定或者约定不明的,下列时间视为应付款时间:

(一)建设工程已实际交付的,为交付之日;

(二)建设工程没有交付的,为提交竣工结算文件之日;

(三)建设工程未交付,工程价款也未结算的,为当事人起诉之日。"

2. 未招先定的建设工程施工合同均无效,对于工程价款,应按照实际履行合同价款折价补偿

本案中,因案涉工程为必须招标工程,虽佳盛公司按照相关规定组织了招投标,但在之前其已与博高公司就案涉工程施工方案或价款进行了实质性磋商,双方签订的五份备案《建设工程施工合同》因违反法律强制性规定应属无效,同时《施工合同一》《施工合同二》亦属无效,案涉工程价款应参照实际履行的合同予以确定。

相关法律规定:

《建设工程解释一》第 24 条:"当事人就同一建设工程订立的数份建设工程施工合同均无效,但建设工程质量合格,一方当事人请求参照实际履行的合同关于工程价款的约定折价补偿承包人的,人民法院应予支持。

实际履行的合同难以确定,当事人请求参照最后签订的合同关于工程价款的约定折价补偿承包人的,人民法院应予支持。"

3. 建设工程未经竣工验收但实际投入使用,发包人应支付工程款

本案中,工程虽未经竣工验收,但现已投入使用,故博高公司请求支付相关工程款应予支持。

相关法律规定:

《建设工程解释一》第 14 条:"建设工程未经竣工验收,发包人擅自使用

后,又以使用部分质量不符合约定为由主张权利的,人民法院不予支持;但是承包人应当在建设工程的合理使用寿命内对地基基础工程和主体结构质量承担民事责任。"

五、案件涉及款项支付的,应收集金融机构的转账凭证和发票

金融机构转账凭证是当事人通过银行支付款项时由银行生成的文书证据,此等证据具有较强的证明力,一般均会被法院采纳作为定案依据。

发票是指一切单位和个人在购销商品、提供或接受服务以及从事其他经营活动中,所开具和收取的业务凭证,是会计核算的原始依据,也是审计机关、税务机关执法检查的重要依据。

金融机构的转账凭证和发票作为证据,在实务中有着重要的作用,此类证据必须提交。

(一)对于负有支付价款义务的一方而言,提供金融机构的转账凭证可以证明其履行了合同约定的付款义务

任何诉讼案件,诉讼请求不外乎两种:其一是要求对方承担金钱支付义务,包括支付欠付的价款、报酬以及违约金、损失赔偿金;其二是要求对方为一定行为或不为一定行为,如要求被告向原告提交竣工验收资料、交付房屋、办理房屋权属登记、赔礼道歉等。

对于负有价款支付一方而言,通过银行转账支付的款项,基本都会得到法院认定,提供银行转账凭单可以证明该方当事人履行了款项支付义务,如款项支付系按合同约定期限支付的,也可以证明其不存在逾期付款的违约行为。

(二)金融机构的转账凭证可以证明原、被告之间存在一定的法律关系

原、被告之间存在款项支付,双方之间一般存在某种法律关系,或者是买卖合同、施工合同、租赁合同或者其他关系,至于具体是何种关系,需要结合其他证据予以佐证。因此,金融机构的转账凭证是证明双方之间存在法律关系的有力证据。

例如,甲系水泥供应商,乙系某项目的总承包企业,丙为挂靠乙施工的实际施

工人。丙以乙的名义刻制了项目部印章一枚,并以该印章对外开展经营活动。丙以刻制着乙方名称的项目部印章与甲签订了水泥购销合同,合同履行过程中,乙方向甲支付了部分水泥购销款,后甲与丙对水泥购销合同进行了对账和结算,对账后,因甲迟迟未收到欠付的款项,遂将乙诉至法院要求支付欠付的水泥购销款并承担违约责任,诉讼过程中,乙主张从未刻制过项目部印章,对甲提供加盖有乙方名称的项目部印章所签订的合同不予认可。

在这个案件中,甲主张乙支付欠付的水泥购销款,必须证明甲乙之间存在水泥购销合同的法律关系,而证明此法律关系最有利的证据为水泥购销合同,但该合同加盖的印章为非备案的项目部印章,且甲难以提供证据证明乙授权丙刻制项目部印章或乙同意丙使用项目部印章,因此,如甲仅从合同着手并以合同为据主张双方之间成立买卖合同关系,较为困难。本案中,除合同外,甲乙双方之间有真实的款项支付,即乙向甲通过银行转账方式支付水泥款,该证据可以证明双方之间存在购销合同法律关系,该证据结合乙与丙之间签订的类似挂靠合同,足以证明丙刻制并使用项目部印章签订案涉购销合同的行为构成表见代理,其行为对乙具有约束力。

可见,金融机构的转账凭证对于证明双方之间存在一定法律关系具有重要作用。此外,金融机构的转账凭证在民间借贷案件中,也是双方之间成立借贷关系的初步证据。

《民间借贷解释》第 16 条规定:"原告仅依据金融机构的转账凭证提起民间借贷诉讼,被告抗辩转账系偿还双方之前借款或者其他债务的,被告应当对其主张提供证据证明。被告提供相应证据证明其主张后,原告仍应就借贷关系的成立承担举证责任。"根据上述规定,在民间借贷诉讼中,金融机构的转账凭证系证明双方之间存在民间借贷关系的初步证据。

(三)发票是证明法律关系和款项支付的重要证据

证明双方之间存在法律关系,除金融机构的转账凭单外,发票也是重要证据:收到款项的一方向支付款项一方出具发票的,足以证明双方之间存在法律关系。

发票虽然不能证明款项是否实际支付,但发票仍是证明款项已经实际支付的重要间接证据,发票可以结合收据、付款凭单等形成完整的证据链,证明款项已经实际支付,并证明双方之间存在某种法律关系。

第三章
Chapter 3　举证责任

举证责任,又称为证明责任,是指"当事人对自己提出的主张有提供证据进行证明的责任。具体包含行为意义上的举证责任和结果意义上的举证责任两层含义:其一,行为意义上的举证责任是指当事人对自己提出的主张有提供证据的责任。其二,结果意义上的举证责任是指当待证事实真伪不明时由依法负有证明责任的人承担不利后果的责任"[①]。

当事人有义务在起诉时提供相应的证据且有义务提供证据证明其主张,如其提供的证据不足以证明其主张的,由其承担不利后果。

"谁主张,谁举证"是最基本的举证规则,但法律同时也规定了在特殊情况下举证责任倒置的情形。以下就举证责任展开论述。

[①] 最高人民法院民事审判第一庭:《民事诉讼证据司法解释的理解与适用》,中国法制出版社2002年版,第15页。

第一节

"谁主张,谁举证"

"谁主张,谁举证"是最基本的举证规则。

《民事诉讼法》第67条第1款规定:"当事人对自己提出的主张,有责任提供证据。"

当事人对提出的主张未能提供证据加以证明的,由负有举证证明责任的当事人承担不利后果。

《民事诉讼法解释》第90条规定:"当事人对自己提出的诉讼请求所依据的事实或者反驳对方诉讼请求所依据的事实,应当提供证据加以证明,但法律另有规定的除外。

在作出判决前,当事人未能提供证据或者证据不足以证明其事实主张的,由负有举证证明责任的当事人承担不利的后果。"

第91条规定:"人民法院应当依照下列原则确定举证证明责任的承担,但法律另有规定的除外:

(一)主张法律关系存在的当事人,应当对产生该法律关系的基本事实承担举证证明责任;

(二)主张法律关系变更、消灭或者权利受到妨害的当事人,应当对该法律关系变更、消灭或者权利受到妨害的基本事实承担举证证明责任。"

一、"谁主张,谁举证"

（一）案例：当事人对自己提出的诉讼请求所依据的事实或者反驳对方诉讼请求所依据的事实,应当提供证据加以证明

案例 3-1：房屋买卖居间合同中关于禁止买方利用中介公司提供的房源信息却绕开该中介公司与卖方签订房屋买卖合同的约定合法有效

——最高人民法院指导案例 1 号：上海中原物业顾问有限公司诉陶某华居间合同纠纷案

关键词　民事　居间合同　二手房买卖　违约

● **裁判要点**

房屋买卖居间合同中关于禁止买方利用中介公司提供的房源信息却绕开该中介公司与卖方签订房屋买卖合同的约定合法有效。但是,当卖方将同一房屋通过多个中介公司挂牌出售时,买方通过其他公众可以获知的正当途径获得相同房源信息的,买方有权选择报价低、服务好的中介公司促成房屋买卖合同成立,其行为并没有利用先前与之签约中介公司的房源信息,故不构成违约。

● **基本案情**

原告上海中原物业顾问有限公司(以下简称中原公司)诉称：被告陶某华利用中原公司提供的上海市虹口区株洲路某号房屋销售信息,故意跳过中介,私自与卖方直接签订购房合同,违反了《房地产求购确认书》的约定,属于恶意"跳单"行为,请求法院判令陶某华按约支付中原公司违约金 1.65 万元。

被告陶某华辩称：涉案房屋原产权人李某某委托多家中介公司出售房屋,中原公司并非独家掌握该房源信息,也非独家代理销售。陶某华并没有利用中原公司提供的信息,不存在"跳单"违约行为。

法院经审理查明：2008 年下半年,原产权人李某某到多家房屋中介公司挂牌销售涉案房屋。2008 年 10 月 22 日,上海某房地产经纪有限公司带陶某华看了该房屋；11 月 23 日,上海某房地产顾问有限公司(以下简称某房地产顾问公司)带陶某华之妻曹某某看了该房屋；11 月 27 日,中原公司带陶某华看了该房屋,并于同日与陶某华签订了《房地产求购确认书》。该确认书第 2.4 条约定,陶某华在验

看过该房屋后6个月内,陶某华或其委托人、代理人、代表人、承办人等与陶某华有关联的人,利用中原公司提供的信息、机会等条件但未通过中原公司而与第三方达成买卖交易的,陶某华应按照与出卖方就该房产买卖达成的实际成交价的1%,向中原公司支付违约金。当时中原公司对该房屋报价165万元,而某房地产顾问公司报价145万元,并积极与卖方协商价格。11月30日,在某房地产顾问公司居间下,陶某华与卖方签订了房屋买卖合同,成交价138万元。后买卖双方办理了过户手续,陶某华向某房地产顾问公司支付佣金1.38万元。

• **裁判结果**

上海市虹口区人民法院于2009年6月23日作出(2009)虹民三(民)初字第912号民事判决:被告陶某华应于判决生效之日起10日内向原告中原公司支付违约金1.38万元。宣判后,陶某华提出上诉。上海市第二中级人民法院于2009年9月4日作出(2009)沪二中民二(民)终字第1508号民事判决:(1)撤销上海市虹口区人民法院(2009)虹民三(民)初字第912号民事判决;(2)中原公司要求陶某华支付违约金1.65万元的诉讼请求,不予支持。

• **裁判理由**

法院生效裁判认为:中原公司与陶某华签订的《房地产求购确认书》属于居间合同性质,其中第2.4条的约定,属于房屋买卖居间合同中常有的禁止"跳单"格式条款,其本意是为防止买方利用中介公司提供的房源信息却"跳"过中介公司购买房屋,从而使中介公司无法得到应得的佣金,该约定并不存在免除一方责任、加重对方责任、排除对方主要权利的情形,应认定有效。根据该条约定,衡量买方是否"跳单"违约的关键,是看买方是否利用了该中介公司提供的房源信息、机会等条件。如果买方并未利用该中介公司提供的信息、机会等条件,而是通过其他公众可以获知的正当途径获得同一房源信息,则买方有权选择报价低、服务好的中介公司促成房屋买卖合同成立,而不构成"跳单"违约。本案中,原产权人通过多家中介公司挂牌出售同一房屋,陶某华及其家人分别通过不同的中介公司了解到同一房源信息,并通过其他中介公司促成了房屋买卖合同成立。因此,陶某华并没有利用中原公司的信息、机会,故不构成违约,对中原公司的诉讼请求不予支持。

实战点评与分析

就本案而言,原告之所以败诉,按照法院裁判意见,其认为:中原公司与陶某华签订的《房地产求购确认书》属于居间合同性质,其中第2.4条的约定,属于房屋买卖居间合同中常有的禁止"跳单"格式条款,其本意是为防止买方利用中介公司提供的房源信息却"跳"过中介公司购买房屋,从而使中介公司无法得到应得的佣金,该约定并不存在免除一方责任、加重对方责任、排除对方主要权利的情形,应认定有效。根据该条约定,衡量买方是否"跳单"违约的关键,是看买方是否利用了该中介公司提供的房源信息、机会等条件。如果买方并未利用该中介公司提供的信息、机会等条件,而是通过其他公众可以获知的正当途径获得同一房源信息,则买方有权选择报价低、服务好的中介公司促成房屋买卖合同成立,而不构成"跳单"违约。本案中,原产权人通过多家中介公司挂牌出售同一房屋,陶某华及其家人分别通过不同的中介公司了解到同一房源信息,并通过其他中介公司促成了房屋买卖合同成立。因此,陶某华并没有利用中原公司的信息、机会,故不构成违约,对中原公司的诉讼请求不予支持。

从以上意见可见,原告作为房屋中介,其认为被告存在"跳单"的行为并按照双方签订的《房地产求购确认书》追究被告的违约责任,根据双方签订的《房地产求购确认书》第2.4条约定,陶某华在验看过该房屋后6个月内,陶某华或其委托人、代理人、代表人、承办人等与陶某华有关联的人,利用中原公司提供的信息、机会等条件但未通过中原公司而与第三方达成买卖交易的,陶某华应按照与出卖方就该房产买卖达成的实际成交价的1%,向中原公司支付违约金。根据以上约定,原告的举证责任包括:(1)被告陶某华验看过原告提供的房源;(2)被告陶某华及其关联人利用了原告提供的房源信息机会与第三方达成交易;(3)达成上述交易未通过原告。如原告未能证明以上三点,则意味着原告举证不能并将承担不利后果。从本案事实看,原告提供证据证明了以上的第1点和第3点,但未能证明最为关键的第2点,原因在于"本案中,原产权人通过多家中介公司挂牌出售同一房屋,陶某华及其家人分别通过不同的中介公司了解到同一房源信息,并通过其他中介公司促成了房屋买卖合同成立。因此,陶某华并没有利用中原公司的信息、机会,故不构成违约,对中原公司的诉讼请求不予支持"。由于原告未就其主张的请求权所依据合同条款对应的事实提供证据证明,因此法院最终驳回了原告诉请。

综上,"谁主张,谁举证"是诉讼中最基本的举证规则,原告有义务提供证据证明其主张,否则将承担不利后果。

《民事诉讼法》第67条:"当事人对自己提出的主张,有责任提供证据。

当事人及其诉讼代理人因客观原因不能自行收集的证据,或者人民法院认为审理案件需要的证据,人民法院应当调查收集。

人民法院应当按照法定程序,全面地、客观地审查核实证据。"

以上规定奠定了民事诉讼中举证最基本的规则——"谁主张,谁举证"。

(二)当事人提供证据必须证明的事项

当事人有义务提供证据证明其主张。由于每个案件事实不同,法律关系也各不相同,因此当事人需举证的事实以及应提供的证据也千差万别,尽管如此,当事人的举证至少应包括以下事项:

1. 当事人应提供证据证明其主张的法律关系;
2. 原告是本案适格主体;
3. 被告是本案应承担责任的适格主体;
4. 当事人应提供证据证明其请求权基础(法律规定)所要求的事实;
5. 当事人应提供证据证明所受损失以及损失与被告行为之间的因果关系。

以下就上述当事人应承担的举证事项展开论述。

二、当事人应提供证据证明的待证事实

(一)当事人应提供证据证明其主张的法律关系

1. 法律关系的概念

所谓法律关系,是指法律在调整人们行为的过程中形成的特殊的权利和义务关系。法律关系由三要素构成,即法律关系的主体、法律关系的客体和法律关系的

内容。主体是指参加民事法律关系,享受民事权利并承担民事义务的人。根据我国《民法典》规定,民事主体包括自然人、法人和非法人组织。客体是指民事权利和民事义务所指向的对象,此种对象,"就物权关系而言,其客体应为物;就知识产权法律关系而言,其客体应为智力成果;就债权法律关系而言,单纯的物和行为都不能作为债权法律关系的要素,只有把他们结合起来,即结合成'体现一定物质利益的行为',才能成为民事法律关系的客体。如买卖关系中的客体是交付买卖标的物的行为,货物运输关系中的客体是安全及时送达运输标的物的行为"[1]。

民事法律关系的内容,是指民事主体享有的民事权利和承担的义务。

民事法律关系在实务中的作用,用一个简单的比喻就是:民事法律关系好比出售中草药商店中一个个放置草药的药盒,而法律人好比药师,针对不同的病症,从对应的药盒中取出药物。法律关系是分析解决案件的入口,是决定案件成败的关键。

任何案件,都是原告与被告在一定法律关系中所发生的争议,法律关系的不同,决定着案件的性质不同,更意味着法律适用的不同,因此,任何案件,原告均必须证明其与被告之间存在何种法律关系,而法官审理案件,也必须首先查清原被告之间属于何种法律关系。

2. 法律关系的分类

法律关系存在多种分类,结合《民法典》的规定,基本可以分为物权法律关系、合同法律关系、侵权法律关系、婚姻家事法律关系、继承法律关系。

上述关系还可以细分为具体的法律关系,如合同法律关系,按照《民法典》的规定,合同分为有名合同和无名合同,而有名合同又包括:买卖合同,供用电、水、气、热力合同,赠与合同,借款合同,保证合同,租赁合同,融资租赁合同,保理合同,承揽合同,建设工程合同,运输合同,客运合同,货运合同,多式联运合同,技术合同,保管合同,仓储合同,委托合同,物业服务合同,行纪合同,中介合同,合伙合同。

诉讼案件中原被告的法律关系基本属于以上所述的法律关系的一种或数种。

---

[1] 王利明:《民法总则研究》(第2版),中国人民大学出版社出版2012年版,第179页。

3.原告应提供证据证明其主张的法律关系,否则将承担不利后果

案例 3-2：当事人以订立买卖合同作为民间借贷合同的担保,借款到期后借款人不能还款,出借人请求履行买卖合同的,人民法院应当按照民间借贷法律关系审理

——陈某峰、张某平与营口丽湖地产有限公司(以下简称丽湖公司)、营口河海新城房地产开发有限公司民间借贷纠纷案

案号:(2018)最高法民终 234 号

最高人民法院认为:本案二审争议焦点为陈某峰、张某平与丽湖公司之间的法律关系性质。陈某峰、张某平主张与丽湖公司之间系商品房买卖合同关系,丽湖公司主张与陈某峰、张某平签订商品房买卖合同系为担保的借贷关系。

《合同法》第 130 条(对应《民法典》第 595 条)规定:"买卖合同是出卖人转移标的物的所有权于买受人,买受人支付价款的合同。"买受人支付房屋对价的目的在于取得房屋所有权是房屋买卖合同关系的基本法律特征。

首先,陈某峰、张某平作为自然人,一次性购买 226 套商品房的行为本身并不属于通常情形下自然人为使用或投资进行商品房买卖的情形。即使陈某峰、张某平主张其系以炒房为目的进行的大批量团购,但在案涉房屋尚没有开发完成的情形下一次性购买 226 套商品房并一次性全额支付购房款,且丽湖公司在收到购房款后也没有为陈某峰、张某平开具付清购房款的发票,从该交易本身的商业风险考虑亦具有一定不符合常理之处。

其次,陈某峰、张某平与丽湖公司双方签订的案涉 226 套《商品房买卖合同》约定的房屋单价为 3000 元/平方米,总面积约为 27,775 平方米,总价款 83,229,930 元。陈某峰、张某平自认实际购房单价为 1800 元/平方米,实际支付购房款为 5000 万元。陈某峰、张某平与中金天盛公司签订《委托付款协议》约定的代付购房款亦为 5000 万元,中京华所对丽湖公司的审核意见载明,2011 年 5 月 17 日丽湖公司收到中金天盛公司转款 83,229,930 元,同日通过翊华公司转回中金天盛公司 33,229,930 元,中金天盛公司实际转给丽湖公司 5000 万元。上述本案查明的事实足以证明中金天盛公司代陈某峰、张某平支付的款项金额为 5000 万元,陈某峰、张某平上诉主张某华公司转回中金天盛公司的 33,229,930 元与本

案无关,与事实不符。

陈某峰、张某平称对外宣称合同上签订单价3000元/平方米是为了不影响丽湖公司地产项目的市场销售价格,(2016)辽民终529号民事判决查明的事实显示,丽湖公司以1500元/平方米的价格将丽湖名居小区55套房屋出售给耿某,股东会决议载明为维护市场价格稳定,以2800元/平方米的价格对出售给耿某的房屋进行备案登记。

上述陈某峰、张某平的陈述及另案生效判决查明事实表明,本案陈某峰、张某平与丽湖公司签订的商品房买卖合同约定的购房价3000元/平方米应与当时案涉项目房屋对外市场交易价格相吻合,陈某峰、张某平并无证据证明该市场销售价在当时属于虚高价。据此,陈某峰、张某平以1800元/平方米购买案涉房屋,接近当时市场出售价格的一半,并不符合商品房买卖交易中开发商通常能够让利的幅度,反而与民间借贷用于担保的房屋作价通常低于实际市场出售价格的特点吻合。而上述生效民事判决亦认定耿某与丽湖公司签订的商品房买卖合同不具有真实性。

再次,丽湖公司与李某某签订的案涉《居间合同》约定丽湖公司须向其支付525万元居间服务费。丽湖公司应在购房款到账当日向李某某支付1/3的服务费,即175万元,以后每满一个月支付1/3,直到全部支付完毕。本院查明的事实表明,丽湖公司也于2011年5月17日、6月17日、7月15日分别向李某某支付了175万元,共计525万元。其中两笔转款的付款用途载明为暂支利息款。丽湖公司主张支付李某某的525万元系利息与其财务记载相吻合。由于陈某峰、张某平系一次性全额支付购房款,丽湖公司在收到了购房人支付的全部购房款的情形下却按月给付促成该笔交易的李某某居间费用,显然也不符合常理,而按月给付利息是民间借贷中常见的情形。

最后,陈某峰、张某平与丽湖公司签订商品房买卖合同后又分别签订了《商品房回购合同书》,约定丽湖公司在2011年8月16日以1800元/平方米的价格支付回购款后双方签订的商品房买卖合同自行解除。最晚可以迟延至2011年9月16日,但应给付迟延期间溢价款。如丽湖公司未能按约定时间给付回购款,则除非陈某峰、张某平同意,丽湖公司无权再回购。

上述回购合同显示的丽湖公司作为房屋出卖方,在购房人已经全额支付了购房款的情形下仍保有通过回购的方式将房屋取回的权利,与房屋买卖合同关系中买受人付清购房款后,出卖方即负有交付房屋并办理产权过户义务的通常权利义务内容不一致,而与目前实践中以尚未建成的预售商品房为借款担保时采取的由出卖方在借款到期前保有房屋回购权的常见方式相吻合。且案涉回购合同约定按原购房价回购,仅约定支付延期回购溢价款,对自该款项发生至约定的回购日前丽湖公司占用陈某峰、张某平购房款3个月是否给付利息等并未约定,结合丽湖公司主张的其分3个月向李某某支付的525万元系给付的利息,则可以对此作出合理解释。

陈某峰、张某平主张由于丽湖公司与河海公司就案涉房屋所有权问题产生了纠纷,为减少损失而与丽湖公司签订回购合同。但本院审理中,双方明确系于2011年7月19日签订案涉《商品房回购合同书》,而河海公司系于2011年8月29日才就案涉房屋所涉纠纷向营口仲裁委员会提交仲裁申请,陈某峰、张某平陈述的签订回购合同的原因与事实不符,也不具有合理性。

综上所述,尽管丽湖公司并未提供证明其与陈某峰、张某平之间以案涉226套《商品房买卖合同》为借贷提供担保的直接证据,但陈某峰、张某平与丽湖公司签订的商品房买卖合同从所购房屋数量、实际购房单价与市场交易价的差异、支付的购房款数额以及所谓的居间费用的支付方式、丽湖公司在一定期限内保有回购权等事实,均与以支付购房款取得房屋所有权为目的的房屋买卖合同关系的法律特征不符,而与民间借贷中以签订商品房买卖合同并进行备案的方式为借贷提供担保的通常做法相吻合。

一审基于在案证据对双方签订合同的真实意思经合理性分析判断认定陈某峰、张某平与丽湖公司之间不属于真实的商品房买卖合同关系,系以案涉226套房屋的买卖合同为担保的借贷法律关系,并经向陈某峰、张某平释明后,陈某峰、张某平明确拒绝变更诉讼请求的情形下,裁定驳回陈某峰、张某平的起诉,认定事实及适用法律并无不当。

二审法院裁定:驳回上诉,维持原裁定。

实战点评与分析

以上案件,双方争议焦点为本案法律关系该如何认定:陈某峰、张某平与丽湖公司之间的法律关系是房屋买卖合同关系还是民间借贷关系。本案法律关系的确定既是原告诉请能否得到支持的关键,也是法院审理案件首先查明的事实。

从原告起诉而言,原告是以房屋买卖合同关系作为双方基础法律关系并提起诉讼,被告则认为双方之间名为买卖,实为借贷。从举证而言,原告有义务证明双方之间系商品房买卖合同关系,就此原告提供了商品房买卖合同、付款凭单等证据予以证明,法院在审理过程中,围绕双方争议焦点尤其是商品房买卖合同及民间借贷关系各自具备的特征,结合本案证据,最终认定,"尽管丽湖公司并未提供证明其与陈某峰、张某平之间以案涉226套《商品房买卖合同》为借贷提供担保的直接证据,但陈某峰、张某平与丽湖公司签订的商品房买卖合同从所购房屋数量、实际购房单价与市场交易价的差异、支付的购房款数额以及所谓的居间费用的支付方式、丽湖公司在一定期限内保有回购权等事实,均与以支付购房款取得房屋所有权为目的的房屋买卖合同关系的法律特征不符,而与民间借贷中以签订商品房买卖合同并进行备案的方式为借贷提供担保的通常做法相吻合。

一审基于在案证据对双方签订合同的真实意思经合理性分析判断认定陈某峰、张某平与丽湖公司之间不属于真实的商品房买卖合同关系,系以案涉226套房屋的买卖合同为担保的借贷法律关系,并经向陈某峰、张某平释明后,陈某峰、张某平明确拒绝变更诉讼请求的情形下,裁定驳回陈某峰、张某平的起诉,认定事实及适用法律并无不当"。

从以上案件可见,原告提起诉讼,对于其主张的法律关系,应当提供证据予以证明,否则将可能承担不利的后果。

(二)原告应提供证据证明其为适格主体

原告起诉要求被告承担责任,原告的主体必须适格,对于原告主体不适格的,法院裁定不予受理,已经受理的,裁定驳回起诉。

《民事诉讼法》第122条:"起诉必须符合下列条件:

(一)原告是与本案有直接利害关系的公民、法人和其他组织;

(二)有明确的被告;

(三)有具体的诉讼请求和事实、理由;

(四)属于人民法院受理民事诉讼的范围和受诉人民法院管辖。"

《民事诉讼法解释》第 208 条:"人民法院接到当事人提交的民事起诉状时,对符合民事诉讼法第一百二十二条的规定,且不属于第一百二十七条规定情形的,应当登记立案;对当场不能判定是否符合起诉条件的,应当接收起诉材料,并出具注明收到日期的书面凭证。

需要补充必要相关材料的,人民法院应当及时告知当事人。在补齐相关材料后,应当在七日内决定是否立案。

立案后发现不符合起诉条件或者属于民事诉讼法第一百二十七条规定情形的,裁定驳回起诉。"

从以上规定可见,原告必须是与本案有直接利害关系的公民、法人或其他组织,换言之,只有与本案有直接利害关系的主体才为案件的适格主体,否则法院可驳回其起诉。

有的法律法规或司法解释对合同主体会有特别的规定,此类案件,原告的主体除必须符合上述《民事诉讼法》规定外,还必须符合相关法律法规或司法解释的规定。比较典型的为建设工程施工合同纠纷中有关实际施工人的诉讼争议,《建设工程解释一》第 43 条规定,实际施工人在工程存在违法转包、分包的情况下,可突破合同相对性起诉发包人,因此,对于突破合同相对性起诉发包人的案件,原告必须证明其为实际施工人。

案例 3-3:当事人之间系劳务法律关系,且系从事泥水劳务的人员,并非法律意义上的实际施工人

——乐某平、福建四海建设有限公司劳务合同纠纷
再审审查与审判监督民事裁定书

审理法院:最高人民法院
案号:(2019)最高法民申 5594 号
裁判日期:2019 年 11 月 19 日
案由:民事 > 合同、准合同纠纷 > 合同纠纷 > 劳务合同纠纷

• **最高人民法院裁判意见**

本院经审查认为,本案再审审查的焦点问题是:淮安明发公司是否应在欠付

工程款范围内对案涉债务承担付款责任。

基于本案已经查明的事实,四海公司认可彭某瑞系挂靠其进行施工,彭某瑞是淮安明发商业广场项目的实际施工人;四海公司与彭某瑞是内部承包关系,乐某平为彭某瑞承包施工的淮安明发商业广场C地块项目中的×××××××泥水班组负责人;2017年1月10日彭某瑞签署的《淮安项目人工工资支付表》中确认应付乐某平(班组)"1.2.3.6内外收尾工资"349,849.50元,"2#1-3层点工工资"10,000元,合计359,849.50元;2016年11月15日,四海公司(甲方)与乐某平(乙方)签订《协议书》,其中亦明确"鉴于彭某瑞未按照内部承包合同的约定履行相关的义务,甲方作为该项目的承建单位,现就内部承包人彭某瑞拖欠乙方劳务费用等事宜,经友好协商达成如下协议"。由此,乐某平及其班组与彭某瑞之间形成劳务法律关系的事实清楚,乐某平在本案中诉请支付的也是"劳务费359,849.50元及利息",申请再审中也认可拖欠的款项系"农民工工资"。故二审判决认定乐某平与彭某瑞之间并非建设工程施工合同关系,将本案案由定为劳务合同纠纷,并无不当。彭某瑞拖欠乐某平(班组)劳务费359,849.50元事实清楚,四海公司作为案涉项目的承建单位,与乐某平就彭某瑞拖欠前述劳务费等事宜签订《协议书》,二审判决据此认定四海公司系以债务加入的方式自愿承担彭某瑞拖欠乐某平劳务费的偿付义务,有相应的理据。

《最高人民法院关于审理建设工程施工合同纠纷案件适用法律问题的解释》(已失效,笔者注)第26条规定:"实际施工人以转包人、违法分包人为被告起诉的,人民法院应当依法受理。实际施工人以发包人为被告主张权利的,人民法院可以追加转包人或者违法分包人为本案当事人。发包人只在欠付工程价款范围内对实际施工人承担责任。"(对应《建设工程解释一》第43条)鉴于乐某平与彭某瑞之间系劳务法律关系,乐某平(班组)作为受彭某瑞雇佣从事泥水劳务的人员,并非前述法律意义上的实际施工人,二审判决认定本案不具备适用前述司法解释第26条规定的前提条件,有相应的事实依据,不属于法律适用错误。乐某平以该规定为由请求案涉工程项目发包人淮安明发公司在欠付工程款范围内承担偿付责任,缺乏相应的事实基础和法律依据,二审判决未予支持,并无不当。

综上所述,乐某平的再审申请不符合2017年《民事诉讼法》第200条第2项、第6项规定的情形。依照2017年《民事诉讼法》第204条第1款、《民事诉讼法解释》第395条第2款规定,裁定如下:

驳回乐某平的再审申请。

实战点评与分析

1. 从事劳务作业的班组并非实际施工人

《建设工程解释一》第43条规定:"实际施工人以转包人、违法分包人为被告起诉的,人民法院应当依法受理。

实际施工人以发包人为被告主张权利的,人民法院应当追加转包人或者违法分包人为本案第三人,在查明发包人欠付转包人或者违法分包人建设工程价款的数额后,判决发包人在欠付建设工程价款范围内对实际施工人承担责任。"

根据上述规定,只有实际施工人才有权突破合同相对性,向发包人主张权利。

关于如何理解"实际施工人",最高人民法院民事审判第一庭认为,"通俗地讲,实际施工人就是在上述违法情形中实际完成了施工义务的单位或者个人。建设工程层层多手转包的,实际施工人一般指最终投入资金、人工、材料、机械设备实际进行施工的施工人。一般而言:(1)实际施工人是实际履行承包义务的人,既可能是对整个建设工程进行施工的人,也可能是对建设工程部分进行施工的人。(2)实际施工人与发包人没有直接的合同关系或名义上的合同关系。实际施工人如果直接与发包人签订建设工程施工合同,则属于承包人、施工人,无须强调'实际'二字。(3)实际施工人同与其签订转包合同、违法分包合同的承包人或者出借资质的建筑施工企业之间不存在劳动人事关系或劳务关系。司法实践中,对于在合法专业分包、劳务分包中的承包人不认定为实际施工人"[①]。

就本案而言,乐某平只是作为受彭某瑞雇佣从事泥水劳务作业的人员,其与彭某瑞之间系劳务关系,因此乐某平并非实际施工人,其无权突破合同相对性向发包人主张权利。

---

① 最高人民法院民事审判第一庭编著:《最高人民法院新建设工程施工合同司法解释(一)理解与适用》,人民法院出版社2021年版,第445~446页。

2. 劳务合同并非建设工程施工合同

《民法典》第788条规定:"建设工程合同是承包人进行工程建设,发包人支付价款的合同。

建设工程合同包括工程勘察、设计、施工合同。"

所谓劳务合同,是指以劳动形式提供服务的民事合同,是当事人各方在平等协商的情况下达成的,就某一项劳务以及劳务成果所达成的协议。一般是在独立经济实体的单位之间、公民之间以及它们相互之间产生。

劳务合同并非建设工程施工合同,在建设工程施工合同领域,承包人在承包工程后将劳务分包给单位或个人,双方之间系劳务关系,并非施工合同关系,从事劳务作业的单位或个人并非实际施工人,亦无权根据《建设工程解释一》关于实际施工人的规定,向发包人主张权利。

3. 可以突破合同相对性原则请求发包人在欠付工程款范围内承担责任的实际施工人不包括借用资质及多层转包和违法分包关系中的实际施工人

《最高人民法院民事审判第一庭2021年第20次专业法官会议纪要》认为:

第一,可以突破合同相对性原则请求发包人在欠付工程款范围内承担责任的实际施工人不包括借用资质及多层转包和违法分包关系中的实际施工人。

法律问题:

《建设工程解释一》第43条规定的实际施工人是否包含借用资质及多层转包和违法分包关系中的实际施工人?

法官会议意见:

《建设工程解释一》第43条规定,"实际施工人以转包人、违法分包人为被告起诉的,人民法院应当依法受理。实际施工人以发包人为被告主张权利的,人民法院应当追加转包人或者违法分包人为本案第三人,在查明发包人欠付转包人或者违法分包人建设工程价款的数额后,判决发包人在欠付建设工程价款范围内对实际施工人承担责任"。本条解释涉及三方当事人两个法律关系:一是发包人与承包人之间的建设工程施工合同关系;二是承包人与实际施工人之间的转包或者违法分包关系。原则上,当事人应当依据各自的法律关系,请求各自的债务人承担责任。本条解释为保护农民工等建筑工人的利益,突破合同相对性原则,允许实际施工人请求发包人在欠付工程款范围内承担责任。对该条解释的适用应当从严把握。该条解释只规范转包和违法分包两种关系,未规定借用资质的实际施工人以及多层转包和违法分包关系中的实际施工人有权请求发包人在欠付工程款范围内承担责任。因此,可以依据《建设工程解释一》第43条的规定突破合同相对性原则请求发包人在欠付工程款范围内承担责任的实际施工人不包括借用资质及多层转包和违法分包关系中的实际施工人。

(三)原告应提供证据证明被告系应承担责任的适格主体

判断被告是否系责任承担主体,依据是合同和法律规定,具体如下:

1. 合同的相对方,根据合同约定应承担责任的,该相对方一般为应承担责任的主体

如商品房买卖合同,合同主体为开发商和房屋买受人,在履行商品房买卖合同过程中一方违约的,守约方可以根据合同约定向违约方主张权利,在此情况下,违约方为责任承担主体。

案例3-4: 合同无效不能等同于没有合同关系。 合同无效应产生合同无效的法律后果,合同无效不是当事人主张突破合同相对性的理由

——最高人民法院审理的王某、贵州建工集团第四建筑有限责任公司
(以下简称建工四公司)建设工程施工合同纠纷再审审查与审判监督案

案号:(2018)最高法民申1808号

最高人民法院认为:本院经审查认为,王某关于本案各方当事人之间均没有合同关系,不应该适用《合同法》第8条第1款规定的再审申请理由,不能成立。合同无效不能等同于没有合同关系。合同无效应产生合同无效的法律后果,合同无效不是当事人主张突破合同相对性的理由。而《最高人民法院关于审理建设工程施工合同纠纷案件适用法律问题的解释》(已失效,笔者注)第26条规定:"实际施工人以转包人、违法分包人为被告起诉的,人民法院应当依法受理。实际施

人以发包人为被告主张权利的,人民法院可以追加转包人或者违法分包人为本案当事人。发包人只在欠付工程价款范围内对实际施工人承担责任。"本案建工四公司为谢某阳违法转包前一手的违法分包人,系建设工程施工合同的承包人而非发包人,故王某要求依据司法解释的前述规定判令建工四公司承担连带责任缺乏依据,原审判决并无不当。根据《合同法》第73条之规定,因债务人怠于行使其到期债权,对债权人造成损害的,债权人可以向人民法院请求以自己的名义代位行使债务人的债权,但该债权专属于债务人自身的除外。故王某向谢某阳主张债权不能实现的,如谢某阳怠于行使其自身的债权,王某还可以行使债权人之代位权,本案建工四公司未承担连带清偿责任不影响实际施工人王某的权利救济。

实战点评与分析

1. 合同无效不能等同于没有合同关系。合同无效应产生合同无效的法律后果,合同无效不是当事人可得主张突破合同相对性的理由

《民法典》第793条第1款规定:"建设工程施工合同无效,但是建设工程经验收合格的,可以参照合同关于工程价款的约定折价补偿承包人。"

根据上述规定,建设工程施工合同无效,并不等于双方没有合同关系,相反,如建设工程经竣工验收,可以参照合同关于工程价款的约定折价补偿给承包人。换言之,即使合同无效,承包人也不能突破合同相对性向第三方主张权利,而只能向合同相对方主张折价补偿。

2. 实际施工人在承包人转包违法分包的情况下,有权根据《建设工程解释一》规定向发包人主张权利,在层层转包分包的情况下,实际施工人无权突破与其有合同关系的相对方向总承包单位主张权利

本案建工四公司为谢某阳违法转包前一手的违法分包人,系建设工程施工合同的承包人而非发包人,故王某要求依据司法解释的前述规定判令建工四公司承担连带责任缺乏依据,原审判决并无不当。综上,与原告无合同关系的当事人一般并非责任承担的主体,如要突破合同相对性向对方主张权利,应当依据法律或司法解释的规定。

2. 合同之外的主体,愿意加入债的履行,根据法律规定,该主体为责任承担主体

《民法典》第552条:"第三人与债务人约定加入债务并通知债权人,或者第三人向债权人表示愿意加入债务,债权人未在合理期限内明确拒绝的,债权人可以请求第三人在其愿意承担的债务范围内和债务人承担连带债务。"

3. 突破合同相对性主张权利的,必须有法律的明确规定

《民法典》第465条:"依法成立的合同,受法律保护。依法成立的合同,仅对当事人具有法律约束力,但是法律另有规定的除外。"根据该条规定,合同只对合同当事人具有法律约束力,此为合同相对性原则,如要突破合同相对性向合同以外第三方主张权利,必须有明确的法律规定,比较常见的可以突破合同相对性主张权利的情形包括:

(1)恶意串通,损害第三方合法权益,受害方有权以恶意串通实施民事法律行为的双方为被告起诉并主张权利。

《民法典》第154条:"行为人与相对人恶意串通,损害他人合法权益的民事法律行为无效。"

(2)债的保全制度赋予债权人向债务人的次债务人主张权利,即债权人行使代位权和撤销权的情形。

《民法典》第535条:"因债务人怠于行使其债权或者与该债权有关的从权利,影响债权人的到期债权实现的,债权人可以向人民法院请求以自己的名义代位行使债务人对相对人的权利,但是该权利专属于债务人自身的除外。

代位权的行使范围以债权人的到期债权为限。债权人行使代位权的必要费用,由债务人负担。

相对人对债务人的抗辩,可以向债权人主张。"

第538条:"债务人以放弃其债权、放弃债权担保、无偿转让财产等方式无偿处分财产权益,或者恶意延长其到期债权的履行期限,影响债权人的债权实现的,债权人可以请求人民法院撤销债务人的行为。"

第539条:"债务人以明显不合理的低价转让财产、以明显不合理的高价受让他人财产或者为他人的债务提供担保,影响债权人的债权实现,债务人的相对人知道或者应当知道该情形的,债权人可以请求人民法院撤销债务人的行为。"

(3) 实际施工人在承包人转包违法分包的情况下，向发包人主张权利。

《建设工程解释一》第 43 条："实际施工人以转包人、违法分包人为被告起诉的，人民法院应当依法受理。

实际施工人以发包人为被告主张权利的，人民法院应当追加转包人或者违法分包人为本案第三人，在查明发包人欠付转包人或者违法分包人建设工程价款的数额后，判决发包人在欠付建设工程价款范围内对实际施工人承担责任。"

(4) 根据《公司法》以及相关司法解释，债权人要求公司股东承担责任，具体包括：

其一，公司股东滥用股东权利，逃避债务，损害债权人利益的，债权人有权要求该股东对公司债务承担连带责任。

2023 年《公司法》第 21 条规定："公司股东应当遵守法律、行政法规和公司章程，依法行使股东权利，不得滥用股东权利损害公司或者其他股东的利益。

公司股东滥用股东权利给公司或者其他股东造成损失的，应当承担赔偿责任。"

第 23 条规定："公司股东滥用公司法人独立地位和股东有限责任，逃避债务，严重损害公司债权人利益的，应当对公司债务承担连带责任。"

其二，全资股东对公司债务承担连带责任。

2023 年《公司法》第 3 款规定："只有一个股东的公司，股东不能证明公司财产独立于股东自己的财产的，应当对公司债务承担连带责任。"

其三，公司股东未实缴注册资本或抽逃出资的，应在未出资范围或抽逃出资范围内对公司债务承担补充赔偿责任。

《公司法解释三》第 13 条第 1 款、第 2 款："股东未履行或者未全面履行出资义务，公司或者其他股东请求其向公司依法全面履行出资义务的，人民法院应予支持。

公司债权人请求未履行或者未全面履行出资义务的股东在未出资本息范围内对公司债务不能清偿的部分承担补充赔偿责任的，人民法院应予支持；未履行或者未全面履行出资义务的股东已经承担上述责任，其他债权人提出相同请求的，人民法院不予支持。"

第 14 条："股东抽逃出资，公司或者其他股东请求其向公司返还出资本息、协助抽逃出资的其他股东、董事、高级管理人员或者实际控制人对此承担连带责任的,人民法院应予支持。

公司债权人请求抽逃出资的股东在抽逃出资本息范围内对公司债务不能清偿的部分承担补充赔偿责任、协助抽逃出资的其他股东、董事、高级管理人员或者实际控制人对此承担连带责任的,人民法院应予支持;抽逃出资的股东已经承担上述责任,其他债权人提出相同请求的,人民法院不予支持。"

其四,公司利用关联关系损害债权人利益的,债权人有权要求关联公司对债务承担连带清偿责任。

案例3-5：关联公司人格混同，严重损害债权人利益的，关联公司相互之间对外部债务承担连带责任

——最高人民法院指导案例15号:徐工集团工程机械股份有限公司诉成都川交工贸有限责任公司等买卖合同纠纷案

（最高人民法院审判委员会讨论通过 2013年1月31日发布）

【关键词】民事 关联公司 人格混同 连带责任

• 裁判要点

1. 关联公司的人员、业务、财务等方面交叉或混同,导致各自财产无法区分,丧失独立人格的,构成人格混同。

2. 关联公司人格混同,严重损害债权人利益的,关联公司相互之间对外部债务承担连带责任。

• 相关法条

原《民法通则》第4条

2005年《公司法》第3条第1款、第20条第3款

• 裁判结果

江苏省徐州市中级人民法院于2011年4月10日作出(2009)徐民二初字第0065号民事判决:(1)川交工贸公司于判决生效后10日内向徐工机械公司支付货款10,511,710.71元及逾期付款利息;(2)川交机械公司、瑞路公司对川交工贸公司的上述债务承担连带清偿责任;(3)驳回徐工机械公司对王某礼、吴某、张某蓉、

凌某、过某利、汤某明、郭某、何某庆、卢某的诉讼请求。宣判后,川交机械公司、瑞路公司提起上诉,认为一审判决认定三个公司人格混同,属认定事实不清;认定川交机械公司、瑞路公司对川交工贸公司的债务承担连带责任,缺乏法律依据。徐工机械公司答辩请求维持一审判决。江苏省高级人民法院于2011年10月19日作出(2011)苏商终字第0107号民事判决:驳回上诉,维持原判。

• 裁判理由

法院生效裁判认为:针对上诉范围,二审争议焦点为川交机械公司、瑞路公司与川交工贸公司是否人格混同,应否对川交工贸公司的债务承担连带清偿责任。

川交工贸公司与川交机械公司、瑞路公司人格混同。一是三个公司人员混同。三个公司的经理、财务负责人、出纳会计、工商手续经办人均相同,其他管理人员亦存在交叉任职的情形,川交工贸公司的人事任免存在由川交机械公司决定的情形。二是三个公司业务混同。三个公司实际经营中均涉及工程机械相关业务,经销过程中存在共用销售手册、经销协议的情形;对外进行宣传时信息混同。三是三个公司财务混同。三个公司使用共同账户,以王某礼的签字作为具体用款依据,对其中的资金及支配无法证明已作区分;三个公司与徐工机械公司之间的债权债务、业绩、账务及返利均计算在川交工贸公司名下。因此,三个公司之间表征人格的因素(人员、业务、财务等)高度混同,导致各自财产无法区分,已丧失独立人格,构成人格混同。

川交机械公司、瑞路公司应当对川交工贸公司的债务承担连带清偿责任。公司人格独立是其作为法人独立承担责任的前提。《公司法》第3条第1款规定:"公司是企业法人,有独立的法人财产,享有法人财产权。公司以其全部财产对公司的债务承担责任。"公司的独立财产是公司独立承担责任的物质保证,公司的独立人格也突出表现在财产的独立上。当关联公司的财产无法区分,丧失独立人格时,就丧失了独立承担责任的基础。2005年《公司法》第20条第3款规定:"公司股东滥用公司法人独立地位和股东有限责任,逃避债务,严重损害公司债权人利益的,应当对公司债务承担连带责任。"本案中,三个公司虽在工商登记部门登记为彼此独立的企业法人,但实际上相互之间界限模糊、人格混同,其中川交工贸公司承担所有关联公司的债务却无力清偿,又使其他关联公司逃避巨额债务,严重损害了债权人的利益。上述行为违背了法人制度设立的宗旨,违背了诚实信用原则,其行为本质和危害结果与《公司法》第 20 条第 3 款规定的情形相当,故参照《公司法》第 20 条第 3 款的规定,川交机械公司、瑞路公司对川交工贸公司的债务应当承担连带清偿责任。

其五,公司减资未按照法律规定程序通知债权人,公司股东应在减资范围内对公司债务承担补充赔偿责任。

案例 3-6:公司减资未按照法律规定程序通知债权人,公司股东应在减资范围内对公司债务承担补充赔偿责任

——上海德力西集团有限公司(以下简称德力西公司)与江苏博恩世通高科有限公司(以下简称江苏博恩公司)、上海博恩世通光电股份有限公司(以下简称上海博恩公司)等买卖合同纠纷二审民事判决书

审理法院:上海市第二中级人民法院

案号:(2016)沪 02 民终 10330 号

裁判日期:2017 年 1 月 17 日

• **裁判要旨**

公司未对已知债权人进行减资通知时,该情形与股东违法抽逃出资的实质以及对债权人利益受损的影响,在本质上并无不同。因此,尽管我国法律未具体规定公司不履行减资法定程序导致债权人利益受损时股东的责任,但可比照《公司法》相关原则和规定来加以认定。由于江苏博恩公司减资行为上存在瑕疵,致使减资前形成的公司债权在减资之后清偿不能的,上海博恩公司和冯某作为江苏博恩公司股东应在公司减资数额范围内对江苏博恩公司债务不能清偿部分承担补充赔偿责任。

• **法院裁判意见**

对于德力西公司要求冯某、上海博恩公司对江苏博恩公司的上述债务在 19,000 万元的范围内承担补充赔偿责任的请求,本院认为亦应予以支持。理由如下:公司减资本质上属于公司内部行为,理应由公司股东根据公司的经营状况通过内部决议自主决定,以促进资本的有效利用,但应根据 2013 年《公司法》第 177

条(对应 2023 年《公司法》第 224 条)第 2 项规定,直接通知和公告通知债权人,以避免因公司减资产生损及债权人债权的结果。根据德力西公司与江苏博恩公司在合同中约定的交货、验收、付款条款以及实际履行情况看,江苏博恩公司与德力西公司的债权债务在江苏博恩公司减资之前已经形成。德力西公司在订立的合同中已经留下联系地址及电话信息,且就现有证据不存在江苏博恩公司无法联系德力西公司的情形,故应推定德力西公司系江苏博恩公司能够有效联系的已知债权人。虽然江苏博恩公司在《江苏经济报》上发布了减资公告,但并未就减资事项直接通知德力西公司,故该通知方式不符合减资的法定程序,也使德力西公司丧失了在江苏博恩公司减资前要求其清偿债务或提供担保的权利。

根据现行《公司法》之规定,股东负有按照公司章程切实履行全面出资的义务,同时负有维持公司注册资本充实的责任。尽管《公司法》规定公司减资时的通知义务人是公司,但公司是否减资系股东会决议的结果,是否减资以及如何进行减资完全取决于股东的意志,股东对公司减资的法定程序及后果亦属明知,同时,公司办理减资手续需股东配合,对于公司通知义务的履行,股东亦应当尽到合理注意义务。江苏博恩公司的股东就公司减资事项先后在 2012 年 8 月 10 日和 9 月 27 日形成股东会决议,此时德力西公司的债权早已形成,作为江苏博恩公司的股东,上海博恩公司和冯某应当明知。但是在此情况下,上海博恩公司和冯某仍然通过股东会决议同意冯某的减资请求,并且未直接通知德力西公司,既损害江苏博恩公司的清偿能力,又侵害了德力西公司的债权,应当对江苏博恩公司的债务承担相应的法律责任。公司未对已知债权人进行减资通知时,该情形与股东违法抽逃出资的实质以及对债权人利益受损的影响,在本质上并无不同。因此,尽管我国法律未具体规定公司不履行减资法定程序导致债权人利益受损时股东的责任,但可比照《公司法》相关原则和规定来加以认定。由于江苏博恩公司减资行为上存在瑕疵,致使减资前形成的公司债权在减资之后清偿不能的,上海博恩公司和冯某作为江苏博恩公司股东应在公司减资数额范围内对江苏博恩公司债务不能清偿部分承担补充赔偿责任。

综上所述,德力西公司所提上诉请求和理由成立,本院予以支持。

其六,出资期限尚未届满的股东转让股权后,对转让前的公司债务承担补充清偿责任。

2023年《公司法》第88条规定:"股东转让已认缴出资但未届出资期限的股权的,由受让人承担缴纳该出资的义务;受让人未按期足额缴纳出资的,转让人对受让人未按期缴纳的出资承担补充责任。

未按照公司章程规定的出资日期缴纳出资或者作为出资的非货币财产的实际价额显著低于所认缴的出资额的股东转让股权的,转让人与受让人在出资不足的范围内承担连带责任;受让人不知道且不应当知道存在上述情形的,由转让人承担责任。"

案例3-7：出资期限尚未届满的股东转让股权后，对转让前的公司债务承担补充清偿责任

——大荔县皇家沙苑旅游开发有限公司(以下简称沙苑公司)、
中国旅行社总社西北有限公司(以下简称中旅西北公司)等
建设工程施工合同纠纷案

案号:(2022)最高法民终116号

• **裁判要旨**

中旅西北公司应在其未出资范围内对股权转让前的案涉工程款债务承担责任,其出资期限利益不应予以保护。

• **最高人民法院裁判意见**

滕王阁公司起诉主张中旅西北公司未履行出资义务,应承担责任。中旅西北公司上诉主张,股东在出资期限未届满时转让股权,不属于《公司法解释三》(2014年修正)第18条"股东未履行或者未全面履行出资义务即转让股权"之情形。本院认为,依据2013年《公司法》第28条规定:"股东应当按期足额缴纳公司章程中规定的各自所认缴的出资额。"在公司注册资本认缴制下,公司股东按照公司章程规定的期限缴纳所认缴的出资额,视为公司对股东享有附期限债权,公司的债权人对公司股东所认缴的出资享有期待利益。本案中,虽中旅西北公司认缴出资期限未届满且其已经转让了股权,但中旅西北公司应当依法对案涉沙苑公司工程款债务承担相应责任,理由如下:

首先,案涉工程款债务发生时,中旅西北公司为沙苑公司股东,工程款债权在

中旅西北公司转让股权之前已经形成。2016年，沙苑公司与滕王阁公司签订《项目协议》，双方于2016年4月签订了合同总价为280,447,800.88元的《施工合同》。《项目协议》《施工合同》签订时，中旅西北公司占沙苑公司51%的股权，是沙苑公司的控股股东，其认缴出资额为1020万元。案涉工程于2017年6月、7月停工，2017年9月25日中旅西北公司将其在沙苑公司的股权转让给佳美公司。以上事实可见，中旅西北公司转让股权时案涉工程款债务已经形成。

其次，中旅西北公司作为控股股东，未实缴出资，仍然对外签订合同产生巨额的案涉债务，并再次以认缴方式巨额增资，其明知沙苑公司资产严重不足以清偿债务，并在诉讼前通过转让股权的方式以逃废出资义务，具有逃废出资债务的恶意。沙苑公司于2017年6月13日将公司原认缴注册资本2000万元增加至认缴注册资本30,000万元，其中佳美公司认缴注册资本27,000万元，中旅西北公司认缴注册资本3000万元，公司章程记载实收资本于2044年11月5日前缴足。沙苑公司2017年度审计报告显示沙苑公司的实收资本为20万元。2017年9月25日，中旅西北公司即将其在沙苑公司的股权以0元对价转让给佳美公司，佳美公司未补缴出资。以上事实可见，中旅西北公司出资设立沙苑公司后，通过增资的方式将其持股比例由51%改变为10%，后又以0元对价将股权转让给沙苑公司另一股东佳美公司，最终退出沙苑公司。中旅西北公司参与了案涉项目的开工以及保证金的退还等事项，其在转让股权时应当明知案涉工程债务已经形成且沙苑公司明显不具有清偿能力，却在未实际缴纳出资的情况下，又以0元对价将股权转让给另一股东，显然具有逃废出资债务的恶意。中旅西北公司明知沙苑公司存在偿债风险，在沙苑公司无力清偿债务的情况下，又恶意转让股权，增加沙苑公司注册资本实缴到位的风险，其行为严重损害了沙苑公司债权人的利益，其认缴出资的期限利益不应被保护。

最后，中旅西北公司未实际出资即转让股权，股权受让人亦未补交该出资。沙苑公司工商登记显示的股东情况，是滕王阁公司在签订案涉合同时对沙苑公司履约能力的考量因素之一。沙苑公司之后股东的变更会影响沙苑公司的偿债能力，必然也会影响滕王阁公司债权的实现。股东未实缴出资即转让股权，实质是原股东将其对公司的债务转移给了股权受让人，是通过股权转让的方式对债务主体进行变更，且变更后的主体即股权受让人亦未补交出资，导致债权人的债权难以实现，超出了债权人的预期，债权不能实现的风险不应由债权人承担。

综上,中旅西北公司应在其未出资范围内对股权转让前的案涉工程款债务承担责任,其出资期限利益不应予以保护。中旅西北公司关于其已将股权转让且享有出资期限利益故不应承担责任的上诉理由不能成立,本院不予支持。

4. 法律规定的责任主体一般也是适格的责任承担主体

除合同以外的案件,责任承担的适格主体一般均须法律规定,换言之,原告拟要求被告承担责任,必须有相应的法律依据。

如侵权案件,责任主体一般为法律规定应承担责任的主体。《民法典》第1165条第1款:"行为人因过错侵害他人民事权益造成损害的,应当承担侵权责任。"根据该条规定,一般侵权案件的责任主体为实施侵权行为的主体。

除一般侵权行为外,《民法典》还对特殊侵权行为的责任主体作出了规定,比如建筑物倒塌的侵权行为,《民法典》第1252条:"建筑物、构筑物或者其他设施倒塌、塌陷造成他人损害的,由建设单位与施工单位承担连带责任,但是建设单位与施工单位能够证明不存在质量缺陷的除外。建设单位、施工单位赔偿后,有其他责任人的,有权向其他责任人追偿。

因所有人、管理人、使用人或者第三人的原因,建筑物、构筑物或者其他设施倒塌、塌陷造成他人损害的,由所有人、管理人、使用人或者第三人承担侵权责任。"

根据上述规定,建筑物倒塌的责任主体包括建设单位与施工单位;如果建筑物倒塌系所有人、管理人、使用人或者第三人的原因,责任主体为所有人、管理人、使用人或者第三人。

(四)原告应提供证据证明其请求权基础(法律规定)所要求的事实

原告的诉讼请求得到支持,必须有相应的依据,此等依据包括合同依据和法律依据。

缺乏合同依据和法律依据的请求权难以得到法院支持。

王泽鉴在其《法律思维与民法实例:请求权基础理论体系》一书写道:"典型的实例题的构造为:'谁得向谁,依据何种法律规范,主张何种权利。'解题的主要工作,在于探寻得一方当事人,向另一方当事人有所主张的法律规范。此种可供支持一方当事人,向另一方当事人有所主张的法律规范,即为请求权规范基础

(Anspruch-snormengrundlage),简称请求权基础(Anspruchsnormengrundlage)。"①

从以上不难看出,诉讼案件所要解决的是:原告可以向哪一方,依据何种法律规范主张其权利,其中原告诉讼请求依据的法律规范为请求权基础。

请求权依据的法律规范从司法三段论而言,为大前提,具体案件所涉事实为小前提,代理律师需要通过证据的收集,举证证明本案的小前提事实与大前提规定的事实一致,因此取得与大前提规定事实同样的法律效果。

因此,原告提供证据证明其请求权基础所依据的事实一般按照司法三段论来收集和提供证据。

1. 司法三段论

"法学方法论作为保障法官依法公正裁判的工具,必然以司法三段论为基础而展开,因为司法活动主要围绕裁判活动展开,而裁判活动必然要以法律和事实两项要素为基础,这两项要素是通过三段论发生联系和互动的。法律人正是利用三段论这个基本的推理工具来确定法律和事实的。从这个意义上讲,法学方法论也必然要以司法三段论作为讨论的起点。""三段论是从两个前提推得一个结论的演绎论证。在形式逻辑上,三段论的推论形式为,大前提是 T,小前提是 S,如果 T 有法律效果 R,则当 S 与 T 相对应时,也能够产生 R 的效果。以上用公式表示就是:

$T \to R$(如果具备 T 的要件,则适用 R 的法律效果)

$S = T$(特定的案件事实符合 T 的要件)

$S \to R$(得出结论 S 即适用 R 的法律效果)。"②

以上司法三段论,如果运用到具体案件中,简言之就是,法律法规或司法解释关于某种法律事实的规定以及该规定所对应的法律效果是大前提,本案案件事实是小前提,如果本案事实经过推理与法律法规或司法解释规定的某种法律事实相一致的,则同样产生法律法规或司法解释关于某种法律事实对应的法律效果。

2. 如何运用司法三段论来收集提供证据

(1)检索并找出请求权依据的合同约定条款或法律规定;

(2)对合同约定的条款以及法律规定进行解构;

---

① 王泽鉴:《法律思维与民法实例:请求权基础理论体系》,中国政法大学出版社 2001 年版,第 50 页。
② 王利明:《法学方法论》,中国人民大学出版社 2016 年版,第 69 页。

(3)以解构后的合同条款和法律规定为据,归纳出该合同条款和法律规定对应的法律事实;

(4)针对上述法律事实,相应收集证据。

3.以债权撤销权的行使为例,结合案例,对上述收集证据方法进行论述

案例3-8:当事人就其提出的诉讼请求,有义务提供证据证明

——原告中信银行股份有限公司(以下简称中信银行)
与被告卢某惠、于某荣债权撤销权纠纷一审案

案号:(2018)川1723民初113号

裁判日期:2018年3月28日

• **法院裁判意见**

本院认为,《合同法》第74条第1款规定:"因债务人放弃其到期债权或者无偿转让财产,对债权人造成损害的,债权人可以请求人民法院撤销该债务人的行为。债务人以明显不合理的低价转让财产,对债权人造成损害,并且受让人知道该情形的,债权人也可以请求人民法院撤销债务人的行为。"本院认为,中信银行要求撤销《重庆市房屋买卖合同》的理由有三点,理由1:房屋买卖无偿交易,且未交付,其认为系被告卢某惠与于某荣串通,未付房款,但根据被告卢某惠提交的收条复印件及租房合同复印件,被告于某荣已经支付房款,剩余部分房款抵扣被告卢某惠租赁房屋的费用,同时,原告并未提交证据证实原、被告之间有串通嫌疑,其应承担举证不能的责任,对该主张理由不予认可;理由2:其交易价格较低,根据原告提交的房屋买卖合同、完税凭证,其房产交易价格为44.67万元,是否过低原告未举证,其应承担举证不能的责任,对该主张理由同样不予认可;理由3:被告卢某惠与被告于某荣签订的房屋买卖合同仅仅对房屋标的、房屋价款进行了约定,对付款时间、付款方式、交房时间、成交方式、税费承担、违约责任、争议解决方式等重要事项均无约定,明显不符合房屋买卖市场交易惯例,根据二被告提交的房屋买卖合约、房产代办服务费收据,可以显示出,原、被告签订了买卖合约后再委托房产中介代办,其已就相关事项作出约定,对该主张理由不予认可。

法庭辩论终结后,原告申请对三张收条进行形成时间鉴定,根据最高人民法院司法行政装备管理局《关于对外委托文件制成时间鉴定有关事项的通知》的规

定,人民法院的司法技术人员应对委托案件的鉴定条件和鉴定机构的资质、能力进行审查,对落款时间和怀疑时间超过6个月的,要求送检单位必须提供比对的样本。因该收条形成于二被告之间,且形成时间有可能超过6个月,根据客观实际,原告无法提供比对样本,该鉴定无法进行。同时,其申请已超出举证时限,对其提出的鉴定申请,本院不予同意。综上,对于原告中信银行的诉讼请求,其不符合《合同法》第74条规定,对其诉请,本院依法不予支持。被告卢某惠、于某荣的房屋买卖合同系双方真实意思表示,不违反国家法律、行政法规的强制性规定,不侵害第三人的合法利益,二者的买卖合同合法有效,各方均应依据买卖合同履行。综上所述,依照《合同法》第44条、第74条,《民事诉讼法》第64条之规定,判决如下:

驳回原告中信银行的诉讼请求。

实战点评与分析

1. 原告主张请求权的基础——债权撤销权

法律依据:

《合同法》第74条第1款规定:"因债务人放弃其到期债权或者无偿转让财产,对债权人造成损害的,债权人可以请求人民法院撤销该债务人的行为。债务人以明显不合理的低价转让财产,对债权人造成损害,并且受让人知道该情形的,债权人也可以请求人民法院撤销债务人的行为。"

(注:因上述案件法院适用的是《合同法》,因此笔者在点评本案时亦以《合同法》为依据)

2. 对原告主张的请求权基础进行解构

结合原告诉请依据的法律规定,行使撤销权需满足以下条件:

(1)债权人对债务人享有到期债权;

(2)债务人对次债务人享有债权,且该债权已经到期;

(3)债务人放弃该到期债权或无偿转让财产;

(4)债务人放弃到期债权或无偿转让的行为对债权人造成损害。

或者:

(1)债权人对债务人享有到期债权;

(2)债务人对次债务人享有债权,且该债权已经到期;

(3)债务人以明显不合理的低价转让财产;

(4)债务人以明显不合理的低价转让财产,对债权人造成损害,并且受让人知道该情形的。

符合以上情形的,债权人有权撤销债务人的行为。

3.根据解构结果,归纳适用该条需具备的法律事实并相应收集证据

(1)根据解构的结果归纳适用该条法律规定需具备的法律事实。

通过解构,能更加清晰和明确适用该条应具备的条件,而解构的结果即适用该法律条款需具备的要件,根据解构后的条件归纳出适用该条法律规定需具备的各项法律事实,而该法律事实即为需要原告证明的事实,原告应围绕该法律事实相应收集证据。

(2)根据归纳的法律事实,相应收集证据,以上述撤销权为例,原告应收集的证据包括:

序号	解构后归纳的法律事实	对应的证据
1	债权人对债务人享有到期债权	借贷合同、买卖合同等;原告根据借贷合同实际支付了借款或出卖人按照约定供货,就此应提供付款凭单,有被告签字的送货单或双方对账凭证;上述证据显示的借款期限届至或合同约定的买受人付款期限届至等
2	债务人对次债务人享有债权,且该债权已经到期	债务人与次债务人签订的借贷合同、买卖合同等;债务人根据借贷合同实际支付了借款或债务人按照约定供货,就此应提供付款凭单,有次债务人签字的送货单或双方对账凭证;上述证据显示的借款期限届至或合同约定的次债务人付款期限届至等
3	债务人放弃该到期债权或无偿转让财产	债务人放弃债权的书面声明或将财产赠与次债务人的赠与合同、办理了交付或变更过户的证明文件,如次债务人占有了动产、不动产办理了变更过户手续等
4	债务人放弃到期债权或无偿转让的行为对债权人造成损害	债务人至今未能清偿债务,如债权人对债务人申请执行,因无财产,法院下达了执行终本的裁定书等

或者

序号	解构后归纳的法律事实	对应的证据
1	债权人对债务人享有到期债权	借贷合同、买卖合同等；原告根据借贷合同实际支付了借款或出卖人按照约定供货，就此应提供付款凭单，有被告签字的送货单或双方对账凭证；上述证据显示的借款期限届至或合同约定的买受人付款期限届至等
2	债务人对次债务人享有债权，且该债权已经到期	债务人与次债务人签订的借贷合同、买卖合同等；债务人根据借贷合同实际支付了借款或债务人按照约定供货，就此应提供付款凭单，有次债务人签字的送货单或双方对账凭证；上述证据显示的借款期限届至或合同约定的次债务人付款期限届至等
3	债务人以明显不合理的低价转让财产	债务人与次债务人转让财产的合同、付款凭单等；财产评估报告，该物业原购买时的原值的证据（如购买该物业时的买卖合同和付款凭单等），经对比，债务人与次债务人转让财产的价款下跌幅度等于或大于评估价或购买原值的30%或以上（这里排除正常的市场因素导致的价格下跌）
4	债务人放弃到期债权或无偿转让的行为对债权人造成损害	债务人至今未能清偿债务，如债权人对债务人申请执行，因无财产，法院下达了执行终本的裁定书等
5	债务人以明显不合理的低价转让财产，对债权人造成损害，并且受让人知道该情形的	债务人与次债务人系亲属关系（如父子等关系）或关联关系（如关联公司之间的实际控制人系同一人或属于近亲属关系，如夫妻关系或父子关系等），就此可提供有关户口簿、工商登记信息等予以证明；次债务人对知晓前述状况的自认或在债权人与债务人有关债权凭证上签署意见等

4. 结合本案，原告主张行使撤销权，原告提供了证据证明其对被告享有到期债权，但未能提供证据证明被告存在无偿转让财产或以明显不合理低价转让房产，损害原告债权且受让人明知等事实，法院最终驳回其诉请，具体见前述法院的裁判意见

就"原告应提供证据证明其请求权基础（法律规定）所要求的事实"这点，本章第三节将做重点论述。

5. 因当事人原因未能提供鉴定所需材料，导致无法鉴定的，应承担举证不能的后果

本案中，中信银行申请对三张收条形成时间进行鉴定，但其未能提供对比样本，因此最终未能完成鉴定。

《民事证据规定》第31条："当事人申请鉴定，应当在人民法院指定期间内提出，并预交鉴定费用。逾期不提出申请或者不预交鉴定费用的，视为放弃申请。

对需要鉴定的待证事实负有举证责任的当事人，在人民法院指定期间内无正当理由不提出鉴定申请或者不预交鉴定费用，或者拒不提供相关材料，致使待证事实无法查明的，应当承担举证不能的法律后果。"

根据上述规定，提交相关材料供鉴定机构鉴定是当事人的举证义务，拒不提供致使待证事实无法查明的，承担举证不能的后果。本案中，中信银行未能提供足够样本进行对比检测，导致无法鉴定，其最终承担了举证不能的不利后果。同时从本案可见，在笔迹印章真伪鉴定中，提供样本是申请鉴定一方的义务，无法提供足够样本，承担举证不能的后果。

（五）原告应提供证据证明其主张的损失以及该损失与被告行为之间的因果关系

1. 原告有义务提供证据证明其主张的损失

按照"谁主张，谁举证"的原则，原告认为被告应当赔偿原告损失，原告应提供证据证明其损失的存在以及损失的金额。

损失包括直接损失和间接损失。

所谓直接损失，一般指的是现有财产的减损，如逾期支付价款导致的利息损失；因人身受到伤害，因就医发生的医疗费用等，均属于直接损失。直接损失在很多情况下可以通过费用发生的必然性以及相应的付款凭证、发票或其他票据予以证明而无需鉴定，如医疗费可以通过病历、医疗发票、用药清单等予以证明。当然有的情况直接损失也需要通过鉴定或评估来证明，如毁坏林木造成的损失，一般只能通过鉴定来确定林木本身的价值。

间接损失一般指的是可得利益的损失。违约损害赔偿案件中的间接损失只能限于被告签订合同时能预见到的范围。《民法典》第584条："当事人一方不履行合同义务或者履行合同义务不符合约定，造成对方损失的，损失赔偿额应当相当于因违约所造成的损失，包括合同履行后可以获得的利益；但是，不得超过违约一方订立合同时预见到或者应当预见到的因违约可能造成的损失。"

关于间接损失，最高人民法院有过专门的规定，《最高人民法院关于当前形势下审理民商事合同纠纷案件若干问题的指导意见》（法发〔2009〕40号）作了规定，具体如下：

"9.在当前市场主体违约情形比较突出的情况下，违约行为通常导致可得利益损失。根据交易的性质、合同的目的等因素，可得利益损失主要分为生产利润损失、经营利润损失和转售利润损失等类型。生产设备和原材料等买卖合同违约中，因出卖人违约而造成买受人的可得利益损失通常属于生产利润损失。承包经营、租赁经营合同以及提供服务或劳务的合同中，因一方违约造成的可得利益损失通常属于经营利润损失。先后系列买卖合同中，因原合同出卖方违约而造成其后的转售合同出售方的可得利益损失通常属于转售利润损失。

10.人民法院在计算和认定可得利益损失时，应当综合运用可预见规则、减损规则、损益相抵规则以及过失相抵规则等，从非违约方主张的可得利益赔偿总额中扣除违约方不可预见的损失、非违约方不当扩大的损失、非违约方因违约获得的利益、非违约方亦有过失所造成的损失以及必要的交易成本。存在合同法第一百一十三条第二款规定的欺诈经营、合同法第一百一十四条第一款规定的当事人约定损害赔偿的计算方法以及因违约导致人身伤亡、精神损害等情形的，不宜适用可得利益损失赔偿规则。

11.人民法院认定可得利益损失时应当合理分配举证责任。违约方一般应当承担非违约方没有采取合理减损措施而导致损失扩大、非违约方因违约而获得利益以及非违约方亦有过失的举证责任；非违约方应当承担其遭受的可得利益损失总额、必要的交易成本的举证责任。对于可以预见的损失，既可以由非违约方举证，也可以由人民法院根据具体情况予以裁量。"

对于间接损失，主张的一方一般应申请鉴定由鉴定机构作出鉴定结论予以证明。有的当事人对于可得利益损失如经营损失，提供诸如当年的生产成本证据（如各种购买原材料合同、付款凭单、发票等）、税款缴纳以及其他开支的证据，再提供证据证明其收入（如银行流水等），以此拟证明其经营利润损失，笔者认为以上述证据难以证明可得利益损失，理由如下：

其一，大部分企业经营过程中难以做到绝对的规范，在此情况下对于企业所有收支基本难以做到均有相应的合同、付款单和发票以形成证据链；

其二，就算提供上述证据，但由于对方并未参与其中，被告对上述证据的真实性也不会认可；

其三，这些证据形成开支和收入数据繁杂，审理案件的法官无法在繁多且有争议的证据中对各种开支和收入进行计量、取舍、统计和计算；

其四，对于企业的开支、收入和利润的计算还需要遵循一定的会计准则，并非简单通过收入减去开支可以做到。

综上，对于可得利益一般应申请鉴定，至于上述证据，则可以作为检材，由鉴定机构按照企业会计准则进行计算，最终计算出某一期的成本、利润等。

2. 原告应提供证据证明其主张的损失与被告的违约（或侵权）行为存在直接必然的因果关系

原告要求被告赔偿损失，需证明被告的违约（或侵权）行为与损失之间存在直接必然因果关系。

《民法典》第584条："当事人一方不履行合同义务或者履行合同义务不符合约定，造成对方损失的，损失赔偿额应当相当于因违约所造成的损失，包括合同履行后可以获得的利益；但是，不得超过违约一方订立合同时预见到或者应当预见到的因违约可能造成的损失。"

第1165条第1款："行为人因过错侵害他人民事权益造成损害的，应当承担侵权责任。"

第1179条："侵害他人造成人身损害的，应当赔偿医疗费、护理费、交通费、营养费、住院伙食补助费等为治疗和康复支出的合理费用，以及因误工减少的收入。造成残疾的，还应当赔偿辅助器具费和残疾赔偿金；造成死亡的，还应当赔偿丧葬费和死亡赔偿金。"

第1182条："侵害他人人身权益造成财产损失的，按照被侵权人因此受到的损失或者侵权人因此获得的利益赔偿；被侵权人因此受到的损失以及侵权人因此获得的利益难以确定，被侵权人和侵权人就赔偿数额协商不一致，向人民法院提起诉讼的，由人民法院根据实际情况确定赔偿数额。"

如何判断行为与损失之间的因果关系，可以用去除法来推理：如将被告的行为去除，损失仍会发生的，则被告的行为与损失之间无直接必然因果关系；如将被告的行为去除，损失亦不会发生的，则被告的行为与损失之间存在直接必然的因果关系。

案例 3-9：原告主张的收益损失显属市场风险造成的，非为双方当事人所能预见，亦非被告过错所致。因被告行为与该部分损失之间不存在因果关系，故不应承担市场行情变化导致的收益损失

——新疆亚坤商贸有限公司(以下简称亚坤公司)与新疆精河县康瑞棉花加工有限公司(以下简称康瑞公司)买卖合同纠纷二审案

审理法院：最高人民法院

案号：(2006)民二终字第111号

裁判日期：2006年9月12日

• **最高人民法院二审部分裁判意见**

……(3)关于质量减等损失的赔偿问题。本案《棉花购销合同》约定,康瑞公司向亚坤公司提供单价为1.69万元/吨的229级(二级)皮棉。根据《公证检验证书》认定的棉花普遍下降一至二个等级以及康瑞公司向亚坤公司实际交付1111.202吨棉花的客观事实,参照原审法院向新疆棉麻公司的咨询情况以及二审承办人向双方委托代理人的询问情况,应认定本案合同签订时的棉花等级差价为200元左右。在平衡双方利益的基础上,本院认定棉花减等的差价损失为400元×1111.202吨=444,480.8元,应由康瑞公司向亚坤公司作出赔偿。

原审判决认定亚坤公司存在资金损失是正确的,但确认赔偿范围的标准不当。本案合同签订的2004年1月,恰逢国内棉花市场价格飞涨,但到了2004年5月、6月以后,棉花市场价格回落,此期间每吨相差5000~6000元。亚坤公司在2004年6月以后转售的棉花,即使质量等级不变,也必然会出现因市场行情所致的收益损失。原审判决认定的亚坤公司本金损失6,659,358.11元不仅包括了棉花减等的差价损失,亦包括在此期间因市场行情下跌所造成的收益损失。该部分收益损失显属市场风险造成的,非为双方当事人所能预见,亦非康瑞公司过错所致。因康瑞公司与该部分损失之间不存在因果关系,故康瑞公司不应承担市场行情变化导致的亚坤公司的收益损失。原审判决将亚坤公司在市场行情低迷时基于转售关系所形成的销售价格与本案行情高涨时形成的购买价格之差作为亚坤公司的损失由双方分担显属不当,不仅合同关系各不相同,亦有违公平原则及过错责任原则,本院予以纠正。上诉人亚坤公司关于康瑞公司应补偿其棉花收益损失 6,152,857.22 元的上诉理由不能成立。本院对亚坤公司在购买棉花时所发生的实际损失,即棉花重量亏吨损失及质量减等的差价损失予以确认,对于其他损失部分,即市场风险所致的收益损失、转售期间发生的运输费用、与案外人发生的借贷利息损失均因缺乏合同依据及法律依据而不予支持。

实战点评与分析

本案双方争议之一为损失金额的确定。按照原《合同法》规定,原告要求被告承担违约损害赔偿责任,原告主张的损失应当与被告违约行为存在直接因果关系,如果损失并非由于违约行为所致,则该损失不应由被告承担。就本案而言,一审法院判决认定的损失 6,659,358.11 元不仅包括了棉花减等的差价损失,亦包括在此期间因市场行情下跌所造成的收益损失,而行情下跌导致的损失属于正常的市场风险,无论被告是否违约,该风险以及导致的损失必然存在,换言之,被告违约行为与该等损失不存在直接因果关系。因此二审法院认为,"该部分收益损失显属市场风险造成的,非为双方当事人所能预见,亦非康瑞公司过错所致。因康瑞公司与该部分损失之间不存在因果关系,故康瑞公司不应承担市场行情变化导致的亚坤公司的收益损失。原审判决将亚坤公司在市场行情低迷时基于转售关系所形成的销售价格与本案行情高涨时形成的购买价格之差作为亚坤公司的损失由双方分担显属不当,不仅合同关系各不相同,亦有违公平原则及过错责任原则,本院予以纠正"。

第二节

实体法对举证责任的规定

除《民事诉讼法》第67条、《民事诉讼法解释》第90条和第91条、《民事证据规定》第1条外,民事实体法部分条款对举证责任亦作了相应规定,在适用相应条款时,还应结合实体法的规定确定举证责任。

一、民事实体法规定了举证责任分担;涉及举证责任倒置的,基本由民事实体法规定

(一)民事实体法规定了举证责任分担

在确定举证责任时,如果实体法律有规定的,按规定确定举证责任即可,无须援引《民事诉讼法》第67条、《民事诉讼法解释》第90条和第91条、《民事证据规定》第1条的规定。民事实体法关于举证责任的规定,一般规定哪一方承担举证责任,举证不能的后果等。

如关于保险条款有关免责条款的举证责任,《保险法》第17条规定:"订立保险合同,采用保险人提供的格式条款的,保险人向投保人提供的投保单应当附格式条款,保险人应当向投保人说明合同的内容。

对保险合同中免除保险人责任的条款,保险人在订立合同时应当在投保单、保险单或者其他保险凭证上作出足以引起投保人注意的提示,并对该条款的内容以书面或者口头形式向投保人作出明确说明;未作提示或者明确说明的,该条款不产生效力。"

根据上述规定,保险人有义务提供证据证明在订立保险合同时,对于提供的格式条款,保险人已经通过投保单、保险单或其他保险凭证作出了足以引起投保人注

意的提示,并对该条款以书面或者口头形式向投保人作出明确说明,如不能提供证据证明上述事宜的,法律后果为"该条款不产生效力"。

(二)有的实体法直接在法律条款中对举证责任进行分担,此类法律条款规定的责任分担多涉及举证责任倒置

实体法对举证责任的规定较多,囿于篇幅,以下只是对实体法规定的举证责任进行部分列举,具体如下:

1.《消费者权益保护法》举证责任倒置的规定

该法第23条:"经营者应当保证在正常使用商品或者接受服务的情况下其提供的商品或者服务应当具有的质量、性能、用途和有效期限;但消费者在购买该商品或者接受该服务前已经知道其存在瑕疵,且存在该瑕疵不违反法律强制性规定的除外。

经营者以广告、产品说明、实物样品或者其他方式表明商品或者服务的质量状况的,应当保证其提供的商品或者服务的实际质量与表明的质量状况相符。

经营者提供的机动车、计算机、电视机、电冰箱、空调器、洗衣机等耐用商品或者装饰装修等服务,消费者自接受商品或者服务之日起六个月内发现瑕疵,发生争议的,由经营者承担有关瑕疵的举证责任。"

2.《民法典》对有关无过错及举证责任倒置的规定

第1222条:"患者在诊疗活动中受到损害,有下列情形之一的,推定医疗机构有过错:

(一)违反法律、行政法规、规章以及其他有关诊疗规范的规定;

(二)隐匿或者拒绝提供与纠纷有关的病历资料;

(三)遗失、伪造、篡改或者违法销毁病历资料。"

第1230条:"因污染环境、破坏生态发生纠纷,行为人应当就法律规定的不承担责任或者减轻责任的情形及其行为与损害之间不存在因果关系承担举证责任。"

第1237条:"民用核设施或者运入运出核设施的核材料发生核事故造成他人损害的,民用核设施的营运单位应当承担侵权责任;但是,能够证明损害是因战争、武装冲突、暴乱等情形或者受害人故意造成的,不承担责任。"

第1238条:"民用航空器造成他人损害的,民用航空器的经营者应当承担侵权责任;但是,能够证明损害是因受害人故意造成的,不承担责任。"

第1239条:"占有或者使用易燃、易爆、剧毒、高放射性、强腐蚀性、高致病性等高度危险物造成他人损害的,占有人或者使用人应当承担侵权责任;但是,能够证明损害是因受害人故意或者不可抗力造成的,不承担责任。被侵权人对损害的发生有重大过失的,可以减轻占有人或者使用人的责任。"

第1240条:"从事高空、高压、地下挖掘活动或者使用高速轨道运输工具造成他人损害的,经营者应当承担侵权责任;但是,能够证明损害是因受害人故意或者不可抗力造成的,不承担责任。被侵权人对损害的发生有重大过失的,可以减轻经营者的责任。"

第1241条:"遗失、抛弃高度危险物造成他人损害的,由所有人承担侵权责任。所有人将高度危险物交由他人管理的,由管理人承担侵权责任;所有人有过错的,与管理人承担连带责任。"

第1245条:"饲养的动物造成他人损害的,动物饲养人或者管理人应当承担侵权责任;但是,能够证明损害是因被侵权人故意或者重大过失造成的,可以不承担或者减轻责任。"

第1252条:"建筑物、构筑物或者其他设施倒塌、塌陷造成他人损害的,由建设单位与施工单位承担连带责任,但是建设单位与施工单位能够证明不存在质量缺陷的除外。建设单位、施工单位赔偿后,有其他责任人的,有权向其他责任人追偿。

因所有人、管理人、使用人或者第三人的原因,建筑物、构筑物或者其他设施倒塌、塌陷造成他人损害的,由所有人、管理人、使用人或者第三人承担侵权责任。"

第1253条:"建筑物、构筑物或者其他设施及其搁置物、悬挂物发生脱落、坠落造成他人损害,所有人、管理人或者使用人不能证明自己没有过错的,应当承担侵权责任。所有人、管理人或者使用人赔偿后,有其他责任人的,有权向其他责任人追偿。"

第1254条:"禁止从建筑物中抛掷物品。从建筑物中抛掷物品或者从建筑物上坠落的物品造成他人损害的,由侵权人依法承担侵权责任;经调查难以确定具体侵权人的,除能够证明自己不是侵权人的外,由可能加害的建筑物使用人给予补偿。可能加害的建筑物使用人补偿后,有权向侵权人追偿。

物业服务企业等建筑物管理人应当采取必要的安全保障措施防止前款规定情形的发生;未采取必要的安全保障措施的,应当依法承担未履行安全保障义务的侵权责任。

发生本条第一款规定的情形的,公安等机关应当依法及时调查,查清责任人。"

第1255条:"堆放物倒塌、滚落或者滑落造成他人损害,堆放人不能证明自己没有过错的,应当承担侵权责任。"

第1256条:"在公共道路上堆放、倾倒、遗撒妨碍通行的物品造成他人损害的,由行为人承担侵权责任。公共道路管理人不能证明已经尽到清理、防护、警示等义务的,应当承担相应的责任。"

第1257条:"因林木折断、倾倒或者果实坠落等造成他人损害,林木的所有人或者管理人不能证明自己没有过错的,应当承担侵权责任。"

第1258条:"在公共场所或者道路上挖掘、修缮安装地下设施等造成他人损害,施工人不能证明已经设置明显标志和采取安全措施的,应当承担侵权责任。

窨井等地下设施造成他人损害,管理人不能证明尽到管理职责的,应当承担侵权责任。"

3.《商标法》举证责任倒置的规定

《商标法》第64条:"注册商标专用权人请求赔偿,被控侵权人以注册商标专用权人未使用注册商标提出抗辩的,人民法院可以要求注册商标专用权人提供此前三年内实际使用该注册商标的证据。注册商标专用权人不能证明此前三年内实际使用过该注册商标,也不能证明因侵权行为受到其他损失的,被控侵权人不承担赔偿责任。

销售不知道是侵犯注册商标专用权的商品,能证明该商品是自己合法取得并说明提供者的,不承担赔偿责任。"

二、司法解释对举证责任的规定

司法解释对举证责任的规定较多,囿于篇幅,以下只是对司法解释规定的举证责任进行部分列举,具体如下:

(一)劳动争议案件有关举证责任倒置的规定

1. 劳动者主张加班费的举证责任分担

2020年颁布的《劳动争议解释一》第42条:"劳动者主张加班费的,应当就加班事实的存在承担举证责任。但劳动者有证据证明用人单位掌握加班事实存在的证据,用人单位不提供的,由用人单位承担不利后果。"

2. 因用人单位作出的开除、除名、辞退、解除劳动合同、减少劳动报酬、计算劳动者工作年限的举证责任分担

《劳动争议解释一》第44条:"因用人单位作出的开除、除名、辞退、解除劳动合同、减少劳动报酬、计算劳动者工作年限等决定而发生的劳动争议,用人单位负举证责任。"

(二)环境侵权案件举证责任的分担

《环境侵权纠纷司法解释》(法释〔2023〕5号)第4条:"污染环境、破坏生态造成他人损害,行为人不论有无过错,都应当承担侵权责任。

行为人以外的其他责任人对损害发生有过错的,应当承担侵权责任。"

(三)公司股东就股东是否履行了出资义务发生争议的举证责任

《公司法解释三》第20条:"当事人之间对是否已履行出资义务发生争议,原告提供对股东履行出资义务产生合理怀疑证据的,被告股东应当就其已履行出资义务承担举证责任。"

(四)食品安全领域,食品的生产者与销售者应提供证据证明食品符合质量标准

《食品药品案件司法解释》第6条:"食品的生产者与销售者应当对于食品符合质量标准承担举证责任。认定食品是否安全,应当以国家标准为依据;对地方特色食品,没有国家标准的,应当以地方标准为依据。没有前述标准的,应当以食品安全法的相关规定为依据。"

(五)保险合同纠纷中,对是否符合承保条件的,由保险人承担举证责任

《保险法解释二》第 4 条:"保险人接受了投保人提交的投保单并收取了保险费,尚未作出是否承保的意思表示,发生保险事故,被保险人或者受益人请求保险人按照保险合同承担赔偿或者给付保险金责任,符合承保条件的,人民法院应予支持;不符合承保条件的,保险人不承担保险责任,但应当退还已经收取的保险费。

保险人主张不符合承保条件的,应承担举证责任。"

第三节

原告应提供证据证明案件事实符合其主张的请求权所依据的法律规定

一、原告应提供证据证明案件事实符合其主张的请求权所依据的法律规定

《民事诉讼法》第 67 条、《民事诉讼法解释》第 90 和 91 条、《民事证据规定》第 1 条只是举证责任分担的原则性规定,原告仅按此规定进行举证是远远不够的。从诉讼而言,原告向法庭提出的诉讼请求必须有相应的法律依据,换言之,原告主张的请求权必须符合法律规定才有可能得到法院支持,因此,原告的请求权要想得到法院支持,必须提供证据证明案件事实符合其主张的请求权所依据的法律规定。

综上,确定举证责任的法律检索顺序为:请求权依据的实体法→《民事诉讼法解释》第 91 条→《民事诉讼法》第 64 条、《民事诉讼法解释》第 90 条。

案例 3-10:多层转包分包的实际施工人向总承包人主张权利的,法院不予支持

——杨某伦、代某林因与余某平、重庆建工第八建设有限责任公司
（以下简称八建公司）、重庆市诚投房地产开发有限公司
（以下简称诚投公司）建设工程施工合同纠纷案

审理法院:最高人民法院
案号:(2016)最高法民再 30 号
原告杨某伦向一审法院提起诉讼,请求:(1)八建公司、余某平、代某林支付欠付杨某伦工程款 581.3 万元,八建公司、余某平、代某林承担连带责任;(2)八建公

司、余某平、代某林支付延期付款利息,按581.3万元为本金,以工程实际交付之日,即从2007年10月25日起至判决生效之日止,按人民银行发布的同期同类贷款利率计算;(3)诚投公司在欠付工程款范围内承担连带支付责任;(4)诉讼费由八建公司、余某平、代某林承担。

本案争议焦点之一为案涉工程款责任主体的问题,就此最高人民法院认为:

关于本案工程款支付责任的承担问题。在本案一审中,各方当事人均确认本案基本事实是八建公司将案涉工程内部承包给余某平,余某平再转包给代某林,代某林再将21号楼分包给蒲某,将6号、7号楼分包给杨某伦;《工程项目承包合同》《内部承包协议》《内部栋号管理协议》上后手承包人在前手承包合同的承包人处签字,均是后手承包人为了知晓前手承包合同的内容而签字,均不是前手承包合同的相对人。现杨某伦主张八建公司向其负有支付工程款的责任,缺乏合同依据,本院不予支持。代某林主张其在本案工程中是履行代表八建公司的职务行为,其不是承包人,也不是转包人,亦与事实不符,本院不予采信。代某林主张落款日期为2011年3月1日的承诺书是其受骗出具的,但并无证据证明。代某林还主张其在一审诉讼中的代理律师赵某是八建公司安排的,八建公司串通该律师设置圈套陷害代某林,但亦无证据证明。重庆市九龙坡区人民法院(2011)九法民初字第4129号、重庆市第五中级人民法院(2014)渝五中法民初字第00599号等五份民事判决书,虽可证明八建公司在其他案件中委托律师赵某为诉讼代理人,但并不能证明本案存在八建公司串通律师赵某陷害代某林的事实。

根据《建筑法》第26条的规定,承包建筑工程的单位应当持有依法取得的资质证书,禁止建筑施工企业以任何形式允许其他单位或者个人使用本企业的资质证书、营业执照,以本企业的名义承揽工程。2004年《关于审理建设工程施工合同纠纷案件适用法律问题的解释》(已失效)第1条第1项和第2项规定,承包人未取得建筑施工企业资质或者超越资质等级的,没有资质的实际施工人借用有资质的建筑施工企业名义的,建设工程施工合同均无效。在本案中,八建公司将案涉工程内部承包给余某平,余某平再转包给代某林,代某林又将21号楼分包给蒲某,将6号、7号楼分包给杨某伦。而杨某伦、代某林、余某平作为自然人,均无建筑施工企业资质。故杨某伦与代某林签订的《内部栋号管理协议》因违反上述法律禁止性规定而无效。

根据《关于审理建设工程施工合同纠纷案件适用法律问题的解释》第2条的

规定,建设工程施工合同无效,但建设工程经竣工验收合格,承包人请求参照合同约定支付工程价款的,应予支持。本案所涉6号、7号楼工程已经竣工验收合格并交付使用。代某林作为与施工人杨某伦签订《内部栋号管理协议》的合同相对方,应承担《内部栋号管理协议》无效而产生的工程款支付责任。

根据《关于审理建设工程施工合同纠纷案件适用法律问题的解释》第20条第2款的规定,实际施工人以发包人为被告主张权利的,人民法院可以追加转包人或者违法分包人为当事人;发包人在欠付工程价款范围内对实际施工人承担责任。在本案中,案涉工程的发包人是诚投公司。八建公司、余某平、代某林是承包人和违法转包人,不属上述司法解释规定的发包人。故杨某伦主张八建公司、余某平因违法转包而在欠付工程款范围内承担连带责任,不符合法律规定,应不予支持。

本案二审法院对案涉工程造价和杨某伦已收款及应扣减款项已做详细计算,且本案再审申请人杨某伦和代某林的再审请求对此均未涉及,故本院对二审计算结果予以确认,即杨某伦完成工程造价41,722,500元、杨某伦已收款及应扣减的款项40,491,886.7元。且因《内部栋号管理协议》无效,代某林应在6号、7号楼工程2007年10月25日竣工验收合格之后,即结算支付尚欠的款项,故欠款利息应自2007年10月25日起计算。

实战点评与分析

本案中,原告的诉讼请求为:(1)八建公司、余某平、代某林支付欠付杨某伦工程款581.3万元,八建公司、余某平、代某林承担连带责任;(2)八建公司、余某平、代某林支付延期付款利息,按581.3万元为本金,以工程实际交付之日,即从2007年10月25日起至判决生效之日止,按人民银行发布的同期同类贷款利率计算;(3)诚投公司在欠付工程款范围内承担连带支付责任。

在本案一审中,各方当事人均确认本案基本事实是八建公司将案涉工程内部承包给余某平,余某平再转包给代某林,代某林再将21号楼分包给蒲某,将6号、7号楼分包给杨某伦。从以上可见,原告杨某伦与八建公司、余某平并无直接的合同关系,如根据合同相对性,原告无权起诉与其无直接合同关系的八建公司和余某平,但在建设工程领域,最高人民法院规定了在转包违法分包的情况下,实际施工人有权突破合同相对性向发包人主张权利,原告则以此条作为请求权基础并向八建公司、余某平主张权利。

2004年《建设工程解释》第20条第2款的规定,实际施工人以发包人为被告主张权利的,人民法院可以追加转包人或者违法分包人为当事人;发包人在欠付工程价款范围内对实际施工人承担责任。(注:根据2021年1月1日起施行的《建设工程解释一》,有关实际施工人起诉发包人的条款为第43条:"实际施工人以转包人、违法分包人为被告起诉的,人民法院应当依法受理。实际施工人以发包人为被告主张权利的,人民法院应当追加转包人或者违法分包人为本案第三人,在查明发包人欠付转包人或者违法分包人建设工程价款的数额后,判决发包人在欠付建设工程价款范围内对实际施工人承担责任。")

根据上述规定,原告诉请要想得到法院支持,必须就该解释规定的法律事实要件提供证据予以证明,具体包括:

其一,原告系案涉项目的实际施工人,就此原告可以提供转包违法分包人与原告签订的施工合同,原告出资进行项目建设并为此组织劳动力进场、购买物资材料等证据予以证明。

其二,本案存在转包违法分包的情形,具体包括:总承包单位将案涉项目转包或违法分包给原告并就此签订了相关施工合同,同时提供相应的付款凭单等。

其三,发包人的主体资格,具体可以提供如下证据:项目的建设审批手续,如土地使用权证、建设用地规划许可证、建设工程规划许可证、建设工程施工许可证等,同时可以提供发包人与总承包人签订的建设工程施工合同。

其四,本案不属于实际施工人借用资质承包工程或多层转包和违法分包的情形。

就本案而言,原告提供证据证明了其为案涉项目实际施工人,但八建公司、余某平、代某林是承包人和转包人,不属上述司法解释规定的发包人。故杨某伦主张八建公司、余某平因违法转包而在欠付工程款范围内承担连带责任,不符合法律规定,法院未予支持。

综上可见,原告的诉讼请求要想得到法院支持,其必须就其诉讼请求依据的法律规定所要求的全部法律事实提供证据予以证明,否则其诉请无法得到法院支持。

二、提供证据证明请求权依据的法律规定的方法和要点

（一）应对请求权依据的法律规定进行解构，按照解构后的法律规定的事实分别举证

对请求权依据的法律规定进行解构，是指将该法律规定的要件进行分解，明确符合该法律规定所需具备的条件，以该条件为标准，提供证据证明案件事实符合该法律规定的构成要件。

案例 3－11：对法律规定要件进行解构，明确符合该法律规定所需具备的要件，以案件事实进行对比，判断是否符合该法律规定

——指导案例 167 号：北京大唐燃料有限公司诉山东百富物流有限公司买卖合同纠纷案

• **裁判要点**

代位权诉讼执行中，因相对人无可供执行的财产而被终结本次执行程序，债权人就未实际获得清偿的债权另行向债务人主张权利的，人民法院应予支持。

• **基本案情**

2012 年 1 月 20 日至 2013 年 5 月 29 日，北京大唐燃料有限公司（以下简称大唐公司）与山东百富物流有限公司（以下简称百富公司）之间共签订采购合同 41 份，约定百富公司向大唐公司销售镍铁、镍矿、精煤、冶金焦等货物。双方在履行合同过程中采用滚动结算的方式支付货款，但是每次付款金额与每份合同约定的货款金额并不一一对应。自 2012 年 3 月 15 日至 2014 年 1 月 8 日，大唐公司共支付百富公司货款 1,827,867,179.08 元，百富公司累计向大唐公司开具增值税发票总额为 1,869,151,565.63 元。大唐公司主张百富公司累计供货货值为 1,715,683,565.63 元，百富公司主张其已按照开具增值税发票数额足额供货。

2014 年 11 月 25 日，大唐公司作为原告，以宁波万象进出口有限公司（以下简称万象公司）为被告，百富公司为第三人，向浙江省宁波市中级人民法院提起债权人代位权诉讼。该院作出（2014）浙甬商初字第 74 号民事判决书，判决万象公司向大唐公司支付款项 36,369,405.32 元。大唐公司于 2016 年 9 月 28 日就（2014）

浙甬商初字第 74 号民事案件向浙江省象山县人民法院申请强制执行。该院于 2016 年 10 月 8 日依法向万象公司发出执行通知书，但万象公司逾期仍未履行义务，万象公司尚应支付执行款 36,369,405.32 元及利息，承担诉讼费 209,684 元、执行费 103,769.41 元。经该院执行查明，万象公司名下有机动车两辆，该院已经查封但实际未控制。大唐公司在限期内未能提供万象公司可供执行的财产，也未向该院提出异议。该院于 2017 年 3 月 25 日作出(2016)浙 0225 执 3676 号执行裁定书，终结本次执行程序。

大唐公司以百富公司为被告，向山东省高级人民法院提起本案诉讼，请求判令百富公司向其返还本金及利息。

● **裁判结果**

山东省高级人民法院于 2018 年 8 月 13 日作出(2018)鲁民初 10 号民事判决：(1)百富公司向大唐公司返还货款 75,814,208.13 元；(2)百富公司向大唐公司赔偿占用货款期间的利息损失(以 75,814,208.13 元为基数，自 2014 年 11 月 25 日起至百富公司实际支付之日止，按照中国人民银行同期同类贷款基准利率计算)；(3)驳回大唐公司的其他诉讼请求。大唐公司不服一审判决，提起上诉。最高人民法院于 2019 年 6 月 20 日作出(2019)最高法民终 6 号民事判决：(1)撤销山东省高级人民法院(2018)鲁民初 10 号民事判决；(2)百富公司向大唐公司返还货款 153,468,000 元；(3)百富公司向大唐公司赔偿占用货款期间的利息损失(以 153,468,000 元为基数，自 2014 年 11 月 25 日起至百富公司实际支付之日止，按照中国人民银行同期同类贷款基准利率计算)；(4)驳回大唐公司的其他诉讼请求。

● **裁判理由**

最高人民法院认为：关于(2014)浙甬商初字第 74 号民事判决书涉及的 36,369,405.32 元债权问题。大唐公司有权就该笔款项另行向百富公司主张。

第一，《合同法解释一》(已失效)第 20 条规定，债权人向次债务人提起的代位权诉讼经人民法院审理后认定代位权成立的，由次债务人向债权人履行清偿义务，债权人与债务人、债务人与次债务人之间相应的债权债务关系即予消灭。根据该规定，认定债权人与债务人之间相应债权债务关系消灭的前提是次债务人已经向债权人实际履行相应清偿义务。本案所涉执行案件中，因并未执行到万象公司的财产，浙江省象山县人民法院已经作出终结本次执行的裁定，故在万象公并未实际履行清偿义务的情况下，大唐公司与百富公司之间的债权债务关系并未消灭，大唐公司有权向百富公司另行主张。

第二，代位权诉讼属于债的保全制度，该制度是为防止债务人财产不当减少或者应当增加而未增加，给债权人实现债权造成障碍，而非要求债权人在债务人与次债务人之间择一作为履行义务的主体。如果要求债权人选择其一，无异于要求债权人在提起代位权诉讼前，需要对次债务人的偿债能力作充分调查，否则应当由其自行承担债务不得清偿的风险，这不仅加大了债权人提起代位权诉讼的经济成本，还会严重挫伤债权人提起代位权诉讼的积极性，与代位权诉讼制度的设立目的相悖。

第三，本案不违反"一事不再理"原则。根据《民事诉讼法解释》第247条规定，判断是否构成重复起诉的主要条件是当事人、诉讼标的、诉讼请求是否相同，或者后诉的诉讼请求是否实质上否定前诉裁判结果等。代位权诉讼与对债务人的诉讼并不相同，从当事人角度看，代位权诉讼以债权人为原告、次债务人为被告，而对债务人的诉讼则以债权人为原告、债务人为被告，两者被告身份不具有同一性。从诉讼标的及诉讼请求上看，代位权诉讼虽然要求次债务人直接向债权人履行清偿义务，但针对的是债务人与次债务人之间的债权债务，而对债务人的诉讼则是要求债务人向债权人履行清偿义务，针对的是债权人与债务人之间的债权债务，两者在标的范围、法律关系等方面亦不相同。从起诉要件上看，与对债务人诉讼不同的是，代位权诉讼不仅要求具备民事诉讼法规定的起诉条件，同时还应当具备《合同法解释一》第11条规定的诉讼条件。基于上述不同，代位权诉讼与对债务人的诉讼并非同一事由，两者仅具有法律上的关联性，故大唐公司提起本案诉讼并不构成重复起诉。

实战点评与分析

1. 代位权诉讼如何确定诉讼主体

代位权诉讼中，原告为债权人，债务人为第三人，次债务人为被告。之所以如此确定，在于代位权诉讼的本质，代位权是债的保全制度之一，其设立目的在于在债务人怠于行使其权利时，可以通过代位权之诉，及时向债务人的次债务人主张权利以便债务人履行其对债权人的债务，即如最高人民法院在指导案例所述的"代位权诉讼属于债的保全制度，该制度是为防止债务人财产不当减少或者应当增加而未增加,给债权人实现债权造成障碍,而非要求债权人在债务人与次债务人之间择一选择作为履行义务的主体"。

因此,代位权主张权利的对象以及承担清偿责任的主体为次债务人,因此次债务人为代位权诉讼的被告;代位权诉讼以债务人对次债务人享有合法到期的债权为据,该代位权诉讼的结果与债务人有直接的利害关系,因此债务人为代位权诉讼的第三人。

《合同法解释一》第16条规定:"债权人以次债务人为被告向人民法院提起代位权诉讼,未将债务人列为第三人的,人民法院可以追加债务人为第三人。

两个或者两个以上债权人以同一次债务人为被告提起代位权诉讼的,人民法院可以合并审理。"

虽然《合同法解释一》已经废止,但根据《最高人民法院关于印发〈全国法院贯彻实施民法典工作会议纪要〉的通知》(法〔2021〕94号)"12.除上述内容外,对于民通意见、合同法解释一、合同法解释二的实体性规定所体现的精神,与民法典及有关法律不冲突且在司法实践中行之有效的,如民通意见第2条关于以自己的劳动收入为主要生活来源的认定规则等,人民法院可以在裁判文书说理时阐述。上述司法解释中的程序性规定的精神,与民事诉讼法及相关法律不冲突的,如合同法解释一第十四条、第二十三条等,人民法院可以在办理程序性事项时作为参考",以上解释关于当事人的确定仍具有参考和指导意义。

以本指导案例为例,在代位权诉讼中,大唐公司作为原告,以万象公司为被告,百富公司为第三人,向浙江省宁波市中级人民法院提起债权人代位权诉讼。

2. 代位权判决后该如何履行以及履行的结果

代位权判决生效后,被告即次债务人应当向债权人清偿债务,根据《合同法解释一》第20条规定,"债权人向次债务人提起的诉讼经人民法院审理后认定代位权成立的,由次债务人向债权人履行清偿义务,债权人与债务人、债务人与次债务人之间相应的债权债务关系即予消灭"。

如次债务人未能履行清偿义务,则债权人仍有权向债务人提起诉讼主张权利,即如该指导案例所述,"根据该规定,认定债权人与债务人之间相应债权债务关系消灭的前提是次债务人已经向债权人实际履行相应清偿义务。本案所涉执行案件中,因并未执行到万象公司的财产,浙江省象山县人民法院已经作出终结本次执行的裁定,故在万象公司并未实际履行清偿义务的情况下,大唐公司与百富公司之间的债权债务关系并未消灭,大唐公司有权向百富公司另行主张"。

3. 代位权诉讼,对于主债务,并非必须以生效裁判文书为依据

有的观点认为,在代位权诉讼中,对于债权人诉讼所依据的主债权必须以生效文书(如判决书、仲裁裁决等)为据,否则难以确定主债权的真实性、合法性以及金额,而金额则涉及代位权行使的范围。

笔者认为,《民法典》规定代位权,并未规定行使代位权必须依据生效文书,而只是规定"代位权的行使范围以债权人的到期债权为限。债权人行使代位权的必要费用,由债务人负担"。因此,认为行使代位权必须以生效文书为依据显然是错误的。

以本案为例,大唐公司在起诉万象公司时,大唐公司与百富公司之间的主债权并未有生效文书,大唐公司是在代位权诉讼判决无法执行到财产后,才向债务人起诉主张权利的。

4. 对重复起诉有关规定的解构

在本案中,被告百富公司认为大唐公司的起诉构成重复起诉,属于"一事不再理",因此应驳回对百富公司的起诉。

综上,本案争议焦点在于是否属于重复起诉,关于重复起诉,《民事诉讼法解释》第247条规定:"当事人就已经提起诉讼的事项在诉讼过程中或者裁判生效后再次起诉,同时符合下列条件的,构成重复起诉:(一)后诉与前诉的当事人相同;(二)后诉与前诉的诉讼标的相同;(三)后诉与前诉的诉讼请求相同,或者后诉的诉讼请求实质上否定前诉裁判结果。当事人重复起诉的,裁定不予受理;已经受理的,裁定驳回起诉,但法律、司法解释另有规定的除外。"

根据以上规定,构成重复起诉必须满足以下条件:

其一,当事人就已经提起诉讼的事项在诉讼过程中或者裁判生效后再次起诉;

其二，后诉与前诉的当事人相同；

其三，后诉与前诉的诉讼标的相同；

其四，后诉与前诉的诉讼请求相同，或者后诉的诉讼请求实质上否定前诉裁判结果。

满足以上全部条件的，可以认定为重复起诉。

就本案而言，最高人民法院认为：本案不违反"一事不再理"原则。根据《民事诉讼法解释》第247条规定，判断是否构成重复起诉的主要条件是当事人、诉讼标的、诉讼请求是否相同，或者后诉的诉讼请求是否实质上否定前诉裁判结果等。代位权诉讼与对债务人的诉讼并不相同，从当事人角度看，代位权诉讼以债权人为原告、次债务人为被告，而对债务人的诉讼则以债权人为原告、债务人为被告，两者被告身份不具有同一性。从诉讼标的及诉讼请求上看，代位权诉讼虽然要求次债务人直接向债权人履行清偿义务，但针对的是债务人与次债务人之间的债权债务，而对债务人的诉讼则是要求债务人向债权人履行清偿义务，针对的是债权人与债务人之间的债权债务，两者在标的范围、法律关系等方面亦不相同。从起诉要件上看，与对债务人诉讼不同的是，代位权诉讼不仅要求具备民事诉讼法规定的起诉条件，同时还应当具备《合同法解释一》第11条规定的诉讼条件。基于上述不同，代位权诉讼与对债务人的诉讼并非同一事由，两者仅具有法律上的关联性，故大唐公司提起本案诉讼并不构成重复起诉。

从最高人民法院的认定可见，判断是否构成重复起诉，主要以"当事人、诉讼标的、诉讼请求是否相同，或者后诉的诉讼请求是否实质上否定前诉裁判结果等"进行判断。

5. 司法三段论是法律适用的基本手段和方法

本案中，最高人民法院在认定是否构成重复起诉时，运用司法三段论的推理方法。

在形式逻辑上，三段论的推论形式为，大前提是T，小前提是S，如果T有法律效果R，则当S与T相对应时，也能够产生R的效果。以上用公式表示就是：

T→R（如果具备T的要件，则适用R的法律效果）

S = T(特定的案件事实符合 T 的要件)

S→R(得出结论 S 即适用 R 的法律效果)。

以上司法三段论,如果运用到具体案件中,简言之就是:法律法规或司法解释关于某种法律事实的规定以及该规定所对应的法律效果是大前提,本案案件事实是小前提,如果本案案件事实经过推理与法律法规或司法解释规定的某种法律事实相一致,则同样产生法律法规或司法解释关于某种法律事实对应的法律效果。

就本案而言,是否构成重复起诉,法官充分运用了司法三段论。

(1) 本案大前提

法律规定重复起诉的构成要件 T:

①后诉与前诉的当事人相同;

②后诉与前诉的诉讼标的相同;

③后诉与前诉的诉讼请求相同,或者后诉的诉讼请求实质上否定前诉裁判结果。

大前提 T 对应的法律效果 R:当事人重复起诉的,裁定不予受理;已经受理的,裁定驳回起诉,但法律、司法解释另有规定的除外。

(2) 本案小前提 S

代位权诉讼中,大唐公司以次债务人万象公司为被告,债务人百富公司为第三人,提起代位权诉讼。

欠款纠纷案件中,大唐公司以百富公司为被告,向山东省高级人民法院提起本案诉讼,请求判令百富公司向其返还本金及利息。

(3) 逻辑推理

就大前提与小前提是否一致进行推理,推理过程如下:对债务人的诉讼与此前提起的代位权诉讼不构成重复起诉,从当事人角度看,代位权诉讼以债权人为原告、次债务人为被告,而对债务人的诉讼则以债权人为原告、债务人为被告,两者被告身份不具有同一性。从诉讼标的及诉讼请求上看,代位权诉讼虽然要求次债务人直接向债权人履行清偿义务,但针对的是债务人与次债务人之间的债权债务,而对债务人的诉讼则是要求债务人向债权人履行清偿义务,针对的是债权人与债务人之间的债权债务,两者在标的范围、法律关系等方面亦不相同。从起诉要件上看,与对债务人诉讼不同的是,代位权诉讼不仅要求具备民事诉讼法规定的起诉条件,同时还应当具备《合同法解释一》第11条规定的诉讼条件。基于上述不同,代位权诉讼与对债务人的诉讼并非同一事由,两者仅具有法律上的关联性。

结果:S≠T

因此本案大唐公司提起本案诉讼并不构成重复起诉,法院对大唐公司起诉百富公司一案应予受理。

(二)请求权依据的法律规定对适用该规定有主体资格要求的,原告应首先提供证据证明其符合法律规定的主体资格

有的法律对适用该条在主体上有特别要求的,原告应首先提供证据证明其符合法律规定的主体要求,如《建设工程解释一》第43条规定的实际施工人可以突破合同相对性向发包人主张权利,则原告必须首先证明其为案涉项目的实际施工人,不能证明的,其诉讼请求无法得到法院支持。

案例3-12:当事人如不是实际施工人,无权要求发包人在欠付工程款范围内承担付款责任

——梅某军、四川宏疆建设工程有限公司建设工程施工合同
纠纷再审审查与审判监督民事裁定书

审理法院:最高人民法院

案号:(2020)最高法民申5376号

裁判日期:2020年12月3日

案由:民事 > 合同、准合同纠纷 > 合同纠纷 > 建设工程合同纠纷 > 建设工程施工合同纠纷

• **最高人民法院裁判意见**

梅某军依照2017年《民事诉讼法》第200条第2项、第3项、第5项申请再审。事实及理由:一、原审法院认定被申请人系实际施工人的账本涉嫌虚假捏造,与本案无关联性,原审法院认定的基本事实缺乏证据证明。首先,账本"总分类账"第

一页正本抬头处原始记载的"梅某军"被涂改后写为"王某"案涉账本中存在明显的涂改痕迹，系被申请人虚假捏造证据。其次，案涉账本并非案涉工程的独立账本，账本中记载本案的 70 万元保证金还有其他数十万元保证金，与客观事实不符。账本中记载的部分资金明确备注为"王某国际总部城项目工程款"，系王某强与宏疆公司合作的其他项目。在二审中，代理人就此证据瑕疵提出了合理疑问，但二审仍将该账目作为定案依据。再次，被申请人错误地将 2012 年 1 月 13 日、1 月 15 日、1 月 19 日的三笔转账，共计 56.5 万元计为向申请人支付的案涉工程款。该三笔转款实际为宏疆公司向申请人支付的另案工程款(达孜县卫生服务中心改扩建附属工程，发包人为拉萨市卫生局)，另案中的其中一笔工程款与 56.5 万元的时间、金额吻合。二审中，代理人就此证据瑕疵提出了合理疑问，但二审仍将该账目作为定案依据。申请人向二审法院提交了调查取证申请及证据线索，但二审法院无视申请，并未就此作出任何回复，审判程序违法，二审判决也无任何关于该问题的表述或评价。最后，王某强在原审的授权委托书签名跟案涉账本中王某强签名明显不是同一人所签。一审庭审笔录的记载，王某强代理人明确表示案涉账本系王某强所签。但因二者笔迹明显不一致，可能存在虚假证据或虚假授权两种情形，二审法院未对账本中签字的真实性问题进一步审查。二、《工程项目管理协议》真实性存疑。对《工程项目管理协议》进行鉴定具有必要性，二审法院在未对《工程项目管理协议》真实性以及实际履行情况进行审查的情况下，直接采信并基于此认定宏疆西藏分公司与王某强存在转包关系，属事实查明不清。首先，《工程项目管理协议》约定，所有施工人员、机械设备等都必须在签订合同(或约定)后进入工地，必须办理全额保险，并将保险单交一份给公司存档，但两位被告以及第三人并未提交任何相关证据。其次，《工程项目管理协议》第 6 条第 2 款约定项目管理费为项目实际总造价的 1.5%，第 10 条却约定管理费为合同总价格的 1.5%，前后表述不一，再结合案涉账本中显示管理费为 10 万元，申请人对《工程项目管理协议》真实性以及是否实际履行提出疑问。故申请人向二审法院申请对《工程项目管理协议》原件纸张的形成时间、印章的形成时间、文本印刷的形成时间以及原件签章部分"王某强印"的真实性进行司法鉴定。二审法院在收到鉴定申请后口头驳回了申请人的申请，并回复将具体理由写在判决书中，不予告知驳回理由，但二审判决并未针对这一关键事宜阐述具体的驳回理由。三、项目经理与实际施工人并不矛盾。实际施工人的认定主要是审查当事人在项目的人力、财力、管理等方面实际履行建设工程的情况,这与工程项目经理的工作内容存在一定的重合。案涉工程在招投标阶段及中标后的各类手续办理事宜全由梅某军负责,相应的招标文件费、项目图纸费、工程综合服务费、工程履约保证金、施工公告费、工程试验费、工程监理验收签证等均由梅某军支付或签字确认,据此足以认定申请人系涉诉工程的实际施工人。王某强的代理人称其系实际施工人,申请人与其系用工关系,但又无法提供相应的合同、工资发放、工作安排等证据,提供的施工资料均系从发包人处复印所得,实际并无任何施工资料,也无法提供证据证明其为项目投入过任何的人力、财力、管理等。

  本院认为,梅某军的再审申请不能成立,分析如下:

  首先,梅某军主张其系借用被申请人资质的实际施工人,但未能提供与被申请人签订的书面协议,宏疆西藏分公司虽授权梅某军办理工程质保金、工程竣工验收结算等事宜,并不足以证明梅某军系借用资质的实际施工人。与其相比较,第三人王某强与宏疆西藏分公司签订了书面的《工程项目管理协议》,宏疆西藏分公司向王某强支付了案涉项目大部分工程款,账本和转账凭证均有王某强的签字,而且账目中有"收王某彭波河工程款"的字样,表明了宏疆西藏分公司对王某强作为合同相对方以及实际施工人身份的认可。因梅某军未提交充分证据证明其系借用资质的实际施工人并否定王某强实际施工人的身份,其主张不能成立。

  其次,梅某军举示的证据不足以证明其与王某强成立转包关系。梅某军举示的证据显示其参与案涉工程的身份系项目经理,对案涉工程进行了日常管理,存在与被申请人对接、发放民工工资、购买施工材料等行为,但上述行为系基于项目经理的职务行为亦具有合理性,梅某军未提供其与王某强成立转包关系的合同依据,故上述证据不足以证明梅某军与王某强之间存在转包关系。

  最后,关于案涉账本、《工程项目管理协议》真实性的问题。从账本记载金额看,大部分工程款支付给王某强或代王某强直接支付给材料商,只有少部分工程款支付给梅某军,账本记载的被申请人向梅某军的转账与梅某军自认收到的工程款基本一致。从形式上来看,案涉账本较为客观地记录了案涉项目工程款的收支情况,不存在拼凑、虚构的情形,账本签字处有涂抹痕迹,但仅凭存在涂改不足以否定账本的真实性,手写账本中虽然有个别款项与案涉项目无关,但宏疆公司提交的电子版账本已经排除与案涉工程无关的账目。因前述三笔共计56.5万元的转账与梅某军是否为本案实际施工人无关,故二审法院未允许申请人调查取证并无不当。宏疆西藏分公司、王某强均认可《工程项目管理协议》，结合宏疆西藏分公司与王某强的资金往来和账本记载，应当认定《工程项目管理协议》的真实性，二审法院对其司法鉴定的申请未予准许，具有事实依据。

综上所述，梅某军的再审申请不符合2017年《民事诉讼法》第200条规定的情形，依照2017年《民事诉讼法》第204条第1款、2015年《民事诉讼法解释》第395条（对应2022年第393条）第2款的规定，裁定如下：

驳回梅某军的再审申请。

实战点评与分析

突破合同相对性必须有法律的明确规定，当事人必须证明本案事实符合法律规定的构成要件，才能依据法律规定向合同以外的第三人主张权利。

《建设工程解释一》第43条："实际施工人以转包人、违法分包人为被告起诉的，人民法院应当依法受理。

实际施工人以发包人为被告主张权利的，人民法院应当追加转包人或者违法分包人为本案第三人，在查明发包人欠付转包人或者违法分包人建设工程价款的数额后，判决发包人在欠付建设工程价款范围内对实际施工人承担责任。"

根据该条规定，实际施工人向发包人主张权利，必须满足以下条件：

其一，原告为实际施工人；

其二，实际施工人通过承包人转包违法分包而承包工程；

其三，多层转包分包，借用资质承包工程的，不符合该条规定。

结合本案，再审申请人梅某军未能提供证据证明其为实际施工人，相反，第三人王某强与宏疆西藏分公司签订了书面的《工程项目管理协议》，宏疆西藏分公司向王某强支付了案涉项目大部分工程款，账本和转账凭证均有王某强的签字，而且账目中有"收王某彭波河工程款"的字样，表明了宏疆西藏分公司对王某强作为合同相对方以及实际施工人身份的认可，综上可见，梅某军并非案涉项目实际施工人，因此其无权根据《建设工程解释一》的规定向发包人主张权利。

关于对证据真实性的认定。在原审中，梅某军提出，账本"总分类账"第一页正本抬头处原始记载的"梅某军"被涂改后写为"王某"案涉账本中存在明显的涂改痕迹,系被申请人虚假捏造证据,因此该证据并不真实。就此,法院综合本案其他证据进行综合评定,即主要是从证据内容,证据与本案其他证据能否相互印证等综合评定。

从最高人民法院的认定可见,对于存在瑕疵的证据,不应仅从形式上进行审查,而应以证据的内容,结合本案其他证据进行综合评定。从举证而言,对于当事人提供的存在瑕疵的证据,可以提供其他证据弥补该瑕疵,通过其他证据与存在瑕疵的证据相互印证,证明瑕疵证据的真实性。

三、法律规定适用该条必须具备一定条件的,应提供证据证明本案事实达到了法律规定的条件

有的法律规定适用某条规定必须具备一定的条件,原告应提供证据证明该条件已经达成。比如《建设工程解释一》第 14 条:"建设工程未经竣工验收,发包人擅自使用后,又以使用部分质量不符合约定为由主张权利的,人民法院不予支持;但是承包人应当在建设工程的合理使用寿命内对地基基础工程和主体结构质量承担民事责任。"

在建设施工合同纠纷中,发包人与承包人签订的施工合同一般会约定结算款必须在工程竣工验收合格后方能办理结算,结算完毕后才能支付结算款。实务中,有的工程因各种原因迟迟无法办理竣工验收,但工程已由承包人移交发包人,发包人亦实际使用工程,在此情况下,承包人往往需援引《建设工程解释一》第 14 条向发包人主张支付结算款。如以该条作为请求权基础,承包人必须证明发包人实际使用了案涉工程,如发包人向买受人实际交付房屋、承包人施工的公路已经实际通车等,承包人只有证明以上事实,才能适用该条解释。

四、对于请求权的基础法律规范所规定的权利义务内容或行为,原告应提供证据证明

请求权的基础法律规范,一般会规定相应的权利义务内容或一定的行为,原告

应提供证据证明本案事实与规定的权利义务内容或行为内容一致,才能适用该条法律规定。

如《民法典》第577条:"当事人一方不履行合同义务或者履行合同义务不符合约定的,应当承担继续履行、采取补救措施或者赔偿损失等违约责任。"

原告追究被告违约赔偿责任,一般援引以上条款作为请求权的基础规范,根据该条,被告不履行合同义务或履行合同义务不符合约定的,原告可以要求被告赔偿损失。适用该条,原告必须证明被告存在"不履行合同义务或履行合同义务不符合约定"的情形,即原告必须证明被告存在违约行为。

案例3-13:未招先定签订的建设工程施工合同无效,应按照实际履行的合同确定工程造价

——江苏省第一建筑安装集团股份有限公司、唐山市昌隆房地产开发有限公司建设工程施工合同纠纷二审案

审理法院:最高人民法院

案号:(2017)最高法民终175号

裁判日期:2017年12月21日

案由:建设工程施工合同纠纷

• 裁判理由

本院认为,围绕当事人上诉请求、事实理由与答辩意见,本案争议焦点之一为:原判认定昌隆公司支付江苏一建工程欠款数额及利息是否正确。原判认定昌隆公司支付江苏一建工程欠款数额及利息是否正确。首先,关于案涉工程价款的结算依据。江苏一建上诉主张本案双方实际履行的合同是《补充协议》,应据此结算工程价款;昌隆公司认为根据2004年《建设工程解释》规定,《补充协议》为黑合同,应当以《备案合同》作为工程价款结算依据。本院认为,第一、《招标投标法》《工程建设项目招标范围和规模标准规定》明确规定应当进行招标的范围,案涉工程建设属于必须进行招标的项目,当事人双方于2009年12月8日签订的《备案合同》虽系经过招投标程序签订,并在建设行政主管部门进行备案,但在履行招投标程序确定江苏一建为施工单位之前,一方面昌隆公司将属于建筑工程单位工程的

分项工程基坑支护委托江苏一建施工,另一方面江苏一建、昌隆公司、设计单位及监理单位对案涉工程结构和电气施工图纸进行了四方会审,且江苏一建已完成部分楼栋的定位测量、基础放线、基础垫层等施工内容,一审法院认定案涉工程招标存在未招先定等违反《招标投标法》禁止性规定的行为,《备案合同》无效并无不当。第二,当事人双方于2009年12月28日签订的《补充协议》系未通过招投标程序签订,且对备案合同中约定的工程价款等实质性内容进行变更,一审法院根据《建设工程解释》第21条规定,认为《补充协议》属于另行订立的与经过备案中标合同实质性内容不一致的无效合同并无不当。第三,《建设工程解释》第2条规定,建设工程施工合同无效,但建设工程经竣工验收合格,承包人请求参照合同约定支付工程价款的,应予支持。《建设工程解释》第21条规定,当事人就同一建设工程另行订立的建设工程施工合同与经过备案的中标合同实质性内容不一致的,应当以备案的中标合同作为结算工程价款的依据。就本案而言,虽经过招投标程序并在建设行政主管部门备案的《备案合同》因违反法律、行政法规的强制性规定而无效,并不存在适用《建设工程解释》第21条规定的前提,也并不存在较因规避招投标制度、违反备案中标合同实质性内容的《补充协议》具有优先适用效力。原《合同法》第58条规定,合同无效或者被撤销后,因该合同取得的财产,应当予以返还;不能返还或者没有必要的,应当折价补偿。有过错的一方应当赔偿对方因此所受到的损失,双方都有过错的,应当各自承担相应的责任。建设工程施工合同的特殊之处在于,合同的履行过程,是承包人将劳动及建筑材料物化到建设工程的过程,在合同被确认无效后,只能按照折价补偿的方式予以返还。本案当事人主张根据《建设工程解释》第2条规定参照合同约定支付工程价款,案涉《备案合同》与《补充协议》分别约定不同的结算方式,应首先确定当事人真实合意并实际履行的合同。结合本案《备案合同》与《补充协议》,从签订时间而言,《备案合同》落款时间为2009年12月1日,2009年12月30日在唐山市建设局进行备案;《补充协议》落款时间为2009年12月28日,签署时间仅仅相隔20天。从约定施工范围而言,《备案合同》约定施工范围包括施工图纸标识的全部土建、水暖、电气、电梯、消防、通风等工程的施工安装,《补充协议》约定施工范围包括金色和园项目除土方开挖、通风消防、塑钢窗、景观、绿化、车库管理系统、安防、电梯、换热站设备、配电室设备、煤气设施以外所有建筑安装工程,以及雨污水、小区主环路等市政工程。实际施工范围与两份合同约定并非完全一致。从约定结算价款而言,《备案合同》约定固定价,《补充协议》约定执行河北省 2008 年定额及相关文件,建筑安装工程费结算总造价降 3%,《补充协议》并约定价格调整、工程材料由甲方认质认价。综上分析,当事人提交的证据难以证明其主张所依据的事实,一审判决认为当事人对于实际履行合同并无明确约定,两份合同内容如甲方分包、材料认质认价在合同履行过程中均有所体现,无法判断实际履行合同并无不当。在无法确定双方当事人真实合意并实际履行的合同时,应当结合缔约过错、已完工程质量、利益平衡等因素,根据原《合同法》第 58 条规定由各方当事人按过错程度分担因合同无效造成的损失。一审法院认定本案中无法确定真实合意履行的两份合同之间的差价作为损失,基于昌隆公司作为依法组织进行招投标的发包方,江苏一建作为对于招投标法等法律相关规定也应熟知的具有特级资质的专业施工单位的过错,结合本案工程竣工验收合格的事实,由昌隆公司与江苏一建按 6∶4 比例分担损失并无不当。江苏一建上诉主张应依《补充协议》结算工程价款,事实依据和法律依据不足,本院不予支持。关于案涉工程价款利息,江苏一建上诉主张应自 2012 年 1 月 30 日起按照中国人民银行同期贷款利率支付工程款利息。一审法院认为,昌隆公司在施工过程中并无拖欠工程进度款情形,亦无拖欠工程款的主观恶意,且双方对于签订两份无效合同并由此导致工程价款结算争议发生均有过错,因此欠付工程款利息自江苏一建起诉之日按中国人民银行同期同类贷款利率计息。本院认为,2004 年《建设工程解释》第 18 条规定,利息从应付工程价款之日计付。当事人对付款时间没有约定或者约定不明的,下列时间视为应付款时间:(1)建设工程已实际交付的,为交付之日;(2)建设工程没有交付的,为提交竣工结算文件之日;(3)建设工程未交付,工程价款也未结算的,为当事人起诉之日。案涉工程于 2011 年 11 月 30 日竣工验收合格并交付使用,案涉两份合同均被认定无效,一方面合同约定的工程价款给付时间无法参照合同约定适用,另一方面发包人支付工程欠款利息性质为法定孳息,建设工程竣工验收合格交付发包人后,其已实际控制,有条件对诉争建设工程行使占有、使用、收益权利,故从工程竣工验收合格交付计付工程价款利息符合当事人利益的平衡。江苏一建公司主张从 2012 年 1 月 30 日起按照中国人民银行同期贷款利率支付工程款利息,本院予以支持。

实战点评与分析

本案中,双方争议焦点之一为将哪一份合同作为结算依据,江苏一建上诉主张本案双方实际履行的合同是《补充协议》,应据此结算工程价款;昌隆公司认为根据2004年《建设工程解释》规定,《补充协议》为黑合同,应当以《备案合同》作为工程价款结算依据。

昌隆公司认为《补充协议》为黑合同,应当以《备案合同》作为工程价款结算依据。就此昌隆公司应提供证据证明《备案合同》系经合法的招投标程序签订的合同。其主张的法律依据为2004年《建设工程解释》(2005年1月1日起施行,法释〔2004〕14号)第21条:"当事人就同一建设工程另行订立的建设工程施工合同与经过备案的中标合同实质性内容不一致的,应当以备案的中标合同作为结算工程价款的根据。"而适用该条的前提为《备案合同》为合法有效的合同。

因为本案先后订立两份施工合同,一份为《补充协议》,另一份为《备案合同》,由于本案先后订立了两份合同,《备案合同》系经过招投标签订的合同,《建设工程解释一》第2条第1款规定:"招标人和中标人另行签订的建设工程施工合同约定的工程范围、建设工期、工程质量、工程价款等实质性内容,与中标合同不一致,一方当事人请求按照中标合同确定权利义务的,人民法院应予支持。"根据上述规定,如无相反证据,本案应按照中标合同确定双方权利义务,即将经招投标签订的《备案合同》作为工程结算依据。

江苏一建的主张要想得到成立,必须证明:

其一,两份合同均无效;

其二,双方实际履行的合同为《补充协议》。

针对第一项,结合本案证据,足以证明本案属于未招先定,经招投标签订的《备案合同》和《补充协议》均属于无效。

《招标投标法》第43条:"在确定中标人前,招标人不得与投标人就投标价格、投标方案等实质性内容进行谈判。"本案中,如果能提供证据证明,在招投标前,双方当事人已经就投标价格、投标方案进行实质性谈判,则本案经招投标签订的合同明显违反了上述《招标投标法》的规定,经招投标程序签订的合同因违反强制性效力性法律规定而无效。就本案而言,最高人民法院认为在履行招投标程序确定江苏一建为施工单位之前,昌隆公司将属于建筑工程单位工程的分项工程基坑支护委托江苏一建施工,由此意味着在招投标前,双方已经就投标价格、投标方案等实质性内容进行了谈判,本案属于典型的未招先定,签订的《备案合同》无效。《补充协议》系对中标合同的实质性变更,亦属无效。

针对第二项,结合本案事实和证据,江苏一建未能提供充分证据证明双方实际履行的合同为《补充协议》,因此法院未将《补充协议》作为结算依据。

最高人民法院认为:当事人双方于2009年12月8日签订的《备案合同》虽系经过招投标程序签订,并在建设行政主管部门进行备案,但在履行招投标程序确定江苏一建为施工单位之前,一方面昌隆公司将属于建筑工程单位工程的分项工程基坑支护委托江苏一建施工,另一方面江苏一建、昌隆公司、设计单位及监理单位对案涉工程结构和电气施工图纸进行了四方会审,且江苏一建已完成部分楼栋的定位测量、基础放线、基础垫层等施工内容,一审法院认定案涉工程招标存在未招先定等违反《招标投标法》禁止性规定的行为,《备案合同》无效并无不当。由于《备案合同》无效,因此昌隆公司援引上述建设工程解释第21条作为请求权的依据未能得到法院支持。

至于《补充协议》,法院亦认为,当事人双方于2009年12月28日签订的《补充协议》系未通过招投标程序签订,且对备案合同中约定的工程价款等实质性内容进行变更,一审法院根据《建设工程解释》第21条规定,认为《补充协议》属于另行订立的与经过备案中标合同实质性内容不一致的无效合同并无不当。

由于两份合同无效,因此当事人应提供证据证明双方实际履行的是哪一份合同,但结合本案,双方均未能提供证据予以证明,因此法院最终认定由昌隆公司与江苏一建按6∶4比例分担损失(两份合同的价差)。

从以上可见,当事人对其提出的主张所依据的法律规定,必须对该法律规定所要求的每一个要素对应的事实予以证明,否则其主张难以得到法院支持。

总而言之,原告有义务对其诉讼请求依据的法律规定的每一个要素提供证据予以证明。

第四节

被告应积极提供反驳证据

举证的基本原则是"谁主张,谁举证",但这绝不意味着被告只需要简单地对原告提供的证据进行质证,否定其三性即可,如此被告很难在诉讼中取得胜诉。被告收到原告起诉状和证据后,必须积极准备反驳证据,提供反驳证据可以按照以下方法进行:

被告可以依循被告的答辩思路逐一准备反驳证据;被告对原告诉请的答辩,必须建立多条层层递进的防线,具体包括(以下均可用于合同和侵权之诉):

1. 被告不应承担本案的责任,包括被告并非承担责任的主体,被告与本案无关。

2. 即使被告需承担本案的责任,但被告存在可以免责的事由(含法定免责事由和约定免责事由)。

3. 原告提出的主张已经过了时效(诉讼时效和除斥期间)。

4. 原告要求被告承担本案赔偿责任缺乏证据或证据并不充分。

5. 原告主张的违约金过高。

6. 原告主张的损失与被告的违约或侵权行为不存在直接必然的因果关系。

7. 原告对损失的发生亦存在过错,应减轻被告的责任或原告应自行承担一定的责任。

8. 原告主张的损失属于扩大损失,不应由被告承担。

9. 原告主张的损失属于可得利益损失(或间接损失),原告未能提供证据证明该损失或该损失并非被告所能预见;原告主张的可得利益损失(或间接损失)与被告违约(或侵权)行为不存在直接必然的因果关系。

结合上述答辩思路,被告可以从以下方面准备反驳证据:

1. 提供证据证明被告与本案无关、被告并非本案承担责任的适格主体、根据法律规定或合同约定被告不应承担责任。

2. 提供证据否定原告主张的事实,尤其是否定原告诉讼请求依据的法律规定的事实。

3. 提供证据证明造成本案责任系原告自身造成或他人行为所致。

4. 提供证据否定原告证据的真实性、合法性、关联性。

5. 提供证据证明被告的履行行为符合合同约定和法律规定,或被告实施的行为符合法律规定,即被告不存在违约或侵权行为。

6. 合同纠纷案件,被告虽然存在违约行为,但被告系行使同时履行抗辩权、先履行抗辩权或不安抗辩权,因此被告无需承担违约责任,就此被告可提供相应的证据。

7. 提供证据证明被告不应承担本案的责任:合同纠纷案件,被告虽然需要承担责任,但存在可以免除责任的事由(包括约定的免责事由和法定的免责事由),被告应提供存在约定和法定免责事由的证据;侵权案件,提供证据证明存在法定的免责事由如不可抗力、原告故意、紧急避险、自甘风险等可免责的法定事由。

8. 合同纠纷案件,提供证据证明原告对违约责任和损失需承担一定责任,包括原告违约、原告对损失以及损失的扩大存在过错等。

9. 提供证据证明原告提出的诉讼请求金额过高。

10. 提供证据否定或减少原告主张的损失赔偿金额,如证明原告主张的损失赔偿实际上并不存在或缺乏事实依据,或原告主张的违约金或赔偿金额过高。

11. 提供证据证明原告主张的损失与被告违约(或侵权)行为不存在直接因果关系。

以下就如何收集提供上述证据进行论述。

一、提供证据证明被告与本案无关、被告并非本案承担责任的适格主体、根据法律规定或合同约定被告不应承担责任

(一)被告与本案无关或被告并非本案承担责任的适格主体

此种抗辩主要从主体身份进行,即认为被告与本案无关或并非本案承担责任

的适格主体,此种抗辩的思考路径和证据收集提供如下:

1.侵权案件,应提供证据证明被告未实施侵权行为或对事故的发生不负有安全保障义务或发生事故的路段地点并非被告管辖或管理。

证据收集和提供:收集事故发生时被告不在场的证据,如证人证言,被告在外地的证据(如往返机票、住宿证明);事故发生的路段并非被告管辖,比如提供被告管辖的责任范围的证据(如政府文件,事故发生地点的红线图以及约定被告管辖范围的合同);有关事故调查报告,且调查报告证明事故并非因被告行为引起且不承担责任的,亦可以提供。

相关法律规定:

《民法典》第1198条:"宾馆、商场、银行、车站、机场、体育场馆、娱乐场所等经营场所、公共场所的经营者、管理者或者群众性活动的组织者,未尽到安全保障义务,造成他人损害的,应当承担侵权责任。

因第三人的行为造成他人损害的,由第三人承担侵权责任;经营者、管理者或者组织者未尽到安全保障义务的,承担相应的补充责任。经营者、管理者或者组织者承担补充责任后,可以向第三人追偿。"

2.合同纠纷案件,提供证据证明被告与原告无关。

证据收集和提供:

(1)就原告主张的事项,被告与案外人签订了合同并实际履行,提供与案外人签订的合同、付款凭单、发票等。

(2)原告提供的合同所加盖的印章和签字,并非被告的印章和签字,就此应申请对盖章和签字真伪的鉴定。

(3)提供证据证明原告与被告无任何资金往来,可以提供银行账户流水等证据。

(4)被告虽然为原合同实际履行主体,但此后各方通过债权债务转移等方式,已经将有关合同权利义务转让给第三方,就此可以提供有关权利义务转让的合同书等。

(5)如原告主张行为人以被告名义实施民事法律行为,行为人行为构成表见代理,被告可按以下路径收集提供证据:

提供证据证明行为人与被告之间无授权委托关系,原告在实施民事法律行为时存在过错,具体包括以下证据:原、被告之间无资金往来关系,可以提供银行流水或资金往来的专项审计报告;被告的办公地点并非原告主张的实施民事法律行为的地点,可以提供有关营业执照载明的经营地址等;就行为人以被告名义刻制印章的行为,向公安机关报案,公安机关立案的证明文件等。

(6)如原告主张系被告工作人员,而被告否认的,可以提供被告社保清单、被告工资发放清单(社保清单和工资发放清单中并无原告)、原告与案外人签订的合同、原告从案外人处取得工资报酬、查询原告社保记录等。

(二)根据法律规定或合同约定被告不应承担责任

1. 不可抗力。不可抗力系法律规定的免责事由,如原告要求被告承担责任,该等责任系因不可抗力导致,则提供不可抗力的证明文件,比如新冠疫情暴发时中央和地方政府发布的有关疫情公告等。

2. 合同约定的免责事由或事后双方就案涉项目进行了清理结算并签订了有关协议,根据该协议,双方互不追究有关责任。

双方合同约定在一定条件下,由于原告原因或其他原因,即使存在违约行为亦可以免责的,则应收集提供双方合同约定的可以免责的证据。

如建设工程施工合同一般会约定因发包人原因导致的工期延误,承包人不承担责任。

如某项目《建设工程施工合同》第16:"工期延误

16.1.在履行合同过程中,除合同其他条款约定由于非承包人原因造成工期延误而相应顺延工期外,出现以下情况导致属于可证明的关键线路工作的工期延误时,承包人亦有权根据对合同履行之影响提出工期顺延申请,经发包人确认后顺延工期,竣工日期应当随此延长的合同工期做相应的调整,但承包人应当通过调整工作安排尽量减少损失。

(1)在关键线路上因发包人的原因造成一次设计变更导致工程量增加超过合同总价的10%以上的或设计变更或修改导致增加的工程量影响施工网络图中关键线路中工期2天(含2天)以上的情况;

(2)不可抗力;

(3)发包人未能按本合同的约定时间提供图纸及开工条件,并导致承包人停

工或无法开工;

(4)非承包人原因,发包人或当地政府部门通知暂缓施工、间断施工或停工(13.1 约定的情形除外);

(5)应发包人要求对任何已隐蔽的工程执行挖开检查或对任何材料设备执行试验(包括查验后的修补),并导致承包人停工,查验结果合格的;

(6)合同约定的其他经发包人书面同意可顺延的情形。

承包人为了获准上述延长的合同工期,除非合同文件另有约定,应当在此类事件发生后的 14 天内以书面形式通知监理人,并提交延期的详细报告,否则监理人可不必就延长合同工期事宜做出任何决定,监理人应当在收到承包人提交的延长工期的详细报告后 14 天内以书面形式提出审核意见予发包人,由发包人复核后作出确认,最终以经发包人审核确认的工期顺延签证上所确定的天数为准。除发包人给予确认的工期顺延外,无论因何种原因导致的工期延误,承包人均应向发包人承担违约责任。"

在工期逾期的情况下,承包人应提供证据证明其逾期系因上述原因所致,且应一一对应收集和提供证据。收集证据的基本模式为免责事由、因免责事由导致工程停工窝工的事实。(见表 3-1)

表 3-1 工期逾期情况下收集证据的基本模式

免责事由	证据
在关键线路上因发包人的原因造成一次设计变更导致工程量增加超过合同总价的 10% 以上的或设计变更或修改导致增加的工程量影响施工网络图中关键线路中工期 2 天(含 2 天)以上的情况	发包人发出的设计变更通知单以及变更后的图纸、施工完成后对变更部分的验收证明、就变更部分签订的签证单且签证单确定的变更金额超过合同总价 10%
不可抗力	权威新闻报道、各地方政府发布的通知公告、天气预报、政府针对可能发生的不可抗力天气发出的预警提醒(应加盖有政府职能部门印章)、因不可抗力导致停工的事实(如监理日记、例会、会议纪要或其他确定不可抗力期间停工的事实)

续表

免责事由	证据
发包人未能按本合同的约定时间提供图纸及开工条件,并导致承包人停工或无法开工	合同约定图纸提供的时间;发包人实际提供图纸的时间,具体证据包括:经第三方审图公司审图通过的施工蓝图(图纸上记载有出图时间)、图纸交接证明(双方签署的交接单)、图纸会审纪要、因图纸未提供导致现场停工的事实,如监理日记等
非承包人原因,发包人或当地政府部门通知暂缓施工、间断施工或停工(13.1 约定的情形除外)	发包人发布的停工命令;发包人因本项目或其他项目存在安全事故,政府部门要求发包人所属的全部项目停工,就本项目发出的停工整改命令、复工令
应发包人要求对任何已隐蔽的工程执行挖开检查或对任何材料设备执行试验(包括查验后的修补),并导致承包人停工,查验结果合格的	发包人对隐蔽工程发出的开挖命令或对材料进行试验的命令;执行上述命令停工的事实、检验合格的证明文件
合同约定的其他经发包人书面同意可顺延的情形	如会议纪要、补充协议等对工期进行调整变动的证明文件

除上述外,承包人还应提供证据证明已经按照合同约定办理了申请延期的事实,如在上述合同约定的期限内,向发包人提交延期的详情报告,就此应提供发包人签收的证明文件或按照合同约定送达方式送达该报告的证明文件。

(三)从具体案例展现其适用

案例 3-14:除在结算时因存有争议而声明保留的项目外,竣工结算报告经各方审核确认后的结算意见,属于合同各方进行工程价款清结的最终依据。一方当事人在进行结算时没有提出相关索赔主张或声明保留,完成工程价款结算后又以对方之前存在违约行为提出索赔主张,依法不予支持

——五指山兆通房地产开发有限公司、海南金盛建筑工程
有限公司建设工程施工合同纠纷再审民事判决书

审理法院:最高人民法院

案号:(2017)最高法民再 97 号

裁判日期:2017年4月27日

案由:建设工程施工合同纠纷

本院认为,本案争议的主要问题有:1.二审法院认定涉案建设工程施工合同无效的依据是否充分;2.金盛公司主张工程价款优先受偿权是否超过法定期间;3.涉案工程2~4号楼阳台和入户花园按全面积计价是否适当;4.兆通公司应否负担欠付工程款相应利息;5.兆通公司一审反诉所提各项请求应否支持。

一、二审法院认定涉案建设工程施工合同无效的依据是否充分。

2011年4月26日,海南省三亚市工程建设招标代理中心和兆通公司出具中标通知书,金盛公司中标涉案工程。2011年5月15日,金盛公司出具法人授权委托证明书,授权马某祥为其签订涉案工程施工合同的代理人。2011年5月19日和6月12日,金盛公司两次出具任命书,载明经公司领导班子成员研究讨论,决定任命马某祥为涉案工程项目部负责人。在实际施工过程中,马某祥亦以前述授权任命文件为凭表明身份并组织安排建设施工事项,兆通公司亦以金盛公司为合同相对方实际履行涉案合同。本案一审期间,金盛公司明确表示其为涉案工程实际施工方,并没有进行转包。可见,一审法院认定金盛公司为涉案合同当事人,具有相应的事实和法律依据。二审法院仅以金盛公司与马某祥陈述及马某祥以个人名义办文等情形,即认定二者之间属于借用资质的挂靠关系,并进而以此否定涉案合同效力,证据不足,依法予以纠正。

二、金盛公司主张工程价款优先受偿权是否超过法定期间。

原《合同法》第286条(对应《民法典》第807条)规定,发包人未按照约定支付价款的,承包人可以催告发包人在合理期限内支付价款。发包人逾期不支付的,除按照建设工程的性质不宜折价、拍卖的以外,承包人可以与发包人协议将该工程折价,也可以申请人民法院将该工程依法拍卖。建设工程的价款就该工程折价或者拍卖的价款优先受偿。

《最高人民法院关于建设工程价款优先受偿权问题的批复》(已失效)第4条规定,建设工程承包人行使优先权的期限为6个月,自建设工程竣工之日或者建设工程合同约定的竣工之日起计算。

涉案工程于2013年11月15日即已通过竣工验收,金盛公司行使建设工程价款优先受偿权的期限应为2013年11月15日至2014年5月14日。2014年3月14日双方签订工程决算书。即使按照原审法院意见以工程价款结算之日起算,金盛公司行使优先受偿权的期限亦在2014年9月13日之前。金盛公司于2014年9月15日提起本案诉讼主张优先受偿权时,已超过6个月期限。因此,一审法院以工程价款决算日作为建设工程价款优先受偿权起算之日,并认定金盛公司主张权利未超过法定期间,认定事实和适用法律均有错误;二审法院以符合合同法立法目的和公平原则为由维持一审法院判决意见,亦缺乏事实和法律依据,本院依法予以纠正。

三、涉案工程2~4号楼阳台和入户花园按全面积计价是否适当。

2005年7月1日实施的《建筑工程建筑面积计算规范》(已失效)之2"术语"第2.0.16条规定,阳台为供使用者进行活动和晾晒衣物的建筑空间;该规范之3"计算建筑面积的规定"第3.0.18条规定,建筑物的阳台均应按其水平投影面积的1/2计算。第3.0.11条规定,建筑物外有围护结构的落地橱窗、门斗、挑廊、走廊、檐廊,应按其围护结构外围水平面积计算。层高在2.20米及以上者应计算全面积;层高不足2.20米者应计算1/2面积。有永久性顶盖无围护结构的应按其结构底板水平面积的1/2计算。

涉案工程2~4号楼原设计户型中的阳台和入户花园均为上方开放、下方使用落地金属栏杆。实际施工过程中进行了变更调整。竣工验收的2~4号楼各房屋中阳台和入户花园均以落地铝合金窗全封闭,阳台、入户花园与客厅地面处同一水平面,层高在2.20米以上。当事人在进行涉案工程价款结算及本案诉讼过程中,对于阳台等概念,均未严格对照前述《建筑工程建筑面积计算规范》的规定区分使用。因此,对于涉案争议的阳台或入户花园无法简单依照前述规范中的概念含义对应确定。在涉案合同没有明确约定的情况下,原审法院结合实际施工及现场勘验情况参照《建筑工程建筑面积计算规范》第3.0.11条的规定,认定阳台和入户花园部分应当按照全面积计算工程价款,并无明显不当。兆通公司依据相关规范中关于阳台的定义主张争议部分工程应按1/2建筑面积计付价款,理据不足,不予采信。

四、兆通公司应否负担欠付工程款相应利息。

《最高人民法院关于审理建设工程施工合同纠纷案件适用法律问题的解释》(已失效)第17条规定,当事人对欠付工程价款利息计付标准有约定的,按照约定处理;没有约定的,按照中国人民银行发布的同期同类贷款利率计息。

第18条规定,"利息从应付工程价款之日计付。当事人对付款时间没有约定或者约定不明的,下列时间视为应付款时间:(一)建设工程已实际交付的,为交付之日;(二)建设工程没有交付的,为提交竣工结算文件之日;(三)建设工程未交付,工程价款也未结算的,为当事人起诉之日"。

涉案工程于 2013 年 11 月 15 日通过竣工验收,并于 2014 年 3 月 14 日进行结算,工程亦已实际交付兆通公司,部分购房业主已经入住。原审法院以结算之日作为应付工程款之日并起算相应利息,金盛公司未持异议,亦不违反前述法律规定。在涉案工程已经竣工交付并办理结算的情况下,兆通公司仅以金盛公司未移交竣工验收资料为由,主张不负担欠付工程款相应利息,缺乏事实和法律依据,依法不予支持。

五、兆通公司一审反诉所提各项请求应否支持。

建设工程施工合同当事人在进行工程竣工结算时,应当依照合同约定就对方当事人履行合同是否符合约定进行审核并提出相应索赔。索赔事项及金额,应在结算时一并核定处理。因此,除在结算时因存有争议而声明保留的项目外,竣工结算报告经各方审核确认后的结算意见,属于合同各方进行工程价款清结的最终依据。一方当事人在进行结算时没有提出相关索赔主张或声明保留,完成工程价款结算后又以对方之前存在违约行为提出索赔主张,依法不予支持。由此,在涉案合同未就工程价款结算时保留违约索赔权利作出专门规定的情况下,一、二审法院对于兆通公司一审反诉主张金盛公司逾期竣工、工期延误以及未移交竣工验收资料等违约索赔请求未予支持,符合法律规定。

综上所述,兆通公司申请再审所述部分理由成立,依法予以支持。

实战点评与分析

1. 结算在法律上的意义

结算是指双方当事人就已经完成的工程,由双方对实际施工的工程量和造价达成一致,因此,结算书本质上属于合同,除非一方当事人提供证据证明在办理结算过程中存在欺诈、胁迫以及其他可撤销情形,否则结算书一经签订,即对双方具有法律约束力;签订结算书后,一方申请对工程造价进行鉴定的,人民法院不予准许。

结算既然是双方施工过程中就工程量和造价协商达成的一致,因此,也包括对双方各自在合同履行过程中责任损失的确认,因此,除非双方另行约定,否则结算书签订后,一方一般情况下不得提出结算书以外的其他责任。

以本案为例,最高人民法院认为:建设工程施工合同当事人在进行工程竣工结算时,应当依照合同约定就对方当事人履行合同是否符合约定进行审核并提出相应索赔。索赔事项及金额,应在结算时一并核定处理。因此,除在结算时因存有争议而声明保留的项目外,竣工结算报告经各方审核确认后的结算意见,属于合同各方进行工程价款清结的最终依据。一方当事人在进行结算时没有提出相关索赔主张或声明保留,完成工程价款结算后又以对方之前存在违约行为提出索赔主张的,依法不予支持。由此,在涉案合同未就工程价款结算时保留违约索赔权利作出专门规定的情况下,一、二审法院对于兆通公司一审反诉主张金盛公司逾期竣工、工期延误以及未移交竣工验收资料等违约索赔请求未予支持,符合法律规定。

2. 建设工程优先受偿权的行使期限

《最高人民法院关于建设工程价款优先受偿权问题的批复》(已失效,笔者注)第4条规定,建设工程承包人行使优先权的期限为6个月,自建设工程竣工之日或者建设工程合同约定的竣工之日起计算。

但《建设工程解释一》对于建设工程优先受偿权的行使期间重新作了规定,该解释第41条规定:"承包人应当在合理期限内行使建设工程价款优先受偿权,但最长不得超过十八个月,自发包人应当给付建设工程价款之日起算。"

3. 挂靠的认定

所谓挂靠,住建部颁布的《建筑工程施工发包与承包违法行为认定查处管理办法》第10条:"存在下列情形之一的,属于挂靠:

(一)没有资质的单位或个人借用其他施工单位的资质承揽工程的;

(二)有资质的施工单位相互借用资质承揽工程的,包括资质等级低的借用资质等级高的,资质等级高的借用资质等级低的,相同资质等级相互借用的;

(三)本办法第八条第一款第(三)至(九)项规定的情形,有证据证明属于挂靠的。"

关于挂靠,一般应提供挂靠合同、支付挂靠管理费的证据等方能认定,仅提供承包人出具给个人的授权书等,不足以证明挂靠关系的成立。

本案中,关于马某祥是否系挂靠,最高人民法院认为:在实际施工过程中,马某祥亦以前述授权任命文件为凭表明身份并组织安排建设施工事项,兆通公司亦以金盛公司为合同相对方实际履行涉案合同。本案一审期间,金盛公司明确表示其为涉案工程实际施工方,并没有进行转包。可见,一审法院认定金盛公司为涉案合同当事人,具有相应的事实和法律依据。二审法院仅以金盛公司与马某祥陈述及马某祥以个人名义办文等情形,即认定二者之间属于借用资质的挂靠关系,并进而以此否定涉案合同效力,证据不足,依法予以纠正。

二、提供证据否定原告主张的事实,尤其是否定原告诉讼请求依据的法律规定的事实

原告提出诉讼请求必须依据合同约定和法律规定,因此,被告如认为其不承担责任,除抗辩原告提供的证据不足以证明其诉讼请求外,应提供证据证明原告诉讼请求依据的事实不符合法律规定的要件或其主张的事实不属实。

如原告认为被告系借款合同的保证人,就此提供了由被告签字的担保函,如被告认为其不承担担保责任,则应提供反驳证据证明担保函并非真实,就此应申请对笔迹进行鉴定,经鉴定,该签名并非本人签名,则意味着该担保函并非被告的意思表示,被告无须承担责任。

针对原告诉讼请求主张的事实,如何提供反驳证据,具体可以按照以下步骤办理:

1. 明确原告诉讼请求依据的法律关系、请求权依据的法律规定。

2. 就以上法律关系和请求权依据的法律规定所要求的事实要素,原告提供了哪些证据证明;其中最主要的是哪些证据。

3. 原告主张的法律关系以及请求权依据的法律规定所要求的事实要素所对应的事实是否属实;是否系其提供证据证明的事实;如果不属实或不完全属实,则真实的事实是什么;对该事实,被告是否有相应的证据。

4. 收集并提供反驳原告主张法律关系和诉讼请求的证据。

案例3-15：应提供证据否定原告请求权所依据的法律事实

•案情简介

2015年12月2日，被告某风力发电有限公司(以下简称风电公司或被告)在金子岭风电场4号线(蜈蚣岭段)建设风电场，原告平寨一组、平寨二组认为该风电场归其所有，部分村民到现场阻止被告建设，双方在朱某的见证下，签了一份收据，内容为"经收到风电公司金子岭风电场4号线(蜈蚣岭路段)涉柳家乡凤岭村委平寨村群众利益，为加快风电建设速度，风电公司与平寨村村委代表、小组长及村民代表协商，暂付人民币50,000元，转账至邓某乐柳家信用社账户，给平寨村民用于生产、生活的扶持资金。未尽事宜，再次待风机道路平台挖建成形后，由公司通知平寨村民见证后协商解决，下期的工程方可施工"。被告在2015年12月18日将5万元转至以上账户并继续施工，后原告认为被告的风机道路平台挖建成形后，下期的工程未经与原告协商就建设，违反了双方约定，于2017年8月9日向某县法院起诉，要求确认被告施工行为违反了以上双方约定，且立即停止施工。

•对本案法律关系、原告诉讼请求以及诉讼请求成立所依据的法律事实进行分析

(1)本案法律关系：合同纠纷，原告以被告开具的收据以及收据记载的内容为证，认为双方就支付道路使用费以及下期施工达成了一致，被告未按照合同约定，在下期施工前征得原告同意，构成违约。

(2)原告诉讼请求成立依据的法律事实：原告对道路享有所有权。如果原告对道路不享有所有权，则被告使用该道路进行下期施工无须征得原告同意，且之前签署的所谓收据，亦属于无权处分。

(3)收集证据推翻原告诉讼请求依据的事实。

经查，案涉蜈蚣岭路段的地块权属于案外人国营某林场，被告为使用诉争地块，已经与该林场签订了用地补偿协议并取得对诉争地块的使用权，同时经核实，该林场对诉争地块拥有合法有效的林权证，而被告方当时之所以给付原告5万元并签署收据，是因为村民阻挠施工，其为推进施工而给付，但没想到后来村民继续阻挠并提起诉讼。

结合上述事实，被告提供了某林场的林权证、与某林场签订的使用案涉道路的协议书、支付使用费的付款凭单等。以上证据足以推翻原告请求权所依据的事实。

被告认为,本案中,原告以其并无权属的地块使用为由向被告收取5万元,且此前签订的所谓协议,属无权处分;如该案件支持原告诉请,意味着原告可以以其不具有任何权利的土地向被告索要款项,其结果必然侵犯案外人国营某林场对该地块所拥有的合法有效的权利,且必然意味着除了原告,包括其他任何主体,都可以在此地块以及其他任何地块设置路障、强行索要钱物,甚至其他人只要在公路上设置路障都可以收钱并强迫对方签订所谓的收据而使其行为合法,以上行为除了符合抢劫罪特征外,更是对合法权利人和社会公共利益的损害,因此协议如果得到支持,后果不堪设想。综上,所谓收据所形成的合同系无效合同。

• 判决结果

2017年10月20日,法院作出一审判决,支持了被告的答辩并驳回原告诉请,后原告上诉至中级人民法院,二审法院作出了驳回上诉维持原判的终审判决。

实战点评与分析

在这个案件中,原告方并非诉争用地的权利人,相反被告方提供了充分的证据证明该用地属于第三方,该证据足以推翻原告诉讼请求依据的事实,法院最终亦采信被告提供的证据,驳回原告的诉讼请求。

同时,就答辩思路而言,原告与被告所订立的所谓合同显系无权处分,且未得到权利人的追认,应属无效,如果光从这点进行答辩其实也可以,但笔者认为,光是这点仅是确定了原告属于无权处分,但要充分证明合同是无效合同,还远远不够,毕竟被告尚未证明合同存在原《合同法》第52条(对应《民法典》第140条、第153条、第154条)规定的无效情形,就此,可采用顺向思维的方式,假设其诉请成立,推导出支持其诉请将造成严重的不良后果包括对社会公共利益的损害和对第三方合法权益的损害,如此就更为充分地论证双方订立的所谓合同是无效的。

三、侵权案件应提供证据证明本案侵权责任系原告或他人行为所致；合同纠纷案件，提供证据证明原告对违约责任和损失需承担一定责任，包括原告违约、原告对损失以及损失的扩大存在过错等

1. 侵权案件

被告减轻或免除己方责任的抗辩包括：被告并非事故的责任主体；原告对事故的发生存在过错（过失相抵）；事故发生系多因一果，除被告原因外，其他当事人亦是造成事故的原因。以上抗辩常见的证据：交通事故认定书、政府职能部门对事故的调查报告、本案存在其他责任人的证据。

如共同危险行为导致的侵权案件，此类侵权一般涉及多人，此类案件中，被告可以抗辩造成损害结果的除被告外，还存在其他加害人，因此建议法院将其他当事人追加为被告。

2. 合同纠纷案件

合同责任是严格责任或无过错责任，除非证明原告对损失的发生亦存在过错，否则应由被告承担全部责任。有的法律对某种类型的合同规定了更为严苛的责任，如客运服务合同承运人减轻或免除自身责任，必须提供证据证明受害人伤亡系自身健康原因或其故意或重大过失导致，《民法典》第823条第1款："承运人应当对运输过程中旅客的伤亡承担赔偿责任；但是，伤亡是旅客自身健康原因造成的或者承运人证明伤亡是旅客故意、重大过失造成的除外。"此种案件中，被告必须按照法律规定的减轻或免除责任的事由提供证据，否则不能减轻或免除其责任。

相关法律规定：

《民法典》第591条："当事人一方违约后，对方应当采取适当措施防止损失的扩大；没有采取适当措施致使损失扩大的，不得就扩大的损失请求赔偿。

当事人因防止损失扩大而支出的合理费用，由违约方负担。"

第592条："当事人都违反合同的，应当各自承担相应的责任。

当事人一方违约造成对方损失，对方对损失的发生有过错的，可以减少相应的损失赔偿额。"

（1）收集提供证据证明原告存在过错的要点

其一，确定双方是何种法律关系；

其二,根据确定的法律关系,确定双方在法律上各自应承担的义务和责任;

其三,结合合同,将对方承担义务的条款、违约责任条款、结合法律规定应承担的义务整理和梳理出来,必要时可以列出表格;

其四,从所列的义务中确定该方应承担的主要义务、附随义务或其他义务;

其五,结合上述义务,先从主要义务着手,收集原告履行主要义务的证据,结合证据以及合同约定,判断其是否存在过错,是否存在违约,如存在过错和违约,则提交相应的证据。

(2)关于原告主张的损失,收集提供反驳证据要点

其一,原告主张损失的起止时间是否正确;如计算的起止时间不正确,则应提供正确的计算损失的起始时间、截止时间的反驳证据。

其二,在起始时间至截止时间段内,是否存在损失扩大的情形,是否存在因原告原因导致损失扩大的情形,如有,应提供反驳证据。如停工损失,在发生停工事件后,被告要求原告尽快将其人员、机械和材料搬离项目场地,原告拒不搬离的,对于损失扩大的部分,由原告自行承担。

其三,导致原告损失,是否还有其他因素,如市场因素或其他原因,如有,提供相应的证据。如被告提供的货物质量不符合约定,但在此期间,因市场行情导致货物价格大幅下跌,则对于因市场行情导致的损失,被告不应承担。

案例 3-16:买受人一直拒不收房,对房屋长期闲置、损失扩大也应承担一定的责任。 在此情形下,二审判决酌定双方各承担 50% 的责任并无不当

——刘某、李某春商品房预售合同纠纷再审审查与审判监督民事裁定书

审理法院:最高人民法院

案号:(2019)最高法民申 1175 号

裁判日期:2019 年 5 月 6 日

案由:商品房预售合同纠纷

· **最高人民法院裁判意见**

刘某、李某春申请再审称,1.案涉合同附件"房屋平面图"显示,双方约定的商

品房一层设计层高为5.4米,二层设计层高为3.3米,实际层高与设计层高或者双方约定层高的误差范围超过60厘米,已经构成重大设计变更。根据补充协议第8条约定以及《商品房销售管理办法》第24条规定,设计变更导致房屋结构型式、户型、空间尺寸、朝向变化的,开发企业应当在变更确立之日起10日内书面通知买受人,未在规定时限内通知买受人的,买受人有权退房。2.二审判决生效后,刘某、李某春进行了实地踏勘,除水电不通、层高不足等问题仍然存在外,房屋主体存在严重瑕疵,远远达不到入住及使用条件,尤其是D区商业B段8号、9号两套房屋存在楼体间裂缝,一、二层裂缝等严重问题。刘某、李某春对此进行的拍照足以证实。3.当事人《商品房买卖合同》第14条约定,出卖人承诺在房屋交付时供水、供电系统达到正常使用条件;《补充协议》第3条约定房屋交付时间为2011年1月10日前,并于此前正式供应水、电。但直至2013年7月31日案涉房屋仍然不通水、不通电,直到二审判决生效后也不能达到合同约定的使用条件和交付条件。刘某、李某春在家庭内部分家析产并不会影响到万达公司对案涉房屋的正常交付。故刘某、李某春对于案涉房屋逾期交房并不存在过错,二审判决要求刘某、李某春自行承担50%的损害赔偿责任理据不足。综上,刘某、李某春系根据2017年《民事诉讼法》第200条(对应2023年第211条)第1项、第2项、第6项之规定申请再审。

本院经审查认为,第一,关于《商品房买卖合同》及《补充协议》应否解除的问题。首先,《补充协议》第4条第3项约定,乙方(购房人)收房后该房屋发生地基基础和主体结构质量问题,经该房屋所在地建设主管部门指定的具备资质的鉴定机构作出结论,认定房屋地基基础和主体结构确实存在质量问题,导致无法正常使用,并经甲方复核确认的,乙方有权选择解除合同。第4条第4项约定,如该房屋存在地基基础和主体结构工程以外的质量或装修问题,经权威部门鉴定,确属保修期内开发商依法应保修的范围,并经甲方复核确认的,甲方应当按照本合同约定承担保修责任,但乙方不得以此为由拒绝或拖延办理房屋交付手续,否则视为已交付,并按乙方原因造成房屋未能按期交付执行。根据上述约定,购房人仅在房屋地基基础和主体结构经鉴定存在质量问题,导致无法正常使用的情况下,才有权解除合同。刘某、李某春提出案涉房产存在层高与设计不符、未通水通电、消防配套设施不全等问题,但并未提供证据证明上述问题属于房屋地基基础和主体结构的质量问题。其次,刘某、李某春主张层高不足属于《补充协议》第8条约定的"经规划部门批准的规划变更、设计单位同意的设计变更导致房屋结构形式、户型、空间尺寸、朝向变化",但《补充协议》未约定层高存在多大误差属于"设计变更",且根据统计表的数据,一层层高存在最大误差为6厘米,最大误差率约为1.1%,小于2003年《最高人民法院关于审理商品房买卖合同纠纷适用法律若干问题的解释》第14条规定的买受人可以请求解除合同的面积误差比绝对值3%。故刘某、李某春以层高不足为由要求解除案涉《商品房买卖合同》及《补充协议》缺乏事实依据和法律依据。综上,刘某、李某春关于合同解除申请再审的理由不能成立。

第二,关于案涉房产未按时交付的责任分担问题。虽然刘某、李某春要求解除合同的请求不成立,但根据一审、二审查明事实,案涉房屋确实存在一层层高不足的问题,根据2013年7月31日会议纪要记载,当时也确实存在水电、消防等方面的问题,这对房屋的接收、使用均会造成一定影响,故万达公司应承担相应的违约责任。同时,根据《补充协议》第4条约定,地基基础和主体结构工程以外的质量或装修问题均不是拒绝收房的约定理由,故刘某、李某春一直拒不收房,对房屋长期闲置、损失扩大也应承担一定的责任。在此情形下,二审判决酌定双方各承担50%的责任并无不当,刘某、李某春关于此点申请再审的理由不能成立。

综上,刘某、李某春的再审事由不成立。

实战点评与分析

1. 以合同约定的解除条件解除合同,必须提供证据证明案涉事实符合合同约定解除的条件。

法律规定合同解除包括两种情形,一种是通过单方行使解除权而解除合同,另一种是双方协商解除。其中第一种通过单方行使解除权解除合同又包括两种情形:依据法律规定解除合同、依据合同约定的条件解除合同。

本案中,刘某、李某春以商品房一层设计层高为5.4米,二层设计层高为3.3米,实际层高与设计层高或者双方约定层高的误差范围超过60厘米,已经构成重大设计变更为由解除合同,但提供的证据不足以证明属于"重大设计变更",因此原审法院未予支持。

2. 当事人只对违约行为造成的损失承担责任,换言之,违约行为应与损失具有直接因果关系。

本案中,刘某、李某春主张由万达公司承担全部的逾期交房损失,但刘某、李某春以地基基础和主体结构工程以外的质量或装修问题主张解除合同,该理由并不符合双方约定和法律规定,均不是拒绝收房的约定理由,故刘某、李某春一直拒不收房,其对造成的逾期交房损失亦存在过错和责任,在此情形下,二审判决酌定双方各承担50%的责任并无不当。

从本案可见,合同责任虽然系严格责任,但对于损失,违约方只应承担因其违约行为造成的损失,如原告对损失以及损失扩大存在过错,则相应减轻违约方的损失赔偿责任。

综上,在实务中,任何的合同纠纷案件,原告主张被告违约并要求被告承担违约责任和损失,被告应提供证据证明其并无违约行为,即便存在违约行为,但其违约行为与原告主张的损失之间并不存在因果关系或部分损失与违约行为存在因果关系,或者就原告主张的损失,原告本身亦存在过错等。

四、提供证据证明原告主张的本金过高或不完全属实,应予减少;提供证据否定或减少原告主张的损失赔偿金额,如证明原告主张的损失赔偿实际上并不存在或缺乏事实依据或原告主张的违约金或赔偿金额过高;提供证据证明原告主张的损失与被告违约(或侵权)行为不存在直接因果关系

1. 被告应提供证据证明原告主张的本金过高或不完全属实,应予减少

根据我国《民法典》,债包括四种:合同之债、侵权之债、不当得利之债、无因管理之债。原告提出的诉讼请求即所主张的债,一般包括本金和本金以外的金额,如违约金(或利息)和损失。关于本金,如原告诉请的本金与事实不符或过高,被告应提供证据予以反驳,反驳的方向和证据主要围绕全部应付款是多少,实际已付款是多少,如全部应付款少于原告主张金额或实际已付款大于原告承认的金额,应提供反驳证据:

其一,原告主张的全部应付款不属实,如民间借贷案件,原告主张已经支付给被告的债权本金不完全属实,被告未实际收到该金额的款项;建设工程纠纷,承包人主张的工程造价系其单方制作或单方委托第三方计算得出,该金额不属实;等等。

反驳证据：被告实际收到原告支付款项的银行回单、流水；对工程造价申请鉴定；关于应付款，提供双方签订的补充协议、变更协议、结算书、对账单等作为反驳证据。

其二，原告自行承认的被告已付款金额不足，即被告实际支付的款项大于原告自行承认的金额。如民间借贷案件，借款人将每月清偿的本息并未支付给原告而是支付给原告指定的第三人，但因被告未能提供证据证明原告指定第三人收款的事实，导致双方对已付款发生争议；再如建设工程纠纷，发包人将工程款直接支付给承包人的劳务分包单位或农民工个人或承包人购买材料的材料供应商等，承包人对此不予认可，因而发生争议等。

反驳证据：银行付款凭单；原告收款后开具的收据、发票；如系代付，提供原告的授权书、代付说明；承包人与第三人签订的合同（如劳务分包合同、供货合同），承包人与第三人之间的结算书、对账单等，发包人要求承包人按时支付供货款、劳务款的通知，代付前要求承包人付款的通知书，政府的指令或要求（如政府要求发包人垫付农民工工资），其他可以证明原告同意或事后追认代付的事实。

2. 提供证据否定或减少原告主张的损失赔偿金额

原告主张被告违约或侵权，目的是主张损失赔偿，从举证而言，原告有义务证明其损失（包括直接损失和间接损失），原告未能提供证据证明其损失的，应承担不利后果。从被告而言，可以提供证据证明原告主张的损失并不属实。

损失包括直接损失和间接损失。直接损失指的是现有财产的减少或灭失。针对直接损失，被告则可以提供证据证明原告主张的所谓损失并不属实或不完全属实。如苗木侵权案件，原告主张其所种植苗木死亡并将其购买价值作为直接损失的金额，被告如认为苗木并未死亡，则可以提供反驳证据，如提供专业机构出具的专业检测意见证明苗木并未死亡等。

建设工程施工合同纠纷中停工误工损失往往是双方争议焦点，即停工误工的起止时间以及所主张的人材机的损失是否属实。人工损失是否属实主要涉及管理人员和劳务人员，争议点主要是人员数量是否属实，计算的误工标准是否属实；材主要是周转材，争议点主要是周转材的数量是否属实；机主要是机械设备，争议点主要是机械设备数量、费用（含机械租赁费、操作机械的人工费——机械人工费一般包括一个指挥员和一个操作员的工资）标准是否属实，承包人主张的机械租赁费的超时赔偿是否属实,被告应否承担等。如被告认为人员数量、标准不实,则可以提供反驳证据,如提供人员考勤记录、打卡记录或监理证明、监理日记、例会纪要等,证明停工期间并没有原告主张的人员数量;周转材和机械租赁损失也是同理。如果法律或其他规范性文件对计费标准有规定,可提供相应的规范性文件。

间接损失,指的是可得利益的减少。如原告主张可得利益损失,则可以从以下方面收集并提供反驳证据:

其一,该可得利益损失,并非被告订立合同时所能预见。

《民法典》第584条:"当事人一方不履行合同义务或者履行合同义务不符合约定,造成对方损失的,损失赔偿额应当相当于因违约所造成的损失,包括合同履行后可以获得的利益;但是,不得超过违约一方订立合同时预见到或者应当预见到的因违约可能造成的损失。"

根据以上规定,可得利益损失的承担必须以合同订立时被告是否预见为前提,如未预见,则被告对该可得利益损失不承担。

此类证据一般可以从双方签订的合同中记载的内容、案涉项目报批报建时的房屋性质用途等予以证明,如发包人开发的房屋为住宅,发包人认为由于承包人逾期竣工,导致其无法将房屋交付专门从事民宿酒店的经营人经营并导致经营损失,此类案件,由于房屋报建性质为住宅,因此承包人无法预见该房屋将用于民宿酒店经营,此类案件应收集案涉工程的建设工程规划许可证、建设用地规划许可证、施工许可证、预售许可证等证据。

其二,可得利益计算依据的证据材料不充分。

根据《最高人民法院关于当前形势下审理民商事合同纠纷案件若干问题的指导意见》第9条:"在当前市场主体违约情形比较突出的情况下,违约行为通常导致可得利益损失。根据交易的性质、合同的目的等因素,可得利益损失主要分为生产利润损失、经营利润损失和转售利润损失等类型。生产设备和原材料等买卖合同违约中,因出卖人违约而造成买受人的可得利益损失通常属于生产利润损失。承包经营、租赁经营合同以及提供服务或劳务的合同中,因一方违约造成的可得利益损失通常属于经营利润损失。先后系列买卖合同中,因原合同出卖方违约而造成其后的转售合同出售方的可得利益损失通常属于转售利润损失。"

根据上述规定,当事人主张可得利益一般需要通过审计鉴定,对于当事人提供的用于审计的证据材料不足或不应作为定案依据的,被告应提出异议,对提供用于鉴定的证据有反驳证据的,亦应提供。换言之,一方当事人申请审计鉴定的,则另一方的反驳证据主要针对用于审计鉴定的证据材料,提供反驳证据证明审计鉴定依据的证据材料不具有真实性、合法性和关联性。

3. 提供证据证明原告主张的损失与被告违约(或侵权)行为不存在直接因果关系

《民法典》第584条:"当事人一方不履行合同义务或者履行合同义务不符合约定,造成对方损失的,损失赔偿额应当相当于因违约所造成的损失,包括合同履行后可以获得的利益;但是,不得超过违约一方订立合同时预见到或者应当预见到的因违约可能造成的损失。"

根据上述规定,一方不履行合同义务造成的损失,应相当于违约造成的损失,即违约行为与损失之间应具有直接因果关系,如果损失并非全部由于违约行为而是由于其他原因造成的,则违约方只承担其违约行为造成的损失部分。

判断违约行为与损失之间是否具有直接因果关系,可以采用以下方法判断:如果违约行为发生,全部损失亦发生,则二者具有直接因果关系;如果将违约行为除去,损失必然不发生,则二者亦具有直接因果关系;如果将违约行为除去,损失仍发生,则违约行为与损失之间不存在直接因果关系;如将违约行为除去,部分损失发生,部分损失不发生,则违约行为与部分损失存在直接因果关系,与部分损失不存在直接因果关系,此时有必要查明并提供与违约行为无直接因果关系的证据。

《民法典》第1165条第1款:"行为人因过错侵害他人民事权益造成损害的,应当承担侵权责任。"根据上述规定,侵权人承担因其过错造成的对方损失,在侵权案件中,侵权人承担的损失也应与侵权行为具有因果关系,关于侵权行为与损失的因果关系判断以及证据收集,可直接参照上述关于违约行为与损失之间因果关系的判断操作方法。

案例3-17：鑫龙公司未积极采取适当措施要求理工学院和六建公司明确停工时间以及是否需要撤出全部人员和机械，而是盲目等待近两年时间，从而放任了停工损失的扩大，就此应承担相应的责任

——河南省偃师市鑫龙建安工程有限公司与洛阳理工学院、
河南省第六建筑工程公司索赔及工程欠款纠纷案

审理法院：最高人民法院

案号：（2011）民提字第292号

裁判日期：2011年11月8日

案由：建设工程分包合同纠纷

• 最高人民法院裁判意见

本院查明的其他案件事实与一审、二审及再审法院查明的事实相同。

另外，在本院庭审中，鑫龙公司放弃了其在再审申请书中所主张的本案是侵权纠纷，二审判决和再审判决中认定鑫龙公司对扩大的损失自负责任是错误地适用合同法的申请理由。同时，进一步明确了其申诉请求，主张对其停工损失，理工学院应承担70%，六建公司承担20%，其自负10%。

本院认为，综合各方当事人在本院开庭审理时的诉辩主张和主要理由，本案的争议焦点为理工学院、六建公司应当如何承担鑫龙公司诉请的停工损失。具体又包含两个方面的问题，一是停工时间为多长，二是停工损失的分担比例。

关于停工时间。本案中，在发现成教楼楼板出现裂缝后，1999年4月16日，华诚事务所向洛大项目部下发停工整改通知书；4月20日，六建公司工程管理部向洛大项目部下发了停工通知书，决定"洛大成教楼从即日起停工"。至此，成教楼工程全部停工。为了查明成教楼出现裂缝的原因，在工程停工后，理工学院和六建公司均多次委托不同的第三方机构对成教楼工程进行了鉴定，由于结论存在差异，故自停工之日起至2001年3月19日本案一审立案时的近两年时间里，各方一直未能就成教楼出现裂缝的原因达成一致意见。在此期间，1999年5月25日，六建公司召开洛大成教楼工程质量会议，根据该会议记录，六建公司经理吴某浩要求鑫龙公司退场，鑫龙公司经理杨某欣表示同意。六建公司并于当日形成了书面的停工撤场通知，要求鑫龙公司"全部人员停工，撤场"，该通知于5月27日由

六建公司派驻洛大项目部的人员曹某周签收。但该通知也未能得到实际执行。1999年8月2日，六建公司召开了洛大成教楼、住宅楼复工会议，根据会议纪要，六建公司要求"分承包方"即鑫龙公司于8月中旬复工，工期100天，六建公司副经理蔡某祥并要求"必须保证工期……如果杨某欣再出现什么事，公司将采取强硬态度"。杨某欣则表示"一定按公司的要求保质、保量完成，尽快安排人员进场"。但从1999年10月26日、2000年3月4日鑫龙公司给理工学院、六建公司的信函以及各方当事人在一审、二审以及再审审理中的陈述来看。工程并未于1999年8月中旬复工，各方当事人仍因成教楼裂缝问题而就停工、复工未达成一致。直至2001年1月20日、1月21日，鑫龙公司与六建公司才签订了两份协议书，约定"(六建)公司于2000年元月22日支付给偃师鑫龙建安工程有限公司工程款50万元""2月7日前就款项问题理工学院、省建六公司履约的同时，向省建六公司腾出成教楼施工现场。"但双方仍均未履行该协议，六建公司遂诉至河南省洛阳市西工区人民法院，在西工区人民法院主持下达成调解，西工区人民法院2001年3月20日作出了(2001)西经初字第175号民事调解书，明确"被告(鑫龙公司)撤出现场"。

  从以上事实可以看出，在1999年4月20日成教楼工程停工后，鑫龙公司与六建公司就停工撤场还是复工问题一直存在争议。对此，各方当事人应当本着诚实信用的原则加以协商处理，暂时难以达成一致的，发包方对于停工、撤场应当有明确的意见，并应承担合理的停工损失；承包方、分包方也不应盲目等待放任停工损失的扩大，而应当采取适当措施如及时将有关停工事宜告知有关各方、自行做好人员和机械的撤离等，以减少自身的损失。而本案中，成教楼工程停工后，理工学院作为工程的发包方没有就停工、撤场以及是否复工作出明确指令，六建公司对工程是否还由鑫龙公司继续施工等问题的解决组织协调不力，并且没有采取有效措施避免鑫龙公司的停工损失，理工学院和六建公司对此应承担一定责任。与此同时，鑫龙公司也未积极采取适当措施要求理工学院和六建公司明确停工时间以及是否需要撤出全部人员和机械，而是盲目等待近两年时间，从而放任了停工损失的扩大。因此，本院认为，虽然成教楼工程实际处于停工状态近两年，但对于计算停工损失的停工时间则应当综合案件事实加以合理确定，二审判决及再审判决综合本案各方当事人的责任大小，参照河南省建设厅豫建标定[1999]21号《关于记取暂停工程有关损失费用规定的通知》的规定，将鑫龙公司的停工时间计算为从1999年4月20日起的6个月,较为合理。鑫龙公司认为参照该通知将停工时间认定为6个月属于适用法律错误的理由不能成立。二审判决及再审判决据此认定对此后的停窝工,鑫龙公司应当采取措施加以改变,不应计入赔偿损失范围并无不当。鑫龙公司对其未采取适当措施致使的损失应当自行承担责任,鑫龙公司主张不存在怠于采取措施致使损失扩大的理由亦不能成立。

关于停工损失的数额。根据上述鑫龙公司停工损失计算期间的认定结果,本院认定鑫龙公司6个月停工损失为534,162.6元(停滞机械设备台班费、建筑周转材料损失费、人工窝工损失费2,050,597.33元÷691天=每天的损失为2967.57元×6个月);租用六吨塔式起重机支付的赔偿金135,000元,以每天100元,共计6个月,合计18,000元。以上两部分合计552,162.6元。

关于停工损失的分担比例。对于理工学院成教楼出现裂缝导致工程停工的责任问题,一审、二审及再审判决依据查明的案件事实认定理工学院提供地质报告有误,从而导致成教楼裂缝,造成鑫龙公司停工,对此应承担主要责任;六建公司处理不力致使损失扩大,鑫龙公司工程质量存在一定问题,均应承担一定责任。对此事实及认定,鑫龙公司没有异议,理工学院、六建公司对二审及再审判决亦没有提出申诉,本院予以确认。一审判决并据此认定理工学院承担损失的80%,六建公司和鑫龙公司各自承担损失的10%,属于在正常的自由裁量权范围内进行的责任分担比例划分,并无明显不当。二审及再审判决在认为一审认定责任正确的情况下,将理工学院所负主要责任的比例由80%调整为50%既与其相关认定结论不符,也没有充分证据,应当予以纠正。此外,鑫龙公司在我院提审庭审中主张,对于停工损失,理工学院应承担70%,六建公司承担20%,其自负10%。鑫龙公司该主张有事实及法律依据,应予支持。故理工学院应承担的损失比例为70%,六建公司仍按照二审及再审判决确定的20%承担损失责任,鑫龙公司自负10%。

因六建公司与鑫龙公司已于2008年4月(河南省高级人民法院再审判决生效后,本院提审前)就包括本案涉及的六建公司对鑫龙公司承担经济损失在内的有关债权债务纠纷在执行程序中达成执行和解并已执行完毕,而六建公司根据本判决应承担的义务(包括诉讼费用的负担)并未发生变化,故其与鑫龙公司在本案中的债权债务已经全部结清。

实战点评与分析

1.我国《民法典》对于违约责任的归责原则实行的是严格责任(无过错责任)。

违约方是否存在过错不影响其违约责任的成立。"一项损害发生后,如果该损害不由受害人自己承担,就会面临由其他人承担的问题。这时,法律将赔偿损害作为一项法律责任,归于某人承担,便是在'归责'。"[1]

我国《民法典》对违约以及违约损害赔偿以无过错为基本归责原则,辅之以过错原则,对于具体的过错原则,以《民法典》中特别规定的为准。

《民法典》第577条:"当事人一方不履行合同义务或者履行合同义务不符合约定的,应当承担继续履行、采取补救措施或者赔偿损失等违约责任。"

从以上规定不难看出,判断当事人是否存在违约是以其行为是否符合合同约定作为判断标准的,其主观状态在所不问,因此我国《民法典》的归责原则实行的是严格责任(或者说无过错责任)。

2.对于违约造成的损失,以违约行为与损失存在因果关系作为判断标准,当事人对于损失本身是否存在过错在所不问。

违约导致的直接结果是违约损害赔偿,由于我国贯彻的违约归责原则是无过错原则,因此对于违约造成的损失,只要违约行为与损害结果之间存在因果关系即应承担赔偿责任,至于行为人对于损害的发生所持的主观状态,在所不问。

《民法典》第584条:"当事人一方不履行合同义务或者履行合同义务不符合约定,造成对方损失的,损失赔偿额应当相当于因违约所造成的损失,包括合同履行后可以获得的利益;但是,不得超过违约一方订立合同时预见到或者应当预见到的因违约可能造成的损失。"

从以上规定不难看出,我国《民法典》关于违约损害赔偿,贯彻的是实际赔偿原则,以填补受害人所受损害为原则,违约方的主观过错程度在违约损害赔偿中并无太大意义。

当然,如违约方系恶意违约的,则恶意违约的一方主张违约金过高并请求

---

[1] 韩世远:《合同法总论》,法律出版社2018年版,第745页。

法院对违约金予以酌减的,法院一般不予支持。

相关法律规定:

最高人民法院关于适用《中华人民共和国民法典》合同编通则若干问题的解释第65条第3款:"恶意违约的当事人一方请求减少违约金的,人民法院一般不予支持。"

3. 违约行为与损害结果之间的因果关系是确定损失范围、损失大小的关键。

(1)违约行为与损害后果之间是否存在因果关系往往是双方争议焦点。

以本案为例,双方争议的焦点之一在于,当事各方的行为与停误工损失之间是否存在因果关系,如果存在,则该方需要承担相应的损失赔偿后果,如果不存在,则无须承担该停误工损失赔偿。

鑫龙公司认为,停工原因是理工学院提供的地质勘探报告有误造成的。机械工业部第四设计院两次致函理工学院,指出部分桩端阻力与地质资料相差较大,若不处理,很可能引起基础沉降不均匀、建筑物倾斜、开裂等不良后果,理工学院对此无动于衷,并继续让鑫龙公司施工,导致主体完工后出现裂缝。由于理工学院提供的地质报告存在错误,导致按地质报告作出的图纸以及根据图纸所施工的基础存在沉降不匀,并导致建筑物倾斜开裂,最终导致项目停工。因此理工学院的违约行为与停工后果存在直接因果关系。

而理工学院则认为,成教楼工程停工的原因是鑫龙公司施工质量问题,与地质报告是否有误无必然的因果关系,成教楼出现裂缝是由施工质量问题造成的。"未向主管部门报告"不能成为理工学院承担责任的理由,鑫龙公司的损失不是事实,鑫龙公司从未向六建公司及相关部门提出过对人员、设备、材料的清点及索赔,在诉讼中提出索赔请求无事实依据。

法院最终认定理工学院承担本案停误工赔偿责任也是认为,停工责任在理工学院,即二审判决所认定的,"理工学院作为业主,应向施工单位提供准确无误的施工图纸和地质报告,因其给施工单位提供的图纸和地质报告有误,导致成教楼裂缝,造成鑫龙公司停工,一审、二审判决认定理工学院承担主要责任是正确的"。

(2)损害的发生如果非由于对方违约行为,在此情况下,该方不承担损害赔偿责任。

我国的损害赔偿主要包括两种,一种是违约损害赔偿,另一种是侵权损害赔偿。就违约损害赔偿而言,非违约方必须证明对方存在违约行为且该等违约行为直接导致了损害后果,如果合同对方不存在违约或虽存在违约,但违约行为与损害后果之间并不存在必然和直接的因果关系,则该方不应承担相应的违约损害赔偿责任。

(3)损害后果如果系由于受害方过错造成,则该损害后果由该方自行承担。

《民法典》第592条:"当事人都违反合同的,应当各自承担相应的责任。

当事人一方违约造成对方损失,对方对损失的发生有过错的,可以减少相应的损失赔偿额。"

根据上述规定,对于损害后果的发生,如果受害人亦存在过错,则由该方自行承担相应的责任。虽然我国《民法典》对违约归责采取的是无过错原则,但对于损害后果的分担,仍根据合同各方过错行为与损害之间的因果关系来判断该承担何种责任以及责任的大小。对于损害的发生受害方如果存在一定的过错,则应承担相应的损害后果,相应地,则减轻对方的损害赔偿责任。

(4)违约行为与损害后果的因果关系决定损失的范围。

违约损害赔偿责任,违约方只对其违约行为导致的损失承担责任,换言之,如该损失与违约行为无关,则违约方无须承担该损失赔偿责任;如原告主张的全部损失只有部分与违约行为有关,违约方也只承担与其违约行为有关的部分损失。综上,违约行为与损害后果的因果关系决定损失赔偿责任的范围和大小。

4.因一方违约导致损失发生的,非违约方应及时采取合理措施避免损失的扩大,否则对于扩大的损失,违约方不应承担。

在一方违约并导致损失发生的情况下,非违约方应采取合理措施避免损失扩大,而不应放任损失的扩大,否则对于扩大的损失,由非违约方自行承担。

以本案为例,二审法院在最终认定停工损失的时候,以各方在停工发生后,是否采取了积极合理措施避免损失扩大作为判断各方承担停工损失的依据,最高人民法院认为,在停工损失发生后,"各方当事人应当本着诚实信用的原则加以协商处理,暂时难以达成一致的,发包方对于停工、撤场应当有明确的意见,并应承担合理的停工损失;承包方、分包方也不应盲目等待而放任停工损失的扩大,而应当采取适当措施如及时将有关停工事宜告知有关各方、自行做好人员和机械的撤离等,以减少自身的损失"。

基于以上原则,最高人民法院对各方责任损失进行了确定,"本案中,成教楼工程停工后,理工学院作为工程的发包方没有就停工、撤场以及是否复工作出明确的指令,六建公司对工程是否还由鑫龙公司继续施工等问题的解决组织协调不力,并且没有采取有效措施避免鑫龙公司的停工损失,理工学院和六建公司对此应承担一定责任。与此同时,鑫龙公司也未积极采取适当措施要求理工学院和六建公司明确停工时间以及是否需要撤出全部人员和机械,而是盲目等待近两年时间,从而放任了停工损失的扩大。因此,本院认为,虽然成教楼工程实际处于停工状态近两年,但对于计算停工损失的停工时间则应当综合案件事实加以合理确定,二审判决及再审判决综合本案各方当事人的责任大小,参照河南省建设厅豫建标定[1999]21号《关于记取暂停工程有关损失费用规定的通知》的规定,将鑫龙公司的停工时间计算为从1999年4月20日起的6个月,较为合理。鑫龙公司认为参照该通知将停工时间认定为6个月属于适用法律错误的理由不能成立。二审判决及再审判决据此认定对此后的停窝工,鑫龙公司应当采取措施加以改变,不应计入赔偿损失范围并无不当。鑫龙公司对其未采取适当措施致使的损失应当自行承担责任,鑫龙公司主张不存在怠于采取措施致使损失扩大的理由亦不能成立"。

"关于停工损失的分担比例。对于理工学院成教楼出现裂缝导致工程停工的责任问题,一审、二审及再审判决依据查明的案件事实认定理工学院提供地质报告有误,从而导致成教楼裂缝,造成鑫龙公司停工,对此应承担主要责任;六建公司处理不力致使损失扩大,鑫龙公司工程质量存在一定问题,均应承担一定责任。对此事实及认定,鑫龙公司没有异议,理工学院、六建公司对二审及再审判决亦没有提出申诉,本院予以确认。一审判决并据此认定理工学院承担损失的80%,六建公司和鑫龙公司各自承担损失的10%,属于在正常的自由裁量权范围内进行的责任分担比例划分,并无明显不当。二审及再审判决在认为一审认定责任正确的情况下,将理工学院所负主要责任的比例由80%调整为50%既与其相关认定结论不符,也没有充分证据,应当予以纠正。此外,鑫龙公司在我院提审庭审中主张,对于停工损失,理工学院应承担70%,六建公司承担20%,其自负10%。鑫龙公司该主张有事实及法律依据,应予支持。故理工学院应承担的损失比例为70%,六建公司仍按照二审及再审判决确定的20%承担损失责任,鑫龙公司自负10%。"

五、提供证据否定原告证据的真实性、合法性、关联性或其证明目的

根据"谁主张,谁举证"的举证规则,原告应提供证据证明其诉讼请求以及诉讼请求依据的事实;相应地,被告如能提供反驳证据证明原告提供的证据不具有真实性、合法性、关联性以及该证据不能达到其证明目的,意味着原告主张的待证事实真伪不明,在此情况下,原告应承担不利后果。

1. 原告提供的证据,有关签字或盖章并非被告签字或盖章的,通过申请鉴定的方式提供反驳证据。

2. 原告提供的证据,如果是视听资料,且该视听资料并非本人或存在截取的,应申请对视听资料的鉴定,包括完整性和真伪鉴定。

3. 原告提供的证据,如被告认为不足以证明待证事实,可以就同一事项,提供由有相应主体资格的第三方出具的反驳证明文件或原告此前自行承认的书面文件。

4. 原告提供的证据拟证明的事项,如就该事项被告有相反的证据足以推翻,应提供。

如建设工程施工合同,原告提供了在政府备案的建设工程施工合同,并主张以该合同作为确定双方权利义务的依据,但双方实际上另行签订了协议,该协议约定备案的合同不作为实际履行的合同,被告如持有该份合同,应提交法庭,以否定原告提供证据的证明目的。

案例3-18:生效判决认定的事实虽具有免证性,却并非绝对而是相对的,当事人可以用相反的证据予以推翻

——解某芳、刘某华民间借贷纠纷再审审查与审判监督民事裁定书

审理法院:最高人民法院

案号:(2018)最高法民申 5106 号

裁判日期:2018 年 10 月 29 日

案由:民间借贷纠纷

·最高人民法院裁判意见

解某芳申请再审称:(1)二审判决事实认定错误。①无证据证明刘某华向杨某光实际支付了借款。首先,刘某华提供的转账凭证收款人系"侯某霞",没有证据证明刘某华是"按照杨某光的要求"转账给侯某霞,侯某霞收款后的资金流向未经查实。其次,刘某华提供的两份借款单真实性证明力不足。第一份借款单中杨某光签字与高某林案中郭某刚自认其代签的借据上杨某光的签字相似,第二份借款单中杨某光签字庭审调查已确认系他人代签。再次,保证人的陈述和杨某的证言真实性、证明力不足。保证人为本案被告,其陈述属于当事人陈述,并非证人证言,保证人的陈述也缺乏证据支撑。保证人孟某胜、郭某刚与解某芳存在追偿利害关系,不能排除郭某刚是实际借款人,其欲转嫁借款责任的可能。杨某的证言,与刘某华和保证人的陈述有不符之处,存在漏洞。最后,二审法院以高某林案中非杨某光所为的还款事实,认定本案借款已实际支付,没有事实依据。本案中高某林未起诉杨某光和解某芳,解某芳未参加庭审。本案借据上杨某光的签字系郭某刚代签,且证据显示的实际还款人是郭某刚。②二审判决认定借款利息没有依据。载有借款利息的借款单上杨某光的签字不实,且该利息记载内容为事后人为添加,该借款单不能证明杨某光对借款及借款利息进行了确认。(2)二审判决适用法律错误。①二审判决认为"借款人账户"包括"借款人指定的他人账户",并结合"侯某霞账户为杨某光指定收款账户"的错误认定,说明借款已实际支付,刘某华与杨某光之间借贷法律关系成立,系错误理解《合同法》第 210 条(对应《民法典》第 679 条)及 2015 年《最高人民法院关于审理民间借贷案件适用法律若干问题的规定》第 9 条(2020 年第 9 条轻微变动)规定。②二审判决错误分配举证责任。本案侯某霞收款后的资金流向是否指向杨某光,刘某华未进一步举证;刘某华提供的借款单存疑,无法证明借款已实际支付;杨某光已故,无法作笔迹鉴定。根据 2015 年《民事诉讼法解释》第 90 条第 2 款规定,应判令对借款是否实际支付负有举证证明责任的刘某华承担败诉后果。但一审、二审判决颠倒举证责任,以解某芳未申请鉴定故而未提供反驳证据为由,推定刘某华提供的借款单真实,并无视资金实际支付流水显示情况,凭借款单认定借款已实际支付。③二审关于诉讼费用的分担有悖相关规定。二审判决解某芳不承担责任,由其他被告承担责任,刘某华是部分胜诉,故解某芳不需承担诉讼费用,应由刘某华和其他被告依法分担。综上,依据2017年《民事诉讼法》第200条之规定申请再审。

本案刘某华起诉解某芳之诉讼请求,系主张其承担夫妻共同债务,并未起诉杨某光。二审依据《最高人民法院关于审理涉及夫妻债务纠纷案件适用法律有关问题的解释》(已失效),认定涉案债务不属于杨某光与解某芳的夫妻共同债务。据此,就本案刘某华之诉讼请求而言,由于不构成夫妻共同债务,无论杨某光是否是本案债务人,刘某华对解某芳之本案诉讼请求都不成立,已足以改判解某芳不承担还款责任。二审判决结果亦是如此。二审判决还对杨某光是否是债务人的事实作出了认定。解某芳针对该事实申请再审,实际系担心二审对该事实的认定会影响其他将来针对杨某光之相关诉讼的结果。这种担心可以理解。但该认定对本案结果并无任何影响,不属于对本案裁判结果有实质影响的基本事实。同时,根据2017年《民事诉讼法》第93条(2023年《民事诉讼法》第96条)之规定,生效判决认定的事实虽具有免证性,却并非绝对而是相对的,当事人可以用相反的证据予以推翻。因此,在此后针对杨某光的有关诉讼中,解某芳可以举证推翻本案二审判决的有关事实认定。故解某芳之再审申请不符合2017年《民事诉讼法》第200条所规定之情形。至于诉讼费用承担问题,不属再审查范围,其可依法另行救济。

综上,解某芳的再审申请不符合2017年《民事诉讼法》第200条第1项、第2项、第6项规定的情形。依照2017年《民事诉讼法》第204条第1款、2015年《民事诉讼法解释》第395条第2款规定,裁定如下:

驳回解某芳的再审申请。

实战点评与分析

1.《民事诉讼法》第211条规定的再审条件中,关于事实部分,必须是原审判决认定的事实错误足以影响判决结果,如果只是对事实认定提出异议,但该异议不足以影响判决结果,则不符合再审条件。

本案中,解某芳之所以申请再审是因为其担心"二审对该事实的认定会影响其他将来针对杨某光之相关诉讼的结果",但实际上,在该案中,二审法院并未判决其承担责任,因此,该认定对本案结果并无任何影响,不属于对本案裁判结果有实质影响的基本事实。

2.生效判决认定的事实虽然属于免证事实,但并不绝对,当事人可以用相反的证据予以推翻。

(1)判决书中哪些事实属于免证事实,即无需举证的事实。

《民事诉讼法解释》第93条:"下列事实,当事人无须举证证明:

(一)自然规律以及定理、定律;

(二)众所周知的事实;

(三)根据法律规定推定的事实;

(四)根据已知的事实和日常生活经验法则推定出的另一事实;

(五)已为人民法院发生法律效力的裁判所确认的事实;

(六)已为仲裁机构生效裁决所确认的事实;

(七)已为有效公证文书所证明的事实。

前款第二项至第四项规定的事实,当事人有相反证据足以反驳的除外;第五项至第七项规定的事实,当事人有相反证据足以推翻的除外。"

根据上述规定,已为人民法院发生法律效力的裁判所确认的事实无须举证,但判决书内容众多,哪些属于"裁判所确认的事实"值得探讨。

判决书的构成,根据《人民法院民事裁判文书制作规范》《民事诉讼文书样式》规定第三部分第(五)项"10.认定的事实,应当重点围绕当事人争议的事实展开。按照民事举证责任分配和证明标准,根据审查认定的证据有无证明力、证明力大小,对待证事实存在与否进行认定。要说明事实认定的结果、认定的理由以及审查判断证据的过程。

11.认定事实的书写方式应根据案件的具体情况,层次清楚,重点突出,繁简得当,避免遗漏与当事人争议有关的事实。一般按时间先后顺序叙述,或者对法律关系或请求权认定相关的事实着重叙述,对其他事实则可归纳、概括叙述。

综述事实时,可以划分段落层次,亦可根据情况以'另查明'为引语叙述其他相关事实"。

根据以上规定,《民事诉讼法解释》规定无须举证的事实是指判决书法院认定事实部分,有的判决一般也表述为"本院查明以下事实"。

而判决书在此基础上载明的对法律的适用以及裁判意见,并非"认定的事实",其中记载的内容亦不得作为"无须举证证明的事实"。

(2)生效判决认定的事实虽然属于免证事实,但并不绝对,当事人可以用相反的证据予以推翻。

根据《民事诉讼法解释》第93条规定,生效判决书认定的事实,当事人有相反证据足以推翻的除外。换言之,生效判决认定的事实虽无须举证,但并非绝对作为定案依据,相对方可提供反驳证据推翻该事实。

本案中,最高人民法院认为,"生效判决认定的事实虽具有免证性,却并非绝对而是相对的,当事人可以用相反的证据予以推翻。因此,在此后针对杨某光的有关诉讼中,解某芳可以举证推翻本案二审判决的有关事实认定"。

六、提供证据证明原告违约或被告的履行行为符合合同约定和法律规定;或实施的行为符合法律规定,即被告不存在违约或侵权行为

原告主张被告违约,被告除抗辩原告提供的证据以及主张不成立外,还可以提供证据证明原告主张的被告的违约行为不成立,被告履行行为符合合同约定和法律规定;原告主张被告实施了侵权行为,被告可以提供证据证明其行为符合法律规定,因此不承担侵权责任。

1.合同纠纷案件,针对原告主张的违约情形进行核实,如核实相关证据后确定原告主张的违约行为不成立,应提供反驳证据。

除上述外,还可以结合合同的特点以及法律规定,梳理出此类合同被告负有的主要义务,如被告在履行主要义务过程中不存在违约行为,可以主动提交证据证明被告履行行为符合合同约定和法律规定。

如建设工程施工合同纠纷,承包人以发包人未按照合同约定移交场地、图纸、支付价款等为由要求发包人支付违约金并承担停工误工赔偿,发包人可以针对承包人起诉状主张的各项违约事实和请求逐项反驳并提供证据:关于场地移交,可以提供经各方盖章的开工令和场地移交证明;图纸,可以提交发放图纸的证据,如通过电子邮件、现场签收等方式提交图纸;关于支付价款,该义务为发包人的主要义

务,如发包人支付价款不存在违约,亦应提供工程价款支付的证据如承包人请款的请款单、开具的发票、向承包人支付价款的付款凭单等。

再如在二手房屋买卖合同,买受人主张出卖人未按照合同约定办理权属变更登记,要求出卖人承担违约责任。买受人起诉时,应主动提供证据证明其如约履行了房屋价款的支付义务。

总而言之,合同纠纷案件中,应针对原告主张的各项违约事实逐一反驳并提供反驳证据,同时结合合同约定以及法律规定,如己方履行合同主要义务符合约定和法律规定的,可以主动提交证据。

2. 侵权案件中,可以提供证据或法律依据证明,被告实施的行为符合法律规定或者是法律要求的行为,而符合法律规定的行为不应该是违法行为,既然并非违法行为,就不应承担责任。

案例 3-19：承包人在没有证据证明其每月提交了应付工程进度款数额以及发包人不及时足额支付进度款的情况下,其请求发包人承担月工程进度款逾期付款违约责任的理由,没有事实和法律依据,法院不予支持

——福建省永泰建筑工程公司与福建三明市林立房地产开发
有限公司建设工程施工合同纠纷审判监督民事判决书

审理法院:最高人民法院

案号:(2014)民提字第 32 号

裁判日期:2014 年 8 月 7 日

案由:建设工程施工合同纠纷

• 最高人民法院裁判意见

林立公司向本院申请再审称:讼争工程款的支付应以工程竣工结算为前提,永泰公司作为承包人,始终未向林立公司完整提供结算资料,导致诉争工程款直至一审诉讼都未能结算,责任完全在永泰公司,林立公司对此并无过错,不存在付款违约行为,不应承担违约责任。请求依法撤销福建高院第 470 号判决第三项关于林立公司向永泰公司支付利息和违约金的判项。

永泰公司向本院申请再审称:(1)工程竣工验收合格后,永泰公司依约向林立

公司提交了编制工程造价为 236,104,795 元的工程竣工决算资料,林立公司收到该结算资料后,刻意拖延审核时间,直到永泰公司提起本案诉讼,方由三明中院根据林立公司的申请依职权委托工程造价审核。永泰公司提交林立公司竣工结算资料已超过合同专用条款第 9 条约定的 28 天审核期限。林立公司直至 2010 年 4 月 24 日才提出永泰公司资料不齐全,要求补充竣工决算资料,显然是恶意的。根据《最高人民法院关于审理建设工程施工合同纠纷案件适用法律问题的解释》(已失效)第 20 条之规定,应认定本案工程竣工结算造价为 236,104,795 元。(2)二审判决对永泰公司请求林立公司承担 2009 年 9 月 30 日前未按时支付 80%工程月进度款的违约责任,以及 2009 年 10 月 1 日至 2010 年 2 月 18 日未按时支付诉争工程总造价 88%工程款的违约责任不予认定和支持,显然是错误的。请求撤销福建高院(2012)闽民终字第 470 号民事判决第二、三、四项以及案件受理费和鉴定费的判项。

本院认为,本案再审中双方当事人争议的焦点问题是:(1)本案工程款的确定依据是什么;(2)林立公司应否承担逾期付款的违约责任。

1. 关于本案工程款的确定依据。

本院认为,首先,虽然双方当事人在《建设工程施工合同》中约定合同价款暂定 110,080,000 元,但双方在《工程补充协议书(一)》中又约定林立公司按照永泰公司完成工作量支付工程进度款。由此,双方约定的合同价款不属于固定价格。

其次,工程竣工验收合格后,永泰公司虽然向林立公司提交了编制工程造价为 236,104,795 元的工程竣工决算资料,但林立公司收到该结算资料后明确注明未收到竣工图,且在此后的 28 天内亦已函告永泰公司竣工结算资料存在缺陷致使不能结算,永泰公司未作函复,亦未及时补充相关资料并修正存在的问题。永泰公司关于林立公司为了阻止工程款支付条件成就而故意拖延结算的主张,与证据反映的事实不符,本院不予认定。因此,工程价款不能按期审核的责任不在于林立公司。林立公司收到永泰公司送交的竣工决算资料后作出了答复,由于资料存在缺陷没有审核同意永泰公司编制的工程竣工决算文件,本案情形不符合《最高人民法院关于审理建设工程施工合同纠纷案件适用法律问题的解释》(已失效)第 20 条关于"发包人收到竣工结算文件后,在约定期限内不予答复,视为认可竣工结算文件"的规定,永泰公司请求以其自行编制的工程竣工决算文件作为确定讼争工程价款的依据,不符合双方合同约定和法律规定,本院不予支持。

再次，由于双方直至一审诉讼中仍不能自行结算，三明中院根据林立公司的申请，委托鉴定机构就工程价款进行鉴定，符合《建设工程施工合同》专用条款第47条"补充条款"第一款关于竣工结算应报有资质单位审核的约定。三明中院委托的该鉴定机构具有相应鉴定资质，作出的工程造价文件已由双方质证，鉴定结论不存在违法情形，一、二审判决均采纳鉴定机构的工程造价文件作为认定工程价款依据，并无不当。

最后，根据鉴定机构作出的工程造价文件，"时代锦园"工程中由永泰公司施工完成的工程总造价计为184,221,571元，扣除双方认可的林立公司提供的甲供材料价款5,400,000元，永泰公司应得工程款为178,821,571元。林立公司已支付永泰公司工程款141,748,573元（但该款项包括林立公司已支付永泰公司的抢险挡墙工程款1,068,148.35元应予扣除），林立公司实际已支付永泰公司工程款计140,680,424.65元，故林立公司尚欠永泰公司工程款为38,141,146.35元。

2. 关于林立公司应否承担逾期付款违约责任的问题。

本院认为，违约责任是一方当事人违反合同约定所应承担的法律责任，付款义务人是否在合同约定的期限内，在符合合同约定的条件下，支付了相应金额是判断其应否承担逾期付款违约责任的事由。双方在《工程补充协议书（一）》第七条中关于"工程进度款支付办法"约定：工程施工到±0.00以上，林立公司应按永泰公司月完成工作量价值的80%支付工程进度款；全部工程完成经初验后10天内应支付完成工程总价值88%的工程款；在提交工程质量监督报告，待建筑工程备案手续完成后10天内应支付已完成工程总价值的95%；工程办理结算审核后10天内付足工程总造价的97%；余3%作为工程质量保修金，在竣工验收之日起满1年后28日内一次性付清。根据上述约定，案涉工程款主要结合施工进度分阶段支付，林立公司在各阶段是否存在不及时足额付款的行为，分析如下：

（1）关于月完成工作量价值80%工程进度款的支付。结合《工程补充协议书（一）》第8条"付款审核时间及违约"的约定，永泰公司于每月28日向林立公司报送当月工作量价值表，林立公司在7天内核定并支付工程进度款。按照上述内容，该部分工程进度款支付的前提是，永泰公司须报送当月工作量价值表并由林立公司核定；支付的金额是核定工作量价值的80%。根据永泰公司举证的月进度完成工程量报审接收签证单反映的内容，永泰公司在施工过程中仅向林立公司报送了月工程完成工作量，没有按合同约定报送当月工作量价值表，林立公司审核时也没有核定当月完成工程量的价值。永泰公司在没有证据证明其每月提交了应付工程进度款数额以及林立公司不及时足额支付进度款的情况下,其请求林立公司承担月工程进度款逾期付款违约责任的理由,没有事实和法律依据,本院不予支持。

(2)关于全部工程完成后分阶段付款。首先,按照《工程补充协议书(一)》约定,全部工程完成后,以工程总造价为基数,根据工程初验、完成建筑工程备案手续、工程办理结算审核等情况,林立公司分阶段向永泰公司支付相应比例的工程款。工程完工后,林立公司应支付工程款数额的各个阶段均须以完成工程总价值为基数,由于双方没有严格按合同约定报送和审核月完成工程价值,工程完工时无法反映已完成工程的总价值;之后在竣工结算时由于永泰公司未提交全部竣工结算资料导致工程总造价未能及时结算,无法明确工程总价款。因此,工程总价值不明确不能均归责于林立公司一方。其次,《建设工程施工合同》约定合同价款暂定110,080,000元,截至2010年2月8日,林立公司已支付永泰公司工程款为140,680,424.65元,超过了合同约定的工程暂定总造价。再次,在工程总价值不明确的情况下,无法认定林立公司各阶段应支付工程款的具体数额从而判断林立公司是否及时足额支付,因此,永泰公司请求林立公司承担逾期付款违约责任,无事实依据。最后,经鉴定后确定林立公司尚欠永泰公司工程余款未付,林立公司虽然不承担逾期付款的违约责任,但应当支付相应的利息。综合考虑工程完工交付时间、林立公司付款情况等因素,酌定自2010年2月9日起按同期银行贷款利率计算利息。福建高院二审判决认定林立公司应向永泰公司支付逾期付款违约金不当,本院予以纠正;林立公司提出的不应支付逾期付款违约责任的再审请求,本院予以支持。

综上,林立公司提出的不应支付逾期付款违约责任的再审请求有事实和法律依据;二审判决对林立公司应承担违约责任的判项不当,应予纠正;永泰公司提出的申请再审请求依据不充分,应予驳回。本院依照2012年《民事诉讼法》第207条第1款、第170条第1款第2项之规定,判决如下:

(1)维持福建省高级人民法院(2012)闽民终字第470号民事判决第一项、第四项;

(2)撤销福建省高级人民法院(2012)闽民终字第470号民事判决第三项;

(3)变更福建省高级人民法院(2012)闽民终字第470号民事判决第二项为:福建三明市林立房地产开发有限公司于本判决生效之日起10日内向福建省永泰

建筑工程公司支付工程款 38,141,146.35 元,并按中国人民银行同期同类贷款利率支付上述工程款自 2010 年 2 月 9 日起至实际付款之日止的利息。

实战点评与分析

1. 建设工程施工合同履行过程中,承包人应按照约定,提供进度付款申请、资料,以证明请款时已经符合申请进度款的条件,且承包人已经向发包人提出了付款申请,否则由此造成的款项支付迟延,发包人不承担责任。

本案中,《工程补充协议书(一)》第 8 条"付款审核时间及违约"的约定,永泰公司于每月 28 日向林立公司报送当月工作量价值表,林立公司在 7 天内核定并支付工程进度款。按照上述内容,该部分工程进度款支付的前提是,永泰公司须报送当月工作量价值表并由林立公司核定;支付的金额是核定工作量价值的 80%。根据永泰公司举证的月进度完成工程量报审接收签证单反映的内容,永泰公司在施工过程中仅向林立公司报送了月工程完成工作量,没有按合同约定报送当月工作量价值表,林立公司审核时也没有核定当月完成工程量的价值。永泰公司在没有证据证明其每月提交了应付工程进度款数额以及林立公司不及时足额支付进度款的证据,其请求林立公司承担月工程进度款逾期付款违约责任的理由,没有事实和法律依据,再审法院未予支持。

从实务而言,承包人在办理请款手续时,应按照双方约定的条件、流程、资料办理请款,并保留证据,否则难以主张发包人逾期支付进度款的责任。

2. 《建设工程解释一》第 21 条适用的前提条件为承包人已经如约提交了结算资料。

《建设工程解释一》第 21 条:"当事人约定,发包人收到竣工结算文件后,在约定期限内不予答复,视为认可竣工结算文件的,按照约定处理。承包人请求按照竣工结算文件结算工程价款的,人民法院应予支持。"

结合本案,最高人民法院认为,由于承包人未按照双方约定提交结算资料,因此承包人引用该条主张权利于法无据。

本案中,工程竣工验收合格后,永泰公司虽然向林立公司提交了编制工程造价为 236,104,795 元的工程竣工决算资料,但林立公司收到该结算资料后明确注明未收到竣工图,且在此后的 28 天内亦已函告永泰公司竣工结算资料存在缺陷致使不能结算,永泰公司未作函复,亦未及时补充相关资料并修正存在的问题。永泰公司关于林立公司为了阻止工程款支付条件成就而故意拖延结算的主张,与证据反映的事实不符,法院不予认定。因此,工程价款不能按期审核的责任不在于林立公司。林立公司收到永泰公司送交的竣工决算资料后作出了答复,由于资料存在缺陷没有审核同意永泰公司编制的工程竣工决算文件,本案情形不符合2004年《建设工程解释》(已失效)第20条关于"发包人收到竣工结算文件后,在约定期限内不予答复,视为认可竣工结算文件"的规定,永泰公司请求以其自行编制的工程竣工决算文件作为确定讼争工程价款的依据,不符合双方合同约定和法律规定,法院不予支持。

3. 如当事人履行合同行为符合合同约定和法律规定,可提供证据证明。尤其是,如当事人应履行的义务系对方按约履行义务的前提,则应主动提供证据证明己方已经如约履行义务,并相应证明对方违约且该等违约并非己方所致。比如建设工程施工合同纠纷,对于工期逾期,承包人一般主张系因发包人逾期支付工程款所致,如发包人在合同履行过程中其付款行为符合双方约定,则发包人应主动提供证据证明。

七、合同纠纷案件,被告虽然存在违约行为,但被告系行使同时履行抗辩权、先履行抗辩权或不安抗辩权,因此被告无须承担违约责任,就此被告可提供相应的证据;侵权案件,被告虽然存在侵权行为,但本案存在原告故意、紧急避险、自甘风险或不可抗力等可免责的法定事由,因此被告无须承担责任

合同纠纷案件,被告虽然违约,但被告如能提供证据证明其根据合同约定或法律规定享有相应的抗辩权而不被认定违约,被告应提供相应的证据。

根据《民法典》的规定,当事人享有的履行抗辩权包括同时履行抗辩权、先履行抗辩权和不安抗辩权,当事人在履行合同过程中,在事实上已经不符合约定的情况下,可以主张上述抗辩权并提供相应证据,以达到免除自身违约责任的效果。

1. 同时履行抗辩权

《民法典》第525条:"当事人互负债务,没有先后履行顺序的,应当同时履行。

一方在对方履行之前有权拒绝其履行请求。一方在对方履行债务不符合约定时，有权拒绝其相应的履行请求。"

运用同时履行抗辩权时，必须注意双方所负的义务为合同约定或法律规定的主要义务，而不是附随义务，换言之，除非双方明确约定，否则一般不能以对方未履行附随义务或非合同主要义务为由而拒绝己方主要义务的履行，否则将可能承担违约责任。

反驳证据：以合同约定的义务为据，提供证据证明对方未履行应负的义务或未完全履行其应负的义务。如货物买卖合同，双方约定货到付款，但原告未按约定将货物足额交付被告，则被告有权拒绝付款。此时可以提供合同（约定有应供货数量），实际供货数量的证明文件（如送货单），催货通知等予以证明。

2. 先履行抗辩权

《民法典》第526条："当事人互负债务，有先后履行顺序，应当先履行债务一方未履行的，后履行一方有权拒绝其履行请求。先履行一方履行债务不符合约定的，后履行一方有权拒绝其相应的履行请求。"这里同样应强调的是，如果合同约定先履行一方未履行的义务为附随义务或非合同约定主要义务，除双方另有约定外，后履行一方不得以此为由拒绝履行其主要义务。

反驳证据：以合同约定的内容为据，逐一梳理确定原告需承担的先义务，提供证据证明对方未按照合同约定履行该等义务，被告有权拒绝履行相应的义务。比如建设工程施工合同约定，承包人申请付款的，应提供足额合法有效的发票，如承包人开具的发票金额不足应付款金额，被告有权拒绝付款，此时被告可提供发票作为证据进行抗辩。

3. 不安抗辩权

《民法典》第527条："应当先履行债务的当事人，有确切证据证明对方有下列情形之一的，可以中止履行：

（一）经营状况严重恶化；

（二）转移财产、抽逃资金，以逃避债务；

（三）丧失商业信誉；

（四）有丧失或者可能丧失履行债务能力的其他情形。

当事人没有确切证据中止履行的，应当承担违约责任。"

第 528 条:"当事人依据前条规定中止履行的,应当及时通知对方。对方提供适当担保的,应当恢复履行。中止履行后,对方在合理期限内未恢复履行能力且未提供适当担保的,视为以自己的行为表明不履行主要债务,中止履行的一方可以解除合同并可以请求对方承担违约责任。"

反驳证据:以上《民法典》第 527 条规定的四种可以行使不安抗辩权的情形,通常可以提供如下证据:当事人已经被列入失信被执行人、存在多个案件因未能执行而终本的裁定书、当事人被法院受理破产申请进入清算程序、生效的判决书认定当事人转移财产、抽逃资金,以逃避债务等。

除以上证据,还应当提供证据证明就中止履行债务已经发出了通知,即提供暂停履行债务的通知以及将该通知送达的证明文件等。

案例 3-20:建设工程施工合同法律关系中,发包方的主要合同义务在于按照合同约定按时足额向施工方支付工程进度款,施工方的主要合同义务在于按照约定开展施工活动并保证按时向发包方交付符合工程质量要求的建设工程。在双方的主要合同义务关系上,发包方按时足额支付工程进度款是施工方按约开展施工活动的重要保证。如果发包方未能按时足额根据双方约定支付工程进度款,难以要求施工方及时开展相关施工活动

——新疆立恒房地产开发有限公司与江苏南通三建集团股份
 有限公司、新疆金圣天城市建设工程有限公司等建设工程
 施工合同纠纷再审审查民事裁定书

审理法院:最高人民法院

案号:(2022)最高法民申 144 号

裁判日期:2022 年 3 月 8 日

案由:建设工程施工合同纠纷

立恒房产公司依照 2021 年《民事诉讼法》第 207 条第 6 项规定向本院申请再审,请求撤销二审判决,指令新疆维吾尔自治区高级人民法院再审或由本院提审本案。事实和理由:(1)原审判决支持南通三建公司主张工程进度款利息的诉讼

请求没有法律依据,不符合双方当事人的合同约定。原审法院没有审查立恒房产公司行使先履行抗辩权是否正当,属于认定事实不清,法律适用错误,符合《民事诉讼法》第207条第6项规定的再审情形。(2)案涉工程自2018年停工至今,发包人立恒房产公司请求解除合同的诉讼请求应当得到支持,继续履行合同从表面看是符合维护交易稳定,而事实上是不顾案件全貌,仅凭部分证据断案,不符合社会公平正义。双方的合同中并无不支付工程款就可以停工的约定,本案中双方均存在违约行为,在双方均构成根本违约的情况下,原审法院不应当剥夺发包方的法定解除权。南通三建公司将立恒房产公司起诉后,已将涉案工程全部保全,法律赋予了施工方的优先受偿权利,继续施工并不存在承包人的合同目的无法实现的情况。参照《九民纪要》精神,违约方符合一定条件情形之下享有单方解除合同的权利。不解除本案双方施工合同会阻碍立恒房产公司的融资和盘活工作,违反诚实信用原则,对立恒房产公司显失公平。

本院经审查认为,根据立恒房产公司的再审请求与理由,本案再审审查的焦点问题在于立恒房产公司解除案涉施工协议的请求是否成立,以及立恒房产公司应否支付案涉工程进度款利息。关于立恒房产公司解除案涉施工协议的请求是否成立的问题。建设工程施工合同法律关系中,发包方的主要合同义务在于按照合同约定按时足额向施工方支付工程进度款,施工方的主要合同义务在于按照约定开展施工活动并保证按时向发包方交付符合工程质量要求的建设工程。在双方的主要合同义务关系上,发包方按时足额支付工程进度款是施工方按约开展施工活动的重要保证。如果发包方未能按时足额根据双方约定支付工程进度款,难以要求施工方及时开展相关施工活动。《民法典》也规定,当事人互负债务,有先后履行顺序,先履行一方未履行的,后履行一方有权拒绝其履行要求。先履行一方履行债务不符合约定的,后履行一方有权拒绝其相应的履行要求。本案中,案涉工程主体封顶后,立恒房产公司应当按照合同约定支付相应的工程进度款,但立恒房产公司并未按约定支付。在此情况下,南通三建公司有权拒绝履行继续施工义务,其未及时开展施工活动不能被视为根本违约行为。而立恒房产公司作为违约方无权要求解除案涉合同,案涉合同应当继续履行,因此立恒房产公司解除案涉施工协议的请求不能成立。

关于立恒房产公司应否支付案涉工程进度款利息的问题。双方在施工合同中约定,如立恒房产公司未按约定支付工程进度款,则应按照中国人民银行同期同类贷款基准利率标准,向南通三建公司支付工程进度款利息至实际付清之日止。根据现已查明的案件事实,立恒房产公司未按约定支付工程进度款,因此南通三建公司按照中国人民银行同期同类贷款基准利率标准主张工程款利息具有合同依据。因中国人民银行于2019年8月20日起取消贷款基准利率标准,南通三建公司依照同期全国银行间同业拆借中心公布的贷款市场报价利率(LPR)标准主张2019年8月20日后的利息亦符合相关规定。

综上,立恒房产公司的再审申请不符合2021年《民事诉讼法》第207条规定情形。依照2021年《民事诉讼法》第211条第1款、2020年《民事诉讼法解释》第395条第2款规定,裁定如下:

驳回新疆立恒房地产开发有限公司的再审申请。

实战点评与分析

1.合同纠纷案件,被告虽然存在违约行为,但被告系行使同时履行抗辩权、先履行抗辩权或不安抗辩权,被告无须承担违约责任,就此被告可提供相应的证据。

本案中,南通三建公司未能按照合同约定履行其施工义务,但未能继续履行施工义务的原因在于发包人立恒房地产公司未能按约支付工程款,而支付工程款是发包人的主要义务,施工建设则是承包人的主要义务,在发包人未按约履行其付款义务的情况下,承包人有权拒绝相应的履行,即有权拒绝施工。因此再审法院认为承包人并未违约,发包人无权解除合同。

从实务而言,在合同履行中事实上已经构成违约的一方,应提供证据证明,虽然违约,但系行使同时履行抗辩权、先履行抗辩权、不安抗辩权,在此情况下,可以阻却对其违约的认定。

2.违约方是否有权解除合同。

一般情况下,违约方无权解除合同。《民法典》第563条:"有下列情形之一的,当事人可以解除合同:

(一)因不可抗力致使不能实现合同目的;

(二)在履行期限届满前,当事人一方明确表示或者以自己的行为表明不履行主要债务;

(三)当事人一方迟延履行主要债务,经催告后在合理期限内仍未履行;

(四)当事人一方迟延履行债务或者有其他违约行为致使不能实现合同目的;

(五)法律规定的其他情形。

以持续履行的债务为内容的不定期合同,当事人可以随时解除合同,但是应当在合理期限之前通知对方。"

根据上述规定,因对方违约导致合同目的无法实现的,相对方有权解除合同。换言之,违约方一般不享有合同解除权。但有的情况下,虽然一方违约,但如果继续履行合同会导致社会公共利益损害或对双方不利,应该允许违约方解除合同。

《九民纪要》第48条:"违约方不享有单方解除合同的权利。但是,在一些长期性合同如房屋租赁合同履行过程中,双方形成合同僵局,一概不允许违约方通过起诉的方式解除合同,有时对双方都不利。在此前提下,符合下列条件,违约方起诉请求解除合同的,人民法院依法予以支持:

(1)违约方不存在恶意违约的情形;

(2)违约方继续履行合同,对其显失公平;

(3)守约方拒绝解除合同,违反诚实信用原则。

人民法院判决解除合同的,违约方本应当承担的违约责任不能因解除合同而减少或者免除。"

根据上述规定,在符合以上的情况下,违约方亦可以解除合同。

前文已述,人民法院支持违约方判决解除合同的诉请,并非普遍原则,而是在特定的情形下所采取的特殊救济措施,应严格根据现行法律规定适用,不能无限泛化。《合同法》第110条(对应《民法典》580条)规定:"当事人一方不履行非金钱债务或者履行非金钱债务不符合约定的,对方可以要求履行,但有下列情形之一的除外:(一)法律上或者事实上不能履行;(二)债务的标的不适于强制履行或者履行费用过高;(三)债权人在合理期限内未要求履行。"

《合同法解释二》第26条规定:"合同成立以后客观情况发生了当事人在订立合同时无法预见的、非不可抗力造成的不属于商业风险的重大变化,继续履行合同对于一方当事人明显不公平或者不能实现合同目的,当事人请求人民法院变更或者解除合同的,人民法院应当根据公平原则,并结合案件的实际情况确定是否变更或者解除。"

根据上述法律规定,在符合以下条件时,可以考虑支持违约方判决解除合同的诉请:

(1)合同在事实上或法律上不能继续履行,而守约方又不行使解除权。司法实践中大量存在合同在事实上或法律上已经无法履行,守约方却不行使解除权的情形。在此类案件中,人民法院一般在论理部分采用"事实不能履行""客观上不能履行""已无继续履行合同的现实基础"等表述,但在守约方不请求解除合同,而违约方请求解除时,认定合同应予解除却难以直接引用法条,论理性较差,使得当事人对于法院裁判依据产生疑问。"法律上不能履行""事实上不能履行"是《合同法》第110条第1项所规定的情形,该条虽然没有明确违约方可以诉请解除合同,但其明确了守约方不能强制要求继续履行,可以作为支持违约方诉请判决解除合同的法理依据,适用该款予以裁判。

(2)债务的标的不适于强制履行或者履行费用过高,以及债权人在合理期限内未要求履行,而守约方又不行使解除权。"债务的标的不适于强制履行、履行费用过高、债权人在合理期限内未要求履行"是《合同法》第110条第2项和第3项所规定的情形。此种情况并非合同必然不能履行,但合同的继续履行明显与合同的性质、效果、条件相悖。例如,违约方继续履行的费用过分高于对方通过继续履行所获得的收益,虽然继续履行可以实现守约方利益,却使违约方利益严重受损,双方合同利益总和严重低于正常合同预期,因此不适于继续履行。再如,合同本身为劳务性质合同,具有较强的人身性,在情况变化,不适于原劳务提供人履行并可以进行金钱赔偿的情况下,违约方虽然已经违约,但如果强制其继续履行合同,则有人身强制的意味,故不适于强制履行。又如,合同为季节性履行类合同,虽违约方违约,但守约方未在适宜的季节内要求履行,再行要求在不适宜的季节履行,并无可履行的基础性条件。此时,违约方诉请解除合同,可予以支持。

(3)继续履行对违约方明显不公平,将给其自身造成重大损害,违约方不存在恶意违约,而守约方不行使解除权。《合同法解释二》第26条规定了"情势变更"原则。"合同成立以后客观情况发生了当事人在订立合同时无法预见的、非不可抗力造成的不属于商业风险的重大变化"规定了情势变更的前提要件;"继续履行合同对于一方当事人明显不公平或者不能实现合同目的"规定了情势变更的合理性依据;"人民法院应当根据公平原则,并结合案件的实际情况"规定了严格的限制条件。因此,在符合以上三点的情况下,可以考虑支持违约方解除合同的诉请。在某些履行期限较长的继续性合同中,一方可能因不可归责于自身的客观情况变化而违约。尽管合同有继续履行的可能性,但订立合同的目的已落空,或者继续履行只会使其遭受重大损失,况且其主观上没有违约的恶意,并不存在剥夺其合同权利救济的法益基础和主观前提,在对方拒绝解除合同的情况下,可以考虑根据违约方的诉请判决解除合同,突破僵局。当然,此时人民法院对于个案证据把握应十分严格,在事实清楚、证据确凿的情况下,排除主观恶意可能后方可考虑适用,防止出现滥用自由裁量权,发生道德风险。并且,应当考虑存在守约方可以采取替代措施实现合同利益的可能,并且保证解除合同后守约方以赔偿损失的方式得到救济。

需要注意的是,政府行为有时会成为违约方抗辩违约或主张解除合同的事由。政府行为虽并非明确为不可抗力,但其造成违约方在订立合同时无法预见的、不属于商业风险的重大变化,继续履行合同对于当事人明显不公平或者不能实现合同目的,而守约方又不行使解除权,此时可以考虑适用情势变更原则,以支持违约方解除合同的请求。

综上,违约方请求判令解除合同的权利并非行使解除权,而是在特定情况下请求法院对于合同进行司法解除的诉权。合同是否解除,应由人民法院根据诚实信用原则,结合案件的具体情况慎重裁决,并且要秉承当事人利益平衡、对畸重合同负担救济的基本原则,坚守"当事人不得因违法、违约的行为不当获益"的基本裁判理念和底线,以防止司法解除权的滥用。

第五节

以实例为例：被告该如何核实原告证据、如何收集并提供反驳证据

一、孙某亿诉H三建公司、武汉市H区人民政府街道办事处建设工程纠纷案基本情况

1. 原告诉讼请求

(1)依法判令被告一H三建公司向原告支付HD产业园某还建小区(二期)工程13#、14#、15#、16#、18#、21#、22#、23#、24#楼建筑安装工程剩余未付工程款66,789,211.08元，并承担以剩余未付工程款为基数自2019年2月15日起按银行同期贷款利率计算的逾期付款违约金直到全部剩余工程款付清时止；

(2)依法判令被告二武汉市H区人民政府街道办事处(以下简称街道办)在欠付被告一工程款的范围内就上述未付工程款向原告承担连带清偿责任；

(3)本案全部诉讼费由两被告承担。

2. 事实与理由

2015年5月8日H三建公司与街道办签订了《HD产业园某还建小区(二期)工程施工合同》，H三建公司将其中13#、14#、15#、16#、18#、21#、22#、23#、24#楼建筑安装工程分包给孙某亿施工，但未签订书面的分包合同。2018年2月7日，街道办作为建设单位，H三建公司作为施工单位，会同项目设计、监理、勘察单位共同对HD产业园某还建小区(二期)工程进行了验收，孙某亿作为实际施工人负责施工的13#、14#、15#、16#、18#、21#、22#、23#、24#楼的验收结论为"全部符合验收要求"。2018年12月4日，H三建公司与孙某亿签订了《HD临空产业园某还建小区(二期)工程收尾协议书》约定孙某亿作为该项目13#、14#、15#、16#、18#、21#、22#、

23#、24#楼实际施工人负责在2019年元月15日前完成项目收尾工作,同时约定工程完工后由业主组织相关单位验收后,按业主支付工程款的比例同比例支付工程款,且应在收尾工程开工后一个月内完成账目核对。

2019年10月15日,孙某亿向H三建公司实际交付案涉工程,并移交了所建9栋房屋的全部入户钥匙,街道办作为项目业主方随后开始实际使用案涉项目房屋陆续交房。

原告经内部审计自项目开工以来,陆续收到被告一支付的案涉项目工程款54,539,308元,而经咨询湖北盛唐工程咨询有限公司审计,原告作为实际施工人完成的工程造价为121,328,519.32元,剩余未付工程款为66,789,211.08元。

孙某亿作为案涉项目的实际施工人,组织人力、投入物力完成项目建设并经验收合格,且业主方已实际接收使用,有权取得案涉项目工程款。H三建公司作为项目总包方将项目分包给孙某亿,有义务向孙某亿支付剩余未付工程款,街道办作为项目发包方根据法律及相关司法解释的规定有义务在未付H三建公司工程款的范围内与H三建公司共同向孙某亿在剩余未付工程款的范围内承担连带清偿责任。

H三建公司与孙某亿约定2019年元月15日前完成项目收尾工作,同时约定在收尾工程开工后一个月内完成账目核对。但H三建公司单方面拖延与孙某亿核对账目,导致在约定的时间内未完成账目核对工作,应承担逾期付款的违约责任。

(注:原告起诉状记载的事实即"原告经内部审计自项目开工以来,陆续收到被告一支付的案涉项目工程款54,539,308元,而经咨询湖北盛唐工程咨询有限公司原告作为实际施工人完成的工程造价为121,328,519.32元,剩余未付工程款为66,789,211.08元"。以上事实与原告证据目录证据8记载的事实相矛盾,为尊重案件事实本身,本实例对诉状记载的事实和证据目录记载的事实予以原文保留。)

3. 原告提供的证据目录

序号	证据名称	证据来源	证明目的	页数
1	《施工合同》	原告提供	证明2015年5月8日被告H三建公司(原H省工业建筑总承包集团第三建筑工程公司)与被告二街道办签订了关于HD产业园某还建小区(二期)工程的《施工合同》,成为该项目总承包人	16
2	收尾协议书	原告提供	证明被告H三建公司将HD产业园某还建小区(二期)工程中13#、14#、15#、16#、18#、21#、22#、23#、24#共九栋房屋建设工程转包给原告施工的事实	2
3	工程定位测量记录(13#、14#、15#、16#、18#、21#、22#、23#、24#共九栋房屋)	原告提供	证明由原告持有并使用的"H省工业建筑总承包集团第三建筑工程公司资料专用章"是经被告H工建集团第三建筑工程有限公司(原H省工业建筑总承包集团第三建筑工程公司)认可的。同时,原告负责HD产业园某还建小区(二期)工程13#、14#、15#、16#、18#、21#、22#、23#、24#共九栋房屋的相关建设施工工作是该项目的实际施工人	9
4	21#、22#楼工程联系函	原告提供	证明原告负责HD产业园某还建小区(二期)工程部分房屋的相关建设施工工作,是该项目的相关工程的实际施工人	2
5	住宅工程分户验收汇总记录表	原告	证明由原告负责实际施工的HD产业园某还建小区(二期)工程13#、14#、15#、16#、18#、21#、22#、23#、24#共九栋房屋经建设单位、监理单位、施工单位共同组织的"住宅工程分户验收"结论为"符合验收要求",即原告负责实际施工的部分工程质量合格	2
6	收条	原告提供	证明原告已交付实际施工的13#、14#、15#、16#、18#、21#、22#、23#、24#共九栋房屋	1
7	工程造价咨询报告书	湖北盛唐工程咨询有限公司出具	证明经咨询湖北盛唐工程咨询有限公司,原告负责实际施工的HD产业园某还建小区(二期)工程13#、14#、15#、16#、18#、21#、22#、23#、24#共九栋房屋总造价为121,328,519.32元(大写:壹亿贰仟壹佰叁拾贰万捌仟伍佰壹拾玖元叁角贰分)	11

续表

序号	证据名称	证据来源	证明目的	页数
8	总包方已付工程款统计表	原告提供	证明截至起诉之日被告H三建公司（原H省工业建筑总承包集团第三建筑工程公司）作为项目总承包方已向原告（包括原告指定的收款人）及原告认可的建筑材料供应方、劳务班组支付工程款66,539,308.00元（大写：陆仟陆佰伍拾叁万玖仟叁佰零捌元整），剩余未付工程款为54,789,211.32元（大写：伍仟肆佰柒拾捌万玖仟贰佰壹拾壹元叁角贰分）	1

实战点评与分析

原告提供的证据目录，只编页数未编页码，在举证环节，原告无法很好地引导法官翻看证据，只是就证据目录的内容重新读了一遍，其结果是，法官无法在举证环节，从原告提供的证据中了解到原告拟要证明的内容和目的，更无法得知哪一份证据是原告要法官重点查看的，因此该举证效果较差，导致这个结果的原因在于原告未编写页码而只写页数，原告即使想引导法官查看具体的证据，也不知道该怎么向法官表述。因此，任何的证据目录和证据必须编写页码而不是页数。

二、被告H三建公司代理律师接受代理后开展的工作——初步确定代理思路、查事实和收集证据

（一）确定本案的诉讼思路即设置多条抗辩防线，以该诉讼思路为指引，核实事实并收集相应的证据

1. 第一道防线——H三建公司无须承担本案责任。

重点查本案的法律关系。原告与被告一是否存在承发包关系？如果原告与被告不存在直接的承发包关系，则应提供相应的各级转包分包合同。由于原告与被告一不存在直接的分包转包关系，即使原告系案涉项目的实际施工人，原告亦无权要求被告一H三建公司承担责任。

这是 H 三建公司设置的第一道防线,即 H 三建公司无须承担本案的责任,原告亦无权起诉要求 H 三建公司承担责任。

法律依据:《建设工程解释一》第 43 条:"实际施工人以转包人、违法分包人为被告起诉的,人民法院应当依法受理。

实际施工人以发包人为被告主张权利的,人民法院应当追加转包人或者违法分包人为本案第三人,在查明发包人欠付转包人或者违法分包人建设工程价款的数额后,判决发包人在欠付建设工程价款范围内对实际施工人承担责任。"

根据该解释,实际施工人只能向其转包和违法分包的相对方以及项目发包人主张权利,无权向总承包人主张权利。

综合,本案首要调查的重点为:

其一,原告与被告一 H 三建公司是否存在直接的承发包关系;被告一在承包项目前,是否与其他人签订借用资质或挂靠合同;在签订合同后,总承包人是否对工程进行转包或分包,转包或分包的对象是哪一方,是否是原告?如果不是,显然本案原告系通过层层转包或分包取得项目建设施工权利,在此情况下实际施工人无权向与其无直接合同关系的总承包人主张权利。

其二,被告一与原告是否存在直接的账务往来,如果不存在,显然可以充分证明二者并无直接的法律关系;如果存在,则重点调查往来款项的性质、用途,是否存在委托代付手续,该委托代付是否得到原告认可。

针对以上调查重点,应重点收集:本案各级承包合同、分包合同、H 三建公司就本项目所有的付款凭单和资金往来情况(包括但不限于原告与被告一之间的资金往来、发包人街道办实际支付的款项、与本项目有关的 H 三建公司向其他当事人支付的款项,同时收集相应的付款凭单和付款审批手续);就实际施工人无权向总承包人主张权利,检索相应的最高人民法院和案件所在地省高院判例,制作检索报告。

2. 第二道防线:本案 H 三建公司承担责任的范围必须限制在与其存在直接合同关系所约定的责任范围内,如 H 三建公司因本项目支付的款项已经超出了与 H 三建公司存在直接合同关系的合同所应支付的金额,则 H 三建公司无须承担本案的责任。

如 H 三建公司不存在上述所述的超付情况,则 H 三建公司承担的责任范围不应超过其通过与街道办签订的《HD产业园某还建小区(二期)工程施工合同》应取得全部工程款的范围,不应超过其根据与其有分包或转包关系的合同应承担的责任范围。

3. 第三道防线:孙某亿应得的款必须依据与其有直接分包关系的分包人所签订的合同予以确定,且必须扣除孙某亿全部实际已经得到支付或视为其应收到的款项。

综合第二道、第三道防线,务必查清以下事实并收集相应证据:

其一,查清孙某亿实际收到的款项;查清孙某亿根据与相对方签订的合同以及根据该合同的应得款项;二者相减,可以得出孙某亿实际应得款项,孙某亿主张的权利不得超过该金额。

其二,查清H三建公司与街道办之间的结算造价,以计算出H三建公司全部应得款;查清街道办实际支付给H三建公司的款项,收集相应付款凭单。

其三,查清H三建公司就此项目支付款项的金额,收集全部付款的证据,包括但不限于付款凭单、合同、请款单、相应的发票等。

其四,查清H三建公司与其承包人之间的合同内容,计算出H三建公司应付其承包人的价款(以H三建公司应付其承包人的款减去H三建公司已付款),结合以上第三点可以计算出H三建公司是否还欠付其承包人工程款,如果欠付,则务必强调H三建公司仅在欠付范围内承担责任,如果超额支付,则H三建公司不应承担本案责任。

4. 第四道防线:查孙某亿与其分包方的合同,审查该合同是否合法有效,如果无效,则孙某亿无权主张本案的违约金,如合同无效仍需要支付赔偿的,应查清项目实际移交的时间,如移交时间晚于原告主张的2019年2月15日,则按实际移交时间开始计算。

法律依据:

《建设工程解释一》第27条:"利息从应付工程价款之日开始计付。当事人对付款时间没有约定或者约定不明的,下列时间视为应付款时间:

(一)建设工程已实际交付的,为交付之日;

(二)建设工程没有交付的,为提交竣工结算文件之日;

(三)建设工程未交付,工程价款也未结算的,为当事人起诉之日。"

实战点评与分析

诉讼好比战争,原告是进攻一方,被告是防守一方,被告防守设置防线时,必须设置多条防线,且防线应有纵深,如此才能取得好的防守效果。就具体案件而言,被告对原告提起的诉讼,也应有多种抗辩手段,且每一辩点均应逐层深入。就本案而言,答辩思路基本为:被告不承担本案的责任,即从法律关系而言,本案系层层转包和分包,被告并非发包人,被告不应向原告直接承担责任;从收付实际情况看,如被告根据与其有直接合同关系的分包主体所支付的价款已经超出其应支付价款,则被告亦无须对原告承担责任(毕竟被告只能在欠付金额范围内承担)。

假设被告需承担本案责任,则原告主张的金额过高,包括原告少计算了其实际取得的工程款,原告根据与其有直接合同关系的主体所签订的合同,其应得的工程款并非其诉状中所主张的工程造价。换言之,原告应得的价款不得超过与其有合同关系的转包或分包人所签订的合同所确定的应得金额。

以上答辩可以说层层递进,最终目的是取得不承担或少承担责任的效果。

(二)查原告诉状中陈述的事实并收集提供相应的证据:对原告诉状中述及的每一个事实,逐一核实其真实与否,收集相应的证据;如果原告所述不属实或不完全属实,则收集相应的反驳证据

核实原告起诉状陈述事实后,收集证据情况如下:

序号	拟核实的事实	核实的情况	收集证据的情况
1	被告一H三建公司与被告二街道办是否签订了《HD产业园某还建小区(二期)工程施工合同》,原告提交的该合同是否真实	①《HD产业园某还建小区(二期)工程施工合同》加盖的印章属实; ②被告一H三建公司系通过招投标的方式取得案涉项目,中标时间为2015年4月30日,中标金额为132,536,553.45元(13栋楼)	①《HD产业园某还建小区(二期)工程施工合同》; ②中标通知书(2015年4月30日)

续表

序号	拟核实的事实	核实的情况	收集证据的情况
2	原告陈述,被告一将其中的13#、14#、15#、16#、18#、21#、22#、23#、24#楼发包给原告施工,但未签订书面的分包合同,此陈述是否属实,当时为什么没有签订书面分包合同?口头约定的计价方式是什么?除分包合同外,是否有其他证据足以反映双方之间的承发包关系(如补充协议、会议纪要等)?原告与被告一是否存在直接的资金往来,如存在,对应的证据是什么?	①被告一H三建公司与原告在项目开工时无并直接的承包和发包关系;②H三建公司中标前即2014年10月27日,与肖某波签订了《协议书》,约定由肖某波以H三建公司名义投标某项目;③肖某波中标后,委托其代理人王某云于2016年10月13日与H三建公司签订工程项目管理目标责任书;④肖某波与孙某亿于2016年7月25日签订《建设工程分包施工合同》,约定肖某波将案涉工程9栋楼发包给孙某亿,工程造价按照肖某波与H三建公司造价确定,另外扣除5%的管理费和7%的税金。综上,孙某亿施工的9栋楼系从肖某波处承包	①2014年10月27日肖某波与H三建公司签订的《协议书》;②2016年10月13日,H三建公司与肖某波委托的代理人王某云签订工程项目管理目标责任书,后附肖某波的委托书;③肖某波与孙某亿于2016年7月25日签订《建设工程分包施工合同》
3	原告陈述的"2018年2月7日,街道办作为建设单位、H三建公司作为施工单位,会同项目设计、监理、勘察单位共同对HD产业园某还建小区(二期)工程进行了验收"是否属实,是否有相应的证据和验收证明文件,该证明文件加盖有哪几方的印章,加盖的印章是否真实?如果以上所述不属实,则案涉项目对应楼栋的验收是什么时间,是否有相应的证据	原告陈述的此事实依据的是其证据验收签到表,经核实,签到表加盖的H三建公司印章系真实的,上面还有建设单位街道办、监理单位武汉某环艺设计院有限公司、勘察单位武汉某岩土工程有限责任公司盖章,但该证据只是签到表,经查实,项目至开庭时仍未取得五方验收证明	

续表

序号	拟核实的事实	核实的情况	收集证据的情况
4	孙某亿是否为13#、14#、15#、16#、18#、21#、22#、23#、24#楼实际施工人,是否有相应的证据予以证实;孙某亿如果是实际施工人,其是通过哪些合同分包上述楼栋,与孙某亿签订分包合同的是哪一方,合同内容如何,应收集提供相应的分包合同,并考虑追加当事人;H三建公司与孙某亿是否签订有相应的分包合同;进行分包时,是否有发包人的同意;如果孙某亿是实际施工人,则其实际施工的范围是哪些,各方是否对其施工范围有过确认(包括阶段性的确认,如往来函件,阶段性的结算单等)	①经向现场工作人员了解,孙某亿确实是13#、14#、15#、16#、18#、21#、22#、23#、24#楼实际施工人,孙某亿实际施工人的身份得到了2018年12月4日《HD产业园某还建小区(二期)工程收尾协议书》的确认,该协议书加盖的H三建公司印章系真实的; ②孙某亿系通过与肖某波签订分包合同取得分包项目施工权利,本案应追加肖某波; ③孙某亿自行提供的证据7工程造价咨询报告书记载的工程范围基本属实,只是计价方式错误,因此可通过工程咨询报告书基本确定孙某亿的施工范围; ④孙某亿的施工范围,除孙某亿与肖某波签订合同外,其他证据基本没有提及	①肖某波与孙某亿于2016年7月25日签订《建设工程分包施工合同》; ②2018年12月4日,H三建公司、孙某亿签订的《HD产业园某还建小区(二期)工程收尾协议书》
5	核实诉状中陈述的"2018年12月4日,H三建公司与孙某亿签订了《HD产业园某还建小区(二期)工程收尾协议书》"有关事实,包括:原告提交的该合同涉及哪几方当事人,加盖的H三建公司的印章是否真实等;该合同如真实,签订的真实时间是什么时候;合同签订的背景是什么;合同签订后的履行情况	①该协议由孙某亿、张某某(其中记载系武汉B房地产开发有限公司代理人,该房地产公司系肖某波的关联公司)、H三建公司签订,该协议加盖的H三建公司印章系真实的; ②该协议载明,工程完工后办理结算,尾款支付遵循原则为:孙某亿与其班组、材料商及设备租赁商完成账目核对,形成书面结算文件,达成一致后,由H三建公司优先支付劳务班组、材料商及设备租赁商欠款;支付完上述尾款后,H三建公司按照肖某波与孙某亿的合同约定扣除质保金后直接支付给孙某亿	2018年12月4日,H三建公司与肖某波的关联公司武汉B房地产开发有限公司(该公司法定代表人为肖某波,肖某波持股80%,其女儿持股20%)、孙某亿签订的《HD产业园某还建小区(二期)工程收尾协议书》

续表

序号	拟核实的事实	核实的情况	收集证据的情况
6	孙某亿移交工程是什么时间；有关钥匙移交的证据，签收钥匙的人是什么人，是否是H三建公司的工作人员，如果是，其职务是什么，签收钥匙是否是其本人的职权范围，签收钥匙的时候是否征得公司同意，有关其本人的字迹是否是本人签字；经办律师要求与签字人员见面，并向本人了解以上事实以及有关案涉工程的其他事实	①孙某亿移交工程时间为2019年10月15日，孙某亿提供的证据"钥匙签收单"，其中签字的人员为向某，向某确认该签字确系其本人签字，且移交钥匙的事实属实；②签收钥匙系征得公司同意，签收钥匙的时候项目确实已经完成，且之前物业公司也已经实际入驻项目	
7	核实签证的情况，即孙某亿陈述的签证是否属实，签证金额是否属实，是否按照H三建公司规定的程序办理签证等	经查，孙某亿提交的证据4工程联系函涉及的签证事项中，加盖有监理公司、设计单位盖章，建设单位签字，经向前述单位了解，签字和盖章的情况均属实，但加盖的H三建公司的印章系孙某亿私刻的印章	
8	H三建公司与街道办之间合同签订情况（如签订时间，是否经过招投标等），包括：合同内容，尤其是有关工期、质量、承包范围、价款（是固定综合单价还是总价包干）、合同约定允许变更的约定、付款时间、违约责任、结算和验收等；签订施工总承包合同后，合同履行中是否签订有补充协议、会议纪要等，如有，收集相应的证据	①案涉项目招标人为街道办，招标文件记载的时间为2015年3月30日；H三建公司投标文件未记载时间；中标时间为2015年4月30日；2015年5月8日，H三建公司与街道办签订《HD产业园某还建小区（二期）工程施工合同》。②《HD产业园某还建小区（二期）工程施工合同》约定主要内容包括：合同为BT合同，约定了三年回购期；工期为9个月；合同价款为总价包干，人工费、主材、设计变更可以调整价款。合同签订后，双方没有签订过补充协议和会议纪要	①招标文件；②投标文件；③中标通知书；④2015年5月8日，H三建公司与街道办签订的《HD产业园某还建小区（二期）工程施工合同》

续表

序号	拟核实的事实	核实的情况	收集证据的情况
9	孙某亿实际收款情况,即孙某亿实际收到的款项是多少?是否为其在起诉状自认的金额,如果其自认金额少于实际收到的金额,则应提供相应的证据证明其他孙某亿未承认的收款金额,包括:合同、付款凭单、发票以及其他证据材料等	①经查,本案孙某亿收款和视为其收到的款项分四种:第一种是由H三建公司直接支付给孙某亿;第二种是H三建公司付给孙某亿指定的主体或与孙某亿签订合同的材料商、劳务队、设备出租方;第三种是经孙某亿同意,H三建公司委托街道办代付至孙某亿指定的主体或与孙某亿签订合同的材料商、劳务队、设备出租方;第四种是因与孙某亿签订合同的材料商、劳务队、设备出租方起诉H三建公司导致H三建公司被法院判决承担责任并被法院扣划款项或H三建公司根据判决书调解书支付的款项。②按照以上事项,孙某亿自行主张的付款金额66,539,308元属实,但远远不足,经收集证据和统计,孙某亿收到或应视为其收到的款项至少为80,606,570.74元,孙某亿少算了至少14,067,262.74元	①H三建公司向孙某亿支付款项的银行付款凭单;②H三建公司向孙某亿指定的主体或与孙某亿签订合同的材料商、劳务队、设备出租方付款凭单,对应的有孙某亿签订的合同、委托代付手续、收据;③第三方起诉H三建公司的全部诉讼材料,包括原告起诉状、法院受理通知书、传票、判决书、法院执行通知书、H三建公司履行判决、调解书的付款凭单等;④H三建公司委托街道办代付的委托书等;对于街道办付款凭单,因该证据由街道办持有但街道办未提供,因此向法庭提交书证提出命令的申请或作为庭审时法庭调查的重点;⑤对以上款项制作清单提交给法庭

续表

序号	拟核实的事实	核实的情况	收集证据的情况
10	H三建公司与街道办就案涉项目合同履行情况,包括:①项目的开工时间,相应收集开工令;是否竣工验收,相应收集竣工验收报告;项目交付时间,相应收集项目移交单或钥匙移交证明;物业进驻时间,相应收集物业服务委托合同,开发商向物业公司移交场地的文件;住户入住时间等。②款项支付情况,包括:街道办实际支付多少款给H三建公司,H三建公司开具了多少发票给街道办,相应收集付款凭单和发票。③结算情况,街道办与三建是否办理了结算,如办理,结算金额是多少;项目是否需要财评,如需要,财评是否完成,财评金额是多少;通过结算和已付款,可以计算出欠付款金额。④施工过程中是否办理请款,如有,提交有关请款手续,包括但不限于:请款报告、请款报告后附的材料,如工程量确认单等。⑤其他有关合同履行的情况	①项目没有发布开工令,但由H三建公司、监理公司盖章确认的工程定位测量记录显示的时间为2016年1月13日,再经询问项目现场人员,了解到开工时间约为2016年3月。②项目至收到起诉状时仍未办理竣工验收手续,但项目已经实际交付并入住,入住时间为2019年10月;具体有H三建公司现场工程师向某签收钥匙的证据(由孙某亿提供);从2019年10月以后,住户陆续入住;物业进场时间为2019年9月底至10月初,发包人与物业公司移交场地的手续由发包人持有(如有)。③H三建公司与街道办未办理结算;根据合同,项目未约定需经过财评;街道办实际向H三建公司支付款项金额为118,794,910元,如按总价包干合同约定的总价款132,536,553元,街道办欠付H三建公司款项至少为13,741,643元。④施工中就H三建公司向街道办请款事宜,并未能找到相应的请款手续,经向街道办了解,街道办也未能找到,一致的说法是资料均被公安部门因侦办肖某波的刑事案件而带走	①孙某亿提交的证据3,工程定位测量记录;②孙某亿提交的证据6,向某签收钥匙的收条;③街道办支付款给H三建公司的银行回单;④H三建公司开具的发票
11	了解项目的有关情况,即项目是否办理了报批报建手续,如是否有土地使用权证、建设用地规划许可证、建设工程规划许可证、建设工程施工许可证等	案涉项目有土地使用权证、建设用地规划许可证,该项目虽未办理建设工程规划许可证,但该项目的建设规划等系经政府审批,该项目未办理施工许可证	

续表

序号	拟核实的事实	核实的情况	收集证据的情况
12	查清本案的基本法律关系,即项目的发包人是谁,总承包人是谁,是否进行了转包或分包,如转包,则被受转包的人是何人;如果是分包,则总承包下面有几个分包单位,分包单位分包后,是否进行再分包或转包。收集相应的总承包合同、转包(分包)合同等	本案法律关系为:街道办将涉案工程总计13栋楼发包给H三建公司,H三建公司转包给肖某波,肖某波再将13栋楼中的9栋楼土建安装工程发包给孙某亿,4栋楼的土建和安装工程发包给林某彩,同时肖某波将13栋楼的消防和电梯分别发包给胡某俊和武汉TL电梯工程技术有限公司	①H三建公司与街道办签订的《HD产业园某还建小区(二期)工程施工合同》、招标文件和投标文件; ②肖某波与孙某亿签订的《建筑工程分包施工合同》、肖某波与林某彩签订的《建筑工程分包施工合同》
	其他需要查清的事实		

实战点评与分析

被告收到原告诉状后,应对原告诉状陈述的每一个事实,尤其是原告请求权依据的事实重点审查,结合证据逐一进行审查核实,核实的要点为陈述事实的时间、事件发生地点、发生的经过等,收集证明该事件发生的证据。对于原告诉状中陈述不属实,且该事实是原告请求权依据的基础事实的,应进行反驳并提供反驳证据。由此可见,原告诉状是收集和提供反驳证据的第一线索。

以本案为例,原告主张的请求权第一项,"依法判令被告一H三建公司向原告支付HD产业园某还建小区(二期)工程13#、14#、15#、16#、18#、21#、22#、23#、24#楼建筑安装工程剩余未付工程款66,789,211.08元,并承担以剩余未付工程款为基数自2019年2月15日起按银行同期贷款利率计算的逾期付款违约金直到全部剩余工程款付清时止",此项诉讼请求,依据的事实为诉状陈述的下列事实:

其一,2015年5月8日H三建公司与街道办签订了《HD产业园某还建小区(二期)工程施工合同》,并将其中13#、14#、15#、16#、18#、21#、22#、23#、24#楼建筑安装工程分包给孙某亿施工,但未签订书面的分包合同。

其二,2018年12月4日,H三建公司与孙某亿签订了《HD产业园某还建小区(二期)工程收尾协议书》约定孙某亿为该项目13#、14#、15#、16#、18#、

21#、22#、23#、24#楼的实际施工人，负责在2019年元月15日前完成项目收尾工作，同时约定工程完工后由业主组织相关单位验收后，按业主支付工程款的比例同比例支付工程款，且应在收尾工程开工后一个月内完成账目核对。

因此，本案在核查事实时，应重点对以上陈述事实进行核实（有关核实情况见上表），并就核实的情况、对本案的影响（如该事实能否达到原告的证明目的、能否支持原告诉讼请求等）进行评判，并相应采取应对措施（如果属实，则H三建公司是否需要承担责任，如果根据核实的证据H三建公司确实需要对原告直接承担责任，则本案的重点应放在承担金额的大小上）。

（三）对原告提供的证据进行审查和核实

1. 对原告提供证据的类型进行审核。

2. 对原告提供证据的真实性、合法性和关联性进行审核，对原告提供的证据中出现有H三建公司印章的真实性、加盖印章的时间进行核实，如果印章并非真实印章，应及时提出鉴定申请。

3. 原告提交的证据是否完整，是否有对证据进行截取或对证据的内容进行断章取义的陈述和认定。

4. 对证据能否达到原告证明目的进行审核，主要从以下角度考虑：

其一，证据本身反映的事实是什么；

其二，该等证据反映的事实是否可以达成原告在证据目录中的证明目的；

其三，该等证据反映的事实是否与客观事实相符，如果不相符，是否有相应的反驳证据，如有，则提供相应的反驳证据。

5. 原告提供的证据、证据涉及的事实是否有被告H三建公司可以利用的对H三建公司有利的事实，如有，可以援引作为H三建公司的证据。

（四）查清本案的法律关系，包括有几重法律关系，各自关系如何，所核实的法律关系是否有相应的证据；在核实清楚上述事实的基础上，考虑本案是否遗漏当事人，是否需要追加当事人

经查，本案的法律关系为：街道办将涉案工程总计13栋楼发包给H三建公司，H三建公司转包给肖某波，肖某波再将13栋楼中的9栋楼土建安装工程发包给孙某亿,4栋楼的土建和安装工程发包给林某彩,同时肖某波将13栋楼的消防和电梯分别发包给胡某俊和武汉TL电梯工程技术有限公司。鉴于以上,本案应追加肖某波作为案件的当事人,就此,H三建公司向法庭提出了追加肖某波为本案第三人,法庭予以准许并追加肖某波为案件第三人。

法律依据:

《建设工程解释一》第43条:"实际施工人以转包人、违法分包人为被告起诉的,人民法院应当依法受理。

实际施工人以发包人为被告主张权利的,人民法院应当追加转包人或者违法分包人为本案第三人,在查明发包人欠付转包人或者违法分包人建设工程价款的数额后,判决发包人在欠付建设工程价款范围内对实际施工人承担责任。"

(五)现场踏勘

2020年9月10日现场踏勘了解到如下事实:

1. 案涉项目已经全部交付并有业主实际入住,通过向小区物业公司了解,在2019年年底开始有人入住,物业公司进场时间为2019年9月底10月初。

2. 项目部已经被拆除,但从被拆除的物品和公示牌可见,项目部负责人一栏中载有孙某亿的名字。证实案涉项目施工时,孙某亿确实在现场实际施工。

(六)向经办人了解项目情况

1. 通过向项目现场的工作人员向某了解,该项目主要情况如下:

(1)项目没有发过开工令,但实际开工时间大约为2016年3月;

(2)案涉项目实际一共有13栋楼,发包情况是由H三建公司发包给肖某波,肖某波再将13栋楼分成两个包,其中4栋楼发包给林某彩,9栋楼发包给孙某亿,因此孙某亿确实是13#、14#、15#、16#、18#、21#、22#、23#、24#楼实际施工人,但其主要施工土建的主体部分,消防和电梯都是由孙某亿上游的发包人肖某波另外找人做;

(3)经了解,肖某波与林某彩和孙某亿分别签订有分包合同,肖某波从中收取5%的管理费,如果开票要扣除7%的税金;

(4)原告提交的签收钥匙的收据,上面的签字确实是其本人所签,真实情况是,2019年10月15日,孙某亿施工的9栋楼确实完工,且10月物业公司已经入

驻,因此当时孙某亿将工程移交 H 三建公司是真实的;

(5)肖某波在项目管理到 2018 年年初,后来肖某波因为个人问题被刑事拘留,因此后续的请款手续基本都是由其女儿肖某代理。

2.向 H 三建公司财务人员了解孙某亿主张的已付款是否属实,项目请款手续如何办理,同时收集相应的证据,具体了解到的情况见以上第(二)部分序号 9 的内容。

3.向 H 三建公司法务人员了解项目涉诉情况,是否存在其他诉讼,如有,提供相应的原告起诉状、法院受理材料、各方当事人提交的证据、庭审笔录、判决书(调解书、和解协议、裁定书等)。

(1)了解到的情况:案涉项目有其他诉讼案件,基本都是由于孙某亿自己刻制一枚印章,印章名称为 H 三建公司,孙某亿对外称其为项目的负责人,在对外经济活动中,包括材料采购、设备租赁、劳务分包,均加盖有该印章,在这些合同履行中,由于孙某亿未按约履行支付义务,导致相应的材料商、设备出租方、劳务承包人等起诉 H 三建公司,这类案件,尽管 H 三建公司申请对印章真伪进行鉴定,且经鉴定确实并非 H 三建备案印章,但法院认定孙某亿的行为构成表见代理或属于职务行为等,H 三建公司均被判决承担责任,部分案件系通过和解和调解的方式解决。被判决承担责任的案件、和解和调解的案件 H 三建公司均实际履行完毕,履行完毕后有相应的付款凭单、法院执行通知书、扣款证明、法院出具的收据等。

(2)收集此类案件列表如下:

证据名称	证据内容	金额(元)
(邵某强)已付款项清单、项目资金支付审批表、客户电子回单、(2019)鄂 0116 民初××× 96 号案件材料、民事调解书、付款凭单	证明 H 三建公司根据肖某波女儿肖某指示将相关款项支付给邵某强;证明法院已根据(2019)鄂 0116 民初××× 96 号民事调解书强制划扣案涉工程相应款项	846,390.31
(武汉 S 物资有限公司)已付款项清单、钢材买卖合同、钢材采购批次价格确认表、项目工程款资金使用计划统计表、客户电子回单、(2017)鄂 0106 民初×× 34 号案件材料、民事判决书、付款凭单	证明 H 三建公司根据肖某波指示,以及(2017)鄂 0106 民初×× 34 号案件判决书将相关款项支付给武汉 S 物资有限公司	4,662,928.24

续表

证据名称	证据内容	金额(元)
(2019)鄂0116民初×××07号案件民事起诉状、证据目录、庭审笔录、民事判决书;(2019)鄂01民终×××17号民事判决书	证明H三建公司已根据(2019)鄂0116民初×××07号判决书及(2019)鄂01民终×××17号判决书支付涉案项目相应款项	3,599,653
(2019)鄂0116民初×××08号案件民事起诉状、证据目录、庭审笔录、民事判决书;(2019)鄂01民终×××18号民事判决书	证明H三建公司已根据(2019)鄂0116民初×××08号判决书及(2019)鄂01民终×××18号判决书支付涉案项目相应款项	3,545,326
合计		12,654,297.55

三、查清事实后,案件存在的风险、可能的结果以及应采取的措施

(一)风险1:法院判决H三建公司向孙某亿支付的金额远远大于其从街道办取得的工程款,最终本案项目巨亏

本案中,H三建公司与街道办签订的《HD产业园某还建小区(二期)工程施工合同》约定的价款为总价包干,而孙某亿起诉时,没有采用总价包干,而是采用定额计价的方式,此种计价方式得出的结果远远大于总价包干,如果此种结果得到支持,则必然导致H三建公司向孙某亿支付的金额远远大于其从街道办取得的工程款,最终本案项目巨亏。

应对措施:孙某亿与肖某波的合同是避免以上风险的关键,经查,肖某波与孙某亿签订的《建筑工程分包施工合同》第2条第1款明确约定:"乙方栋号工程造价执行与甲方签订的施工合同造价相同",该合同第1条第3款约定,9栋楼总价为99,753,323.91元,具体见工程项目投标报价汇总表。按照以上约定,孙某亿施工工程的造价必须以肖某波与H三建公司确定的工程造价为据,而肖某波与H三建公司约定的工程造价是以H三建公司与街道办确定的造价为准。因此,孙某亿与

肖某波的合同是避免以上风险的关键,但遗憾的是,未能找到孙某亿与肖某波签订的《建筑工程分包施工合同》的原件,为此应提供其他证据证明孙某亿确认其与肖某波签订《建筑工程分包施工合同》的真实性,主要思路为:

其一,以《建筑工程分包施工合同》约定内容为线索,寻找其他证据中,哪些证据(如合同)明确执行该《建筑工程分包施工合同》有关付款、结算等内容;此类证据如有,越多越好。经查找,孙某亿提供的《HD产业园某还建小区(二期)工程收尾协议书》第3条第3款明确载明:"3.工程完工后由业主组织相关单位验收后,甲方监督乙方按业主支付工程款的比例,严格按乙、丙方约定的结算方式确定合同总造价(扣除乙方应收取的税费和管理费)同比例支付丙方工程款,现场开工时甲方监督乙方、丙方一个月内完成账目核对。"上述协议甲方为H三建公司,乙方为肖某波实际控制的关联公司,丙方为孙某亿,从以上内容可见,孙某亿承认其与肖某波之间存在协议(庭审时,孙某亿确认收尾协议中的乙方实际上是肖某波),且确认其与肖某波之间有关结算应扣除管理费和税金,此点与《建筑工程分包施工合同》的约定内容相同。

其二,庭审时,向孙某亿核实:如其承认,则该证据瑕疵可以得到解决;如其不承认,则向其询问:收尾协议中提到孙某亿与肖某波之间签订有协议,具体指的是哪一份协议,是不是前面所述的《建筑工程分包施工合同》,如其否认,则要求其提供收尾协议所述的与肖某波之间的合同。如其不提供,则向法庭申请书证提出命令要求其提供,如其仍不提供,则恳请合议庭作出对孙某亿不利的认定。

法律依据:

《民法典》第793条:"建设工程施工合同无效,但是建设工程经验收合格的,可以参照合同关于工程价款的约定折价补偿承包人。

建设工程施工合同无效,且建设工程经验收不合格的,按照以下情形处理:

(一)修复后的建设工程经验收合格的,发包人可以请求承包人承担修复费用;

(二)修复后的建设工程经验收不合格的,承包人无权请求参照合同关于工程价款的约定折价补偿。

发包人对因建设工程不合格造成的损失有过错的,应当承担相应的责任。"

(二)风险2:已经支付的款项,孙某亿不认可,且法庭不予支持,最终导致H三建公司多支付款项

本案中,孙某亿承认已经收到的款项仅为66,539,308元属实,但远远不足,经收集证据和统计,孙某亿收到或应视为其收到的款项至少为80,606,570.74元,孙某亿少算了至少14,067,262.74元,如果这14,067,262.74元未能全部认定,则未能认定的部分意味着H三建公司须多承担此部分费用,如此也将可能导致H三建公司承担巨额亏损。

应对措施:收集充分证据证明此部分费用应视为孙某亿的收款金额,包括孙某亿对外签订的合同、孙某亿委托付款的证明文件、收款人出具的收据和说明、银行付款凭单等;如果涉诉,则提交原告起诉状、法院受理通知书、传票、判决书(或调解书、和解协议等)、庭审笔录、付款凭单、法院执行通知书、扣款凭证等。

(三)风险3:H三建公司需要根据《HD产业园某还建小区(二期)工程收尾协议书》直接向原告承担责任

因2018年12月4日H三建公司与孙某亿签订了《HD产业园某还建小区(二期)工程收尾协议书》属实,因此第一道防线(根据本案法律关系,H三建公司无需向孙某亿承担责任)可能无法守住,根据该协议,H三建公司的责任为:孙某亿与其班组、材料商及设备租赁商完成账目核对,形成书面结算文件,达成一致后,由H三建公司优先支付劳务班组、材料商及设备租赁商欠款;支付完上述尾款后,H三建公司按照肖某波与孙某亿的合同约定扣除质保金后直接支付给孙某亿。

结合上述约定,H三建公司在本案中的重点为:收集充分证据证明孙某亿已经实际收到或应视为其收到的款项和金额;孙某亿只能照其与肖某波签订的分包合同确定总价,不得按照定额计价,同时必须扣除5%的管理费和7%的税金,考虑到转包违法分包的情况下,法院一般不支持5%的管理费,因此应将重点放在7%税金的扣除上,应提供开具的发票作为证明,同时应提供此类发票计取税金的法律依据,同时向法庭陈述根据计税的法律规定,结合发票,计算出实际支付税金的金额,将实际支付税金的金额列表。

四、程序方面所做的准备和工作

(一)追加当事人,即将肖某波追加为本案的第三人

本案中,从法律关系而言,系街道办将工程发包给H三建公司,H三建公司发包给肖某波,肖某波再发包给孙某亿,因此应将肖某波追加为本案的第三人。

相关法律规定:

《建设工程解释一》第43条:"实际施工人以转包人、违法分包人为被告起诉的,人民法院应当依法受理。

实际施工人以发包人为被告主张权利的,人民法院应当追加转包人或者违法分包人为本案第三人,在查明发包人欠付转包人或者违法分包人建设工程价款的数额后,判决发包人在欠付建设工程价款范围内对实际施工人承担责任。"

(二)申请对案涉项目工程造价进行鉴定

申请对H三建公司与街道办之间的工程造价进行鉴定,考虑鉴定的原因:

其一,本案中,肖某波与孙某亿签订的《建筑工程分包施工合同》约定的造价按照H三建公司与街道办确定的造价执行,因此通过鉴定确定了H三建公司与街道办造价,也可以直接确定肖某波与孙某亿之间的结算造价。

其二,由于H三建公司与街道办未办理最终结算,因此通过鉴定确定H三建公司与街道办之间的最终造价后,即使本案法院不判决街道办承担责任,也利于此后H三建公司以本案确定的且经过法院委托的鉴定机构作出的造价向街道办主张支付剩余的未付款。

综合以上,H三建公司提出造价鉴定。

(三)鉴定的事项:应根据合同约定的计价方式提出鉴定申请

由于H三建公司与街道办签订的合同约定的造价为总价包干,因此鉴定主要就可变更价款对应的造价进行,鉴定请求为:

1. 材料调差

申请对HD产业园某还建小区(二期)工程13#、14#、15#、16#、18#、21#、22#、23#、

24#、25#、26#、27#、28#楼没有经双方工程联系函中指定的材料价,在合同施工期内每月平均单价较投标报价时该种材料的变化超出±5%部分进行鉴定,确定具体造价金额。

2. 人工费调差

申请对 HD 产业园某还建小区(二期)工程 13#、14#、15#、16#、18#、21#、22#、23#、24#、25#、26#、27#、28#楼在合同建设期内经湖北省或武汉市造价主管部门对定额人工单价调整导致的人工费调整增加造价金额。

3. 设计变更

申请对 HD 产业园某还建小区(二期)工程 13#、14#、15#、16#、18#、21#、22#、23#、24#、25#、26#、27#、28#楼设计变更项目进行鉴定。

(四)关于反诉

考虑到 H 三建公司与孙某亿不存在直接的法律关系,因此本案未提起反诉。

(五)关于管辖

本案为建设工程施工合同纠纷,因此适用专属管辖即项目所在地管辖,项目位于武汉市 H 区,由于原告起诉时金额已经达到了武汉市中级人民法院受理标准,因此该案由武汉市中级人民法院审理并无不当,因此管辖法院正确,无须提起管辖异议。

法律依据:

《民事诉讼法》第 34 条:"下列案件,由本条规定的人民法院专属管辖:

(一)因不动产纠纷提起的诉讼,由不动产所在地人民法院管辖;

(二)因港口作业中发生纠纷提起的诉讼,由港口所在地人民法院管辖;

(三)因继承遗产纠纷提起的诉讼,由被继承人死亡时住所地或者主要遗产所在地人民法院管辖。"

《民事诉讼法解释》第 28 条:"民事诉讼法第三十四条第一项规定的不动产纠纷是指因不动产的权利确认、分割、相邻关系等引起的物权纠纷。

农村土地承包经营合同纠纷、房屋租赁合同纠纷、建设工程施工合同纠纷、政策性房屋买卖合同纠纷,按照不动产纠纷确定管辖。

不动产已登记的,以不动产登记簿记载的所在地为不动产所在地;不动产未登记的,以不动产实际所在地为不动产所在地。"

五、证据的组织和提交

(一)结合本案法律关系,组织和提交证据

本案的法律关系:街道办将涉案工程总计 13 栋楼发包给 H 三建公司,H 三建公司发包给肖某波,肖某波再将 13 栋楼中的 9 栋楼土建安装工程发包给孙某亿,4 栋楼的土建和安装工程发包给林某彩,同时肖某波将 13 栋楼的消防和电梯分别发包给胡某俊和武汉 TL 电梯工程技术有限公司。

组织和提交的证据如下:

序号	证据名称	证明内容
事实一	H 三建公司通过招投标并最终中标,成为案涉项目(13 栋楼)的中标人和承包人,并与发包人街道办签订施工合同并实际履行	
1	招标文件(时间:2015 年 3 月 30 日)、投标文件	证明街道办就涉案项目进行公开招标,H 三建公司就案涉项目向街道办投标
2	中标通知书(时间:2015 年 4 月 30 日)	证明 H 三建公司于 2015 年 4 月 30 日中标;中标总价为 132,536,553 元
3	《HD 产业园某还建小区(二期)工程施工合同》(时间:2015 年 5 月 8 日)	街道办与 H 三建公司就涉案项目于 2015 年 5 月 8 日签订施工合同,合同约定了有关施工范围、工期、质量、价款、违约责任等。街道办为项目的发包人
4	付款明细表、银行回单(街道办支付给 H 三建公司的款项)	证明涉案项目建设方街道办支付款项给 H 三建公司的事实
5	发票明细表、发票(H 三建公司开具给街道办的发票)	证明涉案项目 H 三建公司向街道办开具发票的情况
事实二	H 三建公司在中标前与肖某波达成协议,由肖某波以 H 三建公司名义承接案涉项目,在 H 三建公司中标后,肖某波与 H 三建公司签订工程项目管理目标责任书,约定由肖某波承包该工程	
6	协议书(时间:2014 年 10 月 27 日)	H 三建公司与肖某波与 2014 年 10 月 27 日签订《协议书》,约定由肖某波以 H 三建公司名义承接某项目
7	承诺书(肖某波签字,时间:2016 年 12 月 1 日)	证明肖某波就某项目承包施工产生的责任损失以及对外经营活动等事宜进行承诺

续表

序号	证据名称	证明内容
8	工程项目管理目标责任书(时间：2016年10月13日)；承诺书	证明2016年10月13日，肖某波委托王某云作为乙方、武汉S投资有限公司作为担保单位盖章签订了工程项目管理目标责任书并签署了承诺书
事实三	肖某波承包案涉工程后，将工程中的9栋楼发包给孙某亿	
9	建筑工程施工分包合同(文件载明时间：2016年7月25日)	证明肖某波在2016年7月25日与孙某亿就涉案项目13#、14#、15#、16#、18#、21#、22#、23#、24#楼工程施工签订了分包施工合同
事实四	肖某波承包案涉工程后，将工程中另外的4栋楼发包给林某彩	
10	内部施工合作协议(2016年3月9日孙某亿与林某彩签订)、建筑工程分包施工合同(2016年7月25日肖某波与林某彩签订)、委托支付、承诺书、对账单	证明肖某波、孙某亿和林某彩就涉案项目分包事宜签订协议，由林某彩负责某案涉项目25#、26#、27#、28#楼工程施工，林某彩授权肖某波在项目工程资金使用计划统计表上签字确认工程款支付，并于2020年1月10日就其负责工程的工程款进行确认
事实五	涉案项目中的电梯工程和消防工程由肖某波另行发包	
11	电梯工程：设备购销及安装合同、合同执行变更说明、某项目执行情况及收款说明、安装合同、补充合同、材料采购合同封账协议	证明肖某波就涉案项目中电梯工程，由肖某波自行向武汉F电机工程有限公司(后名称变更为武汉TL电梯工程技术有限公司)采购和安装
12	消防工程：建设工程分包施工合同(签订时间：2018年8月2日)；承诺书(胡某俊出具)	证明肖某波将某13栋楼的消防工程分包给胡某俊

注：为了方便读者阅读，以上证据序号并非实际提交的证据的序号，且在实际给法院时，均编写了页码；上述只是列举了收集和提供的证据清单。

(二)以主体为据提供证据证明应认定为孙某亿收到或视为其收到款的证据以及金额

序号	证据名称	证明内容	金额(元)	说明
1	(王某北)已付款项清单、劳务分包合同、劳务大清包合同工程量完成清单、项目工程款资金使用申请表、客户电子回单、情况说明	证明孙某亿将部分工程分包给王某北，H三建公司根据肖某波指示将相关款项支付给王某北，应视为孙某亿已收到相应款项	16,130,000	此部分款项总计16,030,000元孙某亿无异议并自行确认

续表

序号	证据名称	证明内容	金额(元)	说明
2	（武汉 S 物资有限公司）已付款项清单、钢材买卖合同、钢材采购批次价格确认表、项目工程款资金使用计划统计表、客户电子回单、(2017)鄂 0106 民初×× 34 号案件材料、民事判决书	证明 H 三建公司根据肖某波指示，以及(2017)鄂 0106 民初×× 34 号案件判决书将相关款项支付给武汉 S 物资有限公司	4,662,928.24	孙某亿未计入其自认的付款中，但应当视为孙某亿收到的款项
3	（武汉 C 建材有限公司）已付款项清单、项目工程款资金支付审批表、客户电子回单	证明 H 三建公司根据肖某波指示将相关款项支付给武汉 C 建材有限公司	9,403,780	孙某亿对全部款项无异议并确认为已收款
4	（何某平）已付款项清单、项目资金支付审批表、客户电子回单	证明 H 三建公司根据肖某波指示将相关款项支付给何某平	590,000	此部分款项孙某亿无异议并自行确认
5	（施某兵）已付款项清单、项目资金支付审批表、客户电子回单	证明 H 三建公司根据肖某波指示将相关款项支付给施某兵	900,000	此部分款项孙某亿无异议并自行确认
6	（胡某猛）已付款项清单、项目资金支付审批表、客户电子回单	证明 H 三建公司根据肖某波指示将相关款项支付给胡某猛	580,000	此部分款项孙某亿无异议并自行确认
7	（周某旭）已付款项清单、项目工程款资金使用申请表、客户电子回单	证明 H 三建公司根据肖某波指示将相关款项支付给周某旭	1,800,000	此部分款项孙某亿无异议并自行确认

续表

序号	证据名称	证明内容	金额(元)	说明
8	(黄某胜)已付款项清单、项目资金支付审批表、客户电子回单	证明H三建公司根据肖某波指示将相关款项支付给黄某胜	2,600,000	孙某亿对全部款项均无异议,并自行确认
9	(孙某)已付款项清单、项目工程款资金使用申请表、客户电子回单	证明H三建公司根据肖某波指示将相关款项支付给孙某	3,540,000	孙某亿对全部款项均无异议,并自行确认
10	(杨某莹,含夏某顺、杨某、严某、舒某志)已付款项清单、协议书、项目工程款资金使用申请表、客户电子回单、情况说明、授权委托书、承诺书	证明孙某亿将部分工程分包给杨某莹,H三建公司根据肖某波或其女儿肖某指示将相关款项支付给杨某莹,部分款项根据杨某莹的指示分别支付给夏某顺、杨某、严某、舒某志,以上款项均应视为孙某亿已收到相应款项	1,650,000	孙某亿对此部分合计135万元无异议并计入其收款范围,超出135万元的30万元,此部分款孙某亿未计入其收款范围,但就此款的支付,孙某亿出具了委托书,其中7万元支付给杨某莹,剩余的23万元,根据杨某莹的指示分别支付给夏某顺13万元,舒某志2万元,杨某3万元,严某5万元
11	(杨某刚)已付款项清单、项目工程款资金使用计划统计表、客户电子回单	证明H三建公司根据肖某波指示将相关款项支付给杨某刚	1,984,000	孙某亿对全部款项均无异议,并自行确认
12	(叶某波)已付款项清单、合同书、结算清单、授权委托书、项目工程款资金使用申请表、客户电子回单、情况说明	证明孙某亿将部分工程分包给叶某波,H三建公司根据肖某波或其女儿肖某指示将相关款项支付给叶某波,应视为孙某亿已收到相应款项	390,000	此部分款项总计350,000元,孙某亿无异议并自行确认,孙某亿未计入其自认的付款金额为4万元,这部分应当视为孙某亿收到的款项

续表

序号	证据名称	证明内容	金额(元)	说明
13	(舒某平)已付款项清单、劳务班组分包合同、项目资金委托付款表、客户电子回单	证明孙某亿将部分工程分包给舒某平，H三建公司根据肖某波指示将相关款项支付给舒某平，应视为孙某亿已收到相应款项	200,000	此部分款项孙某亿无异议并自行确认
14	(舒某兵)已付款项清单、劳务班组分包合同、项目工程款资金使用申请表、客户电子回单、情况说明	证明孙某亿将部分工程分包给舒某兵，杨某刚和夏某刚根据肖某波指示将相关款项支付给舒某兵，应视为孙某亿已收到相应款项	3,300,000	孙某亿对此部分中合计310万元无异议并自行确认，对其中的20万元，未计入其自认的已收款中，但该合同系孙某亿与舒某兵签订，且由肖某波委托杨某刚和夏某刚支付，应视为孙某亿收款并计入收款范围
15	(傅某友)已付款项清单、劳务班组分包合同、项目工程款资金使用申请表、客户电子回单、情况说明	证明孙某亿将部分工程分包给傅某友，杨某刚根据肖某波指示将相关款项支付给傅某友，应视为孙某亿已收到相应款项	2,200,000	孙某亿对194万元无异议并自行确认，对26万元未计入其自认的付款中，但结合傅某友的说明，其证明肖某波委托杨某刚向傅某友做了支付，因此应计入孙某亿收到款
16	(吴某清)已付款项清单、项目工程款资金使用计划统计表、客户电子回单、收据	证明H三建公司根据肖某波或其女儿肖某指示将相关款项支付给吴某清	178,600	孙某亿对全部款项均无异议，并自行确认
17	(巴某华)已付款项清单、项目工程款资金使用计划统计表、资金委托付款表、客户电子回单	证明H三建公司根据肖某波或其女儿肖某指示将相关款项支付给巴某华	100,000	此部分款项中的8万元，孙某亿无异议并自行确认，另外2万未计入其自认的付款中，但应当视为孙某亿收到的款项

续表

序号	证据名称	证明内容	金额(元)	说明
18	(陈某波)已付款项清单、防水工程分包合同、项目工程款资金使用计划统计表、客户电子回单、情况说明	证明孙某亿将部分工程分包给陈某波,杨某刚根据肖某波指示将相关款项支付给陈某波,应视为孙某亿已收到相应款项	250,000	其中的两笔共计8万元款,孙某亿无异议,并自行确认。对另外三笔合计17万元款,孙某亿未计入其自认的收款范围,但该合同系孙某亿的人员熊某签订,且肖某波委托杨某刚和夏某刚支付,应视为孙某亿收款
19	(臧某峰)已付款项清单、劳务班组分包合同、项目工程款资金使用计划统计表、资金委托付款表、客户电子回单	证明孙某亿将部分工程分包给臧某峰,H三建公司根据肖某波女儿肖某指示将相关款项支付给臧某峰,应视为孙某亿已收到相应款项	670,000	此部分款项孙某亿无异议并自行确认
20	(孙某亿)已付款项清单、项目工程款资金使用申请表、客户电子回单	证明H三建公司根据肖某波女儿肖某指示将相关款项支付给孙某亿	1,000,000	此部分总计100万元,孙某亿无异议并自行确认
21	(苏某玉)已付款项清单、项目工程款资金使用申请表、客户电子回单、情况说明	证明H三建公司根据肖某波指示或肖某波委托孙某、杨某刚将相关款项支付给苏某玉	700,000	此部分款项中的400,000元,孙某亿无异议并自行确认,另外30万元孙某亿未计入其自认的付款中,但应当视为孙某亿收到的款项
22	(曾某华)已付款项清单、项目工程款资金使用计划统计表、委托支付书、客户电子回单	证明H三建公司根据肖某波指示将相关款项支付给曾某华	8,000,000	孙某亿未计入其自认的付款中,但委托支付书有孙某亿的签字(委托肖某波和H三建公司将款支付给曾某华),应当视为孙某亿收到的款项

续表

序号	证据名称	证明内容	金额(元)	说明
23	(武汉M工程材料有限公司)已付款项清单、某还建楼二期工程收尾及工程协议书、项目工程款资金使用计划统计表、客户电子回单	证明H三建公司根据肖某波或其女儿肖某指示将相关款项支付给武汉M工程材料有限公司	1,450,000	孙某亿未计入其自认的付款中,但应当视为孙某亿收到的款项
24	(王某兵)已付款项清单、脚手架工程总包合同、项目工程款资金使用申请表、客户电子回单、情况说明	证明孙某亿将部分工程分包给王某兵,H三建公司根据肖某波女儿肖某指示将相关款项支付给王某兵及王某兵就案涉项目欠付工程款诉至法院后H三建公司与王某兵和解并支付相关款项,以上均应视为孙某亿已收到相应款项	1,539,062.4	孙某亿对此部分款项中的9万元无异议,但未将此部分合计1,449,062.4元计入其收款范围,但该合同系孙某亿与王某兵签订,且用于孙某亿施工工程,孙某亿亦欠付王某兵款,王某兵诉至法院,由H三建公司与王某兵和解并支付款项,该款应计入孙某亿收款范围
25	(孙某委)已付款项清单、项目工程款资金使用申请表、客户电子回单	证明H三建公司根据肖某波女儿肖某指示将相关款项支付给孙某委	70,000	此部分款项孙某亿无异议并自行确认
26	(尹某泓)已付款项清单、项目工程款资金使用申请表、客户电子回单	证明H三建公司根据肖某波女儿肖某指示将相关款项支付给尹某泓	50,000	此部分款项孙某亿无异议并自行确认
27	(舒某成)已付款项清单、项目工程款资金使用申请表、客户电子回单	证明H三建公司根据肖某波女儿肖某指示将相关款项支付给舒某成	20,000	此部分款项孙某亿无异议并自行确认
28	(李某安)已付款项清单、项目资金使用申请表、客户电子回单	证明H三建公司根据肖某波女儿肖某指示将相关款项支付给李某安	5000	此部分款项孙某亿无异议并自行确认

续表

序号	证据名称	证明内容	金额(元)	说明
29	(钱某国)已付款项清单、项目资金使用申请表、客户电子回单	证明H三建公司根据肖某波女儿肖某指示将相关款项支付给钱某国	10,000	此部分款项孙某亿无异议并自行确认
30	(但某耀)已付款项清单、项目资金使用申请表、客户电子回单	证明H三建公司根据肖某波女儿肖某指示将相关款项支付给但某耀	5000	此部分款项孙某亿无异议并自行确认
31	(詹某和)已付款项清单、项目工程款资金使用申请表、客户电子回单	证明H三建公司根据肖某波女儿肖某指示将相关款项支付给詹某和	20,000	此部分款项孙某亿无异议并自行确认
32	(陈某绳)已付款项清单、项目工程款资金使用计划统计表、客户电子回单、情况说明	证明H三建公司根据肖某波女儿肖某指示将相关款项支付给陈某绳	1,000,000	孙某亿对此100万元无异议
33	(郑某军)已付款项清单、项目工程款资金使用申请表、客户电子回单	证明H三建公司根据肖某波女儿肖某指示将相关款项支付给郑某军	157,800	孙某亿对其中的3万元无异议并自行确认,其余部分不认可,但此部分款系收尾所需支付的款项,应视为孙某亿收到的款项
34	(程某明)已付款项清单、项目工程款资金使用申请表、客户电子回单、土方工程承包合同、情况说明	证明孙某亿将部分工程分包给程某明,H三建公司根据肖某波女儿肖某指示将相关款项支付给程某明,应视为孙某亿已收到相应款项	500,000	孙某亿对该50万元无异议并自行确认

续表

序号	证据名称	证明内容	金额(元)	说明
35	(何某勋)已付款项清单、项目资金支付审批表、客户电子回单	证明H三建公司根据肖某波女儿肖某指示将相关款项支付给何某勋	1,300,000	此部分款孙某亿未计入其自认的收款范围,但该款系收尾工程所需支付的款项,应视为孙某亿收到的款
36	(姚某娜)已付款项清单、项目工程款资金使用计划统计表、客户电子回单	证明H三建公司根据肖某波女儿肖某指示将相关款项支付给姚某娜	182,334	前述款项孙某亿未计入其自行确认的收款,但所有的款项均由孙某亿确认,并由H三建公司根据肖某的委托支付(孙某亿在委托单上签字),应确认为孙某亿已收款
37	(邵某强)已付款项清单、项目资金支付审批表、客户电子回单、(2019)鄂0116民初××96号案件材料、民事调解书	证明H三建公司根据肖某波女儿肖某指示将相关款项支付给邵某强;证明法院已根据(2019)鄂0116民初××96号民事调解书强制划扣案涉工程相应款项	846,390.31	此部分款系孙某亿向邵某强及其所属武汉HLD公司租赁塔吊,法院判决H三建公司承担责任,此款应计入孙某亿收款范围
38	(余某娥)已付款项清单、项目工程款资金使用申请表、客户电子回单、承诺书	证明H三建公司根据肖某波女儿肖某指示将相关款项支付给余某娥	81,000	孙某亿未计入其自认的付款中,但应当视为孙某亿收到的款项
39	(甘某华)已付款项清单、项目工程款资金委托付款表、客户电子回单	证明H三建公司根据肖某波女儿肖某指示将相关款项支付给甘某华	48,000	此部分款孙某亿未计入其自认的收款范围,但该款系收尾工程所需支付的款项,应视为孙某亿收到的款
40	(程某明)供货合同、情况说明	证明孙某亿与程某明就案涉工程签订供货合同,肖某波委托杨某刚将部分款项支付给程某明,应视为孙某亿已收到相应款项	80,000	此款孙某亿未计入其自认的收款范围,但该合同系孙某亿签订,且由肖某波委托杨某刚支付,应视为孙某亿收到的款

续表

序号	证据名称	证明内容	金额(元)	说明
41	(张某峰)情况说明	证明肖某波委托杨某刚将部分款项支付给张某峰,该部分属于孙某亿主张的工程范围,应视为孙某亿已收到相应款项	50,000	此款孙某亿未计入其自认的收款范围,但属于孙某亿主张的工程范围,且由肖某波委托杨某刚支付,应视为孙某亿收到的款
42	(2019)鄂0116民初×××07号案件民事起诉状、证据目录、庭审笔录、民事判决书;(2019)鄂01民终×××17号民事判决书、付款凭单	证明H三建公司已根据(2019)鄂0116民初×××07号判决书及(2019)鄂01民终××17号判决书支付涉案项目相应款项	3,599,653	
43	(2019)鄂0116民初×××08号案件民事起诉状、证据目录、庭审笔录、民事判决书;(2019)鄂01民终×××18号民事判决书	证明H三建公司已根据(2019)鄂0116民初×××07号判决书及(2019)鄂01民终××18号判决书支付涉案项目相应款项、付款凭单	3,665,612.79	
	合计		75,509,160.74	

注:为了方便读者阅读,以上证据序号并非实际提交的证据的序号,且在实际给法院时,均编写了页码;上述只是列举了收集和提供的证据清单。

除以上款项外,还有部分款项为H三建公司委托街道办代付至孙某亿指定的账户和分包商,具体明细如下:

序号	时间	金额(元)	主体	
44	2020年1月19日	439,376.00	程某明	此部分材料,有H三建公司委托某街道办代付书,回单在街道办手上,H三建公司向法庭提交了要求街道办提供相关证据材料的申请书;同时拟在法庭调查阶段,请求法庭进行调查
45	2020年1月19日	188,000.00	傅某友	
46	2020年1月19日	2,453,634.00	舒某兵	
47	2020年1月19日	660,000.00	李某鸳	
48	2020年1月19日	1,056,400.00	陈某绳	
49	2020年1月19日	300,000.00	孙某亿	
50	2020年1月19日	439,376.00	程某明	
合计		5,097,410		

综上,孙某亿实际收到款项合计:75,509,160.74元+5,097,410元=80,606,570.74元。

(注:以上金额与法院认定的金额相差30万,法院在判决中作了认定,即"H三建公司自认街道办向其支付工程款与街道办认可已向H三建公司支付的工程款相差30万元,该30万元系H三建公司委托街道办代付给孙某亿的,但街道办未提交代付的凭证,故本院确认街道办向H三建公司已付工程款的数额为118,494,910元",结合上述,一审法院认定街道办代H三建公司付款金额为4,797,410元由于该30万元法院未认定,相应地,孙某亿实际收到的金额减少30万元。)

实战点评与分析

证据的组织和编排一般分为三种,第一种是按照时间顺序进行编排,第二种是按照不同主体进行编排,第三种则是按照不同事件或事项进行编排。编排证据只有一个目的,即让法官在最快的时间,无需思考即可知道和理解当事人拟证明的内容和目的。

以本案为例,本案的重点为如何证明孙某亿实际收到或应视为其收到工程款的金额。通过向H三建公司了解并收集相应证据,支付给孙某亿的款项分为四种,一是由H三建公司直接支付给孙某亿;二是H三建公司付给孙某亿指定的主体或与孙某亿签订合同的材料商、劳务队、设备出租方;三是经孙某亿同意,H三建公司委托街道办代付至孙某亿指定的主体或与孙某亿签订合同的材料商、劳务队、设备出租方;四是因与孙某亿签订合同的材料商、劳务队、设备出租方起诉H三建公司导致H三建公司承担责任的诉讼案件。

如何能让法院在最快的时间,且法官无须思考即可通过被告组织的证据知晓以下事实:直接支付给孙某亿的金额是多少;支付给孙某亿材料商、分包商和设备租赁商的一共涉及几个主体,每一个主体的对应金额是多少,如何能证明这些材料商、分包商、设备租赁商与孙某亿有关。就此,可以将不同的材料商、分包商和设备租赁商按照主体编制相应的证据,每一个主体内又自行形成一个闭环的证据链,该证据链包括孙某亿经手签订的合同、有关结算单、付款的审批手续(有孙某亿签字)、付款凭单,同时将每一个主体对应的款项作为证据内容出示给法官。

以上证据提交给法庭后,原告在第一次开庭时即当庭减少诉讼请求,自行承认已经收到H三建公司的工程款为77,140,931.24元,同时将其诉请变更为"1.依法判令H三建公司向孙某亿支付HD产业园某还建小区(二期)工程13#、14#、15#、16#、18#、21#、22#、23#、24#栋建筑安装工程剩余未付工程款14,311,404.62元(大写:壹仟肆佰叁拾壹万壹仟肆佰零肆元陆角贰分),并承担以剩余未付工程款为基数自2019年2月15日起按银行同期贷款利率计算的逾期付款违约金直到全部剩余工程款付清时止;2.依法判令街道办在欠付H三建公司工程款的范围内就上述未付工程款向孙某亿承担连带清偿责任;3.本案全部诉讼费由H三建公司、街道办共同承担。"

除以上证据外,还收集并提供了H三建公司向肖某波支付款项的付款凭单、林某彩与其分包单位、材料商之间的其他合同、付款凭单等。

六、法院委托鉴定机构作出的鉴定结论和结算总价

(一)材料价差的鉴定结论

涉案项目经鉴定,9栋楼的材料价调增金额为2,317,330.57元,4栋楼的调增金额为690,483.31元,签证涉及工程的材料调增金额为4247.39元。

(二)签证金额

变更签证部分468,339.99元。

(三)H三建公司与街道办最终结算总价

涉案的项目(13栋楼)原合同固定总价款为:132,536,553元,加上材料价格调增

后的总金额为:132,536,553元+2,317,330.57元+690,483.31元=135,544,366.88元;变更签证部分468,339.99元,加上变更签证135,544,366.88元+468,339.99元=136,012,706.87元,再加上签证部分涉及的材料调增4247.39元,街道办与H三建公司最终结算总价金额为136,012,706.87元+4247.39元=136,016,954.26元。

七、对于法律关系通过可视化进行展示,让法官可以不需思考即能看到本案的法律关系、付款明细等

具体明细下图所示:

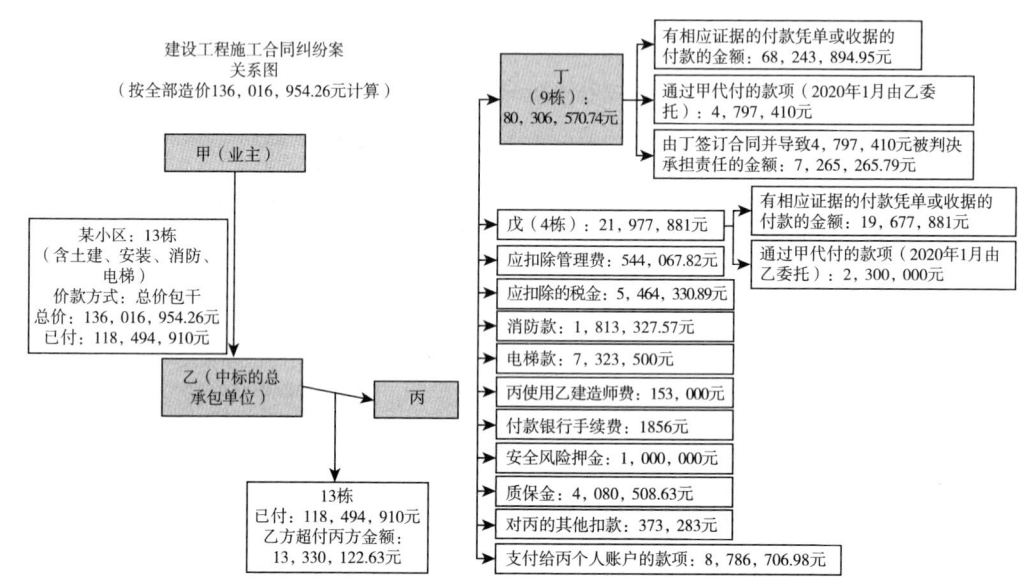

建设工程施工合同纠纷案
关系图
(按全部造价136,016,954.26元计算)

甲(业主)

某小区:13栋
(含土建、安装、消防、电梯)
价款方式:总价包干
总价:136,016,954.26元
已付:118,494,910元

乙(中标的总承包单位) → 丙

13栋
已付:118,494,910元
乙方超付丙方金额:
13,330,122.63元

丁(9栋):80,306,570.74元
- 有相应证据的付款凭单或收据的付款的金额:68,243,894.95元
- 通过甲代付的款项(2020年1月由乙委托):4,797,410元
- 由丁签订合同并导致4,797,410元被判决承担责任的金额:7,265,265.79元

戊(4栋):21,977,881元
- 有相应证据的付款凭单或收据的付款的金额:19,677,881元
- 通过甲代付的款项(2020年1月由乙委托):2,300,000元

应扣除管理费:544,067.82元
应扣除的税金:5,464,330.89元
消防款:1,813,327.57元
电梯款:7,323,500元
丙使用乙建造师费:153,000元
付款银行手续费:1856元
安全风险押金:1,000,000元
质保金:4,080,508.63元
对丙的其他扣款:373,283元
支付给丙个人账户的款项:8,786,706.98元

注:甲是指被告二街道办;乙方是指被告一H三建公司;丙方是指肖某波;丁方是指原告孙某亿;戊方是指林某彩。

实战点评与分析

通过上图,可以很直观看出:

其一,本案的法律关系为:业主街道办将工程发包给H三建公司,H三建公司再发包给肖某波,并将其中的消防和电梯另外分包,土建和水电安装部分分别分包给孙某亿(9栋楼)和林某彩(4栋楼),从承发包关系而言,孙某亿与H三建公司无直接法律关系。

其二,关于彼此间的结算:如H三建公司需要承担责任,也应该在欠付肖某

波款项范围内承担,孙某亿则只能依据与肖某波约定的价款主张其应得款项。

其三,以上关系明确了街道办与H三建公司之间的款项结算和支付金额,H三建公司与肖某波之间的款项结算和支付金额,肖某波与孙某亿、林某彩之间的结算和支付金额等。

上列图表将本案复杂的法律关系、各主体之间的结算支付关系简单清晰地反映出来,让法官对此一目了然。

可视化图在诉讼中有着重要作用:可视化图可以直观地展示各主体的法律关系、原被告主张的不同点和差异(如通过柱状图)、事件发展的时间和脉络(如时间轴线)等,有利于将复杂的事件通过简单的图表予以呈现,能让法官在较短时间内了解并理解当事人需要展示的内容和拟证明的内容和目的。

八、通过列表,将H三建公司与肖某波之间的结算、付款关系予以展示;将孙某亿收款予以展示

(一)H三建公司与肖某波之间的结算、付款关系列表

H三建公司与肖某波之间款项计算说明(未扣除暂列金额),见下表。

一	孙某亿收到的款项的范围和金额:80,306,570.74元		
1	有相应证据的付款凭单或收据的付款的金额(元)	证据来源	备注
	68,243,894.95	证据目录四证据14~54	
2	通过街道办代付的款项(2020年1月由H三建公司委托)(元)	证据来源	备注
	4,797,410.00	已经向法庭提交了要求街道办出具2020年1月经H三建公司委托付款的有关委托书、付款凭单等	有H三建公司委托某街道办代付书,回单在街道办手上,已经提交了要求街道办提供相关证据材料的申请书,对于该款,孙某亿亦做了自认(孙某亿提供证据第55页),只是其自认金额不足,其仅自认了其中400万元

续表

	由孙某亿签订合同并导致H三建公司被判决承担责任的金额(元)	证据来源	备注
3	7,265,265.79	H三建公司提供的证据目录四证据55、56,第1563~1678页	两案件案号:(2019)鄂民终×××17号,承担责任金额3,599,653元;(2019)鄂民终×××18号,承担责任金额3,545,326元;两案合计7,265,265.79元
合计	68,243,894.95元+5,097,410元+7,265,265.79元=80,306,570.745元		
二	林某彩收到的款项和金额	总计:21,977,881元	
1	有相应证据的付款凭单或收据的付款金额(元)	证据来源	备注
	19,677,881.00	H三建公司提供证据目录(六),证据第64~71项	
2	通过街道办代付的款项(2020年1月由H三建公司委托)(元)	证据来源	备注
	2,300,000.00	已经向法庭提交了要求街道办出具2020年1月经H三建公司委托付款的有关委托书、付款凭单等	有H三建公司委托某街道办代付书,回单在街道办手上,已经提交了要求街道办提供相关证据材料的申请书
合计	19,677,881元+2,300,000元=2,977,881元		
三	应扣除管理费的金额(元)	证据来源	计算方式和计算说明
	544,067.82	H三建公司提供证据目录(三)证据5,H三建公司与肖某波签订的工程项目管理目标责任书	根据H三建公司与肖某波签订的工程项目管理目标责任书第三条,肖某波向H三建公司缴纳工程结算总额0.4%的管理费,截至目前,H三建公司收到的工程款总计136,016,954.26元,按照0.4%计算,即136,016,954.26元×0.4%=544,067.82元

续表

四	应扣除的税金(元)	证据来源	备注
	5,464,330.89	H三建公司提供证据目录(三)证据5,H三建公司与肖某波签订的工程项目管理目标责任书,通用条款第4.3条:(甲方)对乙方的施工进度、安全生产、工程质量、财务活动等方面的情况实施监控、协调和服务,负责向业主收取工程款,按约定收取乙方管理费,代征收缴税金	6,863,854.49元(税金总额) - 1,399,523.60元(肖某波自行缴纳) = 5,464,330.89元(注:因到目前为止开具的发票金额为118,794,910.00元,因此这里仍按照开票金额计算应扣除的税金。)

五	支付消防款(胡某俊)(元)	证据来源	备注
	1,813,327.57	1. H三建公司提供证据目录(四)证据13,肖某波与胡某俊签订《建筑工程分包施工合同》,证据目录(四)第1022~1028页; 2. H三建公司提供证据目录(六)证据63,付款凭单	

六	支付电梯款(元)	证据来源	备注
1	6,426,000.00	1. H三建公司提供证据目录(四)证据12,肖某波与武汉TL电梯工程技术有限公司签订《设备购销及安装合同》,证据目录(四)第1001~1021页; 2. H三建公司提供证据目录(六)证据63,付款凭单	

续表

2	897,500.00	已经向法庭提交了要求街道办出具 2020 年 1 月经 H 三建公司委托付款的有关委托书、付款凭单等	有 H 三建公司委托某街道办代付书,回单由街道办持有,已经提交了要求街道办提供相关证据材料的申请书
合计	6,426,000 元 + 897,500 元 = 7,323,500.00 元		
七	肖某波使用 H 三建公司建造师费(元)	证据来源	计算方式
	153,000.00	H 三建公司提供证据目录(三)证据 5,H 三建公司与肖某波签订的工程项目管理目标责任书	H 三建公司与肖某波签订的工程项目管理目标责任书第一部分《协议书》第 2 条第 5 款,使用人员证件的,费用按公司规定执行,本项目肖某波使用何某刚的证件,按公司规定每月 3000 元,使用期限为 2015 年 5 月~2019 年 7 月,总计 51 个月,即 3000 元 × 51 = 153,000 元
八	付款银行手续费(元)	证据来源	备注
	1856.00	具体见附件银行扣款标准	具体见附件银行扣款标准
九	安全风险押金(元)	证据来源	备注
	1,000,000.00		
十	质保金(元)	证据来源	备注
	4,080,508.63	1.孙某亿提供证据 1,证据第 8 页; 2.H 三建公司提供证据目录(三)证据 5	H 三建公司与街道办签订的建设工程施工合同根据 H 三建公司与街道办签订的合同第 4.1 条约定,质保金按相关规定执行。根据住建部颁布的《建设工程质量保证金管理办法》第 7 条中"发包人应按照合同约定方式预留保证金,保证金总预留比例不得高于工程价款结算总额的 3%"的规定,对于总造价应扣除 3% 的质保金。肖某波签署的工程项目管理目标责任书对于质量保修金,按以上 H 三建公司与街道办的约定执行,即 136,016,954.26 元 × 3% = 4,080,508.63 元

续表

十一	对肖某波的其他扣款（元）	证据来源	备注
	373,283.00	H三建公司提供证据目录（六）证据72,证据目录（六）第103~117页	此部分扣款包括：罚款3000.00元；律师诉讼代理费以及上诉费370,283.00元
十二	支付给肖某波个人账户的款项（元）	证据来源	备注
	8,786,706.98	H三建公司提供证据目录（五）证据60	
十三	截至本案起诉时H三建公司收到的街道办的款总额	118,494,910.00元	
十四	鉴定后的项目总造价	136,016,954.26元	
十五	以全部工程总造价计算H三建公司与肖某波之间结算金额和应付欠付金额	以上第一项至第十二项合计金额：131,825,032.63元 十四-十二-十一-十-九-八-七-六-五-四-三-二-一 = 136,016,954.26元 - 8,786,706.98元 - 373,283元 - 4,080,508.63元 - 1,000,000元 - 1856.00元 - 153,000.00元 - 7,323,500元 - 1,813,327.57元 - 5,464,330.89元 - 544,067.82元 - 21,977,881元 - 80,306,570.74元 = 4,191,921.63元	
十六	以H三建公司已收款计算H三建公司与肖某波之间结算金额和应付欠付金额	118,494,910元 - 131,825,032.63元 = -13,330,122.63元	

（二）肖某波与孙某亿之间的结算、付款关系列表

肖某波与孙某亿之间款项计算说明（未扣除暂列金额），见下表。

一	孙某亿收到款项的范围和金额		
	有相应证据的付款凭单或收据的付款的金额（元）	证据来源	备注
1	68,243,894.95	H三建公司证据目录四证据14~54	

续表

2	通过街道办代付的款项(2020年1月由H三建公司委托)(元)	证据来源	备注
	4,797,410.00	已经向法庭提交了要求街道办出具2020年1月经H三建公司委托付款的有关委托书、付款凭单等	有H三建公司委托某街道办代付书,回单由街道办持有,已经提交了要求街道办提供相关证据材料的申请书,对于该款,孙某亿亦做了自认(孙某亿提供证据第55页),只是其自认金额不足,其仅自认了其中400万元
3	由孙某亿签订合同并导致H三建公司被判决承担责任的金额(元)	证据来源	备注
	7,265,265.79	H三建公司提供证据的证据目录四证据55、56,第1563~1678页	两案件案号:(2019)鄂民终×××17号,承担责任金额3,599,653.00元;(2019)鄂民终×××18号,承担责任金额3,545,326元;两案合计7,265,265.79元
合计	68,243,894.95元+5,097,410.00元+7,265,265.79元=80,306,570.74元		
二	应扣除管理费和税费的金额(元)	证据来源	计算方式和计算说明
	11,613,989.02	H三建公司提供证据目录(二)证据3,孙某亿与肖某波签订的《建筑工程分包施工合同》,证据目录(二)第6页	根据肖某波与孙某亿签订的分包合同第5条第4款约定,应扣除造价的12%(其中税5%,管理费7%);孙某亿施工的9栋楼造价为93,993,323元(扣除消防和电梯),加上材料调差和签证后的实际总造价为96,783,241.85元,因此计算公式为96,783,241.85元×12%=11,613,989.02元

续表

三	应扣除质保金(元)	证据来源	计算方式
	2,903,497.26	1. H三建公司提供证据目录(二)证据3,孙某亿与肖某波签订的《建筑工程分包施工合同》,证据目录(二)第7页; 2. 孙某亿提供证据1,证据第8页	1. 根据肖某波与孙某亿签订的分包合同第2条第1款约定,孙某亿与肖某波合同的结算金额以H三建公司与街道办签订的合同为准; 2. H三建公司与街道办签订的建设工程施工合同根据H三建公司与街道办签订的合同第4.1条约定,质保金按相关规定执行。根据住建部颁布的《建设工程质量保证金管理办法》第7条中"发包人应按照合同约定方式预留保证金,保证金总预留比例不得高于工程价款结算总额的3%"的规定,对于总造价应扣除3%的质保金。 3. 根据上述,扣除质保金计算公式为 96,783,241.85元×3%＝2,903,497.26元
四	H三建公司与街道办签订合同中涉及孙某亿九栋楼(扣除消防和电梯)的造价(总价包干)(元)	证据来源	备注
	96,783,241.85	1. H三建公司提供证据目录(二)证据3,孙某亿与肖某波签订的《建筑工程分包施工合同》; 2. H三建公司证据目录(五)证据61,由湖北T建设工程咨询有限公司出具的造价咨询报告	孙某亿与肖某波签订的分包合同载明,各栋总价按照H三建公司与街道办签订的施工合同,孙某亿施工的13栋造价不含消防和电梯,总造价为93,993,323.00元。加上材料调差,最终结算总造价为:孙某亿施工的9栋楼的材料价格调增以及签证,金额分别为2,317,330.57元和468,339.99元,签证期间的材料调增4247.39元,因此孙某亿施工的9栋楼的最终总造价为:96,783,241.85元

续表

五	截至目前肖某波至多欠付的孙某亿的款项(元)	证据来源	计算方式
	综合以上，肖某波应付给孙某亿的款项为：四－三－二－一＝96,783,241.85 元－2,903,497.26 元－11,613,989.02 元－80,306,570.74 元＝1,959,184.83 元		
	综上：根据肖某波与孙某亿签订的合同，在街道办未支付完毕款项的情况下，按照经鉴定后的总价确定，孙某亿应得款项金额为 1,959,184.83 元		

实战点评与分析

1. 对于较为复杂的收付款关系和明细，应通过列表的方式进行展示。同时对于所确定的收付款金额，应注明证据的来源(包括证据第几项，证据第几页)，以方便法官查看，同时，可以将列表所对应的证据单列，作为表格附件，这样法官在无需查阅案卷的情况下，即可轻松了解收付款金额、对应的证据。

2. 对于原告主张的诉讼请求和金额，如被告认为该诉讼请求和金额不符合事实，被告不应该简单地进行抗辩(仅对于原告诉请不予认可)，被告应该在进行抗辩的同时，综合全案证据，计算出己方确认的金额，如果被告认为计算出的金额仍有可以核减的空间，则可在庭审时向法官言明，该金额是被告认为原告至多能得到支持的金额即可。总而言之，被告如仅对原告主张的诉请和金额不予认可，而不计算己方认为的金额(尤其是经计算出的金额表明原告取得的款项已经超出其应得款)，此种抗辩的效果极为有限，如能结合证据，计算出己方认为的金额，且经计算该金额表明原告取得的款项已经超出其应得款，能让法官对被告的抗辩有直观的认知和了解，更利于法官作出有利于被告的裁判。

就本案而言，被告 H 三建公司的第二道、第三道防线为，假设 H 三建公司从法律而言需要对孙某亿承担责任，但 H 三建公司只能在欠付肖某波款项范围内承担，由此有必要计算出 H 三建公司与肖某波之间的结算造价和已经支付给肖某波的款项，如果 H 三建公司支付给肖某波的款超过应付给肖某波的款项，则意味着 H 三建公司不欠付肖某波款，也就意味着 H 三建公司无须承担本案责任，就此，H 三建公司代理人通过对本案证据进行整理，并通过计算，得出的结论为:按照经鉴定后全部总造价 136,016,954.26 计算,减去已付款以及根据 H 三建公司与肖某波合同应扣除的款项后,余款为 4,191,921.63 元,因此即使 H 三建公司需要承担责任,也只能在上述金额范围内承担。如以 H 三建公司已收款为据,扣除各项款项后,则 H 三建公司给付肖某波的款项已经超出了其已收款金额,就此,H 三建公司无须承担本案责任。

再假设孙某亿有权直接起诉 H 三建公司,则孙某亿只能以其与肖某波的合同确定的造价减去孙某亿收到(或视为其收到)的工程款为据主张权利,经计算,根据肖某波与孙某亿签订的合同,在街道办未支付完毕款项的情况下,按照经鉴定后的总价确定,孙某亿应得款项金额为 1,959,822.08 元。

上述事项中,争议最大的是能否根据肖某波与孙某亿的合同扣除 7% 的管理费。本案在庭审前,代理律师考虑到肖某波与孙某亿的合同为无效合同,且肖某波只是将工程分包给孙某亿,因此管理费法院应该不会支持。但从诉讼角度而言,在计算肖某波应付给孙某亿的款项时,仍作扣除处理。

最高人民法院民一庭 2021 年第 21 次法官会议讨论认为:合同无效,承包人请求实际施工人按照合同约定支付管理费的,不予支持。

转包合同、违法分包合同及借用资质合同均违反法律的强制性规定,属于无效合同。前述合同关于实际施工人向承包人或者出借资质的企业支付管理费的约定,应为无效。实践中,有的承包人、出借资质的企业会派出财务人员等个别工作人员从发包人处收取工程款,并向实际施工人支付工程款,但不实际参与工程施工,既不投入资金,也不承担风险。实际施工人自行组织施工,自负盈亏,自担风险。承包人、出借资质的企业只收取一定比例的管理费。该管理费实质上并非承包人、出借资质的企业对建设工程施工进行管理的对价,而是一种通过转包、违法分包和出借资质违法套取利益的行为。此类管理费属于违法收益,不受司法保护。因此,合同无效,承包人或者出借资质的建筑企业请求实际施工人按照合同约定支付管理费的,不予支持。

最高人民法院第二巡回法庭 2020 年第 7 次法官会议纪要认为:建设工程施工合同因非法转包、违法分包或挂靠行为无效时,对于该合同中约定的由转包方收取"管理费"的处理,应结合个案情形根据合同目的等具体判断。如该"管理费"属于工程价款的组成部分,而转包方也实际参与了施工组织管理协调的,可参照合同约定处理;对于转包方纯粹通过转包牟利,未实际参与施工组织管理协调,合同无效后主张"管理费"的,应不予支持。合同当事人以作为合同价款的"管理费"应予收缴为由主张调整工程价款的,不予支持。基于合同的相对性,非合同当事人不能以转包方与转承包方之间有关"管理费"的约定主张调整应支付的工程款。

该纪要区分转包方是否承担了实际工作和单纯的转包牟利。

九、开庭举证质证后法庭认定并查明的事实

涉案 HD 产业园某还建小区(二期)工程,经招投标程序由 H 三建公司中标。2015 年 5 月 8 日 H 三建公司(乙方)与街道办(甲方)签订了《HD 产业园某还建小区(二期)工程施工合同》。该合同"鉴于条款"第(1)项约定:"街道办系 HD 产业园某还建小区(二期)工程的建设单位。选定中标单位后,通过'建设、移交、回购(BT)'的方式将项目工程交付给中标单位,乙方对项目工程进行建设管理、提供项目融资、负责工程款、其他款项支付及收取项目回购资金,并承担建设期间的本合同约定的风险……"第(2)项约定:"H 三建公司作为项目中标单位,HD 产业园某还建小区(二期)工程的承包人和投资人,乙方确认完全接受甲方在招标文件中的各项条款和陂政规[2012]×××号关于区政府投资项 BT 建设方式的实施意见。"第 2 条 2.1 合同价格甲方应向乙方支付的合同价格为 M = P + D + N。P - 工程款,为中标价壹亿叁仟贰佰伍拾叁万陆仟伍佰伍拾叁元整(132,536,553 元);D - 工程其他款,D = A + S;A - 建设期内的融资贷款利息和收益;S - 工程建设其他费用(指设计变更工程费、工程按规定调整价差费用),如发生按相关规定结算。2.4 工程款的调整。本合同项下的工程合同总价实行包干价,不得调整。发生如下情况本合同项下的工程款可调整:(1)主要材料价格变化;(2)经甲方要求或同意的设计变更或工程调整;(3)合同建设期内,相关造价主管部门对定额人工单价进行调整,本工程预算所含人工费应按相关文件规定据实调整。H 三建公司(甲方)与肖某波(肖某博)(乙方)签订协议书,该协议书主要约定:乙方以 H 三建公司名义承接 HD 产业园某还建小区(二期)工程并负责施工。甲方收取乙方管理费及各种税费的约定:本项目造价约 1.8 亿元,乙方按该项目结算总额的 0.4% 上交甲方管理

费;各种税费(包括但不限于营业税及附加、企业所得税、个人所得税、印花税等按各地税务机关的规定)由乙方承担。该协议尾部甲方处加盖有H三建公司的合同专用章、乙方处有肖某博的签字。乙方担保单位加盖武汉S投资有限公司印章及法人肖某博的签字。2016年10月13日肖某波委托王某云(乙方)与H三建公司(甲方)签订了工程项目管理目标责任书,担保单位为武汉S投资有限公司。该责任书约定项目名称HD产业园某还建小区(二期)工程。合同造价13,253.6553万元。乙方按该项目结算总额的0.4%上交甲方管理费。武汉S投资有限公司后变更为S置业公司。

2016年7月25日,肖某波(甲方)以项目总承包H三建公司某还建二期项目部名义与孙某亿(乙方)签订了《建筑工程分包施工合同》,该合同主要约定:工程名称:HD产业园某还建小区(二期)工程,工程栋号:13#、14#、15#、16#、18#、21#、22#、23#、24#栋,清单价款99,753,323.91元。承包形式:包工包料。乙方栋号工程造价执行与甲方签订的施工合同造价相同。甲方按乙方承包项目总造价收取12%的项目管理费,其中含国家征收税率5%,如国家税费上调,甲方收取乙方项目管理费7%不变。该合同尾部甲方处有肖某博签字,乙方处有孙某亿签字。

2018年12月4日,H三建公司(甲方)、合作方武汉B房地产开发有限公司(乙方)、实际施工人孙某亿(丙方)签订《HD产业园某还建小区(二期)工程收尾协议书》,该协议书主要约定:收尾工程工期计划:经H区人民政府街道办组织三方协调达成协议后共计40天完成(2019年元月15日前),达到竣工验收条件。剩余未完工项目包括13#、14#、15#、16#、18#、21#、22#、23#、24#共九栋零星收尾工作。工程完工后由业主组织相关单位验收后,甲方监督乙方按业主支付工程款的比例,严格按乙、丙方约定的结算方式确定合同总造价(扣除乙方应收取的税费和管理费)同比例支付丙方工程款,现场开工时甲方监督乙方、丙方一个月内完成账目核对。竣工结算:工程完工后办理竣工结算,剩余尾款结算审计完成后按上述规定支付,尾款支付如下原则:丙方与其班组、材料商及设备租赁商完成账目核对,形成书面结算文件,达成一致后,由甲方优先支付劳务班组,材料商及设备租赁商欠款;各班劳务班组、材料商、租赁商及合同内其他承包方尾款支付完成后剩余款项由甲方按乙丙双方约定扣除质保金后直接支付给丙方。

诉讼过程中,孙某亿请求参照H三建公司与街道办签订的《HD临空产业园某还建小区（二期）工程施工合同》中对案涉工程造价的约定。同时，经法院委托湖北 H 工程造价咨询有限公司"对 HD 产业园某还建小区（二期）工程的造价进行鉴定"确定性鉴定意见为"第 13、14、15、16、18、21、22、23、24 栋材料价差合计金额 2,317,330.57 元"，推断性鉴定意见为"21#、22#楼基础换填 2 张签证造价金额 468,339.99 元。另外，材料价差金额 4247.39 元"。三项合计为 2,789,917.95 元。案涉建筑工程由孙某亿作为实际施工人完成的工程总造价应为 102,543,241.86 元。经与 H 三建公司核对，孙某亿确认已收工程款总金额为 77,140,931.24 元，剩余未付工程款金额为 14,311,404.62 元。

另查明，经法院委托湖北 H 工程造价咨询有限公司，就 HD 街某还建楼二期工程材料价调整、人工费调增、设计变更项目进行鉴定。湖北 H 工程造价咨询有限公司出具鄂华审造价鉴字[2021]×××16 号鉴定意见书，鉴定意见为：（1）确定性意见。第 13、14、15、16、18、21、22、23、24 栋材料价差，合计金额 2,317,330.57 元（大写人民币贰佰叁拾壹万柒仟叁佰叁拾元伍角柒分）；第 25、26、27、28 栋材料价差，合计金额 690,483.31 元（大写人民币陆拾玖万零肆佰捌拾叁元叁角壹分）。（2）推断性意见。关于 21#、22#楼基础换填 2 张签证造价金额 468,339.99 元（大写人民币肆拾陆万捌仟叁佰叁拾玖元玖角玖分）。另外，材料价差金额 4247.39 元（大写人民币肆仟贰佰肆拾柒元叁角玖分）。针对上述鉴定意见书，孙某亿、H 三建公司均表示认可无异议。街道办、S 置业公司均表示与其无关，不发表意见。H 三建公司支付鉴定费 45 万元。

还查明，第一，H 三建公司自认街道办向其支付工程款与街道办认可已向 H 三建公司支付的工程款相差 30 万元，该 30 万元系 H 三建公司委托街道办代付给孙某亿的，但横店街办事处未提交代付的凭证，故法院确认街道办向 H 三建公司已付工程款的数额为 118,494,910 元。第二，孙某亿、H 三建公司均认可诉争的 9 栋楼即第 13、14、15、16、18、21、22、23、24 栋楼的合同内总造价为 93,993,323.9 元。第三，案涉 HD 产业园某还建楼二期工程至今未办理竣工备案，但已经交付并投入使用。至于实际交付的时间孙某亿认为系 2019 年 2 月 15 日，即《HD 产业园某还建小区（二期）工程收尾协议书》约定：2019 年元月 15 日前完成收尾工程，一个月内完成账目核对的截止时间。H 三建公司认为应以上述 9 栋楼钥匙交付之日，即 2019 年 10 月 15 日。第四，孙某亿认为其已收工程款 77,140,931.24 元，H 三建公司认为已向孙某亿支付工程款 80,306,570.74 元。

十、法院对事实认定的情况和判决结果

法院认为,本案的争议焦点系案涉数份施工合同的效力如何认定;H 三建公司应否向孙某亿支付工程款;案涉工程应付工程款及利息应如何认定;街道办应否承担责任。

关于案涉数份施工合同或协议的效力问题。2015 年 5 月 8 日 H 三建公司与街道办签订的《HD 产业园某还建小区(二期)工程施工合同》系通过招投标程序签订,H 三建公司具备施工资质,合同内容不违反相关法律规定,系双方当事人的真实意思表示,应认定为合法有效。H 三建公司承接案涉工程后,将整体建设工程转包给肖某波个人,根据 2004 年《建设工程解释》(已失效,笔者注)第 1 条之规定,H 三建公司与肖某波(肖某博)签订的协议书以及肖某波委托王某云与 H 三建公司签订的工程项目管理目标责任书应认定为无效。嗣后,肖某波以项目总承包 H 三建公司某还建二期项目部名义与孙某亿签订了《建筑工程分包施工合同》,将案涉 13#、14#、15#、16#、18#、21#、22#、23#、24#栋工程分包给孙某亿个人施工建设,违反法律强制性、禁止性规定,亦应认定为无效。

虽然孙某亿在本案中否认其与肖某波签订过上述《建筑工程分包施工合同》,H 三建公司提交的亦是该施工合同的复印件,但从该合同内容以及后续签署的收尾协议看,孙某亿与肖某波之间签订有上述《建筑工程分包施工合同》的事实达到了高度盖然性的标准,法院对该事实予以确认。

关于 H 三建公司应否向孙某亿支付工程款的问题。虽然三建公司系与肖某波签订的合同,而孙某亿又系与肖某波签订的施工合同。孙某亿与 H 三建公司之间并无直接的转包或分包关系,但根据 2018 年 12 月 4 日三方签订的《HD 产业园某还建小区(二期)工程收尾协议书》之约定,关于竣工结算:工程完工后办理竣工结算,剩余尾款结算审计完成后按上述规定支付,尾款支付如下:孙某亿与其班组、材料商及设备租赁商完成账目核对,形成书面结算文件,达成一致后,由 H 三建公司优先支付劳务班组,材料商及设备租赁商欠款;各劳务班组、材料商、租赁商及合同内其他承包方尾款支付完成后剩余款项由 H 三建公司按孙某亿、肖某波双方约

定扣除质保金后直接支付给孙某亿。H三建公司应在代付完劳务班组、材料商、租赁商及合同内其他承包方尾款后,余下工程尾款按孙某亿与肖某波的约定直接支付给孙某亿。该约定亦符合H三建公司与肖某波之间,肖某波与孙某亿之间各自签订合同约定的获利方式,即诉争工程实际由孙某亿施工建设,H三建公司向肖某波收取管理费,肖某波向孙某亿收取管理费。故孙某亿作为诉争工程的实际施工人,向H三建公司主张支付工程尾款有合同依据。

关于案涉工程应付工程款及利息应如何认定的问题。根据《最高人民法院关于审理建设工程施工合同纠纷案件适用法律问题的解释》(已失效)第2条之规定:建设施工合同无效,但建设工程经竣工验收合格,承包人请求参照合同约定支付工程价款的,应予支持。案涉的施工合同或协议均无效,但诉争工程已经验收并实际投入使用,孙某亿作为实际施工人可以主张工程款。本案诉争13#、14#、15#、16#、18#、21#、22#、23#、24#共九栋楼合同内造价为93,993,323.9元。根据前述鉴定意见书,第13#、14#、15#、16#、18#、21#、22#、23#、24#栋材料价差,合计金额2,317,330.57元。21#、22#楼基础换填2张签证造价金额468,339.99元。另外,材料价差金额4247.39元。故诉争13#、14#、15#、16#、18#、21#、22#、23#、24#共九栋楼总造价为96,783,241.85元(93,993,323.9元+2,317,330.57元+468,339.99元+4247.39元)。

关于管理费以及税费、质保金的扣除问题,如前所述,H三建公司与肖某波之间,以及肖某波与孙某亿之间各自签订的合同或协议均无效。无效合同中对于收取管理费的约定亦属无效。H三建公司认为应扣减合同约定管理费的观点,法院不予采纳。但合同中约定应向国家相关部门缴纳的税费应予以扣减。肖某波与孙某亿的合同中约定的相关税费为总造价的5%。该部分应予扣除,即4,839,162.1元(96,783,241.85元×5%)。各方认可质量保证金的比例是总造价的3%,退还质保金的时间是验收后两年,如前所述诉争工程虽然未办理竣工备案,但已经验收并于2019年10月交付使用,至今已经超过两年的时间,故质保金不应扣减。

关于已付款的争议。第一,关于H三建公司向案外人武汉M工程材料有限公司代付的工程款,经查有合同有付款凭证,H三建公司的代付款应视为向孙某亿支付的工程款。第二,关于H三建公司向案外人王某兵代付的脚手架款,经查有合同有付款凭证以及王某兵的收款证明,应视为向孙某亿支付的工程款。第三,关于案外人武汉S贸易有限公司和武汉市J建材经营部的两起诉讼案件的执行款以及诉讼费、律师费,因诉讼H三建公司支付了上述费用,法院判决认定的款项(包括违约金)、诉讼费用、执行费用,均应认定为H三建公司向孙某亿支付的工程款。H三建公司因上述两案诉讼支付的律师费260,000元不应认定为向孙某亿支付的工程款范畴。第四,关于H三建公司称其系与肖某波建立的合同关系,应将H三建公司向肖某波代付的消防款、电梯款、肖某波应依约缴纳的管理费、税费以及向案外人林某彩(本案诉争楼栋外4栋的施工人)支付的工程款均视为H三建公司履行其与肖某波之间合同的履行义务,而H三建公司已向肖某波超付款项,不应再向孙某亿承担付款义务的抗辩,法院认为,因本案认定H三建公司应向孙某亿支付工程尾款是依据三方签订的收尾协议,H三建公司有义务按肖某波与孙某亿之间的约定直接向孙某亿支付尾款。现H三建公司与肖某波之间亦未结算,且H三建公司支付的消防款、电梯款并不是孙某亿与肖某波间合同的施工内容。故H三建公司向肖某波以及林某彩的付款情况,不能免除其向孙某亿支付工程尾款的合同义务。H三建公司与肖某波或林某彩之间可另行主张权利。结合H三建公司与孙某亿已付款的对账情况,本院认定H三建公司向孙某亿已支付的工程款为80,046,570.74元(80,306,570.74元-260,000元)。

综上所述,诉争工程第13#、14#、15#、16#、18#、21#、22#、23#、24#九栋差欠的工程款数额为11,897,509.01元(96,783,241.85元-4,839,162.1元-80,046,570.74元)。

关于利息计算的问题,根据《最高人民法院关于审理建设工程施工合同纠纷案件适用法律问题的解释》(已失效,笔者注)第18条之规定,"利息从应付工程款之日计付。当事人对付款时间没有约定或者约定不明的,下列时间视为应付款时间:(一)建设工程已实际交付的,为交付之日……"诉争13#、14#、15#、16#、18#、21#、22#、23#、24#九栋楼的钥匙于2019年10月15日交付,应视为该九栋楼于2019年10月15日完成交付,故利息应从2019年10月15日起计付至付清之日止。

关于街道办应否承担责任的问题,孙某亿是本案诉争工程的实际施工人,《建设工程解释(一)》第43条第2款规定:"实际施工人以发包人为被告主张权利的,人民法院应当追加转包人或者违法分包人为本案第三人,在查明发包人欠付转包人或者违法分包人建设工程价款的数额后,判决发包人在欠付建设工程价款范围内对实际施工人承担责任。"该条解释只规范转包和违法分包两种关系,未规定多层转包和违法分包关系中的实际施工人有权请求发包人在欠付工程款范围内承担责任。如前所述,街道办发包给 H 三建公司,H 三建公司转包给肖某波,肖某波违法分包给实际施工人孙某亿,但孙某亿属于多层转包和违法分包关系中的实际施工人,无权依据上述司法解释请求发包人在欠付工程款范围内承担责任。故街道办不应在本案中承担责任。

综上,根据《合同法》第 6 条、第 7 条、第 60 条、第 286 条,《最高人民法院关于审理建设工程施工合同纠纷案件适用法律问题的解释》(已失效,笔者注)第 1 条、第 2 条、第 18 条,《建设工程解释(一)》第 43 条第 2 款,《民事诉讼法》第 145 条、155 条的规定,判决如下:

一、H 三建公司于本判决生效之日起 15 日内向孙某亿支付 HD 产业园某还建小区(二期)工程 13#、14#、15#、16#、18#、21#、22#、23#、24# 九栋工程款 11,897,509.01 元及利息 [利息以 11,897,509.01 元为基数,从 2019 年 10 月 15 日起按照中国人民银行公布的同业拆借利率(LPR)计算至付清时止]。

二、驳回孙某亿的其他诉讼请求。

十一、律师点评(对全案综合点评)

1. 查事实,梳理案件法律关系是办理任何民事案件的入口和根本。

(1)事实和证据永远是民事案件的基石,办理任何民事案件,首要的工作是查事实,梳理案件法律关系,没有对事实的熟悉,对法律关系的明晰,办理民事案件只会像一只无头苍蝇,到处乱撞,却无法取得好的效果。

以本案为例,代理律师接到案件,对案件法律关系进行梳理,得出结论本案存在以下几个法律关系:业主街道办将工程发包给 H 三建公司,H 三建公司再发包给肖某波,肖某波将其中的消防和电梯另外分包,土建和水电安装部分分别分包给孙某亿(9 栋楼)和林某彩(4 栋楼),从承发包关系而言,孙某亿与 H 三建公司无直接法律关系。而本案 H 三建公司之所以对孙某亿承担责任,原因则在于其与孙某亿签订的《HD 产业园某还建小区(二期)工程收尾协议书》,该协议确定了 H 三建公司对孙某亿的责任。

(2)查事实,本案最终之所以取得很好的效果,关键在于查事实和收集证据。

本案涉及的法律事实较为繁杂,据此,可以以法律关系为据,按照不同法律关系将其对应的事实分别查清,并收集相应证据。

就本案而言,存在以下法律关系对应的事实:

其一,业主街道办将工程发包给H三建公司,则业主街道办与H三建公司之间的总造价是多少、已付款、应付款是多少。

其二,H三建公司再发包给肖某波,则H三建公司与肖某波之间的总造价是多少、已付款和应付款是多少。

其三,肖某波将其中的消防和电梯另外分包,土建和水电安装部分分别分包给孙某亿(9栋楼)和林某彩(4栋楼)。就本案而言,则应查清,肖某波与孙某亿之间的总造价是多少、已付款和应付款分别是多少。

按照以上法律关系查事实,整个案件基本事实就可以完整而有序地呈现出来。

2. 制定合乎案件事实且带有纵深防线的诉讼策略。

作为被告,从诉讼攻防角度而言,实际为防守一方,因此,被告制定的诉讼策略,应当像战争中的防守方一样,设置层层带有纵深跨度的防线,总体思路是:被告不承担本案的责任;即便承担责任,也只承担部分责任;原告起诉主张的金额不完全符合事实和法律规定;原告主张的金额过高;原告主张的损失被告不应承担;被告即便承担损失,也只承担其中的一部分;等等。

具体到本案,被告代理律师结合本案法律关系和查明的事实,设置了四道防线:

第一道防线:H三建公司无须承担本案责任;

第二道防线:H三建公司承担责任的范围必须限制在与其存在直接合同关系所约定的责任范围内,如H三建公司因本项目支付的款项已经超出了依据与H三建公司存在直接合同关系的合同所应支付的金额,则H三建公司无须承担本案的责任;

第三道防线:孙某亿应得的款必须依据与其有直接分包关系的分包人之间的合同,且必须扣除孙某亿全部实际已经得到支付或视为其应收到的款项;

第四道防线:查孙某亿与其分包方的合同,审查该合同是否合法有效,如果无效,则孙某亿无权主张本案的违约金,即使合同无效需要支付赔偿,则应查清项目实际移交的时间,如移交时间晚于原告主张的2019年2月15日,则按实际移交时间开始计算。

制定上述四道防线后,结合查明的事实,相应收集证据。

3. 算账:结合证据,按照己方的意见,对总金额、已付款、未付款、应付款等进行计算。

大部分代理律师对对方提供的证据只是进行简单的反驳,从不算账,因为麻烦。笔者认为,对于涉及数据的案件(如已付款、应付款、每一期款的金额和付款时间等),必须制作清楚的台账,必须对每一笔付款金额、付款时间、该笔付款是否构成违约等进行详细的统计和计算,己方主张不违约的应找出证据(如认为己方各期付款不违约的,必须找出不违约的合同依据和证据);对需要结算的,必须对己方认为的结算金额、扣款金额和明细计算清楚,以判断己方是否欠付对方款项,欠付金额是多少,该等欠付行为是否构成违约。

以本案为例,代理律师对三个法律关系下各自不同的结算总金额、已付款、未付款等均做了计算和统计,对每一笔款项的支付金额和时间、扣除的每一笔款项金额和时间等,都准备相应的证据,并按照不同的收款主体组织证据,让每一项证据自身形成证据链证明每一个待证事实。

4. 善于对纷繁复杂的证据,分门别类,让每一项证据自身能形成一个小的证据链,证明该每一个小项待证事实。

本案所涉的已付款事实较为复杂,经代理律师梳理,将所有已付款先分成大类,再在大类的基础上分成小项,对已付款按照分好的类别,依据主体进行统计分类,最终将纷乱复杂的付款整理得井井有条,按此做成证据目录和证据,便于法官查看。

5. 运用可视化图表对法律关系、各自对应的金额(含总额、已付款、未付款等)进行展示,使得整个法律关系和事实以最简单、最直观的方式呈现给法官。

6. 检索案例:任何民事案件,都必须检索案例,检索案例的好处在于,可以了解此类案件各方的争议焦点;可以掌握法院尤其是受理案件的法院对类似案件的裁判意见;可以参照检索的案例,相应地准备事实证据;参照检索的结果提出法律适用意见。

7. 总而言之,要办理好民事案件,必须有孜孜以求,刨根问底的精神并采取实际行动;必须对案件每一个细节、每一事实以及每一事实对应的证据进行深挖和收集;必须对收集到的证据的每一个字、每一句话、每一个主体、每一个签字、每一个印章都查得清清楚楚;必须用尽一切办法,以最简单的方式,将己方主张的事实和观点呈现给法官,让法官可以无须动脑思考即可理解己方主张和观点。如此这般,才可以让所办理的案件取得好的效果。

第四章 Chapter 4　举证实务和运用

原告向法院提起诉讼,目的在于通过向法庭提交证据以证明其主张具有事实和法律依据,其诉讼请求应得到法院支持。证据是原告将客观真实转变为法律真实唯一的桥梁和通道。缺少证据支持的诉讼请求必然无法得到法院支持。但与客观真实相关的证据往往纷繁复杂且千头万绪:有的证据与原告提出的诉讼请求密切相关,有的则与原告提出的诉讼请求无关;有的证据足以证明原告诉讼请求,有的证据本身又足以推翻原告诉讼请求;有的证据足以证明原告的多个诉讼请求,也有的诉讼请求需要多个证据相互组合以达到证明目的;有的诉讼请求有多份证据予以证明,有的诉讼请求则缺少相应的证据予以证实等。由于证据的上述特征决定了无论是原告还是被告都不可能将与案件有关的全部证据材料均提交法庭,因此代理律师在处理案件时,需要对收集到的证据材料进行梳理、整理,审核判定各类证据的证明力,结合原告的诉讼请求(或被告答辩意见),最终决定哪些证据可以向法庭提交,哪些则不能提交。本章以法律对各种不同类型证据的规定为依据,归纳总结了提供证据的基本原则;各种不同类型证据在实务中该如何取舍、如何举证,以便当事人或代理律师在办理案件时能准确充分地向法庭提供证据。

第一节

提供证据的基本原则

一、对收集到的证据进行分类

通过证据收集,当事人收集到了与案件相关的各类证据,这些证据,按照不同的标准,可以分成不同的类型:

(一)按照证据的形式,分为当事人的陈述、书证、物证、视听资料、电子数据、证人证言、鉴定意见、勘验笔录

从本质上而言,各种不同类型的证据的证明力并无区别,但从实务被采信作为定案依据的情况看,不同类型的证据被法官采信并作为定案依据的程度还是不同的,从此角度而言,各种不同类型的证据的证明力还是有区别的:

从证明力而言,双方对真实性无异议的书证、法院委托有资质第三方出具的鉴定意见、法院勘验笔录具有较强的证明力,在司法实务中,基本都被法院采信作为定案依据。鉴于此,在证据组织和提交时,务必做到:

1. 双方对真实性无异议且对己方有利的证据(此类证据一般为双方盖章或签字的书证)应尽可能组织和提交。

2. 对于专门性问题需要鉴定的,在起诉的同时准备好鉴定所需的证据,应在举证期限届满前提交鉴定申请,以避免因错过举证时限提交鉴定申请而不被法庭准许。

3. 对于现场以及现场存有的证据材料可能无法长久保留,应及时申请法庭对现场进行勘验。

(二)按照证据反映的事实是否有利于当事人对证据进行分类

按照证据反映的事实是否有利于当事人,证据可以分为:

1.证据反映的事实对己方有利,且不存在不利于己方的事实,此类证据可以提交。如合同纠纷中,被告在此前往来函件中承认其存在违约的函件。

2.证据反映的事实对己方不利,此类证据不提交。

3.证据反映的事实对己方有利,但也存在对己方不利的事实,此时需要综合考虑再决定是否提交,具体如下:

(1)该证据所要证明的事实并非本案当事人请求权依据的关键事实或唯一事实,则此类证据可以不予提交;

(2)该证据所要证明的事实为本案当事人主张请求权的关键事实或唯一事实,则此类证据应予提交,但应同时收集并提交其他证据化解该证据中对己方不利的事实(如所记载的事实对己方不利,但提供其他证据证明造成该事实的责任在被告);

(3)该证据所要证明的事实如果可以通过其他证据予以证明,则提交其他证据即可。

(三)按照证据与当事人主张请求权的关联程度对证据进行分类

按照证据与当事人主张请求权的关联程度,证据可以分为:

1.必须提交的证据。确认原、被告之间法律关系的证据(如合同纠纷中双方签订的合同);原告请求权依据的关键或唯一事实的证据,此类证据无论记载的事实对己方有利或不利,都必须提交。如建设工程施工合同纠纷,承包人起诉发包人,尽管双方签订的施工合同对承包人极为不利,但承包人必须提交。

建设工程施工合同纠纷,双方办理了结算,该结算书证明发包人和承包人对工程总造价已经确定,承包人起诉工程欠款的,则应提交该结算书。

2.可不提交的证据。有的证据并非主张请求权依据的证据,且此证据与案件关联性不大,此类证据可不提交,毕竟提交较多与案件关联不大的证据,不仅会削弱关键证据的证明力,也容易被对方利用,毕竟提交的证据在质证前,任何人都无法全面地考虑到对方可能提出的质证意见。

二、提供证据的基本原则

(一)提供证据的六大基本原则

1. 原则一,对己方有利且能证明当事人请求权的证据,证据之间不存在矛盾,证据所包括的内容并无对己方不利的事实,此类证据可以尽可能多地提供,且提供的证据能形成完整的证据链。

2. 原则二,对己方不利的证据,不提供。

3. 原则三,某份证据对己方有利,同时也存在对己方不利的事实,如该证据是本方请求权的主要依据和基础,应当提供,但应当同时提供其他辅助证据化解对己方不利的事实或对证据做好分析论证工作,通过本案其他证据或事实来证明该证据所反映的对己方不利的事实并不能成立。

4. 原则四,某份证据对己方有利,同时也存在对己方不利的事实,如该证据并非本方请求权的主要依据和基础,且可以通过其他证据证明该份证据拟要证明的事实,则此类证据不提供。

5. 原则五,内部文件原则上都不应提交。

6. 原则六,提供的每一份证据,除了考虑己方对该证据的质证意见外,还必须充分预见到对方可能对该证据发表的意见,包括对该证据的真实性、合法性和关联性发表的意见,并对对方可能发表的意见做好应对措施。

总之,提供证据是诉讼中最为关键的环节,每一个当事人和律师都应当慎重对待,在对每一份证据认真甄别,分析利弊后,才决定是否提供。

(二)案例:证据提交原则在实务中的运用

1. 提供证据原则五:审计报告、会计凭证、内部审批文件等一般不得作为证据提交;当事人自行委托审计单位所做的审计报告视为该方当事人自认,法院可据此作出对该当事人不利的认定。

案例4-1：债务人将主要财产以明显不合理低价转让给其关联公司，关联公司在明知债务人欠债的情况下，未实际支付对价的，可以认定债务人与其关联公司恶意串通、损害债权人利益，与此相关的财产转让合同应当认定为无效

——指导案例33号：瑞士嘉吉国际公司诉福建金石制油有限公司等确认合同无效纠纷案

● 裁判要点

（1）债务人将主要财产以明显不合理低价转让给其关联公司，关联公司在明知债务人欠债的情况下，未实际支付对价的，可以认定债务人与其关联公司恶意串通、损害债权人利益，与此相关的财产转让合同应当认定为无效。

（2）《合同法》第59条规定适用于第三人为财产所有权人的情形，在债权人对债务人享有普通债权的情况下，应当根据《合同法》第58条的规定，判令因无效合同取得的财产返还原财产所有人，而不能根据第59条规定直接判令债务人的关联公司因"恶意串通，损害第三人利益"的合同而取得的债务人的财产返还债权人。

● 基本案情

瑞士嘉吉国际公司（Cargill International SA，以下简称嘉吉公司）与福建金石制油有限公司（以下简称福建金石公司）以及大连金石制油有限公司、沈阳金石豆业有限公司、四川金石油粕有限公司、北京珂玛美嘉粮油有限公司、宜丰香港有限公司（该六公司以下统称金石集团）存在商业合作关系。嘉吉公司因与金石集团买卖大豆发生争议，双方在国际油类、种子和脂类联合会仲裁过程中于2005年6月26日达成《和解协议》，约定金石集团将在5年内分期偿还债务，并将金石集团旗下福建金石公司的全部资产，包括土地使用权、建筑物和固着物、所有的设备及其他财产抵押给嘉吉公司，作为偿还债务的担保。2005年10月10日，国际油类、种子和脂类联合会根据《和解协议》作出第3929号仲裁裁决，确认金石集团应向嘉吉公司支付1337万美元。2006年5月，因金石集团未履行该仲裁裁决，福建金石公司也未配合进行资产抵押，嘉吉公司向福建省厦门市中级人民法院申请承认和执行第3929号仲裁裁决。2007年6月26日，厦门市中级人民法院经审查后裁

定对该仲裁裁决的法律效力予以承认和执行。该裁定生效后,嘉吉公司申请强制执行。

2006年5月8日,福建金石公司与福建田源生物蛋白科技有限公司(以下简称田源公司)签订一份《国有土地使用权及资产买卖合同》,约定福建金石公司将其国有土地使用权、厂房、办公楼和油脂生产设备等全部固定资产以2569万元人民币(以下未特别注明的均为人民币)的价格转让给田源公司,其中国有土地使用权作价464万元、房屋及设备作价2105万元,应在合同生效后30日内支付全部价款。王某琪和柳某分别作为福建金石公司与田源公司的法定代表人在合同上签名。福建金石公司曾于2001年12月31日以482.1万元取得本案所涉32,138平方米国有土地使用权。2006年5月10日,福建金石公司与田源公司对买卖合同项下的标的物进行了交接。同年6月15日,田源公司通过在中国农业银行漳州支行的账户向福建金石公司在同一银行的账户转入2500万元。福建金石公司当日从该账户汇出1300万元、1200万元两笔款项至金石集团旗下大连金石制油有限公司账户,用途为往来款。同年6月19日,田源公司取得上述国有土地使用权证。

2008年2月21日,田源公司与漳州开发区汇丰源贸易有限公司(以下简称汇丰源公司)签订《买卖合同》,约定汇丰源公司购买上述土地使用权及地上建筑物、设备等,总价款为2669万元,其中土地价款603万元、房屋价款334万元、设备价款1732万元。汇丰源公司于2008年3月取得上述国有土地使用权证。汇丰源公司仅于2008年4月7日向田源公司付款569万元,此后未付其余价款。

田源公司、福建金石公司、大连金石制油有限公司及金石集团旗下其他公司的直接或间接控制人均为王某良、王某莉、王某琪、柳某。王某良与王某琪、王某莉是父女关系,柳某与王某琪是夫妻关系。2009年10月15日,中纺粮油进出口有限责任公司(以下简称中纺粮油公司)取得田源公司80%的股权。2010年1月15日,田源公司更名为中纺粮油(福建)有限公司(以下简称中纺福建公司)。

汇丰源公司成立于2008年2月19日,原股东为宋某权、杨某莉。2009年9月16日,中纺粮油公司和宋某权、杨某莉签订《股权转让协议》,约定中纺粮油公司购买汇丰源公司80%的股权。同日,中纺粮油公司(甲方)、汇丰源公司(乙方)、宋某权和杨某莉(丙方)及沈阳金豆食品有限公司(丁方)签订《股权质押协议》,约定:丙方将所拥有汇丰源公司20%的股权质押给甲方,作为乙方、丙方、丁方履行"合同义务"之担保;"合同义务"系指乙方、丙方在《股权转让协议》及《股权质押协议》项下因"红豆事件"而产生的所有责任和义务;"红豆事件"是指嘉吉公司与金石集团就进口大豆中掺杂红豆原因而引发的金石集团涉及的一系列诉讼及仲裁纠纷以及与此有关的涉及汇丰源公司的一系列诉讼及仲裁纠纷。还约定,下述情形同时出现之日,视为乙方和丙方的"合同义务"已完全履行:因"红豆事件"而引发的任何诉讼、仲裁案件的全部审理及执行程序均已终结,且乙方未遭受财产损失;嘉吉公司针对乙方所涉合同可能存在的撤销权因超过法律规定的最长期间(5年)而消灭。2009年11月18日,中纺粮油公司取得汇丰源公司80%的股权。汇丰源公司成立后并未进行实际经营。

由于福建金石公司已无可供执行的财产,导致无法执行,嘉吉公司遂向福建省高级人民法院提起诉讼,请求:一是确认福建金石公司与中纺福建公司签订的《国有土地使用权及资产买卖合同》无效;二是确认中纺福建公司与汇丰源公司签订的国有土地使用权及资产《买卖合同》无效;三是判令汇丰源公司、中纺福建公司将其取得的合同项下财产返还财产所有人。

• 裁判结果

福建省高级人民法院于2011年10月23日作出(2007)闽民初字第37号民事判决,确认福建金石公司与田源公司(后更名为中纺福建公司)之间的《国有土地使用权及资产买卖合同》、田源公司与汇丰源公司之间的《买卖合同》无效;判令汇丰源公司于判决生效之日起30日内向福建金石公司返还因上述合同而取得的国有土地使用权,中纺福建公司于判决生效之日起30日内向福建金石公司返还因上述合同而取得的房屋、设备。宣判后,福建金石公司、中纺福建公司、汇丰源公司提出上诉。最高人民法院于2012年8月22日作出(2012)民四终字第1号民事判决,驳回上诉,维持原判。

• 裁判理由

最高人民法院认为:因嘉吉公司注册登记地在瑞士,本案系涉外案件,各方当事人对适用中华人民共和国法律审理本案没有异议。本案源于债权人嘉吉公司认为债务人福建金石公司与关联企业田源公司、田源公司与汇丰源公司之间关于土地使用权以及地上建筑物、设备等资产的买卖合同,因属于《合同法》第52条第2项"恶意串通,损害国家、集体或者第三人利益"的情形而应当被认定无效,并要求返还原物。本案争议的焦点问题是:福建金石公司、田源公司(后更名为中纺福建公司)、汇丰源公司相互之间订立的合同是否构成恶意串通、损害嘉吉公司利益的合同?本案所涉合同被认定无效后的法律后果如何?

(1)关于福建金石公司、田源公司、汇丰源公司相互之间订立的合同是否构成"恶意串通,损害第三人利益"的合同。

首先,福建金石公司、田源公司在签订和履行《国有土地使用权及资产买卖合同》的过程中,其实际控制人之间系亲属关系,且柳某、王某琪夫妇分别作为两公司的法定代表人在合同上签字。因此,可以认定在签署以及履行转让福建金石公司国有土地使用权、房屋、设备的合同过程中,田源公司对福建金石公司的状况是非常清楚的,对包括福建金石公司在内的金石集团因"红豆事件"被仲裁裁决确认对嘉吉公司形成1337万美元债务的事实是清楚的。

其次,《国有土地使用权及资产买卖合同》订立于2006年5月8日,其中约定田源公司购买福建金石公司资产的价款为2569万元,国有土地使用权作价464万元、房屋及设备作价2105万元,并未根据相关会计师事务所的评估报告作价。一审法院根据福建金石公司2006年5月31日资产负债表,以其中载明固定资产原价44,042,705.75元、扣除折旧后固定资产净值为32,354,833.70元,而《国有土地使用权及资产买卖合同》中对房屋及设备作价仅2105万元,认定《国有土地使用权及资产买卖合同》中约定的购买福建金石公司资产价格为不合理低价是正确的。在明知债务人福建金石公司欠债权人嘉吉公司巨额债务的情况下,田源公司以明显不合理低价购买福建金石公司的主要资产,足以证明其与福建金石公司在签订《国有土地使用权及资产买卖合同》时具有主观恶意,属恶意串通,且该合同的履行足以损害债权人嘉吉公司的利益。

再次,《国有土地使用权及资产买卖合同》签订后,田源公司虽然向福建金石公司在同一银行的账户转账2500万元,但该转账并未注明款项用途,且福建金石公司于当日将2500万元分两笔汇入其关联企业大连金石制油有限公司账户;又根据福建金石公司和田源公司当年的财务报表,并未体现该笔2500万元的入账或支出,而是体现出田源公司尚欠福建金石公司"其他应付款"121,224,155.87元。一审法院据此认定田源公司并未根据《国有土地使用权及资产买卖合同》向福建金石公司实际支付价款是合理的。

最后,从公司注册登记资料看,汇丰源公司成立时股东构成似与福建金石公司无关,但在汇丰源公司股权变化的过程中可以看出,汇丰源公司在与田源公司签订《买卖合同》时对转让的资产来源以及福建金石公司对嘉吉公司的债务是明知的。《买卖合同》约定的价款为2669万元,与田源公司从福建金石公司购入该资产的约定价格相差不大。汇丰源公司除已向田源公司支付569万元外,其余款项未付。一审法院据此认定汇丰源公司与田源公司签订《买卖合同》时恶意串通并足以损害债权人嘉吉公司的利益,并无不当。

综上,福建金石公司与田源公司签订的《国有土地使用权及资产买卖合同》、田源公司与汇丰源公司签订的《买卖合同》,属于恶意串通、损害嘉吉公司利益的合同。根据《合同法》第52条第2项的规定,均应当认定无效。

(2)关于本案所涉合同被认定无效后的法律后果。

对于无效合同的处理,人民法院一般应当根据《合同法》第58条"合同无效或者被撤销后,因该合同取得的财产,应当予以返还;不能返还或者没有必要返还的,应当折价补偿。有过错的一方应当赔偿对方因此所受到的损失,双方都有过错的,应当各自承担相应的责任"的规定,判令取得财产的一方返还财产。本案涉及的两份合同均被认定无效,两份合同涉及的财产相同,其中国有土地使用权已经从福建金石公司经田源公司变更至汇丰源公司名下,在没有证据证明本案所涉房屋已经由田源公司过户至汇丰源公司名下、所涉设备已经由田源公司交付汇丰源公司的情况下,一审法院直接判令取得国有土地使用权的汇丰源公司、取得房屋和设备的田源公司分别就各自取得的财产返还福建金石公司并无不妥。

《合同法》第59条规定:"当事人恶意串通,损害国家、集体或者第三人利益的,因此取得的财产收归国家所有或者返还集体、第三人。"该条规定应当适用于能够确定第三人为财产所有权人的情况。本案中,嘉吉公司对福建金石公司享有普通债权,本案所涉财产系福建金石公司的财产,并非嘉吉公司的财产,因此只能判令将系争财产返还福建金石公司,而不能直接判令返还嘉吉公司。

实战点评与分析

1. 如何认定"恶意串通"

本案中,关于福建金石公司、田源公司、汇丰源公司相互之间订立的合同是否构成"恶意串通,损害第三人利益"的合同,关键在于如何认定恶意串通,毕竟恶意串通属于当事人的主观内心意思表示,外界无法知悉,只能通过客观证据予以推理和证明。最高人民法院主要从福建金石公司与田源公司的关联关系,交易价款等方面予以论证。关于福建金石公司与田源公司之间的关联关系,比较容易证明,只要查询两公司的工商登记即可,如经查询,两公司工商登记的股东或实际控制人存在关联关系,则两公司之间亦存在关联关系,经查,"福建金石公司、田源公司在签订和履行《国有土地使用权及资产买卖合同》的过程中,其实际控制人之间系亲属关系,且柳某、王某琪夫妇分别作为两公司的法定代表人在合同上签字",因此最高人民法院最终认定福建金石公司与田源公司存在关联关系。

如何通过交易价款来认定福建金石公司与田源公司存在恶意串通,损害第三方合法权益,这对证据的要求较为严苛。毕竟依法成立的合同具有法律效力,法院不应也不得轻易否定已经成立并生效的合同,除非有法律的明确规定。

参照撤销权的法律规定,即"债务人以明显不合理的低价转让财产、以明显不合理的高价受让他人财产或者为他人的债务提供担保,影响债权人的债权实现,债务人的相对人知道或者应当知道该情形的,债权人可以请求人民法院撤销债务人的行为"。根据上述规定,在认定交易是否存在恶意串通时,一般应考虑以下因素:其一,债务人与次债务人签订的转让财产合同,是否属于"明显不合理的低价";其二,该转让行为是否影响债权人债权的实现;其三,次债务人对此是否明知。在本案中,一审法院以福建金石公司2006年5月31日资产负债表为据,认定固定资产原价44,042,705.75元、扣除折旧后固定资产净值为32,354,833.70元,而福建金石公司与田源公司签订的《国有土地使用权及资产买卖合同》中对房屋及设备作价仅2105万元,法院最终认定《国有土地使用权及资产买卖合同》中约定的购买福建金石公司资产价格为不合理低价。

从以上认定可见,一审法院是以福建金石公司的资产负债表作为本案定案的关键证据的,并最终认定双方构成恶意串通。

资产负债表本质上属于当事人自行编制的反映企业在某一特定日期(如月末、季末、年末)全部资产、负债和所有者权益情况的会计报表,是企业经营活动的静态体现。从证据效力而言,资产负债表由于属于当事人自行编制,本质上类似于当事人陈述,在诉讼中,如对方不予认可,法院一般不会作为定案依据。

如资产负债表中记载的事实不利于当事人,则对方可以援引作为对当事人不利事实的认定,且无须举证。

法律依据:《民事证据规定》第3条第1款:"在诉讼过程中,一方当事人陈述的于己不利的事实,或者对于己不利的事实明确表示承认的,另一方当事人无需举证证明。"

以本案为例,法院正是依据福建金石公司的资产负债表,认定固定资产原价44,042,705.75元、扣除折旧后固定资产净值为32,354,833.70元,而福建金石公司与田源公司签订的《国有土地使用权及资产买卖合同》中对房屋及设备作价仅2105万元,福建金石公司与田源公司的交易行为属于恶意串通。

2. 实务要点:审计报告、会计凭证、内部审批文件等一般不得作为证据提交

(1)审计报告、会计凭证、内部审批文件等的证明力较低

由于审计报告、会计凭证、内部审批文件等均为一方当事人单方制作或单方委托,本质上类似于单方陈述,因此诉讼中,除非对方确认,否则法院一般不会以单方制作或提供的审计报告、会计凭证、内部审批文件作为定案依据。

(2)审计报告、会计凭证、内部审批文件记载的事实如不利于己方,则对方无须举证

根据《民事证据规定》第3条第1款:"在诉讼过程中,一方当事人陈述的于己不利的事实,或者对于己不利的事实明确表示承认的,另一方当事人无需举证证明。"审计报告、会计凭证、内部审批文件记载的事实如不利于己方,则对方无须举证,法院可作为查明的事实并据此作出判决。

(3)综上,审计报告、会计凭证、内部审批文件等既无法达到证明目的,其记载的不利于己方的事实反而可能被对方利用,因此此类证据一般不得作为证据提交。

2. 提供证据的原则一、原则三和原则六。

案例4-2：以被告的视角，通过个案对以上总结的提供证据的基本原则一、原则三和原则六如何运用进行论述

原告：古某章

被告：广西GH汽车销售服务有限公司(以下简称汽车销售公司)

案由：买卖合同纠纷

• 原告诉请

原告起诉称：2015年3月21日，原告在被告处以8万元购买了一辆别克凯越小轿车，该车识别代号/车架号码为LSGJA52H0EH197×××。购车后原告偶然发现该车的车身左右漆面不一致，右边漆面光滑，遂怀疑被告将二手车当作新车出售给原告，原告将上述情况反映给被告，并要求予以妥善解决，但是被告均予以拒绝。2015年10月，原告在别克汽车官方网页发现，原告向被告购买的车辆识别代号/车架号码为LSGJA52H0EH197×××的汽车已经在2014年8月31日出售，这意味着被告隐瞒重要事实，故意将二手车当作新车出售给原告。随后在2015年11月12日，原告向广西消费者权益保护委员会(以下简称消委会)投诉被告的欺诈行为，并请求该委予以维权。消委会接受原告投诉并介入调查之后，曾在2016年2月3日组织原告和被告双方进行调解，但因双方分歧意见较大，调解失败。2016年2月23日，消委会决定终止调解，并建议通过诉讼途径解决纠纷。基于以上事实，原告认为被告故意隐瞒涉案车辆的真实情况，侵犯了原告的知情权，属于欺诈行为。为维护自身合法权益，原告提起诉讼，请求法院依法判决：撤销原告与被告在2015年3月21日签订的《车辆买卖合同》；被告退还全额购车款80,000元给原告，并赔偿原告因涉案车辆而支出的入户保险、车船使用税、购置税等10,438.24元；判令被告按所购车价款的3倍赔偿原告人民币24万元，原告退还车辆给被告；本案诉讼费由被告承担。

• 原告提交的证据

为支持原告诉请，原告提供了以下证据：

证据1，车辆买卖合约，证明2015年3月21日，原告以8万元价格向被告购买涉案车辆。

证据2，机动车销售发票，证明案涉车辆的车架号为LSGJA52H0EH197×××；发动机号为141453×××。

证据 3,车辆保险费发票,证明 2015 年 3 月 21 日原告在 4S 店为案涉车辆购买保险、车船税等共计 2138.65 元。

证据 4,车辆购置税发票,证明原告为案涉车辆缴纳了 8300 元的购置税。

证据 5,公证书,该公证书内容为:原告通过点击上汽通用官网中的"别克关怀"的链接,点击后进入"我的别克"链接,然后在显示的网页中"登录到我的别克",输入手机号 1807074×××,密码 gz889×××,登录后,网站页面显示"购车时间为 2014-8-31 00:00 VIN 码:LSGJA52H0EH197×××";该证据证明目的是:通过别克公司官网查询发现,该车的出售信息显示的是案涉车辆已经在 2014 年 8 月 31 日售出,以此证明该车系二手车。

证据 6,维修工单,该维修工单显示维修的时间为 2015 年 10 月 5 日,但该工单有一栏显示的时间为"2014 年 8 月 31 日"。

证据 7,客户资料维护单,该维护单显示涉案车辆上牌时间是 2014 年 9 月 1 日,客户姓名为"李某双,性别为男性,出生日期为 1900 年 1 月 1 日,车牌号为桂 F4646×"。

证据 8,由被告盖章的车辆处理意见书,里面记载的大致内容为:客户古某章于 2015 年 3 月 21 日在被告处购买 1.5L 车辆一台,车辆从厂家发出到 4S 店经过售后做过 PDI 检测,车身外观、内饰以及发动机均无任何问题。客户提车回去后发现漆面比较粗糙,经检查发现是精品施工时粉尘粘上去所致,现根据售后处理意见对部分漆面进行抛光处理并与客户协商一致同意此处理方式。该意见书有原告签字和被告盖章确认。原告提供此份证据的目的是以车辆漆面不一致为由证明车辆系二手车。

证据 9,投诉与咨询登记表,证明原告向消费者协会投诉被告欺诈行为。

证据 10,投诉调查函,证明广西消协调查投诉的事实。

证据 11,签到表、法人授权书和终止调解通知书,证明广西消协组织各方协商的事实。其中载明兰某有权代表被告处理原告投诉事项。

证据 12,录音,即原告与被告销售顾问的谈话录音。

证据 13,2016 年 2 月 3 日在消协调解会上的录音,其中被告代表兰某在谈话中自认案涉车辆曾经有过交易记录,且购买人为李某双,支付金额为 5.8 万元。

证据 14,被告法定代表人黄某与消协谭某的对话,其中黄某明确该车并非二手车,且该车从未有过交易记录。

在诉讼期间,原告申请法院调阅涉案车辆的上牌记录,包括该车在2014年8月31日前是否存在过临时牌。后该车所属的车辆管理机构出具证明文件证实,"未核查出该车在该所办理临时牌业务的记录"。

结合以上原告诉请和提供的证据,经分析,得出以下初步结论:原告诉请系被告将二手车出售给原告,构成欺诈并要求被告按照《消费者权益保护法》的规定进行3倍赔偿,因此,双方争议的焦点在于案涉车辆是新车还是二手车。从原告提供的证据看,原告之所以认定该车系二手车,主要是由于该车在出售给原告前曾经出售过给"李某双"。被告经核实,该车并非二手车,确实是新车,之所以在别克官网出现2014年8月31日销售记录,主要是因为当时被告为了充量完成上汽通用的季度销售任务,通过将该车登记在官网"已经出售"的方式来达到完成任务的目的,以取得上汽通用公司给予的销售返点。

• 被告的分析和诉讼策略

针对原告诉请,被告制定了相应的诉讼策略,设置了五条防线进行应对:其一,该车是新车不是二手车;其二,该车交付原告时,原告经过检验予以确认,且未对车辆提出任何异议,被告交付的车辆符合双方约定;其三,就算该车曾经出售过,但曾经出售过的车不是二手车,出售后实际交付买受人并实际使用才能认定为二手车;其四,原告提供的证据仅能证明该车登记信息显示在2014年8月31日出售,但这只是官网登记信息不等于实际出售信息,车辆是否出售需提供相关的买卖合同;其五,该车就算是曾经出售过,但并不等于交付,车辆在出售给原告前曾经有过销售记录是很正常的,只要没有使用就属于新车。以上答辩思路,除对原告提出的诉讼请求和证据进行抗辩外,更重要的是收集对被告有利的证据予以反驳,根据以上提供证据的基本原则,被告收集证据方向如下:

• 被告运用证据提供原则收集和提供证据

(1)提供证据的原则一:对己方有利且能证明当事人请求权(或答辩意见)的证据,证据之间不存在矛盾,证据所包括的内容并无对己方不利的事实,此类证据可以尽可能多的提供,且提供的证据能形成完整的证据链。

分析:证明该车是新车,此方面的证据越多越好,并且应尽可能是直接证据,即使间接证据也是越多越好,如此可以与直接证据形成证据链。①由原告方指认的所谓的车辆购买人李某双出具证明文件;②向车辆管理部门调取证据证明该车在出售给原告前从未有过上牌记录;③由保险公司出具证明文件证明该车第一次购买保险是原告购买车辆后以原告名义购买的保险。

证据收集和提供:

①通过各种办法找到了李某双,并由其以书面声明的方式声明其从未购买过该车,该声明由公证处做公证;②由崇左市车辆管理所出具证明文件证实该车初登时间为2015年3月31日,登记人为古某章本人;③提供2014年8月31日当天被告方全部的车辆出库单以及对应车辆的发票,证实当天并未有案涉车辆出库;④提供2014年8月31日当天被告账户流水,证实当天并未有李某双的付款记录。

(2)提供证据的原则三:某份证据对己方有利,同时也存在对己方不利的事实,如该证据是本方请求权(或答辩)的主要依据和基础,应当提供,但应当同时提供其他辅助证据化解对己方不利的事实或对证据做好分析论证工作,通过本案其他证据或事实来证明该证据所反映的对己方不利的事实并不能成立。

分析: 该车在交付时有过交接单,但该交接单并非古某章本人签字,且交接单上记载该车交付前的行驶里程为8公里。交接单上记载有行驶里程,可能被对方用以证明车辆使用过,且交接单本身并非原告本人签字,其本人不一定认可。因此此份证据如果贸然提交,其结果:一是对方不认可(因为是代签),二是将可能反被对方利用来证明该车系使用过的二手车,因此此份证据贸然提交有一定的风险。经过对证据提交的利弊分析,被告认为,虽然此份证据存在对被告不利的以上事实,但这份证据足以证明车辆交付时原告已经检验过车辆且无异议,此份证据的提交利大于弊,由于该交接单并非原告本人签字,因此提交前应想办法让原告确认该交接单系经其认可,就该交接单,在起诉前被告在与原告协商赔偿过程中曾经确认过该交接单,此确认有当时录音记录,因此被告在提供交接单的同时提供了该录音,对于该录音的真实性,庭审时原告古某章也予以确认;至于该交接单记载的行驶里程,经查阅合同,其中记载交接时行驶里程在80公里以内的符合双方约定(因为车辆从厂家运至4S店的过程中是需要短距离行驶的,如将车开上装载车等),因此对交接单记载的行驶里程问题以及存在的对被告不利的事实可以通过合同约定进行解释(行驶里程在双方约定范围内,符合双方约定)。另外,该交接单是交付时的证明文件,可以充分证明原告在交付车辆时并无异议,且交付的标的物符合双方约定,而此份交接单足以证明前述事实。经以上分析并权衡利弊后可以得出以下结论:该交接单记载内容虽然有利有弊但不利之处已经可以通过双方合同约定解决,且该交接单可以证明被告按约履行了交付义务,因此可以提供此份证据。

证据收集和提供:提供该车交接时的交接单和录音。

(3) 提供证据的原则六:提供的每一份证据,除了考虑己方对该证据的质证意见外,还必须充分预见到对方可能对该证据发表的意见,包括对该证据的真实性、合法性和关联性可能发表的意见并做好应对措施。

分析:被告收集的证据,在提交前应对对方可能提出的异议进行论证并做好应对准备:比如李某双的公证证明,对方可能提出该证明本身系证人证言,即便经过公证,但在证人未到庭的情况下仍不能作为定案依据,就此被告认为,李某双的声明经过公证足以证实该声明系其本人签署,且有其他证据包括车辆管理部门的证明文件、交接单等足以证实,出售并交付原告的是新车,经公证的李某双的声明只是证据链中的一环,且可以与其他证据相互印证,因此可以作为定案依据。

• 判决结果

一审法院经过开庭审理后基本采纳了被告观点,尤其是被告收集并提供的证据有力证明了案涉车辆并非二手车而是新车,诚如一审判决所写:"本院认为,涉案车辆是否属于二手车的判断标准,应为该车是否已经实际交付过原告之外的第三人,即使存在第三人曾与被告洽谈购买涉案车辆甚至交付定金或部分货款,但只要车辆尚未实际转移占有,就不能认定涉案车辆为二手车。本案中,被告述称涉案车辆在生产商官网站登记过的客户信息并非原告且登记时间在原告购买之前系其工作人员为完成销售业绩所为,虽然该陈述与被告其他工作人员在消委会调解时的陈述不一致,但对于涉案车辆没有实际交付第三人的陈述是一致的,且结合被告提供的李某双的声明书及原告提供的别克官方网站客户资料维护记载的内容看,前述客户信息并不真实,不足以证实涉案车辆曾经出卖并交付给李某双,南宁市及崇左市交警部门出具的相关材料也证实涉案车辆在原告购买之前未曾办理过入户登记或临时牌照,综上,原告亦无证据证明涉案车辆曾经交付给第三人实际占有,故原告以涉案车辆在生产商官方网站登记的客户信息并非原告且登记时间在原告购车之前为由主张涉案车辆为二手车,事实与法律依据不充分,本院不予支持……"

一审判决后,原告不服提起上诉,二审维持原判;二审判决后,古某章申请再审也被驳回。

实战点评与分析

从以上法院判决不难看出,本案胜诉的关键在于通过李某双提供的声明并结合车辆管理部门出具的证明文件等相互印证,证明该车并未出卖给李某双,出售给原告的车辆系新车,被告所提供的证据以及证明的事实最终得到法院支持,而这些证据正是按照以上所列的举证原则逐步收集、反复推敲并最终提供的。

在原告提供证据的情况下,如果仅是对其证据提出异议而不主动收集证据予以反驳,虽然在一定程度上也能起到抗辩的效果,但远远不够,很多时候难以得到支持,毕竟按照《民事诉讼法解释》第90条:"当事人对自己提出的诉讼请求所依据的事实或者反驳对方诉讼请求所依据的事实,应当提供证据加以证明,但法律另有规定的除外。在作出判决前,当事人未能提供证据或者证据不足以证明其事实主张的,由负有举证证明责任的当事人承担不利的后果。"仅对证据提出异议而不提供反驳证据,其抗辩不被法院支持的可能性较大,因此,应当在提出异议的同时尽可能收集更多的反驳证据,从而搭建起至少两条纵深防线,如此才能在诉讼中占得主动。

第二节

举 证 规 律

面对纷繁复杂的各类证据,哪些可以向法庭提交,哪些不能提交,除贯彻以上提交证据的原则外,笔者总结了以下规律,供读者参考:

1. 直接证据优于间接证据:证明诉讼请求的证据既有直接证据,也有间接证据,应优先提交直接证据,如直接证据足以证明待证事实,可无需提交间接证据;如直接证据存在瑕疵,需配合提交间接证据以弥补直接证据存在的瑕疵;如果缺少直接证据证明案件事实,则应尽可能收集并提交间接证据以证明案件事实。

2. 书证优先于证人证言:证明待证事实既有书证也有证人证言的,应优先提交书证,原则上无须提交证人证言。

3. 证据不是越多越好,也不是越少越好,关键在于提交的证据能形成证据链以证明当事人主张;证据与证据之间应相互印证,不应存在矛盾和冲突;证据与证据相结合能形成证据链证明待证事实和原告诉讼请求。

4. 证据与原告的诉讼请求应保持一致,不应存在矛盾和冲突。

5. 对方的陈述和证据能证明己方主张的,可以利用作为己方证据并提交法庭;对方签字或盖章确认的对己方有利的证据(如确认的事实为己方拟证明事实或该证据足以支持己方主张)应当提交。

6. 承担款项支付义务的一方应提供付款有关凭证,包括付款凭单、对方开具的收据等。

7. 单方加盖印章或签字的函件或文件,一般情况下不予提交,除非有证据证明对方在函件上签署意见且该意见对己方有利或有证据证明向对方送达了该函件或文件。

8. 对待证事实的证明,证据的链条和推理的环节切忌过长,尽可能简单、直接和明确。

9.原告拟证明原告与被告存在某种关系,原告应尽可能提供与被告存在某种关系的证据;相反,被告可不提供证据或提供与原告不可能存在某种关系往来的证据。

10.特定行业、领域对市场主体准入、交易条件等有特别规定,且一旦违反将可能导致合同无效的,如原告认为合同有效并根据合法有效的合同向对方主张权利,一般应就合同主体、交易条件等符合国家法律法规进行举证,以证明合同合法有效。

11.必须招投标的项目,应提供招标文件、投标文件和中标通知书;经招投标的项目,亦应提供招标文件、投标文件和中标通知书。

以下就上述举证要点进行详细论述。

> 一、规律1:直接证据优于间接证据:证明诉讼请求的证据既有直接证据,也有间接证据,应优先提交直接证据,如直接证据足以证明,可无须提交间接证据;如直接证据存在瑕疵,需配合提交间接证据以弥补直接证据存在的瑕疵;如果缺少直接证据证明案件事实,则应尽可能收集并提交间接证据以证明案件事实

(一)直接证据和间接证据的概念

所谓直接证据,是"间接证据"的对称,是指能够单独直接证明案件主要事实的证据。运用直接证据证明案件主要事实相对较为直接简单和明确。间接证据,就是指不能直接证明案件的事实,但能和其他证据联系起来,共同证明和确定案件事实的证据。

(二)实务要点

1.直接证据如足以证明案件事实和原告诉讼请求,且不存在瑕疵的,一般情况下无须提交间接证据。

直接证据主要是为了证明案件主要事实并最终证明原告的诉讼请求。所谓主

要事实,一般是指证明原、被告法律关系、原告诉讼请求成立的事实。如合同纠纷,原告认为双方之间系民间借贷法律关系,则借款合同为案件的主要事实和证据。如果直接证据足以证明案件主要事实以及原告的诉讼请求,一般无须提交间接证据,理由如下:

(1)在直接证据足以证明案件主要事实以及原告诉讼请求的情况下,如果提供过多的间接证据,容易将简单的案件复杂化,并极容易导致分散法官审理案件的注意力,导致法官过多关注案件主要事实以外的其他事实。

比如民间借贷案件,如原告有借款合同、付款凭单等证据证明双方之间存在民间借贷关系,则原告仅需提供借款合同、银行付款凭单即可,至于原告与被告关于借款磋商的过程证据,如聊天记录等,一般无须提交,尤其是聊天记录中记载的有关事实,如被告多次告知原告被告家人生病急需用钱因此不得不接受借款合同约定的较高利息等内容,则此时,聊天记录反而成为被告以订立合同系原告乘人之危而主张撤销合同的证据,使得一个简单的民间借贷案件复杂化甚至出现不利于原告的情形。

(2)过多的间接证据,容易导致提供的间接证据与主要证据反映的事实存在一定矛盾、冲突,并直接影响直接证据的证明力,甚至基于此种矛盾,导致法官对直接证据不予采信。

2.如果直接证据存在瑕疵,则应补充提交间接证据以弥补直接证据存在的瑕疵。

3.如果确实并无直接证据证明待证事实,则必须尽可能多地收集各种间接证据,且使这些证据能形成证据链,并且该证据链应当是闭合的,得出的结论达到高度盖然性能证明待证事实,使法官形成内心确认认为原告所主张的事实成立。

相关法律规定:

《民事诉讼法解释》第105条:"人民法院应当按照法定程序,全面、客观地审核证据,依照法律规定,运用逻辑推理和日常生活经验法则,对证据有无证明力和证明力大小进行判断,并公开判断的理由和结果。"

第108条:"对负有举证证明责任的当事人提供的证据,人民法院经审查并结合相关事实,确信待证事实的存在具有高度可能性的,应当认定该事实存在。对一方当事人为反驳负有举证证明责任的当事人所主张事实而提供的证据,人民法院经审查并结合相关事实,认为待证事实真伪不明的,应当认定该事实不存在。法律对于待证事实所应达到的证明标准另有规定的,从其规定。"

最高人民法院司法指导意见认为,"运用间接证据证明案件事实,应遵循以下证明规则:(1)各个间接证据必须真实可靠;(2)间接证据之间具有一致性,相互之间不存在矛盾;(3)间接证据必须具备一定的数量,形成一个完整的证据链"[1]。

(三) 从具体案例展现其适用

案例4-3:如果直接证据存在瑕疵,则应补充提交间接证据以弥补直接证据存在的瑕疵

——新疆新通建筑安装工程有限公司、陈某群等
买卖合同纠纷民事申请再审案

审理法院:最高人民法院

案号:(2021)最高法民申3504号

裁判日期:2021年8月24日

• 最高人民法院裁判意见

新通公司申请再审称,(1)案涉大板买卖合同的相对人并非新通公司,原审法院认定新通公司是买卖合同相对人缺乏事实依据。新通公司与陈某群未签订大板买卖合同,不存在合同权利义务关系,缺乏新通公司与大板合同的相对人事实。(2)陈某群未向新通公司履行大板合同供货义务。(3)原审法院认定陈某民和王某是新通公司员工履行职务行为,缺乏事实认定依据。(4)新通公司从未支付过案涉大板款,原审法院以弘瑞鑫公司支付款项来认定新通公司支付大板款缺乏事实依据。(5)新通公司与弘瑞鑫公司关系并非是同一民事法律关系主体。新通公司与弘瑞鑫公司是两个不同的民事法律关系主体,有着不同的民事权利义务关系,弘瑞鑫公司不能代表新通公司行使民事法律行为。(6)陈某民与陈某滇真实身份还有待继续查明。由于陈某民与陈某滇公民身份证号均属同一人,只有查清陈某民与陈某滇公民身份关系,才能确定本案陈某民民事行为关系,由于陈某民

---

[1] 人民法院出版社编:《最高人民法院司法观点集成·民事诉讼卷》(第3版),人民法院出版社2018年版,第501~502页。

身份信息存在错误,可能涉嫌刑事诈骗,还需按刑事案件进行处理,以便保护新通公司合法权益。综上,依据2017年《民事诉讼法》第200条第2项、第6项规定申请再审。

本院经审查认为,本案系民事申请再审案件,应当围绕当事人主张的再审申请事由是否成立进行审查。因此,本案的审查重点是:新通公司与陈某群之间是否存在买卖合同关系;新通公司与案外人弘瑞鑫公司的关系;陈某民的身份问题。

关于新通公司与陈某群之间是否存在买卖合同关系的问题。新通公司主张案涉大板买卖合同相对人并非该公司,陈某群也未向新通公司履行大板供货义务,原审认定陈某民、王某是新通公司员工系履行职务行为,缺乏事实依据。本院认为,首先,根据原审查明事实,新通公司与月星公司签订施工总承包合同,由新通公司承建案涉工程A、B标段;新通公司施工协调人陈某民与陈某群达成口头约定,向案涉工程工地供应大板,分11次合计供应大板价值为1,281,621元,送货单上有王某、陈某群及周某财个人签字,王某是新通公司材料员,而周某财是陈某群的雇员。原审认定陈某群向案涉工地供应大板情况属实,理据充分。其次,根据双方当事人提供的会议纪要、承诺书等证据材料,可以证明新通公司是案涉工程的承包方,陈某民系该项目的施工及劳务管理方,王某则是该项目材料员负责接收材料,陈某群供货大板到工地,由陈某民、王某在大板明细清单中签字确认供货数量及价格,陈某群有理由相信二人是代表新通公司履行合同。原审据此认定陈某群向新通公司履行大板合同供货义务,并无不当。最后,陈某民为新通公司承建案涉项目的内部人员,多次列席该项目内部会议并签字确认;在另案(2012)新民二终字第72号民事判决中,新通公司上诉状中自认陈某民是其公司劳务协调人,王某作为其代理人也明确表示陈某民是新通公司案涉项目部总负责人,在该案查明事实部分认定王某为新通公司采购员。综上,原审认定陈某民、王某二人是代表新通公司履行的职务行为,亦无不当。

关于新通公司与弘瑞鑫公司之间的关系问题。新通公司主张其与弘瑞鑫公司系独立法律主体,不能认定弘瑞鑫公司代其支付陈某群20万元的事实。经原审查明,弘瑞鑫公司于2011年4月25日出具证明,证实其公司与新通公司是同一民事法律关系主体。且2011年新通公司法人为李某,2014年8月4日变更为吕某信,2011年至今弘瑞鑫公司法人为吕某信。李某为占100%出资比例股东。2011年10月18日,弘瑞鑫公司向周某财转账支付材料款20万元及支付现金2

万元。周某财系本案最初一审判决中与陈某群共同参加起诉的原告,其后来自愿撤回起诉。本院认为,通过以上事实可以证明,弘瑞鑫公司与新通公司虽然是两个独立的公司,但两个公司的法人及股东是相同的,故弘瑞鑫公司就是新通公司法人的个人独资公司。因此,原审认定弘瑞鑫公司向陈某群支付款项的行为系代表新通公司,具有事实和法律依据,并无不当。

关于陈某民身份问题。新通公司主张陈某民与陈某滇系同一人,可能涉嫌刑事诈骗问题。本院认为,陈某民虽然一直未出现在庭审中,但根据原审的证据材料,陈某民系新通公司的施工协调人员,负责案涉项目的劳务,其多次参与该项目的内部会议,并在会议纪要上署名,且负责签收该项目工地材料。因此,陈某民对外是代表新通公司履行职务行为。至于其与陈某滇身份证号相同,不排除陈某滇是其曾用名的可能性。新通公司认为陈某民涉嫌刑事诈骗,没有提供充分证据证明,其该项再审理由不能成立。

综上,新通公司的再审申请不符合2017年《民事诉讼法》第200条第2项、第6项规定的情形。依照2017年《民事诉讼法》第204条第1款、2020年《民事诉讼法解释》第395条第2款之规定,裁定如下:

驳回新通公司的再审申请。

实战点评与分析

1. 未签订合同,如何证明合同关系的成立

本案之所以存在争议,原因在于新通公司与陈某群未签订买卖合同,新通公司认为其并非买受人,与陈某群之间不存在任何买卖合同关系。因此本案争议焦点为新通公司与陈某群之间是否存在买卖合同关系。

在双方未订立书面合同的情况下,需通过合同履行情况证明双方之间存在合同关系,因此,本案中,陈某群提供了实际履行供货合同的证据,如送货单等。

从裁定书载明的事实看,陈某群提供了送货单,送货单上有王某、陈某群和周某财的签字。陈某群主张以送货单证明其与新通公司存在真实的供货关系,且实际进行了供货。法院最终以双方实际履行了供货合同为由认定双方合同关系的成立。

《民法典》第490条:"当事人采用合同书形式订立合同的,自当事人均签

名、盖章或者按指印时合同成立。在签名、盖章或者按指印之前,当事人一方已经履行主要义务,对方接受时,该合同成立。

法律、行政法规规定或者当事人约定合同应当采用书面形式订立,当事人未采用书面形式但是一方已经履行主要义务,对方接受时,该合同成立。"

综上,对于未签订合同的案件,如要证明双方成立合同关系,唯一的路径只能是证明双方实际履行了合同,且需证明已经履行合同的主要义务而非附随义务。就本案而言,陈某群提供证据证明实际履行了供货义务,而新通公司亦接受,因此本案双方成立合同关系。

2. 如果直接证据存在瑕疵,则应补充提交间接证据以弥补存在的瑕疵

从证据而言,供货单、送货单等可以作为认定供货关系的证据,《最高人民法院关于审理买卖合同纠纷案件适用法律问题的解释》(2020修正)第1条第1款规定:"当事人之间没有书面合同,一方以送货单、收货单、结算单、发票等主张存在买卖合同关系的,人民法院应当结合当事人之间的交易方式、交易习惯以及其他相关证据,对买卖合同是否成立作出认定。"

根据上述规定,送货单可以作为证明供货关系的证据,换言之,供货单作为证明供货关系的证据系直接证据,就本案事实而言,该证据存在瑕疵:该供货单仅有王某、陈某群和周某财的签名,并无新通公司盖章确认,且新通公司否认双方之间存在供货关系,在此情况下,仅凭供货单难以证明陈某群与新通公司存在供货合同关系。鉴于上述事实,陈某群还应提供间接证据补正上述瑕疵,即陈某群应提供证据证明王某在供货单上签字的行为为职务行为或代理行为(含表见代理)。就此,本案中的证据会议纪要、承诺书等证据材料显示,新通公司是案涉工程的承包方,陈某民系该项目的施工及劳务管理方,王某则是该项目材料员负责接收材料,陈某群供货大板到工地,由陈某民、王某在大板明细清单中签字确认供货数量及价格,陈某群有理由相信二人是代表新通公司履行合同。

此外,在另案(2012)新民二终字第72号民事判决中,新通公司上诉状中自认陈某民是其公司劳务协调人,王某作为其代理人也明确表示陈某民是新通公司案涉项目部总负责人,在该案查明事实部分认定王某为新通公司采购员。

通过上述会议纪要、承诺书、(2012)新民二终字第72号案新通公司上诉状等,王某的身份以及行为系职务行为得以证明,证明新通公司与陈某群之间供货关系成立的送货单存在的瑕疵通过间接证据会议纪要、承诺书和(2012)新民二终字第72号案新通上诉状得以补正。

据此,最高人民法院最终认定"综上,原审认定陈某民、王某二人是代表新通公司履行的职务行为,亦无不当"。

从以上案例可见,如直接证据足以证明案件主要事实且不存在瑕疵,一般无须提供间接证据;如直接证据存在瑕疵,则需要提供间接证据对存在的瑕疵予以补正。

案例4-4:在缺乏直接证据的情况下如何尽可能运用更多的间接证据形成证据链,以达到证明待证事实的目的

1. 案情简介(民间借贷纠纷):原告卢某,经中介罗某介绍,于2011年12月15日与被告黎某绍签订了《房地产抵押借款合同》,根据合同约定,借款期限至2012年1月5日,借款利息为每月10%,黎某绍同意以其位于南宁市园湖路南路15号×栋×单元×××号房作为抵押担保,双方未办理抵押登记,只是由黎某绍将房屋房产证交付卢某,签订合同后,卢某将22万元转账支付给第三人张某,另外提款现金5万元给张某,款项支付给张某的当天,由黎某绍向卢某出具了收据,确认收到30万元的借款,并在收条上载明利息按月10%,于2012年1月5日归还,且张某在借条上以"证人"的身份签署了该借条。后卢某于借款期届至后未能得到清偿,因此向法院提起诉讼。在起诉前,张某因涉嫌犯罪被羁押于南宁市第一看守所。另查明,黎某绍与谭某堂系夫妻关系。

2. 本案双方争议焦点:由于卢某在签订借款合同后未将款项支付给黎某绍,而是支付给本案第三人,因此黎某绍否认其收到借款并认为双方之间并未成立借款关系,黎某绍并非适格被告,卢某应当向张某主张权利。

3. 原告卢某在本案中存在的风险及诉讼策略:对于借款以及支付款项的过程,卢某以及中介罗某均陈述,当天与黎某绍签订借款合同后,卢某应黎某绍要求直接将款项支付给张某(因为黎某绍向卢某借款后又将该款借给张某),但是当时并未保留有黎某绍的委托书等有关证据,换言之,卢某无法证明将款项支付给张

某系由黎某绍委托并经其同意,如此,将无法证明卢某实际向黎某绍支付了借款,按照《合同法》第210条:"自然人之间的借款合同,自贷款人提供借款时生效。"卢某与黎某绍之间并不存在借款合同关系,因此被告黎某绍并非承担责任的主体。

如卢某向黎某绍提出的诉讼请求不被法院认可或起诉被驳回,其只能向张某主张借款,但是卢某与张某之间并无借款合同,换言之,卢某将无法证明其与张某之间存在借款关系,而仅有付款单,由此在另案中也可能被驳回诉讼请求,其结果将导致卢某无法实现自己的权益,加之,就算是起诉张某胜诉,但是张某已经因涉嫌犯罪被羁押,其实际上并无还款能力,最终结果也是卢某无法追回其款项。经分析彼此之间的法律关系和诉后的执行风险,显然由卢某以黎某绍为被告起诉是较优的选择,而要起诉黎某绍,必须证明借款关系发生在原告与黎某绍之间,且将款项支付给张某系应黎某绍要求支付,由于缺乏直接证据证明将款项转给张某系应黎某绍之要求转出,因此只能通过收集更多的间接证据来形成证据链以证明原告被告之间成立借款关系且已经将款项实际支付给黎某绍。

4. 本案原、被告之间的证据分析:

原告持有的证据	被告黎某绍持有的证据
房地产抵押借款合同	张某书写的证明一份,其中载明,"特证明2011年12月15日黎某绍签名的借条及房产抵押借款合同,黎某绍并没有收到该款叁拾万元整。该笔款是由卢某直接交付给本人,其中贰拾多万由工行转账,余下部分支付现金于本人"
付款单(支付给张某)	
由黎某绍出具的收到30万元借款的收据	
黎某绍交给卢某的房产证(产权人为黎某绍)原件	

如果仅以以上证据起诉,确实很难证明卢某向黎某绍实际支付了款项,而只能证明卢某向张某支付了款项,且就30万元的收据,对方可以抗辩是先签收据后给钱,但实际上并未收到款,由此就很容易推翻原告以收据来达到证明

被告收到借款的目的。因此，在缺乏其他证据的情况下，本案原告有可能败诉。

由于本案已经无法再行取得黎某绍同意或追认 30 万元借款系应其要求支付给第三人的直接证据，因此只能收集更多的间接证据来证明原告诉请。原告具体诉讼思路为：还原案件真实情况、证明卢某的真实意思表示是支付款项给黎某绍、黎某绍以实际行为确认收到卢某支付的 30 万元，按照上述思路思考案件和收集证据。

其一，从法律关系而言，本案事实上存在两个法律关系，即原、被告之间的借款关系和黎某绍与张某之间的借款关系，且该等关系发生的时间是在同一天；由此需要提供张某与黎某绍之间的借款合同或类似的书面证明文件。

由于借款系通过中介完成，换言之，中介认识原告、被告和张某，经办了上述两个借款的全过程，且中介提供了由张某于 2011 年 12 月 15 日向黎某绍出具的借条，其中内容载明："由于本人资金周转困难，向黎某绍借款叁拾万元整，于 2012 年 1 月 15 日前还清。如逾期未还所造成的损失都由本人承担，本人以本人位于鲁班路 93 号翰林华府×××号房剩余价值作为抵押黎某绍有权处置张某所有资产，直至还清债务为止。以此为据。"虽然是复印件，但由于张某系本案第三人，只要向其本人核对即可。

其二，从要约和承诺的过程而言，存在对应的两个关系——卢某对黎某绍，黎某绍对张某，由此需要一个证人将当天整个经过如实陈述，这样可以将两个关系完整地陈述出来并作出区分；由此需要申请经历当天整个过程的人出庭陈述事实，即本案借款实际是卢某借给黎某绍，黎某绍再借给张某，所以卢某才会将款支付给张某，而由黎某绍向卢某出具收据，张某向黎某绍出具借条。

循着上述思路，原告找到了当时亲历整个过程的罗某，但是罗某该如何证明自己与本案有关并亲历整个过程呢？因为如果缺乏证据证明罗某亲历借款的整个过程，即使罗某上庭，对方也会以无法证实罗某与本案有关为由而对证人证言不予认可，如此的证人证言自然难以得到法官的认可。为解决以上问题，原告通过以下办法解决：一是由于原、被告在签订房地产抵押借款合同时，各方是在工商银行的一个网点办理，如果能调出网点录像则能证明罗某亲历了整个借款过程,但遗憾的是,银行网点录像保留时间一般只有一个月,起诉时录像并未保留,因此此思路未能如愿。二是经询问罗某得知,房地产抵押借款合同上的手写部分都是罗某写的,如能将房地产抵押借款合同上的签字与罗某签字的笔迹进行鉴定,如鉴定一致,则表明合同上的字是罗某写的,由此可以证明罗某与本案的关系,这样对方也无法反驳,后通过笔迹鉴定证实房地产抵押借款合同上的签字均系罗某所写,取得鉴定结论后原告即申请罗某到庭作为证人,将当天全部借款的过程如实陈述。

完成以上证据的补充后,基本上可将本案借款的发生、两笔不同借款发生的主体并结合原告持有的借款合同、收据以及房产证等,形成一个完整的证据链证实借款的真实意思表示发生在原告与被告之间,且原告本身并不认识张某,在此情况下,原告是不会无缘无故将款出借给张某并向其付款的,而张某也不会无缘无故向黎某绍出具借条并确认收到30万元,加之证人罗某的证词,可以证明当天卢某之所以将款支付给张某,是因为黎某绍借款给张某,因此直接让卢某将款项支付给张某,并由张某向黎某绍出具借条。证人罗某亦陈述,在卢某借款给黎某绍前,双方于当日共同查询了征信等,在确信黎某绍征信良好的情况下才同意借款给黎某绍。

本案判决结果:本案一审未支持原告诉请,且以本案借款关系并非发生在原告与黎某绍之间,认定黎某绍并非本案适格被告进而驳回原告起诉,后该案原告卢某上诉,二审未经开庭直接裁定维持一审裁定。此后卢某不服申请再审,经南宁市中院受理后以原判事实不清证据不足且法律适用错误为由,指令一审南宁市青秀区人民法院重新审理,经重审后在证据未有变化的情况下,全部支持了原告诉请(本金为27万元),后黎某绍不服,提起上诉,南宁市中院维持了重审后的一审判决。

实战点评与分析

本案中,虽然卢某与黎某绍之间签订有借款合同,且黎某绍出具了借款收据,但是根据原《合同法》,民间借贷的贷款人有义务证明其实际向借款人支付了款项,而卢某在支付款项时没有将款支付给借款合同的相对方黎某绍,并直接导致案件一审、二审的败诉。而本案在无法收集到黎某绍明确书面授权卢某向张某支付款项证据的情况下,只能根据案件实际情况,以卢某向黎某绍借款,而黎某绍又将款借给张某为主要思路,通过亲历整个借款过程的第三人罗某到庭作证,并辅以张某向黎某绍出具的借条等诸多间接证据,将这些间接证据组合起来形成证据链,证实卢某提供借款的对象为黎某绍,且黎某绍在明知张某收到款项的情况下,仍出具借款收据,视为其认可卢某将出借给黎某绍的款项由卢某直接支付给张某。最终,该案通过再审后的一审、二审,卢某的请求均得到了支持。可见,在缺乏直接证据的情况下,应尽可能多地收集间接证据,将这些间接证据组合并形成证据链,从而达到证明目的。

二、规律 2:书证优先于证人证言:证明待证事实既有书证也有证人证言的,应优先提交书证,原则上无须提交证人证言

从本质而言,各种不同类型证据的证明力并没有不同,且我国法律并未规定书证和证人证言的证明力孰高孰低,但从实务而言,法官更愿意采信书证,原因在于:证人毕竟是一方当事人申请,通过证人证明的事实需要由证人到庭向法庭陈述,证人对事实的陈述更多体现为证人对某个事实的主观判断(毕竟陈述的事实需要证人经过思考后方能作出),因此证人证明的事实不像书证那样稳定,综合以上因素,法官裁判案件更愿意采信书证。

从举证而言,提供证人证言,按《民事证据规定》,证人需到庭作证并接受原告、被告和法官的询问,在此情况下,证人对问题的回答极可能出现申请证人一方无法预见甚至是对申请一方极为不利的事实,可见申请证人到庭作证,对于申请人而言,也存在较大风险,因此对待证事实既有书证,也有证人证言,该如何举证,笔者归纳了以下几个要点:

1. 对于待证事实,书证已经足以证明的情况下,且书证本身并无瑕疵,只提供书证,不必提供证人证言。

2. 对于待证事实,书证可以证明待证事实,但书证本身存在瑕疵或书证亦存有对举证方不利的事实,对书证本身瑕疵或存在对己方不利的事实,其他书证或证据可以化解的,不必提供证人证言。

3. 对于待证事实,书证无法单独证明待证事实,但结合其他书证或其他证据可

以证明的,不必提供证人证言。

4.对于待证事实,书证无法单独证明待证事实,且结合其他书证或其他证据仍无法证明,在此情况下,只能通过证人证言予以证实,可以提供证人证言,但如果证人证言系当事人或代理人亲属或利害关系人,则仍应慎重考虑是否提供证人证言,主要考虑以下因素:证人证言与待证事实的关联程度,证人的表达能力,证人经过沟通能否充分理解当事人在本案中的诉求和申请证人拟证明的事实,证人对案件事实的知悉程度,证人在经对方和法官询问的情况下是否会陈述对己方不利的事实,等等。如证人具有相应的民事行为能力以及较好的表达能力,且证人证言为证明待证事实不可或缺的证据,在与证人进行充分沟通后可以提供证人证言并申请证人到庭。

案例4-5：对合同当事人之间的法律关系、合同签订和履行的证明，依据的是书证、物证，以证人证言来证明双方之间的法律关系、合同签订和合同履行几无作用

——李某荣、张某荣租赁合同纠纷二审民事判决书

审理法院:新疆维吾尔自治区高级人民法院

案号:(2023)新40民终201号

裁判日期:2023年3月8日

• 裁判意见

本院认为,本案争议焦点:(1)双方之间成立租赁合同关系还是买卖合同关系,李某荣应否承担向张某荣支付租赁费及违约金的义务;(2)李某荣主张解除其与张某荣之间的买卖合同、张某荣返还其购车款60,000元的诉讼请求能否成立。

关于争议焦点一。张某荣主张双方系租赁合同关系,李某荣认为双方系买卖合同关系。租赁合同是指出租人将租赁物交付承租人使用、收益,承租人支付租金的合同。买卖合同是指出卖人转移标的物的所有权于买受人,买受人支付价款的合同。二者最本质的区别在于支付款项一方能否获得标的物的所有权。具体到本案中,张某荣将自己从蒙阴物流公司分期付款购买的车辆交付李某荣使用,李某荣向张某荣支付价款,双方对前期欠付款项的数额进行结算后,由李某荣向

张某荣出具了借条,借条中约定了款项支付期限、方式及违约责任,符合租赁合同中承租人支付租金并取得标的物的使用、收益权的法律特征;而借条中并未约定案涉车辆的总价款、所有权的转移等买卖合同成立的必备要件,且李某荣在张某荣取回案涉车辆出售给案外人后亦未就案涉车辆的所有权主张权利,不符合买卖合同中买受人支付价款取得标的物所有权的法律特征。故一审法院认定本案双方之间系租赁合同关系正确,本院予以维持。张某荣与李某荣之间约定由李某荣承担车辆按揭贷款、保险费、维修费、GPS 安装费、解锁费等费用作为向张某荣支付租赁费的对价,系双方当事人真实意思表示,不违反法律规定,本院予以确认。结合李某荣、张某荣均有长期从事驾驶员的经历,对车辆运输行业的收入情况较为了解,以及双方在通话录音中陈述,案涉车辆每月运营收入三四万元,扣除李某荣应向张某荣支付的租赁费后尚能结余 1 万余元等事实,亦可反映双方之间关于租赁费的约定符合市场行情。李某荣在二审中提出租赁费过高,但其在一审法院指定的期限内未提出对案涉车辆租赁市场价格进行评估的申请,其应当承担举证不能的不利后果;对李某荣在二审中提出的评估申请,本院不予准许。综上,一审法院认定李某荣应向张某荣支付租赁费 113,346 元,并承担违约金 3500 元并无不当。

关于争议焦点二。《民事诉讼法解释》第 90 条规定:"当事人对自己提出的诉讼请求所依据的事实或者反驳对方诉讼请求所依据的事实,应当提供证据加以证明,但法律另有规定的除外。在作出判决前,当事人未能提供证据或者证据不足以证明其事实主张的,由负有举证证明责任的当事人承担不利的后果。"第 91 条规定:"人民法院应当依照下列原则确定举证证明责任的承担,但法律另有规定的除外:(一)主张法律关系存在的当事人,应当对产生该法律关系的基本事实承担举证证明责任;(二)主张法律关系变更、消灭或者权利受到妨害的当事人,应当对该法律关系变更、消灭或者权利受到妨害的基本事实承担举证证明责任。"李某荣主张双方之间存在买卖合同关系且合同已经解除,应当依照上述法律规定承担举证责任。本案中,李某荣为证明其与张某荣之间系买卖合同关系,提供了证人吴某亭的证言,但吴某亭出庭陈述的内容均系听说,不具有亲历性,其证言也无法与本案中的其他证据相互印证,本院对吴某亭的证言不予采信。李某荣在本案中提供的证据不足以证实双方之间系买卖合同关系,应当承担举证不能的不利后果。故一审法院对于李某荣要求确认其与张某荣之间的车辆买卖合同于 2021 年 6 月

19日解除、张某荣向其返还购车款60,000元的反诉请求不予支持,并无不当。李某荣的该项上诉请求,缺乏事实和法律依据,本院不予支持。

实战点评与分析

1. 司法三段论是确定法律关系的基本方法。

本案双方争议焦点之一为张某荣与李某荣之间系租赁关系还是买卖关系。由于本案双方未签订书面合同,因此法院只能依据现有的证据进行综合判定。一审、二审法院均认为张某荣与李某荣之间系租赁关系而非买卖关系。在确定何种法律关系时,法院充分运用司法三段论,结合证据展开论述:

大前提:先就租赁关系和买卖关系在法律上对应的特征、权利义务等进行论述,找出两种不同法律关系的区别;

小前提:案件反映的事实;

推理和结论:分析判断本案事实是符合租赁关系还是买卖关系,最终确定本案的法律关系。

具体而言,本案法院认为:买卖合同是指出卖人转移标的物的所有权于买受人,买受人支付价款的合同。二者最本质的区别在于支付款项一方能否获得标的物的所有权。具体到本案中,张某荣将自己从蒙阴物流公司分期付款购买的车辆交付李某荣使用,李某荣向张某荣支付价款,双方对前期欠付款项的数额进行结算后,由李某荣向张某荣出具了借条,借条中约定了款项支付期限、方式及违约责任,符合租赁合同中承租人支付租金并取得标的物的使用、收益权的法律特征;而借条中并未约定案涉车辆的总价款、所有权的转移等买卖合同成立的必备要件,且李某荣在张某荣取回案涉车辆出售给案外人后亦未就案涉车辆的所有权主张权利,不符合买卖合同中买受人支付价款取得标的物所有权的法律特征。故一审法院认定本案双方之间系租赁合同关系正确,二审法院予以维持。

2. 证人对事实陈述应为其亲身经历,而非听说。

本案中,李某荣为了证明双方之间系买卖关系,申请吴某亭到庭作证,但吴某亭对双方之间是何种关系以及案件事实系听说,就此法院对有关证人陈述未予采信。二审法院认为:李某荣主张双方之间存在买卖合同关系且合同已经解除,应当依照上述法律规定承担举证责任。本案中,李某荣为证明其与张某荣之间系买卖合同关系,提供了证人吴某亭的证言,但吴某亭出庭陈述的内容均系听说,不具有亲历性,其证言也无法与本案中的其他证据相互印证,法院对吴某亭的证言不予采信。李某荣在本案中提供的证据不足以证实双方之间系买卖合同关系,应当承担举证不能的不利后果。故一审法院对于李某荣要求确认其与张某荣之间的车辆买卖合同于 2021 年 6 月 19 日解除、张某荣向其返还购车款 60,000 元的反诉请求不予支持,并无不当。李某荣的该项上诉请求,缺乏事实和法律依据,法院不予支持。

3. 对合同当事人之间的法律关系、合同签订和履行的证明,主要依据书证、物证,以证人证言来证明双方之间的法律关系、合同签订、合同履行几无作用。

就合同当事人之间有关合同的签订和履行,主要依据书证、物证予以证明,以证人证言来证明双方之间的法律关系、合同履行以及收付款毫无作用。如评判双方之间的法律关系,法官依据的是合同内容、履行情况等综合判定,即便证人认为双方之间是某种法律关系,也只是个人的主观判断,法官亦不会以证人的主观判断来认定双方之间的法律关系。再如收付款,证明收付款依据的是书证,如付款凭单和收据。如申请证人到庭拟证明被告收到了款项,该证人必须首先证明其亲历了付款过程(如见证了原告将款交付被告),仅这一点,原告就难以证明;即便有证据证明证人其亲历了付款过程,该证据也难以充分证明付款事实,毕竟证明付款依据的是银行回单或者被告出具的收据等书证。

以本案为例,被告为了证明双方之间系买卖合同关系,申请证人吴某亭到庭,但吴某亭并未亲历合同签订和履行过程,其对双方之间是何种关系也仅是"听说",此种证人证言显然不会得到法庭的采纳。即便吴某亭亲历了双方之间合同的签订和履行,对于法律关系的证明实际上也并无作用,因为双方之间是何种法律关系涉及对双方意思表示的探究,此种探究依据的是履行过程中相应的证据材料,至于合同以外的第三人如何判定双方之间的法律关系,也只是第三方根据自己的主观意愿所做的判断,不能直接证明双方之间的法律关系。

三、规律3：证据不是越多越好，也不是越少越好，关键在于提交的证据能形成证据链以证明其主张；证据与证据之间应相互印证，不应存在矛盾和冲突；证据与证据相结合能形成证据链证明待证事实和原告诉讼请求

当事人提供证据是为了证明其诉讼请求，因此所有证据的提交都应该围绕原告的诉讼请求展开。

当事人提供的证据应能形成证据链以证明其主张，包括证据与证据之间能相互印证并形成证据链；各种证据相结合，能证明原告的诉讼请求。因此提供多少证据，提供哪些证据，关键不在于证据的多少，而在于提供的证据能否形成闭环的证据链以证明其主张。

提供过多的证据，但证据与证据之间存在矛盾，或各种证据相结合无法证明原告主张，则提供再多的证据都无用，尤其是，提供过多与本案无关的证据，不仅不能证明原告主张，还有可能被对方利用作为对原告不利事实的认定，或者会分散法官对重要核心证据的关注，导致法官对重要证据反映的事实未能查清。

提供的证据过少，证据与证据相结合无法证明原告主张，也达不到提供证据的目的。

总而言之，证据不是越多越好，也不是越少越好，关键在于提交的证据能否形成证据链以证明其主张。

实务中要注意以下几个要点：

1.围绕原告诉讼请求，应至少提供证据证明：(1)当事人主张的法律关系；(2)原告是本案适格主体；(3)被告是本案应承担责任的适格主体；(4)当事人应提供证据证明其请求权基础（法律规定）所要求的事实；(5)当事人主张的损失以及该损失与被告的行为之间存在直接因果关系。

2.原告提供的证据应能形成证据链证明以上事实：证据与证据之间相互印证形成证据链；全部证据相结合足以证明以上事实。

3.提供的证据能形成证据链证明待证事实，包括该等事实发生、经过、结束的全过程。

4.在提供的证据能形成证据链的前提下，如果仍有其他证据可以加强拟证明

的待证事实,且该证据与其他证据不存在矛盾,亦不存在对当事人不利的事实,可以提供。

5. 存有瑕疵的证据,应提供证据弥补证据存在的瑕疵。

6. 如果拟提供的证据无法证明待证事实,该证据结合其他证据亦无法证明待证事实,则此类证据不应提供。

就以上实务要点,现以买卖合同纠纷为例论述。

出卖人与买受人之间系买卖合同关系,出卖人主张其已经按约向买受人供应货物,但买受人未按约支付全部货款,仅支付了其中一部分,出卖人就此要求买受人付清剩余货款,并支付逾期付款违约金。

●出卖人拟提起诉讼,从举证而言,至少应证明以下事实。

待证事实	证据
原被告之间法律关系	买卖合同,如果未签订买卖合同,应提供送货单、供货单等
原告是本案适格主体	原告身份证明、营业执照等
被告是本案应承担责任的适格主体	被告身份证明、营业执照;结合本案其他证据,如买卖合同、供货凭证、对账单等,证明被告应承担本案责任
当事人应提供证据证明其请求权基础(法律规定)所要求的事实,包括欠付货款本金以及违约金	(1)欠付款本金:原告应提供证据证明其已经按约完成供货,就此应提供供货单(应由合同指定人员签收)、对账单(双方盖章)、被告支付部分款项的付款凭单,开具发票的存根等。 (2)违约金:结合供货完成时间以及合同约定付款时间,确定被告是否违约;如果违约,则违约天数是多少;至于违约金标准,如果合同有约定,则按照约定,如果未约定,则可以主张损失,损失金额参照全国银行间同业拆借中心公布的最新贷款市场报价利率确定

●原告提供的证据应能形成证据链证明以上事实:证据与证据之间相互印证形成证据链;全部证据相结合足以证明以上事实。

以上证据,从法律关系、合同义务的履行(供货单或送货单)、对账单(双方对供货数量、供货金额的确认)足以证明出卖人与买受人之间系货物买卖合同,出卖人履行完毕供货义务,且买受人对欠款金额予以确认,则以上证据可以形成完整的证据链,证明原告主张。

这里需要注意的是,供货单显示的数量应当与对账单记载的数量相互一致;按照供货单对应的数量,结合双方合同约定的供货单价计算出来的总价应当与对账单确认的总价一致。如此才能确保证据与证据之间相互印证,并形成完整的证据链。

●存有瑕疵的证据,应提供证据弥补证据存在的瑕疵。

以供货单为例,供货单是原告证明其实际履行供货义务的关键证据,因此应确保供货单能得到法院采信。供货单一般由供方工作人员签字,买受人收到货物后亦会在供货单上签字。如果供货单上买受人的签字人员并非合同指定人员,则应提供其他证据证明买受人对供应货物予以认可,如提供证据证明在供货单上的签收人员系买受人的工作人员(如项目经理)或授权代表,就此应提供签字人员与买受人之间的劳动合同,授权书或其他过往交易中,只要该人员签字,被告即付款的证据或其他可以证明签字人员身份的证据(如被告发送给原告函件中确定的联系人,记载有签字人员身份的会议纪要等)。

●如果提供的证据无法证明待证事实,该证据结合其他证据亦无法证明待证事实,则此类证据不应提供。

出卖人内部对与买受人签订合同的内部审批单和审批程序(如出卖人委托的法律顾问对合同的审批意见等),此类证据系当事人的内部审批文件,只要对方否认,法院一般不会采信,且此类证据只是原告内部对合同审批的内部文件,对被告没有任何约束力,此类证据不应提交。

案例4-6:当事人提供的证据应形成完整的证据链证明待证事实

——江西富邦化工有限公司、丹东三镇矿业有限公司
买卖合同纠纷再审审查与审判监督民事裁定书

审理法院:最高人民法院

案号:(2019)最高法民申2797号

裁判日期:2019年8月15日

案由:民事 > 合同、准合同纠纷 > 合同纠纷 > 买卖合同纠纷

• 裁判意见

富邦公司申请再审称:(1)富邦公司与三镇公司之间的事实买卖合同关系成立。①富邦公司提交的四份发货确认单可以证明其已经向三镇公司提供富邦液

肥62.5吨,三镇公司委托邹某泉接收上述全部货物,收货地址均为三镇公司。三镇公司通过传真(二审已经查明传真号为三镇公司使用号码)向富邦公司分别发送了五份收货确认函,载明"填写此收货确认函并签单回传到江西富邦化工有限公司,则视为货物已经收到并验收合格",确认收到上述货物。新证据中国农业银行吉林江津支行明细对账单,主要内容是2013年10月10日、2014年4月30日、2014年6月17日、2014年8月12日三镇公司员工李某分四笔,2014年3月27日三镇公司法定代表人崔某镇女婿李某显向富邦公司赵某斌支付货款的记录,可以证明富邦公司向三镇公司发送货物后,三镇公司亦向富邦公司支付了部分货款共计23万元。②富邦公司提交的支付货款的银行转账明细单原件、托运单原件以及丹东市中级人民法院对邹某泉的询问笔录相互佐证,能够证明富邦公司与三镇公司之间的买卖合同关系成立。经朝鲜民主主义人民共和国黄海南道公证所公证的首阳山贸易会社出具的理由书(一审中三镇公司提交的证据),亦证明货物需方首阳山贸易会社从三镇公司购买案涉液肥的事实。该理由书明确陈述:"2013年年初,黄海南道白川郡经营委员会为了解决白川郡内的2万公顷耕地所需的务农用肥料,通过朝鲜首阳山贸易会社,要求中国丹东三镇矿业有限公司以费用后付方式投资富邦液体肥料,委托邹某泉为代理接货手续人员。"根据《最高人民法院关于审理买卖合同纠纷案件适用法律问题的解释》第1条以及2015年《民事诉讼法解释》第108条规定,人民法院经审查并结合相关事实,确信待证事实的存在具有高度可能性的,应当认定该事实存在。但二审法院仅以富邦公司与三镇公司未就货物数量、价格、付款时间达成一致为由,否认富邦公司与三镇公司之间的买卖关系成立,适用法律错误。(2)富邦公司已经提供证据证明案涉货物的交易价格,同时依据《合同法》相关规定,货物交易价格、交易数量与付款日期均能够确定。①即使富邦公司与三镇公司之间就货物的交易价格没有书面明确约定,也可以依据富邦公司与三镇公司之前的交易习惯确定案涉货物的交易单价,或者按照富邦公司向三镇公司交付货物时的市场价格确定案涉货物的交易单价。②富邦公司已经举证证明三镇公司收到了案涉货物62.5吨,货物数量已经确认。③即使富邦公司不能举证证明双方曾口头约定三镇公司最晚应于2013年年底支付完毕货款,但依据原《合同法》第62条第4项规定,富邦公司作为债权人可以随时要求履行。(3)三镇公司主张其提供的是居间服务缺乏证据支持。综上,请求依据2017年《民事诉讼法》第200条第2项、第6项规定,再审本案。

三镇公司提交意见称：(1)三镇公司与富邦公司之间并无买卖合同关系，三镇公司仅起到居中引荐、介绍作用；(2)二审法院调取的三镇公司登记的传真号码不能证明三镇公司曾向富邦公司发送过相应文件；(3)富邦公司的托运单等证据不具有真实性，邹某泉系朝鲜方面指定的接货人；(4)富邦公司提供的新证据不具有真实性和关联性，不能证明三镇公司向富邦公司支付过货款。请求驳回富邦公司的再审申请。

本院认为，根据富邦公司的再审申请，本案审查的主要问题是：富邦公司与三镇公司之间是否存在案涉富邦液肥买卖合同关系，原审是否存在认定案件基本事实缺乏证据证明，适用法律错误的情形。

2015年《民事诉讼法解释》第90条规定："当事人对自己提出的诉讼请求所依据的事实或者反驳对方诉讼请求所依据的事实，应当提供证据加以证明，但法律另有规定的除外。作出判决前，当事人未能提供证据或者证据不足以证明其事实主张的，由负有举证证明责任的当事人承担不利的后果。"2001年《民事证据规定》第5条规定："在合同纠纷案件中，主张合同关系成立并生效的一方当事人对合同订立和生效的事实承担举证责任……"本案中，富邦公司主张其与三镇公司之间存在案涉液肥买卖合同关系，应就合同订立和生效的事实承担举证责任。从本案双方举证情况看，富邦公司与三镇公司并未签订书面买卖合同，未对案涉货物的交易数量、价格等进行约定。根据2012年《最高人民法院关于审理买卖合同纠纷案件适用法律问题的解释》第1条规定，"当事人之间没有书面合同，一方以送货单、收货单、结算单、发票等主张存在买卖合同关系的，人民法院应当结合当事人之间的交易方式、交易习惯以及其他相关证据，对买卖合同是否成立作出认定。对账确认函、债权确认书等函件、凭证没有记载债权人名称，买卖合同当事人一方以此证明存在买卖合同关系的，人民法院应予支持，但有相反证据足以推翻的除外"。首先，根据富邦公司提交的证据，富邦公司之前曾与三镇公司签订过其他液肥买卖合同，而本案的交易标的额较大，富邦公司却不与三镇公司签订书面合同并不符合双方交易习惯。原审中，富邦公司提交了发货确认书4份、收货确认函5份、《协议书》等证据，而发货确认书、收货确认函为传真件复印件，该两份传真件上并未载明发件人传真号，不足以确定该传真件系由三镇公司发出，而且即使上述证据能够证明三镇公司收到了富邦公司的货，但尚不足以证明三镇公司收货是基于与富邦公司之间的买卖合同关系。其次，原审中三镇公司提交一份由朝鲜首阳山贸易会社出具的理由书,富邦公司申请再审也将此作为证据提交。该份理由书的内容主要为:2013年年初,黄海南道白川郡经营委员会通过朝鲜首阳山贸易会社要求三镇公司以费用后付方式投资富邦液肥;2013年4月,黄海南道白川郡经营委员会和朝鲜首阳山贸易会社与三镇公司总经理崔某镇、富邦公司赵某斌共同协商富邦液体肥料事宜;朝鲜首阳山贸易会社确认2013年3月至8月,富邦公司向其提供了62.5吨的液体肥料,因未达到富邦公司承诺的增产量,不能支付富邦公司相应的肥料货款。根据上述内容,并不能证明富邦公司与三镇公司形成了事实上的液肥买卖合同关系。最后,富邦公司申请再审提交两份中国农业银行吉林江津支行明细对账单,欲证明三镇公司员工李某分四笔以及三镇公司法定代表人崔某镇女婿李某显向富邦公司支付了部分货款共计23万元。经审查,该两份明细单中李某支付的还有其他几笔转账记录,鉴于富邦公司与三镇公司还有其他经济往来,仅凭富邦公司提交的银行转账明细单,尚不足以证明富邦公司主张的5笔共计23万元就是本案的货款。

综上所述,富邦公司在本案中提交的证据无法形成证明双方之间存在买卖合同关系的完整证据链条,尚不足以证明待证事实的存在具有高度可能性。原审认为富邦公司主张其与三镇公司之间存在案涉液肥买卖合同关系缺乏充分证据证明,判决驳回其诉讼请求,适用法律并无不当。富邦公司可待证据充分后,另行主张。

综上,富邦公司的再审申请不符合2017年《民事诉讼法》第200条第2项、第6项规定的情形。依照2017年《民事诉讼法》第204条第1款、2015年《民事诉讼法解释》第395条第2款规定,裁定如下:

驳回富邦公司的再审申请。

实战点评与分析

当事人对自己提出的诉讼请求所依据的事实或者反驳对方诉讼请求所依据的事实,应当提供证据加以证明,且提供的证据应形成证据链证明其主张所依据的事实。

本案中,富邦公司与三镇公司就62.5吨的液体肥料的供应未签订书面合同,富邦公司认为虽然未签订合同,但已经实际履行,因此双方之间成立合同关系。

由于双方未签订书面合同，因此证明合同关系成立的唯一路径为该合同已经实际履行，且富邦公司已经实际履行了主要义务。就货物买卖合同而言，出卖方的主要义务为供应货物，买受方的主要义务为支付价金，因此富邦公司必须提供证据证明其向三镇公司实际履行了供货义务。

就本案而言，富邦公司提供了如下证据：发货确认书4份、收货确认函5份、《协议书》等。但以上证据，只能证明富邦公司向三镇公司发出了上述文件，但三镇公司未予回复确认收到或未在上述证据上签字，如此，难以证明富邦公司实际接收了货物。

富邦公司提供的朝鲜首阳山贸易会社确认2013年3月至8月，富邦公司向其提供了62.5吨的液体肥料，未达到富邦公司承诺的增产量的文件，只能证明富邦公司与朝鲜首阳山贸易会社之间的关系，并不能证明富邦公司与三镇公司之间的供货事实。

富邦公司提交两份中国农业银行吉林江津支行明细对账单，欲证明三镇公司员工李某分四笔以及三镇公司法定代表人崔某镇女婿李某显向富邦公司支付了部分货款共计23万元。经审查，该两份明细单中李某支付的还有其他几笔转账记录，鉴于富邦公司与三镇公司还有其他经济往来，仅凭富邦公司提交的银行转账明细单，尚不足以证明富邦公司主张的5笔共计23万元就是本案的货款。

本案中，富邦公司因缺少直接证据即供货合同以及根据合同实际供货的证据，因此只能提供其他证据双方之间的供货关系，但富邦公司提供的其他证据未能形成证据链，证明富邦公司供货的事实，因此本案其再审申请未能得到支持。

四、规律4：证据与原告的诉讼请求应保持一致，不应存在矛盾和冲突

原告提供证据的目的在于证明其诉讼请求，因此，所有的证据都应该围绕支持其诉讼请求展开，换言之，所提交的证据，从内容而言，不应当存在与诉讼请求相冲突或减少诉讼请求的情形；从证明的效果而言，所提交的证据应能证明其诉讼请求，提交的证据不应导致原告诉讼请求不成立的后果，具体要点如下：

1. 原告主张被告应支付价款的,原告提交的证据和材料所显示欠付的款项应至少大于或等于原告主张的应付款,而不应少于原告主张的应付款;比如建设工程施工合同纠纷,合同约定工程造价在按照双方约定的固定综合单价据实结算后下浮10%,原告主张该案不应当下浮,就此原告提供了由原告单方盖章的每一期请款单,所有的请款单均载明该次请款金额为,根据合同约定,结算总价应下浮10%,据此,计算出此笔进度款下浮后的具体数额。从以上可见,原告虽然主张工程造价不下浮,但其提供的请款单均载明下浮10%,此证据明显与原告诉讼请求相悖,极大减损了原告的诉讼请求。

再如民间借贷合同纠纷,原告为出借人,被告为借款人,原告主张被告清偿借款本金和利息;原告提供借款合同、银行付款凭单、被告清偿部分欠款的银行流水等证据予以证明。就上述证据,原告务必做到:

其一,原告提供的支付给被告借款本金的证据应与原告诉请主张的本金一致,且能相互印证。

其二,如果被告对借款有过清偿,则务必分清清偿的是借款本金还是利息,如果清偿的是借款本金,则原告诉请欠付本金金额应为借款金额减去清偿的金额,从证据而言,原告支付借款的证据证明的借款本金减去被告清偿借款本金的证据,两者相减应当等于原告起诉主张的本金金额。如果原告主张被告清偿的是借款利息,则原告应证明:该笔利息支付的时间、金额,利息金额如何计算,依据何种标准计算,该标准是合同约定的标准还是法律规定的标准;该利息计算依据的欠付款金额是多少,该金额与原告主张的欠付借款本金应能够相互印证。如双方对该笔资金是清偿本金还是利息存有争议,原告认为是清偿利息,则原告应证明:该笔款是依据双方约定或法律规定,按照欠付本金计算得出的利息金额;合同中对本金利息清偿顺序的约定;法律对本金利息清偿顺序的规定。

法律规定:《民法典》第561条:"债务人在履行主债务外还应当支付利息和实现债权的有关费用,其给付不足以清偿全部债务的,除当事人另有约定外,应当按照下列顺序履行:

(一)实现债权的有关费用;

(二)利息;

(三)主债务。"

其三，如双方有对账单且原告将对账单作为证据提交，则该对账单确定的欠款本金应与原告起诉状一致，或不应小于原告起诉主张的本金。

其四，原告如果提供原被告微信聊天记录以证明原告向被告催款，则微信聊天记录中载明的欠款本金应与原告起诉状主张的欠款本金一致或不应小于原告起诉主张的本金。

2. 原告主张被告应承担违约责任，原告提供的证据应能相互印证证明被告违约，而不应存在以下情形：

其一，提供的证据证明原告亦存在违约。

其二，提供证据所证明的违约责任（包括违约金和损失）比原告主张的违约金和损失少。

其三，提供的证据证明原告对损失扩大存在过错。

3. 原告提供的证据应能相互印证证明其诉讼请求依据的事实，尽可能不存在与所证明的该事实相反的证据。

如建设工程施工合同纠纷，原告认为签订的两份建设工程施工合同均无效，应按备案合同履行，但原告提供的证据包括请款单、往来函件均载明实际履行的合同并非备案合同，此时提供的证据显然不仅不能证明原告诉讼请求依据的事实，反而得出相反的结论。此种证据在此类案件中则应尽可能少提供。

4. 两难的选择。要求证据与原告的诉讼请求应保持一致，且不存在任何矛盾和冲突，这是提供证据应达到的完美要求。但从实务而言，证据毕竟是在实际履行中自然发生的，不可能按照诉讼的轨迹和逻辑事先准备好，因此证据或多或少都会与原告诉讼请求或依据的事实相矛盾甚至冲突，此时就面临选择的问题，就此笔者认为，在选择时可以考虑以下因素进行综合评判后最终决定是否提交此类证据：

其一，本案最终达到的目的是什么，而不仅考虑诉讼请求。如果某份证据确实与诉讼请求存在矛盾或冲突，但不影响诉讼目的的实现，且该份证据为证明本案事实所必需，则可以考虑提交。

如建设工程施工合同纠纷，原、被告在中标前签订了一份施工合同，经招投标后签订了备案的施工合同，双方实际履行的是备案前签订的合同，原告从诉讼策略而言主张依据中标合同结算价款，而原告最终的目的是可以按照实际履行的合同结算（毕竟这个合同是真实履行且系双方真实意思表示的合同）。从证据提供而言,原告面临是否提交招投标前签订合同的两难选择:如果原告提供招投标前的合同,又提供招投标文件以及根据招投标程序签订的备案合同,此类案件,法院一般会以未招先定为由认定两份合同均无效,此时,法院会根据案件证据,以实际履行的合同为本案定案依据和结算依据,如此就无法达到原告诉讼主张(以备案合同为结算依据)的目的;如果不提供,原告无法解释清楚,为什么在实际履行中,包括请款、往来函件等过程中,均是以另一份合同为据,且对方亦会提出抗辩,最终的结果是原告仍不得不提交该份证据(即使原告不提交,被告亦会提交),法院最终也会据实查明实际履行的是哪一份合同。因此,从诉讼最终目的以及本案无法回避的事实出发,本案还是应当提交招投标前签订的合同。

其二,如果某份证据虽然与诉讼请求相矛盾或冲突,但该份证据系证明本案原告诉讼请求成立或能得到法院支持的唯一或者关键证据,则此份证据可以提交。

如原告向被告提供借款100万元,合同约定利率为年利率2%,借款期限至2020年1月1日,2022年12月31日,被告出具了还款承诺书,承诺在2023年6月30日内付清,年利率变为银行同期贷款利率,原告仅在上面签字,但未载明是否同意该承诺书。本案原告起诉时间为2023年9月30日。本案原告希望按照月利率2%主张权利。本案双方争议焦点之一为原告起诉主张权利是否过了诉讼时效。

就该案件,对于原告是否应提供还款承诺书,原告面临两难的选择:如果原告提供还款承诺书作为证据,则有可能会被法庭认为,双方通过该承诺书的方式变更了还款利率,原告只能按照变更后的银行贷款利率主张权利;如果不提供,原告没有其他证据证明在诉讼时效期限届满之前原告向被告主张过还款,一旦无法证明诉讼时效中断,原告将面临被驳回诉讼请求的风险。就以上案件,为避免诉讼时效的争议和风险,原告应当提供还款承诺书作为证据。

五、规律5:对方的陈述和证据如能证明己方主张,可以利用作为己方证据并提交法庭;对方签字或盖章确认的对己方有利的证据(如确认的事实为己方拟证明事实或该证据足以支持原告诉请)应当提交

在诉讼中,应想尽一切办法从对方提供的证据中寻找对己方有利的事实,包括

从对方提供的起诉状、证据目录、证据、代理词、答辩状、庭审笔录中寻找对对方不利的事实或对己方有利的事实。

对于对方陈述的事实,包括提供的证据(包括对方单方签字或盖章的证据、单方制作的表格、单方制作的数据统计、单方委托的第三方机构出具的意见等)、代理词、答辩状、庭审笔录中对方陈述的事实,切不可简单地否定三性便就此作罢,而应当对一切文件材料认真研究,结合己方主张和拟证明事实进行推理,寻找对己方有利的事实和观点为我所用,如此,可以在诉讼中取得很好的效果。尤其是对方单方陈述、单方制作表格文书、函件、情况说明等仅为对方单方制作,在缺乏其他证据的情况下,对己方并无约束力,但对出具的一方而言,则具有相应的法律效力;如果签字或盖章的文件陈述的事实不利于出具的一方,在对方并无异议的情况下,法庭在审理时一般会予以采信。利用对方自行陈述的不利于该方的事实作为己方证据,可以大大节省举证成本并取得很好的证明效果——可以无需收集其他证据证明该事实,且由于该证据是对方自行提供,在质证时,对方对该证据三性都会认可,在己方对该证据认可的情况下,该证据反映的事实基本都会得到法庭采信。

实务中应注意以下要点:

1. 对方提交的单方制作的证据材料,一般包括函件、说明、自制的表格、单方制作的会议纪要、单方委托的第三方机构出具的意见(如审计报告)等,质证时,不应简单地一概以其为对方单方制作为由简单否认,而应认真审核研究对方提交的上述证据材料,从中寻找对己方有利的事实为己方所用。

2. 对对方提交的单方制作的证据材料的审核方法和步骤:

其一,了解清楚对方提供该证据的目的,拟证明的事实。

其二,审核判断该证据能否达到对方的证明目的。

其三,该证据本身反映的事实包括哪些,具体可以通过归纳的方法,将反映的事实归纳成若干点。

其四,该证据拟证明的事实是否有其他证据相互印证。

其五,证据反映的事实与原告诉讼请求、其他证据是否存在矛盾。

其六,己方的答辩思路、拟证明的待证事实。

其七,将己方答辩思路、拟证明待证事实与原告提交的证据反映的事实进行对比,看二者之间能否相互印证或相互补充或者结合其他证据能否推导出对己方有利的结论(包括支持被告答辩意见或被告拟证明的待证事实)。

其八,如果原告提交的单方制作的证据材料存在上述第七点,则可以将其作为己方证据提交法庭,但应注明以下事项:证据来源为原告提交的证据第×项第×页,被告提交该证据并非等于被告对该等证据三性的认可。

其九,对此类证据,质证时可以发表如下质证意见:该证据为原告单方制作,对该证据的真实性、合法性和关联性不认可,但该证据记载的如下事实和内容反而证明:

①原告陈述的某事实不属实;

②原告在本案中主张被告存在违约行为,不符合事实;

③原告所谓的损失并未实际发生,对原告在本案中主张的所谓损失应予以驳回;

④原告承认了与被告之间存在某关系(如借贷关系、买卖关系或其他关系);

⑤原告承认实际收到了被告支付的款项,原告此前否认该款已经收到,显然不符合事实,与原告自行承认的事实相矛盾;

⑥某某在本案中系原告的工作人员(或授权代理人),有权代表原告签订履行案涉合同(或签署对账单、其他文件等);

……

案例 4-7:事故发生后打捞公司出具情况说明确认吊装过程中齿轮箱与联接轴发生碰撞,该份证据属于诉讼外的当事人自认。虽然其效力不能等同于《民事证据规定》第 8 条①规定的诉讼中自认,可免除对方当事人的举证责任,但是作为当事人一方所作不利于自己的事实陈述,其依然具有相当证明效力

——永安财产保险股份有限公司镇江中心支公司与江苏海洋航务打捞有限公司港口作业合同纠纷申请再审民事裁定书

审理法院:最高人民法院

---

① 2019 年修改后对应第 3 条、第 4 条、第 5 条、第 9 条。

案号:(2014)民申字第947号

裁判日期:2014年11月25日

案由:港口作业纠纷

再审申请人江苏海洋航务打捞有限公司(以下简称打捞公司)因与永安财产保险股份有限公司镇江中心支公司(以下简称保险公司)港口作业合同纠纷一案,不服湖北省高级人民法院(2013)鄂民四终字第96号民事判决,向本院申请再审。本院依法组成合议庭对本案进行了审查,现已审查终结。

打捞公司申请再审称:本案存在2012年《民事诉讼法》第200条第2项、第5项、第6项及第9项规定的情形,应当再审。具体理由如下:

(一)一、二审判决认定事实不清。1.碰撞事实不清。一审期间保险公司提交的设备损坏勘验及估价报告(以下简称公估报告)、舜天造船(扬州)有限公司(以下简称舜天船厂)职工潘圣庆出具的事故情况证明、打捞公司出具的情况说明以及事故照片等证据不能支持其主张。其中,公估报告评估依据不足,且缺乏有效评估方法,评估结论不具客观性和合法性;潘圣庆与舜天船厂有直接利害关系,在事故发生后近两年时出具该证明,且未出庭质证,该证据不具有证明效力;打捞公司出具的情况说明并非诉讼中的自认,而且出具时间系倒签的,关于齿轮箱与联接轴相擦以及压坏齿轮箱环氧挡板等描述与公估报告记载不符;事故照片系举证期限届满后提交的,且无法证明损坏是因吊装中发生的碰撞事故造成。此外,一、二审期间保险公司未向法庭提交物证,打捞公司申请法庭进行鉴定,未获批准。事故发生后,舜天船厂未向当地有关安全生产管理部门报告并接受调查,丧失了调查取证机会,未能形成权威的调查结论或鉴定结论。涉案吊装作业于事故发生当天上午8时30分开始,一审判决将此时间认定为事故发生时间,显然错误。打捞公司在一审期间提交顾某宏、陈某林的证言、1000标准箱集装箱船设备吊装事故专家分析意见,申请再审时提交事故发生后舜天船厂支付吊费的凭证以及舜天船厂与打捞公司签订的《吊装作业合同》若干份,以上证据均证明吊装期间没有发生碰撞事故。2.损害事实不清。(1)关于"尾轴后移2mm"的陈述,系打捞公司根据舜天船厂要求写的,打捞公司并未参加测量。(2)保险公司依据(2012)武海法商字第68号民事判决向打捞公司代位求偿显属不当。打捞公司并未参加该诉讼,该判决系在证据不足、保险事故和损害等事实不清的情况下作出,严重侵害了打捞公司的合法权益。(3)一、二审判决对损失数额的认定存在如下错误:艉轴、联接轴换新费用未作评估比较,设备更新费人民币与欧元比价计算错误,船坞费用、外请人员服务费、拖航费过高,海事报备费含有非作业、非涉案船舶的费用。3. 碰撞与损害之间无因果关系。本案损害主要发生在联接轴和艉轴上。根据公估报告记载,"艉轴与联轴接结合面有4处周向拉伤,2处轴向拉伤,一道铣槽",这说明损害并非因齿轮箱与联接轴碰撞所致,而是因不当拆卸造成的,否则"周向拉伤"无法解释。

(二) 一、二审判决责任认定错误。1. 本案没有安全监督部门、公证或技术鉴定等权威部门的认定或鉴定结论。2. 一、二审判决将《吊装作业合同》当作委托合同处理,对合同性质认定错误,严重影响涉案事故责任主体的认定。3. 舜天船厂设备安装多处违规,对涉案事故(如果存在)的发生有重要的影响。舜天船厂违规作业主要表现在吊装前联接轴法兰上装有螺栓不符合安全工序的要求,齿轮箱底座及法兰未设置防碰垫,违反先放置齿轮箱,艉轴,后放置联接轴的安装程序以及采取的拆卸设备措施不当。4. 齿轮箱吊装落座时的指挥权属舜天船厂,合同也约定"钩头以下安全"由舜天船厂负责。打捞公司实际只负责在合同约定的时段或区间内进行设备吊装工作,而在吊装的两头涉及舜天船厂方面的工作和责任应由船厂负责。一、二审法院对此未予查明,认为"完成委托事务是打捞公司应当履行的合同义务,认定本案碰撞事故的责任方为打捞公司",实属错误。

(三) 保险公司起诉超过诉讼时效。打捞公司于2012年10月下旬才收到保险公司的起诉状和法院的应诉通知书。在一、二审审理期间打捞公司提出保险公司起诉超过诉讼时效问题,但保险公司对此未予证明,一审判决却直接认定保险公司的起诉未超过诉讼时效,实属不当。

(四) 保险公司没有代位权。根据保险法以及保险赔偿原理,保险公司行使代位求偿权的前提条件至少包括:一是保险赔偿属于责任范围内的事故损失;二是被保险人因保险事故对第三人享有损害赔偿请求权,即保险事故应是由第三者造成的,第三者对保险事故负有赔偿责任。本案中保险公司未完成上述举证,其以原告身份提起代位求偿诉讼,不符合法律规定。涉案保险合同的被保险人为江苏舜天船舶股份有限公司(以下简称舜天公司)、舜天船厂,但两者的保险利益各不相同且受益份额有所区别。保险公司代舜天船厂之位求偿应当依据舜天船厂与打捞公司之间的《吊装工程合同》,保险公司代舜天公司之位求偿应依据侵权法律关系,两者赔偿的范围、赔偿的条件是不同的。保险公司依据侵权关系向打捞公司求偿,应符合《侵权责任法》规定的条件,并负有相应的举证责任,但保险公司未能举证证明。

(五)一、二审非法剥夺了打捞公司的部分诉讼权利。一、二审期间,打捞公司均向法庭提出要求保险公司提交受损设备的原件,但保险公司拒绝提交,打捞公司还申请法庭调查取证并要求对相应受损设备进行技术鉴定,但均未获批准,一、二审法院违反了民事诉讼法和民事诉讼证据规定的相关规定,侵害了打捞公司的诉讼权利,影响了判决的公正性。

(六)一、二审判决适用法律不当。一、二审判决依据《合同法》第107条判决不当,打捞公司在整个吊装作业过程中不存在未履行合同义务或履行义务不符合约定的行为。一、二审判决依据《海商法》第252条亦属不当。一、二审判决对吊装事故及责任认定明显错误。涉案事故实际是由舜天船厂自己造成的,而不是保险合同外的第三人打捞公司造成,但一、二审法院均没有认定或解释涉案事故是保险责任范围内的损失。

申请再审期间,打捞公司提供了2010年10月1日中国银行外汇牌价表、中国船舶工业总公司国内民用船舶修理价格表、交通部《沿海港口水工建筑及装卸机械设备安装工程船舶机械艘(台)班费用定额》、打捞公司出具的发票以及舜天船厂与打捞公司在事故发生后签订的《吊装工程合同》作为再审新证据。经审查,上述证据并非原审庭审结束后新发现的证据,不属于2001年《民事证据规定》第44条规定的再审新证据,故本院对于上述证据不予认定。

本院经审查认为,本案系港口作业合同纠纷。根据打捞公司的再审申请理由及保险公司的陈述意见,本案争议焦点为:(一)本案吊装过程中是否发生碰撞事故造成艉轴及联接轴损坏;(二)保险公司起诉是否超过诉讼时效;(三)保险公司是否取得代位请求赔偿权利;(四)一、二审法院是否剥夺打捞公司部分诉讼权利;(五)一、二审法院判定打捞公司对碰撞事故造成的损失承担赔偿责任是否正确。

(一)关于本案吊装过程中是否发生碰撞事故造成艉轴及联接轴损坏的问题。打捞公司申请再审时主张,一、二审法院关于碰撞事故的发生、损失数额的确定及碰撞事故与损害之间的因果关系等事实认定不清,认为一、二审判决所依据的公估报告、证人证言及情况说明存在诸多矛盾之处,不具有证明效力,继而否认发生碰撞事故且因此造成艉轴及联接轴的损坏。本院认为,事故发生后打捞公司出具情况说明确认吊装过程中齿轮箱与联接轴发生碰撞,该份证据属于诉讼外的当事人自认。虽然其效力不能等同于2001年《民事证据规定》第8条规定的诉讼中自认，可免除对方当事人的举证责任，但是作为当事人一方所作不利于自己的事实陈述，其依然具有相当的证明效力。一审法院在对该证据质证、认证后，综合公估报告、证人证言等其他证据认定齿轮箱吊装过程中碰撞事故及损失的发生并无不当。此外，在本院组织的询问期间，打捞公司的代理人明确承认吊装过程中发生碰擦事故。依据2001年《民事证据规定》第8条第3款规定，当事人委托代理人参加诉讼的，代理人的承认视为当事人的承认。由此可进一步确认吊装过程中齿轮箱与联接轴发生碰撞的事实，证明情况说明的真实性。据此，打捞公司关于一、二审判决认定事实不清的再审申请理由不能成立。

（二）关于保险公司提起诉讼是否超过诉讼时效的问题。打捞公司主张其于2012年10月下旬才收到起诉状和法院的应诉通知书，而碰撞事故发生于2010年8月14日，故保险公司起诉超过诉讼时效。依据2008年《最高人民法院关于审理民事案件适用诉讼时效制度若干问题的规定》第12条规定，诉讼时效自当事人提交起诉状之日起中断，而根据一审法院涉案卷宗所附立案审批表的记载，武汉海事法院于2012年8月12日收到保险公司的起诉状，故本案中保险公司提起诉讼时并未超过诉讼时效期间。打捞公司此项再审申请理由不能成立。

（三）关于保险公司是否取得代位请求赔偿权利的问题。打捞公司认为保险公司既不能证明涉案事故属于保险赔偿的范围，也不能证明涉案设备损失事故的发生系打捞公司吊装行为引起，故并未取得代位请求赔偿权利。《保险法》第60条规定，被保险人向第三人要求赔偿的权利，自保险人支付赔偿之日起相应转移给保险人。依据该条规定，保险代位权的取得以保险人支付赔偿金为条件，至于第三人是否对于保险事故的发生承担赔偿责任与保险代位权的取得并无关联。依据已查明的事实，保险公司依据（2012）武海法商字第68号民事判决已向舜天公司就涉案事故遭受的损失支付保险赔偿金，故依法取得代位求偿权。关于保险公司是否有权依据吊装合同请求赔偿的问题。舜天公司与舜天船厂作为船舶建造险共同被保险人对保险标的具有共同利益，对于第三人造成保险标的的损害享有共同的请求权。在舜天船厂明确其保险合同项下的权益由舜天公司行使的情形下，保险公司依法赔付舜天公司取得的保险代位权应包括舜天公司和舜天船厂对打捞公司的请求权，在此情形下保险公司有权选择依据舜天船厂与打捞公司的合同关系提起诉讼。打捞公司提出的此节再审申请理由亦不能成立。

(四)关于一、二审法院是否剥夺打捞公司部分诉讼权利的问题。打捞公司主张一、二审法院未调查取证并根据其申请对相应的受损设备进行技术鉴定,侵犯其诉讼权利。依据2001年《民事证据规定》第26条规定,人民法院有权决定是否接受当事人的鉴定申请。本案中保险公司提交的公估报告已就受损设备的损失进行评估,其证明效力为(2012)武海法商字第68号民事判决所确认,在本案中该证据亦经过质证、认证,打捞公司并未提供充分证据否定公估报告的效力。在此情形下,一、二审法院未批准打捞公司的鉴定申请直接依据公估报告确定损失数额并无不当。打捞公司关于一、二审法院剥夺其诉讼权利的再审申请理由不能成立。

(五)一、二审法院依据合同法判定打捞公司对碰撞事故造成的损失承担赔偿责任是否正确。案涉《吊装工程合同》对双方权利义务作出明确约定,舜天船厂委托打捞公司进行齿轮箱的吊装工作,并支付相应的报酬,一、二审法院据此认定双方形成委托合同关系,并适用《合同法》的规定并无不当。打捞公司主张依据合同约定,"钩头以下责任由船厂负责",其只负责在合同约定的时段或区间内进行设备吊装工作,而在吊装的两头(初始、结束阶段)涉及舜天船厂方面的工作和责任,而涉案事件发生在钩头以下,故其不应承担赔偿责任。本院认为,涉案齿轮箱的吊装及设备安装是双方当事人相互配合的过程,权利义务难以截然区分,齿轮箱在脱钩之前仍处于打捞公司的控制之下,故打捞公司对设备的安全起落依然负有责任。打捞公司在情况说明中确认吊装过程中"下放至钢丝绳无力,导致齿轮箱与艉轴法兰相擦"的碰撞事实,且未能举证证明其对于事故的发生没有过错,同时亦未能证明舜天船厂对事故的发生负有责任。二审法院据此认定打捞公司未完成合同约定的委托事务,判定其承担赔偿责任并无不当。

综上,打捞公司的再审申请不符合2012年《民事诉讼法》第200条规定的情形。依照2012年《民事诉讼法》第204条第1款之规定,裁定如下:

驳回打捞公司的再审申请。

实战点评与分析

1.当事人诉讼外自认的效力

本案中,案涉事故未经有权部门调查并出具调查报告,未经有权部门对责任进行划分,所有关于事故的认定和责任认定,主要依赖打捞公司出具的情况说明，该情况说明对事故经过进行了描述，原一审、二审法院正是基于该情况说明对事故发生、责任作了认定。打捞公司对该情况说明真实性无异议，但认为并非诉讼中的自认，而且出具时间系倒签的，关于齿轮箱与联接轴相擦以及压坏齿轮箱环氧挡板等描述与公估报告记载不符。

以上实际上涉及《民事诉讼法解释》关于"自认"的规定该如何理解，其效力如何；当事人在诉讼外作出的不利于己方的自认，其效力如何认定。

《民事诉讼法解释》第92条："一方当事人在法庭审理中，或者在起诉状、答辩状、代理词等书面材料中，对于己不利的事实明确表示承认的，另一方当事人无需举证证明。

对于涉及身份关系、国家利益、社会公共利益等应当由人民法院依职权调查的事实，不适用前款自认的规定。

自认的事实与查明的事实不符的，人民法院不予确认。"

根据该条规定，《民事诉讼法解释》规定的自认系指在庭审中，或在起诉状、答辩状、代理词等书面材料中，对于己不利的事实明确表示承认，并不包括上述情形以外的自认，换言之，《民事诉讼法解释》第92条规定的适用范围限于诉讼中，诉讼外所做的不利于己方的自认，并不能适用该条，但诉讼外的自认并非没有证明力，就本案而言，一审、二审再审法院正是基于打捞公司诉讼外的自认而判决其承担责任，最高人民法院在其裁判意见中认为，事故发生后打捞公司出具情况说明确认吊装过程中齿轮箱与联接轴发生碰撞，该份证据属于诉讼外的当事人自认。虽然其效力不能等同于2001年《民事证据规定》第8条规定的诉讼中自认，可免除对方当事人的举证责任，但是作为当事人一方所作不利于自己的事实陈述，其依然具有相当证明效力。一审法院在对该证据质证、认证后，综合公估报告、证人证言等其他证据认定齿轮箱吊装过程中碰撞事故及损失的发生并无不当。

结合本案，从办理民事诉讼案件而言，对于对方提供的证据，如果证据反映的事实对其不利，可以以此作为己方证据。

2. 代理人在诉讼中作出的不利于当事人的自认，视为当事人自认

代理人是当事人在诉讼中受托办理委托事务的人员，其在庭审中作出的不利于当事人的自认，视为当事人的自认。

《民事证据规定》第5条:"当事人委托诉讼代理人参加诉讼的,除授权委托书明确排除的事项外,诉讼代理人的自认视为当事人的自认。

当事人在场对诉讼代理人的自认明确否认的,不视为自认。"

本案中,在法院组织的询问期间,打捞公司的代理人明确承认吊装过程中发生碰擦事故。依据2001年《民事证据规定》第8条第3款(对应2019年《民事证据规定》第5条)规定,当事人委托代理人参加诉讼的,代理人的承认视为当事人的承认。由此可进一步确认吊装过程中齿轮箱与联接轴发生碰撞的事实,证明情况说明的真实性。据此,打捞公司关于一、二审判决认定事实不清的再审申请理由不能成立。

3.合同责任系严格责任

本案中,原审法院均依据打捞公司出具的情况说明中确认吊装过程中"下放至钢丝绳无力,导致齿轮箱与艉轴法兰相擦"的碰撞事实,判定打捞公司承担全部责任,并未考虑打捞公司对于事故的发生有没有过错。从以上可见,合同责任系严格责任,并非过错责任,换言之,只要在履行合同过程中造成对方损失就需承担责任,除非能证明对方存在过错(证明对方存在过错,可以相应减轻己方责任),否则需承担全部责任。

《民法典》第577条:"当事人一方不履行合同义务或者履行合同义务不符合约定的,应当承担继续履行、采取补救措施或者赔偿损失等违约责任。"

第592条:"当事人都违反合同的,应当各自承担相应的责任。

当事人一方违约造成对方损失,对方对损失的发生有过错的,可以减少相应的损失赔偿额。"

4.保险代位追偿权的诉讼时效

本案中,打捞公司认为保险公司诉讼时效从事故发生之日起计算,保险公司认为其追偿权的时效自其向被保险人赔偿之日起计算,关于保险代位求偿权诉讼时效,《最高人民法院关于适用〈中华人民共和国保险法〉若干问题的解释(四)》(2020修正)第18条:"商业责任险的被保险人向保险人请求赔偿保险金的诉讼时效期间,自被保险人对第三者应负的赔偿责任确定之日起计算。"

六、规律6：承担款项支付义务的一方应提供付款有关凭证，包括付款凭单、收据等

原告诉讼请求主要分为三种，第一种是要求被告承担金钱支付义务（包括支付价款、违约金和赔偿损失）；第二种是要求被告为一定行为或不为一定行为；第三种则是同时提出前述第一种和第二种诉讼请求，即要求被告为一定行为或不为一定行为的同时，要求被告承担金钱支付义务（包括支付价款、违约金和赔偿损失）。

从实务而言，原告提起的诉讼请求绝大部分会要求被告承担金钱支付义务（包括支付价款、违约金和赔偿损失）。作为被告，如果在此前向原告支付过价款，则必须将支付凭证作为证据提交。提交支付凭证的作用在于：

其一，证明被告支付款项的事实；

其二，证明原被告之间存在某种法律关系，如买卖合同关系等；

其三，证明被告按约履行了支付义务，以抗辩原告主张的违约责任。

实务中应注意以下要点：

1. 支付款项系通过银行转账的必须提供转账凭单，如果是电子银行转账，建议打印银行流水，将银行流水与电子转账凭证作为证据提交。之所以在提交银行转账电子回单的同时打印银行流水，是因为银行转账电子回单一般无法提供原件且银行转账电子回单一般记载"此回单为客户自行打印，表示汇款申请已提交资金到账状态以收款方账户为准"，有的对方当事人对银行转账电子回单不认可，并认为该回单无法证明被告实际支付款项。

当然在诉讼实务中，银行电子回单一般是能得到法庭认可的，比如在最高人民法院审理的中融新大集团有限公司（以下简称中融公司）、天津市海德星商贸有限公司（以下简称海德星公司）企业借贷纠纷二审（2019）最高法民终1777号中，关于事实认定部分，一审认定部分事实为：2018年3月6日至2019年1月9日，中融公司通过王某健、王某栋、李某1、山东泰禾智丰工贸有限公司（以下简称泰禾公司）、青岛财赢智通基金管理有限公司名下不同银行账户向海德星公司指定的李某2、赵某、田某弟、杨某、王某明、张某、郝某俊、王某、沈某、周某、祝某焕11个自然人账户以及海德星公司的招商银行上海大连路支行账户共计转账27,375万元。在泰禾公司、青岛财赢智通基金管理有限公司的转账记录中，仅泰禾公司2018年12

月24日转账的200万元、400万元以及2018年12月25日转账的425万元三笔付款的银行电子回单凭证中,附加信息标注为"代中融公司付息",其余银行电子回单凭证中的附加信息均为"代中融公司还款"。在11个自然人账户转账的银行电子回单中,均未特别标注代中融公司还款或者付息,转账用途均为"网银转账"。

最高人民法院在二审中,最终认定"综上所述,中融公司的上诉请求不能成立,应予驳回;一审判决认定事实清楚,适用法律正确,应予维持。依照《中华人民共和国民事诉讼法》(2017年)第一百七十条第一款第一项规定,判决如下:驳回上诉,维持原判"。

从以上可见,最高人民法院对于原一审认定的事实予以认可,因此也证明网银电子回单作为证据应得到支持和确认。

2. 对方开具的收据应当作为证据提交,无论收据金额大于、等于或小于银行付款凭单的金额;对于收据与银行付款凭单的差额,应通过其他证据给予合理的解释和说明,有必要就解释和说明的事实提供证据。

3. 如果支付给原告的款项并非通过被告账户,则应提供第三方账户主体出具的代付说明(第三方出具证明文件证明,某年某月某日支付的款项系代被告支付的款项等)、第三方主体的身份证明文件(如身份证、营业执照等)、原告对第三方代付款项的确认(如原告出具收据,原告通过微信或短信方式确认收到,原告在此后对账过程中确认该笔款为被告支付的款项)。

4. 如双方在诉讼前进行过对账,且双方均在对账单上盖章或签字的,可提交对账单作为证据。

5. 提交的付款凭单应与被告主张的已经付款的明细和总价款能相互印证;如付款凭单较多,务必制作付款凭单清单提交法庭,清单包括序号、支付主体、付款账户、付款金额、付款时间、收款主体名称、收款账户、备注用途等。

6. 即便原告承认被告已经支付了款项,一般情况下被告也应提交付款凭单作为证据。如果原告承认被告付款金额小于被告实际支付金额,则被告应就差额部分重点举证,以确保支付的金额均能得到法庭认可。

7. 对于付款金额系向第三方支付,且被告主张向第三方支付的款项应视为原告收到的款或抵扣原告主张的总价款,应提供完整的向第三方支付的证据链;原告同意被告向第三方支付的证明文件(如授权书,合同约定条款),付款前通知原告支付或履行付款义务的通知,与第三方签订的合同,银行付款凭单,发票,第三方完成合同约定工作内容的验收证明文件、向第三方支付的款项所购买的货物系用于本项目等相关证据。

案例4-8：以原告方名义代付款,应取得原告同意的证明文件（如授权书、代付同意的证明等）

——上海宝德建设集团有限公司、上海扬誉建筑劳务有限公司
建设工程施工合同纠纷民事二审判决书

审理法院:山东省青岛市中级人民法院

案号:(2022)鲁02民终15335号

裁判日期:2022年11月28日

案由:民事 > 合同、准合同纠纷 > 合同纠纷 > 建设工程合同纠纷 > 建设工程施工合同纠纷

宝德公司上诉请求:(1)撤销一审判决第一项、第二项、第四项;(2)改判支持宝德公司在一审的反诉请求,在抵扣应从工程款中扣除金额459,665.97元后,扬誉公司应向宝德公司支付70,911.54元;(3)本案一审、二审诉讼费用(含案件受理费、反诉费等)由扬誉公司承担。事实和理由:(1)一审判决认定事实不清,理由有二:①一审法院认为,宝德公司存在违约行为,应向扬誉公司支付违约金。事实上,扬誉公司一方人员孙某贵在2020年1月7日向宝德公司一方人员周某回复的邮件中明确表示:拒绝对结算稿进行审核、核对。在此之后,扬誉公司对结算一直抵触,不予配合。因此,双方尚未达成结算,原因全部为扬誉公司造成。而根据双方2018年10月23日签订的《钢结构安装劳务分包合同》第九条(付款方式)约定:"经业主、监理、总包及甲方验收合格以及分包结算双方确认完成后,支付至结算施工合同总额的95%(结算款)。"双方结算完成,为宝德公司继续付款的前提之一。可见,由于扬誉公司的原因导致结算未完成,故宝德公司不存在违约的前提,更不存在违约的事实。因此,一审法院判决的第二项(宝德公司应向扬誉公司支付违约金)是错误的。②一审法院认为宝德公司在一审中的反诉请求证据不足,一概不予支持。实际上,宝德公司的各项反诉请求,已在一审中向法庭提交充足证据。宝德公司提交的证据具备"证据三性":合法性。宝德公司提交的各组证

据,包括银行回单、发票、收据、发货单、工程罚款通知书、电子邮件、微信聊天记录、照片等,全部为从合法渠道以合法方式获取,具备合法性。关联性。宝德公司提交的各组证据,与本案争议焦点极度关联;且各组证据与案件所要查明的事实存在逻辑上的联系,构成完整的逻辑链条,能够充分说明案件事实,故具有充分的关联性。宝德公司提供的证据,能充分证明并相互印证以下案件事实及逻辑链条,链条1:扬誉公司负责的钢结构安装的施工进度落后,因工期延误,业主要求赶工期,作为项目总包的宝德公司安排其他第三方安装队伍进场,第三方队伍接手原由扬誉公司负责的工作,宝德公司向第三方支付费用,故费用应由扬誉公司承担。链条2:扬誉公司以书面方式明确表示,拒绝承担维修及保修义务,宝德公司通知扬誉公司履行保修义务,扬誉公司不予维修,宝德公司因此代扬誉公司维修,产生费用由扬誉公司承担。链条3:施工人队伍发生不符合安全文明施工的情形,是工程施工中常见的现象,本案扬誉公司施工队伍发生多起违反合同约定(包括但不限于合同第五条、附件1安全文明施工实施细则)的安全文明施工要求的情形,宝德公司根据合同约定向扬誉公司开具罚款单,扬誉公司未现场缴纳罚款,在工程结算金额中,应扣除扬誉公司应承担的罚款金额。链条4:有关材料(安全帽、马甲、饮水机、撑管、高强螺栓、檩间支撑、销钉、支架),由宝德公司替扬誉公司准备或另行采购费用由扬誉公司承担,扬誉公司在发货单、材料单、发票等凭据上签字认可。真实性。宝德公司提交的各组证据,全部在一审开庭过程中经过了质证。虽然扬誉公司全部不认可其真实性,但证据的真实性不以扬誉公司的意志为转移。而且扬誉公司虽然不认可证据的真实性,但却无法提出相反的证据。宝德公司所提交的证据,包括银行回单、发票、收据、发货单、工程罚款通知书、电子邮件、微信聊天记录、照片等。这些证据并不需要宝德公司的签字盖章,其自身即具备充分的有效性而得以独立存在。宝德公司未盖章签字,并不能推翻证据的真实性。更何况,有关材料(安全帽、马甲、饮水机、撑管、高强螺栓、檩间支撑、销钉、支架)的发货单、材料单、发票等凭据,扬誉公司已经在其上签字确认。宝德公司提交的证据,虽然大部分是复印件,但真实性并不减损,原因是:由于大部分证据零散、数量多,已入账并分散于各个财务账册中,而且宝德公司住所地办公地距离一审法院千里之遥,将全部原件提交法庭是不现实的、无法操作的(如法官愿意前往宝德公司住所地办公地核实证据的真实性,宝德公司将提供充分便利);宝德公司的证据除了复印件,还有电子文档(如从邮箱导出的E-mail格式电子邮件),其真实性高度可靠;宝德公司所提交的证据目录以及各项证据,都加盖了宝德公司的公章,这意味着:如果宝德公司提交的证据不是真实的,则宝德公司自己不仅自身信用受损,而且还将承担提供虚假证据的严重法律后果和责任。由此可见,对宝德公司提交的证据,一审法官如能尽职尽责,应认定宝德公司主张的事实已达到甚至远超过高度可能性的认定标准。(2)一审判决适用法律不当。2021年《民事诉讼法》第73条第1款规定,"书证应当提交原件。物证应当提交原物。提交原件或者原物确有困难的,可以提交复制品、照片、副本、节录本"。《民事证据规定》第85条第2款规定,"审判人员应当依照法定程序,全面、客观地审核证据,依据法律的规定,遵循法官职业道德,运用逻辑推理和日常生活经验,对证据有无证明力和证明力大小独立进行判断,并公开判断的理由和结果"。由上述法规可见:法律不排除书证复印件的效力;审判人员应依据法律、法官职业道德、逻辑推理和日常生活经验,对证据进行独立判断。审判人员不应以诉讼参与人的认可与否,作为判断证据的依据。因此,对宝德公司在本案提交的证据,因异地审理、证据量多且零散、已入财务账册而提取不便等原因,提交原件确有困难,故提交复制品(复印件)符合法律规定;同时,由宝德公司在上诉状中的前述陈述可知,宝德公司所提供的证据已充分具备三性(合法性、关联性、真实性)且证据之间相互印证能形成完整的证据链条。

二审辩方观点:扬誉公司辩称,宝德公司的诉请没有事实和法律依据。首先,宝德公司于2019年9月26日对扬誉公司提交的99张签证予以确认,但以结算为由任意扣减已经签字确认的签证工程量,恶意拖欠签证工程款,甚至质保期都已届满近一年,宝德公司构成违约。其次,宝德公司在原审中提交的证据未提供任何证据原件,却以持有原件为由提起上诉,其行为仍是恶意拖欠支付扬誉公司工程款。综上,请求法院驳回其上诉请求维持原判。

扬誉公司向一审法院起诉请求:宝德公司支付扬誉公司工程款451,981.4元及违约金22,599.07元;宝德公司承担本案诉讼费。

宝德公司向一审法院反诉请求:判决扬誉公司向宝德公司返还超额支付的工程款70,911.54元;反诉费由宝德公司负担。

一审法院查明一审法院认定事实:2018年10月23日,甲方宝德公司与乙方扬誉公司签订钢结构安装劳务分包合同,约定甲方将山东振华黄岛物流园(一期)钢结构工程项目的钢结构安装工作分包给乙方。承包范围:钢结构安装工程。工程价款:综合总价包干,固定总价,金额343万元。结算方式:总价包干,按照清单及图纸范围内该分包工程的所有内容,除非有设计变更或新增内容,否则工程量不予调整。付款方式:……经业主、监理、总包及甲方验收合格以及分包结算双方确认完成后,支付至结算施工合同总额的95%(结算款),预留总结算款价5%作为质保金,第一年质保期到期后,支付质保金余额的50%,第二年质保期到期后,支付质保金余额的50%。质保期的期限为在项目竣工验收且结算后的1年。违约责任:如甲方无正当理由迟延付款,需向乙方支付未付价款0.5‰/天的违约金,如不满一天仍按一天计算,最高不得超过应付而未付款项的5%。其他约定事项:所有的追加合同以及甲方现场管理人员与乙方签订的涉及费用增减的确认单、承诺书、协议书、白条等,未经公司法人代表的书面授权或签字确认,一律视为无效。合同还约定了其他事项。宝德公司、扬誉公司均认可涉案合同价款343万元为固定总价,合同约定的工程扬誉公司已经施工完毕,扬誉公司对该固定总价343万元已经支付了3,418,864元,尚欠11,136元。对扬誉公司施工的涉案钢结构工程,扬誉公司、宝德公司均认可扬誉公司2019年10月31日退场,宝德公司称业主验收完成后,于2020年3月投入使用。

扬誉公司、宝德公司均认可双方存在争议的扬誉公司主张的钢结构现场签证单(01-099)中的工程量价款(440,845.4元)不包含在合同固定总价内。

扬誉公司、宝德公司均认可双方无争议的金额为149,925.35元的工程签证单中的款项宝德公司已经付清,不包括在涉案合同固定总价及双方争议的01-099钢结构现场签证单内。

扬誉公司、宝德公司均认可宝德公司已向扬誉公司支付工程款3,568,789.35元,该款项包括涉案合同中的已付款项3,418,864元及双方无争议的149,925.35元签证单中的款项。

对有争议的证据和事实,认定如下:

1. 扬誉公司主张的金额为440,845.4元钢结构现场签证单中的工程价款是否经宝德公司确认,宝德公司应否向扬誉公司支付该签证单中的工程价款、具体金额及是否具备付款条件。

扬誉公司称,其主张的钢结构现场签证单中的工程量不包括在合同内,系额外增加的工程量,经宝德公司员工朱某平、臧某民、李某胜进行了确认,数额为440,845.4元,扣减900元后,数额为439,945.4元,应由宝德公司承担,并提交了如下证据予以证明：

(1)扬誉公司员工王某云与宝德公司员工朱某平的QQ邮件截图及青岛钢结构现场签证单打印件。该钢结构现场签证单上载明了签证内容，内容处载明了人工费及辅材费等具体金额，编号为01-099，会签栏扬誉公司处有孙某贵的签字，宝德公司处有朱某平签字确认的"确认事情属实"；有臧某民签字确认的"情况属实，费用由公司相关部门确认、商定"，部分签证载明"此费用已处理、此费用已解决"；有李某胜的签字等。扬誉公司、宝德公司均认可若按该签证单上载明的金额计算，01-099签证单金额共计440,845.4元。

(2)2020年1月7日扬誉公司员工施某荣发送给宝德公司员工孙某贵的邮件截图及附件黄岛振华项目钢结构劳务签证审核汇总及相关费用扣除明细。邮件截图主要内容为施某荣答复扬誉公司施工的签证单需要公司成本部审核，并将邮件附件黄岛振华项目钢结构劳务签证审核汇总及相关费用扣除明细发送给了孙某贵，孙某贵回复施某荣所有的签证都经朱某平签过字，按签字金额支付即可，无审核的必要，不同意宝德公司随意扣减后的审核结果。黄岛振华项目钢结构劳务签证审核汇总及相关费用扣除明细载明01-0100签证送审金额为486,594.19元，审核金额226,000元。

(3)2020年1月14日协商意见书。主要内容为对双方存异的48万元，未达成一致，因黄岛振华物流园钢结构劳务工人讨薪问题，协商由宝德公司先付47万元给扬誉公司等。

(4)2019年8月18日01-099钢结构现场签证单整理表。该签证单整理表载明签证金额为440,845.4元，宝德公司审核后的金额为377,618.43元。

经质证，宝德公司对以上证据的真实性均无异议，认可签证单上签字的朱某平、臧某民、李某胜等系其员工，但称朱某平、臧某民、李某胜在签证单上确认的是事实，无权限确认金额，对扬誉公司主张的签证单上的金额不予认可，并称宝德公司对该01-099号签证单最终确认的金额为377,618.43元。

庭审过程中，扬誉公司、宝德公司均认可无上述工程(01-099号)签证单的施工图纸及合同。对质保期的起始日期，扬誉公司主张自2019年10月31日起开始计算，宝德公司主张自2020年3月17日竣工验收之后开始计算。扬誉公司、宝德公司均认可合同约定的5%的质保金为合同及签证的总额。

一审法院认为，虽扬誉公司提交的99份钢结构签证单上载明了签证内容，内容中有人工费、辅材费等金额,但因宝德公司员工臧某民等人在会签栏处确认的情况属实,价格由公司相关部门确认、商定等内容,且部分签证单载明费用已处理、已解决,因此,宝德公司员工臧某民等人并非对99份签证单上载明的金额予以确认,仅对施工事实进行了确认,该99份签证单上载明的金额并不能真实地反映出扬誉公司实际施工的工程价款,且依据合同约定,涉及费用增减的确认单等,须经公司法人授权,扬誉公司对此是明知的,在无该99份工程签证单施工图纸及合同的情况下,亦无法参照确认,因此,扬誉公司单方主张的该99份工程签证单的价款金额440,845.4元,法院不予采信。因宝德公司认可的最终审核金额为377,618.43元,虽扬誉公司提出异议,但无其他有效证据予以推翻,且未申请鉴定,法院予以采信,确认该99份工程签证单中扬誉公司施工的工程价款为377,618.43元。对付款时间,依据合同约定,质保期的期限为一年,即使按宝德公司认可的质保期起始时间计算,一年的质保期于2021年3月17日届满,在涉案工程早已竣工验收合格的情况下,其付款条件在扬誉公司起诉之日亦早已成就,应向扬誉公司履行付款义务,扣除宝德公司已经支付的部分,还应向扬誉公司支付工程款388,754.43元(377,618.43元+11,136元)。

2. 宝德公司是否应向扬誉公司支付违约金。

扬誉公司主张,依据合同约定,宝德公司逾期支付工程款,应承担未付款总额5%的违约金,其按欠款额451,981.4元的5%计算,向宝德公司主张违约金22,599.07元。对此,宝德公司不予认可,称不存在违约行为,不应当支付违约金,若宝德公司承担违约金,扬誉公司主张的违约金符合合同约定,宝德公司无异议。

一审法院认为,涉案合同为钢结构劳务分包合同,系双方真实的意思表示,内容未违反法律、行政法规强制性规定,合法有效,双方均应依据约定履行各自义务。2019年宝德公司即对扬誉公司施工的99份工程签证单进行了最终审核,即使双方存在争议,亦应按确认的金额履行付款义务,且对合同约定的固定总价工程款亦未履行全部付款义务。在涉案工程早已竣工验收并超出质保期的情况下,宝德公司未履行付款义务,构成违约,应按合同约定向扬誉公司承担违约责任。因宝德公司对扬誉公司主张的违约金计算方式并未提出异议,结合"争议焦点1"的内容,宝德公司应向扬誉公司支付违约金19,437.72元(388,754.43元×5%)。

3. 宝德公司反诉的其超额支付的工程款,扬誉公司是否应承担返还义务。

宝德公司主张,其已超额支付扬誉公司工程款70,911.54元,扬誉公司应承

担返还义务,并提交了如下证据予以证明:

(1)宝德公司对扬誉公司送审的签证单审核表。载明宝德公司对扬誉公司送审的所有签证单审核的签证金额为527,543.78元。

(2)宝德公司与本项目业主往来邮件及费用支付文件。主要内容为扬誉公司工期滞后,业主要求赶工期,宝德公司安排其他队伍进场,支付费用362,274元。宝德公司称已经发函扬誉公司,但因宝德公司原因找不到了。

(3)材料款发票复印件。载明宝德公司向第三方付款的发票。证明宝德公司代扬誉公司支付材料款15,256元。

(4)扬誉公司、宝德公司工作人员之间的微信聊天记录及维修照片、维修发票。证明因扬誉公司不履行维修义务,2020年5月至2021年9月扬誉公司代为维修支付维修费64,945.97元。宝德公司称该证据系从扬誉公司邮箱导出的邮件,其他为截图。

(5)项目工程罚款通知单及图片。证明因扬誉公司方人员违反安全文明施工,宝德公司对其进行罚款17,190元。宝德公司、扬誉公司均认可罚款通知单及图片上无扬誉公司人员的签字或盖章。

(6)扬誉公司人员孙某贵与宝德公司人员施某荣、周某的往来邮件。证明扬誉公司人员孙某贵在2020年1月7日回复的邮件中明确拒绝对结算稿进行审核,尚未达成结算,系扬誉公司原因所致。

经质证,对证据(1),扬誉公司对真实性无异议,但称依据扬誉公司统计的双方争议的99份签证单,数额为440,845.4元,扣减900元后,该99份签证单金额为439,945.4元;对证据(2),扬誉公司不予认可,称无扬誉公司的签字确认,不能证明系扬誉公司施工的范围;对证据(3),扬誉公司称系复印件,无原件证明,不予认可;对证据(4),扬誉公司称无邮件及微信截图的原件,非原始载体,且不能证明系扬誉公司原因所致,亦已超过质保期,不予认可;对证据(5),扬誉公司称系复印件,不予认可;对证据(6),扬誉公司对真实性无异议,但对证明事项不予认可,称系宝德公司原因随意扣减扬誉公司施工的工程量。

一审法院认为,宝德公司提交的以上证据大部分系复印件,且无原始的证据载体,扬誉公司亦不予认可,其主张支付的费用及罚款等无宝德公司的盖章或签字,不能证明宝德公司的主张,因此,其反诉请求,证据不足,法院均不予支持。综上,本案为建设工程施工合同纠纷。根据《最高人民法院关于适用〈中华人民共和国民法典〉时间效力的若干规定》第1条第2款"民法典施行前的法律事实引起的民事纠纷案件,适用当时的法律、司法解释的规定,但是法律、司法解释另有规定的除外"之规定,涉案工程引起的法律事实在《民法典》施行前结束,应适用原《合同法》的相关规定。

一审法院判决:宝德公司于判决生效之日起10日内向扬誉公司支付钢结构工程款388,754.43元;宝德公司于判决生效之日起10日内向扬誉公司支付违约金19,437.72元;驳回扬誉公司的其他诉讼请求;驳回宝德公司的反诉请求。案件受理费8419元,由扬誉公司负担996元,由宝德公司负担7423元。反诉费736.5元,由宝德公司负担。

二审期间,当事人均未提交新证据。

本院查明的事实与一审法院认定事实一致。

本院认为,本案为建设工程施工合同纠纷。扬誉公司和宝德公司签订的《钢结构安装劳务分包合同》约定合同内工程固定价款为343万元,双方均认可合同内的工程款尚欠11,136元未支付,本院予以确认。对合同外的施工部分,双方均认可宝德公司尚欠377,618.43元未支付,故一审认定宝德公司尚欠扬誉公司工程款的金额为388,754.43元具有事实和法律依据,本院予以确认。综合双方当事人的诉辩意见,本案二审争议焦点为:宝德公司主张为扬誉公司支付的工程款、代付材料款、代付维修费和罚款共计459,665.97元,是否应在宝德公司的应付工程款中予以扣除;一审认定宝德公司应向扬誉公司支付逾期支付工程款的违约金有无不当。

关于本案第一个争议焦点,宝德公司主张的相应款项是否应在工程款中予以扣除。当事人对自己提出的主张,有责任提供证据。关于宝德公司主张的因扬誉公司延误工期,其安排其他施工队伍进场施工,为此向其他施工队伍支付362,274元的工程款。宝德公司既未提交与其他施工单位签订合同并支付款项的证据,也没有提交曾与扬誉公司对此进行协商的证据,且本案合同内部分采用固定价款的结算方式,宝德公司合同内的工程款尚欠11,136元,宝德公司的已付款金额与其主张安排其他施工单位进场施工并向其他单位支付工程款36万余元不相符,故宝德公司主张应扣除该款项的主张不具有事实和法律依据,本院不予支持。关于宝德公司主张的代扬誉公司支付的材料款15,256元,其在一审期间提交了发票复印件予以佐证,但因宝德公司未提交扬誉公司予以确认的证据,故该款项是否用于涉案工程不能确定。关于宝德公司主张的代付维修费 64,945.97 元,因宝德公司未提交曾通知扬誉公司进行维修而扬誉公司拒不履行维修义务的有效证据,宝德公司也没有就具体的维修内容提交相关证据予以佐证,故无法认定该维修费用与涉案工程存在关联性,宝德公司主张扬誉公司应向其支付维修费用的证据不足。关于宝德公司主张的罚款 17,190 元,因未经扬誉公司确认,本院不予支持。综上,一审以证据不足为由未支持宝德公司要求扣除相应款项 459,665.97 元的反诉请求并无不当,本院予以确认。

关于本案第二个争议焦点,逾期支付工程款的违约金问题。涉案《钢结构安装劳务分包合同》约定宝德公司没有正当理由延迟支付工程款的,按照最高不超过未付款项 5% 的标准支付违约金。宝德公司主张因扬誉公司不配合其进行结算,其不存在违约的事实,故不应支付违约金。涉案工程已于 2020 年 3 月投入使用,宝德公司在 2019 年 8 月 18 日就合同外的签证部分工程价款进行审核并确认为 377,618.43 元,宝德公司在就签证部分工程价款确认后并未按照合同约定向扬誉公司支付该款项,宝德公司主张在扣除争议焦点一中的代付款项后不欠扬誉公司工程款的主张并不成立,故本案宝德公司逾期支付工程款的事实清楚,一审认定其按照未付款项 5% 的标准支付违约金符合合同约定,本院予以确认。因涉案工程合同内部分和签证部分价款均已确定,故宝德公司以工程款未经结算为由,主张工程款不符合支付条件的抗辩不能成立。

综上所述,宝德公司的上诉请求不成立,应予驳回;一审判决正确,应予维持。依照 2021 年《民事诉讼法》第 176 条第 1 款、第 177 条第 1 款第 1 项、第 182 条规定,判决如下:

裁判结果驳回上诉,维持原判。

实战点评与分析

1. 未得到当事人同意,向第三人代偿,能否向当事人追偿。

本案双方争议的焦点为宝德公司主张为扬誉公司支付的工程款、代付材料款、代付维修费和罚款共计 459,665.97 元,是否应在宝德公司的应付工程款中予以扣除。

结合本案事实和证据,宝德公司进行所谓代偿时,未取得扬誉公司授权也未征得扬誉公司同意,亦未提供证据证明扬誉公司与该第三方之间的合同,一审和二审法院均未支持宝德公司以代付款抵扣扬誉公司工程款的主张。

一般情况下,代当事人向第三方支付款项,除非符合法律规定,一般难以得到支持,毕竟当事人与第三人之间属于另外的合同关系,当事人与第三人在该合同中享有相应的权利和承担义务,在未查明当事人与第三人之间债权债务的情况下,仅仅因为代其中的一方当事人向第三人偿付债务而对当事人享有偿付债务金额的债权,无异于干涉了当事人与第三人之间的合同自由,剥夺了该当事人对第三人享有的权利包括不承担支付义务、暂不予支付价款的权利等。

但并非任何情况下的代付行为都无法得到支持,除非双方约定或法律规定。关于双方约定,比如建设工程施工合同中,发包人与承包人约定,承包人欠付工人工资导致工人到发包人处闹事或到政府部门投诉的,发包人有权不经承包人授权和确认,即有权向工人支付工资,并就支付金额直接扣减应付承包人工程款。由于双方对代付情形以及适用条件事先进行了约定,一旦符合条件,发包人有权依约代付,此种代付,只要不损害社会公共利益,应予准许。

关于代偿的法律规定:《民法典》第 524 条:"债务人不履行债务,第三人对履行该债务具有合法利益的,第三人有权向债权人代为履行;但是,根据债务性质、按照当事人约定或者依照法律规定只能由债务人履行的除外。

债权人接受第三人履行后,其对债务人的债权转让给第三人,但是债务人和第三人另有约定的除外。"

2. 当事人应提供完整的证据证明待证事实,且证据与证据之间应形成封闭的证据链。

本案中,宝德公司主张因扬誉公司延误工期,其安排其他施工队伍进场施工,为此向其他施工队伍支付 362,274 元的工程款。宝德公司既未提交与其他施工单位签订合同并支付款项的证据,也没有提交曾与扬誉公司对此进行协商的证据,且本案合同内部分采用固定价款的结算方式,宝德公司合同内的工程款尚欠 11,136 元,宝德公司的已付款金额与其主张安排其他施工单位进场施工并向其他单位支付工程款 36 万余元不相符,故宝德公司主张应扣除该款项的主张不具有事实和法律依据,法院不予支持。

从以上可见,宝德公司未就其主张提供任何证据证明:经扬誉公司同意委托第三方进场施工的证据;未提供委托第三方施工队伍进场的合同、施工验收单、结算单、付款凭单等,在未提供上述证据的情况下,不能证明其安排其他施工队伍进场施工,为此向其他施工队伍支付 362,274 元工程款的事实,因此法院对此不予支持。

3. 固定总价的合同,在工程验收或交付使用的情况下,有关工程造价的纠纷为固定总价以外的签证纠纷以及停工误工赔偿纠纷。

《建设工程解释一》第 28 条:"当事人约定按照固定价结算工程价款,一方当事人请求对建设工程造价进行鉴定的,人民法院不予支持。"

根据以上规定,固定总价合同,结算时按照固定总价确认即可,无须鉴定。实务中就固定总价合同发生的争议,主要是签证、停工误工赔偿争议,在双方就签证、停工误工赔偿无法达成一致的情况下,主张支付款项的一方应向法庭申请鉴定。

就本案而言,本案合同约定的价款为固定总价,因此对于合同内金额双方并无异议,双方争议点在于签证,但最终双方同意按照宝德公司审核金额确定签证金额,因此视为双方对签证金额达成了一致。

4. 当事人应提供书证的原件,无法与原件核对一致的复印件,不能单独作为定案依据。

本案中,宝德公司主张的代扬誉公司支付的材料款 15,256 元,其在一审期间提交了发票复印件予以证明,但因宝德公司未提交原件,故法院对该项主张不予支持。

《民事证据规定》第 90 条:"下列证据不能单独作为认定案件事实的根据:……(五)无法与原件、原物核对的复制件、复制品。"

由于宝德公司未能提供证据原件,因此其一审期间提交的发票复印件等法院未认定。

七、规律 7:当事人单方加盖印章或签字的函件或文件,一般情况下不予提交,除非有证据证明对方在函件上签署意见且该意见对己方有利;或有证据证明向对方送达了该函件或文件

1. 当事人单方加盖印章或签字的文件函件,至多属于单方陈述,在对方不予认

可的情况下,一般难以为法院采信。提交此等证据,达不到证明目的,此类证据中如果记载有对己方不利的事实,也容易被对方加以利用作为对提供方不利的事实认定。

尤其是,此类证据所要陈述的内容或事实,也可以通过向法庭陈述的方式完成,没有必要另外提交作为证据。

2.此类文件函件虽然系单方签字或盖章,但对方在文件签署意见且该等意见对己方有利或向对方送达了该等文件,则为了证明原告在此前往来过程中已经向被告发出了催告或通知,此类文件可以作为证据提交,但应同时提交送达的证据,包括:

(1)亲自送达的,提供对方对函件或文件签收的证明文件。

(2)通过邮寄送达的,提供快递回单。

(3)通过电子邮件送达的,提供证据证明收信的邮箱系双方指定接收文件的邮箱或虽未约定,但系双方认可的收发文件的邮箱。

(4)通过微信或短信送达的,提供微信短信记录,同时应提供证据证明该微信号码或手机号码系双方指定接收文件号码;或者虽未约定,但系双方认可收发文件的微信号码和手机号码(如该号码系对方对接事务的工作人员号码等)。在庭审时,应提交微信短信的原始载体或公证书。

3.如果此类文件函件记载的内容不利于己方,尽管有送达该文件函件的证据,除非涉及时效或义务履行的证明文件或行使权利的前提条件(如有的合同约定某种权利的行使须先行向对方发出通知),否则一般不提交此文件函件作为证据。

八、规律8:对待证事实的证明,证据的链条和推理的环节切忌过长,尽可能简单直接和明确

1.对于待证事实,应提供证据直接证明,而非将提供证据证明的事实作为另一个待证事实推理的基础和依据的事实。

2.证明待证事实的证据应能直接证明待证事实,而不是证明待证事实成立的条件或基础或与待证事实有关的事实。

3.提供的证据应尽可能可以直接证明诉讼请求依据的事实;即使证据不能直

接证明诉讼请求依据的事实,但结合其他证据也可以直接证明诉讼请求依据的事实。

4. 证明诉讼请求依据的事实应尽可能简单直接,尽量避免通过过多的推理和推断才能证明案件事实,无论该等推断是基于法律逻辑还是常识。

案例4-9:对待证事实的证明,证据的链条和推理的环节切忌过长,尽可能简单直接和明确

A公司系某项目的总承包单位,A公司承包项目后,与王某签订承包合同,合同约定王某投入资金完成项目建设,自负盈亏自担风险。王某承包项目后,聘请张某管理项目。李某经张某介绍并由张某招聘,在王某承包的某项目工地工作,在工作过程中,李某由张某直接领导,接受张某的指示和工作安排,有关工作亦向张某汇报。李某在工作过程中因意外导致人身受到伤害。受到伤害后,张某为李某垫付了医药费。

李某就其受到的伤害拟主张权利。就此,李某先行提起劳动关系确认的仲裁。李某主张,其系张某招聘并接受张某管理,而张某系A公司在项目现场的管理人员,因此,李某虽然未与A公司签订劳动合同,但由于张某系A公司管理人员,因此李某与A公司成立劳动关系。

本案劳动仲裁庭认为,由于张某系A公司在现场的管理人员,而李某系由张某招聘和管理,因此李某与A公司存在劳动关系。

在劳动仲裁庭作出裁决后,A公司不服,向法院起诉要求确认李某与A公司之间不存在劳动关系,一审法院经审理认为李某与A公司不存在劳动关系。

实战点评与分析

本案中,李某主张其与A公司存在劳动关系的思考和举证路径为:李某由张某招聘和管理,张某系A公司管理人员,因此李某与A公司存在劳动关系。

以上李某举证的路径和证据链过长,稍有不慎即难以达成证明目的。按照以上李某的举证路径,李某必须首先证明其系张某招聘和管理,张某为A公司管理人员。即使以上属实,李某也难以证明其与A公司存在劳动关系,理由如下：

其一，张某即便为 A 公司管理人员，但张某不一定与 A 公司成立劳动关系（如张某为劳务派遣人员）；其二，即便张某为 A 公司管理人员，且与 A 公司之间成立劳动关系，但不代表经张某招聘和管理的人员李某与 A 公司就存在劳动关系，而只能证明李某与张某之间可能存在劳动关系；其三，本案李某如要主张与 A 公司成立劳动关系，应提供与 A 公司之间成立劳动关系的证据，包括劳动合同，工资支付凭证，社保以及其他可以证明劳动关系成立的证据。

综合以上，由于李某拟举证证明其与 A 公司之间成立劳动关系的路径过长，且要达成其证明目的，必须先证明基础事实（李某由张某招聘和管理，张某系 A 公司管理人员），以这个事实为据进行推理，从而推导出李某系 A 公司员工。且不说其中存在的逻辑错误（即便李某证明其由张某招聘和管理，张某系 A 公司管理人员，也不等于其与 A 公司之间成立劳动关系），光是其过长的证据链和推理，也使其难以达成证明目的。本案，李某主张其与 A 公司成立劳动关系，应当缩短举证路径，直接提供证据证明其与 A 公司之间的劳动关系，此等证据包括与 A 公司签订的劳动合同，工资支付证明，社保证明以及其他足以证明双方之间成立劳动关系的证据。

相关法律规定：

《关于确立劳动关系有关事项的通知》（劳社部发〔2005〕12 号）

一、用人单位招用劳动者未订立书面劳动合同，但同时具备下列情形的，劳动关系成立。

（一）用人单位和劳动者符合法律、法规规定的主体资格；

（二）用人单位依法制定的各项劳动规章制度适用于劳动者，劳动者受用人单位的劳动管理，从事用人单位安排的有报酬的劳动；

（三）劳动者提供的劳动是用人单位业务的组成部分。

二、用人单位未与劳动者签订劳动合同，认定双方存在劳动关系时可参照下列凭证：

（一）工资支付凭证或记录（职工工资发放花名册）、缴纳各项社会保险费的记录；

（二）用人单位向劳动者发放的"工作证"、"服务证"等能够证明身份的证件；

（三）劳动者填写的用人单位招工招聘"登记表"、"报名表"等招用记录；

（四）考勤记录；

（五）其他劳动者的证言等。

其中，（一）、（三）、（四）项的有关凭证由用人单位负举证责任。

三、用人单位招用劳动者符合第一条规定的情形的，用人单位应当与劳动者补签劳动合同，劳动合同期限由双方协商确定。协商不一致的，任何一方均可提出终止劳动关系，但对符合签订无固定期限劳动合同条件的劳动者，如果劳动者提出订立无固定期限劳动合同，用人单位应当订立。

用人单位提出终止劳动关系的，应当按照劳动者在本单位工作年限每满一年支付一个月工资的经济补偿金。

四、建筑施工、矿山企业等用人单位将工程（业务）或经营权发包给不具备用工主体资格的组织或自然人，对该组织或自然人招用的劳动者，由具备用工主体资格的发包方承担用工主体责任。

五、劳动者与用人单位就是否存在劳动关系引发争议的，可以向有管辖权的劳动争议仲裁委员会申请仲裁。

九、规律9：原告拟证明与被告存在某种关系或履行了某一份合同，则原告应尽可能提供与被告存在某种关系或与该合同履行有关的证据；相反，被告可不提供证据或提供与原告不可能存在某种关系往来或不可能履行某一份合同的证据

实务中，在很多情况下，由于双方未签订书面的合同，原告如要向被告主张权利，必须首先证明双方存在合法有效的某种法律关系。此类案件，原告应提供与履行该合同相关的证据，此类证据如无对原告不利的事实，则无论是直接证据还是间接证据，都应尽可能多地提供。对于被告而言，则尽可能不提供相关证据；如果被告有证据证明被告系与第三人发生关系或交易，则可以提供相关证据作为反驳证据。

对于同一项目或事项双方签订有不同的合同，且实际履行的只是其中一份合

同,原告为证明实际履行的是其中某一份合同,应提供与履行该合同相关的证据。

实践中应注意以下实务要点

1. 付款凭单、往来函件、收据、发票是证明双方存在某种法律关系最有效的证据。

以买卖合同为例,如原告作为卖方向被告买方供应货物,但双方未签订书面的买卖合同,如原告以买卖合同为据要求被告支付货款,必须先证明双方存在买卖合同的法律关系,原告至少应提供以下证据:经由被告签收的供货单、发货单或送货单;签收供货单、发货单或送货单的人系被告公司员工或取得公司授权;此前供应货物被告支付货款的银行回单和原告开具给被告的发票;双方就货物买卖往来的函件文件或微信短信聊天记录;其他能证明原被告存在买卖关系的证据。

2. 在没有直接证据证明双方法律关系的情况下,应提供尽可能多的间接证据证明双方存在法律关系,具体可以法律法规规定该等法律关系具备的法律特征和法律事实为据,收集提供与该事实相关的证据。

以表见代理案件为例,如原告认为行为人实施的行为构成表见代理,则原告应尽可能提供行为人与被代理人之间关系的证据,如行为人与被代理人之间系挂靠关系或项目承包关系、行为人系被代理人员工、现场管理人员、以被代理人身份参加过有关会议、代理被代理人在项目中开展过经营活动等所有行为人与被代理人之间发生关系的证据。而作为被代理人而言,则不应提交其与行为人有关的证据。实际上,从客观规律而言,如果行为人与被代理人并无关系,也很难在彼此之间产生所谓的证据或较多的证据。

3. 对于同一项目或事项双方签订有不同的合同,且实际履行的只是其中一份合同,原告为证明实际履行的是其中某一份合同,可以通过正反两个方面来举证证明实际履行的合同:

(1)以实际履行合同的内容为依据,寻找一切与实际履行合同相关的证据,比如:

①实际支付的价款系实际履行合同约定的价款;

②合同履行过程中的付款和请款,均是按照实际履行合同约定的支付节点和请款程序办理的请款和付款,就此可以提供被告签字或盖章的请款单、开具的发票等;

③往来函件所述及的合同名称和内容均系实际履行的合同,就此可以提供双方往来函件等;

④其他各种文件、会议纪要、补充协议等述及合同名称、付款节点等与实际履行的合同相符。

(2)将双方未实际履行合同的主要内容(包括合同名称、付款条件和节点、合同约定的派驻人员等)进行归纳,与现有证据进行对比(可以通过列表的方式进行对比),证明实际的付款节点、合同条件、合同名称、其他权利义务等均与未实际履行合同不符,足以证明该合同并非实际履行合同。

关于实际履行合同的争议在建设工程领域较为常见。如未招先定的案件,发包人与承包人在招投标之前先行签订承包合同,招投标完成后,再次签订建设工程施工合同,此类案件,属于典型的未招先定,法院一般认定两份施工合同均无效,由此,法院将根据实际履行的合同约定的价款进行折价补偿。实际履行哪一份合同在此类案件中则成为双方争议焦点。

相关法律规定:

《建设工程解释一》第24条:"当事人就同一建设工程订立的数份建设工程施工合同均无效,但建设工程质量合格,一方当事人请求参照实际履行的合同关于工程价款的约定折价补偿承包人的,人民法院应予支持。

实际履行的合同难以确定,当事人请求参照最后签订的合同关于工程价款的约定折价补偿承包人的,人民法院应予支持。"

最高人民法院关于适用《中华人民共和国民法典》合同编通则若干问题的解释第14条:"当事人之间就同一交易订立多份合同,人民法院应当认定其中以虚假意思表示订立的合同无效。当事人为规避法律、行政法规的强制性规定,以虚假意思表示隐藏真实意思表示的,人民法院应当依据民法典第一百五十三条第一款的规定认定被隐藏合同的效力;当事人为规避法律、行政法规关于合同应当办理批准等手续的规定,以虚假意思表示隐藏真实意思表示的,人民法院应当依据民法典第五百零二条第二款的规定认定被隐藏合同的效力。

依据前款规定认定被隐藏合同无效或者确定不发生效力的,人民法院应当以被隐藏合同为事实基础,依民法典第一百五十七条的规定确定当事人的民事责任。但是,法律另有规定的除外。

当事人就同一交易订立的多份合同均系真实意思表示,且不存在其他影响合同效力情形的,人民法院应当在查明各合同成立先后顺序和实际履行情况的基础上,认定合同内容是否发生变更。法律、行政法规禁止变更合同内容的,人民法院应当认定合同的相应变更无效。"

案例4-10：在确定中标人前，招标人不得与投标人就投标价格、投标方案等实质性内容进行谈判

——黑龙江鸿基米兰房地产开发有限公司、江苏江中集团有限公司
建设工程施工合同纠纷二审民事判决书

审理法院:最高人民法院
案号:(2019)最高法民终1962号
裁判日期:2019年12月25日
案由:建设工程施工合同纠纷
审级:二审

•最高人民法院裁判意见

本院认为:《建设工程解释二》(已失效,笔者注)第11条第1款规定:"当事人就同一建设工程订立的数份建设工程施工合同均无效,但建设工程质量合格,一方当事人请求参照实际履行的合同结算建设工程价款的,人民法院应予支持。"本案中,江中公司于招投标程序前已经进场施工,后鸿基米兰公司方与江中公司签订《黑龙江省建设工程施工合同》和《工程施工协议书》。因双方当事人之间的行为违反《招标投标法》第43条关于"在确定中标人前,招标人不得与投标人就投标价格、投标方案等实质性内容进行谈判"的禁止性规定,故一审判决认定上述两份合同应为无效合同,并认定《工程施工协议书》为双方当事人实际履行的合同,案涉工程应参照该协议的约定进行工程价款的结算,上述认定并无不当,本院予以确认。根据各方当事人二审诉辩主张,鸿基米兰公司二审上诉主要围绕安全文明措施费、配合费、涂料费、维修费四项提出总计367万元的异议,并对一审审理程序提出异议,因此,本院针对以上事项予以评析。关于安全文明措施费及配合费问题,一审期间,鸿基米兰公司已经针对该费用具体数额提出异议,并经鉴定部门书面答复;二审中,鸿基米兰公司对于鉴定部门确定的数额标准并无异议,异议主

要集中在,其认为应按之前规定,由管理部门进行测定,确定江中公司已完成费用措施要求后,方能支持,因没有测定,应按照50%计取。《关于安全文明施工费计取有关事项的通知》(黑建造价函〔2016〕4号)规定:"自2016年1月1日起,新开工以及之前开工但未竣工的工程,工程造价管理机构不再出具《安全文明施工费标准核定表》,其安全文明施工费在结算时,按照省工程造价管理部门规定的标准计算。"一审判决认定,因案涉工程至今未进行竣工验收,属于前述通知规定的范围,工程造价管理机构不再为该工程出具安全文明施工费标准核定表,而安全生产措施费为施工过程中实际发生的费用,在结算时应按照黑龙江省工程造价管理部门规定的标准计取。该认定并无不当,符合本案工程实际情况,故鸿基米兰公司仅以工程造价管理机构未出具安全文明施工费标准核定表主张按照50%计取,无事实和法律依据,该上诉理由不能成立,本院不予支持。关于配合费用问题,鸿基米兰公司虽主张已与江中公司协商一致为219,973.91元,但未能举证证实其主张成立,故一审法院未予支持,并无不当。关于维修费及涂料费问题,鸿基米兰公司未能举证证明其曾就维修事宜通知江中公司,并要求江中公司予以维修,亦未能举证证明所发生的维修费用得到江中公司的认可。同理,鸿基米兰公司主张的涂料费亦为了证明工程存在质量问题,产生维修费用,鸿基米兰公司亦未能举证证明涂料款由江中公司实际使用或江中公司认可。因此,一审判决并未将此两笔费用计入已付工程款中,并无不当。关于鸿基米兰公司提出的一审法院未受理其就工程质量提出的鉴定申请,程序违法的上诉意见。鸿基米兰公司在一审立案十一个月,已进入工程造价鉴定程序近四个月后,方主张工程存在质量问题,并提出反诉请求。但是鸿基米兰公司未能提交案涉工程存在质量问题的有效初步证据。故一审法院为避免诉讼拖延,对鸿基米兰公司在本案中就质量问题提出的反诉请求裁定不予受理,并释明其可就该请求另行主张权利,程序上并无不当之处。综上,鸿基米兰公司的上诉请求不能成立,应予驳回;一审判决认定事实清楚,适用法律正确,应予维持。

实战点评与分析

1. 未招先定签订的建设工程施工合同均无效。

所谓未招先定,系指招标人和中标人在招投标之前已经就投标价格、投标方案等实质性内容进行谈判,此种行为违反了《招标投标法》的规定,其结果是中标前签订的合同以及经招投标签订的合同均无效。而未招先定的常见情形为招投标前，招标人和中标人已经签订了施工合同并实际履行。本案即是如此：江中公司于招投标程序前已经进场施工，后鸿基米兰公司与江中公司签订《黑龙江省建设工程施工合同》和《工程施工协议书》。因双方当事人之间的行为违反《招标投标法》第43条关于"在确定中标人前，招标人不得与投标人就投标价格、投标方案等实质性内容进行谈判"的禁止性规定，故上述两份合同应为无效合同。

两份合同均无效的，应按实际履行的合同确定双方权利义务。

相关法律规定：

《建设工程解释一》第24条第1款："当事人就同一建设工程订立的数份建设工程施工合同均无效，但建设工程质量合格，一方当事人请求参照实际履行的合同关于工程价款的约定折价补偿承包人的，人民法院应予支持。"

2.对于同一项目或事项双方签订有不同的合同，且实际履行的只是其中一份合同，原告为证明实际履行的是其中某一份合同，应提供与履行该合同相关的证据。

本案中，双方签订了《黑龙江省建设工程施工合同》和《工程施工协议书》，此时需要判断实际履行的是哪一份合同，经法院确认，实际履行的《工程施工协议书》，法院据此按照该协议作为双方结算依据。

3.关于维修款的主张和举证。

维修费用分为两种，一种是在工程竣工验收前，因承包人施工质量不合格发生的维修费；另一种则是工程竣工验收，由于工程存在瑕疵，承包人拒不履行保修义务，发包人代为维修发生的费用。

(1)工程竣工验收前，因承包人施工质量不合格发生的维修费。

关于工程质量不合格发生的维修费用，其主张和举证规则如下：

其一，提供初步证据证明施工质量不合格，如可以提供监理通知单（尽可能附上照片）；

其二，如对方对此有异议，可以申请鉴定；

其三，提供维修的证据，如委托第三方进行维修的合同，验收记录，付款凭单，发票等；

其四,在工程质量经鉴定不合格后,对于维修造价申请鉴定。

相关法律规定:

《建设工程解释一》第16条:"发包人在承包人提起的建设工程施工合同纠纷案件中,以建设工程质量不符合合同约定或者法律规定为由,就承包人支付违约金或者赔偿修理、返工、改建的合理费用等损失提出反诉的,人民法院可以合并审理。"

第12条:"因承包人的原因造成建设工程质量不符合约定,承包人拒绝修理、返工或者改建,发包人请求减少支付工程价款的,人民法院应予支持。"

(2)由于工程存在瑕疵,承包人拒不履行保修义务,发包人代为维修发生的费用。

工程的保修责任人为承包人,因此,对于工程保修,应首先通知承包人到场负责实施,除非承包人拒不到场,发包人才有权根据合同另行委托第三方维修,并就维修发生费用在质保金中扣除,如质保金不足,则可另行向承包人主张。

关于工程存在瑕疵,承包人拒不履行保修义务,发包人就代为维修发生的费用提出主张的举证规则如下:

其一,证明案涉工程存在应保修的事实,如业主提出工程存在瑕疵的投诉书、物业公司现场核实的证明文件如照片和视频等;

其二,就工程质量存在瑕疵,发包人通知承包人进场维修;

其三,承包人拒不维修或未及时进场维修;

其四,发包人委托第三方进行维修,就此应提供有关合同,付款凭单,维修完毕后的验收证明文件,发票等。

十、规律10:特定行业、领域对市场主体准入、交易条件等有特别规定,且一旦违反将可能导致合同无效,如原告认为合同有效并根据合法有效的合同向对方主张违约责任的,一般应就合同主体、交易条件等符合国家法律法规进行举证,以证明合同合法有效

合同纠纷案件,无论双方是否对合同效力提出异议以及各自对合同效力如何

主张，法院均需要就合同是否有效进行审理并独立判断，换言之，即便双方当事人均认为合同合法有效，亦不影响法院认定合同无效。因此，在合同纠纷案件中，如原告认为被告违约并向被告主张违约责任，原告应主动提供证据证明合同合法有效。

《九民纪要》第三部分第（一）："人民法院在审理合同纠纷案件过程中，要依职权审查合同是否存在无效的情形，注意无效与可撤销、未生效、效力待定等合同效力形态之间的区别，准确认定合同效力，并根据效力的不同情形，结合当事人的诉讼请求，确定相应的民事责任。"

合同纠纷案件中，原告如主张被告需承担违约责任，应就合同合法有效主动提供证据予以证实，具体包括：

1. 法律规定合同主体不具备一定资质合同无效的，原告需提供合同主体具备相应资质的证据。

比如建设工程施工合同纠纷，承包人向发包人主张支付工程款并支付违约金，承包人必须证明双方签订的建设工程施工合同合法有效才能主张违约金，而承包人只有具备相应的施工资质，双方签订的建设工程施工合同才合法有效，否则无效，因此承包人在该案中应主动提供其具有相应资质的证据。

相关法律规定：

《建设工程解释一》第1条第1款："建设工程施工合同具有下列情形之一的，应当依据民法典第一百五十三条第一款的规定，认定无效：

（一）承包人未取得建筑业企业资质或者超越资质等级的；

（二）没有资质的实际施工人借用有资质的建筑施工企业名义的；

（三）建设工程必须进行招标而未招标或者中标无效的。"

2. 法律规定从事某种交易需具备一定条件，如不具备将导致合同无效的，应当主动提供证据证明案涉交易活动具备此等条件。

对有的交易活动，我国法律规定必须具备一定条件方能进行，如不具备此种条件，将导致合同无效。比较典型的有：商品房预售买卖、建设工程施工合同和租赁合同均有类似规定。

《最高人民法院关于审理商品房买卖合同纠纷案件适用法律问题的解释》第2条："出卖人未取得商品房预售许可证明，与买受人订立的商品房预售合同，应当认定无效，但是在起诉前取得商品房预售许可证明的，可以认定有效。"

《建设工程解释一》第3条："当事人以发包人未取得建设工程规划许可证等规划审批手续为由，请求确认建设工程施工合同无效的，人民法院应予支持，但发包人在起诉前取得建设工程规划许可证等规划审批手续的除外。

发包人能够办理审批手续而未办理，并以未办理审批手续为由请求确认建设工程施工合同无效的，人民法院不予支持。"

《最高人民法院关于审理城镇房屋租赁合同纠纷案件具体应用法律问题的解释》第2条："出租人就未取得建设工程规划许可证或者未按照建设工程规划许可证的规定建设的房屋，与承租人订立的租赁合同无效。但在一审法庭辩论终结前取得建设工程规划许可证或者经主管部门批准建设的，人民法院应当认定有效。"

十一、规律11：必须招投标的项目，应提供招标文件、投标文件和中标通知书；不是必须招投标的项目但亦进行了招投标，应提供招标文件、投标文件和中标通知书

1. 必须招投标的项目

《招标投标法》第3条："在中华人民共和国境内进行下列工程建设项目包括项目的勘察、设计、施工、监理以及与工程建设有关的重要设备、材料等的采购，必须进行招标：

（一）大型基础设施、公用事业等关系社会公共利益、公众安全的项目；

（二）全部或者部分使用国有资金投资或者国家融资的项目；

（三）使用国际组织或者外国政府贷款、援助资金的项目。

前款所列项目的具体范围和规模标准，由国务院发展计划部门会同国务院有关部门制订，报国务院批准。

法律或者国务院对必须进行招标的其他项目的范围有规定的，依照其规定。"

《必须招标的工程项目规定》第2条："全部或者部分使用国有资金投资或者国家融资的项目包括：（一）使用预算资金200万元人民币以上，并且该资金占投资额10%以上的项目；（二）使用国有企业事业单位资金，并且该资金占控股或者主导地位的项目。"

第3条："使用国际组织或者外国政府贷款、援助资金的项目包括：（一）使用

世界银行、亚洲开发银行等国际组织贷款、援助资金的项目；(二)使用外国政府及其机构贷款、援助资金的项目。"

第4条："不属于本规定第二条、第三条规定情形的大型基础设施、公用事业等关系社会公共利益、公众安全的项目，必须招标的具体范围由国务院发展改革部门会同国务院有关部门按照确有必要、严格限定的原则制订，报国务院批准。"

第5条："本规定第二条至第四条规定范围内的项目，其勘察、设计、施工、监理以及与工程建设有关的重要设备、材料等的采购达到下列标准之一的，必须招标：(一)施工单项合同估算价在400万元人民币以上；(二)重要设备、材料等货物的采购，单项合同估算价在200万元人民币以上；(三)勘察、设计、监理等服务的采购，单项合同估算价在100万元人民币以上。同一项目中可以合并进行的勘察、设计、施工、监理以及与工程建设有关的重要设备、材料等的采购，合同估算价合计达到前款规定标准的，必须招标。"

《建设工程解释一》第1条第1款："建设工程施工合同具有下列情形之一的，应当依据民法典第一百五十三条第一款的规定，认定无效：……(三)建设工程必须进行招标而未招标或者中标无效的。"

根据上述规定，对于必须招投标项目(主要是指全部或者部分使用国有资金投资或者国家融资的项目、使用国际组织或者外国政府贷款、援助资金的项目)，如未经招投标而签订合同，有关合同将被认定为无效。因此对于必须招标投标的项目，务必提供有关招标文件、投标文件、中标通知书和合同，以证明签订的建设工程施工合同系经合法有效的招标和投标，合同并未违反《招标投标法》规定，系合法有效的合同。

2.对于并非必须招投标的项目，如通过招投标确定合作单位，亦应提供招标文件、投标文件和中标通知书作为证据

招标、投标、中标的过程实际为合同订立阶段的要约邀请、要约和承诺的过程，招标文件、投标文件和中标通知书均属于合同内容，如经招标投标签订的合同与招标文件投标文件不符，应按照招标文件投标文件和中标通知书的内容执行。即便项目并非必须招投标项目，但一旦采用招投标方式签订合同，有关招标、投标、中标和合同签订亦应受《招标投标法》的规制。因此，经招投标签订的合同，招标文件、投标文件和中标通知书系合同的重要内容，应当提交作为证据。

相关法律规定：

《建设工程解释一》第 2 条："招标人和中标人另行签订的建设工程施工合同约定的工程范围、建设工期、工程质量、工程价款等实质性内容，与中标合同不一致，一方当事人请求按照中标合同确定权利义务的，人民法院应予支持。

招标人和中标人在中标合同之外就明显高于市场价格购买承建房产、无偿建设住房配套设施、让利、向建设单位捐赠财物等另行签订合同，变相降低工程价款，一方当事人以该合同背离中标合同实质性内容为由请求确认无效的，人民法院应予支持。"

第 22 条："当事人签订的建设工程施工合同与招标文件、投标文件、中标通知书载明的工程范围、建设工期、工程质量、工程价款不一致，一方当事人请求将招标文件、投标文件、中标通知书作为结算工程价款的依据的，人民法院应予支持。"

第 23 条："发包人将依法不属于必须招标的建设工程进行招标后，与承包人另行订立的建设工程施工合同背离中标合同的实质性内容，当事人请求以中标合同作为结算建设工程价款依据的，人民法院应予支持，但发包人与承包人因客观情况发生了在招标投标时难以预见的变化而另行订立建设工程施工合同的除外。"

案例 4-11：建设工程施工合同因违反《招标投标法》应被认定为无效

——四川省远发实业有限公司、四川省第六建筑有限公司
建设工程施工合同纠纷民事申请再审案

审理法院：最高人民法院

案号：(2022)最高法民申 93 号

裁判日期：2022 年 4 月 29 日

案由：民事 > 合同、准合同纠纷 > 合同纠纷 > 建设工程合同纠纷 > 建设工程施工合同纠纷

• **最高人民法院裁判意见**

本院认为，本案的争议焦点为：(1)案涉三份补充协议是否合法有效，是否应当按照补充协议的约定计算欠付工程款的资金占用费以及工程价款应否上浮 2%；(2)二次搬运费、安全文明施工费以及安全文明施工奖励费计取是否正确。

对此,本院评判如下:

1. 关于案涉三份补充协议是否合法有效,是否应当按照补充协议的约定计算欠付工程款的资金占用费以及工程价款应否上浮2%的问题。

双方于2013年11月27日签订的《建设工程施工合同》因违反《招标投标法》的强制性规定,属于无效合同。但双方之后签订的三份补充协议系针对远发公司欠付工程进度款如何支付、未按约支付的工程进度款按18%/年计取资金占用费以及远发公司因未及时支付工程进度款自愿在工程总价基础上上浮2%作为最终结算价的约定,具有清理双方债务的性质,按照《合同法》第98条的规定,"合同的权利义务终止,不影响合同中结算和清理条款的效力",三份补充协议独立于《建设工程施工合同》,属有效合同。原审按照该补充协议的约定支持了六建公司要求远发公司承担欠付工程款的资金占用费和工程总价上浮2%的请求,适用法律并无错误。

2. 关于二次搬运费、安全文明施工费以及安全文明施工奖励费计取是否正确的问题。

关于二次搬运费问题。原审查明,双方在结算过程中将二次搬运费119,702元作为争议事项单列,在一审审理过程中,远发公司自认施工中发生了二次搬运的事实,也未对二次搬运费的金额进行否认。按照《民事证据规定》第4条的规定,一方当事人对于另一方当事人主张的于己不利的事实既不承认也不否认,经审判人员说明并询问后,其仍然不明确表示肯定或者否定的,视为对该事实的承认。原审据此确认二次搬运费119,702元,并不缺乏证据。

关于安全文明施工费以及安全文明施工奖励费的问题。双方当事人对四川省建设工程质量安全与监理协会于2021年11月29日撤销了案涉工程"四川省省级安全生产文明施工标准化工地"称号的事实没有争议。六建公司现明确表示放弃原判确定的两部分费用:标化工地奖励632,648元、该部分金额上浮2%部分的金额12,653元以及前述金额共计645,301元从2020年5月1日起算的资金占用费;安全文明施工费1,407,129元、该部分金额上浮2%部分的金额28,142元以及前述金额共计1,435,271元从2020年5月1日起计算的资金占用费。鉴于六建公司已主动放弃收取上述款项,双方对该部分事实并无争议,在远发公司其他再审理由均不成立的情况下,没有必要对原判进行再审,双方可在原判执行过程中予以解决。

实战点评与分析

违反《招标投标法》签订的《建设工程施工合同》无效，但根据无效合同签订的补充协议并非一律无效。

就本案而言，双方于2013年11月27日签订的《建设工程施工合同》因违反《招标投标法》的强制性规定，属于无效合同。但双方之后签订的三份补充协议系针对远发公司欠付工程进度款如何支付、未按约支付的工程进度款按18%/年计取资金占用费以及远发公司因未及时支付工程进度款自愿在工程总价基础上上浮2%作为最终结算价的约定，具有清理双方债务的性质，因此法院认定为有效。

同时，对于无效的建设工程施工合同，双方如针对工程造价签订结算协议，该协议亦为有效。《民法典》第793条第1款规定："建设工程施工合同无效，但是建设工程经验收合格的，可以参照合同关于工程价款的约定折价补偿承包人。"结算协议可以视为系在合同无效的情况下双方对工程折价补偿所做的约定，此种约定并未违反强制性法律法规，是合法有效的。

值得注意的是，案例4-11中，法院认定双方签订补充协议确定总价上浮2%亦为有效。这里引申出一个问题，即无效合同约定的下浮（或上浮）是否应予支持。

案例4-12：不支持无效合同中约定总价下浮的案例

——浙江宏成建设集团有限公司、陕西广厦投资发展集团有限公司
建设工程施工合同纠纷二审民事判决书

审理法院：最高人民法院
案号：(2020)最高法民终849号
裁判日期：2020年10月21日
案由：民事 > 合同、准合同纠纷 > 合同纠纷 > 建设工程合同纠纷 > 建设工程施工合同纠纷

• **最高人民法院裁判意见**

本院审理查明，一审查明的事实属实，本院予以确认。

本院认为,根据《招标投标法》第43条的规定,在确定中标人前,招标人不得与投标人就投标价格、投标方案等实质性内容进行谈判。本案双方当事人在招投标之前已签订了承包协议、补充协议及《关于东方明珠建筑工程施工承包协议书的更改补充》共三份协议,在招投标后又签订仅用于备案的施工合同,明招暗定,虚假招标,违反了法律、行政法规的强制性规定,均属无效合同。一审判决关于承包协议、补充协议及《关于东方明珠建筑工程施工承包协议书的更改补充》有效的认定不当,本院予以纠正。三份合同系本案双方当事人实际履行的合同,根据《建设工程解释二》(已失效,笔者注)第11条的规定,可参照上述合同结算价款。总结双方诉辩观点,本案二审争议的焦点问题可归纳为两点:应付工程款和已付工程款的确定;质保期起算点和付款节点的认定。

关于第一个焦点问题。本案备案的施工合同采用固定综合单价,约定价款33,986.28万元,双方在诉讼中均表示对该造价无须鉴定,仅申请对增减变更、甩项工程、甲供材进行鉴定。鉴定机构出具鉴定意见后,鉴定人员出庭接受了质询,并就双方提出的异议进行答复,调整了鉴定意见。一审法院在采信鉴定意见的基础上,对应付工程款和已付工程款进行了认定。双方对一审法院就部分分项的认定不服,提起上诉,本院逐项评判如下:

关于应付工程款。

(1)宏成公司主张不应扣减地下车库供热主管道安装费1,129,256.97元、需完善的费用1,122,026.77元,以及防水、恢复散水水沟费用63,478.28元。本院认为,广厦公司提交的证据证明工程存在甩项及整改等多项问题,宏成公司未提交该公司就上述项目施工的证据,一审判决将上述项目工程量从工程总造价中予以扣减,处理正确。

(2)宏成公司主张配合费应为一审法院计算的2,014,286.8元,广厦公司主张不应支持配合费。本院认为,在发包人将部分项目分包给他人施工的情形下,总包单位可收取配合费。案涉承包协议第十条第七项亦明确约定了配合费的计取。宏成公司诉请工程款,在起诉时虽未明确配合费的具体金额,但在鉴定时明确其计取的配合费金额为1,952,376.56元,未超出该公司诉请范围,亦不存在增加诉讼请求及超过变更诉讼请求期限的问题。广厦公司在一审期间主张的配合费金额为1,742,800元,但存在分包项目不完备、计算基数缺乏结算材料佐证的问题。一审法院综合全案证据,支持宏成公司主张的1,952,376.56元,处理无明显不当。

(3)广厦公司主张应依据承包协议的约定对工程总造价下浮5%。本院认为,承包协议系无效合同,其中关于工程总造价下浮5%的约定亦归于无效。一审判决根据公平原则及案涉工程的实际情况,对工程总价未予下浮,处理亦无不当。

(4)关于人工费调差,广厦公司主张不应执行陕建发(2013)181号文件。本院认为,承包协议约定人工费如有新文件按新文件执行(约定部分除外),同时,双方并未就人工费作其他约定,一审判决根据双方在新文件施行前对工程量进行统计确认的事实,结合承包协议的约定及文件的规定,推定双方同意执行该文件,并采信鉴定机构计算的调差金额,具有事实和法律依据。

(5)关于电梯设备损坏赔偿费用,广厦公司主张从应付工程款中扣除此项费用。本院认为,广厦公司未能提交证据证明电梯设备损害系宏成公司造成,或应由宏成公司承担责任,一审判决对该公司此项主张不予支持,处理正确。

案例4-13:支持无效合同中约定总价下浮的案例

——河南省合立建筑工程有限公司、河南泓铭置业有限公司等建设工程施工合同纠纷民事申请再审审查民事裁定书

审理法院:最高人民法院

案号:(2021)最高法民申5096号

裁判日期:2021年12月20日

案由:建设工程施工合同纠纷

• 最高人民法院裁判意见

1.关于合立建筑公司已完工程价款的认定问题。根据二审查明的事实,合立建筑公司与泓铭置业公司之间的案涉施工合同违反《招标投标法》第34条的规定,应当认定无效。但在案涉工程已经完工并交付使用的情况下,可以参照双方约定认定工程价款。在案涉工程价款未结算且存在争议的情形下,一审法院根据泓铭置业公司的申请委托鉴定机构对案涉工程价款进行鉴定,并无不当。案涉施工合同关于工程价款的约定为"执行招标文件、补充协议及投标文件",而案涉工程招标文件中载明"投标人只需投标在决算价基础上的下浮率",中标通知书载明"中标价为下浮率8%",补充协议亦载明下浮率8%。二审判决据此认定工程款应当下浮8%计算,并无不当。

实战点评与分析

笔者认为,下浮系属于造价不可分割的部分,根据《民法典》第793条的规定,建设工程施工合同无效,如工程经验收合格,可以参照合同有关价款折价补偿,因此,在建设工程施工合同无效的情况下,对于合同约定的下浮也应支持。

2.诉讼过程中,当事人陈述对己方不利的事实,对方无须举证;当事人对有关事实,不作明确回答的,视为认可该事实。

在本案中,关于二次搬运费问题。原审查明,双方在结算过程中将二次搬运费119,702元作为争议事项单列,在一审审理过程中,远发公司自认施工中发生了二次搬运的事实,也未对二次搬运费的金额进行否认。按照《民事证据规定》第4条的规定,一方当事人对于另一方当事人主张的于己不利的事实既不承认也不否认,经审判人员说明并询问后,其仍然不明确表示肯定或者否定的,视为对该事实的承认。原审据此确认二次搬运费119,702元,并无不当。

第三节

各种不同类型证据的举证实务和运用

《民事诉讼法》第66条:"证据包括:(一)当事人的陈述;(二)书证;(三)物证;(四)视听资料;(五)电子数据;(六)证人证言;(七)鉴定意见;(八)勘验笔录。证据必须查证属实,才能作为认定事实的根据。"

以上是《民事诉讼法》规定的证据类型,不同类型的证据,其举证规则各不相同,以下就不同类型的证据该如何举证,举证中应注意的事项,在实务中该如何运用进行论述。

一、当事人陈述

(一)法律规定

《民事诉讼法》第78条:"人民法院对当事人的陈述,应当结合本案的其他证据,审查确定能否作为认定事实的根据。

当事人拒绝陈述的,不影响人民法院根据证据认定案件事实。"

《民事诉讼法解释》第92条:"一方当事人在法庭审理中,或者在起诉状、答辩状、代理词等书面材料中,对于己不利的事实明确表示承认的,另一方当事人无需举证证明。

对于涉及身份关系、国家利益、社会公共利益等应当由人民法院依职权调查的事实,不适用前款自认的规定。

自认的事实与查明的事实不符的,人民法院不予确认。"

《民事证据规定》第3条:"在诉讼过程中,一方当事人陈述的于己不利的事实,或者对于己不利的事实明确表示承认的,另一方当事人无需举证证明。

在证据交换、询问、调查过程中，或者在起诉状、答辩状、代理词等书面材料中，当事人明确承认于己不利的事实的，适用前款规定。"

第4条："一方当事人对于另一方当事人主张的于己不利的事实既不承认也不否认，经审判人员说明并询问后，其仍然不明确表示肯定或者否定的，视为对该事实的承认。"

（二）实务要点

1. 对于当事人陈述，如果无其他证据支撑，仅仅是当事人陈述本身，法院一般无法对陈述事实作出认定，当然，如果陈述方的相对方对陈述事实予以认可，法院一般会采纳该陈述并作为认定事实的依据。

双方陈述事实的内容不同，甚至相互矛盾，在各方都无法提供证据的情况下，法院一般会不单独对一方陈述的事实予以认定，而是结合全案其他证据作出认定。

2. 对事实的陈述在庭审前往往出现在起诉状、答辩状、证据目录等书面文件中。在庭审过程中，法官也会对相关事实询问原、被告，此时原、被告对事实作出的回答也是事实陈述。

3. 对事实的陈述应基于证据，即任何对案件事实的陈述，都必须有相应的证据作为依据，比如原告在起诉状中陈述收到了一定数额的资金，该资金数额必须与原告提供的证据相互印证，必要时可以利用被告的证据作为依据。

4. 对事实的陈述一定正面回应，即要准确和明确回答，切忌答非所问和逃避法官提出的问题；对于与案件有关的重要事实，应尽可能在庭审前查清，对于庭审时难以回答的问题，可以向法官表示"庭后核实"，但"庭后核实"的问题应尽可能少。

5. 陈述事实应以当事人确认的证据为依据，如实陈述证据反映的事实，陈述事实应仅陈述事实本身，切勿对陈述的事实擅自定性或评价，切忌陈述的内容超出证据反映事实的范畴或与证据无关，举例如下：

案例4-14：陈述的事实不应超出证据反映的事实本身

甲公司（原告）于2020年7月13日与被告黄某（黄某为乙公司的法定代表人）签订《借款协议》，约定甲向乙提供借款人民币200万元，借款期限为3个月，自2020年7月14日起至10月14日止，借款年化利率为24%。合同签订后，甲公司于当日将200万元转账支付至黄某账户,因黄某逾期未能归还,甲向法院起诉要求乙归还全部借款本息,就此草拟起诉状,关于借款事宜,陈述如下:

陈述1:被告黄某作为乙公司法定代表人和股东,其因资金周转困难,于2020年7月13日与原告签订《借款协议》,约定原告向其提供借款人民币2,000,000元,借款期限为3个月,自2020年7月14日起至10月14日止,借款年化利率为24%。

陈述2:原告与被告黄某于2020年7月13日签订《借款协议》,约定原告向其提供借款人民币2,000,000元,借款期限为3个月,自2020年7月14日起至2020年10月14日止,借款年化利率为24%。

实战点评与分析

以上对有关借款事实的陈述截然不同,相较陈述2,陈述1在事实部分额外陈述如下事实:被告黄某作为乙公司法定代表人和股东;被告因资金周转困难而向原告借款。

从借款协议本身看,尽管黄某为乙公司的法定代表人,但借款协议签约主体仅为原告和黄某,在该协议中,既没有载明黄某的身份为乙公司法定代表人,更未载明黄某系以乙公司法定代表人和股东身份签订借款协议;借款协议也未载明借款的原因为"资金周转困难",因此,陈述1在诉状中陈述的所谓事实并非事实,且陈述1陈述的所谓事实反而可能对原告不利——既然原告与黄某签订借款协议时自认为黄某系乙公司法定代表人和股东,则意味着此笔借款系由黄某作为公司法定代表人向原告借款,黄某的借款行为系代表公司,其行为结果应由公司承担,该借款协议的主体为原告和乙公司,黄某不承担本案的还款责任。

陈述2则仅仅对借款事实本身进行陈述,包括借款主体、借款时间、金额和利率等,如实反映借款协议本身的内容,不对事实本身评论和定性,也没有添加事实以外的其他所谓事实,此种陈述既符合事实,也没有对原告方不利的事实。

综上可见,陈述事实应仅限于证据本身反映的事实,陈述事实不得对证据反映的事实进行评价和定性,更不得超出证据反映的事实而添加其他所谓的事实。

案例 4-15：陈述事实不应对事实本身进行评价和定性

甲向乙支付款项 100 万元,该 100 万元系通过丙的账户支付给乙。对上述事实陈述如下：

陈述 1：甲向乙支付了 100 万元的工程款,该款系由甲的员工丙支付给乙。

陈述 2：甲向乙方支付了 100 万元,该款系通过丙的账户支付给乙。

对同样的事实,以上陈述并不相同,现评析如下：

陈述 1 将支付的 100 万元定性为工程款,并认定丙为甲的员工。在该案中,如果缺少甲乙之间的施工合同或双方本身对支付的 100 万元是否系工程款存在争议或甲对于该款定性为工程款还是履约保证金在起诉时尚未最终决定,在此情况下,将 100 万元直接定性为工程款显然缺乏依据,同时甲也丧失了将款项定性为其他用途的机会。

陈述 1 直接将丙定性为甲的员工也存在较大问题：甲通过丙付款,甲与丙之间可能系朋友关系,也可能甲与丙无任何关系,也可能丙为甲转包工程的承包人或实际施工人,丙也可能是甲的债务人等,在未收集并提供甲与丙签订的劳动合同、社保和工资发放证明的情况下,径直认定丙为甲员工显然并无依据；更何况,丙的身份对于陈述该笔款项的支付无任何关系。陈述 1 的所谓陈述显然是画蛇添足,且会给甲带来不必要的麻烦：比如丙为甲转包项目的实际施工人,丙以甲的名义签订了大量合同,这些合同都没有甲的盖章和授权,甲对此也不认可,但如果在此直接陈述丙为甲的员工,则意味着丙签订的其他合同,尽管没有得到甲的授权,甲也未盖章,但由于甲自认丙为甲的员工,因此签订这些合同系甲公司员工的职务行为,对甲有效。

陈述 2 则仅对事实进行陈述,没有超出事实以外对事实定性和评价或添加其他事实,此种事实陈述,无论在何种情况下,都不会出错,也不会被对方利用作为对原告方不利事实的认定。

6. 对于付款凭单、发票、违约金和利息计算、工程开竣工时间等较为繁杂的事实,应尽可能列表,让法官通过表格一目了然,在列表时,对于表格记载的数据以及对应的事实,必须注明证据来源(包括原、被告证据第几项、第几页等),必要时,可以将对应的证据作为附件附在表格后面,方便法官查看,对上述有关事实陈述,提供表格即可。

7. 对有关事实陈述,应明确有关事实发生的时间、地点,如涉及人物(包括自然人和法人),应查清人物在案件中的地位,与本案是何关系;如涉及的主体为自然人,应查清自然人的名字、身份、所在单位、职务等。向法庭陈述事实,应结合证据,围绕原告诉讼请求以及诉讼所依据的事实重点陈述,切忌超出证据证明的事实而任意展开陈述。

8. 对于原告诉讼请求主张的金额,必须能准确陈述该金额的计算过程(包括该金额是如何计算得出)、计算依据(依据的合同条款或法律规定)以及各项数据的合计金额,如有必要,可以将计算过程列表出示给法庭。例如,以下是在某个案件中,原告向法庭提交的有关被告账户或本案应收账款被法院冻结所涉违约金。

法院冻结账户或工程款的违约金

序号	诉讼文书	法院	冻结日期	冻结金额(元)	违约金(元)	利息计算起始时间	利息计算截止时间	计算利息天数(天)	利息(元)
1	(2020)桂0321财保1×××号之三民事裁定书、(2020)桂0321执保11×××号之三协助执行通知书	广西壮族自治区桂林市阳朔县人民法院	2020年8月5日	1,000,000	200,000	2020年8月12日	2021年12月30日	505	213,068.49
2	(2020)桂0304执保60×××号之一执行裁定书、协助执行通知书	广西壮族自治区桂林市象山区人民法院	2021年1月5日	1,600,000	320,000	2021年1月12日	2021年12月30日	352	237,624.11

续表

序号	诉讼文书	法院	冻结日期	冻结金额（元）	违约金（元）	利息计算起始时间	利息计算截止时间	计算利息天数（天）	利息（元）
3	（2021）桂0902民初324×××号民事裁定书、（2021）桂0902执保56××××号协助执行通知书	广西壮族自治区玉林市玉州区人民法院	2021年4月9日	1,550,000	310,000	2021年4月16日	2021年12月30日	258	168,724.93
4	（2021）陕01执13×××号之二执行裁定书、（2021）陕01执13×××号第三人履行到期债务通知书	陕西省西安市中级人民法院	2021年7月20日	1,403,721.16	280,744.232	2021年7月27日	2021年12月30日	156	92,391.77
5	（2021）桂0902民初581×××号之一民事裁定书、（2021）桂0902执保138×××号执行通知书	广西壮族自治区玉林市玉州区人民法院	2021年7月23日	3,808,851.28	761,770.256	2021年7月30日	2021年12月30日	153	245,874.39

续表

序号	诉讼文书	法院	冻结日期	冻结金额（元）	违约金（元）	利息计算起始时间	利息计算截止时间	计算利息天数（天）	利息（元）
6	（2021）桂0321执保41×××号之一协助执行通知书、（2021）桂0321民初60×××号民事裁定书	广西壮族自治区桂林市阳朔县人民法院	2021年9月6日	1,161,643.26	232,328.652	2021年9月13日	2021年12月30日	108	52,932.74
7	（2021）桂0321执保41×××号之一协助执行通知书、（2021）桂0321民初60×××号民事裁定书	广西壮族自治区桂林市阳朔县人民法院	2021年9月6日	1,188,818.41	237,763.682	2021年9月13日	2021年12月30日	108	54,171.04
8	（2020）桂0107民初14139号协助执行通知书、民事裁定书	广西壮族自治区南宁市西乡塘区人民法院	2021年9月30日	3,430,805.33	686,161.066	2021年10月7日	2021年12月30日	84	121,591.50
合计					3,028,767.888				1,186,378.98
两项合计					4,215,146.87				

续表

序号	诉讼文书	法院	冻结日期	冻结金额（元）	违约金（元）	利息计算起始时间	利息计算利息截止时间	计算利息天数（天）	利息（元）

违约金计算公式:冻结金额×20%
利息计算公式:冻结金额×3.85%×4÷365×天数
合同依据:
①《建设工程施工合同》第35.3条(合同第139页):35.3 因承包人自身债务造成法院冻结发包人账户或冻结承包人在发包人处的待付工程款等款项,致使发包人无法付款给承包人,或者导致发包人其他经营受阻情况,均属于承包人严重违约,承包人应对发包人承担法院冻结或强制划扣款项数额20%的违约金,并还需赔偿发包人遭受的实际损失。
②第27.3.6条(合同第129页):如发生材料供应商提起对承包人追索欠付材料款的诉讼案件,承包人应自行处理,不得牵涉发包人所在工程。如法院判决承包人应当支付欠付的材料款,而承包人向法院提出在发包人或发包人关联企业(包括但不限于隶属于发包人母公司 BGY 集团的各关联企业)处尚有未付工程款,导致法院来发包人或发包人关联企业所在工程查封、冻结账户或先予执行扣划款项等,一切后果概由承包人承担,并由承包人向发包人承担违约责任。凡有法院查封、冻结发包人或发包人关联企业账户或先予执行财产的事件,承包人应按发包人或发包人关联企业被查封、冻结或被先予执行的金额自法院查封、冻结、先予执行之日起7日内向发包人支付违约金。逾期支付,每日向发包人支付银行贷款(按年利3.85%计算)的4倍利息。该违约金由发包人在承包人一切款项中扣除。如承包人剩余款项不足抵扣,由发包人按照法律途径向承包人追索。

实战点评与分析

对于违约金或利息,可以通过列表的方式向法庭展示,展示的内容至少包括:违约金或利息的金额、计算的起止日期、天数、标准、计算过程和方式,计算该等违约金的依据,包括合同依据和法律依据,一个表格即可以让法官和对方当事人快速简单地知晓违约金和利息是如何计算得出的,无须庭审时再做冗长复杂的陈述。

9.法庭询问环节,当事人或代理人对事实的陈述尤为重要。作为代理律师,在接到案件后,务必对案件事实有充分的了解,包括双方之间的法律关系、相关的当事人情况、是否还有其他被告或第三人、行为发生时间、地点、各方履行情况、行为是个人行为还是职务行为、是否构成表见代理、支付了多少款项、是转账还是现金、是否有收据、发票开具情况、是否存在违约情形、是否有损失发生、是直接损失还是间接损失(是否有证据证明)等,这些都应在庭审前有充分的了解,以便在对方陈述事实或法庭询问事实时能有充分准备并根据事实做出对己方有利的事实陈述。当然,在陈述时,最好能结合证据进行,或者陈述有证据可以证明的事实,这样的陈述会更容易得到法官采纳。

至于在诉讼过程中,如何应对法官的询问,笔者认为应注意以下事项:

在原被告互相发问完以后,法官会就一些事实问题和法律适用问题向原告或被告发问,因此无论是原告还是被告都必须就法官可能提出的问题做好准备。

(1)法官向原、被告发问的主要内容。

①原告、被告认为原告与被告之间的法律关系是什么。此种情况一般发生在原告与被告主张的法律关系不一致的时候,比如原告主张其与被告之间是借款关系,而被告认为是委托投资的关系。

②原告诉请金额是如何计算出来的。比如道路交通事故人身损害赔偿纠纷,原告起诉要求被告支付医疗费、误工费、伙食费、护理费、伤残赔偿金、精神抚慰金等如何计算。此时法官一般会要求原告对主张的诉请如何计算进行说明,并询问被告方对原告诉请金额的计算有何意见。原告主张的违约金、损失如何计算,事实和法律依据是什么。

③原告每一项诉请的依据是什么,包括合同条款依据以及法律依据。比如原告起诉要求确认原告与被告之间的合同是无效合同,法官会要求原告明确其主张合同无效的事实依据以及法律依据(如依据的是《民法典》第153条)。

④对于双方有争议的事实,法官一般会询问原告、被告的意见,包括该事实情况是否存在,具体情况如何。比如在借款纠纷中,原告要求被告清偿欠款100万元,但原告仅能提供80万元的转账单,但被告却出具了100万元的借款收据,此时被告会抗辩:原告实际上只是支付了80万元,另外20万元是砍头息,即事先扣除的利息。就此,法官会询问原告实际支付了多少款给被告,支付方式是什么,为什么20万元没有转账单等。

⑤对于双方争议较大的关键证据,包括该证据的三性,法官一般也会进行发问。比如合同纠纷,原告向法庭提交的合同与被告向法庭提交的合同不一致,此时法官为了查明案情,会有针对性地询问双方签订的合同情况,以及合同履行情况,以确定具体以哪一份合同作为定案的依据。

⑥对于涉及款项支付的,一般会问,截至开庭时实际支付款项的金额、支付时间等。比如借款纠纷,法官一般会询问原被告:截至本案开庭时,被告实际支付了多少本金以及利息,支付时间是什么时候,是现金还是转账,是否有转账单等。

⑦对于争议涉及标的物本身,一般询问标的现时的状态。比如房屋买卖纠纷,原告起诉要求继续履行房地产买卖合同的,法官一般会询问该房屋现在的状态,包括登记在何人名下、被告是否还与其他人有交易、是否过户给了其他人、是否存在抵押登记等权利负担,等等。又如,建设工程施工合同纠纷,法官一般会问,该工程开工时间、是否已经竣工、是否已经有人入住、是否经过检验质量合格等。

总言之,法官主要结合本案法律关系,针对双方争议事实和法律适用所需要查明的事实、法律适用等进行发问,庭前,原告和被告均应做好准备。

(2)对于法官发问应当做到的几点。

①就事实的陈述和回答,必须前后一致即在各种情形下(如起诉状、答辩状、代理词、反诉状、各种申请书——如鉴定申请、追加第三人申请、追加被告申请、证据目录中的内容等)对事实作出的陈述必须前后一致,切忌前后矛盾。

②对与案件有关的重要事实(如合同签订、合同履行情况等),必须能将时间、地点、人物、交易具体情形陈述清楚。

③切忌"睁眼说瞎话"。有的案件,事实从常识而言相当清楚,但当事人觉得对己方不利,所以庭审回答问题时不认可真实性,否定该事实的存在。这种"睁眼说瞎话"并不能影响法官对该事实的认定,反而让法官在内心形成确认即当事人不诚实,此种内心确认对当事人而言是极其不利的。比如借款纠纷,原告向被告实际支付了 100 万元,原告提供了转账单,转账单收款名称、账户皆为被告,被告只是对该 100 万元的性质不认可是借款,如果被告在庭审时否认收到 100 万元显然达不到否认其收到 100 万元的效果,反而让法官认为被告庭审时毫无诚信。

④所陈述的事实应尽可能有证据支撑或来自证据内容。

⑤面对法官的询问,应作出肯定或否定的回答,否则将被视为对该事实的承认。

《民事证据规定》第 4 条:"一方当事人对于另一方当事人主张的于己不利的事实既不承认也不否认,经审判人员说明并询问后,其仍然不明确表示肯定或者否定的,视为对该事实的承认。"

(3)对法官发问所做陈述的证据意义和后果。

总而言之,对法官发问所做的回答,从证据规则而言构成自认,如回答不妥,则将可能导致对己方不利事实的认定。因此有必要在庭审前针对法官可能提出的问题有所准备。而法官发问的问题主要是围绕基础的法律关系、争议的事实和证据以及与适用本案法律规定相关的事实,无论是原告还是被告,在开庭前都应当对整个案件事实有充分的了解,且代理律师在开庭前应当与当事人多沟通,将当事人陈述的事实结合本案证据形成内心确信的事实,能自圆其说地以有利于己方当事人和符合己方意见的形式陈述给法官。

(三)从具体案例展现其适用

案例 4-16:代理律师应对案件基本事实熟悉掌握;对当事人的诉讼请求,代理律师应能准确及时地将计算依据、过程进行陈述

——北京银行股份有限公司建国支行等与天津金吉房地产开发
有限责任公司金融借款合同纠纷一审民事判决书

审理法院:北京市第四中级人民法院

案号:(2020)京04民初579号

裁判日期:2021年5月25日

案由:民事 > 合同、准合同纠纷 > 合同纠纷 > 借款合同纠纷 > 金融借款合同纠纷

• **法院裁判意见**

关于北京分行及建国支行主张的实现债权的费用。北京分行及建国支行主张的费用包括案件受理费、财产保全申请费以及律师费,需分别进行审查判断。首先,案件受理费系人民法院依职权审查的事项,不属于适格的诉讼请求。其次,《委托债权投资计划协议》明确约定因资金使用方违约而发生纠纷或诉讼的,解决纠纷的律师代理费、诉讼费及实现债权的费用等由资金使用方承担,故本院对北京分行及建国支行要求金吉公司承担财产保全申请费5000元的诉讼请求予以支持。最后,关于律师费,合议庭形成以下处理意见:合同中约定当金吉公司出现违约行为时北京分行及建国支行有权要求金吉公司承担为解决纠纷而发生的律师

费用,相应约定不违背法律规定合法有效(事实上本院已有无数支持判例),但是上述约定存在一定道德风险,即因为权利人不是费用的终局承担者而可能导致其疏于认真筛选律师,放任出现不合理支出之情形。合议庭认为,如前所述北京分行及建国支行依据合同约定有权要求金吉公司承担本案中发生的律师费,但基于基本的公平原则,北京分行及建国支行在享有权利的同时也应当承担审慎选择律师使得相应费用支出物有所值的附随义务。而本案中的实际情况是,审理期间北京分行及建国支行的代理人明显不熟悉案件基本事实,对于本院询问的大部分问题都回应"需向当事人核实",且核实后也仅是简单将回复讯息转递本院,其间未进行任何梳理工作。举例而言,除前述诉讼请求事例外,在其向本院转递的书面利息计算说明中存在多处明显笔误(比如将 2018 年归还本金 1653 万元的时间误写为 2019 年、将 2019 年 8 月 26 日归还利息的数额误写为 500,000 万元等),竟然需要本院提醒才发现;再如对于期内利息与逾期罚息重复计算问题,该部分事实可谓一目了然,但在金吉公司提出重复计算抗辩且本院在庭前会议期间已经予以提示的前提下,北京分行及建国支行委托诉讼代理人在开庭时依旧懵然无措。合议庭认为,律师的基本工作职责至少应当包括协助当事人梳理案件基本事实并提出法律解决方案,即便根据案件具体情形无法起到引导诉讼思路的效果,也起码应当做到拾遗补阙,避免出现重大偏差。事实上,律师的价值应当体现于专业性上,如果仅仅满足"传声筒""快递员"的工作角色,任何一名银行普通职员均可以胜任,当事人根本无须为此额外支出费用。据此,合议庭一致认为,结合本案具体情况,不能认定北京分行及建国支行履行了审慎选择律师的附随义务,故对其要求金吉公司承担律师费用的诉讼请求不予支持。

实战点评与分析

本案法院判决驳回了原告律师费的诉讼请求,并在说理部分做了重点阐释,具体理由可见以上裁判意见。对该裁判不予支持律师费的理由,笔者不敢苟同,原因在于:该判决完全混淆了两个不同的法律关系,即《委托债权投资计划协议》关系和委托代理关系,根据《委托债权投资计划协议》,只要原告因为被告不履行还款义务导致原告支付了诉讼费、律师费,原告就有权向被告主张律师费,即"《委托债权投资计划协议》明确约定因资金使用方违约而发生纠纷或诉讼的,解决纠纷的律师代理费、诉讼费及实现债权的费用等由资金使用方承担"。以上约定并未违反强制性法律法规,系合法有效的约定,既然被告未按约履行清偿义务,原告当然有权要求被告支付律师费,至于律师在代理案件中是否尽职尽责,属于原告与代理律师之间的委托代理法律关系,而不应在借款纠纷中处理和评判。该法院越俎代庖,越权审理委托代理合同关系,显然是错误的。

当然,从本案判决可见,法官对代理律师的不尽责显然不满,正是基于此才判决驳回原告律师费的诉讼请求,该判决从另一方面提醒代理律师,在办理案件、陈述事实和诉讼请求时,务必做到:

其一,应熟悉案件基本事实,包括案件发生的时间、地点、人物;如果是合同,则应熟悉合同签订的时间、地点、当事人名称;截至本案起诉时,已付款金额、欠付款金额,欠付款金额是如何计算得出,必要时,应列表向法庭展示。

其二,原告的诉讼请求金额是多少,如何计算;如果是利息或违约金,则利息或违约金的起算时间,计算截止时间,计算标准,计算标准的依据(包括合同依据和法律依据)。

其三,对法官询问事实的问题应尽可能正面予以明确回答,尽量减少"回去核实"或"向当事人核实"等情形,因为这些事实很多情况下是代理律师在办理案件时应当向当事人了解和知晓的。

其四,提供给法官的文书(如起诉状、答辩状、代理词、说明等),应避免错别字,尤其是明显严重的错别字,比如本案中,"除前述诉讼请求事例外,在其向本院转递的书面利息计算说明中存在多处明显笔误(比如将2018年归还本金1653万元的时间误写为2019年、将2019年8月26日归还利息的数额误写为500,000万元等),竟然需要本院提醒才发现"。

总而言之,代理律师代理案件绝不能做传声筒,应该结合当事人的诉求,结合案件事实和证据,通过认真的庭前准备,尤其要对案件事实和诉讼请求做到如数家珍,才能在庭审时对对方和法官的询问做到游刃有余,才能最终为当事人争取到最大化的合法权益。

案例 4-17：陈述事实必须以当事人确认的证据为依据，如实陈述证据反映的事实

——张某云与朱某民、田某芳第三人撤销诉讼纠纷案[①]

审理法院：江苏省徐州市中级人民法院

案号：(2016)苏03民终4817号

裁判日期：2017年8月7日

• 裁判要点

江苏省徐州市中级人民法院认为：

……

3.被上诉人朱某民与田某芳之间在原案的20万元借款本金及利息的债权债务关系不能认定为完整、真实存在。

(1)被上诉人朱某民作为债权人在原案向原审法院提供的2010年3月18日的10万元借款本金的借据本身存在瑕疵。证据必须是真实且无瑕疵的，才能具有诉讼法上的形式证明力，然后法院才能对证据的内容是否与待证事实有关等实质上的证明力进行审查判断。2010年3月18日借据在落款部分，多次出现标注不同时间、签名字样及指模，不同于常见借据。被上诉人田某芳作为该借据的出具人，对此表述为应债权人朱某民的要求而书写，为了证明为"续用"。在鉴定意见质证前，田某芳主张该借据的落款时间及指模为"一次一按"；朱某民作为该借据的持有人对借据上的签名、落款时间及指模的形成，作出与田某芳相近似的陈述，明确其中"10"修改为"12"次为"当时按指模"，其他表述记忆不清，在鉴定意见结论为"借据上落款部位指模为一次性形成"质证后，朱某民、田某芳对此变更原先的陈述，表述为"关键的问题借据是什么时间形成的，指纹是何时按上去的都否认不了借款的真实性"。该鉴定意见虽然没有对借据的具体形成作出结论，但对借据上的大部分指模形成有明确结论。被上诉人对该鉴定意见有异议，但未提出符合2001年《民事证据规定》第27条规定的情形，亦未提出反证证明鉴定意见的虚假，故应当采信该鉴定意见的结论。因被上诉人分别为该借据的持有人和出

[①]《最高人民法院公报》2018年第6期(总第260期)。

具人,其对该借据的形成无法给出合理解释,故认定 2010 年 3 月 18 日借据具有瑕疵,不能作为定案的依据。

(2)被上诉人朱某民作为债权人在原案提起的给付之诉,缺乏债务人田某芳明确的履约情形。按照 2010 年 3 月 18 日和 2012 年 5 月 11 日借据的约定,田某芳应向朱某民支付利息及违约金,但朱某民主张借款 20 万元后,而被上诉人作为出借人、借款人如何偿还借款本金、利息及违约金等债权债务关系存在的关键事项语焉不详。无论是朱某民在起诉状表述,还是朱某民与田某芳在原案中的陈述,对借款发生后,田某芳作为债务人如何履行约定均无表述。除此之外,朱某民在原案中的诉讼请求仅表示借款 20 万元,亦不明确主张利息的具体数额及其计算方式,而辩称"利息没法计算,就没有算利息",让常人无法理解。

(3)原案中证据之间存在矛盾。原案作出调解的依据分别是借据、银行流水单和回单、起诉状。银行流水单和回单仅能证明存在借款 20 万元交付的可能性和债权债务关系成立,但并不能证明该债权债务关系的最终状态。但借据上有明确的利息约定,并有违约金的记载,与起诉状记载明显矛盾;依照 2017 年《民事诉讼法》第 63 条第 1 款规定,当事人的陈述为证据一种。被上诉人在原案中没有还款给付之事实的陈述与借据这一书证记载相矛盾,原案调解不符合 2017 年《民事诉讼法》第 93 条规定。

综上,不能仅依据被上诉人朱某民曾于 2010 年 3 月 18 日取款 10 万元和 2012 年 5 月 11 日向被上诉人田某芳转账 10 万元及借据,田某芳对此自认,而认定朱某民与田某芳之间存在借款 20 万元及利息的完整、翔实债权债务关系。

4. 被上诉人朱某民在原案中进行虚假陈述,被上诉人田某芳进行虚伪自认,应当认定被上诉人在原案中的诉讼为虚假诉讼。依照 2017 年《民事诉讼法》第 13 条第 1 款规定,民事诉讼应当遵循诚实信用原则。当事人诉讼具有诚实信用的义务,这是要求当事人在民事诉讼中不得故意违背主观所认知的真实而虚伪陈述,而非要求当事人负担依客观真实陈述的义务。

(1)被上诉人朱某民在原案中进行虚假陈述。朱某民作为债权人对借款如何归还、还款是否包含利息、利息如何给付、给付期间等问题作出前后不一的陈述,其在本案诉讼中,对其前后不一的陈述,多次辩称"记不得""记不清""时间长忘记"等。而本案在原案调解后,上诉人张某云即对原案提出异议,并多年长时间不断向原审法院及对方当事人提出异议,朱某民仅以简单"记不得""记不清"进行辩解,而未给出充实的理由,不能让常人信服。特别是法院出示足以否定其先前陈述的原案调解协议、鉴定意见、法院依职权调查朱某民与田某芳之间部分银行账户的往来后,朱某民对前述问题答复变换陈述,没有向法院提出充实的理由和证据,来表示自己为何进行前后不一的陈述,不能认定其陈述具有真实性,因朱某民对借据形成、利息给付方式及时间这些亲身经历事实的陈述与确认的书证和鉴定意见不一,故应当认定朱某民在原案和本案中作出虚假陈述。

(2)被上诉人田某芳在原案中进行虚伪自认。田某芳作为债务人在原案中缺乏抗辩。不论还款是否发生、还款起止时间,还是还款的具体方式等与其自身利益密切相关的事项,田某芳在原案中均无表态,仅对债权人朱某民的主张无异议。而田某芳与朱某民之间不仅存在其在二审中自认的现金还款,而且存在通过银行账户的还款,还款期间还超出田某芳的主张。当事人故意对对方不实的主张自认,不产生拘束法院的效力。原案调解以田某芳自认为基础,有失妥当。

(3)被上诉人朱某民与田某芳之间存在串骗行为。被上诉人不仅对如何归还借款、达成调解协议后如何履行该协议前后陈述不一,而且相互陈述之间矛盾:一方面,被上诉人在本案二审辩称仅存在现金还款事实;另一方面,共同不向法院提供其银行账户之间的多笔还款,该行为不能以简单的遗忘进行辩解,应当认定为隐匿证据。在被上诉人之间的部分银行往来流水单、鉴定意见、原案调解协议出示后,同时变换先前陈述,形成一致的陈述,该变更陈述行为应当认定为串通。除此之外,被上诉人朱某民在达成调解协议后,对于如何归还20万元及还款范围,朱某民主张2014年8月田某芳分二次还款20万元,还款包括利息、诉讼费、保全费、有部分本金。田某芳对还款具体项目没有认识,对还款事实采先行模糊陈述,在朱某民明确还款时间后,再行确认。田某芳先主张通过案外人苗某银行卡在银行柜台转账还款二笔各10万元,在法院要求提供其填写银行单据时,变称为通过自动柜员机转账还款,但又无法向法院提供其已经得到银行授权可以在自动柜员机转账5万元上限进行转账的证据。故对该20万元已经还款的事实无法予以确认。

……

6.对被上诉人朱某民、田某芳在原案调解和本案一审、二审程序中恶意串通提供瑕疵证据、隐匿相关证据、虚假陈述的行为,应当予以处罚。朱某民、田某芳在(2014)云民初字第2253号案和本案一审提供的朱某民与田某芳之间的2010

年3月18日借条中多次变动落款时间、多次进行捺印谎称借条的真实性，隐瞒其二人之间归还借款银行的转账往来、谎称归还借款本息部分事实，通过保全措施先行查封而后不申请对已保全标的物执行，妨碍权利人权利实现，并以此在原案调解中，本案一审、二审诉讼程序中进行抗辩，在不同诉讼程序中误导法官审理，拖延案件审理长达数年，妨碍权利人权利的实现，导致上诉人不断信访。对被上诉人的非法诉讼行为，由法院另行制作决定书予以处罚。

7.原案审理法院基于被上诉人朱某民、田某芳在原案的骗取行为而作出(2014)云民初字第2253号民事调解书，有损司法公信力。徐州市云龙区人民法院基于被上诉人提供的诉讼资料，陷入错误的判断，形成有误的内心确信。其作出的(2014)云民初字第2253号民事调解书，导致朱某民以此创设的债权，通过保全田某芳的房产，而不申请对该已经保全房产进行强制执行，妨碍上诉人张某云对田某芳债权的实现，有损司法公信力。依照1998年《最高人民法院关于在审理经济纠纷案件中涉及经济犯罪嫌疑若干问题的规定》第10条、《最高人民法院关于防范和制裁虚假诉讼的指导意见》第12条的规定，本案涉及犯罪嫌疑的线索、材料移送有关公安机关、检察机关查处。

实战点评与分析

1.本案认定构成虚假诉讼的关键在于当事人陈述存在的瑕疵

本案中，法院认定朱某明、田某芳构成虚假诉讼的主要原因在于朱某明和田某芳对涉及借款的关键事实，或陈述不清语焉不详；或陈述前后矛盾，法院最终结合其他证据认定朱某明和田某芳之间的借款诉讼以及据此作出的调解书为虚假诉讼：

（1）朱某明、田某芳对涉及借款的关键事实陈述语焉不详，且前后不一

法院认为：朱某民作为债权人对借款如何归还、还款是否包含利息、利息如何给付、给付期间等问题作出前后不一的陈述，其在本案诉讼中，对其前后不一的陈述，多次辩称"记不得""记不清""时间长忘记"等。而本案在原案调解后，上诉人张某云即对原案提出异议，并多年长时间不断向原审法院及对方当事人提出异议，朱某民仅以简单"记不得""记不清"进行辩解，而未给出充实的理由，不能让常人信服。特别是法院出示足以否定其先前陈述的原案调解协议、鉴定意见，法院依职权调查朱某民与田某芳之间的部分银行账户之间

的往来后,朱某民对前述问题答复变换陈述,没有向法院提出充实的理由和证据,来表示自己为何进行前后不一的陈述,不能认定其陈述具有真实性,因朱某民对借据形成、利息给付方式及时间这些亲身经历事实的陈述与确认的书证和鉴定意见不一,故应当认定朱某民在原案和本案中作出虚假陈述。

(2)朱某明、田某芳对借款的事实陈述相互矛盾

法院认为:朱某明和田某芳不仅对如何归还借款、达成调解协议后如何履行该协议前后陈述不一,而且相互陈述之间矛盾:一方面,被上诉人在本案二审辩称仅存在现金还款事实;另一方面,共同不向法院提供其银行账户之间的多笔还款,该行为不能以简单的遗忘进行辩解,应当认定为隐匿证据。

(3)对关键事实无法陈述

法院认为:本案在原案调解后,上诉人张某云即对原案提出异议,并多年长时间不断向原审法院及对方当事人提出异议,朱某民仅以简单"记不得""记不清"进行辩解,而未给出充实的理由,不能让常人信服。

从以上法院认定可见,对事实的陈述极为重要,如对案涉重要事实陈述不清,或陈述前后矛盾,将会使法官形成内心确认,认为当事人诉讼缺乏诚信(毕竟,如果陈述事实属实,则无论从哪一个角度陈述,其结果只是从不同角度反映事实,而不同角度陈述的事实具有内在的逻辑契合,不会相互矛盾),进而做出对该当事人不利的认定。

2.陈述的证据意义

诉讼过程中,当事人在起诉状、答辩状、事实陈述、代理人的代理词中承认的对己方不利的事实和认可的证据,另一方当事人无须举证。

《民事证据规定》第3条:"在诉讼过程中,一方当事人陈述的于己不利的事实,或者对于己不利的事实明确表示承认的,另一方当事人无需举证证明。

在证据交换、询问、调查过程中,或者在起诉状、答辩状、代理词等书面材料中,当事人明确承认于己不利的事实的,适用前款规定。"

3.陈述事实必须以当事人确认的证据为依据,如实陈述证据反映的事实

(1)事实陈述存在于起诉状、答辩状、代理词、证据目录、庭审相互询问、法官询问等环节。

(2)陈述事实应以当事人确认的证据为依据,如实陈述证据反映的事实,

陈述事实应仅陈述事实本身，切勿对陈述的事实擅自定性或评价，切忌陈述的内容超出证据反映事实的范畴或与证据无关。

4. 对己方不利，且对方没有证据证明的事实原则上不说

打官司就是打证据，无论是原告还是被告都有义务根据举证责任的分担来证明己方主张，对于缺乏证据的事实，就算是事实，对方也没有义务承认，既然如此，就不应该在起诉状、答辩状、代理词和发问询问环节予以自认。比如借贷纠纷中，原告只有转账单，但缺乏借条、借款合同等证据，假设双方之间确实存在借款的意思表示，作为被告，对于有转账单的证据，其可以作出确认即收到了相应款项，但其无义务对借贷的事实作出自认。

5. 通过起诉状、答辩状、代理词和发问询问环节对事实进行的陈述应前后一致，避免出现反复和矛盾

从常理而言，对于原告或被告主张的某个事实，如果属实，对该事实的陈述不可能出现前后不一致甚至是矛盾的情形，如果当事人对事实的陈述前后反复甚至矛盾，会让法官形成该当事人撒谎、不诚信的内心确认，这种内心确认会使法官认定当事人主张的所谓事实可能不是事实，进而法官会带有倾向性地对案件证据进行分析，极有可能不认定该当事人主张的事实，最终作出不利于该当事人的判决。如何做到陈述事实前后一致，笔者总结了以下几个要点：

（1）起诉状、答辩状、代理词和发问环节，对事实的描述应尽可能简洁，避免"说多错多"。

（2）在法庭互相发问和法官询问环节，应尽可能陈述证据本身反映的事实，对于证据未反映的事实，尽可能不回答。

（3）对于己方主张所依据的事实，必须从始至终予以坚持，且对己方主张和坚持的事实必须将该事实涉及的当事人、时间、地点、交易过程、履行情况、金额、缔约时的情况等查清，且在查清事实的基础上结合己方提供的证据对事实进行有效的组织、加工和串联，确保前后一致，确保不出现对己方不利事实的承认，尽量确保陈述的事实有证据支撑；在法官询问的时候能流利地将经过组织加工的事实向法官作出回答。

二、书证

(一)法律规定

《民事诉讼法》第73条:"书证应当提交原件。物证应当提交原物。提交原件或者原物确有困难的,可以提交复制品、照片、副本、节录本。

提交外文书证,必须附有中文译本。"

《民事诉讼法解释》第111条:"民事诉讼法第七十三条规定的提交书证原件确有困难,包括下列情形:

(一)书证原件遗失、灭失或者毁损的;

(二)原件在对方当事人控制之下,经合法通知提交而拒不提交的;

(三)原件在他人控制之下,而其有权不提交的;

(四)原件因篇幅或者体积过大而不便提交的;

(五)承担举证证明责任的当事人通过申请人民法院调查收集或者其他方式无法获得书证原件的。

前款规定情形,人民法院应当结合其他证据和案件具体情况,审查判断书证复制品等能否作为认定案件事实的根据。"

第112条:"书证在对方当事人控制之下的,承担举证证明责任的当事人可以在举证期限届满前书面申请人民法院责令对方当事人提交。

申请理由成立的,人民法院应当责令对方当事人提交,因提交书证所产生的费用,由申请人负担。对方当事人无正当理由拒不提交的,人民法院可以认定申请人所主张的书证内容为真实。"

第113条:"持有书证的当事人以妨碍对方当事人使用为目的,毁灭有关书证或者实施其他致使书证不能使用行为的,人民法院可以依照民事诉讼法第一百一十四条规定,对其处以罚款、拘留。

前款规定情形,人民法院应当结合其他证据和案件具体情况,审查判断书证复制品等能否作为认定案件事实的根据。"

第114条:"国家机关或者其他依法具有社会管理职能的组织,在其职权范围内制作的文书所记载的事项推定为真实,但有相反证据足以推翻的除外。

必要时,人民法院可以要求制作文书的机关或者组织对文书的真实性予以说明。"

第115条:"单位向人民法院提出的证明材料,应当由单位负责人及制作证明材料的人员签名或者盖章,并加盖单位印章。人民法院就单位出具的证明材料,可以向单位及制作证明材料的人员进行调查核实。必要时,可以要求制作证明材料的人员出庭作证。

单位及制作证明材料的人员拒绝人民法院调查核实,或者制作证明材料的人员无正当理由拒绝出庭作证的,该证明材料不得作为认定案件事实的根据。"

(二)实务要点

1. 书证是诉讼案件中最为常见的证据,比如合同、转账单、发票等。书证应当提供证据原件。

2. 在合同纠纷中,务必提供合同作为证据,毕竟合同是合同纠纷案件中最基本的事实材料,双方有关权利义务都体现在合同中。

3. 在审查书证时,首先应当审核该书证的形式和内容的真实性,尤其是签字盖章的真实性,对于可能存在伪造签名或盖章的书证,应当在举证期限届满前提出鉴定申请,如不提出或只是在庭审时简单地对该证据的真实性提出异议,一般并无效果。如果确实无法提供书证原件,有证据证明对方亦持有该份证据且是原件的,应在举证期限届满前向法院提出要求对方出具原件。

4. 应当对所有拟提供的书证中出现的印章、签名全部核实清楚后才决定是否提交,此等核实包括:

(1)如果是个人签字,则核实以下事项:

所有签字的名字是什么人?职务是什么?身份是什么?属于哪个公司或单位?与该单位是什么关系?与本案当事人什么关系?与本案什么关系?为什么会在相关材料上签字?所签名字是否为本人签字?其签字的行为是否属于职务行为或代理行为?如果是职务行为,是否与其职务有关?如果是代理行为,是否取得了授权委托书?其签字行为的后果是什么?签字的行为后果该由何方承担?是否构成表见代理?签字的人在本案其他材料上是否也有签字?

(2)如果加盖公司印章,则审核以下事项:

加盖的印章是什么种类的印章(如合同专用章、公章、财务专用章、法人印鉴等)?该印章是备案的印章还是另行刻制的印章(如项目部章、技术资料专用章等)?盖章的人是否有相关的授权或盖章的人盖章是否属于职务行为?加盖的印章所对应的民事法律行为是什么?是否符合该民事法律行为的用途?加盖印章的地方是否有人签字?签字的人是什么人?身份是什么?与本案的关系是什么?为什么在上面签字?

5.涉及法律关系的证明、款项支付的凭证(如银行付款凭单、对方开具的收据、发票等)一般情况下应提交作为证据。

6.仅是单方盖章的函件、说明、内部审批流程、内部请款单等,一般情况下不应提供。

仅是单方盖章的函件、说明、内部审批流程、内部请款单,在对方不予确认的情况下,类似于单方陈述,在缺乏其他证据支持的情况下,上述证据载明的事实难以得到法院支持。相反,如其中记载有对己方不利的事实,有可能反被对方利用来证明对己方不利的事实。

7.提供的单位证明,应当由单位负责人及制作证明材料的人员签名,并加盖单位印章。

8.对方单方盖章签字的文件、函件、内部审批流程和请款单等,如其中载明有对对方不利的事实,也有对己方不利的事实,可以提交。

对方单方签字盖章的文件、函件、内部审批流程,其中记载有对对方不利的事实,该等事实可以视为对方的自行确认和承认,前述证据虽然也同时记载有对己方不利的事实,但由于己方未盖章或签字,因此不能视为己方对该等事实的确认或承认,此类证据虽然记载有不利于己方的事实,但仍可以提交。

例如,发包人与承包人在2014年9月9日就案涉项目签订了《建设工程施工合同》,该合同为双方实际履行的合同,此后,为了办理合同备案和施工许可证,双方需要按照政府要求的格式版本签订备案版的《建设工程施工合同》,为了避免其中一方援引备案版的《建设工程施工合同》作为确定双方权利义务的依据,发包人要求承包人签订一份《补充协议》,就该补充协议,承包人加盖了公章,但发包人未盖章,该补充协议内容为:

补 充 协 议

甲方(建设单位):

乙方(施工单位):

2018年12月20日,甲乙双方就南宁BN城市广场项目五期工程办公A、商业Mal1、地下室工程项目签订了《建设工程施工合同》(合同编号)(以下简称备案合同)并办理备案。

甲乙双方基于平等自愿、友好协商的原则,现就备案合同达成如下补充协议:

1. 甲乙双方在签订备案合同前并未就该合同项下工程进行实际的、真正的招投标,在该合同招投标以前,甲乙双方已经确立了发承包关系并签订了实际履行的合同。现有的招投标手续及根据招投标手续签订并备案的合同是为了到政府部门办理建设手续而作出的,不是双方的真实意思表示,该备案合同也不作为双方实际履行的合同和结算工程款的根据。

2. 备案合同约定的一切权利义务对双方均不产生任何法律约束力,有关该合同项下工程的任何权利义务以双方另行签订的实际履行的合同为准。

3. 任何时候任何一方不得以备案合同约定的内容向对方提出任何诉求。

4. 本协议一式肆份,甲乙各持贰份,具有同等的法律效力,自双方签字盖章之日起生效。

实战点评与分析

1. 争议事实:本案双方争议的焦点之一为双方此前签订的2014年9月9日的《建设工程施工合同》是否合法有效。承包人认为该合同无效,理由是该合同在招投标前,发包人已经明确由承包人承包案涉项目,属于典型的未招先定。发包人则认为,2014年9月9日签订的《建设工程施工合同》系经过合法的招投标程序,由承包人中标签订的合同,系合法有效的合同。庭审中,承包人出具了备案的《建设工程施工合同》,并主张应当按照备案合同来确定双方的权利义务。

2. 是否应提交《补充协议》。由于备案合同签订在后,且备案合同条款对承包人更为有利,因此承包人主张应按备案合同来确定双方的权利义务,发包

人为了证明双方实际履行的合同为2014年9月9日的合同,打算提交《补充协议》作为证据,但提交该证据面临如下风险:

该补充协议第1条明确记载"甲乙双方在签订备案合同前并未就该合同项下工程进行实际的、真正的招投标,在该合同招投标以前,甲乙双方已经确立了发承包关系并签订了实际履行的合同。现有的招投标手续及根据招投标手续签订并备案的合同是为了到政府部门办理建设手续而作出的,不是双方的真实意思表示,该备案合同也不作为双方实际履行的合同和结算工程款的根据"。

对方可能以上述记载内容为由主张,2014年9月9日签订的合同招投标程序违法,因此2014年9月9日合同无效。

对该证据,发包人代理律师经分析认为:

其一,该补充协议发包人并未盖章,既然未盖章,则该补充协议内容实际上为承包人单方陈述,该陈述对承包人有约束力,但对发包人并无约束力,因此该协议第1条记载的内容仅仅为承包人的单方陈述,发包人未在协议上盖章,该等陈述发包人不予认可;

其二,该协议明确载明了备案合同并非实际履行合同,可以充分证明双方履行的合同并非备案合同。

综上,该证据应当提交。

9.待证事实如有政府依职权制作的文书可以证明,一般应作为证据提交。

比如交通事故案件,交警依职权作出的事故认定书既可以证明损害事实的发生,也可以证明事故中各当事人各自的过错程度和责任比例。

建设工程施工纠纷案件,针对项目的合法性,一般应提交规划主管部门核发的建设工程规划许可证,以证明项目合法进而证明双方签订的建设工程施工合同合法有效。

10.待证事实如已经经生效裁判文书证明,应当提供该裁判文书作为证据。

根据《民事证据规定》,经生效裁判文书查明的事实无须举证。因此对于待证事实如已经经生效裁判文书证明,应当提供该裁判文书作为证据。

比如商品房买卖合同纠纷,买受人起诉要求出卖人承担逾期交房的违约责任,在起诉前,其他买受人已经先行提起诉讼并经法院判决生效,在该判决中,法院查明了出卖人逾期交房的事实和逾期天数,本案中,买受人可以提交已经生效的判决以证明被告逾期交房以及逾期天数的事实。

法律依据:

《民事证据规定》第10条:"下列事实,当事人无须举证证明:

……

(五)已为仲裁机构的生效裁决所确认的事实;

(六)已为人民法院发生法律效力的裁判所确认的基本事实;

……

前款第二项至第五项事实,当事人有相反证据足以反驳的除外;第六项、第七项事实,当事人有相反证据足以推翻的除外。"

(三)从具体案件展现其适用

案例4-18:没有双方合同的明确约定,也无被代理人对行为人的明确授权,更无相应的证据证明行为人有权代理被代理人收取投资款等事项的客观事实,因此行为人的行为不构成表见代理

——宁夏龙海房地产开发有限公司与宁夏合木生物技术开发有限公司、杨某国、杨某宁、韦某荣合作开发房地产合同纠纷上诉案

审理法院:最高人民法院

案号:(2005)民一终字第94号

最高人民法院认为:根据龙海公司的上诉请求和庭审调查辩论,当事人双方争议的焦点为:杨某国在龙海公司与合木公司联合开发房地产过程中的行为是否构成表见代理;545万元是永兴公司借款还是合木公司抽回投资款的问题;违约责任的认定及承担问题。

关于杨某国在龙海公司与合木公司联合开发房地产过程中的行为是否构成表见代理。根据本案事实,龙海公司是具有房地产开发资质的企业法人,涉案的房地产开发项目也经行政主管部门的依法批准,其与合木公司签订的《联合开发协议书》是双方在平等自愿的基础上达成的真实意思表示。一审判决认定《联合

开发协议书》合法有效正确,双方当事人也无异议。

对于杨某国签收 2004 年 9 月 15 日合木公司向龙海公司发出的通知和同年 9 月 16 日与合木公司签订《补充协议》的行为效力问题。最高人民法院认为,根据查明的案件事实,合木公司与龙海公司签订《联合开发协议书》时,龙海公司已向合木公司提交了营业执照和公司法定代表人身份证明书,合木公司也知道龙海公司的法定代表人为杨某宁。虽然杨某国不是龙海公司的法定代表人,但在 2004 年 8 月 31 日龙海公司与合木公司签订《联合开发协议书》时,杨某国是以龙海公司法定代表人身份在协议书上签字的,而且龙海公司在协议书上盖章。对此,双方当事人均无异议。尽管合木公司知道杨某国不是龙海公司的法定代表人,也没有龙海公司的书面授权书,但上述杨某国代表龙海公司签订协议书的行为已足以使合木公司有理由相信杨某国有权代表龙海公司行使签订合同事项的代理权。据此,杨某国于 2004 年 9 月 15 日签收合木公司的通知和 9 月 16 日与合木公司签订《补充协议》的行为均已构成表见代理,代理行为有效。一审认定杨某国代表龙海公司与合木公司签订的《补充协议》有效是正确的。龙海公司上诉主张杨某国的行为不构成表见代理证据不足,不予支持。

对杨某国以龙海公司名义收取合木公司 248.8 万元投资款的行为认定问题。最高人民法院认为,虽然杨某国签收通知和签订《补充协议》的行为构成表见代理,但收取投资款的行为不能认定构成表见代理。从本案事实看,龙海公司与合木公司在签订《联合开发协议书》过程中,因龙海公司在签订合同事项方面对杨某国的授权范围不明,导致合木公司有理由相信杨某国有代表龙海公司签订联合开发协议等文书事项的代理权。因此,根据《合同法》第 49 条的规定,杨某国签收通知、签订《补充协议》的行为构成表见代理。而对于合作开发过程中资金投入的问题,合木公司与龙海公司双方在《联合开发协议书》中已有明确约定,第五项关于合木公司的权利义务部分约定:合木公司投资现金 1500 万元,投入资金转入双方指定的银行专用账户;第八项约定:为使收入、支出透明,双方共同设立一个该项目的资金专用账户,双方投入的资金、代建款、销售款全部转入双方指定的银行项目部专用账户,用于该项目建设,专款专用。此外,双方还对资金专户及相关财务制度作出了明确具体的约定。合木公司在《联合开发协议书》签订后,最初也是完全按照约定将 678 万元投资款打入双方指定的专用账户,龙海公司也认可以转账收讫的方式收到合木公司的 678 万元投资款。而合木公司向杨某国个人支付

248.8 万元的行为却明显违反了《联合开发协议书》的约定,龙海公司也没有收到该笔款项。对杨某国个人以龙海公司名义收取合木公司 248.8 万元的行为,既没有龙海公司与合木公司双方的约定,也无龙海公司对杨某国的明确授权,更无相应的证据证明杨某国有权代理龙海公司收取投资款等事项的客观事实。因此,一审判决将杨某国以龙海公司名义收取合木公司 248.8 万元投资款的行为视为代理龙海公司收到该部分款项,属于认定事实错误,应予纠正。杨某国收取合木公司 248.8 万元是因合木公司违反《联合开发协议书》约定的结果,且合木公司也未主张由杨某国返还,故本案对杨某国收取合木公司 248.8 万元不予处理。

实战点评与分析

1. 书证是诉讼中最常见也最易被法院采信的证据。

本案中,双方争议焦点之一为杨某国在龙海公司与合木公司联合开发房地产履行《联合开发协议书》过程中,签订《补充协议》和收取款项的行为是否对龙海公司有效。

与本案争议有关的杨某国的行为包括:杨某国 2004 年 9 月 15 日签收合木公司的通知和 9 月 16 日与合木公司签订《补充协议》;杨某国收取合木公司 248.8 万元。上述行为龙海公司均未盖章,杨某国的行为能否对龙海公司有效,涉及表见代理。

对于是否构成表见代理,本案的证据包括:

- 2004 年 8 月 31 日龙海公司与合木公司签订《联合开发协议书》时,杨某国以龙海公司法定代表人身份在协议书上签字,而且龙海公司在协议书上盖章。
- 杨某国 2004 年 9 月 15 日签收合木公司的通知和 9 月 16 日与合木公司签订《补充协议》。
- 支付 248.8 万元的付款凭单。

以上证据均为书证,且均得到法庭的采信。

本案中,除了书证,亦无其他证据。

从本案可见书证是诉讼中最为常见也最易被法官采信的证据。

2. 表见代理的构成要件。

《民法典》第 172 条:"行为人没有代理权、超越代理权或者代理权终止后,仍然实施代理行为,相对人有理由相信行为人有代理权的,代理行为有效。"

《最高人民法院关于当前形势下审理民商事合同纠纷案件若干问题的指导意见》:

"12. 当前在国家重大项目和承包租赁行业等受到全球性金融危机冲击和国内宏观经济形势变化影响比较明显的行业领域,由于合同当事人采用转包、分包、转租方式,出现了大量以单位部门、项目经理乃至个人名义签订或实际履行合同的情形,并因合同主体和效力认定问题引发表见代理纠纷案件。对此,人民法院应当正确适用合同法第四十九条关于表见代理制度的规定,严格认定表见代理行为。

13. 合同法第四十九条规定的表见代理制度不仅要求代理人的无权代理行为在客观上形成具有代理权的表象,而且要求相对人在主观上善意且无过失地相信行为人有代理权。合同相对人主张构成表见代理的,应当承担举证责任,不仅应当举证证明代理行为存在诸如合同书、公章、印鉴等有权代理的客观表象形式要素,而且应当证明其善意且无过失地相信行为人具有代理权。

14. 人民法院在判断合同相对人主观上是否属于善意且无过失时,应当结合合同缔结与履行过程中的各种因素综合判断合同相对人是否尽到合理注意义务,此外还要考虑合同的缔结时间、以谁的名义签字、是否盖有相关印章及印章真伪、标的物的交付方式与地点、购买的材料、租赁的器材、所借款项的用途、建筑单位是否知道项目经理的行为、是否参与合同履行等各种因素,作出综合分析判断。"

从以上规定和意见可以看出,构成表现代理不仅要求代理人的无权代理行为在合同缔结时客观上具有代理权的表象,而且要求相对人在主观上善意且无过失地相信行为人有代理权。

就本案而言,法院对杨某国的两个不同行为,分别作了不同的认定和评判,认定和评判的标准主要为相对方在主观上是否善意且无过失,就此法院认为:

其一,关于杨某国 2004 年 9 月 15 日签收合木公司的通知和 9 月 16 日与合木公司签订《补充协议》的行为。

法院认为:尽管合木公司知道杨某国不是龙海公司的法定代表人,也没有龙海公司的书面授权书,但上述杨某国代表龙海公司签订协议书的行为已足以使合木公司有理由相信杨某国有权代表龙海公司行使签订合同事项的代理权。据此,杨某国于2004年9月15日签收合木公司的通知和9月16日与合木公司签订《补充协议》的行为均已构成表见代理,代理行为有效。一审认定杨某国代表龙海公司与合木公司签订的《补充协议》有效是正确的。龙海公司上诉主张杨某国的行为不构成表见代理证据不足,不予支持。

其二,关于杨某国收取合木公司248.8万元。

法院从合同约定,合同签订的过程,此前的交易付款方式,杨某国是否有相应授权进行分析,最终认为,对于合作开发过程中资金投入的问题,合木公司与龙海公司双方在《联合开发协议书》中已有明确约定,第五项关于合木公司的权利义务部分约定:合木公司投资现金1500万元,投入资金转入双方指定的银行专用账户;第八项约定:为使收入、支出透明,双方共同设立一个该项目的资金专用账户,双方投入的资金、代建款、销售款全部转入双方指定的银行项目部专用账户,用于该项目建设,专款专用。此外,双方还对资金专户及相关财务制度作出了明确具体的约定。合木公司在《联合开发协议书》签订后,最初也是完全按照约定将678万元投资款打入双方指定的专用账户,龙海公司也认可以转账收讫的方式收到合木公司的678万元投资款。而合木公司向杨某国个人支付248.8万元的行为却明显违反了《联合开发协议书》的约定,龙海公司也没有收到该笔款项。对杨某国个人以龙海公司名义收取合木公司248.8万元的行为,既没有龙海公司与合木公司双方的约定,也无龙海公司对杨某国的明确授权,更无相应的证据证明杨某国有权代理龙海公司收取投资款等事项的客观事实。因此,一审判决将杨某国以龙海公司名义收取合木公司248.8万元投资款的行为视为代理龙海公司收到该部分款项,属于认定事实错误,应予纠正。

3. 被告对原告诉讼请求的答辩,应设置多道防线,围绕原告主张,结合案件现有的证据,多点多角度展开反驳,才能取得较好的效果。

本案争议的焦点之一为杨某国收取的248.8万元对龙海公司是否发生效力。就此,法院分别从双方签订合同的约定内容,此前款项支付方式,杨某国收取该款是否取得相应授权,多点多角度论证杨某国的行为不构成表见代理,龙海公司的抗辩最终得到二审法院的支持。

案例 4-19：单位的证明仅加盖单位印章，单位负责人及制作证明材料的人员未在证明上签名或者盖章，该证据不符合法律规定的形式，原判决未采信该证明并无不当

——梁某辉、翁某聪民间借贷纠纷再审审查与审判监督民事裁定书

审理法院:最高人民法院

案号:(2020)最高法民申138号

裁判日期:2020年7月20日

案由:民间借贷纠纷

本院经审查认为,梁某辉的再审申请不符合2017年《民事诉讼法》第200条第2项、第4项、第5项、第6项、第8项规定的情形。

1. 梁某辉的再审申请不符合2017年《民事诉讼法》第200条第2项规定的情形

2015年《最高人民法院关于审理民间借贷案件适用法律若干问题的规定》第2条第1款规定:"出借人向人民法院起诉时,应当提供借据、收据、欠条等债权凭证以及其他能够证明借贷法律关系存在的证据。"翁某聪提交借款合同、划款委托书、收据等证据能够证明双方借贷法律关系存在,原判决据此认定梁某辉向翁某聪归还人民币2505万元借款本金并无不当。梁某辉虽然提交叮咚公司的证明及叮咚公司兴业银行深圳分行账户的交易明细,用于证明案涉人民币705万元已回流至和正通公司,但2015年《民事诉讼法解释》第115条第1款规定:"单位向人民法院提出的证明材料,应当由单位负责人及制作证明材料的人员签名或者盖章,并加盖单位印章。人民法院就单位出具的证明材料,可以向单位及制作证明材料的人员进行调查核实。必要时,可以要求制作证明材料的人员出庭作证。"叮咚公司的证明仅加盖单位印章,单位负责人及制作证明材料的人员未在证明上签名或者盖章,叮咚公司的证据不符合法律规定的形式,原判决未采信该证明并无不当。叮咚公司兴业银行深圳分行账户的交易明细仅能证明转款时间及金额,不能证明所涉人民币705万元是用于支付利息。2017年《民事诉讼法》第64条第1

款规定:"当事人对自己提出的主张,有责任提供证据。"再审审查期间,梁某辉也未能提交其他证据证明人民币 705 万元是用于支付利息,梁某辉依法应承担举证不能的法律后果。因此,原判决认定人民币 705 万元为借款本金并无不当。

翁某聪在起诉状的诉讼请求部分陈述利息支付的起点为 2016 年 6 月 1 日,但其在事实和理由部分又陈述"利息仅支付至 2016 年 10 月 31 日",翁某聪关于利息支付的期限节点前后不一致,翁某聪称"利息仅支付至 2016 年 10 月 31 日"为笔误。现梁某辉主张利息支付至 2016 年 10 月 31 日,依照 2017 年《民事诉讼法》第 64 条第 1 款规定,梁某辉应提交证据证明其前述主张,但梁某辉未能提交证据证明,原判决根据翁某聪诉请梁某辉支付的利息金额、该利息计息期间,认定利息支付至 2016 年 5 月 31 日,并确认翁某聪关于"利息仅支付至 2016 年 10 月 31 日"的陈述笔误并无不当。

2. 梁某辉的再审申请不符合 2017 年《民事诉讼法》第 200 条第 4 项规定的情形

梁某辉在再审申请书中并未陈述原判决认定事实的哪一项主要证据未经质证,故无法审查梁某辉的该项再审理由。

3. 梁某辉的再审申请不符合 2017 年《民事诉讼法》第 200 条第 5 项规定的情形

本案所涉借款发生在翁某聪与梁某辉之间,双方在签订借款合同后,翁某聪根据梁某辉出具的划款委托书进行转款,款项转账后,梁某辉向翁某聪出具收据,翁某聪提交的证据能够形成证据链证明案涉借款已经成立并生效,借款人梁某辉应依约归还借款本金并支付利息。在本案审理过程中,梁某辉向人民法院申请调取和正通公司、雅琪光公司的银行流水,如前所述,认定案涉借贷法律关系存在的证据充分,和正通公司、雅琪光公司的银行流水已无调取必要,原判决未予准许梁某辉的调查收集申请,并无不当。

4. 梁某辉的再审申请不符合 2017 年《民事诉讼法》第 200 条第 6 项规定的情形

梁某辉主张原判决适用法律确有错误,但其未向本院陈述本案应适用的具体法律条款,故对其该项再审理由,无法审查。

5. 梁某辉的再审申请不符合 2017 年《民事诉讼法》第 200 条第 8 项规定的情形

2017 年《民事诉讼法》第 52 条第 2 款规定:"共同诉讼的一方当事人对诉讼标

的有共同权利义务的,其中一人的诉讼行为经其他共同诉讼人承认,对其他共同诉讼人发生效力;对诉讼标的没有共同权利义务的,其中一人的诉讼行为对其他共同诉讼人不发生效力。"从现有证据来看,和正通公司、叮咚公司对本案诉讼标的并没有共同权利义务。因此,原判决未追加其为必要共同诉讼当事人并无不当。

综上所述,依照2017年《民事诉讼法》第204条第1款,2015年《民事诉讼法解释》第395条第2款规定,裁定:

驳回梁某辉的再审申请。

实战点评与分析

1. 单位的证明仅加盖单位印章,单位负责人及制作证明材料的人员未在证明上签名或者盖章,该证据不符合法律规定的形式,原判决未采信该证明并无不当。

《民事诉讼法解释》第115条规定:"单位向人民法院提出的证明材料,应当由单位负责人及制作证明材料的人员签名或者盖章,并加盖单位印章。人民法院就单位出具的证明材料,可以向单位及制作证明材料的人员进行调查核实。必要时,可以要求制作证明材料的人员出庭作证。

单位及制作证明材料的人员拒绝人民法院调查核实,或者制作证明材料的人员无正当理由拒绝出庭作证的,该证明材料不得作为认定案件事实的根据。"

本案中,叮咚公司的证明仅加盖单位印章,单位负责人及制作证明材料的人员未在证明上签名或者盖章,叮咚公司的证据不符合法律规定的形式,原判决未采信该证明并无不当。叮咚公司兴业银行深圳分行账户的交易明细仅能证明转款时间及金额,不能证明所涉人民币705万元是用于支付利息。

2. 对于与待证事实无关的证据,申请调查取证的,法院有权不予准许。

本案中,梁某辉向人民法院申请调取和正通公司、雅琪光公司的银行流水,如前所述,认定案涉借贷法律关系存在的证据充分,和正通公司、雅琪光公司的银行流水已无调取必要,原判决未予准许梁某辉的调查收集申请,并无不当。

相关法律规定：

《民事诉讼法解释》第95条："当事人申请调查收集的证据，与待证事实无关联、对证明待证事实无意义或者其他无调查收集必要的，人民法院不予准许。"

三、物证

(一)法律规定

《民事证据规定》第11条："当事人向人民法院提供证据，应当提供原件或者原物。如需自己保存证据原件、原物或者提供原件、原物确有困难的，可以提供经人民法院核对无异的复制件或者复制品。"

第12条："以动产作为证据的，应当将原物提交人民法院。原物不宜搬移或者不宜保存的，当事人可以提供复制品、影像资料或者其他替代品。

人民法院在收到当事人提交的动产或者替代品后，应当及时通知双方当事人到人民法院或者保存现场查验。"

第13条："当事人以不动产作为证据的，应当向人民法院提供该不动产的影像资料。

人民法院认为有必要的，应当通知双方当事人到场进行查验。"

(二)实务要点

1. 物证应结合其他证据以证明待证事实。

从民事诉讼而言，单纯将物本身作为证据的较为少见，因为民事诉讼案件原告的诉讼请求基本上可以归纳为要求对方为(或不为)一定行为(如继续履行合同)；或者要求对方支付价款(如本金、利息、违约金或赔偿)。因此，任何的物证，其最终目的也是要求对方支付价款或为(或不为)一定行为。正因如此，物本身在诉讼实务中，一般会通过书证的方式予以外化(比如对物作出的鉴定和评估)，通过物证加上书证等以达到证明目的，而不会仅仅将原物作为单一证据以证明待证事实。

2. 物证应当提供原物，如原物无法提供，可以申请法院对现场进行勘验、证据保全或通过公证的方式对物和现场进行证据固定。

(三)从具体案例展现其适用

案例 4-20：以不动产作为证据，现场查验并非法院审理案件的必经程序

——于某波、张某红财产损害赔偿纠纷民事申请再审审查民事裁定书

审理法院：河南省漯河市中级人民法院

案号：(2021)豫 11 民申 173 号

裁判日期：2021 年 10 月 25 日

案由：财产损害赔偿纠纷

法院裁判意见：本院经审查认为，2019 年 1 月，再审申请人于某波承租被申请人张某红鸡场期间，因鸡场发生火灾给张某红造成财产损失。事后，于某波向张某红出具保证书，承诺若不能在 2019 年 7 月 31 日前复原鸡场，愿以市场评估价赔偿张某红。于某波、张某红对以上事实无异议，现双方争议焦点在于具体赔偿金额。于某波认为，鸡棚顶部着火长度不足 30 米，评估机构按鸡棚总长度 100 米评估损失属于认定事实错误。事实上，鸡棚顶部着火长度并非判断鸡棚整体实际遭受损失大小的唯一标准，仅以鸡棚顶部着火长度占总长度的比例折算鸡棚实际损失并不客观。价格评估结论书系由一审法院依法委托专业评估机构，经现场勘查对鸡舍实际损失进行评估，评估机构与评估人员具备相应资质，评估程序合法，于某波虽对评估结论不予认可，但未提交充分证据推翻该结论，原审法院依据该结论认定张某红的损失金额并无不当。于某波主张本案系虚假诉讼，经查，于某波认可因鸡场着火给张某红造成财产损失的事实，张某红依据价格评估结论书中载明的损失金额提起诉讼于法有据，本案不属于《关于进一步加强虚假诉讼犯罪惩治工作的意见》第 6 条规定的虚假诉讼情形。于某波主张原审法院未理会其实地勘验申请、对其提交的公证书不予理睬，系程序违法。经查，《民事证据规定》第 13 条规定："当事人以不动产作为证据的，应当向人民法院提供该不动产的影像资料。人民法院认为有必要的，应当通知双方当事人到场进行查验。"据此，现场查验并非法院审理案件的必经程序，且一审法院已依法委托价格评估机构前往现场对事故损失进行专业评估。对于于某波提交的公证书，一审法院已组织双方充

分质证,本案审理程序不存在违法情形。综上,原审根据查证的事实及相关法律规定,认定事实清楚,适用法律正确,所作出的判决于法有据,依法应予维持。于某波申请再审的理由不能成立,其再审申请不符合2017年《民事诉讼法》第200条规定的情形,依法应当予以驳回。

实战点评与分析

1. 法院委托的鉴定机构出具的鉴定意见,除非有证据推翻,否则应作为定案依据

本案双方争议的焦点在于损失如何认定。一审法院依法委托专业评估机构,经现场勘察对鸡舍实际损失进行评估,该评估意见最终作为定案依据。于某波主张该评估报告按鸡棚总长度100米评估损失属于事实认定错误,但未提供证据予以推翻,因此一审法院以鉴定意见作为损失金额并无不妥。

从证据本身而言,法院委托第三方出具的意见证明力与其他形式的证据并无区别,但实务而言,由于其是法院委托,且鉴定事项一般属于专门性问题,在鉴定意见并无法定不予采信的情形下,法院一般予以采信并作为定案依据。

从诉讼实务而言,在涉及财产损失的案件中,笔者建议尽可能向法庭申请对财产损失进行评估,毕竟对损失的认定亦属于专门性问题。有的代理人对动产或不动产损失的主张,提供大量的购买不动产或动产的发票,建造不动产的合同、发票等,以此证明其损失,但提供的此类证据只能证明购买或建造时的原值,并不等于事故发生时该标的物的实际价值,尤其是其中还涉及折旧的问题,而此类问题只能交给评估机构来处理,因此对于因被告原因造成原告动产或不动产损失的案件,对于遭受的实际损失,应尽可能通过申请鉴定的方式完成。

2. 当事人申请勘察现场,但法院未予准许是否属于程序违法

于某波主张原审法院未理会其实地勘验申请、对其提交的公证书不予理睬,系程序违法。

《民事诉讼法解释》第124条规定:"人民法院认为有必要的,可以根据当事人的申请或者依职权对物证或者现场进行勘验。勘验时应当保护他人的隐私和尊严。

人民法院可以要求鉴定人参与勘验。必要时,可以要求鉴定人在勘验中进行鉴定。"

根据上述规定,是否勘验现场在于法院认为是否有必要,换言之,即便当事人提出申请,但法院认为没有必要勘验现场的,也可以不予准许。因此本案法院未同意于某波勘验现场的申请并未违反程序规定。

四、视听资料、电子数据

(一)法律规定

《民事诉讼法》第74条:"人民法院对视听资料,应当辨别真伪,并结合本案的其他证据,审查确定能否作为认定事实的根据。"

《民事诉讼法解释》第116条:"视听资料包括录音资料和影像资料。

电子数据是指通过电子邮件、电子数据交换、网上聊天记录、博客、微博客、手机短信、电子签名、域名等形成或者存储在电子介质中的信息。

存储在电子介质中的录音资料和影像资料,适用电子数据的规定。"

《民事证据规定》第14条:"电子数据包括下列信息、电子文件:

(一)网页、博客、微博客等网络平台发布的信息;

(二)手机短信、电子邮件、即时通信、通讯群组等网络应用服务的通信信息;

(三)用户注册信息、身份认证信息、电子交易记录、通信记录、登录日志等信息;

(四)文档、图片、音频、视频、数字证书、计算机程序等电子文件;

(五)其他以数字化形式存储、处理、传输的能够证明案件事实的信息。"

第15条:"当事人以视听资料作为证据的,应当提供存储该视听资料的原始载体。

当事人以电子数据作为证据的,应当提供原件。电子数据的制作者制作的与原件一致的副本,或者直接来源于电子数据的打印件或其他可以显示、识别的输出介质,视为电子数据的原件。"

第93条:"人民法院对于电子数据的真实性,应当结合下列因素综合判断:

（一）电子数据的生成、存储、传输所依赖的计算机系统的硬件、软件环境是否完整、可靠；

（二）电子数据的生成、存储、传输所依赖的计算机系统的硬件、软件环境是否处于正常运行状态，或者不处于正常运行状态时对电子数据的生成、存储、传输是否有影响；

（三）电子数据的生成、存储、传输所依赖的计算机系统的硬件、软件环境是否具备有效的防止出错的监测、核查手段；

（四）电子数据是否被完整地保存、传输、提取，保存、传输、提取的方法是否可靠；

（五）电子数据是否在正常的往来活动中形成和存储；

（六）保存、传输、提取电子数据的主体是否适当；

（七）影响电子数据完整性和可靠性的其他因素。

人民法院认为有必要的，可以通过鉴定或者勘验等方法，审查判断电子数据的真实性。"

第94条："电子数据存在下列情形的，人民法院可以确认其真实性，但有足以反驳的相反证据的除外：

（一）由当事人提交或者保管的于己不利的电子数据；

（二）由记录和保存电子数据的中立第三方平台提供或者确认的；

（三）在正常业务活动中形成的；

（四）以档案管理方式保管的；

（五）以当事人约定的方式保存、传输、提取的。

电子数据的内容经公证机关公证的，人民法院应当确认其真实性，但有相反证据足以推翻的除外。"

（二）实务要点

1. 视听资料的真实性可以通过申请录音对话中的一方当事人出庭作证予以证明

视听资料，包括录音录像等，如果录音对话中所涉的主体并不含有对方当事人，在法庭审理时很难核对该录音的真实性以及关联性，在对方不认可三性的情况下,仅仅凭借录音无法达到证明效果,在此情况下,建议申请录音对话的当事人作为证人出庭,或者通过其他辅助证据来证明录音所涉事实,否则仅仅以录音来证明某一事实,一般无法得到认定,毕竟法官无法核实这段对话的时间、内容以及主体身份等,更无法确定录音对话中的人与本案的关联性,在此情况下,如果缺乏其他辅助证据,此类证据一般不会作为认定案件事实的证据(当然对方认可的除外)。

2.可以向对方当事人核实录音的真实性

如果录音对话中含有对方当事人,在庭审时建议法官向对方核实对话的人以及其对该段录音是否认可,由于对话的对象直接是对方当事人,因此其一般不会否认,这样就可以确定录音的真实性。

如果录音中的对话主体不是本人,可直接予以否认。

如录音对话中确实是本人,但存在截取的,应申请司法鉴定,即对录音的完整性进行鉴定。经鉴定录音存在截取的情况,则此类录音一般不能作为定案的依据。

3.应注意双方是否对电子数据证明力作了约定

双方是否对电子数据的证明力有约定,如有约定尤其是限制微信、短信等效力的,则必须收集其他书证。比如建设工程施工合同约定,发包人和承包人指定人员无权通过口头、微信或短信的方式确定结算造价,结算造价必须以双方经结算确认后加盖公章方为有效。此时,即便原告提供了微信聊天记录证实被告发包方指定人员确认结算金额,但根据合同,该金额并不得作为结算依据,也对被告方不发生效力,此时,如双方未就结算书盖章,原告仍应对工程造价申请鉴定。

4.电子邮件、网络聊天记录、微信等证据在收集举证时应注意的要点

其一,必须对涉及对象的身份予以确定,此种确定方式可以通过庭审时的发问,也可以通过对话内容来印证(比如微信中所提到的内容等)。如微信有语音留言的聊天记录而对方不承认微信聊天的一方是其本人,可以通过对语音留言进行声纹鉴定的方式来确定微信聊天的对象。

其二,在收集此类证据时,建议进行公证取证。

其三,如果无法公证,可以在开庭时将微信的原始载体手机带至法庭进行现场演示而核对真实性;其他如电子邮件或者QQ聊天记录,也是同样将电脑带至法庭现场演示。当然,这里要特别注意的是,微信、电子邮件、QQ等,毕竟不同于书证,

对其真实性的认定在很多情况下存在一定的困难（尤其是在对方不认可且无法查实对话的对方是否对方当事人的情况下），因此建议在提供此类证据时尽可能提供其他辅助证据予以印证，或者说，此类证据在诉讼案中应只是作为证据链中的一环，而不是唯一和根本的证据，这样会大大降低仅仅依据此类证据带来的诉讼风险。

（三）从具体案例展现其适用

案例 4-21：微信聊天记录能够反映涉案软件研发情况，在雄狮公司未提交相反证据的情况下，原审法院依据该"微信聊天记录"认定涉案软件研发情况，并无不当

——深圳市雄狮景观科技实业有限公司（以下简称雄狮公司）
与北京新网数码信息科技有限公司深圳分公司
（以下简称新网公司）计算机软件开发合同纠纷案

审理法院：最高人民法院

案号：（2021）最高法知民终 2112 号

裁判日期：2022 年 6 月 6 日

• **最高人民法院裁判意见**

本院认为，根据当事人的诉辩意见，本案的二审争议焦点为：原审法院证据采纳是否有误；原审法院认定的涉案合同解除后双方责任承担是否正确。

本案系计算机软件开发合同纠纷案件，《民法典》已于 2021 年 1 月 1 日起实施。根据《最高人民法院关于适用〈中华人民共和国民法典〉时间效力的若干规定》第 1 条第 2 款的规定，"民法典施行前的法律事实引起的民事纠纷案件，适用当时的法律、司法解释的规定，但是法律、司法解释另有规定的除外"，因本案合同纠纷发生于《民法典》施行前，本案应适用《合同法》及其他相应的规定进行审理。

关于原审法院证据采纳是否有误。雄狮公司主张，新网公司原审提交的"微信聊天记录"的证据未出示过原件，原审判决所载"庭后双方对被告上述证据原件进行核对"与事实不符，原审法院不应采纳该证据。

对此，本院认为，2020 年《民事诉讼法解释》第 90 条规定："当事人对自己提出的诉讼请求所依据的事实或者反驳对方诉讼请求所依据的事实,应当提供证据加以证明,但法律另有规定的除外。在作出判决前,当事人未能提供证据或者证据不足以证明其事实主张的,由负有举证证明责任的当事人承担不利的后果。"本案中,新网公司向原审法院提交了"微信聊天记录"录像,并提交了微信聊天记录的打印件,原审庭审时,雄狮公司对该证据进行了质证,表示不认可该证据的真实性,且主张该份证据系新网公司经过剪辑制作。二审中,雄狮公司表示由法院审核该份视频证据的真实性。本院认为,虽然该份证据并非通过双方聊天记录的原始载体体现,而是通过其他数码设备对聊天内容进行录制形成,雄狮公司亦表示不认可该证据的真实性,但雄狮公司并未提交反证证明该份证据所展示的聊天内容非双方实际发生。加之,考虑到聊天记录系双方之间意思表达的记载,任一方均可方便确认聊天内容,在此情况下,举证责任应该转移至雄狮公司,应由其提供反驳证据。本案中雄狮公司并未能提供相反证据证明上述微信聊天记录内容与涉案软件实际研发情况不符,雄狮公司应承担举证不能的不利后果,因此,新网公司的"微信聊天记录"视频证据应予采纳。原审法院采纳该证据正确,应予维持。

实战点评与分析

电子数据作为证据的,应当向法庭出示该证据的原始载体。本案中,新网公司未出示电子数据的原始载体,而是向原审法院提交了"微信聊天记录"录像,原审法院和二审法院在雄狮公司未能提供证据证明该证据系不真实的情况下,直接采信微信聊天记录作为定案依据。

应该说,本案提供了电子数据提供原始载体的另一种方法即录像的方式。该种方式在实务中可以作为借鉴。

当然,这里需要注意的是,本案对于微信聊天记录录像的采信,并不是该微信聊天记录的真实性得到了核对而是通过举证责任分担的方式最终认定了该证据的真实性,即法院认为:虽然该份证据并非通过双方聊天记录的原始载体体现,而是通过其他数码设备对聊天内容进行录制形成,雄狮公司亦表示不认可该证据的真实性,但雄狮公司并未提交反驳证据证明该份证据所展示的聊天内容非双方实际发生。加之,考虑到聊天记录系双方之间意思表达的记载,任一方均可方便确认聊天内容,在此情况下,举证责任应该转移至雄狮公司,应由其提供反驳证据。本案中雄狮公司并未能提供相反证据证明上述微信聊天记录的内容与涉案软件实际研发情况不符,雄狮公司应承担举证不能的不利后果,因此,新网公司的"微信聊天记录"视频证据应予采纳。

从以上裁判意见不难看出,提供"微信聊天记录"录像而不提供原始载体,本身还是有争议的,毕竟此种方式不符合《民事证据规定》的要求。本案新网公司未提供聊天记录原始载体,只是提供"微信聊天记录"录像,此种举证方式并不符合《民事证据规定》的要求,依法本不应认定其真实性,但本案的特殊之处在于该聊天记录发生在当事人之间,因此,法院最终认为如雄狮公司不予认可该证据的真实性,应由其提供反驳证据。

关于以电子数据举证,笔者建议如下:

1. 对于提供电子数据作为证据,应提供该证据的原始载体。

2. 如果无法当庭提供原始载体,应提供经公证的电子数据。

3. 在万不得已的情况下,不建议采取本案新网公司的做法即提供"微信聊天记录"录像,此种举证方法,法院享有较大的自由裁量权,可以采信亦可以不予采信。

4. 除非对方自认,否则提供微信聊天记录外,还应提供辅助证据证明对方身份。

5. 提供微信聊天记录,应提供完整的聊天记录,而不应截取其中一部分对话,避免造成对聊天记录断章取义的理解。

五、证人证言

(一)法律规定

《民事诉讼法》第75条:"凡是知道案件情况的单位和个人,都有义务出庭作证。有关单位的负责人应当支持证人作证。

不能正确表达意思的人,不能作证。"

第76条:"经人民法院通知,证人应当出庭作证。有下列情形之一的,经人民法院许可,可以通过书面证言、视听传输技术或者视听资料等方式作证:

(一)因健康原因不能出庭的;

(二)因路途遥远,交通不便不能出庭的;

(二)因自然灾害等不可抗力不能出庭的;

(四)其他有正当理由不能出庭的。"

第 77 条:"证人因履行出庭作证义务而支出的交通、住宿、就餐等必要费用以及误工损失,由败诉一方当事人负担。当事人申请证人作证的,由该当事人先行垫付;当事人没有申请,人民法院通知证人作证的,由人民法院先行垫付。"

《民事诉讼法解释》第 117 条:"当事人申请证人出庭作证的,应当在举证期限届满前提出。

符合本解释第九十六条第一款规定情形的,人民法院可以依职权通知证人出庭作证。

未经人民法院通知,证人不得出庭作证,但双方当事人同意并经人民法院准许的除外。"

第 118 条:"民事诉讼法第七十七条规定的证人因履行出庭作证义务而支出的交通、住宿、就餐等必要费用,按照机关事业单位工作人员差旅费用和补贴标准计算;误工损失按照国家上年度职工日平均工资标准计算。

人民法院准许证人出庭作证申请的,应当通知申请人预缴证人出庭作证费用。"

第 119 条:"人民法院在证人出庭作证前应当告知其如实作证的义务以及作伪证的法律后果,并责令其签署保证书,但无民事行为能力人和限制民事行为能力人除外。

证人签署保证书适用本解释关于当事人签署保证书的规定。"

第 120 条:"证人拒绝签署保证书的,不得作证,并自行承担相关费用。"

《民事证据规定》第 68 条:"人民法院应当要求证人出庭作证,接受审判人员和当事人的询问。证人在审理前的准备阶段或者人民法院调查、询问等双方当事人在场时陈述证言的,视为出庭作证。

双方当事人同意证人以其他方式作证并经人民法院准许的,证人可以不出庭作证。

无正当理由未出庭的证人以书面等方式提供的证言,不得作为认定案件事实的根据。"

第 72 条:"证人应当客观陈述其亲身感知的事实,作证时不得使用猜测、推断或者评论性语言。

证人作证前不得旁听法庭审理,作证时不得以宣读事先准备的书面材料的方式陈述证言。

证人言辞表达有障碍的,可以通过其他表达方式作证。"

第 73 条:"证人应当就其作证的事项进行连续陈述。

当事人及其法定代理人、诉讼代理人或者旁听人员干扰证人陈述的,人民法院应当及时制止,必要时可以依照民事诉讼法第一百一十条的规定进行处罚。"

(二)实务要点

对于有的待证事实需要申请证人出庭的,应当在举证期限届满前提出申请。对于申请证人到庭作证,应当注意以下几点:

1. 拟申请到庭的证人应当与重要且不申请便无法证明的案件事实有关,与案件事实无关或该等事实对本案事实认定不起作用的,不应当申请。比如侵权案件中的交通事故损害赔偿纠纷,如果交警部门出具了责任认定书,对于损害事实的发生就没有必要申请证人到庭,因为交通事故认定书已经足以证明,但是如果加害人对被害人进行殴打或损害事实本身没有第三方机构作出认定且无视频资料(如现场监控),由于证明加害行为是侵权纠纷的基本证据,此时就有必要申请看到加害行为过程的人到庭作证。

2. 涉及证明身份关系的证人,应当首先证明自身的身份。比如常见的劳动仲裁案件,原告为了证明其与用人单位之间存在劳动关系,一般会申请证人到庭证明其在用人单位劳动并且与用人单位存在劳动关系。在此种情况下,在申请该证人到庭时,最好先行提供证人系单位员工的证明材料,否则对方会提出抗辩并认为:由于证人本身与用人单位无任何关系,因此该证人与本案无关,其所谓的事实不具有真实性。一旦对方如此抗辩,法官在缺乏其他证据佐证的情况下一般很难对证人的证言予以认定并将其作为定案依据。

3. 申请到庭的证人应当具备完全民事行为能力,尽可能与当事人本人或代理人不存在利害关系,尤其是亲属关系。如果该证人确实系限制民事行为能力人或与本人或代理人有利害关系,除证人证言外,该方当事人还应当提供其他辅助证据证明证人证言需要证明的事实。

《民事证据规定》第 90 条:"下列证据不能单独作为认定案件事实的根据:

(一)当事人的陈述;

(二)无民事行为能力人或者限制民事行为能力人所作的与其年龄、智力状况或者精神健康状况不相当的证言;

(三)与一方当事人或者其代理人有利害关系的证人陈述的证言……"

4. 证人原则上必须到庭。按照《民事诉讼法》及其解释、《民事证据规定》,证人只有具备法定情况并经法庭允许才可以不到庭,否则,未到庭的证人出具的证言将无法单独作为定案依据。

5. 申请到庭的证人,原则上是一个人,最多不得超过两个。有的当事人或代理人认为,证人越多越好,一个案件申请数十个甚至更多的证人到庭,实际上,申请太多的证人无法达到证明的效果,毕竟每个人对同样的事实认知并不一样,加之证人并无法律知识,且法庭审理中对方当事人会通过各种提问使得证人在回答问题时处于一种不安或焦虑状态,生怕回答的问题出现纰漏或存在法律上的风险,在此情况下回答的问题往往偏离事实或不全面并被对方当事人断章取义进行截取,因此就算是同样的事实,也可能出现不同的回答和描述,由此极容易导致各证人之间对同一待证事实可能出现不同甚至矛盾的陈述,反而被对方利用,并以各证人之间的证言存在矛盾为由,要求法院对证人证言不予采信。为避免以上情况,建议申请出庭的证人原则上一人足矣,最多不得超过 2 人,这样可以大大避免证人之间相互不同甚至矛盾的陈述。且从证明目的来看,申请证人出庭只是证明一个待证事实,因此证人的多少对能否证明待证事实并无影响,哪怕是一个证人,但其陈述的事实也可以达到证明目的,再多的证人,其结果也是要证明一个待证事实,更何况,《民事诉讼法》和《民事证据规定》也没有规定必须要多少证人才可以达到证明标准,在此情况下,申请再多的证人其实并无多大意义,因此建议申请证人,原则上是一个,最多不超过 2 人。

6. 申请证人出庭前必须与证人有充分的沟通:包括了解证人个人的情况(如证人年龄、文化程度、从事职业等;证人与当事人之间的关系);证人对事实的了解程度,是否在现场;证人的谈吐和表达能力;等等。了解完后,判断证人对待证事实的重要性和必要性,如果确实需要证人出庭,应了解证人出庭的意愿。在证人同意出庭后,代理律师必须就案件情况与申请其出庭的目的向证人说明清楚,且对本方拟提出的问题和对方可能提出的问题以及该如何回答做好书面材料(一问一答的形式)。告知证人对与案件无关或自己不在场的事实可以明确回答"与本案无关"并拒绝回答,对自己不清楚或不应该知道的事实可以回答"不清楚"或"不知道"等。也就是说,必须在庭前对庭审时可能发生的状况,尤其是对方的观点以及可能提出的问题、法官可能提出的问题等有尽可能充分的预判,这样才能做到庭审时应付自如,以达到申请证人出庭的效果。

(三)从具体案例展现其适用

案例4-22:证人与当事人之间系雇佣关系,其证言的证明效力不足

——中腾西北建设集团有限公司、应某春等案外人
执行异议之诉民事申请再审案

审理法院:最高人民法院

案号:(2021)最高法民申5417号

裁判日期:2021年12月16日

案由:民事>特殊诉讼程序案件案由>执行程序中的异议之诉>执行异议之诉>案外人执行异议之诉

· 最高人民法院裁判意见

再审申请人中腾西北建设集团有限公司(以下简称中腾公司)因与被申请人应某春、眉县中坤旅游开发有限公司(以下简称中坤公司)案外人执行异议之诉一案,不服陕西省高级人民法院(2021)陕民终423号民事判决,向本院申请再审。本院依法组成合议庭进行了审查,现已审查终结。

中腾公司申请再审称:(1)原审判决未审查2018年10月20日支付50万元收据的真实性和合理性。应某春是否支付案涉房屋的全部价款缺乏证据证明,本案不符合《最高人民法院关于人民法院办理执行异议和复议案件若干问题的规定》第28条的适用条件。(2)原审判决认定应某春与中坤公司签订了合法有效的书面买卖合同没有法律依据。原审判决适用《最高人民法院关于人民法院办理执行异议和复议案件若干问题的规定》第28条和第29条均需以合同合法有效为前

提,否则属于适用法律错误。(3)应某春与中坤公司恶意串通伪造现金支付凭证,虚假陈述,涉嫌虚假诉讼,依法应予惩处。综上,依据2017年《民事诉讼法》第200条第2项、第6项规定的情形申请再审本案。

本院认为,本案系当事人申请再审案件,应当围绕中腾公司主张的再审事由能否成立进行审查。根据中腾公司的再审申请理由,本案主要审查了以下问题:一、本案适用《最高人民法院关于人民法院办理执行异议和复议案件若干问题的规定》第28条是否正确;二、应某春是否享有足以排除强制执行的民事权益;三、应某春与中坤公司是否构成虚假诉讼。

一、本案适用《最高人民法院关于人民法院办理执行异议和复议案件若干问题的规定》第28条是否正确

应某春向案涉房产开发企业中坤公司购买别墅,且其自认该房屋非其名下唯一住房,由于交易标的物非《最高人民法院关于人民法院办理执行异议和复议案件若干问题的规定》第29条项下的用于满足居住需求的房产,应某春作为房产的一般买受人,请求排除强制执行,二审法院参照适用《最高人民法院关于人民法院办理执行异议和复议案件若干问题的规定》第28条规定,并无不当。

二、应某春是否享有足以排除强制执行的民事权益

(一)《莱茵小镇认购协议(别墅)》为合法有效的合同。《最高人民法院关于审理商品房买卖合同纠纷案件适用法律若干问题的解释》第5条规定:"商品房的认购、订购、预订等协议具备《商品房销售管理办法》第16条规定的商品房买卖合同的主要内容,并且出卖人已经按照约定收受购房款的,该协议应当认定为商品房买卖合同。"本案中,2018年4月23日,中坤公司与应某春签订的《莱茵小镇认购协议(别墅)》具备房屋买卖合同的主要内容,且应某春已支付了购房款,应认定成立房屋买卖合同。《最高人民法院关于审理商品房买卖合同纠纷案件适用法律若干问题的解释》第2条规定商品房预售许可证作为商品房预售条件的立法目的,是因为预售合同订立时,买卖的房屋尚在建设中,房屋的所有权还没有经登记设立,为了维护交易秩序,保护购房者权益,防止损害国家利益。再审审查期间,应某春提交了2021年10月14日(2021)眉房预售证第MYS035号商品房预售许可证、眉建管补〔2021〕14号建筑工程施工许可证以及中坤公司出具的证明等新证据,证明由于案涉房产所属工程施工方补办了相关手续,案涉房产已办理了商品房预售许可证。中坤公司确认了上述事实。中腾公司不认可该组证据的真实

性、合法性及关联性，但未提供相反证据反驳。本院经审查认为，此组证据真实性、合法性和关联性应予认定，其证明效力及证明目的应予采信。案涉房产已办理商品房预售许可证能够证明案涉房屋买卖合同并不损害国家利益，也没有破坏市场秩序，且应某春对于未及时办理房屋预售相关手续并不存在过错，因此，《莱茵小镇认购协议(别墅)》作为应某春与中坤公司真实的意思表示，并不违反法律法规的强制性规定，应属合法有效。

(二)应某春已付清购房款。应某春于2018年4月23日以银行汇款方式交付18万元，2018年4月24日以银行汇款方式交付100万元，2018年4月28日以银行汇款方式交付50万元，2018年10月20日给付现金50万元。中腾公司对其中2018年10月20日应某春以现金方式支付50万元一节提出异议。再审审查期间，应某春提供其员工杨某一的证人证言作为新证据，拟证明其向中坤公司支付50万元现金的经过。本院认为，此份证人证言形成于本案一审、二审程序前，不符合新证据的法定条件，且证人与应某春系雇佣关系，其证言的证明效力不足，因此，对于此份证人证言不予采信。但是，结合应某春对于付款经过的陈述，以及中坤公司出具的收据，可以证明应某春已支付该笔款项的事实，中腾公司的异议不能成立。

(三)应某春在案涉房屋查封前已经占有该房屋。案涉房屋的查封时间为2020年5月18日。应某春占有使用该房屋的时间为2018年4月25日，其在人民法院查封之前已合法占有案涉房屋。

综上所述，二审法院认定应某春对案涉房屋享有排除中腾公司强制执行的民事权益正确，中腾公司此项再审理由不能成立。

三、应某春与中坤公司是否构成虚假诉讼

当事人对自己提出的主张，有责任提供证据。中腾公司虽主张应某春与中坤公司虚假诉讼，但未能举证证明应某春与中坤公司存在虚假诉讼的行为。中腾公司的此项再审理由，依法不能成立。

综上，中腾公司的再审申请不符合2017年《民事诉讼法》第200条第2项、第6项规定的情形。依照2017年《民事诉讼法》第204条第1款、2020年《民事诉讼法解释》第395条第2款规定，裁定如下：

驳回中腾西北建设集团有限公司的再审申请。

实战点评与分析

1. 在诉讼实务中不应当以证人证言作为证明案件事实(尤其是请求权成立的事实)的单一证据

《民事证据规定》第 90 条:"下列证据不能单独作为认定案件事实的根据:……(三)与一方当事人或者其代理人有利害关系的证人陈述的证言……"以上条款并未规定"有利害关系"的内涵和外延,最高人民法院民事审判第一庭编著的《最高人民法院新民事诉讼证据规定理解与适用〔下〕》认为,"本条第三项中的'利害关系'包括亲属关系、其他密切关系及不利关系。'亲属关系'如夫妻、父母、子女、同胞兄弟姐妹;'其他密切关系'如世交关系、长期合作关系;'不利关系'如长期不和睦关系、激烈竞争关系、刑事上的加害与被害关系。与一方当事人有亲属关系、密切关系等利害关系的证人所作的有利于该当事人的证言或不利于对方当事人的证言,以及与一方当事人有不利关系的证人所作的不利于该当事人的证言或有利于对方当事人的证言,均属于本项规定的证言,不能单独作为案件事实的依据"[1]。

从以上解释可见,本条所谓的"利害关系"范围较为宽泛,并无明确的内涵和外延,由此也赋予法官较大的自由裁量权,并导致对证人证言的采信具有较大的不确定性,毕竟,如果证人与当事人没有一定的关系,是不会无缘无故到庭作证的,这也是证人证言较少能单独作为定案依据的原因之一。以本案为例,法院是以证人与当事人存在雇佣关系为由而不采信其证明力的,法院认为"证人与应某春系雇佣关系,其证言的证明效力不足,因此,对于此份证人证言不予采信"。由于证人证言与当事人或多或少都存在某种关系以及法官对证人证言的采信具有较大的不确定性,在诉讼实务中不应当以证人证言作为证明案件事实(尤其是请求权成立的事实)的单一证据,必须辅之以其他证据。就本案而言,对于争议的 50 万元房款的支付,法院最终采信了开发商出具的收据,并结合应某春对付款事实的陈述,最终认定应某春支付了 50 万元房款的事实。

---

[1] 最高人民法院民事审判第一庭编著:《最高人民法院新民事诉讼证据规定理解与适用》(下),人民法院出版社 2020 年版,第 790 页。

2.《最高人民法院关于人民法院办理执行异议和复议案件若干问题的规定》第 28 条和第 29 条

本案双方争议焦点之一为"本案适用《最高人民法院关于人民法院办理执行异议和复议案件若干问题的规定》第 28 条是否正确",买受人根据上述法律主张排除对购买房屋的执行,对应的法条分别为该规定的第 28 条和第 29 条,这里就涉及该如何理解上述两个条文以及两个条文内涵和外延上有何联系和区别。

(1)最高人民法院指导案例 156 号:王某岩诉徐某君、北京市金陞房地产发展有限责任公司案外人执行异议之诉案。

裁判要点:《最高人民法院关于人民法院办理执行异议和复议案件若干问题的规定》第 28 条规定了不动产买受人排除金钱债权执行的权利,第 29 条规定了消费者购房人排除金钱债权执行的权利。案外人对登记在被执行的房地产开发企业名下的商品房请求排除强制执行的,可以选择适用第 28 条或者第 29 条规定;案外人主张适用第 28 条规定的,人民法院应予审查。

(2)买受人物权期待权以及对买受人物权期待权的保护。

①买受人物权期待权的背景。

由于我国目前的房屋大多实行预售,从签订买卖合同交完房款,到房屋交付再到完成不动产权属登记,往往需要较长的时间,根据《民法典》物权编的规定,不动产物权以登记为准,换言之,未完成物权登记的,买受人并非物权上的房屋所有权人,在物权登记前,由于各种原因导致开发商出售给买受人的房屋被查封冻结甚至被拍卖,而该房屋买受人实际上已经支付大部分甚至全部房款,如因开发商原因被拍卖,对买受人而言极为不公。最高人民法院从民生角度,创设了买受人物权期待权,该权利主要体现在《最高人民法院关于人民法院办理执行异议和复议案件若干问题的规定》第 28 条、第 29 条。最高人民法院执行局编著的《最高人民法院执行最新司法解释统一理解与适用》写道:"根据物权法第 9 条、第 14 条、第 28 条、第 30 条的规定,除了继承、征收等非法律行为所取得的物权外,不动产物权的设立、变更、转让和消灭,必须经依法登记,始能发生效力。基于我国现行房地产开发以及登记制度的不完善等原因,不动产买受人签订买卖合同之后,往往不能即时进行登记,买受人取得法律意义上的所有权总会滞后于债权合意很长一段时间,有的甚至长达十几年。在这段间隙中,买卖的不动产在法律上仍属于出卖人所有,如果仅仅将买受人当作普通的债权人,基于债权的相对性,其对房屋的受偿要求并不具有排除出卖人其他债权人就买卖不动产提出的受偿要求,将面临其他金钱债权人请求就不动产另行变价的不测风险。由于不动产处于普罗大众的基本生活资料地位,尤其是在强调'无恒产者无恒心'的中国,对不动产买受人在执行程序中予以优先保护,对于增加人民群众对法律公平的信心无疑具有特殊的意义。"[1]

②买受人物权期待权的概念。

买受人物权期待权是指对于签订买卖合同的买受人,在已经履行合同部分义务的情况下,虽然尚未取得合同标的物的所有权,但赋予其类似所有权人的地位,其物权的期待权具有排除执行等物权效力。

从以上规定可见,买受人物权期待权具有以下特征:

a.买受人物权期待权并非物权意义上的所有权,其本质上仍为债权,但属于特殊的债权;

b.买受人物权期待权的买受人必须与相对方签订了买卖合同;

c.买受人物权期待权的买受人必须在签订合同后依法和依约履行了部分或全部付款义务,即按照法律规定支付了部分或全部房价款,至于价款的支付方式,可以是现金支付,也可以是通过以出卖人欠付债务来抵偿房价款的方式或其他方式支付;

d.买受人物权期待权的效力主要在于排除执行,并非取得与物权登记一样的法律效果;

e.买受人物权期待权类似于物权,但并非物权,该等权利受到优先保护。

③买受人物权期待权的效力

不动产上一般可同时存在以下几种权利:买受人物权期待权、建设工程价款优先受偿权、抵押权。以上三种权利,买受人物权期待权优先于建设工程价款优先受偿权,建设工程价款优先受偿权优先于抵押权。

---

[1] 江必新、刘贵祥主编,最高人民法院执行局编著:《最高人民法院执行最新司法解释统一理解与适用》,中国法制出版社2017年版,第209页。

法律依据：

①2023年4月20日施行的《最高人民法院关于商品房消费者权利保护问题的批复》（法释〔2023〕1号）

河南省高级人民法院：

你院《关于明确房企风险化解中权利顺位问题的请示》（豫高法〔2023〕36号）收悉。就人民法院在审理房地产开发企业因商品房已售逾期难交付引发的相关纠纷案件中涉及的商品房消费者权利保护问题，经研究，批复如下：

一、建设工程价款优先受偿权、抵押权以及其他债权之间的权利顺位关系，按照《最高人民法院关于审理建设工程施工合同纠纷案件适用法律问题的解释（一）》第三十六条的规定处理。

二、商品房消费者以居住为目的购买房屋并已支付全部价款，主张其房屋交付请求权优先于建设工程价款优先受偿权、抵押权以及其他债权的，人民法院应当予以支持。

只支付了部分价款的商品房消费者，在一审法庭辩论终结前已实际支付剩余价款的，可以适用前款规定。

三、在房屋不能交付且无实际交付可能的情况下，商品房消费者主张价款返还请求权优先于建设工程价款优先受偿权、抵押权以及其他债权的，人民法院应当予以支持。

②《最高人民法院关于建设工程价款优先受偿权问题的批复》（法释〔2002〕16号）

（2002年6月11日由最高人民法院审判委员会第1225次会议通过，自2002年6月27日起施行，2021年1月1日起失效）

上海市高级人民法院：

你院沪高法〔2001〕14号《关于合同法第286条理解与适用问题的请示》收悉。经研究，答复如下：

一、人民法院在审理房地产纠纷案件和办理执行案件中，应当依照《中华人民共和国合同法》第二百八十六条的规定，认定建筑工程的承包人的优先受偿权优于抵押权和其他债权。

二、消费者交付购买商品房的全部或者大部分款项后，承包人就该商品房享有的工程价款优先受偿权不得对抗买受人。

三、建筑工程价款包括承包人为建设工程应当支付的工作人员报酬、材料款等实际支出的费用,不包括承包人因发包人违约所造成的损失。

四、建设工程承包人行使优先权的期限为六个月,自建设工程竣工之日或者建设工程合同约定的竣工之日起计算。

五、本批复第一条至第三条自公布之日起施行,第四条自公布之日起六个月后施行。

此复。

(3)《最高人民法院关于人民法院办理执行异议和复议案件若干问题的规定》第28条和第29条的理解与适用

①法律规定

关于买受人物权期待权,《最高人民法院关于人民法院办理执行异议和复议案件若干问题的规定》第28条和第29条分别作了规定,具体如下:

第28条:"金钱债权执行中,买受人对登记在被执行人名下的不动产提出异议,符合下列情形且其权利能够排除执行的,人民法院应予支持:

(一)在人民法院查封之前已签订合法有效的书面买卖合同;

(二)在人民法院查封之前已合法占有该不动产;

(三)已支付全部价款,或者已按照合同约定支付部分价款且将剩余价款按照人民法院的要求交付执行;

(四)非因买受人自身原因未办理过户登记。"

第29条:"金钱债权执行中,买受人对登记在被执行的房地产开发企业名下的商品房提出异议,符合下列情形且其权利能够排除执行的,人民法院应予支持:

(一)在人民法院查封之前已签订合法有效的书面买卖合同;

(二)所购商品房系用于居住且买受人名下无其他用于居住的房屋;

(三)已支付的价款超过合同约定总价款的百分之五十。"

②《最高人民法院关于人民法院办理执行异议和复议案件若干问题的规定》第28条和第29条的区别

从以上规定不难看出,两种情形下的买受人物权期待权在构成条件以及适用上有着明显不同，主要区别为：

A. 适用的交易情形不同

第28条适用于一手房和二手房交易，而第29条只能适用于一手房交易。第28条只是规定"金钱债权执行中，买受人对登记在被执行人名下的不动产提出异议"，根据该规定，这里的买受人包括向开发商购买房屋的一手房买受人，也包括向自然人或法人购买二手房的买受人。而第29条规定，"金钱债权执行中，买受人对登记在被执行的房地产开发企业名下的商品房提出异议"，据此规定，第29条只适用于向开发商购买房屋的情形，即一手房交易。

B. 对是否需要占有该不动产的规定不同

第28条规定的买受人提出执行异议，必须在"在人民法院查封之前已合法占有该不动产"，而第29条则无此规定。从实际交易惯例来看，二手房交易前一般都达到了交付使用条件，因此第28条规定了"在人民法院查封之前已合法占有该不动产"的条件，而一手房则不然，很多情况下，买受人已经支付完毕房款，但房屋还未交付即被查封，因此第29条未设置"在人民法院查封之前已合法占有该不动产"的条件。

至于如何证明合法占有不动产，可以提供有关房屋交接的交接单、房屋租赁合同以及支付租金的凭证、物业公司出具的有关证明文件、缴纳水费电费发票等予以证明。

C. 对款项支付的程度要求不同

第28条要求买受人"已支付全部价款，或者已按照合同约定支付部分价款且将剩余价款按照人民法院的要求交付执行"，而第29条只是要求"已支付的价款超过合同约定总价款的百分之五十"。

D. 适用的主体不同

第28条适用的主体可以是法人，也可以是自然人；而第29条适用的主体只能是自然人，该条保护的法益主要为自然人的居住权，因此该条同时规定，"所购商品房系用于居住且买受人名下无其他用于居住的房屋"。

E. 适用的对象不同

第28条可以适用于住宅、商铺和办公用房，而第29条只适用于住宅，该条规定，"所购商品房系用于居住且买受人名下无其他用于居住的房屋"。

③《最高人民法院关于人民法院办理执行异议和复议案件若干问题的规定》第28条和第29条的竞合

有的情形可同时符合《最高人民法院关于人民法院办理执行异议和复议案件若干问题的规定》第28条和第29条，在此情况下，买受人可以选择适用具体的条款，比如买受人为自然人，购买的房屋为住宅，在查封前已经支付完毕全部房价款，且开发商已经交房并由买受人占有使用，在买受人取得物权登记前，该房屋被第三人查封，在此情况下，买受人有权选择适用第28条或第29条主张排除执行。

就最高人民法院指导案例第156号案件而言，最高人民法院认为：《最高人民法院关于人民法院办理执行异议和复议案件若干问题的规定》第28条适用于金钱债权执行中，买受人对登记在被执行人名下的不动产提出异议的情形。而第29条则适用于金钱债权执行中，买受人对登记在被执行的房地产开发企业名下的商品房提出异议的情形。上述两条文虽然适用于不同的情形，但是如果被执行人为房地产开发企业，且被执行的不动产为登记于其名下的商品房，同时符合了"登记在被执行人名下的不动产"与"登记在被执行的房地产开发企业名下的商品房"两种情形，则《最高人民法院关于人民法院办理执行异议和复议案件若干问题的规定》第28条与第29条适用上产生竞合。案外人对登记在被执行的房地产开发企业名下的商品房请求排除强制执行的，可以选择适用第28条或者第29条规定；案外人主张适用第28条规定的，人民法院应予审查。本案一审判决经审理认为王某岩符合《最高人民法院关于人民法院办理执行异议和复议案件若干问题的规定》第28条规定的情形，具有能够排除执行的权利，而二审判决则认为现有证据难以确定王某岩符合《最高人民法院关于人民法院办理执行异议和复议案件若干问题的规定》第29条的规定，没有审查其是否符合《最高人民法院关于人民法院办理执行异议和复议案件若干问题的规定》第28条规定的情形，就直接驳回了王某岩的诉讼请求，适用法律确有错误。

（4）对本案的分析

由于第28条和第29条在内涵和外延不同，因此适用的条件有所不同。从适用范围而言，第28条要大于第29条，本案中，由于案涉房屋并非应某春名下唯一住宅,因此本案不能适用《最高人民法院关于人民法院办理执行异议和复议案件若干问题的规定》第29条而只能适用第28条,结合本案,法院最终认为,"应某春向案涉房产开发企业中坤公司购买别墅,且其自认该房屋非其名下唯一住房,由于交易标的物非《最高人民法院关于人民法院办理执行异议和复议案件若干问题的规定》第二十九条项下的用于满足居住需求的房产,应某春作为房产的一般买受人,请求排除强制执行,二审法院参照适用《最高人民法院关于人民法院办理执行异议和复议案件若干问题的规定》第二十八条规定,并无不当。"

六、鉴定意见

关于鉴定意见举证、质证和实务要点,本书第七章做了论述,具体见该章内容。

七、勘验笔录

(一)法律法规

《民事诉讼法》第83条:"勘验物证或者现场,勘验人必须出示人民法院的证件,并邀请当地基层组织或者当事人所在单位派人参加。当事人或者当事人的成年家属应当到场,拒不到场的,不影响勘验的进行。

有关单位和个人根据人民法院的通知,有义务保护现场,协助勘验工作。

勘验人应当将勘验情况和结果制作笔录,由勘验人、当事人和被邀参加人签名或者盖章。"

《民事诉讼法解释》第124条:"人民法院认为有必要的,可以根据当事人的申请或者依职权对物证或者现场进行勘验。勘验时应当保护他人的隐私和尊严。

人民法院可以要求鉴定人参与勘验。必要时,可以要求鉴定人在勘验中进行鉴定。"

《民事证据规定》第43条:"人民法院应当在勘验前将勘验的时间和地点通知当事人。当事人不参加的,不影响勘验进行。

当事人可以就勘验事项向人民法院进行解释和说明,可以请求人民法院注意勘验中的重要事项。

人民法院勘验物证或者现场,应当制作笔录,记录勘验的时间、地点、勘验人、在场人、勘验的经过、结果,由勘验人、在场人签名或者盖章。对于绘制的现场图应当注明绘制的时间、方位、测绘人姓名、身份等内容。"

(二)实务要点

1. 如果勘察的现场是当事人主张权利的标的本身,在勘察前,当事人应做好充分准备工作,包括设计好行程线路,将最能展示标的存在问题或者与当事人主张权利相关的部位、物件等做好标记,且在现场能即刻找到,比如原告房地产开发商主张被告施工方交付的地下停车场漏水。在案件审理过程中,法官拟对现场进行勘察,在勘察前,开发商应做好以下工作:先把漏水点一一标记并在图纸上标注清楚,设计好勘察线路,尤其优先选择漏水明显以及漏水严重的点作为线路,方便法官能直观感受到存在的问题。

2. 涉及专业问题的,建议当事人聘请有专业知识的人员到场,方便对存在问题的进行解答。

3. 勘验前,建议和当事人、专业人员先行就案件争议点进行梳理,明确勘验要达到的目的、拟证明的待证事实、勘验的部位地点,列好此次勘验务必完成的事项和务必查看的事项,尽可能引导法官按照既定的计划进行勘验。

4. 律师本人也必须到场,避免现场勘察过程中当事人对案件事实作出错误的陈述。

5. 勘验完毕后,对于现场制作的笔录,务必认真审核,在代理律师未审核完毕并同意的情况下,其他在场的本方当事人不得签署任何意见。

(三)从具体案例展现其适用

案例4-23:法院勘验笔录具有较强证明力,一般均作为认定案件事实的依据

——彭某松、彭某贤相邻关系纠纷民事二审案

审理法院:山东省烟台市中级人民法院

案号:(2022)鲁06民终5127号

裁判日期:2022 年 10 月 24 日

案由:民事 > 物权纠纷 > 所有权纠纷 > 相邻关系纠纷

● **二审法院裁判意见**

一审法院认定事实:原、被告系一街之隔的前后邻居,原告居前。两家所处位置的地势为南高北低、西高东低。历史上,自然流水经两家西侧南北走向的街道流经原告家西墙向北,至原告屋后转弯向东,经被告家门前的东西街道向东排放。

2020 年 7 月,被告将自家门前(原告家屋后)以及门前西侧街道上的路面进行了硬化,原告认为被告硬化后的路面明显高于硬化前,同时留置的水道过窄,导致其西侧街道无法顺畅排水,两家因此产生纠纷。2020 年秋,莱州市虎头崖镇后上庄村委为解决纠纷,安排铲车将原告西侧街道推平,准备在推平的基础上用水泥硬化,同时拓宽水道,以解决积水问题。原告不认可村委的方案,认为西侧街道在推平的基础上加水泥硬化会导致路面过高,坚持要求降低和清除被告家门前抬高的路面,因此原告家西侧街道被推平后未再进一步施工。目前原告西侧街道靠近原告家北屋西山墙的位置经常积水,其北屋室内床下未铺贴瓷砖的水泥地面明显潮湿,内墙底部因潮湿形成的水渍明显,高度约 30 厘米。

上述事实,有当事人陈述、现场照片和视频、村委干部及邻居的证言、法院勘验笔录等证据在卷佐证。

二审法院认为:《民法典》第 290 条规定:"不动产权利人应当为相邻权利人用水、排水提供必要的便利。对自然流水的利用,应当在不动产的相邻权利人之间合理分配。对自然流水的排放,应当尊重自然流向。"本案中,上诉人与被上诉人作为前后邻居,因门前屋后道路硬化事宜产生纠纷,诉诸法院。根据现有证据及当事人陈述,上诉人与被上诉人房屋所处位置的排水自然流向为沿西侧街道自南向北,至被上诉人家屋后转向东是客观事实。现经一审、二审法院现场勘验,结合对村委干部及村民的调查,足以认定涉案地面因道路硬化导致原有流水方向改变的事实客观存在。关于目前争议路面的合理解决方案,一审法院向曾参与调处纠纷的村委负责人和村委委员征询意见,并提出了多种解决方案,但双方均不做出让步。法院认为,不动产的相邻权利人,应当按照有利生产、方便生活、团结互助、公平合理的原则,正确处理相邻关系。经查,一审法院在协调无果的情形下,经过认真的勘验、调查并结合案情所作分析及由此作出的判决并无不妥。对此,一审法院所作分析、说理，全面、透彻，法院不再赘述。上诉人上诉主张，理由不当，于法无据，法院不予支持。

实战点评与分析

1. 相邻权纠纷概念和本质。

所谓相邻权是指不动产的所有人或使用人在处理相邻关系时所享有的权利。具体来说，在相互毗邻的不动产的所有人或者使用人之间，任何一方为了合理行使其所有权或使用权，享有要求其他相邻方提供便利或是接受一定限制的权利。相邻权实质上是对所有权的限制和延伸。

本案是典型的相邻权纠纷，相邻权纠纷本质属于侵权纠纷。《民法典》第288条规定："不动产的相邻权利人应当按照有利生产、方便生活、团结互助、公平合理的原则，正确处理相邻关系。"第290条规定："不动产权利人应当为相邻权利人用水、排水提供必要的便利。对自然流水的利用，应当在不动产的相邻权利人之间合理分配。对自然流水的排放，应当尊重自然流向。"

本案是因为道路硬化导致水流方向改变而引发的纠纷。根据《民法典》的规定，不动产权利人应当为相邻权利人排水提供必要的便利，对自然流水的排放，应尊重自然流向。被告实施道路硬化的行为影响了流水排放方向，导致西侧街道靠近原告家北屋西山墙的位置经常积水，本质上属于对原告所有权的行使构成了侵害和妨害，因此被告应承担相应的责任。

2. 法官可运用逻辑推理和日常生活经验对证据有无证明力和证明力大小独立进行判断，并公开判断的理由和结果。

本案从审理和裁判逻辑看，法官并未委托第三方专业鉴定机构对积水原因、积水与被告道路硬化的因果关系进行鉴定，而是通过现场勘验，结合证人证言，运用生活经验进行分析和判断，并最终认定被告实施道路硬化的行为影响了流水排放方向，进而导致西侧街道靠近原告家北屋西山墙的位置经常积水。此种裁判方法可适用于事实简单且常人可以理解分析的案件，但对于复杂且较为专业的案件，则需通过第三方鉴定的方法来完成。

当然，笔者认为，本案如果能申请鉴定，即就地面因道路硬化与水流方向改变以及该等改变与原告西侧街道靠近原告家北屋西山墙的位置经常积水，其北屋室内床下未铺贴瓷砖的水泥地面明显潮湿,内墙底部因潮湿形成的水渍是否存在因果关系进行鉴定并由专业第三方出具专业的鉴定意见会更好。

相关法律规定:

《民事证据规定》第85条:"人民法院应当以证据能够证明的案件事实为根据依法作出裁判。

审判人员应当依照法定程序,全面、客观地审核证据,依据法律的规定,遵循法官职业道德,运用逻辑推理和日常生活经验,对证据有无证明力和证明力大小独立进行判断,并公开判断的理由和结果。"

3.现场勘验在实务中的运用。

有的案件,仅仅依赖书证或其他证据难以说清事实以及事件原因;有的案件需要完成对现场的保留,此时,可以向法庭申请对现场进行勘验,勘验的内容应结合申请的目的、现场的具体情况而定。

以本案为例,原告认为因被告道路硬化导致原有流水方向改变并直接导致原告西侧街道靠近原告家北屋西山墙的位置经常积水,其北屋室内床下未铺贴瓷砖的水泥地面明显潮湿,内墙底部因潮湿形成的水渍明显。此类案件,不到现场勘验,仅仅依据原告陈述、照片和视频难以对案件事实有客观全面的了解,因此法官选择了对现场进行勘验,并最终依据现场勘验笔录、照片视频等认定涉案地面因道路硬化导致原有流水方向改变的事实客观存在并判决被告承担责任。

第四节

以实例为例：将对方证据为我所用

在诉讼过程中,无论是原告还是被告都会为了支持己方诉请或答辩意见而提供证据,由于诉讼是原被告双方互相进行对抗,一般情况下,一方都会提供有利于己方的证据,因此,当事人对己方提供证据的三性都会予以认可,而对对方提供的不利于己方的证据不予认可。在诉讼中,如果能有效利用对方提供的证据即对方提供的证据能证明己方需要证明的事实,不仅可以在庭审中打击对方士气,使得对方无法辩驳,更可以强化己方观点以及需要证明的事实,如此往往会使己方在诉讼中处于有利的地位,且己方诉讼请求或抗辩更容易得到法官支持。利用对方证据可以达成以下目的：

其一,利用对方证据来推翻对方诉讼请求；

其二,利用对方提供的证据进行推理得出与对方诉请完全相反或支持己方观点的结论；

其三,利用对方证据证明己方拟要证明的待证事实；

其四,利用双方没有异议的证据进行推理,通过推理证明己方主张,推翻对方诉请。

在本章第二节"举证规律"中,其中规律5就如何利用对方的陈述和证据做了论述,本节将结合实例,论述如何在实务中将对方证据为我所用。

一、利用对方提供证据来证明己方证据具有真实性、合法性和关联性

利用对方证据证明己方提供证据的真实性、合法性和关联性,可以通过对对方证据的取得、形式和内容等进行综合分析并得出己方证据具有真实性、合法性和关联性的结论。

以下以被告视角,结合案例对如何利用对方证据进行分析:

案例4-24:利用对方证据证明己方提供证据的真实性

——南宁市兴宁区某镇13个村民小组诉广西GJ林业有限公司侵权纠纷案

原告:南宁市兴宁区某镇13个村民小组

被告:广西GJ林业有限公司(以下简称林业公司)

第三人:广西南宁HA林贸易有限公司(以下简称贸易公司)

第三人:卢某某

第三人:陈某某

第三人:南宁市兴宁区某镇第4村民小组

案由:侵权纠纷

原告诉称,2000年9月29日,原告与第三人贸易公司签订了《林地使用权转让合同》,之后又签订了《林地使用权转让合同补充规定》,该合同第5条和该合同补充规定第1条均约定,原告(乙方)提供林地使用权的报酬为该林地收益的19%,但在合同履行中,贸易公司未严格履行合同,多次故意隐瞒林木砍伐收益真实情况,没有按照合同约定支付原告林地使用报酬,造成原告重大经济损失,第三人贸易公司的行为属于严重违约,合同继续履行已无必要。另外,经查,贸易公司的营业执照已经被吊销,故该合同实际上已经无法履行,为此经村民小组召开会议,解除上述合同。此外,贸易公司在2006年9月1日签发一份授权委托书给被告林业公司,由于原告已经解除了与贸易公司的合同,因此林业公司必须交回案涉的林地1590亩。由于被告不仅不交回,反而张贴公告派人驱赶原告工作人员,因此起诉要求被告排除妨碍,停止侵害并返回案涉1590亩林地。

被告答辩:案涉林地使用权已经由被告合法取得,主要理由是,被告已经合法取得案涉林地权证,且被告在2006年11月4日与村集体的队长签订了《林地使用权转让合同》,并在合同签订后一直按约缴纳林地租金直到本案案发。就此林业公司提供了相应的付款凭单等;2013年12月25日,林业公司又与村民签订了《补充协议》,该补充协议再一次确定2006年11月4日所签订的《林地使用权转让合同》合法有效。该补充协议有将近1000人签字,占原告全体村民的至少一半以上,且该份证据结合其他证据能证明原告村集体的2/3以上村民同意由林业公司承包案涉林地。

• **案件的关键点和难点**

《补充协议》村民签字的真实有效与否是林业公司答辩能否得到支持的关键。对于《补充协议》签字的真实性，林业公司原本考虑申请部分村民出庭作证，就该《补充协议》签字的真实性等予以证实，但无奈，当时原告部分队长以各种方式要挟村民不得帮助林业公司，就算是曾经在补充协议上签过字的村民也不出庭相助，当时就该补充协议的真实性，很难有更多的证据佐证。然而在诉讼过程中，原告方为了证实签订《补充协议》并非村民的真实意思表示，找到了当时在《补充协议》上签字的至少一半以上的人员，出具了以下声明，即"我们是南宁市兴宁区某镇某村三坡的村民，2013年农历12月林业公司为了达到承包某片面积1590亩山地的目的，于2014年1月以村民每人同意签字便发50元的报酬许诺。由于我们是地处偏僻的农村，村民经济收入不多，加之贸易公司长期拖欠我们巨额的山地承包金，为拿到50元钱过一个愉快的春节，我们便签字给了林业公司。至此，我们慎重声明，我们的签字不是同意林业公司承包我们的山地，而是看作林业公司代表贸易公司补发给我们的承包金，我们仍然支持2016年6月1日某片区三坡群众会议作出的决议"。后面附有村民的签名。

以上的声明，表面上看是对被告答辩意见的反驳，但透过内容，至少可以得出以下结论：其一，村民2013年12月在林业公司《补充协议》上的签字是本人的签字，该签字是真实的；其二，对于签字的后果，村民是知情的，即林业公司为了承包案涉的1590亩林地，这足以证明村民知道和应当知道签订的《补充协议》本身就是林业公司为了承包案涉林地，换言之，就承包案涉的1590亩林地，林业公司已经明确表达了其意思表示，村民的签字本身也表明村民同意林业公司承包该林地，至于村民在签字后如何考虑均无法否定签字的真实性。

在原告提供以上声明作为证据后，经过庭审时的质证，法院认定了《补充协议》的真实性，而原告也未再就该补充协议签字的真实性提出异议。

实战点评与分析

从以上案例不难看出，合理运用对方提供的证据，并通过对该证据的分析和解读得出对己方有利的结论，往往能出奇制胜，毕竟，由于证据是对方提供的，对方对该证据的三性一般是认可的。就本案而言，原告拟通过由村民签署声明的方式来否定《补充协议》，但其内容恰恰证明了《补充协议》的签字是真实的，也证明了在签署《补充协议》时村民知晓林业公司的意思表示，因此实际上这份证据对林业公司而言是有利的。

二、以被告为视角，利用原告提供的证据推翻原告的诉讼请求

案例 4-25：被告应积极提供反驳证据，充分利用原告证据推翻原告诉讼请求

——桂林 Y 农业发展有限公司诉广西 G 高速公路有限公司、贵州 S 工程劳务有限公司财产损害赔偿纠纷案

原告：桂林 Y 农业发展有限公司

被告一：广西 G 高速公路有限公司（以下简称 G 高速公路公司）

被告二：贵州 S 工程劳务有限公司（以下简称 S 劳务公司）

被告三：H 建筑工程有限公司（以下简称 H 工程公司）

案由：财产损害赔偿纠纷

• **案情简介**

原告主张其在 2019 年 1 月 5 日，与安徽省 B 农业开发有限公司（以下简称 B 农业公司）签订中药材种植回收合同，合同签订后，原告陈述其在西林县那劳镇洞坚村租赁 400 亩山地作为射干药材种苗培育基地。

被告 G 高速公路公司是某高速公路项目的总承包单位。被告 H 工程公司是案涉项目的分包单位，于 2020 年 5 月 20 日与被告 S 劳务公司订立合同，将案涉项目的路基防护排水工程、土石方工程交由被告 S 劳务公司施工。

原告认为，由于各被告在施工过程中，超越红线，挖断水管，导致其种植的射干死亡，因此要求各被告连带赔偿其损失。

注：射干是一种中药材，射干[学名：Belamcanda chinensis（L.）Redouté]为多年生草本。根状茎为不规则的块状，斜伸，黄色或黄褐色；须根多数，带黄色。茎直立，茎高 1~1.5 米，实心。本案争议的标的为射干的种苗，即射干苗。

• **原告的诉讼请求**

1. 判令三被告连带赔偿原告射干种苗损失人民币 19,357,871.4 元（计算方

式:54,000元/亩×358.4791亩=19,357,871.4元);

2.本案诉讼费由三被告共同承担。

• 原告起诉的事实与理由

2019年1月5日,原告与B农业公司签订中药材种植回收合同,约定在B农业公司的技术指导下,由原告向B农业公司采购射干种苗,B农业公司为原告选育射干种子并按双方所签订合同约定的条件收购射干种子和射干药材;合同还约定了回购保护价为根不低于32元/kg、籽不低于200元/kg。经过西林县政府招商引资工作,原告决定选址在西林县那劳镇某村租赁400亩山地作为射干药材种苗培育基地,土地租赁和使用期限为30年;原告基于对政府的信任和种植发展前景的看好,为培育工作的开展进行了大量的前期投资,包括购买种子、搭建钢棚、设置电路、修砌灌溉水池、布设浇灌水管、种植种苗等。

2019年12月29日,被告一在高速公路施工便道修建过程中挖断了原告种植基地内的灌溉总管且未及时帮助修复,导致基地内部分射干种苗因长期干燥缺水而枯萎死亡;原告随后多次向被告一以及政府相关部门反映,经多方协调被告一才于2020年5月初修复了损毁的灌溉总管。在此期间,原告虽尽最大努力抢救已种植的射干种苗、避免损失进一步扩大,但被告一在随后的高速公路施工过程中以赶进度为由不仅未提前及时向原告告知具体开挖时间和方式、以便配合做好种苗保护工作,还与实际进行作业面开挖施工的被告二共同越过征收红线桩拓展作业面、以便利施工,多次损毁原告已自救搭建的临时接水管道,导致原告种植基地内山地布设的灌溉总水池及部分分水池坍塌、灌溉用电中断、灌溉喷洒系统完全无法修复和启用,越界施工还损毁了征收红线外的射干种苗,最终导致原告预先种植的358.4791亩射干种苗全部枯萎损毁。经鉴定,三被告损毁原告的射干种苗价值为54,000元/亩。原告认为,被告一直实施便道施工损毁原告种植基地灌溉总管后消极应对,在与被告二共同实施作业面开挖时越界施工,导致原告预先种植的射干种苗全部损毁的行为已构成共同侵权,造成原告巨额投入的重大利益损失。原告为维护自身合法权益,向法院起诉。

• 原告提供的证据

第一组证据:原告工商营业执照复印件,拟证实原告身份信息及主体资格;三被告工商营业执照复印件,拟证实被告的身份信息及主体资格;《中药材种植回收合同》复印件,拟证实种植的原因及种植的亩数;正常种植图片,拟证实未遭受破坏前的种植情况;水管断裂图片,拟证实总水管破坏的程度;水池塌毁图片,拟证实蓄水池被破坏的程度;高速路开发图片、界碑图片,拟证实被告超越红线(征收部分)进行过度开发导致种植基地被严重破坏的事实;评估报告书复印件,拟证实造成损失的价值;数据表格、转账凭证复印件,拟证实已得到政府赔偿的亩数;政府信息公开申请资料复印件。第二组证据:批发苗单据、现场工作人员工资量统计表(工资发放表)、评估公司评估报告现场调查记录材料、当时现场射干苗枯死照片复印件;与政府各方现场录音及协调现场照片复印件。

● 被告三H工程公司的诉讼策略和答辩意见

1. 确定本案法律关系以及举证责任

本案案由为财产损害赔偿即侵权纠纷,损害的对象为射干种苗。

本案属于一般侵权案件,不适用举证责任倒置和过错推定,因此,原告有义务就侵权的四要件(过错、违法行为、违法行为与损害之间存在因果关系、损害事实)提供证据证明。

如原告不能提供证据证明以上要件,原告应承担举证不能的后果。

相关法律规定:

《民法典》第1165条:"行为人因过错侵害他人民事权益造成损害的,应当承担侵权责任。

依照法律规定推定行为人有过错,其不能证明自己没有过错的,应当承担侵权责任。"

2. 结合原告提供的证据,分析判断其证据能否证明其诉讼请求

(1)损害事实的证明。

其一,了解植物生长和死亡的基本知识。

本案的标的为植物,植物不同于一般的动物和人,动物和人死亡,即呼吸停止。以人死亡为例,人一旦死亡,一般有医院的死亡证明,如果注销户口,则有户口注销证明。换言之,证明人死亡可以提供上述证据,但植物死亡如何证明本身就是一个问题。原告主张植物枯萎意味着死亡,但这个不符合基本的植物学知识。

植物一般分地上和地下两部分。地下的部分,我们叫它根系。根系是由几种

根组成的,一种是最初从种子幼胚的胚根长出来的,长得比较粗壮,能够垂直往土壤深处钻,叫作主根。主根可以向四面八方分叉,形成许多侧根。侧根又能够再次分叉,形成三级根、四级根等。主根和侧根上可以生出很多微小的根,嫩根先端还有许多白色的根毛,它们是吸收水分和养分的尖兵。

植物通过根吸收土壤中的水分、矿物质和无机物,再通过叶片吸收二氧化碳,然后通过太阳光进行光合作用,最后将这些养分转化成有机物,并储存在植物体内,有机物的不断转化和积累,使植物细胞进行生长、分裂,之后植物就由小到大,然后开花结果。

简言之,即使植物的地上部分枯萎,也不等于死亡,因为在根部仍存活的情况下,只要给植物适当浇水,植物仍能正常生长而不会死亡。

其二,证据收集:收集案涉标的未死亡的证据。

向政府收集。经了解,2020年6月29日原告与西林县自然资源局签订了《土地征收补偿协议》,并获得219万余元补偿款,征收补偿地上附着物明确载明有射干。换言之,2020年6月,在政府征收红线范围内的射干是完好无损的。

该证据被告一提交法庭。

同时被告三提出,本案如果支持原告的诉讼请求,意味着政府在2020年6月29日作出的赔偿是错误的,因为法院已经认定属于同一位置同一时间的射干在此前已经死亡,而政府对此却视而不见,仍按照活着的射干给予补偿,此等补偿显属错误。

其三,利用原告的证据证明案涉标的未死亡。原告提供的评估报告证据,该评估报告为2020年5月3日原告委托W评估公司评估并进行现场调查的时候所出具,该报告载明:随调3个点进行测量记录,从长势看有叶黄干枯的状况。射干属于耐旱性较强的植物。

以上足以证明评估公司当日现场调查时,射干并未死亡,仅是出现枯黄症状。

(2)损害事实与违法行为的因果关系。

如果原告提供了证据证明射干死亡,原告还必须提供证据证明该等死亡与被告的侵权行为存在直接必然的因果关系。

从原告现有的证据看,无法证明射干死亡。即使证明了射干死亡,也无法证明与各被告行为之间存在直接必然的因果关系,因为该等死亡可能是因为养护不当,可能是被告的行为所致,也可能是天灾或病虫害所致等,但是以原告现有的证据,无法证明射干死亡与各被告行为之间的因果关系。就此,原告应申请鉴定,通过申请鉴定,委托有资质的第三方出具专门性意见,证明射干死亡的致死原因,该等原因是否系各被告行为所致,如此其主张才可能得到法院支持。

(3)至于行为和过错,被告一、被告三并未否认其实施的挖掘行为。因此,本案行为和过错并非本案争议焦点。

• **判决结果**

法院认为,本案系原告种植的射干遭受损害,因此提起的损害赔偿之诉。故本案的争议焦点为三被告是否应对原告种植的射干死亡承担损害赔偿责任。首先,射干是否实际种植是界定损害赔偿责任的前提。本案中,原告提交了其与安徽B农业公司签订的《中药材种植回收合同》,该合同载明原告向被告购买种苗160万株,用于种植400亩射干。该合同可以说明原告与被告安徽B农业公司就种苗供应进行了约定,双方之间存在契约,而原告是以营利为目的存在的法人组织,既然存在契约,有正当理由可以确信原告为了履约会进行相应种植。另外,原告提交了相应射干存活、长势良好的照片,结合法院现场勘查依旧有零星射干存活的情形、那劳村委会关于同意地上附着物"射干"补偿给原告的情况说明等证据,可以推定原告在射干死亡之前确实种植了相应射干。被告虽不予认可原告提交的照片,但是并没有充分证据予以反驳,法院就该部分反驳意见不予采纳。

关于原告的射干死亡与被告的行为之间是否存在因果关系的问题。首先,原告陈述被告分四次挖断其灌溉的总水管,导致其种植的射干苗在2020年5月死亡的陈述,法院认为不可信。第一,原告自认2019年12月第一次水管被挖断之后,其自行修复部分,并组织人力取水灌溉,如此情况下射干不会因为缺水而立即死亡。按照原告认可的修复时间,被告至少在2020年5月修好了水管,而2020年5月3日,原告委托W评估公司评估并进行现场调查的时候,评估报告记录:随调3个点进行测量记录,从长势看有叶黄干枯的状况,说明评估公司当日现场调查时,射干并未死亡,仅是出现枯黄症状。射干属于耐旱性植物,其2020年5月3日出现叶黄干枯,但并非根部死亡不能吸收营养,因此被告当月修复好受损的水管后,至少暂时保证了正常灌溉,并不会因此直接导致射干死亡,原告陈述此时已经有部分死亡,但并未提交任何证据,法院对其主张的此部分事实不予采信。第二,2020年6月2日,因为高速建设需要征收原告部分射干种植土地,因此高速公路项目建设协调小组组织评估机构进行了评估,根据广西 Z 评估公司出具的评估报告内容,评估时的资产实物照片中显示原告种植的射干并未死亡,并且原告也因此得到了地上附着物的补偿。如果像原告陈述的,被告挖断了其灌溉总管,那么势必影响整个种植基地的灌溉,被征收范围内的射干也不可能存活,而政府已经在当年 6 月按照射干存活进行了补偿,显然原告陈述射干 5 月或者 6 月已经死亡的事实与查明事实不符,不予采信。第三,从常理来看,原告如果遭受如此巨大的损失,必然在射干已经开始死亡直至全部死亡,整个过程、阶段皆应保留相应证据以便主张权利之用,但是在 2020 年 6 月以后,射干何时全部死亡以及被告的行为与射干死亡之间是否存在因果关系,原告都未举出充分证据证明,原告应承担举证不能的法律后果。综上,本案如果财产损害赔偿责任成立,应同时符合以下四个构成要件:存在加害行为;受害人遭受损害;加害行为与损害间有因果关系;加害人对损害发生存在过错。基于前述已经认定原告不能证明其遭受的财产损害与各被告的行为之间存在因果关系,故不能成立侵权责任法律关系,因此各个被告无须对于原告主张的财产损害承担赔偿责任。原告的诉讼请求缺乏事实和依据,法院不予支持。依照《民事诉讼法》第 67 条、《民事诉讼法解释》第 90 条的规定,判决如下:驳回原告桂林 Y 农业发展有限公司的诉讼请求。

本案一审判决后,各方均未上诉。

实战点评与分析

本案原告的诉讼请求被全部驳回,而被告答辩基本得到法院支持,各种原因值得深思。

1. 对于专门性问题,负有举证证明的一方应及时申请鉴定

本案中,射干是否死亡、死亡原因、射干死亡与被告行为是否具有因果关系等,显然属于专门性的问题。无论是原告、被告抑或法官,均无法判断和确定,只能通过有资质的第三方通过鉴定的方式完成,但本案中的原告未能及时提出鉴定申请,导致此后即使鉴定,也难以判断被告行为与射干死亡之间的因果关系,毕竟,随着时间的推移,即便最终通过鉴定认定射干死亡,但导致该等死亡的原因是否与被告行为有关就难以判断了。

2. 被告对原告提出的诉讼请求,应设置带有纵深的层层防线

以本案为例,被告针对原告诉请,设置了至少四道防线,具体如下:

(1) 原告提起侵权损害赔偿之诉的基础是发生了财产损害结果。但原告并未证明其所主张损害财产的内容、范围、价值，即射干苗是否种植，种植了多少。

(2) 原告并未举证证明本案发生了损害结果——射干枯萎死亡。

原告主张 358 亩射干因水管挖断导致缺水死亡，但原告提交的证据均没有体现有射干发生枯萎死亡的情况。

根据《民法典》第 1165 条第 1 款的规定，"行为人因过错侵害他人民事权益造成损害的，应当承担侵权责任"。

本案原告主张的损害结果是射干枯萎死亡，但未提交任何射干枯萎死亡的证明材料。

也就是说，在原告主张的 358 亩土地上，是否种植有射干？种植了多少？在原告主张的侵权行为实施前，射干是否存活？在原告主张的侵权行为实施后射干是否枯萎死亡？死亡了多少？什么时候死亡？这些认定侵权成立最基础的要件事实，原告都没有举证。综上，原告主张被告承担损害赔偿责任无任何依据。

(3) 假设原告提供证据证明了射干死亡，但原告未提供证据证明死亡的原因，射干死亡与被告行为是否存在直接因果关系。

原告主张被告施工挖断水管导致射干缺水死亡，那么二者存在因果关系的链条应该为：①水管被挖断前种植射干的数量、存活生长情况；②水管被挖断；③水管挖断后导致种植基地完全无法供水；④因无法供水(唯一原因)导致射干死亡；⑤射干死亡的数量、价值。

也就是说，原告必须就这五大要素充分举证，而不是直接从第二步水管被挖断直接到最后一步射干死亡赔偿损失，这样的逻辑和举证简单粗暴，毫无依据。

根据原告提交的《中药材种植回收合同》第 2.5 条"甲方指定技术员张某民常驻乙方处对乙方的射干种植进行指导，为乙方提供种植栽培、田间管理等一系列技术服务"。可见，射干的种植需要人工管理养护，并非只需要浇水就可以养活。如果养护不到位，射干也完全有可能无法存活。就本案而言，原告未就是否种植射干、种植了多少射干；如种植，种植后射干的存活率、是否派人对射干进行管理养护等进行举证。换言之,如果原告能举证射干死亡,也不能排除是原告自身原因导致,无论如何都不能直接得出水管被挖断导致射干死亡的结论。况且原告主张的因果关系仅是单方陈述,能导致射干死亡的原因有很多,仅凭肉眼无法判断,原告亦未提交经专业第三方机构作出的有因果关系的认定。

(4)被告提供了证据证明,原告种植的射干并未死亡,该证据与原告自行提供的评估报告相互印证,足以证明原告种植的射干并未死亡。且原告提供的证据评估报告证实,射干属于耐旱植物,既然如此,此等植物不可能因为短时间的缺水而死亡。由此也证明原告所谓的射干死亡不符合事实。

(5)原告主张按照358亩、每亩540,000元赔偿无依据。

原告以评估报告作为证明损失的依据是错误的。评估报告的目的是评估征收62亩射干的征收补偿价值,该份评估报告按照射干生长5年的收益进行评估测算,是政府对征收地上附着物的一种补偿的行政行为。而本案原告提起的是侵权损害赔偿之诉,侵权领域中的赔偿是损失填平原则,赔偿的是实际损失,不包括预期利益。二者赔偿的目的、标准、所依据的法律依据都不一致。

根据原告提交的评估报告(证据第32页)"2020年6月2日的市场价值为每亩人民币55,025元,62亩总市场价值为人民币3,411,550元"。根据第一次庭审笔录第13页,原告主张评估报告中62亩包括了射干以及房屋道路面积的补偿,则评估报告中的每亩射干价值包括了房屋道路面积补偿。换言之,无论如何仅就射干的补偿也达不到54,000元一亩。

(6)评估报告中的价值评估无论如何都不能等同于本案射干的损失。

首先,根据评估报告,评估方法有现场勘查且附有评估人员勘查的图片。至少该评估报告是在有实物射干可现场勘查的情况下作出的价值评估。该评估范围的标的在征收范围内且原告已经获得补偿。

就本案而言,原告至少应证明358亩土地上有完好的、存活的射干,然后就存在损失以及损失和行为存在因果关系作出鉴定,但原告均未能举证。

其次,评估报告勘查的标的对象为62亩射干,并未对62亩之外的土地情况进行核实,每亩射干种植的间距、株数、规格不一样,原告主张按照62亩的评估价值作为本案损失,至少应证明2020年6月时该358亩也按照评估报告的调查方法作出了评估,并且具备同样的种植环境、种植条件,如此才具备一定的参考合理性。

最后,评估报告第10页(原告提交证据第33页)"本评估报告评估的价值是指已经评估资产在现有用途不变、持续经营和在评估基准日表现的特定经济环境假设情况下确定的资产市场价值。评估结果仅适用于本报告所列示的评估特定目的,不得用于其他经济行为"。

评估报告是在有实物、现场勘验的情况下作出的。本案原告主张的358亩土地未举证地上附着物的类型、数量,直接套用评估报告中的54,000元/亩作为损失计算依据之一,毫无依据。

以上答辩思路为:被告无须承担责任;原告未能证明损害的发生;即使能证明损害发生,也未能证明该等损害与被告行为之间存在直接因果关系;即使能证明被告行为与损害结果之间存在直接因果关系,但原告提供的证据不足以证明损失的金额。

3. 应收集并提供反驳证据

从举证责任而言,原告有义务证明损害事实、违法行为、违法行为与损害事实之间的因果关系、被告存在过错,如原告不能证明,或证据不足以证明,则原告应承担不利后果。本案中,被告只需要就原告提供的证据是否能证明以上事项即可。但如果仅仅停留在这个阶段,远远不够,被告除抗辩原告提供的证据不足以证明其主张外,还应积极收集并提供证据证明其主张不能成立,就此,被告一向当地政府收集了原告就其他射干取得补偿的证明文件,包括原告与政府签订的补偿协议、付款凭单等,前述证据足以证明,原告主张所谓案涉射干死亡时间以及死亡的事实不属实。而一审法院亦采纳了此份证据,并认为"政府已经在当年6月按照射干存活进行了补偿,显然原告陈述射干5月或者6月已经死亡的事实与查明事实不符,不予采信"。

4. 将对方证据为我所用

本案中,原告为了证明其损失,提供了由原告委托的评估公司出具的评估报告,但该评估报告亦证明,原告主张射干死亡并不属实,该评估报告载明"随调3个点进行测量记录,从长势看有叶黄干枯的状况",从该描述可见,原告种植的射干只是叶子有枯黄的状况,但并未死亡,因此该证据足以证明原告所谓的其种植的射干在 5~6 月死亡不符合事实。

一审法院亦以上述证据认定，原告主张的损害与事实不符，即 2020 年 5 月 3 日，原告委托 W 评估公司评估并进行现场调查的时候，评估报告记录：随调 3 个点进行测量记录，从长势看有叶黄干枯的状况，说明评估公司当日现场调查时，射干并未死亡，仅是出现枯黄症状。射干属于耐旱性植物，其 2020 年 5 月 3 日出现叶黄干枯，但并非根部死亡不能吸收营养，因此被告当月修复好受损的水管后，至少暂时保证了正常灌溉，并不会因此直接导致射干死亡，原告陈述此时已经有部分死亡，但并未提交任何证据，法院对其主张的此部分事实不予采信。

第五章
Chapter 5 证据的组织编排和展示

收集证据后,最重要的工作是将收集的证据进行筛选、整理,结合原告诉请、举证责任规则,按照有利于原告方的方式,向法庭提交证据,并在举证质证阶段向法庭展示证据。

第一节

证据的组织和编排

在确定需要提交的证据后,最重要的工作就是对提交的证据进行组织、编排并做成证据目录。

如何对证据进行组织、编排并做成证据目录,有的律师对此并不在意,认为只要把证据交出去即可,因此对提交的证据只是简单地做成目录就提交法庭,这样的做法极不可取。

一、证据和证据目录的组织和编写

(一)证据目录应注明案由、提交人、提交时间、案号、所在的程序

1. 注明案由和案号,可以明确证据对应的具体案件,避免与其他案件混淆;注明提交人,则可以明确证据提交的主体是原告、被告或第三人;注明证据提交日期,可以明确证据的提交时间,证据的提交时间则涉及证据提交时是否超过举证时限;至于所在程序,应注明是一审还是二审提交的证据。

以下以一组证据目录为例:

广西南宁某房地产开发有限公司与中建某有限公司
建设工程施工合同纠纷案
一审证据目录

提交人:广西南宁某房地产开发有限公司

提交时间:

案号:

序号	证据名称	证明内容	证据来源	页码

注：以上材料均为复印件，原件待开庭时提供核对。

2.常见的错误：对于提交的证据目录，没有注明案由、提交人、没有日期、没有相应的案号，只是将证据简单地做成一个目录。

没有注明案由、提交人、没有相应的案号容易导致本案的证据目录与其他案件相混淆，交寄给法院的时候，法官也不知道提交的证据属于哪一个案子（毕竟法官一个人审理的案件众多），不标明以上事项，不利于法官将当事人提交的证据及时归入对应案件并查看。

（二）对于提交的证据，应编写页码；对于提交多组证据的，每组证据的序号和页码都应接续上一组证据的序号和页码，而不是每组证据重新编写序号和页码

1.证据序号和页码编排的正确做法。

以原告（某建设工程有限公司，以下简称 A 公司）与被告（某房地产开发有限公司，以下简称 B 公司）建设工程施工合同纠纷案的证据为例。

原告 A 公司与被告 B 公司建设工程施工合同纠纷案
一审证据目录（一）

提交人：被告 B 公司

案号：

提交日期：2022 年 4 月 1 日

序号	证据名称	证明内容	证据来源	页码
1	银行付款凭证	B 公司已付 60,848,482.92 元工程款	被告	1~33
2	发票	原告自 2015 年 12 月 18 日至 2018 年 12 月 21 日开具发票，金额合计 60,032,936.88 元	被告	34~43

序号	证据名称	证明内容	证据来源	页码
3	报告书	经广州J工程咨询有限公司审核,BJ花园住宅小区工程的造价为71,631,817.3元,原告超报造价产生的咨询费为1,284,042.03元,结合该证据证明,原告应按合同支付超报咨询费1,284,042.03元	被告	44~45
4	会议纪要	2014年5月27日,原被告达成一致"施工方不可恶意超报结算报价,如超过最终审核造价的10%,对超出10%以外部分甲方所增加的审计费用由承包人承担",因此原告应承担超报咨询费1,284,042.03元。此款应在工程款中扣除	被告	46
5	情况说明	因案涉项目丢失铜芯电缆,原告同意赔偿66,150元	被告	47
6	监理罚单	因原告施工不规范,罚款9000元,此款应在工程款中扣除	被告	48~58

原告A公司与被告B公司建设工程施工合同纠纷案
一审证据目录(二)

提交人:被告B公司

案号:

提交日期:2022年4月10日

序号	证据名称	证明内容	证据来源	页码
7	函件	2020年6月10日被告发函要求原告尽快提交竣工验收资料及完整结算资料,证明被告不承担逾期结算的责任	被告	59

原告A公司与被告B公司建设工程施工合同纠纷案一审证据目录(三)

提交人:被告B公司

案号:

提交日期:2022年4月15日

序号	证据名称	证明内容	证据来源	页码
8	施工方案报审表(2014年8月7日申报,2014年8月11日批复)	证明A公司未能按照申报的进度完成地下室结构封顶(应完成时间2014年11月10日)、11层结构施工(应完成时间2014年12月31日)、主体结构封顶(应完成时间2015年7月2日),因其逾期施工导致的责任和损失由A公司自行承担	被告	60~63
9	地基与基础分部工程验收方案;BJ花园地基与基础分部工程验收会议	证明A公司未能按照申报的进度完成地下室结构封顶(实际验收完成时间为2015年10月20日)验收,因其逾期施工导致的责任和损失由A公司自行承担	被告	64~66
10	11层顶板旁站记录(A标2014年12月6日;B标2014年11月20日;C标2014年12月2日)	证明A公司11层顶板施工完成的时间	被告	67
11	主体结构分部工程质量验收报告(2016年1月27日)	证明A公司未能按照申报的进度完成主体结构封顶(应完成时间为2015年7月2日),因其逾期施工导致的责任和损失由A公司自行承担	被告	68
12	建(构)筑物防雷装置检测报告(2018年10月29日)	证明由A公司施工的防雷工程直到2018年10月29日完成通过验收,已经构成逾期	被告	69~74
13	人防工程现场检查记录表(2019年4月25日)	证明由A公司施工的人防工程直到2019年4月25日仍未完成验收,A公司从2019年2月5日计算利息是错误的	被告	75

续表

序号	证据名称	证明内容	证据来源	页码
14	人防工程竣工验收备案表（2019年5月14日）	证明由A公司施工的人防工程在2019年5月14日完成备案，A公司从2019年2月5日算利息是错误的	被告	76~78
15	五象新区绿色建筑节能专项核查表（2019年10月17日）	证明由A公司施工的绿色节能工程2019年10月17日通过验收，A公司从2019年2月5日计算利息是错误的	被告	79~80
16	五象新区绿色建筑节能专项核验表（2019年10月17日）	证明由A公司施工的绿色节能工程2019年10月17日通过验收，A公司从2019年2月5日计算利息是错误的	被告	81~82

实战点评与分析

以上证据目录，先后分为三组，证据的序号从证据1往下依次编排，页码也是同样如此，这样的好处在于，在本案中，原告提供的所有证据序号只有一个，且是唯一的，页码也只有一个页码，也是唯一的，如此既方便举证，也方便法官查询和记入判决中。

2. 常见的错误:分组提交的证据,各自再重新编排序号和页码;只编写页数,不编写页码。具体如下：

原告A公司与被告B公司建设工程施工合同纠纷案
一审证据目录（一）

提交人:被告B公司

案号:

提交日期:2022年4月1日

序号	证据名称	证明内容	证据来源	页数
1	银行付款凭证	B 公司已付 60,848,482.92 元工程款	被告	33
2	发票	原告自 2015 年 12 月 18 日至 2018 年 12 月 21 日开具发票金额 60,032,936.88 元	被告	10
3	报告书	经广州 J 工程咨询有限公司审核,BJ 花园住宅小区工程的造价为 71,631,817.3 元,超报造价产生的咨询费为 1,284,042.03 元,结合该证据证明,原告应按合同支付超报咨询费 1,284,042.03 元	被告	2
4	会议纪要	2014 年 5 月 27 日,原被告达成一致"施工方不可恶意超报结算报价,如超过最终审核造价的 10%,对超出 10% 以外部分甲方所增加的审计费用由承包人承担",因此原告应承担超报咨询费 1,284,042.03 元。此款应在工程款中扣除	被告	1
5	情况说明	因案涉项目丢失铜芯电缆,原告同意赔偿 66,150 元	被告	1
6	监理罚单	因原告施工不规范,罚款 9000 元,此款应在工程款中扣除	被告	11

原告 A 公司与被告 B 公司建设工程施工合同纠纷案
一审证据目录(二)

提交人:被告 B 公司

案号:

提交日期:2022 年 4 月 10 日

序号	证据名称	证明内容	证据来源	页数
1	函件	2020 年 6 月 10 日被告发函要求原告尽快提交竣工验收资料及完整结算资料,证明被告不承担逾期结算的责任	被告	1

原告 A 公司与被告 B 公司建设工程施工合同纠纷案一审证据目录(三)

提交人:被告 B 公司

案号:

提交日期:2022 年 4 月 15 日

序号	证据名称	证明内容	证据来源	页数
1	施工方案报审表(2014 年 8 月 7 日申报,2014 年 8 月 11 日批复)	证明 A 公司未能按照申报的进度完成地下室结构封顶(应完成时间为 2014 年 11 月 10 日)、11 层结构施工(应完成时间为 2014 年 12 月 31 日)、主体结构封顶(应完成时间为 2015 年 7 月 2 日),因其逾期施工导致的责任和损失由 A 公司自行承担	被告	4
2	地基与基础分部工程验收方案;BJ 花园地基与基础分部工程验收会议会	证明 A 公司未能按照申报的进度完成地下室结构封顶(实际验收完成时间为 2015 年 10 月 20 日)验收,因其逾期施工导致的责任和损失由 A 公司自行承担	被告	3
3	11 层顶板旁站记录(A 标 2014 年 12 月 6 日;B 标 2014 年 11 月 20 日;C 标 2014 年 12 月 2 日)	证明 A 公司 11 层顶板完成时间	被告	1
4	主体结构分部工程质量验收报告(2016 年 1 月 27 日)	证明 A 公司未能按照申报的进度完成主体结构封顶(应完成时间为 2015 年 7 月 2 日),因其逾期施工导致的责任和损失由 A 公司自行承担	被告	1
5	建(构)筑物防雷装置检测报告(2018 年 10 月 29 日)	证明由 A 公司施工的防雷工程直到 2018 年 10 月 29 日完成通过验收	被告	6
6	人防工程现场检查记录表(2019 年 4 月 25 日)	证明由 A 公司施工的人防工程直到 2019 年 4 月 25 日仍未完成验收,A 公司从 2019 年 2 月 5 日计算利息是错误的	被告	1

续表

序号	证据名称	证明内容	证据来源	页数
7	人防工程竣工验收备案表(2019年5月14日)	证明由A公司施工的人防工程在2019年5月14日完成备案,A公司从2019年2月5日计算利息是错误的	被告	3
8	五象新区绿色建筑节能专项核查表(2019年10月17日)	证明由A公司施工的绿色节能工程2019年10月17日通过验收,A公司从2019年2月5日计算利息是错误的	被告	2
9	五象新区绿色建筑节能专项核验表(2019年10月17日)	证明由A公司施工的绿色节能工程2019年10月17日通过验收,A公司从2019年2月5日计算利息是错误的	被告	2

以上证据目录,只编写页数,不编写页码,在实务中毫无作用,因为在举证的时候,如果需要提示法官看哪一份证据记载的内容,根本无法引导法官及时找到该份证据和内容,由于法官不能及时找到并看到该内容,就不能给法官留下深刻印象,整个举证过程效率极其低下,甚至毫无作用,毕竟,当事人说服的对象是法官,如果不能通过庭审这个短暂的过程让法官看到对己方最有利的证据,则整个庭审基本失去了意义。因此,证据必须编写页码而不是页数。当然,在编写证据的时候可以把二者结合,即页数和页码同时编写,比如:

原告A公司与被告B公司建设工程施工合同纠纷案
一审证据目录(一)

提交人:被告B公司

案号:

提交日期:2022年4月1日

序号	证据名称	证明内容	证据来源	页数	页码
1	银行付款凭证	B公司已付60,848,482.92元工程款	被告	33	1~33

续表

序号	证据名称	证明内容	证据来源	页数	页码
2	发票	原告自2015年12月18日至2018年12月21日开具发票金额60,032,936.88元	被告	10	34~43
3	报告书	经广州J工程咨询有限公司审核,BJ花园住宅小区工程的造价为71,631,817.3元,超报造价产生的咨询费为1,284,042.03元,结合该证据证明,原告应按合同支付超报咨询费1,284,042.03元	被告	2	44~45
4	会议纪要(2014年5月27日)	2014年5月27日,原被告达成一致"施工方不可恶意超报结算报价,如超过最终审核造价的10%,对超出10%以外部分甲方所增加的审计费用由承包人承担",因此原告应承担超报咨询费1,284,042.03元。此款应在工程款中扣除	被告	1	46
5	情况说明	因案涉项目丢失铜芯电缆,原告同意赔偿66,150元	被告	1	47
6	监理罚单	因原告施工不规范,罚款9000元,此款应在工程款中扣除	被告	11	48~58

原告A公司与被告B公司建设工程施工合同纠纷案
一审证据目录(二)

提交人:被告B公司

案号:

提交日期:2022年4月15日

序号	证据名称	证明内容	证据来源	页数	页码
7	函件(2020年6月10日)	2020年6月10日被告发函要求原告尽快提交竣工验收资料及完整结算资料,被告不承担逾期结算的责任	被告	1	59

原告 A 公司与被告 B 公司建设工程施工合同纠纷案一审证据目录(三)

提交人:被告 B 公司

案号:

日期:2022 年 4 月 15 日

序号	证据名称	证明内容	证据来源	页数	页码
8	施工方案报审表(2014 年 8 月 7 日申报,2014 年 8 月 11 日批复)	证明 A 公司未能按照申报的进度完成地下室结构封顶(应完成时间为 2014 年 11 月 10 日)、11 层结构施工(应完成时间为 2014 年 12 月 31 日)、主体结构封顶(应完成时间为 2015 年 7 月 2 日),因其逾期施工导致的责任和损失由 A 公司自行承担	被告	4	60~63
9	地基与基础分部工程验收方案;BJ 花园地基与基础分部工程验收会议会	证明 A 公司未能按照申报的进度完成地下室结构封顶(实际完成验收时间为 2015 年 10 月 20 日)验收,因其逾期施工导致的责任和损失由 A 公司自行承担	被告	3	64~66
10	11 层顶板旁站记录(A 标 2014 年 12 月 6 日;B 标 2014 年 11 月 20 日;C 标 2014 年 12 月 2 日)	证明 A 公司 11 层顶板实际完成时间	被告	1	67
11	主体结构分部工程质量验收报告(2016 年 1 月 27 日)	证明 A 公司未能按照申报的进度完成主体结构封顶(应完成时间为 2015 年 7 月 2 日),因其逾期施工导致的责任和损失由 A 公司自行承担	被告	1	68
12	建(构)筑物防雷装置检测报告(2018 年 10 月 29 日)	证明由 A 公司施工的防雷工程直到 2018 年 10 月 29 日完成通过验收	被告	6	69~74

续表

序号	证据名称	证明内容	证据来源	页数	页码
13	人防工程现场检查记录表（2019年4月25日）	证明由A公司施工的人防工程直到2019年4月25日仍未完成验收，A公司从2019年2月5日计算利息是错误的	被告	1	75
14	人防工程竣工验收备案表（2019年5月14日）	证明由A公司施工的人防工程在2019年5月14日完成备案，A公司从2019年2月5日计算利息是错误的	被告	3	76~78
15	五象新区绿色建筑节能专项核查表（2019年10月17日）	证明由A公司施工的绿色节能工程2019年10月17日通过验收，A公司从2019年2月5日计算利息是错误的	被告	2	79~80
16	五象新区绿色建筑节能专项核验表（2019年10月17日）	证明由A公司施工的绿色节能工程2019年10月17日通过验收，A公司从2019年2月5日计算利息是错误的	被告	2	81~82

二、证据的编排

（一）证据编排的目的

对拟提交的证据，应按照一定的逻辑进行编排，编排的目的只有一个：通过对证据按照一定逻辑进行编排，使待证事实完整且合乎逻辑地呈现给法官；通过举证，让法官能在最短时间内通过编排的证据理解当事人提交证据的目的以及拟证明的事实。

（二）证据编排常用方法

对证据的编排，可以按照以下逻辑顺序进行。

1.按发生时间的先后顺序

按时间先后顺序编排证据，可以对各个证据和事实发生的时间一目了然，比如合同纠纷中先后签订了多份合同,存在多份付款凭单和发票等,对这些证据可以按时间先后顺序编排。

以合同纠纷为例,原、被告先后签订多份合同和补充协议,对此类证据,可以按照发生时间先后顺序编排,这样既可以确保不遗漏先后签订的合同,也可以让法官短时间内,从时间顺序知晓合同内容以及合同内容变更的过程,并按照合同签订的先后顺序来确定最终的合同内容。毕竟,从一般意义而言,后签订合同内容如果与之前签订合同内容有不同,可视为对原有合同的变更,法官一般会按照后签订的合同来确定双方的权利义务;如果后签订合同没有约定,则仍参照原合同执行。法律依据:《民法典》第543条:"当事人协商一致,可以变更合同。"

2. 按照拟需要证明的各个事项编排

有的案件,原告需要证明多个待证事实,对此可以按照证明每个待证事项需要的证据,分项编排证据。

案例5-1:对于待证事项较多的,可以按具体事项编排证据

——南宁N公司(以下简称N公司)诉南宁B房地产
公司(以下简称B公司)支付维修费用案

• 原告诉讼请求

1. 请求判令被告向原告支付未完项目改造(维修)费用8,223,853.77元;

2. 请求判令被告支付违约金1,644,770.75元;

3. 请求判令被告向原告赔偿损失2,951,064.07元[以8,223,853.77为基数,从2014年1月1日至2019年8月20日,按银行同期贷款利率(3~5年期)计算,按2057天计算,金额为2,417,256元;从2019年8月21日至2021年3月31日,按贷款市场报价利率1年期计算,金额为533,808.07元,以上合计2,951,064.07元,此后顺延支付至付清维修费本金和赔偿金时止];以上1~3项合计金额为12,819,688.59元。

4. 本案诉讼费由被告承担。

• 事实与理由

2010年12月22日,原告与被告就原告购买位于南宁市大学路×××号的M

项目 A 区第一层全部商铺及 A 区第二层全部商铺,合计 6095.85 平方米商铺,签订了《商品房买卖合同》(编号:20101201,以下简称 201 合同)及《〈商品房买卖合同〉之补充协议》。

2011 年 3 月 30 日,原告与被告就原告购买南宁市大学路×××号的 M 项目 A 区第三层至第五层全部商铺及 B 区第一层至第五层全部商铺,以上合计 49,932.32 平方米商铺,签订《商品房买卖合同》(编号:20110301,以下简称 301 合同)及《〈商品房买卖合同〉之补充协议》。

2011 年 11 月 19 日下午,南宁市 J 安装工程有限责任公司、原告和被告召开会议并形成会议纪要,其中第 1 条载明以下主要内容:根据原被告签订的 A、B 区商品房买卖合同及其补充协议,确认由原告负责完成并支付工程费用的未完工项目为 21 项,确认由被告负责并承担工程费用的未完工项目有 35 项,具体见会议纪要附表二,其中第 16 项至第 35 项消防工程、第 15 项人防工程和第 1 项防漏水工程的项目由 B 公司负责完成并支付工程款等相关费用;其他工程项目被告不需要继续施工,先由原告接收,原告在支付 B 区第二笔购房款中扣减相应工程费用,该工程费用金额双方再进一步核实。会议纪要还记载了其他内容。

此后,经召开会议并形成纪要多次明确被告工程存在的问题以及应承担的责任。此部分费用经核算总金额为 8,223,853.77 元。根据双方签订的商品房买卖合同及补充协议以及会议纪要,此部分款项应由被告承担。

根据商品房买卖合同及补充协议第 5 条第 1 款约定:对于某资产评估有限公司对目标房产的资产评估范围未达到设计标准(含未施工、半施工等建安状况)的部分(附件 1:未达设计标准的工程一览表),由甲方(被告)继续施工完成,并应在 2011 年 5 月 1 日前施工完毕,且验收合格,所需费用由甲方自行解决。如逾期,则乙方每日按购房总价款的万分之二计收违约金。逾期超过 20 日的,乙方有权聘请有关中介机构对未完工部分的工程款进行核定计算,并委托有相应资质的承建方进行施工,甲方应按有关机构已核定的未完工部分工程量的 20% 向乙方支付违约金。根据以上约定,乙方应支付此部分违约金金额为 8,223,853.77 元×20% = 1,644,770.75 元。

因被告未按约定支付 8,223,853.77 元,被告应承担相应的赔偿责任,赔偿金额分阶段支付,从 2014 年 1 月 1 日至 2019 年 8 月 20 日,按银行同期贷款利率(3~5 年期)计算,按 2057 天计算,金额为 2,417,256 元;从 2019 年 8 月 21 日至

2021 年 3 月 31 日,按贷款市场报价利率 1 年期计算,金额为 533,808.07 元,以上合计 2,951,064.07 元,此后顺延支付至付清维修费本金和赔偿金时止。

- **组织证据和制作证据目录的思路**

1. 本案中,原告向被告主张维修的依据包括三种情形:

(1) 双方于 2011 年 12 月 19 日会议纪要附件二所列举的事项;

(2) 双方于 2011 年 12 月 19 日会议纪要附件三所列举的事项;

(3) 被告未竣工达不到使用要求的项目。

结合以上三种情形,原告的证据也是按照此三种情形对证据进行分类和编排的。

2. 对每一维修事项按照维修事实依据的证据、维修金额依据的证据进行编排,使每一组证据能形成一个完整的证据链证明维修的事实和维修的金额。

因原告主张的维修事项众多,如果只是简单地将维修事项按时间顺序进行罗列,法官难以判断每个维修事项的依据是什么,金额如何计算,因此有必要将各事项按照一个完整的证据链进行编排:维修事实依据的证据、维修金额依据的证据。此外,还应当对上述每组证据进行说明,以便法官能明白证据编排的事实和理由。

以以下证据第 22 组为例,该组证据包括:2012 年 3 月 13 日会议纪要、2012 年 4 月 11 日交接单"电气安装部分"、N 公司新世界店动力配电系统改造工程施工合同、N 公司新世界店动力配电系统改造工程结算审核报告[浙耀审字(2013)第 34 号]、记账回执、发票、商场中央空调整改项目工程量及所需费用清单(对应附表二第 11、12、13 项)、照片、N 公司新世界店消防排烟系统改造工程(A 区 3~5 层、B 区 1~5 层)、N 公司新世界店消防排烟系统改造工程结算审核报告[浙耀审字(2013)第 33 号]、电子转账凭证、发票、N 公司新世界店空调系统改造工程施工合同、工程竣工结算审核报告[川华信(2013)咨字 595 号]、电子转账凭证、发票、铝合金窗中空玻璃项目工程量及所需费用清单。

以上证据,其中会议纪要、交接单是为了证明维修的依据;其他的证据是为了证明原告实际实施了维修以及维修的费用,原告亦实际支付了维修费用。

按照以上思路,原告就其诉讼请求提供了相应的证据,部分证据目录如下(注:关于维修的证据,原始证据共有 45 组,总计 1820 页,考虑篇幅,这里仅列举其中有代表性的 3 组证据):

N 公司诉 B 公司合同纠纷案
一审证据目录(三)

提交人：N 公司

案号：(2021)桂 0107 民初 737×××号

提交日期：　　年　　月　　日

序号	证据名称	对应 B 公司应实施而未实施的项目	证明目的	页码
22	2012 年 3 月 13 日会议纪要 2012 年 4 月 11 日交接单"电气安装部分" N 公司新世界店动力配电系统改造工程施工合同 N 公司新世界店动力配电系统改造工程结算审核报告[浙耀审字(2013)第 34 号] 记账回执、发票 商场中央空调整改项目工程量及所需费用清单(对应附表二第 11、12、13 项) 照片 N 公司新世界店消防排烟系统改造工程(A 区 3~5 层、B 区 1~5 层) N 公司新世界店消防排烟系统改造工程结算审核报告[浙耀审字(2013)第 33 号]	2011 年 12 月 19 日会议纪要附件二第 7 项：1 号、2 号、3 号强电竖井每层电缆桥架无盖板	证明根据 2011 年 11 月 19 日会议纪要附件二第 7 项应当由 B 公司承担费用的项目，N 公司已完成并已垫付相关款项	321~388

续表

序号	证据名称	对应B公司应实施而未实施的项目	证明目的	页码
	电子转账凭证、发票			
	N公司新世界店空调系统改造工程施工合同			
	工程竣工结算审核报告[川华信（2013）咨字595号]			
	电子转账凭证、发票			
	铝合金窗中空玻璃项目工程量及所需费用清单			
31	2012年4月11日交接单"建筑、结构、园林部分"	2011年11月19日会议纪要附件三第3项：A区观光梯井道未下至负一层	证明根据2011年11月19日会议纪要附件三第3项应当由B公司承担费用的项目，N公司已完成并已垫付相关款项	981~1009
	N公司新世界店零星工程协议书			
	N公司新世界店零星工程结算审核报告[编号：SYH（ZBH）ZJ2013003（J）]			
	记账回执、发票			
	《N公司新世界店A区观光电梯井道基坑静力切割拆除工程施工合同》及补充协议			
	记账回执、发票			
	N公司新世界店A区两台观光电梯井道基坑土建工程合同			
	记账回执、发票			
	N公司新世界店观光电梯井道部分钢筋砼墙拆除工程合同			
	记账回执、发票			
	电子转账凭证			

第五章　证据的组织编排和展示 | 519

续表

序号	证据名称	对应B公司应实施而未实施的项目	证明目的	页码
40	2011年12月15日B公司出具的承诺书	B公司未竣工达不到使用要求的项目第1项:M项目防排烟改造工程	证明根据2011年12月15日承诺书第九点,B公司未按承诺进行整改,实际由N公司完成并已垫付相关款项	1255~1404
	N公司新世界店消防排烟系统改造工程(A区3~5层、B区1~5层)			
	N公司新世界店消防排烟系统改造工程结算审核报告[浙耀审字(2013)第33号]			
	记账回执、发票			
	N公司新世界店空调系统改造工程施工合同			
	工程竣工结算审核报告[川华信(2013)咨字595号]			
	记账回执、发票			
	M项目A区第一、第二层空调及消防排烟系统改造工程施工合同			
	M项目A区第一、第二层空调及防排烟系统改造工程结算审核报告[浙耀审字(2013)第35号]			
	记账回执、发票			
	楼板与玻璃幕墙间隙未封堵工程项目工程量及费用清单			
	N公司M项目购物中心(幕墙工程)施工合同			
	工程竣工结算审核报告[川华信(2013)咨字535号]			
	记账回执、发票			

注:以上证据均为复印件,原件待开庭时提供。

实战点评与分析

1. 可以按照事项对证据进行编排和分类。

本案中，N公司维修发生了诸多费用，且项目繁多，因此，在制作证据时，可以按照具体的事项对证据进行编排和分类。

2. 每个事项应相互形成封闭的证据链。由于事项众多，为了让法官对每一个事项依据的证据有直观的认知，有必要将所有能证明每一个待证事实的证据编排在一个事项中，以证明待证事实；尽管有的事实依据的是同样的证据，但为了让每个事项形成封闭的证据链，对于同样的证据，可以重复多次放在每个单项的证明事项中。

3. 为了让法官明白证明事项的推理过程和依据，有必要在证明目的这一栏，将该组证据如何能证明待证事实，如何推理，结合证据内容进行简单陈述，便于法官知晓每组证据是如何证明待证事实的。

4. 总而言之，想尽一切办法让法官在最短时间内知悉并理解当事人的证据内容、证明目的是任何证据编排展示的最终目标。

第二节

在纷繁复杂的案件材料中,应归纳出案件关键事实并通过简单便捷的方式呈现给裁判人员

有的案件事实以及证据较少,可能就一页或几页纸;有的案件材料及证据较多,几千页甚至几万页。面对纷繁复杂的案件材料,法官不可能将每一个细节、证据涉及的每一个事实一一查清,在涉及材料较多的案件中,如能有效地将己方意见、对应的事实和证据向法官陈述和展示,既能让法官快速了解案件关键事实,又使法官能在短时间内理解当事人的意见和依据的事实证据,如此案件才能取得很好的效果。

一、无论案件事实和证据多么纷繁复杂,涉及案件的关键事实和证据并不多,应结合案件法律关系和双方争议焦点,对案件事实和证据进行抽丝剥茧,归纳出与本案定案有关的关键事实和己方主张成立所依据的关键事实

有的案件涉及的证据和事实较多,面对如此之多的事实和证据材料,详细地逐一向法官说明和陈述是不现实的,只有将其中关键的证据事实归纳出来,并向法官陈述和展示,让法官在较短时间内关注到所陈述的事实和证据,并理解当事人的主张,才能取得很好的效果。如何在纷繁复杂的案件事实和材料中归纳出关键事实,应注意以下要点:

1. 归纳的事实必须有证据证明。

对案件事实进行归纳和陈述,必须有证据证明,没有证据证明的事实不得列为归纳的事实。

诉讼案件中对事实的陈述应有证据予以证明,未有证据证明的事实,除非对方

承认,否则一般不能作为定案的事实,因此归纳的案件主要事实应有相应的证据予以证明。

2.归纳的事实所依据的证据,应尽可能是双方无异议的证据和事实、对方的证据和事实。

归纳案件的主要事实和证据,目的是将案件事实和证据以简单而有序的方式向法官呈现,让法官在较短时间内了解案件事实以及己方的意见,因此,在归纳有关事实和证据时,可以按照以下顺序优先选择:

其一,双方无异议的证据(这里指的是真实性无异议的证据)和事实。此类事实和证据一般可作为定案的事实和依据,将此类事实和证据呈现给法官,易于法官接受并作为定案依据。

其二,对方陈述的事实和提供的证据中对己方有利的事实证据。将对方陈述的事实和提供的证据中对己方有利的事实和证据呈现给法官,对方一般不持异议。

其三,己方提供的明显不能作为定案依据的证据(比如该证据己方未提供原件对方亦不认可真实性,该证据为己方单方制作的表格或出具的函件等),不作为归纳的事实和证据呈现给法官。

3.对于归纳的主要事实证据,一般可以按照时间先后顺序进行排列,对每个事实必须注明证据来源,注明事件发生的时间,并将对应的证据作为附件,方便法官查看,这样也免去了法官再次回到案卷中翻查证据的麻烦。

二、合同纠纷中常见可以归纳的主要事实和证据

合同纠纷中,法律关系不同,归纳的案件主要事实和证据各不相同,但以下事实和证据,一般可以归纳出来呈现给法庭:

1.合同签订(包括履行过程中签订的补充协议)、解除或终止的事实。

2.合同中止履行的事实,包括发生的事实和结束的事实。比如建设工程施工合同中,发包人发函承包人要求暂停施工或承包人认为由于发包人原因而停止施工。

3.最后一次付款的事实,包括付款时间、付款金额。

4.双方对账或结算的事实。

5. 合同义务履行完毕的标志事件以及对应的事实。比如建设工程施工合同中,承包人完成合同义务的标志事件为工程竣工验收。

6. 对方应履行合同主要义务的起算时间和实际逾期履行主要义务的事实。

7. 对方违反主要义务以及违约的事实。合同义务分为主要义务和附随义务,如对方违反主要义务的,应将有关事实和证据进行归纳并呈现给法庭。如未按约定时间供货、未按约定时间交房、未按约定时间和金额付款等。

三、侵权纠纷中常见可以归纳的主要事实和证据

1. 侵权行为发生的事实。
2. 政府部门对事故出具调查报告或专门性意见的事实。
3. 加害人赔偿的事实。

四、以实例为例,如何归纳案件主要事实和证据并向裁判人员呈现

案例5-2:将归纳的案件主要事实和证据通过列表的方式向裁判人员呈现

——陕西W水利水电建设工程有限公司(承包人,以下简称W公司)与玉林市H房地产有限公司(发包人,以下简称H公司)建设工程合同纠纷案

• 案情简介

就玉林某住宅小区61~64号楼施工事宜,发包人H公司发包给W公司承包施工,双方于2018年4月26日签订了施工总承包合同,合同约定的工期为2018年5月5日至2019年6月17日(63、64号楼);2018年6月8日至2019年7月18日(61、62号楼)。签订合同后,4栋楼场地移交时间为:61号楼:2019年1月17日;63号楼:2018年12月2日;64号楼:2018年12月21日;62号楼:2019年12月4日。合同履行过程中,2020年5月16日,因H公司所属的集团公司在其他项目发生重大事故,案涉项目被当地住建部门要求停工整顿。2021年9月27日,H公司以W公司违约为由,通知W公司解除施工总承包合同,合同解除后H公司另行委托第三方施工并最终在2021年11月30日完成61、63、64号楼的竣工验收并

交付小业主。64号楼至W公司申请仲裁时仍未竣工。发出合同解除通知后,H公司以W公司存在违约行为并构成根本违约为由,向广州仲裁委提出仲裁申请,要求确认合同解除并追究W公司违约责任。W公司以H公司仍欠付工程款,并应赔偿项目停工误工赔偿,也向广州仲裁委(双方约定的仲裁机构)提出仲裁申请。后仲裁庭决定将两案合并审理。

- **W公司仲裁请求**

申请人:W公司;被申请人:H公司。

仲裁请求:

1. 请求被申请人向申请人支付工程款22,689,472.36元;

2. 请求被申请人向申请人支付窝工损失25,795,748.2元;

3. 请求被申请人支付申请人转固费用148,398.68元;

4. 请求被申请人支付申请人延期支付工程款的利息371,256.5元(以欠付工程款22,689,472.36元为基数,按照全国银行间同业拆借中心公布的贷款市场报价利率,暂自2021年3月11日计算至8月11日,最终计算至工程款实际支付完毕之日);

5. 本案仲裁费用全部由被申请人承担。

以上金额合计49,004,875.74元。

主要事实及理由:

2018年4月26日,申请人陕西W水利水电建设工程有限公司(W公司)与被申请人玉林市H房地产有限公司(H公司)签订了《玉林某住宅二期A标段总承包施工合同补充协议(一)》,合同就工程承包内容、工程款支付、工期、违约责任等事宜进行了约定。合同签订后,W公司严格按照合同约定进场施工,但因H公司延迟移交场地,导致工期延误,给W公司造成了巨大的损失。

1. H公司在施工过程中拖延向W公司支付工程进度款,导致工程进度缓慢,其行为已构成严重违约,截至仲裁时H公司仍欠付W公司巨额工程款,W公司有权要求H公司支付欠付的工程款,并赔偿由此给W公司造成的利息损失。

2. W公司进场后,H公司一直未办理施工许可证,且迟延移交场地,也一直未提供确定的施工图纸,同时在施工过程中因H公司所属的集团公司其他项目发生安全事故,政府要求本案案涉项目停工整顿,导致工期顺延,给W公司造成窝工,因此 H 公司应赔偿因其原因导致给 W 公司造成的各项损失。

（1）H 公司施工许可证下发时间晚于合同约定的开工日期，且延迟移交场地达 1 年半，同时一直未提供确定的图纸，因此工期应予以顺延。

（2）H 公司延迟移交场地后工期顺延，工期顺延期间发生全国性的新冠疫情，导致工期延误，给 W 公司造成窝工损失。

（3）因 H 公司所属的其他公司因其他项目发生较大安全事故导致涉案项目被政府下令停工整顿，工期应予以延误，H 公司应赔偿给 W 公司造成的窝工损失。

- **H 公司另行提出了仲裁申请**

申请人：H 公司；被申请人：W 公司。

仲裁请求：

1. 请求确认双方签订的《玉林某住宅二期 A 标段总承包施工合同补充协议（一）》于 2021 年 9 月 27 日解除。

2. 请求裁决被申请人向申请人支付各项违约金共计 84,847,116.4 元，包括：

（1）工期延误的违约金 47,352,973 元，其中 61#楼工期延误的违约金 27,530,304 元、63#楼工期延误的违约金 12,833,254 元、64#楼工期延误的违约金 6,989,414.6 元；

（2）因被申请人未及时支付农民工工资导致申请人垫付而产生的违约金 8,090,882.71 元（暂计算至 2021 年 12 月 30 日，此后顺延支付至结清所有违约金之日）；

（3）因被申请人原因导致法院冻结申请人账户或冻结被申请人在申请人处待付工程款而产生的违约金 4,215,146.87 元（暂计算至 2021 年 12 月 30 日，此后要求支付至结清所有违约金之日）；

（4）被申请人因施工质量和违反安全文明施工而承担的违约金 1,000,000 元；

（5）因被申请人原因造成合同解除，被申请人需承担的违约金：18,464,209.05 元（计算公式：合同价款 92,321,045.24 元 ×20%）；

（6）被申请人逾期撤离施工场地的违约金 5,723,904.8 元（以合同价款 92,321,045.24 元为基数，按每日 1‰ 从 2021 年 10 月 9 日计算至 11 月 30 日，计算公式：92,321,045.24×1‰×62 天）。

3. 仲裁费用由被申请人承担。

事实和理由:

被申请人系申请人玉林某住宅二期 A 标段(61~64#楼)总包单位,双方于 2018 年 4 月 26 日签订了【广西—玉林玉州—二期】【总包】【1】【2018】—补 1《玉林某住宅二期 A 标段总承包施工合同补充协议(一)》。履约过程中,被申请人存在包括但不限于工期严重逾期、各种严重质量和安全施工问题、不处理民工讨薪导致申请人被政府要求代付等严重违约事项,根据约定,被申请人应向申请人支付各项违约金(具体见后附列表)。

(注:对以上各项仲裁请求尤其是违约金,代理律师制作了明确的表格,包括计算依据、计算过程等,考虑篇幅,在此不再附该表格。)

• 双方争议焦点

1. 本案案涉工程造价是多少,H 公司是否欠付 W 公司工程款,欠付金额是多少。

2. W 公司主张 H 公司各项违约行为是否属实,包括逾期移交场地和图纸、逾期支付工程款、因 H 公司所属集团公司其他项目导致本案案涉项目停工是否属实。

3. W 公司主张的停工误工赔偿是否有事实和法律依据,损失金额如何计算。

4. H 公司是否有权解除案涉合同;合同是否已经解除;解除后,W 公司何时撤离场地。

5. H 公司主张 W 公司存在的违约行为是否属实,包括工期逾期、因 W 公司原因其在案涉项目应收款被查封冻结、因 W 公司原因导致农民工聚众讨薪并由 H 公司垫付工人工资。

• H 公司代理律师归纳的案件主要事实和证据列表

	W 公司与 H 公司建设工程施工合同纠纷关键事件表				
序号	案件事实	时间	证据来源	证明目的	页码
1	签订合同:W 公司与 H 公司就玉林某住宅二期 61、62、63、64 四栋楼签订合同,约定工期为 2018 年 5 月 5 日至 2019 年 6 月 17 日(63、64 号楼);2018 年 6 月 8 日至 2019 年 7 月 18 日(61、62 号楼)。合同第 2 条约定,实际开工时间以发包人发出的开工令为准	2018 年 4 月 26 日	W 公司证据一第 1 项	证明合同约定的开工日期并非实际开工日期,具体以开工令为准,因此以合同约定工期计算误工赔偿是错误的	

续表

序号	案件事实	时间	证据来源	证明目的	页码
2	图纸会审:H公司提供了2018年11月9日,经H公司、W公司、监理公司、某设计院盖章的图纸会审纪要	2018年11月9日	H公司证据目录四,证据26,第1479~1487页	证明H公司已经在开工前提供了图纸,不存在逾期提供图纸	
3	开工(开工令):61号楼:2019年1月17日;63号楼:2018年12月2日;64号楼:2018年12月21日		H公司证据目录二,证据4,第289~291页	开工令载明:图纸已经会审完毕,三通一平已经完成,证明H公司已经移交场地,项目实际开工,在此之前不应计算所谓的误工赔偿	
4	62#场地移交和开工时间:2019年12月4日。W公司证据第九组,第745页。H公司证据目录七,证据43,约谈纪要。上述证据均记载,2019年12月4日,62号楼完成场地移交	2019年12月4日	W公司证据第九组,第745页。H公司证据目录七,证据43,约谈纪要	证明H公司已经在2019年12月4日,向W公司移交了62号楼的施工工作面	
5	2019年8月27日对赌协议:2019年8月27日,双方签订对赌协议,内容如下:61#:结构应完成时间:2019年9月1日至2019年12月27日;63#:结构应完成时间:2019年9月1日至2019年9月7日;64#:结构应完成时间:2019年9月1日至2019年12月2日	2019年8月27日	H公司证据目录二,证据5、6、7,第292~294页	该证据是在移交场地以及开工后所签订,证明双方已经对工期做了调整,W公司应按约完成,据此H公司不需对此前所谓的逾期开工承担责任	

续表

序号	案件事实	时间	证据来源	证明目的	页码
6	主体结构实际完成时间：61#:2021年6月5日,逾期天数:526天 63#:2020年12月12日,逾期天数:462天 64#:2020年5月6日,逾期天数:146天	2021年6月5日、2020年12月1日、2020年5月6日	H公司证据目录五,证据1533、1577、1616页	以上证据证明,W公司工期严重逾期,且H公司有权解除合同。解除依据为合同第44.1.3条,第147页	
7	2020年3月23日约谈会议纪要：纪要第6条约定,对于61、63、64号楼互不追究此前违约责任;62号楼场地移交时间为2019年12月4日	2020年3月23日	H公司证据目录七,证据43	证明W公司主张2020年3月23日前的所谓赔偿,不符合双方约定	
8	516事故停工:2020年5月16日,因本项目五(与本案合同项目无关)发生事故,导致区住建厅要求案涉楼栋停工	2020年5月16日	W公司证据第七、八组	W公司主张516事故赔偿,从2020年5月17日至2020年8月24日的赔偿	
9	516事故复工:2020年6月18日。W公司劳动力每日汇报群,其中6月18日明确为复工时间;2020年7月31日监理例会纪要载明,上次例会已经实际施工	2020年6月18日	H公司证据目录六,第2228页;H公司证据目录七,第46页	证明W公司主张误工赔偿计算至2020年8月24日不符合事实	
10	查封裁定书、执行裁定书:从2020年8月5日至2021年9月30日,H公司累计收到8份法院的诉讼保全和执行查封裁定书,累计查封金额15,143,839.44元	2020年8月5日至2021年9月30日	H公司证据目录二,证据13~20,第589~616页	从查封开始,如果期间存在H公司付款不足或付款迟误的,H公司不承担责任;W公司承担违约责任,H公司有权解除合同。依据:合同第35.3条,第139页;第27.3.6条,第129页;合同第44.1.9条,第148页	

续表

序号	案件事实	时间	证据来源	证明目的	页码
11	被列入失信被执行人:2021年1月4日起,W公司因至少10个案件未能履行生效判决,被最高人民法院列入失信被执行人,其法定代表人楼某香则被限制高消费	2021年1月4日	H公司证据目录三,证据23,第1288~1294页	证明W公司在2021年1月4日起已经实际失去了履行能力,因此导致项目停工,H公司有权行使不安抗辩权,拒绝履行其相应义务,包括暂停支付款项	
12	工地停工:停工时间为2021年1~5月。玉林市消防部门出具的建设工程消防检查存在问题整改通知书,明确载明上述时间W公司停工	2021年1~5月	H公司证据目录四,证据24,第1409页。证据目录七,证据50,第2586~2636页	证明因W公司原因项目在2021年1~5月停工,H公司有权解除合同,合同依据:第44.1.2条,合同第147页	
13	民工聚集讨薪:2021年8月10日和8月14日,陈某、王某等人聚集到玉林市劳动监察大队集体讨薪,H公司代付了工人工资,代付金额先后合计3,207,487.5元	2021年8月10日、14日	H公司证据目录二,证据9、10、11	证明W公司有权解除合同,合同依据:第44.1.8条,第148页。H公司代付款应抵扣应付W公司工程款,依据:合同第33.8条,第135页;第26.7条,第126~127页;第26.6.1条,第126页	
14	发包人解除合同:2021年9月16日,在玉林市质监站,召开玉林某住宅项目A标协调会会议纪要;2021年9月27日,H公司发函W公司,解除合同	2021年9月16日;2021年9月27日	H公司证据目录一,证据2、3,第278~288页	证明因W公司根本性违约,H公司有权解除合同	

实战点评与分析

建设工程施工合同纠纷，以下事实一般是必须查明的主要事实：必须招投标项目招投标时间和中标时间、签订施工合同、开工、竣工验收、进度款支付、结算、结算后支付的结算款等。查明以上事实，必须查明以上事实发生的时间，对比合同约定，哪一方存在违约；涉及款项支付的，必须查明支付的款项是进度款还是结算款，进度款支付的条件和结算款支付的条件、进度款支付和结算款支付是否符合合同约定。

就本案而言，双方争议点较多，但基本上都是围绕上述所列的要点展开的，H公司代理人为了能让仲裁员对这个项目合同签订、履行和终止以及与本案定案和争议点有一个清晰的脉络，制作了上述表格，上述表格可让仲裁员在短时间内对项目合同签订、履行和终止以及涉及的主要违约责任一目了然，且所描述的事实均注明证据来源，并将证据附在表格后面，如此仲裁员在了解事实的同时，可以不用回到纷繁复杂的案卷寻找证据，即可以结合后附的证据判断陈述的事实是否属实。

第三节

以实例为例：针对具体争议焦点可将证据相应进行汇总并运用可视化图表将证据和案件事实进行展示

将散落在双方各组证据中的证据进行重新编排组合，并通过可视化图表进行展示，可以让法官在最短时间快速理解当事人的主张和依据的证据事实，如此可以取得很好的效果。毕竟，诉讼的最终目的不是说服对方当事人而是说服法官，所有诉讼活动都必须围绕此目的展开。以下一个案例为例进行论述。

一、案件当事人及案由

原告(案涉项目承包人)：湖北某工程建设有限公司(以下简称 X 公司)
被告(案涉项目发包人)：湖北某集团公司(以下简称 H 公司)
第三人：湖北 Y 置业集团有限公司(以下简称 Y 公司)
案由：建设工程施工合同纠纷

二、原告诉请

1. 被告 H 公司支付原告 X 公司工程款 11,938,696.03 元及利息(2015 年 1 月 1 日起至 2017 年 12 月 31 日的利息为 1,790,804.4 元，2018 年 1 月 1 日至工程款清偿完毕之日的利息按月利率 2% 计算)；
2. 被告 H 公司支付原告 X 公司工程结算编制费 70,000 元；
3. 本案的诉讼费、保全费 5000 元、保全保险费 30,000 元由被告 H 公司承担。

三、法院认定事实情况

根据张湾区人民法院于2021年7月11日作出的(2020)鄂0303民初74×××号民事判决书,法院认定事实如下:

2013年5月16日,原告X公司与被告H公司签订《G区住房改造建设工程施工合同》(以下简称516合同),约定被告H公司将"G区住房改造项目"发包给原告X公司建设施工,合同约定了工程承包范围及工程造价及决算依据标准等内容。2013年7月31日,被告H公司发布案涉工程的招标文件。2013年8月28日,原告X公司中标上述G区住房改造项目工程施工。2013年8月30日,原、被告就该项目工程正式签订《湖北省建设工程施工合同》(以下简称830合同),并对合同进行了备案。合同约定,开工日期为2013年8月31日,竣工日期为2015年2月5日,总工期545天。合同专用条款第55.2条、第58.4.1条约定合同价款采用固定单价,利率按照中国人民银行发布的同期同类贷款利率。

上述合同签订后,原告X公司即入场组织施工并于2014年年底施工完毕。该项目建成后,由第三人Y公司对该项目进行管理并对外销售。后因原、被告双方对工程价款发生争议,一直未办理竣工验收及结算手续。原告X公司确认,被告H公司已付工程款27,966,587元。经原告X公司委托,十堰HX工程造价咨询服务有限公司于2017年11月15日作出〔2017〕36号建设工程造价咨询报告书,审核该工程造价为39,905,296.03元。原告X公司为此支付编制费用70,000元。现原告X公司向被告H公司追索工程款无果,故而成诉。

另查明:(1)2012年7月31日,被告H公司与第三人Y公司签订《棚户区项目合作开发合同》,合同约定双方合作开发"G区住房改造项目",由甲方(被告H公司)提供项目建设用地,乙方(第三人Y公司)承担该项目开发建设的所有费用及资金。乙方负责办理房屋销售手续并销售、收取房屋销售款。

(2)2015年3月3日,被告H公司向原告X公司出具关于"G区"改造项目工程竣工结算函一份,承诺委托专业造价咨询公司对该工程项目进行审计,并在收到原告X公司送达的工程竣工结算书及相关资料后45天内完成初审工作。原告X公司委托代理人黄某军在该函件上签字确认同意。原、被告双方及第三人Y公司在另案审理过程中确认了原告X公司已于2015年2月1日前将全部决算资料交至第三人 Y 公司所指定审计机构的事实。

(3)原告 X 公司于 2018 年 1 月 24 日向法院提出申请,请求对被告 H 公司所有的价值 15,000,000 元的财产予以保全,并提供案外人天安财产保险股份有限公司出具的保单保函为其财产保全行为进行担保,原告 X 公司支付保全申请费 5000元、保全保险费 30,000 元。法院于 2018 年 1 月 24 日作出(2018)鄂 0303 民初 17×××号裁定,对被告 H 公司所有的价值 15,000,000 元的财产予以保全。

(4)本案审理过程中,因被告 H 公司申请,经法院委托,YT 工程咨询有限公司于 2021 年 5 月 11 日作出 YT 价鉴〔2021〕001 号鉴定意见书,认为依据上述经过备案的 830 合同,工程造价合计 38,961,042.93 元;依据未经备案的 516 合同,工程造价合计 35,180,502.87 元。

四、本案双方争议焦点

(一)争议焦点

2013 年 5 月 16 日,原告 X 公司与被告 H 公司签订 516 合同,以及经招投标于 2013 年 8 月 30 日签订并办理了备案的 830 合同是否合法有效;如果无效,则双方实际履行的合同是哪一份合同。

(二)一审法院认定

就案涉合同效力以及采纳哪一份合同作为确定工程造价的依据,一审法院认为:(1)关于案涉工程应当依据哪份合同计算工程款的问题。本案系因原、被告在履行建设工程施工合同过程中产生的纠纷,依据《最高人民法院关于审理建设工程施工合同纠纷案件适用法律问题的解释》(已失效,笔者注)第 21 条的规定:当事人就同一建设工程另行订立的建设工程施工合同与经过备案的中标合同实质性内容不一致的,应当以备案的中标合同作为结算工程价款的根据。原告 X 公司与被告 H 公司就同一工程先后于 2013 年 5 月 16 日、8 月 30 日签订了两份施工合同,分别系在原告 X 公司中标前和中标后签订,其中 2013 年 8 月 30 日签订的 830 合同系经备案的中标合同,依据上述规定,应以该份合同作为结算工程价款的根据。

《最高人民法院关于审理建设工程施工合同纠纷案件适用法律问题的解释》第1条规定:"建设工程施工合同具有下列情形之一的,应当根据合同法第五十二条第(五)项的规定,认定无效:……(三)建设工程必须进行招标而未招标或者中标无效的。"《招标投标法》第55条规定:"依法必须进行招标的项目,招标人违反本法规定,与投标人就投标价格、投标方案等实质性内容进行谈判的,给予警告,对单位直接负责的主管人员和其他直接责任人员依法给予处分。前款所列行为影响中标结果的,中标无效。"第65条规定:"投标人和其他利害关系人认为招标投标活动不符合本法有关规定的,有权向招标人提出异议或者依法向有关行政监督部门投诉。"依照前述法律规定,只有当满足招标人违反法律规定,与投标人就投标价格、投标方案等实质性内容进行了谈判,该行为对中标结果产生了实际影响导致中标无效的情况时,才能依法认定合同双方签订的、经过备案的中标合同无效。本案中,双方在招投标前签订的协议中没有约定工程期限和时间、投标价格、投标方案等主要合同内容,不能认定该协议对备案合同产生了实际影响,继而认定中标无效。故被告及第三人提交的证据不能证明上述认定备案合同无效的条件已经成就,仅以原、被告在中标前签订了施工合同即主张中标合同无效,不符合法律规定,法院不予采信。

(2)关于案涉工程价款的问题。法院依照法定程序委托第三方鉴定机构对工程造价进行了鉴定,原、被告及第三人均表示对鉴定机构及鉴定人员的资质、鉴定程序不持异议,原、被告虽对鉴定结果提出了异议,但均未提交足以反驳的证据,法院认为该鉴定意见的作出符合法律规定,参考鉴定意见中依据经过备案的830合同的计价结果,认定案涉工程的造价为38,961,042.93元。案涉建设工程虽未经竣工验收,但原、被告及第三人均确认工程已于2014年年底移交第三人管理并对外销售,工程价款结算条件已经成就。被告以工程未竣工验收为由辩称不应支付工程款,不符合法律规定,法院不予采信。

五、一审判决结果

根据张湾区人民法院于2021年7月11日作出的(2020)鄂0303民初74×××号民事判决书,判决结果如下:

1. 被告 H 公司于本判决生效之日起 15 日内向原告 X 公司支付工程款 10,994,456 元及利息(利息的计算方式为:以 10,994,456 元为本金,自 2015 年 1 月 1 日起按中国人民银行同期同类贷款利率计算至款项付清之日止);

2. 被告 H 公司于本判决生效之日起 15 日内向原告 X 公司支付工程结算编制费 70,000 元;

3. 驳回原告 X 公司的其他诉讼请求。

六、一审判决后,代理律师针对二审提出的诉讼策略

本案一审判决后,H 公司重新委托了代理律师,代理律师在二审重新制定了诉讼策略。代理律师认为,H 公司最终的诉讼目的为:应按照 516 合同确定双方造价,且事实上双方实际履行的确实为 516 合同,但该意见一审法院未予采纳,主要理由是:本案中,双方在招投标前签订的协议(516 合同)中没有约定工期、投标价格、投标方案等主要合同内容,不能认定该协议对备案合同产生了实际影响而认定中标无效。

应对策略:

由于 830 合同系招投标签订的合同,且签订时间在 516 合同之后,因此如要以 516 合同为计价依据,只能由法院依法确定两份合同均无效,再提供证据证明实际履行的合同为 516 合同。因此,本案的诉讼策略分两步:其一,先提供证据和依据证明 516 合同和 830 合同均无效;其二,在两份合同均无效后,提供证据证明实际履行的合同为 516 合同;其三,提供证据证明双方履行的合同不可能是 830 合同。

(一)本案系典型的未招先定案件,两份合同的签订因违反《招标投标法》均应认定无效

对此,代理律师二审策略如下:

1. 针对一审法院的认定,结合《招标投标法》的规定和案件事实,论述 516 合同系典型的未招先定,且双方已经就施工方案、合同价款等实质内容作了沟通并作出约定,违反了《招标投标法》的规定,就此通过列表的方式列举违法之处,具体如下:

本案中,经法院查明,经招投标于 2013 年 8 月 30 日签订的 830 合同,在招投标之前,该工程已经由 H 公司与 X 公司于 2013 年 5 月 16 日签订 516 合同,且该项目早已经在 2013 年 8 月 30 日前由卢某豹以及 X 公司实际施工,换言之,对于 X 公司在招投标之前已经实际进场施工的事实各方并无异议,综上,本案属于典型的未招先定案件,即在招投标之前,承包人已经与发包人签订合同并实际施工,此种行为违反了《招标投标法》的多条规定,招投标之前签订的 516 合同以及备案的 830 合同均属无效,违反《招标投标法》的条款具体列表如下:

序号	《招标投标法》有关规定	未招先定违反该条规定的分析	结论
1	第 5 条:招标投标活动应当遵循公开、公平、公正和诚实信用的原则	按照《招标投标法》第 5 条,招投标必须遵循公开、公平、公正和诚实信用的原则。按照《招标投标法》的规定,招投标按照公开招标、公开投标、评标最终选定中标单位,且对于最终哪一家中标,在评标之前是不确定的;而未招先定则完全相反,由于在招投标之前已经确定了中标单位,因此所有所谓公开招标、投标、评标等均属于"走过场",且中标单位未经上述程序已经事先确定,未招先定显然严重背离了招投标的公开、公平、公正和诚实信用原则	未招先定严重背离了《招标投标法》第 5 条所规定的,招投标必须遵循公开、公平、公正和诚实信用的原则
2	第 43 条:在确定中标人前,招标人不得与投标人就投标价格、投标方案等实质性内容进行谈判。 第 55 条第 1 款:依法必须进行招标的项目,招标人违反本法规定,与投标人就投标价格、投标方案等实质性内容进行谈判的,给予警告,对单位直接负责的主管人员和其他直接责任人员依法给予处分	①516 合同第 3 条约定了工程造价及结算标准,属于就投标价格等进行的事先约定,且 516 合同第九条还约定,中标合同与 516 合同有不同的,按 516 合同; ②516 合同还对工程概况、承包范围、价款支付、工期、权利义务、违约责任等所有施工合同内容全部约定完毕,这些都属于投标方案的主要组成部分,且备案的 830 合同的全部内容已经早在 516 合同中约定完毕	未招先定违反《招标投标法》第 43 条和第 55 条的规定

续表

序号	《招标投标法》有关规定	未招先定违反该条规定的分析	结论
3	第20条：招标文件不得要求或者标明特定的生产供应者以及含有倾向或者排斥潜在投标人的其他内容	按照该条规定，招标文件不得要求或标明特定的生产供应者以及排斥潜在投标人。未招先定在投标之前已经确定了中标人，因此实际上意味着在招投标过程中已经排除了其他供应者和投标人中标的可能性，此种做法违反了《招标投标法》第20条	未招先定事先已经确定中标人，实际上意味着已经排斥了潜在的投标人，违反了《招标投标法》第20条规定
4	第38条：招标人应当采取必要的措施，保证评标在严格保密的情况下进行。任何单位和个人不得非法干预、影响评标的过程和结果	按照该条，评标必须保密，这里的保密，当然是对指招标、投标和评标以及评标结果的保密。且规定任何单位和个人不得非法干预。而未招先定，显然违反该条规定，因为未招先定已经事先确定了中标人，因此相对X公司而言，整个招标投标和中标结果已经毫无秘密可言，因为在招投标之前已经确定了X公司就是中标人，最终也实际由X公司中标	未招标前已经确定X公司为中标人，因此整个招标、投标、评标等，对X公司而言毫无秘密，未招先定显然违反了招投标的保密规定
5	第52条：依法必须进行招标的项目的招标人向他人透露已获取招标文件的潜在投标人的名称、数量或者可能影响公平竞争的有关招标投标的其他情况的，或者泄露标底的，给予警告，可以并处1万元以上10万元以下的罚款；对单位直接负责的主管人员和其他直接责任人员依法给予处分；构成犯罪的，依法追究刑事责任。前款所列行为影响中标结果的，中标无效	按照该条，依法必须招标项目在招标前不得向他人泄露已获取招标文件的潜在投标人名称、数量等。未招先定，对X公司而言，其在招投标前已经明确知道需要招投标，且H公司也明确告知其需要招投标，因此相当于在招标前已经向投标人X公司泄露了X公司必然为投标人，且其必然中标的消息	
6	国务院颁布的《招标投标法实施条例》第41条第1款：禁止招标人与投标人串通投标	未招标前已经事先确定中标人，相当于招标人与投标人相互串通投标，通过招投标掩盖已经实际确定X公司为中标人	

续表

序号	《招标投标法》有关规定	未招先定违反该条规定的分析	结论
综述		招投标前事先已经确定了中标单位 X 公司,且 X 公司已经实际进场施工,这些无异于在招标过程中排斥了其他投标人,无异于"暗箱操作",无异于将招投标中的评标过程变成形式,无异于非法干预了评标结果,无异于招标人与投标人事先已经串通好,以上均严重违反了《招标投标法》,但一审法院却视而不见,仍然认定 8 月 30 日备案合同有效,显然是错误的	

2. 检索案例,尤其检索最高人民法院和湖北省高级人民法院的案例,通过案例检索向法院表明,本案与经检索的案例案情基本相同,应按照最高人民法院和湖北省高级人民法院既有的判例判决。

案例 5-3:江苏省第一建筑安装集团股份有限公司、唐山市昌隆房地产开发有限公司建设工程施工合同纠纷二审民事判决书

审理法院:最高人民法院

案号:(2017)最高法民终 175 号

案由:建设工程施工合同纠纷

裁判日期:2017 年 12 月 21 日

审级:二审

合议庭成员:李琪、谢爱梅、赵风暴

• 裁判要点

本院认为,《招标投标法》《工程建设项目招标范围和规模标准规定》明确规定应当进行招标的范围,案涉工程建设属于必须进行招标的项目,当事人双方 2009 年 12 月 8 日签订的《备案合同》虽系经过招投标程序签订,并在建设行政主管部门进行备案,但在履行招投标程序确定江苏一建为施工单位之前,一方面昌隆公司将属于建筑工程单位工程的分项工程基坑支护委托江苏一建施工,另一方面江苏一建、昌隆公司、设计单位及监理单位对案涉工程结构和电气施工图纸进行了四方会审,且江苏一建已完成部分楼栋的定位测量、基础放线、基础垫层等施工内容,一审法院认定案涉工程招标存在未招先定等违反《招标投标法》禁止性规定的行为,《备案合同》无效并无不当。

案例 5-4：黑龙江鸿基米兰房地产开发有限公司、江苏江中集团有限公司建设工程施工合同纠纷二审民事判决书

审理法院：最高人民法院

案号：(2019)最高法民终 1962 号

案由：建设工程施工合同纠纷

裁判日期：2019 年 12 月 25 日

审级：二审

合议庭成员：余晓汉、丁俊峰、季伟明

• 裁判要点

《建设工程解释二》(已失效)第 11 条第 1 款规定："当事人就同一建设工程订立的数份建设工程施工合同均无效，但建设工程质量合格，一方当事人请求参照实际履行的合同结算建设工程价款的，人民法院应予支持。"本案中，江中公司于招投标程序前已经进场施工，后鸿基米兰公司方与江中公司签订《黑龙江省建设工程施工合同》和《工程施工协议书》。因双方当事人之间的行为违反《招标投标法》第 43 条关于"在确定中标人前，招标人不得与投标人就投标价格、投标方案等实质性内容进行谈判"的禁止性规定，故一审判决认定上述两份合同应为无效合同，并认定《工程施工协议书》为双方当事人实际履行的合同，案涉工程应参照该协议的约定进行工程价款的结算，上述认定并无不当，法院予以确认。

案例 5-5：江苏省苏中建设集团股份有限公司、宁夏银古实业有限公司建设工程施工合同纠纷二审民事判决书

审理法院：最高人民法院

案号：(2019)最高法民终 1192 号

案由：建设工程施工合同纠纷

裁判日期：2019 年 10 月 17 日

审级：二审

合议庭成员：杨卓、欧海燕、陈纪忠

• 裁判要点

《银古花园补充协议》及《建设工程施工合同》是否有效。涉案工程系面向社会销售的商品住宅,根据《招标投标法》第3条的规定,涉案工程必须依法进行招投标。双方当事人就涉案工程在2011年7月18日签订《银古花园补充协议》,约定了工期、工程造价确定的依据、工程款支付等内容,协议签订后苏中公司即进场施工。之后2011年8月18日苏中公司中标,2011年8月25日双方签订《建设工程施工合同》。双方在履行法定的招标投标之前就订立协议,进场施工,此行为属于先定后招、明招暗定的串标行为,根据《招标投标法》第43条"在确定中标人前,招标人不得与投标人就投标价格、投标方案等实质性内容进行谈判"及第55条的规定,苏中公司中标无效。根据《最高人民法院关于审理建设工程施工合同纠纷案件适用法律问题的解释》第1条第3项的规定,建设工程中标无效的,建设工程施工合同无效。因此双方于2011年8月25日签订的《建设工程施工合同》应当认定无效。《银古花园补充协议》因违反《招标投标法》第3条必须招标的强制性规定而无效。因此《银古花园补充协议》《建设工程施工合同》均无效。

案例5-6：湖北泰地置业发展有限公司、武汉鲁园建设集团有限公司建设工程施工合同纠纷二审民事判决书

审理法院:湖北省高级人民法院

案号:(2020)鄂民终511号

案由:建设工程施工合同纠纷

裁判日期:2020年12月2日

审级:二审

合议庭成员:李治国、高倩、余惠明

• 裁判要点

本院认为,案涉建设工程项目虽不属于《招标投标法》规定必须进行招标的情形,但发包人采用招标方式确定承包人的,则应遵守《招标投标法》的相关规定。《招标投标法》第32条第2款、第53条的规定,投标人与招标人串通投标的,中标无效。本案中,在泰地公司对案涉建设工程项目招标之前,泰地公司已与鲁园公司签订《唐街C地块商住楼C3、C4、C5项目施工协议书》,鲁园公司也

已进场施工并完成过半工作量。泰地公司先确定鲁园公司为承包人又履行招投标程序的行为,属于"先定后招",系《招标投标法》禁止的串标行为。泰地公司和鲁园公司招投标后签订的《湖北省建设工程施工合同书》,并非当事人履行招投标程序的真实意思表示,系以虚假的意思表示实施的民事法律行为,根据《民法典》第146条的规定,泰地公司与鲁园公司签订的《湖北省建设工程施工合同书》无效。

综合以上案例可见,就案涉工程,H公司与X公司于2013年5月16日签订516合同,且该工程在2013年8月30日之前,已经由卢某豹以及X公司实际施工,换言之,对于X公司在招投标之前已经实际进场施工的事实各方并无异议,综上,本案属于典型的未招先定案件,应认定516合同和830合同均无效。

应参照检索案例判决的法律依据为:

《最高人民法院关于统一法律适用加强类案检索的指导意见(试行)》:

"一、本意见所称类案,是指与待决案件在基本事实、争议焦点、法律适用问题等方面具有相似性,且已经人民法院裁判生效的案件。

二、人民法院办理案件具有下列情形之一,应当进行类案检索:

(一)拟提交专业(主审)法官会议或者审判委员会讨论的;

(二)缺乏明确裁判规则或者尚未形成统一裁判规则的;

(三)院长、庭长根据审判监督管理权限要求进行类案检索的;

(四)其他需要进行类案检索的。"

(二)进一步收集和提供证据证明双方实际履行的合同为516合同

具体思路如下:整合现有的双方无异议证据,并对这些证据重新进行归集和编排,集中证明实际履行的合同为516合同。

其一,结合现有证据,以合同约定内容,尤其是合同名称、合同约定的付款方式和期限为线索和参照,寻找一切双方无异议的证据,且该证据显示实际履行的合同名称为516合同,付款均是按照516合同约定的付款方式来履行的;

其二,将所有能证明实际履行合同为516合同的证据进行重新编排,做成专业意见,提供给合议庭参考。

为了向法官阐明实际履行的合同为516合同,H公司代理人对本案双方各自提供的证据,围绕实际履行合同为516合同,对证据重新进行编排并制作专题证据目录。具体如下:

序号	证据名称	证明目的	证据来源	页码
附件1	2013年5月16日516合同	(1)证据主要内容:①合同第9条约定:本协议与中标合同具有同等法律效力,在执行过程中以本协议为准。②合同第8条第3款,签订合同后二日内,双方对合同签订前已经施工工程量进行核对。(2)证明目的:证明在2013年8月30日前,案涉工程已经实施施工,且本案涉及合同的计价以及其他约定应按516合同执行,而不应按照830合同执行,一审判决按照830合同确定双方之间的造价是错误	H公司提供的二审证据目录(一)第1项	
附件2	2013年8月30日H公司与X公司签订830合同	2013年8月30日H公司与X公司签订830合同,该合同未实际履行,双方实际履行的是516合同	H公司提供的二审证据目录(一)第2项	
附件3	《G区住房改造建设工程施工合同补充协议(一)》(2014年3月20日)	(1)证据主要内容:补充协议第3条约定,1号、2号楼交房时间为2013年5月30日前,4号楼交房时间为2013年6月10日。(2)证明目的:以上足以证明,双方实际履行的是516合同,并非830合同,因为交房时间在签订830合同之前。2014年3月20日,H公司与X公司签订《G区住房改造建设工程施工合同补充协议(一)》,该协议系针对2013年5月16日签订的516合同的补充,证明双方实际执行516合同	H公司提供的二审证据目录(一)第3项	
附件4	法人授权委托书(2013年7月16日)	X公司于2013年7月16日授权黄某军作为涉案项目X公司有关合同签订和履行的代理人,该时间在830合同前,证明双方实际执行516合同	H公司提供的二审证据目录(一)第4项	
附件5	会议记录(2015年12月30日)	(1)证据主要内容:会议记录第2条"合同签订按08定额下浮3%不变"。(2)证明目的:按08定额下浮3%系516合同第3条第1款约定的内容,830合同无此约定,以上由黄某军、高某毛等人与Y公司的人员汤某、于某忠等人2015年12月30日签订会议记录,其中第2条记载"合同签订按08定额下浮3%不变",证明双方实际履行516合同	H公司提供的二审证据目录(一)第5项	

续表

序号	证据名称	证明目的	证据来源	页码
附件6	通知(2013年5月24日)	(1)证据主要内容:X公司在通知载明,X公司拟为G项目的承包单位,该通知的时间为2013年5月24日。(2)证明目的:证明X公司在830合同之前已经确认为案涉项目的承包人,属于典型的未招先定,516合同和830合同都属于无效。X公司早在2013年8月之前为涉案项目的施工单位,2013年8月30日经招投标签订合同属于未招先定,系无效合同,也证明H公司与X公司实际履行516合同	H公司提供的二审证据目录(一)第6项	
附件7	2013年7月15日,X公司与黄某军签订《G区住房改造建设工程施工合同》	(1)证据主要内容:①合同为X公司与黄某军和黄某签订的合同,该合同签订时间为2013年7月15日。②合同名称与H公司与X公司签订的516合同基本一致。③其中第3条工程造价部分与516合同完全一样,即都约定按照08定额下浮3%。(2)证明目的:该合同签订时间为2013年7月15日,证明案涉项目在2013年8月30日之前由X公司发包给黄某军和黄某,且实际施工,本案516合同和830合同属于典型的未招先定,均属于无效。X公司将G项目部分工程发包给黄某军和黄某,合同内容与H公司和X公司签订的516合同基本一致,证明本案X公司和H公司实际履行516合同	H公司提供的二审证据目录(一)第7项	
附件8	2018年3月4日质证笔录	(1)证据主要内容:在2018年3月4日开庭笔录中,亲历全部项目实际履行的彭某华向法官陈述,双方实际履行的合同为516合同,830合同仅为备案用。(2)证明目的:证明本案中实际履行的合同为516合同	H公司提供的二审证据目录(一)第15项	
附件9	借款单(2013年6月5日)	(1)证据主要内容:X公司在2013年6月5日请款100万元,记载的款项为工程款。(2)证明目的:证明在2013年8月30日案涉项目已经实际施工,本案属于典型的未招先定,516合同与830合同均属无效,双方实际履行的为516合同。(3)证明彭某华作为代表X公司付款审批的人员,有资格就合同实际哪一份发表意见	H公司提供的二审证据目录(四)第42项	

续表

序号	证据名称	证明目的	证据来源	页码
附件10	借款单（2013年7月10日）	（1）证据主要内容：X公司在2013年7月10日请款100万元，记载的款项为工程款。（2）证明目的：证明在2013年8月30日案涉项目已经实际施工，本案属于典型的未招先定，516合同与830合同均属无效，双方实际履行的为516合同。（3）证明彭某华作为代表X公司付款审批的人员，有资格就合同实际哪一份发表意见	H公司提供的二审证据目录（四）第43项	
附件11	会议签到单（2013年12月11日）	（1）证据主要内容：会议签到单倒数第4行，黄某军说："466万元不能少，1月15日前按实际工程进度的60%结算。"（2）证明目的：516合同关于付款进度，第4条第2款约定，付款比例按当月进度已完成工程量的60%支付。从以上可以证明X公司履行的合同实际系2013年5月16日签订的合同	H公司提供的二审证据目录（七）第80项	
附件12	会议纪要（2014年6月13日）	（1）证据主要内容：黄某军在会议中说："按每月实际完成的工程量折算后，按60%及时付款，保证工期完工。"（2）证明目的：516合同关于付款进度，第4条第2款约定，付款比例按当月进度已完成工程量的60%支付。以上证明X公司履行的合同实际系2013年5月16日签订的合同	H公司提供的二审证据目录（七）第81项	
附件13	关于年底G项目工程款支付约定	（1）证据主要内容：该约定第一段载明，H公司与X公司达成了《G区住房改造建设工程施工合同》（合同名称）。双方同意，年后动工的付款按合同约定的月进度60%实际支付标准保持不变。（2）证明目的：该证据所明确的合同名称与516合同的名称一模一样，但与830合同名称完全不同（830合同名称为《湖北省建设工程施工合同》），同时516合同关于付款进度，第4条第2款约定，付款比例按当月进度已完成工程量的60%执行，而830合同无此约定，以上足以证明X公司履行的合同实际系516合同	H公司提供的二审证据目录（七）第82项	

续表

序号	证据名称	证明目的	证据来源	页码
附件14	协议(2014年6月9日,由Y公司代表汤某、X公司代表黄某军、彭某华共同签字)	该协议首段载明:甲乙丙三方根据《G区住房改造建设工程施工合同》履行过程中发生的实际情况,本着确保顺利交房的原则,就G区住房改造建设项目后续工程施工,经三方友好协商,自愿达成以下内容协议。根据上述内容,三方签订协议针对的原协议为《G区住房改造建设工程施工合同》,该合同名称即为516合同,而830合同名称为《湖北省建设工程施工合同》,可见,各方实际履行的合同为516合同,并非830合同	H公司提供的二审证据目录(八)第92项	

为了证明双方实际履行的合同不可能是830合同,代理律师针对830合同的主要内容,结合案件证据事实,也做了表格进行对比,具体如下:

序号	830合同约定的内容	证据来源	实际情况
1	专用条款第19.1条,DH咨询有限公司负责本工程的造价咨询单位及任命的工程造价师	H公司二审证据目录一第62页	DH公司从未出现在项目履行中,实际上工程并未聘请第三方公司全过程参与造价的咨询和审计
2	专用条款第20条,承包人代表:喻某发	H公司二审证据目录一第62页	此人从未出现过,按照X公司自述,其认定项目经理为黄某军
3	专用条款第23.1条,承包人向发包人提供工程合同价的10%的履约担保,发包人向承包人提供合同价10%的履约担保	H公司二审证据目录一第63页	双方从未向对方提供履约担保
4	专用条款第58条,发包人向承包人预付815,191.91元的安全防护、文明施工措施费;进度款按照当月完成进度款的90%支付	H公司二审证据目录一第66页	815,191.91元的安全防护、文明施工措施费从未支付,X公司也从未主张;实际支付进度款,均是按照516合同约定的当月已完工程量的60%支付

七、二审法院的认定和判决结果

综合双方诉辩意见,本案二审争议焦点:(1)案涉516、830合同效力,如何确定案涉工程结算价款。(2)H公司向X公司已付工程款数额。(3)H公司是否应向X公司承担支付欠款利息、工程编制费70,000元和诉讼保全费5000元的民事责任。(4)H公司垫付的鉴定费用417,500元如何分担。

法院认为,H公司与X公司就案涉工程,先后签订516和830两份合同。516合同对建设工程建筑面积、工程造价、增减和变更工程量费用等都有明确约定。516合同签订后,X公司亦已经进场施工。后H公司通过招投标方式,与X公司签订830合同,并在建设行政主管部门进行备案。因双方当事人之间的行为违反《招标投标法》第43条"在确定中标人前,招标人不得与投标人就投标价格、投标方案等实质性内容进行谈判"的禁止性规定,存在未招先定、串通招标违法行为,因此516合同和830合同均属无效合同。《建设工程解释一》第24条规定多份合同无效的,应以实际履行合同计算工程价款。H公司上诉主张516合同为实际履行合同,但其提交证据目录(一)中的证据不足以证明516合同就是双方实际履行的合同。根据《建设工程解释二》(已失效,笔者注)第11条第2款"实际履行的合同难以确定,当事人请求参照最后签订的合同结算建设工程价款的,人民法院应予支持"的规定,一审法院根据X公司的诉请,参照830合同确定案涉工程价款38,961,042.93元符合法律规定。

八、申请再审

本案二审法院支持了上诉人H公司关于516合同和830合同均无效的意见,但以H公司提供的证据不足以证明实际履行合同为516合同为由,仍按照830合同确定造价,对此H公司不服,向湖北省高级人民法院申请再审。针对实际履行哪一份合同,主要再审意见如下:

1. 二审判决认定应当按照H公司与X公司于2013年8月30日签订的830合同结算案涉工程价款,存在认定事实严重错误,且适用法律确有错误。

二审判决漏查、漏写大量的案件事实,二审判决认为"H公司上诉主张516合同为实际履行合同,但其提交的证据目录(一)中的证据不足以证明516合同就是双方实际履行的合同"。以上认定完全罔顾基本事实,二审期间H公司提供了不仅仅证据目录(一),而是提交证据目录(一)到证据目录(八),累计提供证据92组,共489页,上述证据均经二审庭审质证,其中大量的证据(见下文)足以证明案涉工程实际履行的合同为516合同。

二审法院对上述证据和事实视而不见,且不记载在判决查明的事实部分,不依据事实和证据判决,进而错误地认为"H公司上诉主张516合同为实际履行合同,但其提交的证据目录(一)中的证据不足以证明516合同就是双方实际履行的合同"。据此二审法院认定应按照830合同确定工程价,上述认定显然罔顾事实,缺乏证据证明,根据2021年《民事诉讼法》第207条(2023年第211条)规定:"当事人的申请符合下列情形之一的,人民法院应当再审:……(二)原判决、裁定认定的基本事实缺乏证据证明的……"

2. H公司提供了大量而充分的证据证明,案涉项目实际履行的合同为516合同。

二审判决已认定2013年5月16日Y公司法定代表人卜某志以H公司名义与X公司签订的516合同和2013年8月30日H公司与X公司签订的830合同因存在未招先定、串通招标违法行为,均属无效。根据《建设工程解释一》第24条的规定,当事人就同一建设工程订立的数份建设工程施工合同均无效,但建设工程质量合格,一方当事人请求参照实际履行的合同关于工程价款的约定折价补偿承包人的,人民法院应予支持。

本案中,申请人已提供了大量证据证明案涉项目实际履行的合同为516合同,但二审法院仍然以申请人提交的证据不足以证明516合同为双方实际履行的合同为由,认为应当适用《建设工程解释二》(已失效,笔者注)第11条第2款"实际履行的合同难以确定,当事人请求参照最后签订的合同结算建设工程价款的,人民法院应予支持"的规定,参照830合同确定案涉工程价款。二审法院未认定本案实际履行合同为516合同存在错误,且适用法律确有误。

(1)516合同第9条约定:本协议与中标合同具有同等法律效力,在执行过程中以本协议为准。[H公司二审证据目录(一),证据第1项第4页]

516合同第4条:"1.工程款支付以±00为据。2.乙方垫付工程款达到±00后甲方开始按月进度付款,付款比例按当月进度已完工程量的60%执行。3.主体竣工验收后60日支付工程款达到工程造价75%,拿到工程备案证后30日内支付工程款达到总价的95%。"此后,X公司和H公司多次通过会议纪要、补充协议的方式确认付款节点为月进度付款,且按照当月已经完成工程量的60%支付,而830合同的付款节点为按当月所完成工程量的90%支付(830合同专用条款第58条),实际上双方从未按照月进度90%进行过任何履行和支付。可见,H公司与X公司实际履行的合同为516合同。

(2)X公司在承包G项目后,其发包给黄某和黄某军施工,就此由X公司与黄某军和黄某于2013年7月15日签订了《G区住房改造建设工程施工合同》[H公司二审证据目录(一),证据7],该合同从合同名称、价款、工期、质量、违约责任、管辖等均完全按照H公司与X公司签订的516合同,主要包括:

序号	相同事项	X公司与H公司签订的516合同	X公司与黄某军、黄某签订的《G区住房改造建设工程施工合同》
1	名称	《G区住房改造建设工程施工合同》	《G区住房改造建设工程施工合同》
2	工程造价及结算依据标准	第3条:"1.工程按湖北省2008年费用定额的三类工程类别取费标准下浮3%计取费用。2.增减和变更工程量费用按湖北省2008年定额的三类工程类别取费标准下浮3%计取费用。3.本工程只对钢材、水泥、木材和人工按同期定额信息价格进行调差。"	第3条:"1.工程按湖北省2008年费用定额的三类工程类别取费标准下浮3%计取费用。2.增减和变更工程量费用按湖北省2008年定额的三类工程类别取费标准下浮3%计取费用。3.本工程只对钢材、水泥、木材和人工按同期定额信息价格进行调差。"
3	工程款支付方式	第4条:"1.工程款支付以±00为据。2.乙方垫付工程款达到±00后甲方开始按月进度付款,付款比例按当月进度已完工程量的60%执行。3.主体竣工验收后60日支付工程款达到工程造价75%,拿到工程备案证后30日内支付工程款达到总价的95%。"	第4条:"1.工程款支付以±0为据。2.乙方垫付工程款达到±0后甲方开始按月进度付款,付款比例按当月进度已完工程量的60%执行。3.主体竣工验收后60日支付工程款达到工程造价75%,拿到工程备案证后30日内支付工程款达到总价的95%。"

序号	相同事项	X公司与H公司签订的516合同	X公司与黄某军、黄某签订的《G区住房改造建设工程施工合同》
4	第5条工程工期、第6条工程质量、第7条双方的责任和义务、第8条违约责任、第9条、第10条	均一模一样,比如第9条约定,本协议与中标合同具有同等法律效力,在执行过程中以本协议为准	均一模一样,比如第9条约定,本协议与中标合同具有同等法律效力,在执行过程中以本协议为准

(3)2014年3月20日,由X公司与H公司签订的《G区住房改造建设工程施工合同补充协议(一)》[H公司二审证据目录(一),证据3,证据第77~78页],再次确认H公司与X公司履行的合同为516合同,理由如下:

①合同名称载明的是《G区住房改造建设工程施工合同补充协议(一)》,此名称对应的合同为516合同,而830合同的名称为《湖北省建设工程施工合同》,可见,双方补充协议约定的原合同为516合同,并非830合同。

②补充协议约定的工期证明本案双方实际履行的合同只能是516合同。该协议第3条载明:1#、2#建安为2个月内完成交房,即2013年5月30日前交房……4#为2013年6月10日交房"从以上条款可见,<u>交房时间均在2013年8月30日备案合同签订前,因此,双方履行的合同绝不可能是830合同。</u>

(4)实际参与全部合同履行,且代表X公司参与合同履行的彭某华也确认,双方实际履行的合同为516合同。

彭某华在该案2018年3月4日的庭审笔录中,在回答法官询问时,就两份合同实际履行的是哪一份合同,其明确:第一个合同(516合同)是真正履行的合同,第二个合同起到办证的作用。[H公司二审证据目录(一),证据第15项第202页]

(5)H公司二审提交的证据80[证据目录(七)第454页]会议签到单(2013年12月11日)、81[证据目录(七)第455页]会议纪要(2014年6月13日)证明双方实际履行的是516合同。

证据80会议签到单,该会议由Y公司唐某、李某平;X公司黄某军、彭某华等人召开,其中,黄某军发言内容为(该签到单倒数第4行):"①466万不能少②1月15日按实际工程量的60%结算……"

证据81会议纪要,该会议由X公司黄某军、黄某银;Y公司唐某、汤某、李某平召开,其中黄某军发言内容为(会议纪要倒数第 7 行):"按各月实际完工的工程量核算后,按 60% 及时付款,保证赶工期完工。"

以上会议中,黄某军对于款项的支付,均确认为实际完成量的 60%,该比例为 2013 年 5 月 16 日,H 公司与 X 公司签订的 516 合同第 4 条约定的付款比例,条款内容为:"1. 工程款支付以 ±00 为据。2. 乙方垫付工程款达到 ±00 后甲方开始按月进度付款,付款比例按当月进度已完工程量的 60% 执行。3. 主体竣工验收后 60 日支付工程款达到工程造价 75%,拿到工程备案证后 30 日内支付工程款达到总价的 95%。"而 2013 年 8 月 30 日 H 公司与 X 公司签订的备案合同,约定的进度款付款比例为 90%。从以上不难看出,516 合同为实际履行的合同。

(6)H 公司二审提交的证据 82,关于年底 G 项目工程款支付约定[证据目录(七),证据 82,第 456 页],再次证明双方实际履行的合同为 516 合同。

该证据 H 公司提供了原件,该证据证明,双方实际履行的合同为 516 合同,理由如下:

该支付约定首段内容为"H 公司与 Y 公司、卜某志(甲方)与 X 公司(乙方)达成的《G 区住房改造建设工程施工合同》(合同名称),经双方对已完工程量的仔细核算和共同协商,双方约定:甲方在 2014 年 1 月 27 日前支付乙方工程款 500 万元,大写:伍佰万元整,即完成春节后动工前甲方应支付的额度。年后动工的付款按合同约定的月进度的 60% 支付标准不变"。

上述约定,足以证明 H 公司与 X 公司履行的合同为 516 合同,具体如下:

①合同名称,以上明确双方履行的合同名称为《G 区住房改造建设工程施工合同》,该合同名称即 516 合同名称,而 8 月 30 日备案的合同名称为《湖北省建设工程施工合同》,从名称即可明确,双方实际履行的合同为 516 合同。

②付款进度。以上明确约定:"年后动工的付款按合同约定的月进度的 60% 支付标准不变。"该比例为 2013 年 5 月 16 日,H 公司与 X 公司签订的《G 区住房改造建设工程施工合同》第 4 条约定的付款比例,条款内容为:"1. 工程款支付以 ±00 为据。2. 乙方垫付工程款达到 ±00 后甲方开始按月进度付款,付款比例按当月进度已完工程量的 60% 执行。3. 主体竣工验收后 60 日支付工程款达到工程造价 75%,拿到工程备案证后 30 日内支付工程款达到总价的 95%。"而 2013 年 8 月 30 日 H 公司与 X 公司签订的备案合同,约定的进度款付款比例为 90%。从以上不难

看出,516合同为实际履行的合同。

(7)X公司与H公司实际履行的合同是516合同的证据列表如下(具体见本申请书附件):

序号	证据名称	主要内容及证明目的	证据来源	X公司二审期间对证据的质证意见
1	2013年5月16日516合同	主要内容:①第9条约定:本协议与中标合同具有同等法律效力,在执行过程中以本协议为准;②第8条第2款第3项,签订合同后二天内,双方对合同签订日之前已施工工程量进行核对并签字确认。证明目的:证明在2013年8月30日前,案涉工程已经实际施工,且本案涉及合同的计价以及其他约定系按516合同执行,而非按照2013年8月30日合同执行	H公司提供的二审证据目录(一)第1项	X公司对该证据三性无异议,2022年4月8日庭审笔录第3页第四段第2~3行
2	《G区住房改造建设工程施工合同补充协议(一)》(2014年3月20日)	主要内容:①从补充协议名称来看,该补充协议所涉原合同名称与516合同名称一致,与830合同名称完全不同(830合同名称为《湖北省建设工程施工合同》);②补充协议第1条载明,"乙方正确安排好1#、2#、4#施工班组的各项管理工作(3#、5#、6#、7#X公司本身施工操作)……另外,乙方须处理好前期工程遗留问题和部分债务,杜绝出现矛盾";③补充协议第3条约定:1#、2#建安为2个月内完成交房,即2013年5月30日前交房……4#为2013年6月10日交房。证明目的:①2014年3月20日H公司与X公司签订的《G区住房改造建设工程施工合同补充协议(一)》,系针对516合同的补充协议,而并非830合同;②合同内容与事实相符,补充协议第1条描述与X公司与黄某军海某签订的《G区住房改造建设工程施工合同》第1条相吻合,该合同第1条第4款载明"工程施工范围:承建由卢某豹施工1~2号楼、刘某春	H公司提供的二审证据目录(一)第3项	X公司对该证据三性无异议;2022年4月8日庭审笔录第3页第四段第2行;第4页顺数第6行

续表

序号	证据名称	主要内容及证明目的	证据来源	X公司二审期间对证据的质证意见
		施工4号楼以外的剩余工程部分和3~7号楼的全部工程";③从补充协议第3条可见,交房时间均在2013年8月30日备案合同签订前,因此,双方履行的合同绝不可能是830合同		
3	法人授权委托书（2013年7月16日）	X公司于2013年7月16日授权黄某军作为涉案G项目有关合同签订和履行的代理人,该时间在830合同签订前,证明双方实际履行516合同	H公司提供的二审证据目录（一）第4项	
4	会议记录（2015年12月30日）	主要内容:会议记录第2条,门窗总价提10%,但合同签订按08定额下浮3%不变。 证明目的:"按08定额下浮3%"系516合同第3条第1款约定的内容,830合同无此约定,以上由X公司的黄某军、高某毛等人与Y公司的人员汤某、于某忠等人2015年12月30日签订会议记录,其中第2条记载"合同签订按08定额下浮3%不变"予以确认,证明双方实际履行的是516合同	H公司提供的二审证据目录（一）第5项	
5	通知（2013年5月24日）	主要内容:X公司在通知中载明,X公司拟为G项目的承包单位,该通知的时间为2013年5月24日。 证明目的:证明X公司在830合同之前已经确认为案涉项目的施工单位,证明H公司与X公司实际履行516合同	H公司提供的二审证据目录（一）第6项	X公司对该证据三性无异议;2022年4月8日庭审笔录第5页顺数第17行

续表

序号	证据名称	主要内容及证明目的	证据来源	X公司二审期间对证据的质证意见
6	2013年7月15日,X公司与黄某军签订《G区住房改造建设工程施工合同》	主要内容:①该合同为X公司与黄某军、黄某签订的合同,该合同签订时间为2013年7月15日。②该合同名称与H公司与X公司签订的516合同名称一致。③其中第3条第1款关于工程造价部分的约定与516合同完全一样,即都约定按照08定额下浮3%。 证明目的:该合同签订时间为2013年7月15日,证明案涉项目在2013年8月30日之前已由X公司发包给黄某军、黄某且已实际施工,并且该合同从合同名称、工程造价及结算依据(详见合同第3条)、工程款支付方式(详见合同第4条)工期(详见合同第5条)、质量(详见合同第6条)、双方的责任和义务(详见合同第7条)、违约责任(详见合同第8条)、管辖等内容均与H公司与X公司签订的516合同一致,证明双方实际履行516合同	H公司提供的二审证据目录(一)第7项	X公司对该证据真实性无异议;2022年4月8日庭审笔录第5页倒数第9行;二审法院认定该事实,即2013年7月15日,X公司与黄某军、黄某签订《G区住房改造建设工程施工合同》,二审判决第16页顺数第1行
7	G区住房改造建设工程施工合同(余某治以X公司名义与卢某豹签订)	该合同第1条第4点载明,由卢某豹承建其中的1#和2#楼,该合同内容与2013年7月15日由X公司与黄某军签订的《G区住房改造建设工程施工合同》第1条第4点相符,证明X公司履行的合同实际为516合同	H公司提供的二审证据目录(一)第8项	X公司对该证据真实无异议
8	2018年3月4日质证笔录	主要内容:在2018年3月4日开庭笔录中,亲历全部项目实际履行的彭某华,在回答法官询问两份合同实际履行的是哪一份合同时向法官陈述,双方实际履行的合同为516合同,830合同仅为备案用。 证明目的:证明本案中实际履行的合同为516合同	H公司提供的二审证据目录(一)第15项	

续表

序号	证据名称	主要内容及证明目的	证据来源	X公司二审期间对证据的质证意见
9	借款单（2013年6月5日）	主要内容：X公司在2013年6月5日请款100万元，记载的款项为工程款。证明目的：证明在2013年8月30日案涉项目已经实际施工，双方实际履行的为516合同	H公司提供的二审证据目录（四）第41项	X公司对该证据三性无异议
10	借款单（2013年7月10日）	主要内容：X公司在2013年7月10日请款100万元，记载的款项为工程款。证明目的：证明在2013年8月30日案涉项目已经实际施工，双方实际履行的为516合同	H公司提供的二审证据目录（四）第42项	X公司对该证据三性无异议
11	庭审笔录	证明在2013年8月30日前，案涉G项目已经实际施工，且已经由H公司发包给X公司，并由X公司发包给黄某军。其中的1#和2#楼由卢某豹施工。本案实际履行合同为516合同	H公司提供的二审证据目录（六）第77项	
12	会议签到单（2013年12月11日）	主要内容：会议签到单倒数第4行，黄某军说："466万元不能少，1月15日按实际工程量的60%结算。"证明目的：516合同关于付款进度，第4条第2款约定，付款比例按当月进度已完成工程量的60%执行，而830合同无此约定。从以上可以证明X公司履行的合同实际系516合同	H公司提供的二审证据目录（七）第80项	X公司对该证据三性无异议；2022年4月15日庭审笔录倒数第10行
13	会议纪要（2014年6月13日）	主要内容：黄某军在会议中说："按每月实际完成的工程量折算后，按60%及时付款，保证工期完工。"证明目的：516合同关于付款进度，第4条第2款约定，付款比例按当月进度已完成工程量的60%执行，而830合同无此约定。以上可以证明X公司履行的合同实际系516合同	H公司提供的二审证据目录（七）第81项	X公司对该证据三性无异议；2022年4月15日庭审笔录倒数第3行

续表

序号	证据名称	主要内容及证明目的	证据来源	X公司二审期间对证据的质证意见
14	关于年底G项目工程款支付约定	主要内容：该约定第一段载明，H公司与X公司达成了《G区住房改造建设工程施工合同》（合同名称）……年后动工的付款按合同约定的月进度60%实际支付标准保持不变。 证明目的：①该证据所明确的合同名称与516合同的名称一模一样，但与830合同名称完全不同（830合同名称为《湖北省建设工程施工合同》）；②516合同关于付款进度，第4条第2款约定，付款比例按当月进度已完成工程量的60%执行，而830合同无此约定，以上足以证明X公司履行的合同实际系516合同	H公司提供的二审证据目录（七）第82项	X公司对此证据份证据真实性无异议，但对关联性有异议；2022年4月15日庭审笔录倒数第3行

实战点评与分析

本案中，证明实际履行合同为516合同的证据散落于各组证据，通过对证据进行重新汇编归纳，并制作成专项表格和意见，同时将涉及的证据作为附件，可以让法官无须翻遍案卷材料即可迅速理解当事人的主张以及对应证据，由此可以有效说服法官支持己方主张。以本案为例，H公司为了证明实际履行合同为516合同，从合同名称、合同付款、参与合同履行的当事人陈述等，多角度论述和证明实际履行合同为516合同，取得了很好的效果。考虑到法官对汇编证据是否真实、合法和关联会有所考虑，因此列表特别标注了各方对所列证据的质证意见，便于法官快速了解。

（8）2013年8月30日签订的合同，实际上根本未履行，主要包括：

序号	830合同约定的内容	来源	实际情况
1	专用条款第19.1条，DH咨询有限公司负责本工程的造价咨询单位及任命的工程造价师	H公司二审证据目录（一）第62页（该证据也是X公司提供的证据）	DH公司从未出现在项目履行中，实际上工程并未聘请第三方造价全过程参与

续表

序号	830合同约定的内容	来源	实际情况
2	专用条款第20条,承包人代表:喻某发	H公司二审证据目录(一)第62页(该证据也是X公司提供的证据)	此人从未出现过,按照X公司自述,其认定项目经理为黄某军
3	专用条款第23.1条,承包人向发包人提供工程合同价的10%的履约担保,发包人向承包人提供合同价10%的履约担保	H公司二审证据目录(一)第63页(该证据也是X公司提供的证据)	双方从未提供履约担保
4	专用条款第58条,发包人向承包人预付815,191.91元的安全防护、文明施工措施费	H公司二审证据目录(一)第66页(该证据也是X公司提供的证据)	从未支付,X公司也从未主张
5	专用条款第58.2.1条:双方约定工程进度支付的具体时间和金额:按当月所完成进度款的90%支付	H公司二审证据目录(一)第66页(该证据也是X公司提供的证据)	实际上,进度款均是按照516合同约定的当月完成工程量的60%支付,从未按照90%支付

以上各项事实已经通过本案证据得到确认,可以与其他证据相互印证作为定案依据,充分证明案涉项目实际履行的合同为516合同,而不是830合同,二审法院认为本案证据"不足以证明516合同就是双方实际履行的合同"的说法存在严重错误。二审法院认为应当适用的《建设工程解释二》(已失效)第11条第2款,其适用前提是"实际履行的合同难以确定",但申请人已充分举证证明实际履行合同为516合同,不存在"实际履行的合同难以确定"的情形,因此不应当适用《建设工程解释二》(已失效)第11条第2款的规定,参照最后签订的830合同结算工程价款,而应当适用《建设工程解释一》第24条的规定,参照实际履行的516合同关于工程价款的约定进行结算。

相关法律规定:

《建设工程解释一》第24条:"当事人就同一建设工程订立的数份建设工程施工合同均无效,但建设工程质量合格,一方当事人请求参照实际履行的合同关于工程价款的约定折价补偿承包人的,人民法院应予支持。实际履行的合同难以确定,当事人请求参照最后签订的合同关于工程价款的约定折价补偿承包人的，人民法院应予支持。"

九、再审过程中对证据进行可视化的展示，通过可视化图表，结合再审意见，能让法官迅速了解案件事实和当事人的主张以及该主张依据的证据和事实

再审期间，为了能让法官从纷繁复杂的证据中准确而快速地找到实际履行合同为516合同的证据，且能对有关证据以及事实快速知悉，代理律师制作了可视化图表提供法官，取得了很好的效果。

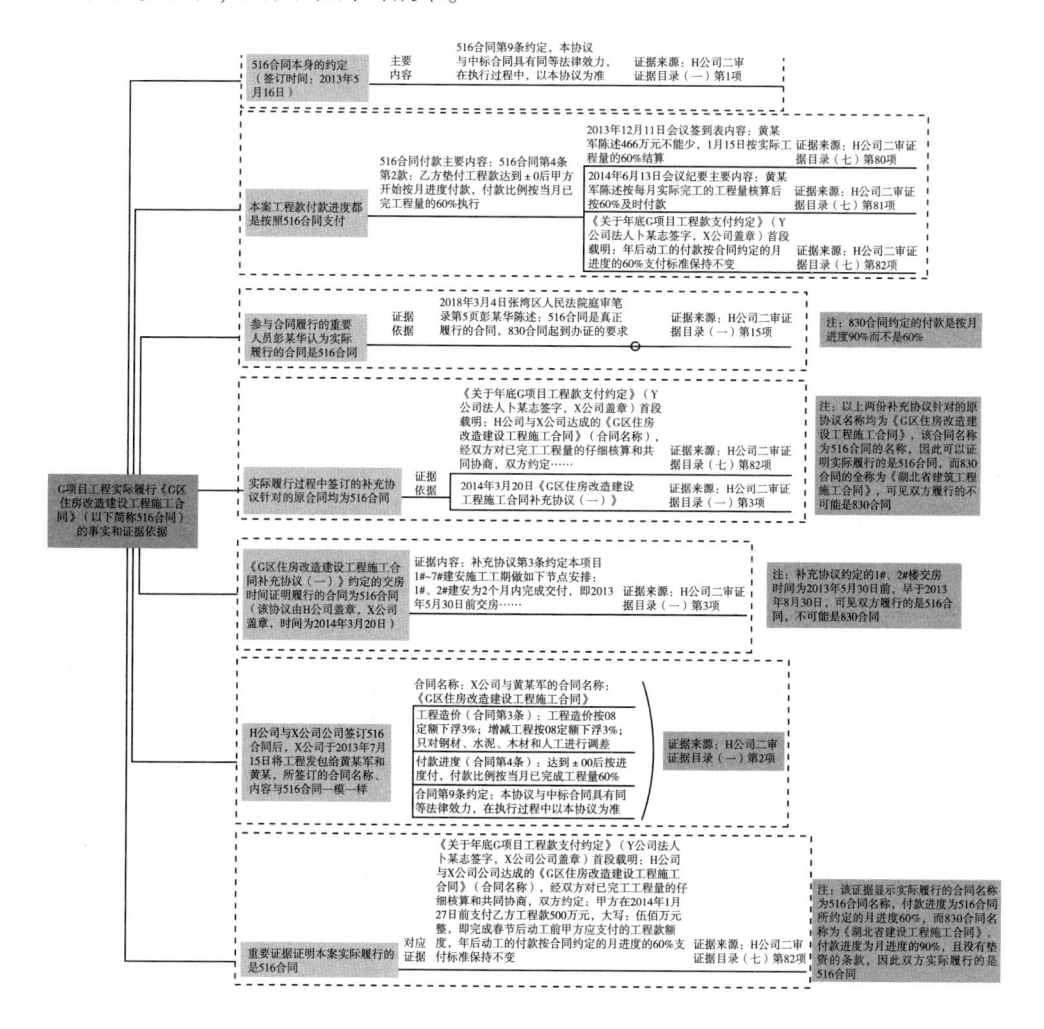

实战点评与分析

就本案而言,可以证明实际履行合同为516合同的关联证据不少,但散落在各组证据中,如果不进行梳理,短时间内难以让人全面和快速地理解,而通过可视化图表,向法官展示证据可以取得很好的效果;如果让法官自行查找,除了需要耗费大量时间外,也容易将重要的证据遗漏,因此当事人有必要自行归纳汇总,汇总以后,通过图表方式进行展示无疑可以让法官在最短时间内快速而简单地了解和理解当事人的意思、诉求以及对应证据,以便法官审理案件并最终支持当事人主张。

诉讼案件,所有工作目的最终都是让法官最方便最简单最快速地了解当事人的主张和依据的事实证据,由此说服法官支持己方主张。

十、最终结果

H公司提出再审申请后,湖北省高级人民法院立案庭组织双方在再审过程中调解,双方最终达成调解并在再审期间达成调解协议,调解方案主要为:以830合同确定的总价为据,在此基础上扣减200万元作为最终造价,同时扣减相应的利息。此结果,基本达到了H公司的目的。

十一、律师点评(综合评述)

本案无论是从程序还是从实体上看,都跌宕起伏。就实体而言,双方争议的焦点为先后签订的516合同和830合同是否合法有效;实际履行的是哪一份合同。在一审判决后,二审代理律师重新调整了诉讼策略,尤其是重新收集并提交了大量证据证明在签订830合同之前已经实际施工,本案合同属于典型的未招先定签订的合同;在论证两份合同均无效后,收集一切与实际履行合同为516合同的相关证据。以上第一个主张(未招先定)最终得到二审法院支持,第二个主张,通过调解的方式大部分得到了支持,该结果基本达到了H公司的目的。尤其是第二个主张,在申请再审听证期间,为了方便法官能从纷繁复杂的案件材料中快速简单地了解当事人的主张和依据的事实证据,在听证陈述事实时,代理律师结合制作的图表,并就图表所引用的事实证据进行汇编,使法官迅速理解当事人的主张并从内心确认当事人的主张系有事实和法律依据,从而为当事人再审调解争取了主动。

第六章 Chapter 6 质证

《民事诉讼法》第 71 条规定:"证据应当在法庭上出示,并由当事人互相质证。对涉及国家秘密、商业秘密和个人隐私的证据应当保密,需要在法庭出示的,不得在公开开庭时出示。"

《民事诉讼法解释》第 103 条第 1 款规定:"证据应当在法庭上出示,由当事人互相质证。未经当事人质证的证据,不得作为认定案件事实的根据。"

第 104 条规定:"人民法院应当组织当事人围绕证据的真实性、合法性以及与待证事实的关联性进行质证,并针对证据有无证明力和证明力大小进行说明和辩论。

能够反映案件真实情况、与待证事实相关联、来源和形式符合法律规定的证据,应当作为认定案件事实的根据。"

根据上述规定,证据只有经双方质证才能作为定案依据,因此质证环节是整个庭审的核心环节,法官适用法律的前提是先将事实查清,并根据查清的事实适用法律,而这些所谓的事实都来自双方提供的证据。对于原被告提供的证据,法官在审理时,主要审查以下方面:

其一,原被告提供的证据真实与否,合法与否,与本案是否有关;该证据能否达到证明目的,能否作为定案依据。

其二,证据所反映的事实如何,能否支持原告诉请或被告答辩。

对证据发表意见主要是在质证环节,而法官也主要结合质证阶段原告或被告的质证意见进行综合评判后作出认定。可见,质证环节是整个庭审环节的核心。庭审中,该如何对证据进行质证,如何质证才能取得好的效果,本章将进行专门论述。

总体而言,质证主要是围绕证据的三性发表意见。《民事诉讼法解释》第 104 条规定,质证应围绕证据的真实性、合法性、关联性以及有无证明力和证明力(实务中一般也是指能否达到证明目的)大小进行说明。

从最基本的诉讼逻辑上看,原告的诉讼请求要得到法院支持主要依据是原告方提供的证据,被告如果能推翻原告提供的证据,其结果是原告的诉讼请求缺乏证据支持,其诉讼请求自然也不会得到法院支持。

要推翻原告证据,被告可以主张原告的证据不真实、不合法或与本案无关或虽然该证据具备证据三性,但不足以达到证明目的,实务中,一般可以按照以下模式发表质证意见:

(1)对该证据三性不予认可,即不认可其真实性、合法性和关联性;

(2)就算是该证据系真实的,但该证据与本案无关或者无法达到原告要证明的目的;

(3)该份证据不仅不能证明原告要证明的目的,反而证明了被告的主张或答辩意见;

(4)该份证据与原告陈述或提供的其他证据相矛盾;

(5)该份证据所显示的内容有违常理。

要能有效地运用以上模式对证据发表质证意见,必须做到以下几点:

其一,以司法三段论作为总指导思想,对对方提供的证据是否充分、能否达到证明目的进行考量。

其二,对证据形式和内容进行认真研读、分析和研究,并对证据反映的事实进行考量、归纳和呈现,就该证据内容与本案其他证据进行对比,研究分析:证据产生的时间、地点,证据涉及的主体;对方提供的证据中哪些事实对己方有利,哪些事实对己方不利;提供的证据所反映事实能否达到对方要证明的目的;证据之间是否存在相互矛盾之处;

必要时,应通过一定的方式对对方证据存在的瑕疵(包括前后矛盾、对己方有利的事实)等用最简单的和有效的方式向法庭进行展示(如可通过可视化图进行展示)。

其三,将证据本身反映的事实和内容结合本案中己方的意见向法庭陈述,即在对证据质证时,切不可简单地否定对方证据的三性,而必须结合证据本身的形式和内容进行论述。

第一节

应对证据的类型、内容以及反映的事实进行审核,围绕证据的三性进行质证

对证据进行审核和质证,应首先确定该证据属于哪种类型的证据。

《民事诉讼法》第66条规定:"证据包括:

(一)当事人的陈述;

(二)书证;

(三)物证;

(四)视听资料;

(五)电子数据;

(六)证人证言;

(七)鉴定意见;

(八)勘验笔录。

证据必须查证属实,才能作为认定事实的根据。"

以上是《民事诉讼法》规定的证据类型,也即证据的形式。对证据进行质证,应首先判断对方提供的证据属于以上哪一种类型,因为不同类型的证据,其证明规则、证明效果完全不同。

一、当事人陈述

按照基本的举证规则,缺乏证据支持的当事人陈述无法得到法院支持,但如果该陈述中有不利己方的事实,对方就此无需举证。

《民事证据规定》第3条规定:"在诉讼过程中,一方当事人陈述的于己不利的事实,或者对于己不利的事实明确表示承认的,另一方当事人无需举证证明。

在证据交换、询问、调查过程中,或者在起诉状、答辩状、代理词等书面材料中,当事人明确承认于己不利的事实的,适用前款规定。"

从以上规定可见,当事人陈述存在于诉讼的全过程,包括起诉和庭审阶段,其表现形式为:起诉状、答辩状、代理词、证据目录、庭审笔录等。

当事人陈述一般可以分为两种,一是对案件事实的陈述,二是对法律适用的陈述。从以上规定可见,当事人陈述内容涉及事实,且该等事实不利于陈述方,对方可以援引作为证据,且无需举证。至于对法律适用的陈述,则是建立在事实基础上对法律适用所发表的意见。前者是审核和质证的重点,但应结合法律适用进行考量,毕竟对事实陈述本身最终是为了其诉讼请求得到法院支持,而诉讼请求能否得到支持依据的则是相关法律规定,因此当事人对事实和法律适用的陈述相辅相成,不可分割。

当事人陈述是证据的重要形式之一,尤其是陈述的内容不利于己方时,对方加以利用,可以起到事半功倍的效果。对当事人陈述进行审核和质证,应务必做到以下几点。

(一)审核要点

1.时间、地点和人物是任何事实陈述的要素。

在审核和质证时,核实的内容包括:陈述事实中的时间、地点和人物是否属实,是否有证据予以证明,如有,所依据的证据是哪些证据,该证据是否真实。陈述的时间、地点和人物与己方核实的情况是否一致,如果不一致,原因是什么,最终应该以哪一个事实为准,依据的哪一份证据?陈述的事实中,哪些对陈述方有利,哪些对陈述方不利,对于不利于陈述方的事实,应作为质证重点向法庭展示。如果事件较多,应对事件按发生时间顺序列表或制作成时间轴,通过列表和时间轴的方式向法庭展示。

2.原告对有关案件事实陈述,是否完整、前后矛盾或语焉不详(如原告对借款关键事实,包括借款时间、地点、金额、利息计算等表示不知情)。如不完整或前后矛盾的,可以主张其陈述的事实并非事实。

《民事证据规定》第63条规定:"当事人应当就案件事实作真实、完整的陈述。当事人的陈述与此前陈述不一致的,人民法院应当责令其说明理由,并结合当事人的诉讼能力、证据和案件具体情况进行审查认定。

当事人故意作虚假陈述妨碍人民法院审理的,人民法院应当根据情节,依照民事诉讼法第一百一十一条的规定进行处罚。"

3. 应对法律关系的确认、请求权依据的事实重点审核,包括:原、被告之间是否存在法律关系,是否存在如原告所陈述的法律关系,原告陈述的法律关系所依据的事实、该事实对应的证据;主张请求权依据的事实、该事实对应的证据。如其主张的法律关系、请求权依据的事实缺乏证据或虽有证据但并不充分,或有相反证据足以推翻其陈述的事实,则必须在质证时向法庭进行陈述并提供反驳证据,在对反驳证据进行举证时予以充分论述。

4. 原告陈述的被告违约行为是否属实,具体包括:陈述的违约行为是哪些行为,依据的是合同还是法律规定,被告是否存在原告所述的违约行为,如有,是否存有可以免责的事由(如不可抗力、情势变更或被告是否可以援引有效的抗辩权,如同时履行抗辩权、先履行抗辩权和不安抗辩权等),该免责事由是否有相应证据证明。

5. 原告陈述的损失是否属实,是否有证据证明,与其陈述的被告的行为是否存在直接必然因果关系。

6. 除以上事项外,实务中还应就原告陈述的以下事实逐一核实,包括:

(1)付款和票据的开具。

一般的诉讼案件,无论是合同之诉还是侵权纠纷,都涉及付款和票据的开具,对于原告陈述的原、被告之间付款等,必须重点逐一审核:原告、被告之间是否存在收付款关系,原告陈述的付款或收款事实是否属实,原告或被告实际支付或收到款项金额是多少,该金额与被告统计和确认的金额是否一致,如果不一致,双方差异在何处,差异的原因是什么?对应的证据分别是哪些证据。如被告认为原告陈述的收付款金额不属实,被告应收集并提供反驳证据;同时在庭审时,在对对方有关收付款证据质证时向法庭陈述其主张的金额以及依据的证据存在的问题。

关于发票,应逐一核实:双方之间是否开具过发票,如果开具过发票,则开具发票的金额和时间,尤其是必须对发票和付款关系进行审核,包括:是先开具发票后付款还是先付款后开具发票,合同如何约定,实务如何操作;合同是否约定开具发票是付款的前提,如果有此约定,则原告是否按时足额开具了发票,被告是否在收到发票后按照合同约定的时间付款等。

(2)核实原告主张的达到付款节点所依据的事实,比如建设工程施工合同中,承包人起诉主张竣工结算款,合同一般约定办理结算的前提为工程经竣工验收,此时必须核实原告陈述的竣工验收的事实是否属实,是否有相应的证据证明,包括:工程是否完工,是否按照合同约定办理了竣工验收手续,是否有相应的竣工验收意见书等,原告陈述的竣工验收,是指过程中阶段验收(比如每层楼板浇筑完成后的验收,结构封顶完成后的验收,这些验收都是阶段验收并非项目整体竣工验收)还是指的是全部工程完成后的竣工验收等。

(3)其他与案件争议焦点有关的事实。

(二)常用质证意见

1. 原告起诉状记载的诸多事实与事实不符,包括:原告主张的合同签订不属实,原、被告之间并无任何合同关系,合同上加盖的名称为被告的印章系伪造的印章,就此被告已经申请对印章真伪的鉴定;原、被告之间并无任何资金往来,某某人以被告名义签订虚假合同时并未取得被告的授权,被告对此毫不知情。

2. 如当事人对有关案件事实陈述前后不一致或对关键事实语焉不详,则可以发表如下质证意见:如果原告主张的事实属实,而事实是唯一的,则对有关的事实陈述应前后一致,但原告对该等事实陈述前后矛盾,足以证明原告对有关事实的陈述并不属实。

3. 原告陈述的所谓事实并不属实,就原告陈述的事实,原告未提供任何证据证明,其所谓的事实不得作为定案依据,法律依据是《民事诉讼法解释》第90条的规定,"当事人对自己提出的诉讼请求所依据的事实或者反驳对方诉讼请求所依据的事实,应当提供证据加以证明,但法律另有规定的除外。在作出判决前,当事人未能提供证据或者证据不足以证明其事实主张的,由负有举证证明责任的当事人承担不利的后果"。

4. 原告陈述的事实刚好证明原告应承担本案的责任(或者:原告陈述的事实恰恰证明,被告已经按约履行了合同义务。例如,原告陈述的事实足以证明被告已经向原告交付了房屋;原告陈述的事实足以证明被告已经于【 】年【 】月【 】日向原告提供了工作面、移交了图纸;被告已经如约支付了价款等)。

5. 原告主张被告存在所谓的违约行为不属实。例如,本案在合同签订后,被告一直按约履行,根据双方签订的合同约定,截至本案起诉时,被告应付款总计为【】元,但至今,被告已经累计支付款项合计【】元,已经超过了被告应支付金额;且根据双方合同约定,被告付款前,原告应开具合法有效的发票,并应办理请款申请,本案从签订合同至今,原告未提供任何请款的证据,也未提供任何将请款申请交付给被告的证据,原告亦未按约开具足额合法有效的发票,被告根据合同约定,有权顺延款项支付,因此被告至今并无任何欠付款和逾期付款的情形,也不存在任何违约行为。具体付款时间和金额见附表。

6. 原告主张的损失不属实。原告陈述其损失金额为【】元,经查:

其一,所谓的损失,原告仅仅以其所列表格作为依据,未提供任何证据,其列表主张的所谓的损失,本质上属于单方陈述,不应得到支持。

其二,其所谓的损失与原告主张的所谓被告违约行为无关。本案中,被告并无任何违约行为,即使被告存在原告所谓的违约行为,但原告主张的所谓损失发生时间早于被告行为,因此该损失与被告无关(或者:即使被告存在所谓的违约行为,但该行为只会导致【】结果,并不会导致原告所谓的损失,换言之,被告的行为与原告所谓损失无关,且该损失系案外人所致,与被告无关,就此原告可自行向案外人主张)。

其三,原告在损失发生后的长达【】时间内,未采取任何积极措施以减少损失,由此导致损失扩大,责任应由原告自行承担。

(三)案例6-1:当事人在起诉状、答辩状、代理词等书面材料中,对于己不利的事实明确表示承认的,另一方当事人无须举证证明

——敖某福、准格尔旗神山煤炭有限责任公司合同纠纷再审
审查与审判监督民事裁定书

审理法院:最高人民法院

案号:(2019)最高法民申1090号

裁判日期:2019年5月8日

法院经审查认为,本案争议的焦点是敖某福是否采挖了4号煤层,准格尔旗

神山煤炭有限责任公司(以下简称神山煤炭公司)应否返还4200万元提成款并支付资金占用费。

(一)敖某福对采挖了4号煤层的事实已经予以确认。1.在敖某福采挖3号煤层时,神山煤炭公司曾对其采挖行为进行制止,认为敖某福已采挖到了4号煤层。后经协商,敖某福作为乙方与甲方神山煤炭公司签订了《补充协议》,该协议系双方真实意思表示,合法有效。该协议第3条载明:"乙方认可本《补充协议》签订前灭火工程所采煤层属甲方所有的4号煤层。"2.敖某福已依约支付了采挖4号煤层的提成款。自2009年12月20日起,敖某福根据《补充协议》的约定,陆续向神山煤炭公司打款,神山煤炭公司收到款项后为其提供煤管票,直至4号煤层采挖完毕敖某福撤出煤矿,共计打款4200万元。3.敖某福已经对其采挖4号煤层的事实进行了自认。敖某福曾在一审法院庭后询问笔录中自认,该煤层已于2014年至2015年采挖完毕,并撤场。2015年《民事诉讼法解释》第92条第1款、第3款规定:"一方当事人在法庭审理中,或者在起诉状、答辩状、代理词等书面材料中,对于己不利的事实明确表示承认的,另一方当事人无需举证证明。""自认的事实与查明的事实不符的,人民法院不予确认。"因此,敖某福自认的事实属于"于己不利"的事实,且与一审、二审法院查明的事实相符,人民法院依法予以确认,并无不当。

(二)地质环境监测站出具的鉴定报告可以证明敖某福采挖了4号煤层。敖某福提供的多个部门的批复文件,实际上是治理火区新增灭火工程的审批文件及实施方案,而非其所称的开采3号煤层的审批手续,故对敖某福未取得开采4号煤层的审批手续的事实可以确认。原鄂尔多斯市国土资源执法监察支队是否对其进行行政处罚与其是否采挖了4号煤层之间并无直接关联,不能反推得出其未采挖4号煤层的结论。时间显示,153勘探队出具书面证明的时间是2009年11月12日,地质环境监测站出具鉴定报告的时间是2009年12月2日,而敖某福在其后签订的《补充协议》中认可所采挖煤层为4号煤层,并自认4号煤层采挖完毕并撤场的时间是2015年。地质环境监测站出具的鉴定报告系行政执法部门依行政职权作出,敖某福以鉴定报告有误、鉴定人员无鉴定资质、鉴定报告上无鉴定人员的签字或盖章、无敖某福开采4号煤层的具体吨数等为由,否认鉴定报告的效力,并未提供充分证据证明,法院不予支持。

实战点评与分析

1. 当事人在起诉状、答辩状、代理词等书面材料中,对于己不利的事实明确表示承认的,另一方当事人无须举证证明

本案双方争议焦点为敖某福是否开采了 4 号煤矿。根据敖某福与神山煤炭公司签订的合同,敖某福可采挖 4 号煤矿,但应向神山煤炭公司支付提成款,根据该协议,如果敖某福开挖的不是 4 号煤矿,则无须支付提成款。敖某福认为其开挖的并非 4 号煤矿,因此无须支付 4200 万元的提成款。

在本案诉讼过程中,敖某福曾在一审法院庭后询问笔录中自认,该煤层已于 2014 年至 2015 年采挖完毕,并撤场。根据《民事诉讼法解释》,当事人在起诉状、答辩状、代理词等书面材料中,对于己不利的事实明确表示承认的,另一方当事人无须举证证明。因此,一审法院认定敖某福采挖了 4 号煤矿有事实依据。

2. 政府部门在执法过程中依职权制作的文书具有较强的证明力

本案中,因神山煤炭公司报案,原鄂尔多斯市国土资源执法监察支队委托鄂尔多斯市地质环境监测站进行鉴定。根据内蒙古自治区矿产储量委员会与原内蒙古自治区国土资源厅批准或备案的相关文件资料,参考内蒙古自治区煤田地质局 117 勘探队与 153 勘探队的报告,2009 年 12 月 2 日鄂尔多斯市地质环境监测站出具鉴定报告,原市国土资源局认定敖某福采挖 4 号煤层。鄂尔多斯地质环境监测站出具的鉴定报告在一审、二审均作为定案依据。

从本质意义而言,各类证据的证明力都是平等的,但从实务而言,国家机构在行使职权过程中产生的公文证书,更易于为法院所采信。

从证据实务而言,在证据收集和举证过程中,对于国家机关依法在行使职权过程中产生的公文证书,如对己方有利的,应提交作为证据。

相关法律规定:

《民事诉讼法解释》第 114 条规定:"国家机关或者其他依法具有社会管理职能的组织,在其职权范围内制作的文书所记载的事项推定为真实,但有相反证据足以推翻的除外。必要时,人民法院可以要求制作文书的机关或者组织对文书的真实性予以说明。"

3.对定案依据的待证事实,应提供多项证据予以证实

对于本案关键的待证事实即敖某福是否开挖4号煤矿,有三项证据相互印证予以证明:

其一,诉讼前,敖某福作为乙方与甲方神山煤炭公司签订了《补充协议》;

其二,敖某福在一审中的自认;

其三,地质环境监测站出具的鉴定报告。

以上三项证据相互印证,形成了较为完整的证据链,上述证据证明的待证事实,最终得到法院采信。

从实务而言,对于请求权依据的事实,应提供多项证据予以证实,才能取得较好的效果。

二、书证

书证是诉讼中最常见的证据,相较于其他证据形式(如当事人陈述、证人证言等),经质证各方无异议的书证基本会被法官采信作为定案依据。

书证也是双方质证的重点和要点,对同样的书证,双方当事人切入角度不同,会得出完全不同的结论。在质证前,对书证进行审核,应把握以下要点。

(一)审核要点

1.书证产生的时间或书证记载的有关时间。

时间是书证中最基本和最重要的审核要素,对书证进行审核时,务必首先核实和查清书证产生的时间,对于书证产生或形成时间的确定,从实体法和程序法而言,均具有重要意义。

(1)书证产生或形成时间往往与合同效力密切相关,比如必须招投标项目,在未进行招投标的情况下签订的建设工程施工合同,将可能导致招投标前签订的合同和经招投标签订的建设工程施工合同均无效,因此在审核有关招投标文件、中标通知书、建设工程施工合同时,应首先查清招标文件发布的时间、投标时间、中标时间和建设工程施工合同签订时间,以判断合同有效还是无效。

法律依据：

《建设工程解释一》第1条规定："建设工程施工合同具有下列情形之一的，应当依据民法典第一百五十三条第一款的规定，认定无效：

（一）承包人未取得建筑业企业资质或者超越资质等级的；

（二）没有资质的实际施工人借用有资质的建筑施工企业名义的；

（三）建设工程必须进行招标而未招标或者中标无效的。

承包人因转包、违法分包建设工程与他人签订的建设工程施工合同，应当依据民法典第一百五十三条第一款及第七百九十一条第二款、第三款的规定，认定无效。"

《招标投标法》第43条规定："在确定中标人前，招标人不得与投标人就投标价格、投标方案等实质性内容进行谈判。"

（2）书证产生或形成时间往往决定一方当事人是否存在违约、违约的严重程度。

以合同纠纷为例，合同纠纷原告的诉求基本是主张被告违约并承担违约责任（如支付违约金、赔偿损失等），被告是否违约几乎是每个合同纠纷争议的焦点，而被告是否违约，取决于被告是否按约履行义务，因此被告履行义务所形成的书证往往能直接证明被告是否违约，该书证自然是质证的重点，核实该书证的事项包括：原告提供的该份书证是否属实，能否证明被告未按约履行合同义务。这类书证一般产生于合同履行中，且一般都有原告或被告的签字或盖章，双方对于证据的真实性一般并无异议，有争议的往往是该证据能否证明被告违约，而被告是否违约，关键在于被告是否按约履行，被告是否按约履行，最终关键点在于该书证形成和产生时间，因此在审核此类证据时，应首先查清该书证产生或形成时间。

具体如货物买卖合同，如买受人认为出卖人逾期供货，提供供货单作为证据，供货单一般至少一式两份，一份由出卖人持有，一份由买受人持有，供货单上一般都记载有货物名称、规格、型号、收货人签字以及签收时间，由于供货单系出卖人提供且由买受人签收，出卖人对供货单的三性一般并无异议，供货单上记载的买受人签收时间即为出卖人实际交货的时间，如该时间晚于合同约定的供货时间，则证明出卖人逾期供货，出卖人应根据合同约定承担逾期供货的违约责任，出卖人如收到买受人提供的书证供货单，则应核实以下内容：

①供货单是否与出卖人持有的一致,包括形式(如供货单的大小、名称、是否属于买受人持有的那一联等)和内容(如供货单记载的货物名称、规格、型号)是否一致;

②买受人签收人员名字以及职务、签收时间等,该签收时间是否系买受人陈述的签收时间,供货单上记载的签收时间是否属实(是不是供货时实际签收时间);

③签收的时间是否晚于合同约定的交付时间,如果晚于,出卖人是否存有可免责的事由等。

结合以上核实的结果,判断出卖人是否构成逾期供货。

(3) 书证产生或形成时间往往决定一方当事人是否有权解除合同。

《民法典》第563条规定,一方违约导致合同目的无法实现,另一方有权解除合同;除法律规定外,当事人亦会在合同中约定,一方违约达到双方约定条件的,另一方有权解除合同。

书证是当事人履行合同义务产生的证据,该证据记载的时间往往决定着违约方违约程度以及该违约行为是否符合合同约定的解除条件。

比如商品房买卖合同纠纷,合同一般约定开发商逾期交房达到一定天数,买受人有权解除合同,如开发商提供的房屋达到交付条件(比如建设、施工、监理、勘察、设计五方验收证明文件)证据,该证据中记载的验收时间为房屋达到交付条件的时间,如该时间晚于合同约定的交房时间,通过该证据可直接计算出开发商逾期交房的天数,在扣除开发商可免责天数后,逾期交房天数如符合双方约定的解除合同条件,买受人可根据合同约定主张解除合同。

(4) 书证记载的时间往往决定损失赔偿的金额、范围。

涉及赔偿的案件无非两种:违约赔偿和侵权赔偿。赔偿损失的范围一般包括直接损失和间接损失。无论是直接损失还是间接损失,就损失所产生的争议,最终无非损失范围、损失计算标准和损失的起算时间和截止时间。就损失的起算时间和截止时间,往往需要原告提供书证予以证明,以建设工程施工合同纠纷中的停误工赔偿为例,原告需提供停工时间、复工时间的证明文件(如被告发出的停工命令、复工命令等),以便计算停工时间。

就可得利益赔偿,根据《民法典》第584条规定,"不得超过违约一方订立合同时预见到或者应当预见到的因违约可能造成的损失"。因此合同签订时间成为判断可得利益赔偿范围的关键要素。

（5）书证产生的时间，从程序法而言，往往是判断该证据是否系新证据的标准，而是不是"新证据"，直接影响举证期限、重复起诉判断标准、再审申请事由能否成立等。

①举证期限。

《民事证据规定》第51条规定："举证期限可以由当事人协商，并经人民法院准许。

人民法院指定举证期限的，适用第一审普通程序审理的案件不得少于十五日，当事人提供新的证据的第二审案件不得少于十日。适用简易程序审理的案件不得超过十五日，小额诉讼案件的举证期限一般不得超过七日。

举证期限届满后，当事人提供反驳证据或者对已经提供的证据的来源、形式等方面的瑕疵进行补正的，人民法院可以酌情再次确定举证期限，该期限不受前款规定的期间限制。"

根据上述规定，当事人应在举证期限内提供证据，但如果该证据系新证据，则一般不受举证期限的限制。而新证据从时间而言，一般是在举证期限届满后新形成的证据，如该证据系在举证期限届满后形成，则一般可视为新证据，不受举证期限的限制。

②是不是新证据系判断是否构成重复起诉的标准。

《民事诉讼法解释》第247条规定："当事人就已经提起诉讼的事项在诉讼过程中或者裁判生效后再次起诉，同时符合下列条件的，构成重复起诉：

（一）后诉与前诉的当事人相同；

（二）后诉与前诉的诉讼标的相同；

（三）后诉与前诉的诉讼请求相同，或者后诉的诉讼请求实质上否定前诉裁判结果。

当事人重复起诉的，裁定不予受理；已经受理的，裁定驳回起诉，但法律、司法解释另有规定的除外。"

第248条规定："裁判发生法律效力后，发生新的事实，当事人再次提起诉讼的，人民法院应当依法受理。"

从以上规定可见，对于裁判发生法律效力后发生新的事实，当事人能提供新事实对应证据的,当事人再次提起诉讼,不属于重复起诉,法院应当受理。

③新证据直接影响再审申请理由能否成立。

《民事诉讼法解释》第385条规定:"再审申请人提供的新的证据,能够证明原判决、裁定认定基本事实或者裁判结果错误的,应当认定为民事诉讼法第二百零七条第一项规定的情形。

对于符合前款规定的证据,人民法院应当责令再审申请人说明其逾期提供该证据的理由;拒不说明理由或者理由不成立的,依照民事诉讼法第六十八条第二款和本解释第一百零二条的规定处理。"

2. 如何确定书证形成时间。

(1)书证本身记载的时间一般是书证形成时间,比如合同记载的合同签订时间,借据上记载的借据出具时间等。

如对方当事人认为书证形成时间与书证记载的形成时间不一致,一般只能做时间形成鉴定。但因受到墨水、纸张、保存环境、书写习惯等影响,鉴定出来的形成时间与实际形成时间存在一定误差,有的情况下误差会较大,即便鉴定出来书证形成时间与事实不符(如存在倒签时间的情形),但所签字迹或加盖印章真实,一般也难以推翻该书证,此时只能综合案件其他证据进行考量和认定。换言之,笔迹形成时间鉴定本身属于孤证,仅仅依靠形成时间鉴定报告,在笔迹和盖章真实的情况下,难以推翻该证据,比如时间倒签问题,事实上,时间倒签在实务中大量存在,且在有的情况下,时间倒签本身往往也是当事人真实意思表示,在此情况下,如要推翻该证据,除形成时间鉴定外,还必须提供其他证据证明该书证存在诸多不合常理、相互矛盾或其他证据显示所签笔迹或加盖印章并非当事人真实意思表示,只有这样才能达到推翻该证据的目的。

案例6-2:深圳市深沙贸易有限公司、深圳东丰珠宝首饰有限公司买卖合同纠纷案

审理法院:深圳市中级人民法院

案号:(2019)粤03民终20284号

• 裁判意见

尽管深圳市深沙贸易有限公司(以下简称深沙公司)认为《收款确认书》的内

容系古某采用深沙公司加盖公章的空白文书进行套打的,并提出有关文书形成时间的鉴定申请,但由于古某直至 2015 年 1 月前是深沙公司的法定代表人,且该文书内容指向案涉厂房购房款与深沙公司应付租金相抵的事宜,与《北山租金对账》的内容相互呼应,因此该文书系由古某套打制作抑或由深沙公司制作,均能形成深圳东丰珠宝首饰有限公司基于古某为深沙公司的法定代表人及股东身份行使代理行为的信赖,深沙公司相关鉴定事项不能推翻上述认定,法院对深沙公司的鉴定申请予以驳回,对深沙公司的相关答辩意见不予采纳。

实战点评与分析

文书形成时间鉴定只是证据链中的一环,并不能推翻签字或盖章的真实性,因此只有文书形成时间鉴定尚难以达到推翻对方证据的目的,还必须结合其他证据综合考虑和认定。相反,如果能提供其他证据证明对方提供的书证存在诸多不合理之处,即便不申请文书形成时间鉴定,也能推翻对方证据。

案例 6-3:陈某浴与内蒙古昌宇石业有限公司合同纠纷案

[最高人民法院(2014)民提字第 178 号,载《最高人民法院公报》2016 年第 3 期(总第 233 期)]。

• 裁判规则

印章真实不等于协议真实。协议形成行为与印章加盖行为在性质上具有相对独立性,协议内容是双方合意行为的表现形式,而印章加盖行为是各方确认双方合意内容的方式,二者相互关联又相对独立。一般而言,合同所加盖的印章真实,一般可以推定该合同的内容真实,但有证据否定或者怀疑合意形成行为的真实性的,人民法院认定合同的内容是否真实,还应当综合考虑其他证据及事实。

• 判决理由

关于协议真实性的认定问题。经司法鉴定中心鉴定,鉴定意见为印章真实。但协议形成行为与印章加盖行为具有相对独立性,协议形成行为是双方合意行为的反映形式,而印章加盖行为是双方确认双方合意即协议的行为,二者相互关联又相互独立。在证据意义上,印章真实一般即可推定合意形成行为真实,但在有证据否定或怀疑合意形成行为真实性的情况下,不能根据印章的真实性直接推定协议的真实性,也就是说,印章在证明协议真实性上尚属初步证据,人民法院认定协议的真实性需综合考虑其他证据及事实。本案中,第一,5.3补充协议对5.1协议的风险负担进行根本变更,不合常情、常理,陈某浴对此不能进行合理说明。第二,5.3补充协议的基本内容存在矛盾,陈某浴不能合理说明。第三,陈某浴在相关诉讼中从未提及5.3补充协议及管辖问题,不合常理。第四,5.3补充协议在形式上还存在甲方、乙方列法及明确协议份数的条款等,与之前约订习惯存在明显差异的情况。综上,根据5.3补充协议的内容、形式及该补充协议的形成过程和再审庭审查明陈某浴在原审中隐瞒重大事实信息的不诚信行为,同时考虑昌宇公司一直否认自行加盖印章且不持有该协议之抗辩意见,对5.3补充协议相关内容的真实性不予采信。

(2)如果文书本身未记载形成时间(如合同未记载合同签订时间),则可以通过以下方式综合判断确定:

①合同履行情况。

合同履行情况是判断合同签订时间的重要方式之一。从基本的逻辑而言,合同履行一般是在合同签订后,因此通过核实合同履行最早的时间点以及对应证据,即可推断出合同签订的基本时间。

比如双方签订合同时未记载签订时间,但原告供货时间为2021年5月1日,根据双方合同约定,签订合同后的10日内,供方应向需方供货,需方确认供方第一期供货如约完成,很显然,双方签订合同时间可以推断为2021年4月21日至5月1日。

②对方的自认。

对于文书形成时间,有的情况下,原告会在其诉状、证据目录或庭审中陈述,被告如认为该等陈述符合事实,只需确认即可,法官一般会以双方确认的时间作为该文书形成时间。

③本案其他证据反映的文书形成时间。

比如合同签订时未记载合同签订时间,但双方此后签订了补充协议,在补充协议中明确记载了双方此前于某年某月某日签订了原合同,现双方签订补充协议对原合同内容予以变更。

④通过办理程序、操作流程或通过其他既定事实推断文书产生或形成时间。

3.应对书证中加盖的印章、所签字迹的真实性进行核实;应对书证中出现的人员进行审核,查清其与本案的关系、与原告或被告关系、原告提供该证据拟证明目的。

对于加盖有公司印章的,务必查清:所加盖的印章是否真实,该印章是备案的印章还是另行刻制的印章(如项目部章、技术资料专用章等)?盖章的人是否有相关的授权或盖章的人盖章行为是否属于职务行为?加盖的印章所对应的民事法律行为是什么?是否符合该民事法律行为的用途?加盖印章的地方是否有人签字?签字的人是什么人?身份是什么?与本案的关系是什么?为什么在上面签字?

如果书证上有自然人签字的,则务必查清:所有的签字名字是什么?签字的人职务是什么?身份是什么?属于哪个公司或单位?与该单位是什么关系?与本案当事人什么关系?与本案是什么关系?为什么会在相关材料上签字?所签名字是不是本人签字?其签字的行为属于职务行为还是代理行为?如果是职务行为,是否与其职务有关或在其职务范围内?如果是代理行为,是否取得了授权委托书?其签字的行为后果是什么?签字的行为后果该由何方承担?如果既不是职务行为也无授权委托书,则行为人签字行为是否构成表见代理?签字的人在本案其他材料上是否也有签字?

4.应对书证记载的内容逐字逐句地研读、理解,务必做到以下事项。

(1)结合原告诉讼请求,判断书证记载的内容能否证明原告拟证明目的;

(2)应尽可能找出书证记载的内容中对原告方不利的事实、对被告有利的事实;

(3)对原告证据进行推理所得出的事实能否证明被告拟证明的待证事实。

有的代理律师,对于原告提供的书证,尤其是原告单方制作的书证,不认真研读,质证时一般简单地称该证据为原告单方制作,不得作为定案依据(或者称该证据未加盖被告印章或未经被告签字确认,因此对该证据三性不认可)。确实,从诉讼实践而言,原告单方制作的书证,证明力较低,在对方否认的情况下一般难以作为定案依据,但事实上,即便如此,原告单方制作的证据中仍可能会反映出对原告不利的事实或被告拟要证明的事实,在此情况下,如被告不认真研读并加以利用,显然无法找到对原告不利的事实或原告证据中记载的被告拟要证明的事实,如能认真研读和分析,结合本案被告答辩思路,从中找出对原告不利的事实或被告要证明的事实,并向法庭陈述,往往能取得事半功倍的效果,毕竟原告对于己方提供的证据是不会否认的。

5.如何审核原告书证、如何从中找出对原告不利的事实或被告要证明的事实,就此应做到以下几点:

(1)必须明确被告的答辩思路和被告要证明的待证事实;

(2)原告提供的书证,是否涉及被告要证明待证事实的内容;

(3)如有,该书证记载的事实与被告要证明的待证事实是何种关系:是相互矛盾、部分一致或完全支持被告要证明的待证事实;该书证是全部能证明被告要证明的待证事实还是部分证明,如果是部分证明,能否结合被告提供的其他证据,形成证据链证明被告要证明的待证事实;

(4)根据被告提供的证据,再结合原告提供的书证,能否形成证据链证明被告要证明的待证事实,如果能,则作为被告证据提交。

6.对于原告与第三方签订的合同,由于被告未参与其中,因此在审核和质证时,如原告提供了该证据的原件,可以对证据的形式真实性无异议,但对内容的真实性不予认可或无法核实。

7.如提供的书证是单位证明,则审核是否具备三要素:盖章、经办人签字、负责人签字。如果不具备这三个要素,则可以对该单位证明的合法性提出异议。

《民事诉讼法解释》第115条规定:"单位向人民法院提出的证明材料,应当由单位负责人及制作证明材料的人员签名或者盖章,并加盖单位印章。人民法院就单位出具的证明材料,可以向单位及制作证明材料的人员进行调查核实。必要时,可以要求制作证明材料的人员出庭作证。

单位及制作证明材料的人员拒绝人民法院调查核实,或者制作证明材料的人员无正当理由拒绝出庭作证的,该证明材料不得作为认定案件事实的根据。"

(二)常用质证意见

1.因原告未提供书证的原件,对该证据的真实性、合法性和关联性不予认可,且该证据不得作为定案依据。

相关法律规定:

《民事证据规定》第90条规定:"下列证据不能单独作为认定案件事实的

根据：

（一）当事人的陈述；

（二）无民事行为能力人或者限制民事行为能力人所作的与其年龄、智力状况或者精神健康状况不相当的证言；

（三）与一方当事人或者其代理人有利害关系的证人陈述的证言；

（四）存有疑点的视听资料、电子数据；

（五）无法与原件、原物核对的复制件、复制品。"

2. 因原告提供了该证据的原件,因此对该证据形式真实性即证据原件无异议,但对证据内容真实性不予认可,且该证据与本案无关,不能证明原告证明目的,理由如下：

（1）出具证明不符合《民事诉讼法解释》的规定,没有单位负责人和制作证明材料人员的签字。

相关法律规定：

《民事诉讼法解释》第115条第1款规定："单位向人民法院提出的证明材料,应当由单位负责人及制作证明材料的人员签名或者盖章,并加盖单位印章。人民法院就单位出具的证明材料,可以向单位及制作证明材料的人员进行调查核实。必要时,可以要求制作证明材料的人员出庭作证。"

（2）该证据只是原告与第三方签订的合同,且从合同内容看,合同所涉及的事项与本案无关,该合同签订时间早于原告与被告签订合同的时间;就原告主张的事项,原告也仅提供与第三方签订的合同,未提供合同履行的证据材料,包括原告所谓的委托该第三方维修(施工)、维修(施工)的具体事项、维修后(施工完成后)的验收记录、付款凭单和发票等,因此仅仅以该合同来证明原告在被告拒不履行维修(或拒不按约履行施工合同)的情况下而委托第三方维修(施工)并由此导致原告损失,无法达到原告证明目的。

3. 原告提供的该份证据经鉴定,所加盖印章为伪造,所签字迹亦为伪造,因此对该证据的真实性、合法性和关联性不予认可。

4. 原告提供的该份证据不能达到原告要证明的目的,理由如下：

（1）根据原告提供的原被告签订的合同,被告付款前原告应提前5个工作日提供合法有效的增值税专用发票,但至今,原告未提供任何发票,因此根据该条款,被

告有权拒绝付款,被告不存在任何逾期付款的行为,也不存在任何违约行为;

(2)结合本案原告提供的证据以及被告提供的证据,可以证明被告已经如约供货(或如约支付价款等),因此被告不存在违约行为;

(3)关于损失,原告提供的该份证据只能证明原告与第三方存在所谓的合同关系,但不能证明原告所谓的损失,既没有提供任何因被告违约行为导致的款项支付,也未提供其他证明损失实际发生的证据等。

5.原告提供的该证据不仅不能证明原告证明目的,该证据中所记载的某个事项反而证明了其他某个事实。

(三)案例6-4:如何在实务中对对方证据进行分析,找到其中对其不利的事实或己方要证明的事实(以上诉人广西YX商贸有限责任公司的视角分析)

- **当事人情况**

　　上诉人(一审被告):广西YX商贸有限责任公司(以下简称Y公司)

　　上诉人(一审被告):黄某某,系Y公司法定代表人

　　被上诉人(一审原告):广西五洲XT投资有限公司(以下简称X公司)

- **案情简介**

　　Y公司(买受人)与X公司(出卖人)合作开展钢材贸易,由X公司向案外人采购钢材,然后加价转卖给Y公司,Y公司通过销售将资金回笼用以偿还欠付X公司货款。X公司向钢贸公司采购了一批钢材存放在钢材市场,其中部分钢材因钢材市场原因被青秀区法院冻结无法交付给Y公司,X公司此后以双方签订的《还款协议书》(加盖有X公司公章和Y公司公章,其中Y公司的公章经鉴定并非Y公司公章)以及显示有Y公司法定代表人签字的出库单向法院起诉,要求Y公司清偿货款(包括被查封的货物对应的货款),Y公司则认为因货物被查封,其未实际取得货物货权,不应承担本案责任。

- **详细案情**

　　2013年2月4日,X公司与案外人广西某钢铁有限公司(以下简称钢贸公司)(供方)、Y公司(担保方)签订了《钢材购销合同》,约定X公司向钢贸公司购买钢材总计5318吨,金额合计20,002,500元,Y公司自愿作为钢贸公司担保保证人向X公司提供担保,保证方式为连带责任保证。合同签订后,X公司

向钢贸公司支付了钢材采购款,其中2013年2月6日支付了8,001,000元,2013年3月14日支付了两笔6,000,250元,以上三笔合计20,001,500元。X公司认可钢贸公司向其交付了钢材,并为此提供了广西某钢材市场入库单,该入库单上加盖有"广西某钢材市场管理有限公司结算中心(入库)"章,上述合同已经履行完毕。

2013年3月5日,X公司作为甲方(卖方)与Y公司作为乙方(买方)签订了《合作贸易合同》,主要内容包括:甲方投入贸易资金2000万元(以实际支付为准),用于采购本合同第2条约定的货物。甲方通过乙方向第三方采购货物,并加价后由甲方向乙方进行销售回笼货款并获取利润。第三方由乙方负责联系并协助甲方与第三方签订采购合同,同时货物的存放由乙方具体负责并承担验收、保管、收付款担保等责任……

2013年3月6日,X公司(卖方)与Y公司(买方)签订了《钢材购销合同》,约定X公司向Y公司销售线材3200.4吨,Ⅱ级螺纹钢1846.478吨,Ⅲ级螺纹钢258.456吨,合计5305.334吨,金额合计20,751,554.66元;双方约定的付款方式为"供方开增值税专用发票给需方,需方按照双方结算情况将货款于2013年6月14日前结付给供方",交货地点、方法是南宁市兴宁区广西某钢材市场,现货交易;合同还约定了有关违约责任。诉讼中,Y公司认可X公司向其供应了780.044吨,X公司认可Y公司支付了部分货款,其中2013年3月25日支付了货款230万元,2013年3月28日支付了货款171万元,以上合计401万元。

2013年3月27日,南宁市青秀区人民法院查封了存放在广西某钢材市场的钢材,与本案有关的货物数量为3047.4吨。

一审中,原告(被上诉人X公司)为支持其诉请,提供了14份证据,其中最为关键的证据有两份,一份是出库单,该出库单显示的出库时间为2013年12月11日,客户是Y公司,收货人处签字显示的名字为"黄某某"(Y公司法定代表人),出库数量为3047.4吨,含税金额为12,155,304.8元。对于此份证据,一审期间,黄某某对于上面的签字予以了否认,并提出了鉴定申请,但一审法院后来未就此项进行鉴定。

另一份证据为《还款协议书》,该协议书签订的时间显示是2014年2月28日,该协议的双方当事人为甲方X公司(债权人),乙方Y公司(债务人),丙方(担保方)黄某某。该份协议主要内容如下:"经甲乙丙三方协商,对乙方欠甲方的债务进行确认并就还款事宜达成如下协议:第 1 条　还款内容　1.还款本金:人民币 16,245,304.8 元。还款期限:自签订本协议之日起至 2014 年 5 月 31 日前还清,以上约定还款期限到期后如法院仍未能解封质押给甲方以及甲方存放在广西某钢材市场内的钢材,乙方必须于 2014 年 12 月 30 日前还清所有欠款及资金占用费。……第 4 条　特别约定　1.在乙方未还清欠款前,甲方名下存放于广西某钢材市场内被法院查封的钢材所有权归属于甲方,待乙方还清甲方欠款后,甲方将上述钢材交付给乙方……"对于该协议书,Y 公司和黄某某都对加盖的 Y 公司的公章和黄某某的签字予以否认,并提出鉴定申请,经过鉴定确定,协议书上加盖的 Y 公司的印章并非 Y 公司的印章,签字也并非黄某某本人的签字,盖章和签字均系伪造。

X 公司为了证明其实际向被告 Y 公司供应了钢材,提供了其钢材来源的证明,即一审原告提供了其向案外人钢贸公司购买钢材的销售单,并且提供了钢材在购买回来后入库的证明文件入库单(一共有 7 张,累计总吨数为 6345.44 吨),该入库单上载明,入库单位为 X 公司,同时载明了入库时间、入库数量、钢材型号等,由于钢材是存放在广西某钢材市场进行监管,因此每一张入库单上都加盖有"广西某钢材市场管理有限公司结算中心(入库)"的印章,以表明该批钢材已经实际入库。

X 公司另外提供了有双方盖章的报告一份,该报告形成时间为 2013 年 12 月 8 日,主要内容如下:Y 公司因履行与 X 公司于 2013 年签订的《合作贸易合同》,就钢材现货贸易合作。按双方合同约定由 X 公司出资代购现货钢材,再由 Y 公司销售后回笼货款还给 X 公司。从钢贸公司购买的 3047.4 吨现货钢材存放于广西某钢材市场内,也办理了相关的购买钢材货物交接手续,后双方合作购买的此批钢材因广西某钢材市场、钢贸公司与中信银行南宁分行之间的借贷纠纷而被南宁市青秀区法院于 2013 年 3 月 27 日查封,导致贵方和我方无法按期交易钢材货物和按贸易合同约定的时间回笼货款。此宗钢材贸易被查封属于不可抗力。双方签订的合同约定按实际资金占用费每月 1.25% 计算回报,Y 公司要求 X 公司酌情考虑此批钢材货物被法院查封后,Y 公司未能进行实际交易,尚未产生预期利润的情况,减少计算资金占用费,按实际资金占用费每年 8% 计算回报。关于钢材货款回笼时间相应顺延,钢材货款回笼时间暂定于 2014 年 12 月 30 日。该报告落款处加盖了 Y 公司公章,X 公司亦加盖公章予以确认。

Y公司在一审中提供了付款凭单,即2013年3月25日支付了货款230万元,2013年3月28日支付了货款171万元,以上合计401万元的付款凭单。Y公司同时提供了此前实际发生供货的780.044吨钢材的货权转移文件,即出库单,出库单上载明出库单位是X公司,提货单位为Y公司,并且在出库单上载明"X公司过户给Y公司",出库时间为2013年3月9日,在出库单上同时加盖有"广西某钢材市场管理有限公司结算中心(出库)"的印章。一审中,双方对该批780.044吨钢材实际由X公司出卖并过户给Y公司的证据和事实都无异议。

2015年5月21日,X公司以《还款协议书》、出库单等为依据,向青秀区人民法院起诉,要求被告Y公司按照《还款协议书》的约定清偿本金16,245,304.8元,支付利息3,133,719.27元(计算至2014年12月31日),支付违约金1,949,436.58元(从2015年1月1日计算至4月30日),黄某某承担连带责任等。

● 一审判决结果

该案一审法院最终认为:X公司与Y公司签订了《合作贸易合同》《钢材购销合同》。合同签订后,Y公司依约为X公司提供了钢材供应渠道,X公司购得钢材后,依约向Y公司销售。Y公司与X公司无争议的履行部分为:X公司向Y公司销售了780.044吨钢材,Y公司已向X公司支付该部分钢材款401万元。双方有争议的部分为:X公司主张另向Y公司供应3047.4吨钢材,并提供了Y公司法定代表人黄某某签字的出库单以及Y公司出具的报告为证,上述两份证据相互印证,足以证实Y公司自愿受让3047.4吨钢材的货权,X公司有权据此要求Y公司支付相应货款12,155,304.8元。X公司主张的其余部分货款因未提供其已向Y公司交付相应货物的依据,不予支持。Y公司抗辩该3047.4吨钢材的货主仍系X公司,但未提供相反证据予以证明,不予采信。根据以上认定,一审法院最终判决Y公司向X公司支付货款12,155,304.8元以及相应违约金,违约金以12,155,304.8元为基数,自2013年12月12日起至2014年12月31日止,按年利率15%计算;以12,155,304.8元为基数,自2015年1月1日起至上述款项实际清偿之日止,按年利率的8%计算。

● 二审代理策略和思路

Y公司在一审判决后重新委托代理律师,代理律师查阅案卷尤其是对一审诉辩意见以及证据进行分析研究后,提出以下诉讼策略。

(1)策略1:重新梳理一审争议焦点以及法院判决主要依据。

本案双方之间的法律关系为买卖合同关系,且本案案由亦确定为买卖合同纠纷,因此应当适用买卖合同相关规定。根据原《合同法》第130条(对应《民法典》第595条)规定,买卖合同的出卖人转移标的物所有权,买受人支付对价,换言之,出卖人只有证明其向买受人实际交付了货物,买受人才有义务支付价金。

本案争议的焦点在于,出卖人X公司是否有充分证据证明其已经向买受人即Y公司完成了案涉货物所有权转移。

一审判决之所以支持原告诉请,主要依据是2013年12月11日的出库单和2013年12月的报告,一审法院的思路是该份出库单证明:货物虽被查封,但被告在明知的情况下仍予以接受,因此货物所有权转移成立,且出库单上有被告法定代表人黄某某的签字;而报告则从另一方面印证了出库的事实。

综上,一审法院认为,2013年12月11日的出库单和2013年12月的报告相互印证证明X公司实际完成了货权转移且买受人实际亦受让并取得货权,因此最终判定Y公司承担支付货款的责任。

(2)策略2:以一审判决被告承担责任依据的主要证据为据,分析该证据以及该证据证明的事实是否存在以下问题:

该证据应否作为本案定案依据;该证据证明的事实是否足以支撑原告诉讼请求,该证据能否证明被告的答辩意见;该证据与本案双方无争议的事实是否相符,与本案原告提供的证据是否存在矛盾;按该份证据证明的事实所得出的判决结果是否与本案双方无争议的事实、原告自行提供证据证明的事实相矛盾。

如作为本案定案依据的证据以及该证据证明的事实存在上述问题,则该证据不应作为本案定案依据,就此,原告诉讼请求应予驳回。

经分析,二审代理律师认为:

其一,一审判决据以定案的依据出库单不足以证明货物实际转移的事实,具体如下:

出库单本身不真实(黄某某的签字并非本人所签);

就算真实,但结合本案双方没有异议的780.44吨货物的交付,该出库单并不符合双方此前的货物交易和货权转移惯例,因此该出库单不能证明X公司实际完成交货。

其二,报告所反映的事实,并不能证明货物实际交付的事实,理由如下:

报告不仅不能证明 X 公司实际交货的事实,反而证明案涉货物未交付。

X 公司提供该报告的目的是佐证 Y 公司收货的事实,其主要依据是报告所记载的下列内容:Y 公司要求 X 公司酌情考虑钢材货物受法院查封后,Y 公司未能进行实际交易,尚未产生预期利润的情况,减少计算资金占用费,按实际资金占用费每年 8% 计算回报。X 公司的逻辑是,如果 Y 公司不欠付货款,为什么请求将资金占用费进行下调,即从每月 1.25% 降至年 8%,因此该报告足以证明 X 公司实际转移了货物,且 Y 公司承认欠付货款。

但是实际上该报告足以证明 X 公司并未实际交付货物,具体解读如下:

①报告记载的实际资金占用费每月 1.25% 指的是利润,也即《合作贸易合同》第 4 条所约定的利润,并不是因欠付货款而产生的违约金。报告也表明了,钢材被南宁市青秀区人民法院查封,X 公司与 Y 公司无法按期交易钢材货物,也导致了 Y 公司无法向第三方销售并取得货款和利润,所以 Y 公司才要求将资金占用费从每月 1.25% 即每年 15% 降低至每年 8%,这里 8% 的计算基础是此后 X 公司能够实际向 Y 公司交付钢材货物。因此,报告记载的"资金占用费"并不等于 Y 公司承认欠付 X 公司款项。

②报告出具的时间是 2013 年 12 月 8 日,X 公司提供的出库单时间为 2013 年 12 月 11 日,即出库单显示,货物 2013 年 12 月 11 日才出库,因此,在 2013 年 12 月 8 日 Y 公司出具报告时货物没有出库,Y 公司当然不欠付货款,资金计算费更无从计算。

③报告明确写道,从钢贸公司购买的 3047.4 吨现货钢材存放于广西某钢材市场内,也办理了相关的购买钢材货物交接手续,后双方合作购买的此批钢材因广西某钢材市场、钢贸公司与中信银行南宁支行的借贷纠纷而被南宁市青秀区人民法院于 2013 年 3 月 27 日查封,导致贵方和我方无法按期交易钢材货物和按贸易合同约定的时间回笼货款,此宗钢材贸易被查封属于不可抗力……关于钢材货款回笼时间相应顺延,钢材货款回笼时间暂定于 2014 年 12 月 30 日。以上证明:首先,钢材被查封导致 X 公司和 Y 公司无法按时交易,也就是说,双方合作的模式是 X 公司向第三方采购钢材,再销售给 Y 公司,由于钢材被查封,X 公司无法向 Y 公司交货,所以 Y 公司无法向下游交货,所以才表述为"导致贵方和我方无法按期交易钢材货物";其次,由于 X 公司采购的钢材被查封,无法向 Y 公司交付钢

材,所以Y公司关于钢材货款回笼的时间相应顺延。以上都充分证明了,由于钢材被青秀区人民法院查封,所以X公司无法向Y公司交付钢材,因此该报告不仅不能证明X公司认为已经实际交货给Y公司的事实,反而证明了其未向Y公司交货的事实。

(3)策略3:对对方证据进行分析,找到其中对其不利的事实或己方要证明的事实,并以对方提供的证据来推翻对方的诉讼请求。

其一,以X公司自行提供的证据和双方没有争议的证据入手进行推理,具体如下:

利用X公司提供的证据以及双方没有争议的证据来推导出双方认可的交易惯例。推理如下:

根据原《合同法》第136条(对应《民法典》第599条),"出卖人应当按照约定或者交易习惯向买受人交付提取标的物单证以外的有关单证和资料"。

根据X公司自行提供的入库单,购买货物要入库必须加盖广西某钢材市场结算中心的章(入库)。

再根据X公司与Y公司在一审中均认可的广西某钢材市场出库单,按照双方的交易习惯和钢材市场管理,钢材出库需要加盖广西某钢材市场结算中心的印章。

综合以上信息并结合本案钢材在广西某钢材市场存放监管的事实(这点双方在诉讼中都予以了确认),足以证明在钢材市场存放监管的钢材,无论是出库还是入库都必须经过钢材市场同意并加盖钢材市场的出库或入库的印章,而X公司一审提交的出库单只是X公司内部的出库凭证,因为钢材存放于广西某钢材市场,是由广西某钢材市场进行监管,没有加盖广西某钢材市场结算中心的印章,钢材是无法出库的,因此X公司提供并由一审法院据以认定X公司将货物交付给Y公司的出库单并不能证明货权转移给Y公司。

其二,利用对方提供的证据来反驳对方,并利用其自行提供的证据来推翻其诉请,即利用X公司提供的《还款协议书》来推翻X公司的出库单。

一审中,X公司提供了《还款协议书》来证明被告欠付其货款,但该协议书被一审法院委托的鉴定机构认定,所加盖的Y公司的印章和"黄某某"的签字是虚假的,Y公司律师在一审质证时只是简单地认为,该证据是虚假证据,法院应不予采纳,但该律师没有对《还款协议书》中记载的不利于原告的事实予以利用和陈述。

在二审期间,Y公司认为:《还款协议书》所加盖的Y公司的印章是虚假的,对Y公司自然不发生法律效力,但是所加盖的X公司的印章却是真实的,即便对Y公司不具有约束力和效力,但至少属于X公司的自认,对其有效,《还款协议书》第4条"特别约定"记载的内容为"在乙方(Y公司)未还清欠款前,甲方名下存放于广西某钢材市场内被法院查封的钢材所有权归属于甲方(X公司),待乙方还清甲方欠款后,甲方将上述钢材交付乙方"。上述内容足以证明,该批钢材是X公司存放在广西某钢材市场内,在Y公司未还清欠款时,货物所有权仍属于X公司。尤其是,《还款协议书》显示的时间是2014年2月28日,在2013年12月11日出库单的时间后,足以证明,在2014年2月28日,X公司并未向Y公司实际交货。

可见,对于《还款协议书》,虽然加盖Y公司的印章和"黄某某"的签字是虚假的,但如果只是简单地对该份证据予以否定,从诉讼而言本身并无太大问题,但该等简单否认,却忽视了《还款协议书》中所记载的对Y公司有利而对X公司不利的事实,而该事实足以推翻出库单所证明的2013年12月11日货物出库的事实,尤其是《还款协议书》系由X公司提供,加盖的也是X公司的印章,X公司对该份证据三性都予以认可,因此其对该份证据所记载的事实亦予以认可,只要抓住《还款协议书》中对其不利的事实,就能达到如下目的:《还款协议书》既对Y公司无约束力,又能直接推翻X公司诉请,可谓一举两得,物尽其用。

(4)策略4:一审判决得出的结论是否违反现行法律法规;如果一审判决得出的结论违反现行法律法规,则该判决显然是错误的。

对于原告的诉讼请求,先不作简单的否定,而是假设该诉讼请求成立,分析判断如该诉讼请求成立,是否导致判决结果违反现行的强制性法律法规的后果,如违反,则法院不应支持原告诉讼请求。

结合本案事实,二审代理律师认为:即使2013年12月11日的出库单真实,但一旦确认货权转移必然造成民事判决违反法律规定,即一旦确认X公司可以转让案涉货物并达成转让效果,必然意味着法院确认被查封货物可以进行转移,此结论则必然违反《民事诉讼法》关于查封标的不得转移的规定,也将直接导致青秀区人民法院查封标的错误。

相关法律规定：

《民事诉讼法》第 114 条规定："诉讼参与人或者其他人有下列行为之一的,人民法院可以根据情节轻重予以罚款、拘留;构成犯罪的,依法追究刑事责任：

（一）伪造、毁灭重要证据,妨碍人民法院审理案件的;

（二）以暴力、威胁、贿买方法阻止证人作证或者指使、贿买、胁迫他人作伪证的;

（三）隐藏、转移、变卖、毁损已被查封、扣押的财产,或者已被清点并责令其保管的财产,转移已被冻结的财产的;

……"

• 二审判决结果

二审法院基本采纳了二审代理律师意见,改判驳回 X 公司全部诉讼请求。

实战点评与分析

二审之所以在有关事实、证据不变的情况下反败为胜,关键在于：

（1）对对方证据进行分析,找到其中对其不利的事实或己方要证明的事实,并以对方提供的证据来推翻对方的诉讼请求。二审代理律师在二审期间,有效利用了对方提供的《还款协议书》。虽然该协议书经鉴定,所加盖的 Y 公司印章系假冒,但所加盖的 X 公司印章却是真实的,因此该份证据对 Y 公司没有约束力,却对 X 公司有效,可视为 X 公司的真实意思表示,而协议书中的内容亦足以推翻 X 公司所主张的案涉货物在 2013 年 12 月 11 日出库的事实,因此完全可以将该协议书为 Y 公司所用:其一,《还款协议书》证明 X 公司提供的出库单关于案涉货物出库、实际交货的事实与事实不符;其二,《还款协议书》时间在后,且所加盖的 X 公司印章是真实的,证明 2013 年 12 月 11 日所谓的货物"出库"并未"出库",该出库单记载的所谓事实不是"事实"。

（2）对对方的诉讼请求,先不作简单的否定,而是假设该诉讼请求成立,分析判断如该诉讼请求成立,是否导致判决结果违反现行的强制性法律法规的后果,如违反,则法院不应支持原告诉讼请求。

三、物证

所谓物证,是指以物品、痕迹、书面文件等为物质载体的证据形式,是通过其自身属性、外部特征和存在状况等证明案件事实的证据材料。所谓自身属性,也称内部属性特征,是指物证的物理属性、化学成分、内部结构、质量功能等特征;所谓外部特征,也称外部形态特征,是指物证的大小、形状、颜色、光泽、图纹等特征;所谓存在状况,也称空间方位特征,是指物证所处的位置环境、状态、与其他物体的相互关系等特征。[1]

(一)审核要点

关于物证的审核要点和常用质证意见如下:

1.物证是否为原物。如果并非原物,则根据《民事证据规定》,对其真实性不予认可。

2.原告是否提供了与物证有关的书证或专门性意见,如产权证、价值评估报告等。如果仅仅是物本身,其证明意义不大,民事诉讼领域所有的物证,最终目的都是支持其诉讼请求,诉讼请求基本上只有两种,一种是支付款项,另一种是实施或不实施某种行为。只有将物转化为书证或专门性意见,才有可能达成其诉讼请求。因此,在原告提供物证的案件中,看其是否提供了相应的书证或专门性意见,如果提供,则该等书证或专门意见所记载的物以及物的现状是否相符于物证,制作书证或专门性意见的主体是否有资质,该书证或专门性意见是单方委托还是双方委托。如果是单方委托,则对其真实性、合法性和关联性不予认可。

---

[1] 何家弘:《物证也说谎》,载何家弘主编:《证据学论坛》(第5卷),中国检察出版社2002年版,第4页。

（二）案例：对于当事人单方委托所出具的专门性意见，可参考以下最高人民法院的裁判案例中的裁判意见进行答辩

案例 6-5：当事人单方委托的机构出具的意见，因未纳入民事诉讼程序，保障当事人充分行使诉权，不具有鉴定意见的证据效力

——宣威市乐丰乡横山煤矿、云南太阳魂实业集团有限公司
民间借贷纠纷再审审查与审判监督民事裁定书

审理法院：最高人民法院
案号：（2021）最高法民申 4579 号
裁判日期：2021.08.30
案由：民事/合同、准合同纠纷/合同纠纷/借款合同纠纷/民间借贷纠纷

• 最高院裁判意见

本院经审查认为，横山煤矿的再审申请事由均不能成立。理由如下：昆明锦康司法鉴定中心所作出的昆锦司〔2020〕文鉴字第 E2 号《印文鉴定意见书》是横山煤矿 2019 年 12 月 20 日自行委托司法鉴定中心鉴定而形成的，但根据《民事诉讼法》的相关规定，作为民事诉讼证据的鉴定意见限于人民法院依当事人申请或依职权委托而形成。本案中，横山煤矿在一审、二审中，经法院释明后未对《保证合同》上加盖的印章的真实性申请鉴定，而在二审之后自行委托有关机构对《保证合同》上的印章进行鉴定，表明《保证合同》上加盖的"宣威市乐丰乡横山煤矿"印文与样本印文并非同一枚印章所盖形成。但单方委托形成的"鉴定意见"其证明力显然不能等同于民事诉讼法意义上的鉴定意见，且送检的样本并未经对方质证。据此，该"鉴定意见"并不足以推翻原判决认定的基本事实。

四、视听资料

视听资料，包括录音录像等证据材料。

《民事诉讼法》第 71 条规定："人民法院对视听资料，应当辨别真伪，并结合本案的其他证据，审查确定能否作为认定事实的根据。"

《民事诉讼法解释》第 116 条规定："视听资料包括录音资料和影像资料。

电子数据是指通过电子邮件、电子数据交换、网上聊天记录、博客、微博客、手机短信、电子签名、域名等形成或者存储在电子介质中的信息。

存储在电子介质中的录音资料和影像资料,适用电子数据的规定。"

(一)审核要点

1. 视听资料的完整性。

有的视听资料只是对当事人部分对话或录像进行截取,未能完整反映对话或录像的全貌,容易造成断章取义,因此在对视听资料进行审核时,应审核是否存在截取或不完整的情况,如果存在,务必申请对视听资料的完整性进行鉴定。

2. 查清视听资料发生的时间、视听资料中对话的人物及其身份、对话的语境。前述事项可以向当事人本人核实,如果对话涉及当事人本人的,务必核实清楚其中对话的人是不是其本人,对话内容是否真实、完整等;如果是视频的,务必核实清楚视频录制的主体、时间、地点,录制的内容是否真实,录制当时的背景,等等。

3. 质证时,务必要求查看视听资料的原始载体,如果视听资料提供方未能提供视听资料原始载体,可对证据的真实性、合法性和关联性不予认可。

相关法律规定:

《民事证据规定》第15条:"当事人以视听资料作为证据的,应当提供存储该视听资料的原始载体。

当事人以电子数据作为证据的,应当提供原件。电子数据的制作者制作的与原件一致的副本,或者直接来源于电子数据的打印件或其他可以显示、识别的输出介质,视为电子数据的原件。"

第23条:"人民法院调查收集视听资料、电子数据,应当要求被调查人提供原始载体。

提供原始载体确有困难的,可以提供复制件。提供复制件的,人民法院应当在调查笔录中说明其来源和制作经过。

人民法院对视听资料、电子数据采取证据保全措施的,适用前款规定。"

第87条:"审判人员对单一证据可以从下列方面进行审核认定:

(一)证据是否为原件、原物,复制件、复制品与原件、原物是否相符;

(二)证据与本案事实是否相关;

(三)证据的形式、来源是否符合法律规定；

(四)证据的内容是否真实；

(五)证人或者提供证据的人与当事人有无利害关系。"

4. 单一的视听资料一般难以作为定案依据，比如借款纠纷，原告向被告提供借款 10 万元，假设原告仅仅有录音，但缺少其他证据(比如借据、付款凭单等)，而被告并未到庭，此时法官难以核实录音中被告的真实身份和支付借款的真实性，在此情况下，原告的诉请难以得到支持。因此，视听资料在诉讼案件中，应仅是证据链中的一环，原告还应结合其他证据证明其诉讼请求。

5. 视听资料的收集应符合法律规定，不应侵犯当事人的合法权益。

(二)常用质证意见

1. 对于原告提供的视频(或录音)，三性不予认可，被告认为原告提供的所有光盘影像的对话都存在掐头去尾以及被剪辑、篡改、伪造的可能。

2. 原告提供的证据中显示的视频很明显存在掐头去尾的情况，未呈现完整的对话内容，只是从中截取了一段，因此，该证据是断章取义的证据，不具有完整性、客观性。

3. 录像是原告采取偷录方式获取，在偷录中对话人的身份、录制人的身份、录制时间、对话人的状态(该状态是指谈话人是否系被他人收买指使所做出以上谈话内容)以及对话人对案件情况了解的程度等根本无法确定。

4. 无法知悉和核实录音对话中人员及其身份，根本无法知道录音中涉及的人员是否是本人，因此对录音真实性不认可。

5. 就算对话中的人是某单位的工作人员，但是对话中的内容在没有公司授权的情况下根本不能等同于公司的意思表示，更关键是原告对其待证事实，除了提供以上视频(或录音)外完全没有其他证据进行佐证。根据《民事诉讼法》第 74 条，"人民法院对视听资料，应当辨别真伪，并结合本案的其他证据，审查确定能否作为认定事实的根据"。对于原告提供的视频证据应不采信。

6. 从原告提供的录音资料看，未能证明原告主张的事实。

(三)案例:一方举示电话录音光盘,未举示原始载体,对方对录音真实性未提出异议,认可录音的真实性,主动放弃对录音进行声纹鉴定,该录音证据可作为定案依据

案例6-6:重庆甲壳虫展览服务有限公司与薛某洋劳动争议二审民事判决书

审理法院:重庆市第一中级人民法院

案号:(2018)渝01民终3427号

裁判日期:2018年5月17日

• **裁判意见**

法院认为,本案的争议焦点为:(1)一审是否违反法定程序;(2)通话录音能否被采信;(3)薛某洋和重庆甲壳虫展览服务有限公司(以下简称甲壳虫公司)是否存在劳动关系。现对各争议焦点综合评析如下:

关于一审是否违反法定程序的问题。2017年《民事诉讼法》第170条(对应2023年《民事诉讼法》第177条)规定,第二审人民法院对上诉案件,经过审理发现,原判决遗漏当事人或者违法缺席判决等严重违反法定程序的,裁定撤销原判决,发回原审人民法院重审。一审庭审笔录及甲壳虫公司提交的对电话录音的书面质证意见等证据证实,薛某洋在一审中举示了电话录音光盘,甲壳虫公司以听过为由自行放弃听取录音,甲壳虫公司发表了口头和书面的质证意见。甲壳虫公司以一审采信的电话录音未举证违反法定程序为由要求将本案发回重审或改判的意见不能成立。

关于通话录音能否被采信的问题。《民事证据规定》第22条(对应2019年第23条)规定,调查人员调查收集计算机数据或者录音、录像等视听资料的,应当要求被调查人提供有关资料的原始载体。提供原始载体确有困难的,可以提供复制件。提供复制件的,调查人员应当在调查笔录中说明其来源和制作经过。2017年《民事诉讼法》第71条(对应2023年《民事诉讼法》第74条)规定,人民法院对视听资料,应当辨别真伪,并结合本案的其他证据,审查确定能否作为认定事实的根据。薛某洋虽在一审仅举示电话录音光盘,未举示原始载体,但甲壳虫公司对录音真实性未提出异议,认可录音中与薛某洋通话的是江某,主动放弃对录音进行声纹鉴定,二审中,甲壳虫公司听取了手机原始载体内录音,确认一审采信的电话

录音与原始载体录音一致，认可一审采信的电话录音的真实性，结合甲壳虫公司陈述的江某是甲壳虫公司的股东，与该公司法定代表人孙某伟是夫妻关系等，能够认定该电话录音的真实性，江某在电话中询问薛某洋的伤情，并催促其恢复后上班，录音内容与认定薛某洋与甲壳虫公司是否存在劳动关系具有关联性，一审法院采信该证据并无不当。现甲壳虫公司在二审中称电话录音不应被采信，却未提供正当理由，也未提供任何证据，对甲壳虫公司的该上诉意见不予采纳。根据一审查明的事实，一审不仅采信了电话录音，还采信了交通事故认定书、询问笔录、薛某洋和甲壳虫公司在一审中的陈述等证据，并非以电话录音为唯一定案证据。甲壳虫公司的该上诉意见不能成立。

实战点评与分析

1. 放弃听取录音的，不得以对方录音未举证为由而认为程序违法。

在实务中，对于一方举证的录音或录像，很多当事人在庭审时提出的质证意见为"不需要听录音了或不需要看录像了"。此种质证意见实际上系对录音录像放弃听取观看的权利，此后再以对方未播放录音或录像为由主张程序违法，法院不予支持。本案中，薛某洋在一审中举示了电话录音光盘，甲壳虫公司以听过为由自行放弃听取录音，发表了口头和书面的质证意见。甲壳虫公司以一审采信的电话录音未举证违反法定程序为由要求将本案发回重审或改判的意见不能成立。

2. 对录音资料真实性核实的方法之一：庭审时询问对方录音中对话人员的身份，是不是对方当事人或对方当事人的利害关系人，如果录音对话中的人为对方当事人或其利害关系人，其一般不会或难以否认，这样既可以核实录音的真实性，也可以证明该录音与本案有关。

就本案而言，录音最终能作为定案依据，原因之一在于，甲壳虫公司陈述录音中薛某洋谈话的对象为江某，其是甲壳虫公司的股东，与该公司法定代表人孙某伟是夫妻关系等，因此能够认定该电话录音的真实性。江某在电话中询问薛某洋的伤情，并催促其恢复后上班，录音内容与认定薛某洋与甲壳虫公司是否存在劳动关系具有关联性，一审法院最终采信该证据作为本案定案依据。

3.从举证的充分性而言,视听资料应只作为证据链中的一环,不应作为证明诉讼请求的唯一证据,对于原告的诉讼请求,除了视听资料,还应提供其他证据相互印证。

就本案而言,一审不仅采信了电话录音,还采信了交通事故认定书、询问笔录、薛某洋和甲壳虫公司在一审中的陈述等证据,并非以电话录音为唯一定案证据。

五、电子数据

作为证据,电子数据又称电子证据,是指通过电子邮件、电子数据交换、网上聊天记录、博客、微博客、手机短信、电子签名、域名等形成或存储在电子介质中的信息。

《民事证据规定》第14条:"电子数据包括下列信息、电子文件:

(一)网页、博客、微博客等网络平台发布的信息;

(二)手机短信、电子邮件、即时通信、通讯群组等网络应用服务的通信信息;

(三)用户注册信息、身份认证信息、电子交易记录、通信记录、登录日志等信息;

(四)文档、图片、音频、视频、数字证书、计算机程序等电子文件;

(五)其他以数字化形式存储、处理、传输的能够证明案件事实的信息。"

第15条:"当事人以视听资料作为证据的,应当提供存储该视听资料的原始载体。

当事人以电子数据作为证据的,应当提供原件。电子数据的制作者制作的与原件一致的副本,或者直接来源于电子数据的打印件或其他可以显示、识别的输出介质,视为电子数据的原件。"

(一)审核要点

1.电子数据证据形成的时间,涉及的人物,原告提供该证据的证明目的,除电子数据外,是否提供了其他证据证明待证事实。

2.原告提供的电子数据证据是否完整,是否存在断章取义的情形,应要求对方提供完整的电子数据证据(比如完整的微信聊天记录)。

3. 电子数据如果是短信、微信或电子邮件,则短信、微信或电子邮件的聊天对象是谁?身份是什么,职务是什么?是否有证据证明原告拟要证明的短信和微信或电子邮件聊天对象的身份?如果是通过电话号码确定短信、微信或电子邮件聊天对象身份的,原告是否提供了证据证明该电话号码注册人员的身份且该证据是否充分。比如不能仅仅通过原告备注电话号码人员名称而认定人员身份,而必须通过其他证据,比如双方合同约定的电话号码、微信号码、电子邮件和人员名称;是否提供了通信公司出具的发票,该发票上载明的电话号码和人员名字是不是原告认定的人员;原告是否向法院提出调查取证申请,即通过申请向通信公司或腾讯公司调查取证的方式证明电话号码和微信号码人员身份。

4. 除电子数据外,是否还有其他证据证明双方之间的关系(比如借款关系、委托代理关系等)和本案待证事实,如果只有电子数据而缺乏其他证据证明双方之间关系和待证事实的,除非对方承认,否则仅仅依靠电子数据以证明双方之间关系和待证事实,在很多情况下并不充分且难以达到证明目的。

5. 双方是否对电子数据的证明力有约定,尤其是限制微信、短信等电子数据效力的约定。比如有的合同约定,"在合同执行过程中,甲乙双方之间可能发生的函件、字据、协议等,凡直接或间接地涉及经济利益或费用的,在双方经办人按规定完善相关手续的前提下,最终必须由本合同的双方签订人签字或加盖单位公章方能生效。双方往来的涉及费用的所有函件、字据、协议等,未经本合同双方签字人签字或加盖单位公章确认的一律无效"。

如双方对微信、短信的效力和证明力有约定的,在质证时可以援引该约定对电子数据证明力提出异议。

6. 原告是否提供了电子数据原始载体或经公证的文书,如果未提供原始载体或公证文书的,则对该证据的真实性不予认可。

7. 如果提供电子数据拟要证明双方之间的交易(比如转账记录)等,原告是否提供其他证据证明双方之间的交易信息(比如银行流水、付款凭单等);被告是否认可接收款项的人员的主体身份,该人员是不是被告方工作人员或授权人员,如果不是,则该人员此前是否作为被告方授权代表接收过款项等,双方在合同中是否对该人员的身份、权限有过约定,双方合同是否约定款项支付必须进入被告对公账户或指定账户等。

(二)常用质证意见

1. 对原告提供的微信(或短信)聊天记录的真实性、合法性和关联性不予认可,理由如下:

其一,无法确定聊天对象的身份,原告仅仅以自己给对方备注的名字来认定该人的身份信息,毫无依据;

其二,提供的微信聊天记录仅仅截取了其中一部分,不具有任何完整性,纯属断章取义;

其三,原告至今未提供微信聊天记录的原始载体,不符合《民事证据规定》第15条规定;

其四,从微信聊天内容看,并不能证明原告要证明的目的,该记录中,双方只是对【 】事项进行沟通和协商,但聊天对象从未承认【 】事实,因此该聊天记录即使属实,也不能证明原告要证明的目的;

其五,即使原告提供的微信聊天记录属实,从微信聊天内容看,造成违约后果的原因在于原告;

其六,原告提供的微信聊天记录,不仅不能证明原告的证明目的,反而证明以下事实【 】,结合本案其他证据,足以证明,被告主张的事实成立,原告主张的事实与本案证据(包括原告自行提供的证据)不符,应直接驳回原告诉讼请求。

2. 原告未提供电子证据的原始载体(比如原告仅仅提供了网页截屏,未提供网页原始记录),对真实性、合法性和关联性不予认可。

3. 原告对于双方【 】关系的证明,仅仅提供聊天记录并不充分,且从此后聊天看,该种关系亦被否认,就【 】关系的证明和履行,原告未提供任何其他证据,未提供任何其主张的【 】关系的履行证明,包括供货凭证、款项支付等,综上,对于原告主张的所谓关系,仅依据某一段聊天记录,不足以证明。

4. 原告以其提供的微信聊天记录用以证明本案双方已经对工程款结算作出了确定是错误的,双方合同第【 】条明确约定,有关结算的确定必须以双方加盖公章的结算书为准,除此以外任何方式包括但不限于微信、短信、工程联系函等方式均不得作为结算确定的依据。

(三)案例:因电子证据保存于网站之中,只能从中导取相关数据作为证据,原审判决结合本案事实,依照民事诉讼优势证据规则和高度盖然性的证明标准对开户视频资料和交易结算记录的真实性予以确认并无不当

案例6-7:韩某亮、西南证券股份有限公司重庆涪陵滨江路证券营业部期货经纪合同纠纷再审审查与审判监督案

审理法院:最高人民法院

案号:(2020)最高法民申6847号

裁判日期:2020年12月30日

• **最高人民法院裁判意见**

首先,《民事证据规定》对电子证据的认定作出了新规定,其中第93条规定:"人民法院对于电子数据的真实性,应当结合下列因素综合判断:(一)电子数据的生成、存储、传输所依赖的计算机系统的硬件、软件环境是否完整、可靠;(二)电子数据的生成、存储、传输所依赖的计算机系统的硬件、软件环境是否处于正常运行状态,或者不处于正常运行状态时对电子数据的生成、存储、传输是否有影响;(三)电子数据的生成、存储、传输所依赖的计算机系统的硬件、软件环境是否具备有效的防止出错的监测、核查手段;(四)电子数据是否被完整地保存、传输、提取,保存、传输、提取的方法是否可靠;(五)电子数据是否在正常的往来活动中形成和存储;(六)保存、传输、提取电子数据的主体是否适当;(七)影响电子数据完整性和可靠性的其他因素。人民法院认为有必要的,可以通过鉴定或者勘验等方法,审查判断电子数据的真实性。"第94条规定:"电子数据存在下列情形的,人民法院可以确认其真实性,但有足以反驳的相反证据的除外:……(二)由记录和保存电子数据的中立第三方平台提供或者确认的;……"据此,由于电子数据的特殊性,法院在认定电子数据的真实性时,其审查判断标准有别于传统证据。本案中,韩某亮称西南期货公司提交给原审法院的开户视频资料和交易结算记录不是原件,因电子证据保存于网站之中,只能从中导取相关数据作为证据,原审判决结合本案事实,依照民事诉讼优势证据规则和高度盖然性的证明标准对开户视频资料和交易结算记录的真实性予以确认并无不当。如果韩某亮对上述证据真实性存疑,应当提出相应证据予以反驳。同时根据原审卷宗庭审笔录的记载,原审庭审

依法组织三方进行了举证和质证,韩某亮申请再审称原审没有让其质证,有违事实。因韩某亮在西南期货公司的开户视频资料是从网站导取,"属性"所显示修改时间非韩某亮的实际开户时间,与韩某亮实际在2015年开户并不矛盾。至于开户资料中的签名问题,西南期货公司认可韩某亮先上传本人现场签名字样图片至开户系统,开户过程中只要勾选"我已阅读并同意以上所有协议和业务规则内容"并点击"下一步"按钮,系统默认韩某亮提供签名字样是对所有阅读、确认的法律文件的签署并自动粘贴。在开户视频具有真实性的前提下,韩某亮已在视频中表示阅读并完全理解《客户须知》《互联网开户风险提示》《西南期货公司关于防范期货配资业务的风险提示》《期货经纪合同》等的相关内容,故西南期货公司的上述解释具有合理性。即使韩某亮未在《期货经纪合同》上直接签名,也应当认为上述操作程序能够体现韩某亮的真实意思表示。韩某亮关于签名系技术处理粘贴而成、其未在《期货经纪合同》签名的再审申请理由不能成立。

其次,韩某亮以光盘形式向本院提交了《委托记录》《委托记录成交手续费汇总》《委托记录冻结总费用(手续费)汇总》《委托记录中的站点地址》作为新证据。经审查,其一,韩某亮所提交的《委托记录成交手续费汇总》系Word文档格式,没有说明来源,其中内容的真实性不能确定;《委托记录》和《委托记录冻结总费用(手续费)汇总》显示的数据有20,000余条,从内容本身不能确定是否可推翻原审判决。其二,韩某亮根据其所提交的《委托记录中的站点地址》拟证明委托交易的手机MAC地址非其本人手机所有、有2832条委托记录非其本人委托。对此,交易记录中的IP地址和MAC地址是确定具体操作地址和操作人的有效途径,但因韩某亮所提交的仅是数据呈现,从这些数据中既不能直接看出韩某亮手机的MAC地址和IP地址信息,也不能看出这些地址信息与西南期货公司、西南证券股份有限公司涪陵滨江路证券营业部存在何种关系;退一步讲,即使韩某亮关于部分交易非其本人完成的主张成立,也并不意味着该部分交易系二被申请人操作完成,故上述证据与本案的关联性不能确定。其三,韩某亮另行提交了落款并加盖"上海期货交易所法律合规部"印章、日期为2020年5月8日的《说明》复印件一份,以此主张西南期货公司在原审提交的交易记录系伪造,《说明》载明韩某亮在西南期货公司的交易记录为2523条,但韩某亮未提交具体该2523条交易记录,而且其在上海期货交易所、郑州商品交易所、大连商品交易所均分别有大量交易,即使该份《说明》具有真实性,也因其片面性不能达到韩某亮的证明目的。综上,一方面,韩某亮新提交证据材料的内容实际均产生于本案诉讼发生之前,不符合法律规定的"新的证据"的条件;另一方面,上述证据材料也不足以推翻原审判决。故韩某亮的该项再审申请理由不能成立。

实战点评与分析

1.因电子证据保存于网站之中,只能从中导取相关数据作为证据,原审判决结合本案事实,依照民事诉讼优势证据规则和高度盖然性的证明标准对开户视频资料和交易结算记录的真实性予以确认并无不当

按照《民事证据规定》,以电子数据作为证据,应提供其原始载体,但电子数据多种多样,其原始载体也必然各不相同,如何结合案件情况,运用民事证据证明盖然性标准对证据进行认定,值得探讨。

以本案为例,韩某亮称西南期货公司提交给原审法院的开户视频资料和交易结算记录不是原件,因电子证据保存于网站之中,只能从中导取相关数据作为证据,原审判决结合本案事实,依照民事诉讼优势证据规则和高度盖然性的证明标准对开户视频资料和交易结算记录的真实性予以确认并无不当。

《民事证据规定》第94条规定:"电子数据存在下列情形的,人民法院可以确认其真实性,但有足以反驳的相反证据的除外:

(一)由当事人提交或者保管的于己不利的电子数据;

(二)由记录和保存电子数据的中立第三方平台提供或者确认的;

(三)在正常业务活动中形成的;

(四)以档案管理方式保管的;

(五)以当事人约定的方式保存、传输、提取的。

电子数据的内容经公证机关公证的,人民法院应当确认其真实性,但有相反证据足以推翻的除外。"

根据上述规定,由于电子数据存储于网站,通过网站导出数据的,虽然未提供该电子数据原始载体,但法院亦确认其真实性。

2.再审新证据的认定

《民事诉讼法》第211条第1项规定,有新的证据,足以推翻原判决、裁定的,应当再审。

如何理解该条规定的"新证据"。

《民事诉讼法解释》第386条规定:"再审申请人证明其提交的新的证据符合下列情形之一的,可以认定逾期提供证据的理由成立:

(一)在原审庭审结束前已经存在,因客观原因于庭审结束后才发现的;

(二)在原审庭审结束前已经发现,但因客观原因无法取得或者在规定的期限内不能提供的;

(三)在原审庭审结束后形成,无法据此另行提起诉讼的。

再审申请人提交的证据在原审中已经提供,原审人民法院未组织质证且未作为裁判根据的,视为逾期提供证据的理由成立,但原审人民法院依照民事诉讼法第六十八条规定不予采纳的除外。"

从以上规定可见,认定新证据,按照以下规则:

其一,认定新证据的时间点为原审庭审结束(一般可以理解为庭审辩论终结前),而不是原审判决后;

其二,原审庭审结束后形成的证据,一般可以称为新证据;

其三,原审庭审结束前就已经形成的证据,一般不是新证据;

其四,原审庭审结束前已经形成的证据,如因客观原因于庭审结束后才发现的,是新证据;

其五,在原审庭审结束前已经发现,但因客观原因无法取得或者在规定的期限内不能提供的,亦为新证据。

以上是最高人民法院关于"新证据"的规定,根据《民事诉讼法》第211条规定,提供的新证据必须足以推翻原判决、裁定,才应该再审,否则即便提供了新证据,也不能再审。

本案中,韩某亮以光盘形式向法院提交了《委托记录》《委托记录成交手续费汇总》《委托记录冻结总费用(手续费)汇总》《委托记录中的站点地址》作为新证据,但经最高人民法院认定:一方面,韩某亮新提交证据材料的内容实际均产生于本案诉讼发生之前,不符合法律规定的"新的证据"的条件;另一方面,上述证据材料也不足以推翻原审判决。故韩某亮的该项再审申请理由不能成立。

(四)案例:微信语音聊天记录,既没有显示系谁发出的该聊天语音,又没有该聊天语音的上下文情景,无法判断该证据的完整性,不能客观地反映事实

案例 6-8:黄石市馨隆劳务有限公司、周某冬等建设工程施工合同纠纷二审民事判决书

审理法院:湖北省荆门市中级人民法院

案号:(2021)鄂 08 民终 1186 号

裁判日期:2021 年 11 月 18 日

• 裁判意见

二审中,黄山市馨隆劳务有限公司(以下简称馨隆公司)提交了 4 份证据。

证据一:荆门市民商事纠纷人民调解委员会的人民调解记录复印件,拟证明本案在一审起诉后已经过调解,结合一审提交的结算单,馨隆公司所欠款项 174,838.48 元已在结算单中载明。

证据二:微信聊天记录(语音),拟证明馨隆公司工作人员程某学于 2020 年 9 月 11 日通知卢某权清理模板。

证据三:现场照片,拟证明周某冬、卢某权的模板现仍在施工现场。

证据四:通话记录,拟证明卢某权向程某学提出解除合同。

周某冬、卢某权质证认为,对证据一的真实性无异议,但该证据没有显示本案纠纷馨隆公司欠付周某冬、卢某权所欠款项 174,838.48 元。该调解记录并非馨隆公司上诉状中的事实与理由,馨隆公司已当庭表示没有增加的事实与理由,现再行增加违反诚实信用原则。对证据二有异议,卢某权已被程某学移除群聊。而此次提供的聊天语音,仅有一段语音,没有整个聊天的前后记录,该语音并不完整。对证据三有异议,一审中馨隆公司陈述,周某冬、卢某权已将遗留的材料拉走,此陈述与该证据的待证事实相互矛盾。对证据四的真实性、合法性和关联性均有异议。从通话录音看,不能证实系程某学与卢某权通话,且整个通话过程有第三人的声音。

中汇公司对上述证据没有意见。

法院经审核认为,关于证据一,该调解记录中仅显示双方同意进行结算和协商,并没有结算和协商的过程,而一审证据结算单仅系对已施工工程的结算,而本

案争议的系未施工材料的处理,故对该证据的证明目的不予采信。证据二属于电子数据,《民事证据规定》第93条第1款规定:"人民法院对于电子数据的真实性,应当结合下列因素综合判断:(一)电子数据的生成、存储、传输所依赖的计算机系统的硬件、软件环境是否完整、可靠;(二)电子数据的生成、存储、传输所依赖的计算机系统的硬件、软件环境是否处于正常运行状态,或者不处于正常运行状态时对电子数据的生成、存储、传输是否有影响;(三)电子数据的生成、存储、传输所依赖的计算机系统的硬件、软件环境是否具备有效的防止出错的监测、核查手段;(四)电子数据是否被完整地保存、传输、提取,保存、传输、提取的方法是否可靠;(五)电子数据是否在正常的往来活动中形成和存储;(六)保存、传输、提取电子数据的主体是否适当;(七)影响电子数据完整性和可靠性的其他因素。"本案中,馨隆公司提供的仅为一段微信语音聊天记录,既没有显示系谁发出的该聊天语音,又没有该聊天语音的上下文情景,无法判断该证据的完整性,不能客观地反映事实。故对该证据应不予采信。证据三系现场照片,一审法院已确认周某冬、卢某权的材料有遗留在施工现场的,且进行了现场勘验。从证据四的通话记录看,仅为卢某权在起诉前与程某学沟通的过程,卢某权仅表明就本案纠纷向法院起诉,没有要求解除合同的陈述。

实战点评与分析

1. 以微信作为证据,应提供完整的记录,并提供证据证明聊天主体的身份。

当事人以微信聊天记录作为证据,无非是想证明对方对某种事实的承认,但前提是必须证明对方的身份,如不能证明对方身份,且对方予以否认的,则此证据难以作为定案依据。

同时,以微信聊天记录作为证据,应提供完整的聊天记录,而不是截取其中一部分作为证据,毕竟不完整的聊天记录容易造成对聊天内容的断章取义并导致事实认定错误。

就本案而言,馨隆公司提供的仅为一段微信语音聊天记录,既没有显示谁发出的该聊天语音,又没有该聊天语音的上下文情景,无法判断该证据的完整性,不能客观地反映事实。故对该证据应不予采信。

2.从办案实务而言,以微信聊天记录作为证据,关于对方身份,笔者认为可以从以下方面确定:

其一,庭审中,对方的自认或承认。一般情况下,如微信聊天对象为对方当事人,其一般不会否认。

其二,通过对语音留言进行声纹鉴定,确定聊天对象是否为对方当事人。有的当事人通过语音留言的方式聊天,此时可以通过对语音进行声纹鉴定,以确定对方身份。

其三,通过微信捆绑的电话号码确定对方身份。很多微信号码都绑定了电话号码,而电话号码的开通都是采用实名制,因此可以通过微信捆绑的电话号码确定对方身份。

其四,向法院申请调取微信聊天对象在腾讯公司备存的开户信息和资料。

六、证人证言

"证人是诉讼当事人以外的第三人,是向法院陈述其所感知的案件事实的人。证人向法院所作的有关案件事实的陈述,称为'证人证言'。证人只能就其感知的案件事实内容如实陈述,感知的内容包括通过视觉、听觉、嗅觉或触觉等感官所感知的事实内容。"[1]

《民事诉讼法》及其解释、《民事证据规定》并未规定证人证言与其他证据之间证明力的区别,但从实务而言,由于证人一般系当事人一方委托,证人与当事人之间多少存在某种关系,且证人证言所形成的证据不具有稳定性,因此相较而言,法官更愿意采信书证,因此,如仅仅依靠证人证言作为案件的唯一证据来证明当事人主张,极容易败诉。证人证言一般只是证据链中的一环,应与其他证据结合证明当事人主张。

按照《民事证据规定》,证人无正当理由必须到庭,接受各方当事人的询问,无正当理由拒不到庭的,该证人证言不得作为定案依据。

《民事证据规定》第 68 条规定:"人民法院应当要求证人出庭作证,接受审判人员和当事人的询问。证人在审理前的准备阶段或者人民法院调查、询问等双方

---

[1] 江伟、邵明主编:《民事证据法学》,中国人民大学出版社 2021 年版,第 63 页。

当事人在场时陈述证言的,视为出庭作证。

双方当事人同意证人以其他方式作证并经人民法院准许的,证人可以不出庭作证。

无正当理由未出庭的证人以书面等方式提供的证言,不得作为认定案件事实的根据。"

(一)审核要点

1. 证人的身份,包括证人的年龄(涉及证人是否具备作证的能力)、职业、单位、是否拥有一定的资质证书(如是以专家辅助证人到庭,则应当具有相应的资质证书),原告是否向法庭提供了资质证书。

2. 证人与原告的关系,包括证人与原告是何种关系,是否存在利害关系。

3. 证人与原告申请证人出庭拟要证明事实的关系,即证人是否参与了本案,以何种身份参与,是否有证据显示证人参与了本案,如证人参与了本案,对案件事实是否了解,证人是如何了解案件事实的,证人能否对待证事实发生的时间、地点、在场人员、当时协商谈判(或签字)的具体情况等知晓,能否流利不加推测地将事件发生的时间、地点、人物予以陈述。

4. 证人是如何知晓案件事实的,是听说的还是因为参与案件而知晓。

5. 证人陈述内容与待证事实的关系,即陈述的内容是直接证明待证事实还是间接证明;陈述的事实仅是待证事实的一部分还是全部。

6. 证人陈述的事实与原告在起诉状、法庭调查、证据目录、举证和质证环节陈述的事实是否一致或存在矛盾。

7. 证人陈述的事实是否存在前后矛盾或证人与证人之间对有关事实的陈述是否前后不一致。

(二)常用质证意见

1. 关于证人资格的质证意见,如证人不能正确表达意思,质证意见为:证人因不能正确表达意思,不具备证人资格。原告提供的证人证言应不予采信。

证人为无民事行为能力人和限制民事行为能力人,陈述的事实与其年龄、智力状况或者精神健康状况不相适应,不得作为证人,原告提供的证人证言应不予采信。

2. 如证人与当事人或当事人代理人存在利害关系,则可以援引《民事证据规定》第 90 条:"下列证据不能单独作为认定案件事实的根据:……(三)与一方当事人或者其代理人有利害关系的证人陈述的证言……"

"本条中第三项中的'利害关系'包括亲属关系、其他密切关系及不利关系。'亲属关系'如夫妻、父母、子女、同胞兄弟姐妹;'其他密切关系'如世交关系、长期合作关系;'不利关系'如长期不睦关系、激烈竞争关系、刑事上的加害与被害关系。与一方当事人有亲属关系、密切关系等利害关系的证人所作的有利于该当事人的证言或不利于对方当事人的证言,以及与一方当事人有不利关系的证人所作的不利于该当事人的证言或有利于对方当事人的证言,均属于本项规定的证言,不能单独作为认定案件事实的根据。"[1]

在实务中,必须对对方申请到庭的证人询问其与当事人的关系,如可以提出以下问题:

你和当事人或当事人代理人是什么关系?你们什么时候认识?认识了多久?你与当事人是否有合作?哪方面的合作?合作了多久?

3. 如证人并未参与案件,其对有关案件事实仅系听说或对有关案件事实仅仅靠个人推断,则该等证人不具备证人资格。

"证人是就其亲身感受的案件事实向法庭作证的人。这意味着证人以了解案件事实为基本特征,在诉讼中具有不可选择性和不可替代性的特点。因此,作为证人,必须是亲身感知案件事实的第三人,证人对其所亲身感知的案件事实应当具有辨别是非的能力和正确表达意思的能力。"[2]

就此,可以在向证人询问时,提出以下问题:

某年某月某日,在某地点发生了什么?事故(事件)发生时你是否在场?除你之外,还有几个人在场,分别是谁?你是怎么到达现场的?你能否描述一下当时的具体情况?

---

[1] 最高人民法院民事审判第一庭编著:《最高人民法院新民事诉讼证据规定理解与适用》(下),人民法院出版社 2020 年版,第 790 页。

[2] 最高人民法院民事审判第一庭编著:《最高人民法院新民事诉讼证据规定理解与适用》(下),人民法院出版社 2020 年版,第 607 页。

如果证人无法回答上述问题,则意味着其并未亲历事故(事件),其对案件事实的了解并非基于亲身感知,而是听说或基于个人推断,则证人不具备作证的资格。对此,在质证时可以发表如下意见:由于证人并未亲历案件,其对案件事实并不了解,对有关案件事实的陈述仅为道听途说或基于个人的推断和猜测,其无权就本案事实发表意见,也不具备证人资格,对该等证人证言,不得作为定案依据,法庭亦不应采信。

4. 如证人陈述的事实并不能直接证明案件事实,或不能证明原告请求权依据的事实,而仅能证明事实的一部分或仅能间接证明待证事实,且该等证据为孤证,则该等证据并不能作为原告主张权利所依据的事实和证据。

比如在彭某侵权案件中,被告彭某申请证人陈某春出庭作证,证人陈某春证言主要内容是:2006年11月20日其在21路公交车水西门车站等车,当时原告在其旁边等车,不久来了两辆车,原告想乘后面那辆车,从其面前跑过去,原告当时手上拿了包和保温瓶。后来其看到原告倒在地上,被告去扶原告,其也跑过去帮忙;但其当时没有看到原告倒地的那一瞬间,也没有看到原告摔倒的过程,其看到的时候原告已经倒在地上,被告已经在扶原告。当天下午,根据派出所通知其到派出所去做了笔录,是一个姓沈的民警接待的。对于证人证言,原告持有异议,并表示事发当时是有第三人在场,但不是被告申请的出庭证人。被告认可证人的证言,认为证人证言应作为本案认定事实的依据。

就该等证人证言,法院认为,"被告申请的证人陈某春的当庭证言,并不能证明原告倒地的原因,当然也不能排除原告和被告相撞的可能性。因证人未能当庭提供身份证等证件证明其身份,本院未能当庭核实其真实身份,导致原告当庭认为当时在场的第三人不是出庭的证人。证人庭后第二天提交了身份证以证明其证人的真实身份,本院对证人的身份予以确认,对原告当庭认为当时在场的第三人不是出庭的证人的意见不予采纳。证人陈某春当庭陈述其本人当时没有看到原告摔倒的过程,其看到的只是原告已经倒地后的情形,所以其不能证明原告当时倒地的具体原因,当然也就不能排除在该过程中原、被告相撞的可能性。"

从以上可见,被告彭某申请证人陈某春到庭是想证明其与受害人未发生碰撞,但陈某春并未看到受害人摔倒的过程,只是看到受害人倒在地上的结果,因此该证人不能证明被告主张的其不存在侵权行为,只能证明受害人倒在地上的结果,该证据对被告要证明的事实而言,并非直接证据而是间接证据,且该证据为孤证,因此该证据无法作为定案依据。

针对此类证据,在质证时可以发表如下质证意见:该等证人证言仅能证明×××的事实,但不能证明原告证明目的,原告在本案中主张的请求权为×××,而证人所陈述的事实未能证明该等事实,且与本案无关,原告申请的证人证言不应作为本案定案依据。

5. 证人陈述的事实与原告在起诉状、法庭调查、证据目录、举证和质证环节陈述的事实是否一致或存在矛盾;或证人陈述的事实是否存在前后矛盾或证人与证人之间对有关事实的陈述是否前后不一致,如不一致,在质证时可以发表如下质证意见:

原告申请到庭的证人所陈述事实与原告在起诉状、法庭调查、证据目录、举证和质证环节陈述的事实不一致或存在矛盾,因此该等证人陈述事实足以否定原告所主张的事实,原告依据该事实主张权利无事实依据。

或者:原告申请到庭的证人所陈述事实与原告在起诉状、法庭调查、证据目录、举证和质证环节陈述的事实不一致或存在矛盾,该等证人证言不得作为本案定案依据。

原告申请到庭的证人对事实的陈述前后矛盾,因此对到庭证人的证言应不予采信。

(三)案例:当事人的利害关系人单方提供的证据不足以推翻当事人在一审、二审中的自认

案例6-9:泰宏建设发展有限责任公司与莫某某民间借贷纠纷案

案号:(2014)民申字第1632号

再审申请人(一审被告、二审上诉人):泰宏建设发展有限责任公司(以下简称泰宏公司)

被申请人(一审原告、二审被上诉人):莫某某

最高人民法院认为,第一,泰宏公司在一审、二审庭审中,已多次自认刘某是该公司员工。首先,根据一审庭审笔录可知,泰宏公司已在一审庭审中自认"刘某

为一般工作人员"。其次,二审庭审中,泰宏公司又再次认可刘某是该公司项目部工作人员,负责协调工作。这说明泰宏公司已在诉讼中自认了刘某是该公司员工这一事实。第二,根据陈某安提供的证人证言、承诺书以及陈某模提供的证人证言,不能得出"二审判决认定刘某是公司员工缺乏证据"的结论。根据2001年《民事证据规定》第74条(2019年《民事证据规定》第3条)的规定可知,泰宏公司要推翻其在一审、二审中对刘某是该公司员工的自认,则需提供充分证据证明。陈某安作为泰宏公司四川分公司负责人,属于与泰宏公司有利害关系的证人,而陈某模作为泰宏公司项目部安全员,亦与该公司具有利害关系。根据2001年《民事证据规定》第69条(2019年《民事证据规定》第90条)规定,陈某安、陈某模提供的证据都不能单独作为认定"刘某不是泰宏公司员工,而是与泰宏之间为转包关系"的证据。因此,陈某安、陈某模作为泰宏公司利害关系人单方提供的证据不足以推翻泰宏公司在一审、二审中的自认。①

实战点评与分析

1. 当事人在庭审中陈述的对己方不利的事实,对方无需举证。

本案中,因泰宏公司此前在一审庭审中自认"刘某为一般工作人员",因此对该事实,对方无需举证即可作为定案依据。

2. 仅依据与己方有利害关系的证人出具的证言,不能推翻此前不利的自认。

泰宏公司为推翻此前的自认,申请陈某模作为证人,证明刘某不是泰宏公司员工,但法庭未采纳,因为陈某模作为泰宏公司项目部安全员,与该公司具有利害关系,其证人证言不能单独作为定案依据。

3. 如经法院查明的事实与自认事实不符的,法院以查明的事实为作为案件事实。

虽然一方当事人在庭审中作出了不利于己方的自认,但该等自认并非一律作为定案依据,《民事证据规定》第8条第2款规定:"自认的事实与已经查明的事实不符的,人民法院不予确认。"

---

① 参见李明:《最高人民法院〈关于民事诉讼证据的若干规定〉适用与案解》(下册),法律出版社2021年版,第1077~1078页。

就本案而言,泰宏公司此前自认陈某为其公司一般员工,如其此后否认该事实,应提供相反的证据,由此泰宏公司提供了证人证言,但经法庭认定并不充分。就此,笔者认为,泰宏公司如否认该事实,应提供充分的书证作为证据,比如社保清单、泰宏公司发放工资的清单、刘某本人签署的否认其为该公司员工的证明文件或由刘某本人到庭说明其身份并非泰宏公司员工。如果是转包关系,则应提供泰宏公司与刘某签订的转包合同。上述证据经质证,如果属实,则可以推翻泰宏公司的自认。

七、鉴定意见

关于对鉴定意见如何审核和质证,本书第七章做了专门论述,在此不再赘述。

八、勘验笔录

勘验笔录是人民法院指派的勘验人员对涉案现场、诉讼标的物和有关证据,经过现场勘验、调查所作的记录,是民事诉讼证据的一种。

勘验笔录由于是法院指派人员对案件现场和标的物进行勘验所做的记录,因此一般均作为定案依据。

勘验笔录只是对现场和标的物进行的查看,无法对案件发生时间、成因、因果关系、损失等作出评定,涉及专业性的问题,往往还有赖于鉴定。

(一)审核要点

1. 勘验笔录所记载的现场情况是否属实,是否有当时在场人员的签字。

2. 勘验笔录记载的内容,哪些对己方不利,哪些对己方有利,对不利的事实,本案有哪些相反的证据可以推翻或反驳。

3. 勘验笔录记载的内容与本案其他证据所证明的事实的关系,尤其是与双方争议焦点涉及的主要事实的关系:是一致还是矛盾;如果存有矛盾,原因何在?

(二)常用质证意见

1. 对勘验笔录的真实性、合法性和关联性无异议。

2. 勘验笔录恰好证明原告主张的事实不符合事实,且原告主张的诉讼请求与现场勘验结果不符,对此应驳回原告诉讼请求。比如原告主张因被告原因导致其苗木死亡,但经现场勘验,苗木并未死亡,且还在继续生长,此时可以以勘验笔录为据,主张原告诉请无事实依据,应予驳回。

第二节

应对证据有无证明力和能否达到证明目的进行质证

一、对证据有无证明力和能否达到证明目的进行质证的重要性

除对证据真实性、合法性和关联性进行质证外,还应对证据有无证明力和能否达到证明目的进行质证。

《民事诉讼法解释》第 104 条规定:"人民法院应当组织当事人围绕证据的真实性、合法性以及与待证事实的关联性进行质证,并针对证据有无证明力和证明力大小进行说明和辩论。

能够反映案件真实情况、与待证事实相关联、来源和形式符合法律规定的证据,应当作为认定案件事实的根据。"

从诉讼而言,原告提供证据最终是为了支持其诉请,换言之,原告提供的所有证据都是围绕其诉讼请求展开,提供证据证明其诉讼请求有事实依据,也就是原告提供证据的目的;从被告而言,如经过质证,原告提供的每一份证据均不能证明其诉讼请求或均无法达到原告的证明目的,则意味着原告无证据证明其诉讼请求,换言之,原告的主张并无事实依据,由此可以达到推翻原告诉讼请求的目的。因此,在对原告证据三性质证后,还应当就原告证据的证明力以及能否达到证明目的进行质证,通过质证,向法庭陈述原告提供的证据达不到原告的证明目的,即为质证的最终目的和需要达到的效果。

二、对证据有无证明力和能否达到证明目的进行分析和质证可以采用的方法

（一）对证据有无证明力和能否达到证明目的,仅仅对对方证据进行简单的否认是远远不够的

不能仅仅对对方证据进行简单的否认,而应结合证据内容(如证据中涉及的主体、时间、金额、记载的有关事实等)、当事人的主张以及主张的请求权所依据的法律规定、本案其他相关证据等进行分析,以分析得出结论来论述该证据不能达到原告要证明的目的,具体可以从以下维度进行思考和分析。

1. 原告提供的证据是否符合其主张请求权所依据的事实

质证意见:原告提供的该份证据所反映的事实不能证明原告的诉讼请求;或原告主张的请求权要成立,必须提供证据证明如下事实……,提供如下证据……,本案中,原告提供的证据不足以证明其主张。

案例 6-10：当事人应就其主张提供证据予以证明

——攀枝花公路桥梁工程有限公司、曾某吉建设工程施工合同纠纷再审审查与审判监督民事裁定书

审理法院:最高人民法院

案号:(2018)最高法民申 3248 号

裁判日期:2018 年 9 月 29 日

• **最高人民法院裁判意见**

经审查认为,本案再审审查的争议焦点是:(1)二审判决认定曾某吉已完工程量及已付工程款金额是否正确;(2)二审判决调减管理费是否适用法律错误;(3)一审、二审审理程序是否违法。

关于二审判决认定曾某吉已完工程量及已付工程款金额是否正确的问题。本案中,双方签订的《工程承包合同》约定,对于工程量,以攀枝花公路桥梁工程有限公司(以下简称公路桥梁公司)名义上报业主、监理,获审计认可的路基工程部分工程量为依据,等值计算。在曾某吉退场时,双方并未对曾某吉已完工程量进

行确认,亦未进行工程结算,在此情形下,二审判决依据合同约定,按照公路桥梁公司上报业主方的工程量扣减双方确认的交由第三方完成的工程量后认定曾某吉实际完成工程量,并无明显不当。公路桥梁公司主张该路基工程还有十五支施工队伍一并施工完成,上报业主方的路基工程量包含了该十五支施工队施工的部分,应予扣减。对此,本院认为,《工程承包合同》约定的工程内容是"长沙至湘潭高速公路(复线)8标段"路基工程部分,即公路桥梁公司是将该标段的路基工程全部交由曾某吉施工,双方并未约定该路基工程尚有其他施工队同时进行。曾某吉在《退场申请》中明确,其施工的路基工程仅有"E匝道垮方和部分水沟、护坡、绿化等未完工程",公路桥梁公司并未在《退场申请》上提出异议,而是签署同意退场。从公路桥梁公司提交的证据来看,存在其他施工队伍部分施工内容与双方无争议的第三方完成的"接改线"工程内容重合、施工队组成人员实际系曾某吉施工队人员等问题,不能形成完整的证据链。对于案涉工程除曾某吉之外是否还有其他施工队施工的问题,一审、二审已经综合在案证据进行了充分论述,公路桥梁公司再审并未提交充分证据推翻一审、二审判决认定的事实,其该项再审主张,本院不予支持。2015年《民事诉讼法解释》第90条规定,当事人对自己提出的诉讼请求所依据的事实或者反驳对方诉讼请求所依据的事实,应当提供证据加以证明,但法律另有规定的除外。在作出判决前,当事人未能提供证据或者证据不足以证明其事实主张的,由负有举证证明责任的当事人承担不利的后果。公路桥梁公司作为付款义务主体,对已付工程款金额,应承担举证证明责任。公路桥梁公司再审主张,其财务账册上记明的10,318,927.17元应当作为已付款。该部分款项系以现金方式支付给曾某吉。但其提交的《企业活期明细查询》仅能证明公路桥梁公司提取了相应金额的资金,不能证明资金流向,不足以证明公路桥梁公司已实际向曾某吉支付工程款。二审判决对公路桥梁公司该项主张不予支持,并无不当。另,公路桥梁公司关于代曾某吉付款的主张,对该部分争议款项,二审判决结合在案证据已予以详细论述,公路桥梁公司再审提交的证据与本案事实缺乏关联性,不足以推翻二审判决的认定,且曾某吉对此不予认可。公路桥梁公司该项再审主张,依据不足,本院不予支持。前已述及,公路桥梁公司主张尚有十五支施工队完成了案涉路基工程量的理由不成立,故公路桥梁公司再审主张应当将其代曾某吉支付上述施工队的工程款项合计2,469,780元从中扣除,没有事实和法律依据,本院不予支持。

关于二审判决调减管理费是否正确的问题。2004年《最高人民法院关于审理建设工程施工合同纠纷案件适用法律问题的解释》第4条①规定,承包人非法转包、违法分包建设工程或者没有资质的实际施工人借用有资质的建筑施工企业名义与他人签订建设工程施工合同的行为无效。人民法院可以根据原《民法通则》第134条规定,收缴当事人已经取得的非法所得。根据该条规定,管理费属于非法所得,并且案涉《工程承包合同》为无效合同,公路桥梁公司主张按照合同约定的18.59%计算管理费,无法律依据。二审法院基于利益平衡的考虑,根据公平原则,综合当事人对合同无效的过错程度认定管理费,属于人民法院依法行使裁判权范畴,并无不当。公路桥梁公司该项主张,依据不足,本院不予支持。

……

实战点评与分析

本案中,各方争议的焦点之一为"二审判决认定曾某吉已完工程量及已付工程款金额是否正确"。

对于上述争议焦点,最高人民法院主要是通过对此前各方提交的证据、该证据反映的事实以及该等事实能否达到当事人拟要证明目的进行分析判断,具体如下:

其一,关于曾某吉已完工程量的认定

本案中,曾某吉系中途退场,但在退场时,曾某吉并未与公路桥梁公司就已完工程的范围、工程量以及工程造价进行确认,就此,此前二审判决依据合同约定,按照公路桥梁公司上报业主方的工程量扣减双方确认的交由第三方完成的工程量后认定曾某吉实际完成工程量。双方争议点为:公路桥梁公司认为确认为曾某吉施工的路基部分工程系另外十五支施工队施工,应予扣减,就此公路桥梁公司提供了部分证据,但"从公路桥梁公司提交的证据来看,存在其他施工队伍部分施工内容与双方无争议的第三方完成的'接改线'工程内容重合、施工队组成人员实际系曾某吉施工队人员等问题,不能形成完整的证据链"。因此,再审法院未同意公路桥梁公司再审意见。

从以上可见,公路桥梁公司主张曾某吉已完工程量中包括有第三方施工

---

① 已失效,现规定于《建设工程解释一》第1条第2款。

的工程量,结合该主张,其至少应提供证据证明:公路桥梁公司与第三方就此部分工程施工签订的施工合同、合同签订后实际履行的证据(包括但不限于:开工令、施工过程中的往来函件、图纸、双方对工程量阶段性的确认,如办理了结算,提供双方盖章的结算报告等)、曾某吉对上述事实的确认(如退场时曾某吉与公路桥梁公司办理了工作面交接,并在交接单上签字确认曾某吉施工范围并未包括上述公路桥梁公司交由第三方施工的工程量和范围),由于公路桥梁公司未能就上述事实予以证实,且提供的证据无法形成完整的证据链,最终再审法院未采纳公路桥梁公司再审意见。

其二,关于已付工程款的认定

本案争议的另一焦点为公路桥梁公司实际支付给曾某吉的工程款金额是多少。

就该事项,公路桥梁公司再审主张,其财务账册上记明的10,318,927.17元应当作为已付款。

对于该事项以及财务账册能否达到其证明目的,我们可以做以下分析:

关于举证责任。公路桥梁公司作为付款义务主体,对于实际付款金额,有义务提供证据予以证实。

关于付款义务的履行和付款金额,公路桥梁公司需提供付款凭单(该付款凭单的收款主体应为曾某吉)和收据;如款项支付至第三方账户的,应提供经曾某吉授权的委托书以证明该等付款系经曾某吉本人同意和认可;提供其他证据,如经双方签字和盖章的对账单记载的付款金额等。但公路桥梁公司显然未能提供以上证据,而仅提供了公司内部的财务账册(其上记载部分付款系现金)和《企业活期明细查询》,但曾某吉对该账册、账册记载的金额以及《企业活期明细查询》不认可;很显然,公路桥梁公司提供的财务账册不足以证明其主张的付款金额的事实,其上虽然记载有现金支付,但未能提供现金支付时由曾某吉出具的收据,因此该证据仅能证明公司内部对付款给曾某吉所做的记录,不能证明向曾某吉实际支付了该款;至于《企业活期明细查询》仅能证明在某日公司提取了现金,但不能证明将提取的现金支付给了曾某吉。综上,最高人民法院最终认为,"公路桥梁公司作为付款义务主体,对已付工程款金额,应承担举证证明责任。公路桥梁公司再审主张,其财务账册上记明的

10,318,927.17元应当作为已付款。该部分款项系以现金方式支付给曾某吉。但其提交的《企业活期明细查询》仅能证明公路桥梁公司提取了相应金额的资金,不能证明资金流向,不足以证明公路桥梁公司已实际向曾某吉支付工程款。二审判决对公路桥梁公司该项主张不予支持,并无不当。另外,公路桥梁公司关于代曾某吉付款的主张,对该部分争议款项,二审判决结合在案证据已予以详细论述,公路桥梁公司再审提交的证据与本案事实缺乏关联性,不足以推翻二审判决的认定,且曾某吉对此不予认可。公路桥梁公司该项再审主张,依据不足,本院不予支持。"

从以上案件可见,再审法院是结合证据形式、证据内容,分析判断该证据能否达到当事人的证明目的。比如对证据《企业活期明细查询》的分析,最高人民法院认为从其内容上看只能证明当天公路桥梁公司提取了现金,但不能证明该金额支付给了曾某吉,因此该证据不能达到原告的证明目的。

相应地,在实务中,对对方提供的证据,不能仅仅对证据的三性进行否认,还应对证据内容以及该证据反映的事实,结合原告的主张,分析判断原告所提供的证据反映的事实能否达到其证明目的,如不能达到证明目的,则应结合证据内容进行阐释,这样才能让法官明白该证据为什么无法达到证明目的,此种质证才能取得较好的庭审效果。

2. 认真研读原告证据内容,分析判断该证据证明的内容是否符合常理

有的证据,其证明内容显然有违常理,比如建设工程施工合同,某监理员出具证明称自某年某月某日至某年某月某日,工地因发包人原因停工,但本案其他证据证实,该监理员到案涉项目开展监理工作时间是在上述停工结束后,由此可以证明,某监理员出具的证明文件内容有违常理,应不予采纳。

分析判断证据以及证据内容是否有违常理,可以从以下方面进行考量:

其一,出具该份证据的主体在出具该份证据时是否具有相应的主体资格,比如某公司向法庭出具一份证明,但经查询工商登记,在出具该份证明时该公司尚未登记成立,很显然,公司出具的此份证据有违常理。

其二,结合案件其他证据,归纳出双方交易的惯例,如该份证据不符合交易惯例,显然该份证据有违双方交易习惯,应不予采信。比如甲乙双方签订供货合同,

双方约定付款方式为甲方向乙方对公账户转账支付,在双方过去多笔交易中,交易流程均是乙方开具发票,甲方按照开票金额支付价款,但在最后一笔付款中,甲方在乙方未开具发票的情况直接将款转账支付给乙方某个工作人员,此笔付款显然有违双方交易惯例,如乙方不予认可且在缺乏其他证据佐证的情况下,该笔付款难以视为乙方收到款。

其三,以日常生活经验作为参照,假设本案中原告主张成立,则按照日常生活经验应具备何等事实,本案所反映的事实是否符合该等事实,如不符合,则本案证据反映的事实有违常理。

常用质证意见:原告提供的该份证据所反映的事实有违常理,法庭应不予采纳。

相关法律规定:

《民事证据规定》第85条规定:"人民法院应当以证据能够证明的案件事实为根据依法作出裁判。

审判人员应当依照法定程序,全面、客观地审核证据,依据法律的规定,遵循法官职业道德,运用逻辑推理和日常生活经验,对证据有无证明力和证明力大小独立进行判断,并公开判断的理由和结果。"

3.原告提供的该份证据所反映的事实与原告陈述的事实和原告提供的其他证据是否存在矛盾

原告提起诉讼,依据的事实需要证据加以证实,因此原告提供的证据是以诉讼请求为中心,围绕着诉讼请求提供证据,并使所提供的证据形成闭环的证据链,以达到证明其诉讼请求的目的。总而言之,原告提供的证据应该具备逻辑的自洽性,证据与证据之间,证据与原告诉讼请求之间能相互印证且环环相扣,才能达到证据拟证明的目的。但实务中,由于多种原因,原告提供的证据与证据之间,证据与原告陈述的事实存在矛盾,此种矛盾可能导致以下结果:

其一,原告起诉所主张的事实无证据予以证实。原告诉讼请求依据的事实需要依据证据予以证实,如该证据与原告主张的事实相互矛盾,可能导致原告诉讼请求依据的事实缺乏证据证明,在此情况下,被告可以发表如下质证意见:就原告诉讼请求所依据的所谓事实,从原告提供的证据看,并不能证明该等事实,因此原告诉讼请求缺乏事实依据,且并无证据证实,应予驳回。

其二,相互矛盾的证据难以被法庭采信,即便采信,法庭需要通过本案其他证据,综合全案情况有选择地采信,由此给原告带来较大的诉讼风险。

对被告而言,因原告证据之间存在矛盾,在质证时,可以主张因证据之间相互矛盾,因此对存在矛盾的证据均应不予采信;或者被告可以结合被告证据、原告提供的其他证据,尽可能选择对被告答辩有利的证据予以确认,具体可以发表如下质证意见:原告提供的证据1所反映的事实明显与证据2证明的事实不符,考虑到证据1形成时间在证据2之前,因此应采信证据2。从证据2可见,该份证据不仅不能证明原告主张的事实,反而证明了被告答辩时主张的事实,因此法庭应采信证据2,并应结合证据2,驳回原告诉讼请求。

4.原告提供的该份证据所反映的事实是否可以为被告所用,用于证明被告的答辩意见

在诉讼过程中,无论是原告还是被告都会为了支持己方诉请或答辩意见而提供证据,由于诉讼是原被告双方互相进行对抗,因此一般情况下,一方都会对己方提供的证据的三性予以认可,而对对方提供的不利于己方的证据不予认可。因此,在诉讼中,如果能有效利用对方提供的证据,即对方提供的证据能证明己方需要证明的事实,不仅可以在庭审中打击对方士气,使得对方无法辩驳,更可以强化己方观点以及需要证明的事实,如此往往会使得己方在诉讼中处于有利的地位,己方诉讼请求或抗辩也更容易得到法官支持。

利用对方证据,务必做到以下几点:

(1)认真阅读原告提供的证据目录和证据的内容,具体内容如下:

①原告提供的证据目录和证据中的每一个标题、内容、称谓、落款名称、时间、地点;

②书证的形成时间、出具主体、任何有字的地方;

③照片中的所有内容(如照片中的人物是谁、拍摄时间、谁拍摄的、拍摄对象是什么,如照片中有文字的,应仔细阅读文字);

④短信(微信或QQ)聊天中的当事人、对话的时间、每一句话的意思(可以向当事人了解对话背景,每一句、每一个词和每一个字的意思);

⑤录音录像的时间、对话的人物和其身份、录像中的每一个画面内容;

⑥鉴定或咨询意见的委托主体、委托时间、出具主体、出具依据、金额是如何计

算出来的、依据是什么等。

总而言之,只有对证据进行全方位无死角的多次阅读、理解和研究,才能找出对己方有利的事实,切不可简单地以对方证据不符合三性(如系对方单方制作、提供的证人证言未申请证人出庭等)而简单予以否定,如此永远不可能找出对被告有利的事实。

(2)必须结合原告诉讼请求和被告答辩意见,在熟读原告证据后,对原告证据以及证据反映的事实进行归纳,就该事实与原告提出诉请所依据的事实和被告答辩所依据的事实进行比对,找出对己方有利的事实,必要时,可以用可视化图表就该等事实向法庭进行展示。

关于如何利用对方证据,本书第四章第四节做了专门论述,在此不再赘述。

5. 原告提供的证据所反映的事实,双方此后是否进行过变更,如进行过变更,则质证意见为:虽然原告提供的该份证据所证明的事实属实,但此后双方对合同进行了变更,应按变更后的合同确定双方权利义务

原告诉讼请求所依据证据所反映的事实,往往是双方争议的焦点和事实,就争议事实,双方往往在诉讼之前进行过协商,如经过协商,双方达成了合意(如签订了结算书、变更协议、和解协议或通过往来函件、双方实际履行行为已经对争议点进行了确认等),则被告应收集该证据,并以该证据作为抗辩,以使法院以变更后的协议作为判案的依据,如被告已经履行完毕双方所达成的新的合意,则被告可以抗辩双方争议已经双方协商解决,且被告已经履行完毕,应驳回原告诉讼请求。《民法典》第490条规定:"当事人采用合同书形式订立合同的,自当事人均签名、盖章或者按指印时合同成立。在签名、盖章或者按指印之前,当事人一方已经履行主要义务,对方接受时,该合同成立。法律、行政法规规定或者当事人约定合同应当采用书面形式订立,当事人未采用书面形式但是一方已经履行主要义务,对方接受时,该合同成立。"第543条规定:"当事人协商一致,可以变更合同。"

以建设工程合同纠纷为例,《建设工程解释一》第29条规定:"当事人在诉讼前已经对建设工程价款结算达成协议,诉讼中一方当事人申请对工程造价进行鉴定的,人民法院不予准许。"

6. 拟证明原被告之间存在某种关系(如劳动关系),则出具证明的主体必须首先自证其身份与当事人有关联,否则,其无资格证明该种关系

比如原告申请某证人到庭以证明原告与被告存在劳动关系,则原告应首先提供证据证明证人系被告单位员工,否则证人显然并无资格证明原告系被告单位员工。

7. 认真研读原告证据内容,分析判断原告提供的证据能否充分证明其主张的损失

损失包括直接损失和间接损失,不同的损失,其证明方法和证据要求不同。

就直接损失而言,一般需要提供证据证明因被告违约造成的实际直接损失,此等损失一般为因被告违约导致多支出了费用、对第三方承担了责任,就此一般需要提供相应的合同、该合同履行的相关证据、付款凭单、发票等作为证据,必要时应申请鉴定。

比如有的原告为了证明因被告违约导致其损失,该等损失为原告因此增加的施工成本、供货成本、运输成本等,如原告仅仅提供有关的施工合同、供货合同和运输合同,未提供履行上述合同的证据,难以达到证明目的。以建设工程施工合同纠纷为例,如因承包人未按约定工期履行合同,发包人解除合同后委托第三方进场施工,就委托第三方进场施工产生的费用,发包人除需要提供施工合同外,还应提供第三方进场施工的开工令、场地移交证明、施工过程和竣工的验收证明、结算书、付款凭单、发票等,如此才能形成完整的证据链证明发包人实际委托第三方进场施工,且实际支付了价款。

就间接损失而言,一般需要通过鉴定完成该损失的证明。有的当事人为了证明其所遭受的利润损失,将当事人上一年全部的采购合同、付款凭单、纳税凭证、全部账户收入等提供给法庭,并按照自己认为的逻辑,通过加加减减最后算出上一年的利润。这种做法是极其错误的,且不说提供的这些合同、付款凭单、银行流水等真实与否,即便全部真实,法官并无能力判断原告所谓的计算方法是否正确,是否符合规范,更无法以此进行计算,实际上,利润损失的计算属于专门性问题,原告应申请鉴定,将上述资料和计算等交给鉴定机构。

如原告就损失提供的证据并不充分,则质证意见为:原告提供的此份证据仅能证明原告与第三人签订了合同,原告未能提供任何证据证明该合同是否履行,履行

情况如何,该证据与原告主张的被告所谓违约行为之间关系如何,因被告所谓的违约行为导致的具体损失是多少,因此,该份证据不足以证明原告主张的损失。

(二)对证据能否达到证明目的可以采用的分析方法

对于证据能否达到证明目的,一般可以采用以下方法进行分析:

1. 假设该证据作为定案依据,则该证据反映的事实是什么。

2. 原告提供该证据的证明目的是什么,如要达到该证明目的,需要具备何种事实,提供何种证据。

3. 该案中,原告提供的该证据与上述事实是否相符,是否符合该证明目的所需要的事实和证据;如果不符合,则向法庭陈述原告提供的证据所证明的事实不足以证明原告要证明的目的。

4. 对于证据较多的案件,可以对证据以及证据反映的事实进行归纳总结(对于归纳的事实应注明证据来源),并就归纳总结的事实,可运用可视化图表向法官进行展示。总而言之,可视化图表展示证据的目的就是让法官在最短的时间且不用思考即可以明白和理解质证的意见。

第三节

以实例为例:如何对证据进行审核和质证

一、对原告提供的证据不能简单地否认,而应从形式和内容审查判断是否符合证据三性以及能否达到证明目的;尽可能运用原告提供的证据来证明被告观点

案例6-11:刘某福、秦某平诉H省工业建筑总承包集团第三建筑工程有限公司建设工程施工合同纠纷案

• 制胜方法和策略

1. 对原告提供的证据不能简单地否认,应从形式和内容审查判断是否符合证据三性以及能否达到证明目的;尽可能运用原告提供的证据来证明被告观点;

2. 被告应积极提供反驳证据,而不应仅仅对原告提供证的三性不认可;

3. 准确理解表见代理的内涵,运用逻辑推理三段论,对与证明表见代理无关的证据应向法庭阐明理由(包括事实和法律依据);

4. 检索案例,将检索案例形成的法院裁判意见运用于本案,并进行相应阐述。

• 案情简介

案涉项目为C市一河两岸项目,就该项目,C市L旅游发展有限公司(以下简称L公司)作为发包人(甲方)与承包人H省工业建筑总承包集团第三建筑工程有限公司(以下简称H三建公司)(乙方),于2014年12月19日签订《建设工程施工合同》,甲方法定代表人吴某波在合同上签名并加盖该公司印章,庞某欢以H三建广西分公司代理人名义在合同上签字,加盖H省工业建筑总承包集团第三建筑工程有限公司广西分公司(以下简称H三建广西分公司)印章。

原告刘某福、秦某平系项目实际施工人,通过介绍认识庞某欢和庞某太,并与

二人于 2014 年 12 月 26 日签订《建设工程施工劳务分包合同》,该合同加盖有名称为"H 三建广西分公司"的印章,庞某太作为 H 三建广西分公司代理人身份签名。

合同签订后,刘某福向庞某太个人账户累计支付了 100 万元的保证金。刘某福、秦某平交付合同保证金后,即组织工人对承包工程进行施工。2015 年 6 月 1 日,因 L 公司对所开发的项目没有取得工程报建手续,被 C 市住房和城乡建设局及 C 市城市管理综合执法大队作出责令停止施工通知。而庞某太以 H 三建广西分公司名义也于 2015 年 6 月 13 日向刘某福、秦某平发出停工通知书。刘某福、秦某平即停止施工,停工时,刘某福、秦某平已经完成了九幢楼房的主体框架工程,每幢建成三层,部分工程已经完成砌砖及批灰。因未取得工程款,且支付的保证金未能得到退还,刘某福和秦某平据此向 C 市法院起诉被告 H 三建公司、H 三建广西分公司、项目发包人 L 公司。

- **当事人及原告诉讼请求**

当事人情况:

原告一:刘某福

原告二:秦某平

被告一:H 三建广西分公司

被告二:H 三建公司

被告三:L 公司

诉讼请求:(1)解除刘某福、秦某平和 H 三建广西分公司于 2014 年 12 月 26 日签订的《建设工程施工劳务分包合同》。(2)H 三建广西分公司归还刘某福、秦某平的 1,000,000 元合同保证金及支付资金占用费(资金占用费以 1,000,000 元为基数,自 2015 年 6 月 13 日起至还清日止按中国人民银行同期同类贷款利率计算)。(3)H 三建广西分公司支付尚欠的工程劳务款 278,008 元给刘某福、秦某平。(4)H 三建公司对 H 三建广西分公司上述诉讼请求第 2 项及第 3 项的债务承担连带清偿责任。(5)L 公司对上述诉讼请求第 2 项及第 3 项的债务在欠付工程款范围内与 H 三建广西分公司、H 三建公司向刘某福、秦某平承担连带清偿责任。在一审诉讼中,刘某福、秦某平将上述由各被告应承担责任部分的请求内容变更为要求 H 三建广西分公司、H 三建公司、L 公司共同承担偿还保证金 1,000,000 元及尚欠工程款,并共同负连带清偿责任。(6)本案诉讼费用由各被告承担。本案一审重审中,刘某福、秦某平申请追加庞某太、庞某欢作为本案的共同被告参加诉讼,并要求庞某太、庞某欢与其他被告对本案债务承担连带清偿责任。

• **原告提供的证据**

证据目录(第一次提交)

提交时间:2017年5月18日

序号	证据名称	原件/复印件	页数	证明目的
1	原告身份证两份	复印件	2	证明两原告身份
2	企业信用信息公示报告(被告一)	复印件	4	证明被告一的主体资格
3	企业信用信息公示报告(被告二)	复印件	5	证明被告二的主体资格
4	企业信用信息公示报告(被告三)	复印件	7	证明被告三的主体资格
5	《广西C市南渡镇一河两岸旅游基础设施建设项目补充协议内容》	复印件	2	证明被告二承包建设被告三的广西C市南渡镇一河两岸旅游基础设施建设项目工程
6	《建设工程施工劳务分包合同》	复印件	9	证明被告一将承包建设被告三的广西C市南渡镇一河两岸旅游基础设施建设项目工程的劳务分包给原告施工
7	收据两张	复印件	2	证明被告一收到原告的合同保证金100万元
8	广西农村信用社转账业务凭证两张	复印件	2	
9	停工通知单书	复印件	1	证明被告一通知原告停工

证据目录(第二次提交)

提交时间:2017年7月28日

序号	证据名称	原件/复印件	页数	证明目的
10	C市人民政府关于C市南渡镇黄华河一河两岸景观建设规划的批复	复印件	2	证明C市南渡镇黄华河一河两岸景观建设规划得到C市人民政府的批复同意
11	营业执照(L公司)	复印件	1	证明被告L公司的主体资格
12	工程质量保修书	复印件	3	证明被告L公司与被告H三建公司承担一河两岸建设项目的保修责任
13	责令停止施工通知书	复印件	1	证明C市住房和城乡建设局责令被告H三建公司停止施工
14	H三建公司南渡镇一河两岸基础设施建设项目部盖章的有关支付工资凭证	复印件	3	证明C市南渡镇一河两岸景观建设项目由被告H三建公司承建
15	劳务工程款清单	复印件	1	证明被告H三建公司所欠原告的劳务工程款(广西分公司盖章)
16	所欠外债清单	复印件	1	证明被告H三建公司所欠外债情况(广西分公司盖章)
17	水电工程款第一次支付清单	复印件	1	证明被告H三建公司支付水电工程款情况(广西分公司盖章)
18	C市南渡镇人民调解委员会出具的《人民调解记录》	复印件	22	证明C市南渡镇人民调解委员会对原告与被告之间因劳务工程款纠纷进行了调解

证据目录(第三次邮寄提交)

提交时间:2017 年 8 月 14 日

序号	证据名称	原件/复印件	页数	证明目的
19	关于南渡镇一河两岸旅游基础设施项目的情况说明	复印件	1	证明南渡镇一河两岸旅游基础设施项目由被告 H 三建公司承建,由于项目未取得土地使用权属使用证及工程报建手续,C 市城市建设管理监察大队对被告 H 三建公司发出了"责令停止建设通知书"
20	责令停止建设通知书	复印件	1	
21	建设行政执法文书送达回证	复印件	1	
22	关于聘任罗某浩为项目经理的通知	复印件	1	证明被告 H 三建公司是南渡镇一河两岸旅游基础设施项目的承包方,项目经理为罗某浩
23	罗某浩的身份证	复印件	1	

- **被告一H三建广西分公司、被告二H三建公司在原一审庭审中的诉讼对策和工作**

在原一审诉讼期间,H 三建公司、H 三建广西分公司要求对本案刘某福、秦某平提供的证据材料中加盖有"H 三建广西分公司"字样印章的真实性进行鉴定,经一审法院依法委托具有鉴定资质的广西正廉司法鉴定中心进行鉴定,在本案刘某福、秦某平提供的证据材料中加盖有"H 三建广西分公司"字样印章确实不是 H 三建广西分公司在公安机关"印章备案资料查询证明"中备案的印章。基于案涉工程材料中加盖的 H 三建广西分公司印章并非备案印章,被告一和被告二的代理人在一审中,对全部证据三性予以否定,且主张因印章虚假,被告一、被告二并非本案当事人,不应承担本案责任。

- **原一审查明的事实**

2014 年 12 月 19 日 L 公司(甲方)作为发包人与 H 三建公司就 C 市一河两岸旅游基础设施建设项目工程签订《建设工程施工合同》,甲方法定代表人吴某波在合同上签名并盖上该公司印章,而乙方是由庞某欢作为 H 三建广西分公司代理人身份签名,并加盖H三建广西分公司印章。其中,合同中约定由承包人提供履约担保金为:承包人在与发包人签订本合同并进场施工3个工作日内,向发包人支付200万元作为合同履约保证金。

2014年12月25日,L公司与H三建广西分公司就C市一河两岸旅游基础设施建设项目再签订补充协议,补充协议由L公司法定代表人吴某波和庞某欢以H三建广西分公司代理人的名义签名,并加盖各自印章,补充协议内容主要就预交合同保证金时间问题改为2015年1月10日前交人民币200万元,合同继续生效,签订协议当日,庞某欢以H三建广西分公司名义先交合同保证金人民币10万元给L公司。

2014年12月26日,庞某太以H三建广西分公司(甲方)名义将其从L公司承包取得的工程再次分包给刘某福、秦某平(乙方),并签订《建设工程施工劳务分包合同》,其中,对合同保证金在第12条约定为:签订本合同乙方须交100万元给甲方作为合同保证金(签订合同当天交5万元),剩余保证金在乙方进场5天内交完。甲方在乙方施工第一期主体工程±0.00以上一层顶板框架砼完成10天内退回保证金100万元给乙方,超过第11日,每日甲方需支付千分之一违约金给乙方。合同由甲方代表庞某太签名,并加盖H三建广西分公司印章,刘某福、秦某平在乙方处签名。签订合同后刘某福即按约定分别于2014年12月26日支付5万元、2015年1月6日支付95万元的合同保证金给签订合同的甲方代表庞某太收。庞某太收到该款后交付给庞某欢,并由当时在H三建广西分公司的工作人员农某秀代理庞某欢分三次将H三建广西分公司应交给业主的保证金200万元汇给L公司法定代表人吴某波账户,L公司收到后于2015年1月21日出具收据一份给庞某欢,该收据主要内容是:L公司确认收到H三建公司交来广西C市一河两岸旅游基础设施建设项目合同履约保证金200万元的事实。刘某福、秦某平交付合同保证金后,即组织工人对承包工程进行施工。后刘某福、秦某平按业主要求施工,直至2015年6月1日,因业主L公司对所开发的项目没有取得工程报建手续,被C市住房和城乡建设局及C市城市管理综合执法大队作出责令停止施工通知。而庞某太以H三建广西分公司名义也于2015年6月13日向刘某福、秦某平发出停工通知书。刘某福、秦某平即停止施工,停工时,刘某福、秦某平已经完成了九幢楼房的主体框架工程,每幢建成三层,部分工程已经完成砌砖及批灰。

自庞某太以H三建广西分公司名义给刘某福、秦某平下发停工通知书至审理时，业主L公司未能办理取得该工程合法开工手续。停工后，原、被告及第三人因支付工程款、民工工资及结算工程款问题产生纠纷，并经C市人民政府和南渡镇人民调解委员会多次进行调解，2016年2月4日，经C市人民调解委员会再次主持调解下，L公司与庞某欢以H三建广西分公司名义就该工程项目欠款问题达成调解协议书，协议主要内容是："一、甲、乙双方共同确认，乙方承包甲方发包的总建筑工程款为人民币叁佰肆拾万元（小写：3,400,000元）……五、双方确认的工程款340万元人民币，履约保证金200万元人民币，共540万元人民币，在甲方扣除已支付农民工工资约80万元后，剩余工程款分三期付款：第一期支付壹百万必须在2016年2月5日中午12点前存入调委员指定的银行专门账户……这笔款由H三建广西分公司进行协商，以优先照顾农民工（即劳务方）工资优先发放，在调解人员见证下进行支付……"达成上述协议后，L公司按协议支付第一期工程款100万元给H三建广西分公司支付农民工即劳务方工资，其中，刘某福取得407,000元、秦某平取得13,500元。刘某福、秦某平是没有建筑施工资质的自然人。后L公司没有按该协议履行，导致本案纠纷发生。

截至2016年2月24日，刘某福、秦某平工程量款总金额1,671,654元，L公司、庞某欢、庞某太已付款1,436,646元。

再查明，在诉讼期间，H三建公司、H三建广西分公司要求对在本案中刘某福、秦某平提供的证据材料中加盖有"H三建广西分公司"字样印章的真实性进行鉴定，经原一审法院依法委托具有鉴定资质的广西正廉司法鉴定中心进行鉴定，在本案刘某福、秦某平提供的证据材料中加盖有"H三建广西分公司"字样印章确实不是H三建广西分公司在公安机关"印章备案资料查询证明"中备案使用的印章。H三建广西分公司为庞某太、庞某欢缴交社会养老保险金的时间分别是2015年1月至2016年4月和2015年6月至2016年4月，在原一审法院就鉴定问题举行质证时H三建广西分公司的负责人马某光承认庞某太、庞某欢向其口头汇报过该工程项目，并且承认其公司及其本人也到该工程项目现场考察过。

在原一审法院审理本案中，2019年1月24日，H三建公司向武汉市公安局某区分局某派出所报案称公司印章被人私刻冒用。2019年1月25日，武汉市公安局某分局以嫌疑人庞某欢和庞某太私刻H三建公司公章，并以此实施诈骗，立案受理。

• **一审法院认定主要观点和判决结果**

本案争议的主要焦点是：(1)第三人庞某太、庞某欢在本案实施的民事行为是个人行为还是代表H三建广西分公司的行为；(2)本案原告与H三建广西分公司签订的施工合同是否有效；(3)原告主张被告应归还工程保证金及尚欠工程款的事实是否清楚；(4)应由谁负责归还工程保证金及尚欠工程款的义务。

首先,第三人实施的民事行为是其个人行为还是代表H三建广西分公司的问题。虽然本案第三人实施民事行为没有取得H三建广西分公司授权,但第三人庞某欢与业主L公司或庞某太与两原告签订合同都是以H三建广西分公司名义,且合同加盖该公司印章,且根据庞某太、庞某欢的陈述他们就承包本案工程曾经向H三建广西分公司负责人马某光汇报过,且马某光也承认其公司及其本人到过涉案工地考察,总公司不同意所以不签合同,但正是由于上述H三建广西分公司的行为本案业主及两原告相信第三人所实施的民事行为是代表H三建广西分公司的。同时,H三建广西分公司在本案第三人与业主及原告签订合同后也为第三人购买了养老保险,其缴纳时间跨度也正好包含承包工程施工期间,虽然H三建广西分公司否认第三人是其职工,只认可因第三人具有施工员资质和上岗证,允许其挂靠,所以为其缴纳社保金,但不管怎样应认定该时间段H三建广西分公司与第三人存在用工关系的事实,第三人庞某欢与业主L公司签订的《建设工程施工合同》中乙方签名时承包人是盖H三建广西分公司印章,而庞某欢只在委托代理人处签名,这一情况也说明本案第三人对外实施民事行为一直也是以H三建广西分公司名义出现,且电话询问业主L公司法定代表人吴某波,其签合同时也确信庞某欢只是H三建广西分公司的一个代理人身份,且在涉案工程因施工合同发生纠纷后,工程所在地南渡镇政府在组织人民调解委员会进行调解时也认为该工程是H三建广西分公司进行承包,认可庞某欢是该公司的代表,同时C市住房和城乡建设局以及C市城市综合执法大队对承建工程发出责令停止施工时也是向H三建广西分公司发出通知,因此,H三建广西分公司承建本案诉争的工程已经能得到了相关部门的认可。虽然,本案起诉后经鉴定第三人实施民事行为所使用的印章并不是H三建广西分公司备案所用印章,但并不影响到原告及业主当初对该印章的信赖事由,因此,从各种迹象表明H三建广西分公司是知情第三人以其名义实施民事行为,同时,本案原告也是基于上述情形有理由相信第三人所实施的民事行为是代表H三建广西分公司,符合表见代理构成要件,所以应认定第三人在本案所实施的民事行为是代表H三建广西分公司,二者之间构成表见代理关系。

• 原一审主要判决结果

一、被告H三建公司应返还原告合同保证金1,000,000元及资金占用费(资金占用费以1,000,000元为基数从2015年6月13日起至还清日止按年利率6%计算)给原告刘某福、秦某平;

二、被告H三建公司应支付尚欠工程款235,008元给原告刘某福、秦某平;

三、被告L公司对上述判决第一、二项H三建公司应承担的义务负连带清偿责任;

四、驳回原告刘某福、秦某平的其他诉讼请求。

• 二审裁定、发回重审后的一审判决、二审判决结果

原一审判决后,H三建公司以及H三建广西分公司不服原一审判决,提起上诉,C市的上级法院W市中级人民法院经审理后,撤销原一审判决发回重审,案件发回重审后,C市法院判决驳回对H三建公司的诉讼请求,刘某福和秦某平对发回重审后的一审判决不服提起上诉,W市中级人民法院最终维持了驳回刘某福和秦某平对H三建公司以及H三建广西分公司诉讼请求的判项。

• 原一审判决后,H三建公司代理律师在原二审以及发回重审后的一审、二审中之所以能反败为胜的方法和开展的工作

原一审判决后,H三建公司另行委托代理律师办理该案的二审,代理律师接到案件后,开展了以下工作并重新制定了诉讼策略和方法,具体如下。

1.向原一审法院调阅原一审全部材料,包括原告起诉状、证据、代理词、各被告提交的证据、答辩状、庭审笔录、鉴定材料、鉴定报告、相关诉讼文书(如举证通知书、开庭通知、送达回证等)

办理任何二审、再审案件,都必须将此前案件全部材料从法院调阅,虽然这些材料当事人会提供给代理律师,但考虑到其中文件的保存、交接等,可能存在疏漏,尤其是,原审法院会按照法院的标准将材料装订好,会编写案卷卷数(如第1卷、第2卷等)并相应编写页码,如在二审或再审中,有需要提请法庭关注的材料,则可以按照法院装订成卷的材料所对应的卷宗和页码提示法官注意查看,这样会

更有利于法官找到该材料,可以大大提升庭审效果和效率。

这里尤其要注意的是,对案件事实的了解,绝不能仅仅以一审判决查明事实为据,理由如下:

(1)一审法院查明的事实未必完整。在一审过程中,各方当事人都可能提交证据,这些证据反映的事实,一审法院未必都记入法院查明的事实部分,如果仅仅看一审查明的事实,极容易忽略众多可能影响判决但被一审法院遗漏的事实;

(2)一审法院记载的所查明的事实,一般是以一审对证据的认定为据,但一审法院对证据认定未必正确,换言之,一审认定的证据,二审可能不予采信,而一审不予认定的证据,二审也可能作为判案的依据;

(3)一审法院记载的事实一般会围绕一审判决结果来进行,换言之,一审法院对事实查明存在一定的主观性,法官只会记载与其判决有关、与判决结果不存在矛盾的事实,其他事实虽然经查明,但法官认为与判决结果无关或与判决结果存在矛盾的,法官一般不会记载,可见,一审判决记载的所谓的查明事实,实际上带有较大的主观选择性,并不完整和全面。

二审和再审对事实的核查,应该是全面的,应重新将各方提交的证据、质证意见等进行审核,尤其是应该结合此前的判决,研判一审判决对各方提供的证据如何采纳,如何认定,认定是否有误,查明和认定的事实是否全面反映了各方提交的证据所反映的事实等,是否存在对关键事实的漏查和错查;二审和再审绝不能仅仅停留在原判决查明的事实上,更不能仅仅以一审判决查明的事实作为对二审和再审的唯一和不变的事实,否则办理二审和再审,被维持原判概率极高,毕竟在事实不变的情况下,仅仅以原判决法律适用错误而要求改判,可能性极小(因为法官办理案件远多于律师,在法律适用方面,从某种程度而言显然强于律师和当事人),且法律适用本身带有一定的主观性,既然带有主观性,也就意味着法官有一定的自由裁量权,此等自由裁量权,只要不存在本质上的错误,二审和再审法院一般都会尊重一审对法律的适用;同时,法律适用本身建立在事实基础上,不从根本上推翻或改变一审对事实的认定,而只从法律适用方面要求改判,除非一审法律适用存在根本上的错误,否则即便一审法律适用存在瑕疵,二审和再审过程中,法官也会维持原判决。

综上,办理二审和再审过程中,还是应重点从事实出发,重点审核原判决对事实的认定是否存在错误,然后在此基础上再结合法律适用,才能取得较好的效果。

相关法律规定:

《民事诉讼法》第 177 条规定:"第二审人民法院对上诉案件,经过审理,按照下列情形,分别处理:

(一)原判决、裁定认定事实清楚,适用法律正确的,以判决、裁定方式驳回上诉,维持原判决、裁定;

(二)原判决、裁定认定事实错误或者适用法律错误的,以判决、裁定方式依法改判、撤销或者变更;

(三)原判决认定基本事实不清的,裁定撤销原判决,发回原审人民法院重审,或者查清事实后改判;

(四)原判决遗漏当事人或者违法缺席判决等严重违反法定程序的,裁定撤销原判决,发回原审人民法院重审。

原审人民法院对发回重审的案件作出判决后,当事人提起上诉的,第二审人民法院不得再次发回重审。"

《民事诉讼法解释》第 332 条规定:"原判决、裁定认定事实或者适用法律虽有瑕疵,但裁判结果正确的,第二审人民法院可以在判决、裁定中纠正瑕疵后,依照民事诉讼法第一百七十七条第一款第一项规定予以维持。"

2. 重新确定诉讼策略

(1)策略 1:围绕争议焦点制定诉讼策略。

制定诉讼策略首先应该以本案争议焦点为基础,结合原一审对事实的认定和判决结果、各方提交的证据,综合确定。

本案中,各方无争议的事实是,经鉴定,加盖有 H 三建广西分公司的印章并非备案印章,以此为界,原告认为,结合本案其他证据,虽然印章并非备案印章,但本案庞某太签订合同以及后续履行行为、C 市住房和城乡建设局的处罚、调解委员会调解、马某光(H 三建广西分公司法定代表人)就案涉项目进行过考察、H 三建广西分公司为庞某太和庞某欢办理社保缴纳等足以证明,H 三建广西分公司以及 H 三建公司对该项目知情且并未反对,庞某太、庞某欢系 H 三建广西分公司员工,其行为构成表见代理,对 H 三建公司有效并应由 H 三建公司承担责任。

H 三建公司则认为,其对该项目毫不知情,也不认识庞某太和庞某欢,不应承担本案的责任。

因此,本案争议焦点为庞某欢以 H 三建公司名义与 L 公司签订的项目承包合同以及庞某太以H三建广西分公司名义与刘某福、秦某平签订的劳务分包合同是否构成表见代理。

根据《最高人民法院关于当前形势下审理民商事合同纠纷案件若干问题的指导意见》第13条，构成表见代理"不仅要求代理人的无权代理行为在客观上形成具有代理权的表象，而且要求相对人在主观上善意且无过失地相信行为人有代理权"。因此，应结合本案原告提交的证据以及法院认定的证据，重新考量这些证据是否符合上述规定，相对人（原告）在主观上是否善意且无过失，尤其是要针对原一审法院认定且据此确定构成表见代理的证据，从事实和法律，并结合检索的最高人民法院的判例，分析研判此部分证据能否达到原告证明目的，能否足以使法院认定本案构成表见代理。

（2）策略2：在策略1的基础上，如经审核，H三建公司以及H三建广西分公司确实与本案无关或者说从未参与本案，则应提供反驳证据，思路如下：

其一，如果H三建公司以及H三建广西分公司确实参与本案或者对本案知情，则H三建公司以及H三建广西分公司与发包人应存在往来函件、收付款行为、对于收到的款项应开具发票；反之，如果H三建公司以及H三建广西分公司未参与案涉项目且对该项目也不知情，与发包人之间必然无任何往来函件、无任何资金往来、未开具任何票据和收据，就此可以向法庭重点陈述，且可以收集相应证据证明双方之间无任何资金往来、无任何函件往来等。

其二，如果H三建公司以及H三建广西分公司确实参与本案或者对本案知情，必然或多或少存在采购材料、租赁机械或者至少与原告或案件涉及的其他主体（如材料商、机械出租方等）存在一定的资金、函件往来；反之，如H三建公司以及H三建广西分公司未参与该项目或对项目不知情，则与原告之间必然无任何往来函件、无任何资金往来、未开具任何票据和收据，就此可以向法庭重点陈述，且可以收集相应证据证明双方之间无任何资金往来、无任何函件往来等。

（3）策略3：案例检索，针对本案争议焦点、原告提供的证据，检索在类似情形下最高人民法院的认定，以确定本案是否构成表见代理，如不构成，则制作案例检索报告，报告应以最高人民法院裁判案例为据，结合本案争议焦点和原一审法院的认定，通过最高人民法院的裁判意见，推翻原一审对事实的认定和判决结果。

（4）策略4：从证据链而言，原告诉讼请求要成立，必须要先确定发包人L公司与"H三建广西分公司"签订的合同对H三建广西分公司有效，如果该合同对H

三建广西分公司不发生效力,则意味着H三建广西分公司并非案涉工程总承包人,也与项目无关,其自然无权以项目总承包人的身份将工程发包给刘某福和秦某平,因此应重点分析L公司与H三建广西分公司的合同是否对H三建广西分公司有约束力,即庞某欢是否构成表见代理,在此前提下,原告还必须证明原告与"H三建广西分公司"签订合同时,该合同符合表见代理的规定,对H三建广西分公司有约束力。

(5)策略5:对原告主张的诉讼请求,设置多条防线,而不能仅仅对原告主张和提供的证据进行否认,就此至少可以设置带有纵深的4条防线,具体如下:

其一,原告提供的证据不能证明原告与庞某太签订合同时,庞某太的行为属于表见代理;

其二,原告在签订合同过程中存在过错,即不符合表见代理规定的善意且无过失的要件,不应适用表见代理;

其三,本案中,所有的案涉主体,包括发包人、原告、庞某欢、庞某太以及所有指认收到H三建广西分公司款项的主体,均与H三建公司以及H三建广西分公司无任何资金往来,在此情况下,足以证明H三建公司以及H三建广西分公司并未参与本案合同的签订和履行,与本案无关,不应承担本案的责任;

其四,本案如判决H三建公司和H三建广西分公司承担责任,则此判决结果有违常理,对H三建公司以及H三建广西分公司而言明显不公,首先,如果本案H三建公司系承包人或H三建公司参与本案项目,则至少应与案涉任何一主体存在资金往来和函件往来,而本案却并非如此,可见,如判决H三建公司和H三建广西分公司承担责任有违常理;其次,如本案判决H三建公司和H三建广西分公司承担责任,其后果是,H三建公司和H三建广西分公司在本案中未收取任何一分钱,开具任何一张票据,却被无缘无故承担本案工程款的支付义务,该等后果对H三建公司以及H三建广西分公司而言,显然不公。

3.重新核实事实和证据,尤其重点核实以下事实和证据

(1)对原一审法院认定案件事实的依据和证据重新进行核实和梳理,确定该证据的真实性、合法性和关联性,尤其是对其中的内容进行审核,判断该证据是否能达到原告证明目的,原一审法院据此作出的事实认定是否符合法律规定以及依据该事实作出的逻辑推理是否符合法律规定。

对原告主张的请求权依据的事实进行逐一核实,即从形式和内容进行核实,

判断该等证据能否达到原告证明目的,是否有对被告有利的证据,如有,可以在二审法庭调查过程中重点阐述,也可以将该证据作为己方证据,在二审中提交。

(2)向当事人全面了解案件,尤其是涉案的关键事实需要向当事人全面了解,就本案而言,主要包括:

其一,被告H三建公司是否确实系该项目的总承包人,包括H三建公司是否参与了该项目的招投标,是否中标,何时中标,是否有中标通知书等。

目的:如果H三建公司未参与本案,也对本案毫不知情,则不可能参与投标,也不存在所谓的中标,更不会有所谓的中标通知书。

其二,被告H三建公司对案涉项目是否知情,是否与发包人L公司之间存在往来,包括资金往来、函件往来,是否向该项目派出过项目人员,是否参与了该项目管理。

目的:如果H三建公司未参与本案,也对本案毫不知情,与发包人L公司之间必然无任何资金函件往来,也不可能派人员到项目现场。

其三,被告H三建公司与原告刘某福、秦某平是否存在资金往来、函件往来以及任何方式的联系和联络。

目的:如果H三建公司未参与本案,也对本案毫不知情,与原告之间必然无任何资金函件往来。

其四,对于本案,原一审原告提交的证据中,涉及多个主体均确认收到H三建广西分公司的款项,逐一核实:H三建广西分公司是否向该等主体支付过款项,与对应主体是否存在合同关系,是否存在资金往来关系;如果H三建广西分公司未向该等主体转账付款,则该等主体所收款项是何人支付,以什么方式支付(现金还是转账),在支付时,是否向该等主体出具过授权书,即H三建广西分公司授权支付的授权书。

一审原告提交的证据中,原告主张庞某欢、庞某太系H三建公司以及H三建广西分公司员工,核实H三建公司以及H三建广西分公司与该等主体是否签订有劳动合同,是否存在工资发放记录,是否存在资金往来。

目的:如果H三建公司未参与本案,也对本案毫不知情,与庞某太、庞某欢主体之间必然无任何资金函件往来、未签订有劳动合同。

结合以上事项,需要核实是否存在资金往来的主体列表如下:

序号	对方主体名称	备注	证据来源
1	L公司	案涉项目发包人	
2	吴某波	发包人法定代表人	
3	刘某福	原告(案涉项目劳务分包人)	
4	秦某平	原告(案涉项目劳务分包人)	
5	庞某欢	所谓的H三建公司授权代表和员工	
6	庞某太	所谓的H三建公司授权代表和员工	
7	农某秀	原告所谓的H三建广西分公司项目工作人员(财务人员)	
8	罗某浩	原告主张罗某浩为H三建公司在案涉项目上的项目经理	原告一审证据目录(第三次提交)证据第22项:关于聘任罗某浩为项目经理的通知
9	杨某武	钢管出租人(确认收到H三建广西分公司支付的款项,确认单加盖有名称为"H三建广西分公司"印章)	原告一审证据目录(第二次提交)证据第15项:劳务工程款清单
10	罗某永	模板、混凝土、砌砖和抹灰的承包人(罗某永确认收到H三建广西分公司支付的款项,确认单加盖有名称为"H三建广西分公司"印章)	原告一审证据目录(第二次提交)证据第15项:劳务工程款清单
11	罗某	水泥、石灰材料款(罗某确认收到H三建广西分公司支付的款项,确认单加盖有名称为"H三建广西分公司"印章)	原告一审证据目录(第二次提交)证据第16项:所欠外债清单
12	孙某清	孙某清确认收到H三建广西分公司支付的款项,确认单加盖有名称为"H三建广西分公司"印章	原告一审证据目录(第二次提交)证据第16项:所欠外债清单

续表

序号	对方主体名称	备注	证据来源
13	韦某志	出具收据确认收到H三建广西分公司支付的房屋租金和散工工程款	未编制证据目录
14	赖某葵	出具收据确认收到H三建广西分公司支付的伙食费	未编制证据目录
15	张某友	出具收据确认收到H三建广西分公司支付的土方开挖款	未编制证据目录
16	张某伟	水电工程材料款（确认收到H三建广西分公司支付的款项，确认单加盖有名称为"H三建广西分公司"印章）	水电工程材料款（第二次提交）证据第16项：所欠外债清单
17	黄某荣	出具收据确认收到H三建广西分公司支付的砂子等材料运费	未编制证据目录
18	C市某混凝土有限公司	C市某混凝土有限公司确认收到H三建广西分公司支付的款项，确认单加盖有名称为"H三建广西分公司"印章	原告一审证据目录（第二次提交）证据第16项

（以上序号9~18，付款时间均为2016年2月5日。以上1~17项资金往来时间段：2014年6月1日至2018年8月30日）

其五，原一审判决中所述的马某光是什么人，与H三建公司是什么关系，是否如一审判决所谓的就该项目向H三建公司请示过，是何种方式请示（口头抑或书面），是否有相应证据；马某光与庞某太和庞某欢是何种关系（朋友关系、合作者关系或其他关系），马某光与庞某太和庞某欢就案涉项目是否存在资金往来。

其六，庞某太和庞某欢的身份，即二人与H三建公司以及H三建广西分公司的关系，是不是上述公司员工，上述公司是否确实为其购买过保险，如有，购买的时间是什么时间；为什么要为二人购买保险；还需考虑其他要素，即是否签订有劳动合同，是否有支付工资的记录，不能仅仅以缴纳社保作为判断是不是公司员工的唯一依据，就此需要检索有关案例。

4.对C市住房和城乡建设局对项目的处罚情况,南渡镇人民调解委员会对案件调解的情况,向C市住房和城乡建设局和南渡镇人民调解委员会调查核实以下事实

(1)住房和城乡建设局的处罚。有关处罚通知书是否按照H三建公司工商登记地址送达了有关文书,H三建公司是否对此提出了陈述和答辩。

目的:主要是核实H三建公司对该项目是否知情,如不知情,但在住房和城乡建设局处罚后是否参与或默许了该项目为H三建公司承包项目。

(2)南渡镇人民调解委员会的调解情况。所有的调解协议是否加盖有H三建公司或H三建广西分公司的印章;原告提交的调解协议均有庞某欢的签字,庞某欢在调解时是否出具了H三建公司或H三建广西分公司的授权书,授权书是否加盖有印章,如有,则加盖的印章是否真实;就有关调解事宜,调解委员会是否书面通知过H三建公司或H三建广西分公司;调解协议达成后,有关款项如何支付,是否系H三建公司通过其对公账户支付等。

- **原一审判决后,H三建公司代理律师在原二审开展工作的成果**

1.对C市住房和城乡建设局和C市城市综合执法大队对承建工程发出责令停止施工案件核实的情况如下:

经核实,C市城市管理综合执法队的停工通知等材料作出时间是2015年6月1日,在作出通知前,从未向H三建公司以及H三建广西分公司地址送达任何的陈述申辩材料,所有的材料和通知均是直接派人送至项目现场,在送达项目现场时,未核对签收人员的授权书,因此在该案件卷宗里面,未有任何送达给H三建公司的回执,即未有任何送达文书至H三建公司工商登记地址的快递回单、H三建公司盖章确认的送达回证等,未有任何H三建公司授权给签收材料人员的授权书等,代理律师就此事向H三建公司以及H三建广西分公司相关人员了解,均对此事毫不知情。

查询到以上事实后,二审代理律师向C市城市管理综合执法队调查收集了该案件的全部材料,作为二审证据提交给法院。

证明目的和对该证据的意见:

C市城市管理综合执法大队的材料无法证明是H三建公司承建案涉工程。H三建公司是否为本案项目承包人,并不以政府的处罚和确认为准,而是以H三建

公司是否实际参与了项目的投标并中标,随后与发包人签订了建设工程施工合同为准,因此该证据不足以达到原告证明目的。

关于能否作为认定表见代理的证据,本案所谓的劳务分包合同签订的时间是在 2014 年 12 月 26 日,原告刘某福交保证金 100 万元是在 2014 年 12 月 26 日缴纳 5 万元、2015 年 1 月 6 日缴纳 95 万元,要认定庞某太、庞某欢是否构成表见代理,应当是以签约和交款时此种因素是否导致原告刘某福、秦某平信赖庞某太、庞某欢是 H 三建公司的代理人并有代理权,但是本案 C 市城市管理综合执法大队的停工通知等材料的作出时间是在 2015 年 6 月 1 日,远远发生在签约和付款之后,与认定是否构成表见代理根本无关,即原告刘某福、秦某平在签订所谓的劳务分包合同时并未获知以上情况。退一步说,即使前述材料与认定表见代理有关,但是 C 市城市管理综合执法大队的所谓停工通知等材料只是间接证据,其无法免去原告刘某福提供证据证明构成表见代理的客观表象和其善意无过失的证明责任。而且,C 市城市管理综合执法大队是案外人,并非所谓的劳务分包合同的当事人,其无法知晓合同当事人在签约时的真实情况。换言之,C 市城市管理综合执法大队也是被骗的对象,因此其所作出的材料也不能认定及反向推导出庞某太、庞某欢在签订所谓的劳务分包合同时构成表见代理。同时,C 市城市管理综合执法大队所发出的责令停止施工通知书,采用的是现场留置的送达方式,并没有采取邮寄送达方式送达给 H 三建公司及其广西分公司,H 三建公司及其广西分公司涉诉前对该通知完全不知情。该通知现场送达回证系罗某浩签收,此人不是 H 三建公司及其广西分公司的员工且没有 H 三建公司或其广西分公司的授权,双方没有劳动合同也没有管理与被管理的关系,其签收行为不能代表 H 三建公司及其广西分公司。再者,根据 H 三建公司二审庭审时补充提交的 C 市城市管理综合执法大队出具的证明材料,执法大队对其提供的庞某欢以 H 三建公司代理人名义提交的相关举报材料无法核实其真实性、对庞某欢的身份也未作核实。因此,C 市城市管理综合执法大队的材料不能证明庞某太、庞某欢以 H 三建广西分公司名义实施的行为构成表见代理。

2. 对南渡镇人民调解委员会的调解情况的核实。

经核实,庞某欢等人以 H 三建广西分公司名义到南渡镇调解时,未提供任何 H 三建广西分公司的营业执照、授权书,所有调解协议均是由庞某欢签字,款项系由庞某欢委托 L 公司代付,并由收款人个人签字。

查询到以上事实后,二审代理律师向南渡镇人民调解委员会调查收集了该案件的全部材料,作为二审证据提交给法院。

证明目的和对该证据的意见:

以 C 市南渡镇人民调解委员会出具的调解笔录和协议来认定庞某欢、庞某太是 H 三建公司及其广西分公司的委托代理人或认定庞某太、庞某欢以 H 三建广西分公司名义实施的行为构成表见代表是错误的。根据 H 三建公司提供的 C 市南渡镇人民调解委员会出具的调解笔录档案材料,该人民调解委员会在调解时,没有对庞某太、庞某欢等人身份进行审核,没有 H 三建公司及其广西分公司的授权委托书,且在 2018 年 2 月 2 日原一审法院对该镇副镇长刘某坚的询问笔录第 2 页载明:"问:H 三建公司的工作人员来过政府解决纠纷?答:当时我们政府并不清楚分包情况。问:你是否清楚 L 公司分包工程给 H 三建广西分公司?答:不清楚。"从以上记载可见,该人民调解委员会并不清楚案涉工程的承建方是何单位。因此,以该人民调解委员会所作出的调解笔录和协议来作为认定庞某太、庞某欢构成表见代理并无依据。

综上,无论是 C 市城市管理综合执法大队的材料,还是 C 市南渡镇人民调解委员会的材料,这些材料的制作时间或者里面记载的时间都是在所谓的劳务分包合同签订和交款时间之后,即原告刘某福、秦某平在所谓的劳务分包合同签订和交款之时是没有获知的,若以该事后获知的内容来反推原告刘某福、秦某平在签约时相信庞某太、庞某欢有权代表 H 三建公司以及 H 三建广西分公司,并不能令人信服,也无事实依据。

3. 关于对 H 三建公司是否知情该项目,是否系承包人以及与本案各相关主体资金往来的核实。

经核实,H 三建公司对该项目并不知情,直到收到 C 市法院的传票才知悉该项目,因此 H 三建公司与该项目的所有主体无任何资金函件的往来。就此,H 三建公司委托了负责年审的审计单位对 H 三建公司与案涉项目所有主体是否存在资金往来出具专项审计报告,以证明 H 三建公司与案涉各主体并无任何资金往来。

经向时任 H 三建广西分公司负责人马某光了解,其确实曾经到过项目,但已经明确告知庞某欢不同意做该项目,其未曾想到庞某欢会私刻 H 三建广西分公司印章承接该项目。

H三建广西分公司自从开设账户后,几乎没有开展经营活动,因此所有对公账户流水基本为0,就此,打印了H三建广西分公司各对公账户流水,并作为二审证据提供给法庭。

以上证据证明目的:本案中没有任何证据证明H三建公司以及H三建广西分公司参与了本案涉案合同的签订和履行,是庞某太、庞某欢等人假冒H三建公司名义所从事的活动,故在合同缔结时和履行过程中庞某太、庞某欢的民事行为均不具有表见代理的客观表象形式要素。H三建公司以及H三建广西分公司与本案案涉项目无关。

4. 对原告在原一审提供的证据、庭审笔录、法官的询问笔录再核实,找出对被告H三建公司以及H三建广西分公司有利的事实和证据,具体如下:

(1) 原告提供的证据2和证据3企业信用信息公示报告,该报告证明,H三建公司及其广西分公司的信息,包括电话、地址、负责人等均公示在国家企业信用信息公示系统上,都可以通过公开渠道简单查询得到,比如原告刘某福、秦某平提供的证据中有其通过国家企业信用信息公示系统查询并打印的H三建公司及其广西分公司的企业信用信息公示报告,其中H三建公司公示的电话为02×-87257×××,电子邮箱:HGJ×××@163.com,以上仍在使用且可以通过公开渠道查询。但从签订合同至今,原告刘某福、秦某平没有去核实,没有履行核查义务,其存在重大过失。

(2) 原告提供的证据8"广西农村信用社转账业务凭证两张",该转账业务单显示,原告主张的100万元保证金系刘某福于2014年12月26日支付5万元、2015年1月6日支付95万元,收款账户名称为庞某太。

证明目的:按照所谓的刘某福、秦某平与"H三建广西分公司"签订的劳务分包合同约定,该100万元保证金应支付给H三建广西分公司,对庞某太个人收取100万元保证金的行为,既没有合同约定,也没有H三建公司及其广西分公司明确授权,更无相应的证据证明庞某太有权代理收取该款等事项的客观事实,因此,庞某太收取该100万元保证金的行为不构成表见代理,应属于其个人行为,故退还保证金100万元也应该是庞某太、庞某欢自行承担。

(3) 原告提供的证据18"C市南渡镇人民调解委员会出具的《人民调解记录》",该调解记录中有一份系L公司与庞某太签署的笔录,该笔录中,L公司强调"复工要求H三建公司提供所有证件材料,机构代码,法人资格证明"。

证明目的:该笔录证明,L公司与庞某欢签订所谓的建设工程施工合同时,未看到并核实H三建公司的营业执照、法人资格证明、授权书,以上足以证明L公司在与庞某欢签订建设工程施工合同时存在过错。

(4)原一审法官向L公司法定代表人吴某波询问笔录。在2018年7月25日原一审法官向L公司法定代表人吴某波询问笔录第2页记载内容如下:

审:H三建广西分公司与你公司签订《建设工程施工合同》,合同上有庞某欢的亲笔签名,在订立合同的时候马某光是否到过现场?

吴:马某光当时没有在场,我也没有见过马某光。

审:H三建公司在诉讼中提出的观点认为庞某欢没有公司资质,属于诈骗,你对此有什么意见?

吴:当时庞某欢有点乱搞,并且我在当时发现了H三建公司并没有向广西分公司这边出具相关的授权委托书来做工程,我才与庞某欢发生了矛盾。

证明目的:从以上笔录可以看出,在签订所谓的建设工程施工合同时庞某欢并没有H三建公司及其广西分公司的授权,且L公司已经明知道庞某欢没有授权,没有取得H三建公司的同意,L公司在明知上述事实的情况下仍与庞某欢签订建设工程施工合同,L公司显然没有任何的善意,相反却存在重大过失,此种情况下假冒H三建公司签订的合同无论如何都不构成表见代理。

从以上可以看出,L公司明知道庞某欢没有H三建广西分公司的合法授权仍与庞某欢签订合同,其在签订合同时不具有善意且存在重大过失,因此,假冒H三建公司与L公司签订的建设工程施工合同显然对H三建公司不发生法律效力,H三建公司并非一河两岸项目的承包人,既然H三建公司不是一河两岸项目的承包人,也就谈不上其将该工程发包给刘某福和秦某平。

(5)原一审过程中,法官向南渡镇副镇长的询问笔录。

2018年2月2日原一审法官对该镇副镇长刘某坚的询问笔录第2页记载:"问:H三建公司的工作人员来过政府解决纠纷?答:当时我们政府并不清楚分包情况。问:你是否清楚L公司分包工程给广西分公司?答:不清楚。"

证明目的:从该笔录可见,人民调解委员会并不清楚案涉工程的承建方是何单位,因此,以该人民调解委员会所作出的调解笔录和协议来作为认定庞某太、庞某欢以H三建广西分公司名义实施的行为构成表见代理并无依据。

二审代理律师将此份笔录作为二审证据提供给法庭。

(6)原一审过程中,法官对庞某欢、庞某太的询问笔录。

在 2017 年 6 月 23 日向庞某欢的询问笔录:

审:你是不是 H 三建广西分公司的职工?

庞:不算是职工,我和该公司负责人马某光是朋友,然后是挂在他公司承包工程。

审:你从 L 公司取得这个项目,实际施工人是谁?

庞:这个是我和庞某太合伙做的。

审:你和庞某太是否签订了协议?你们两个是什么关系?

庞:没有,我和庞某太是叔侄关系。

从以上可以看出,庞某欢自己也认为其不是 H 三建广西分公司员工,其与庞某太是叔侄关系,且是合伙,既然 H 三建广西分公司不认为庞某欢是公司员工,且庞某欢本人也不认为自己是公司员工,即便存在所谓的社保缴纳记录,也不能认定庞某欢为 H 三建广西分公司员工。

(7)一审过程中,法官对刘某福和秦某平的询问笔录。

2017 年 7 月 28 日马某光参加的庭审笔录第 6 页中,法官在调查原告刘某福、秦某平与马某光关系时,有关笔录内容如下:

法官:是否认识本案被告?

原告:不认识。

从上述内容可以看出,马某光是否到过现场、庞某太是否向马某光汇报过该项目与原告刘某福、秦某平等人信赖庞某太、庞某欢毫无关系,因为直至庭审时原告刘某福、秦某平都不认识马某光,换言之,假使马某光真到过项目现场查看,此时刘某福等也不在场,因此根本不可能因为马某光到了现场而导致刘某福、秦某平在与庞某太和庞某欢签约时产生所谓的信赖。

就算是马某光到现场查看项目时刘某福和秦某平在现场,但刘某福、秦某平在与庞某太、庞某欢假冒 H 三建广西分公司名义签订合同时,明知道马某光是广西分公司负责人,其不向马某光核实工程承包一事,显然具有重大过错,因此本案不符合表见代理中相对人善意且无过错的要求。

- **案例检索**

对与本案有关的争议焦点、如何认定表见代理、本案证据能否构成表见代理等,原二审律师做了大量的案例检索,并将检索报告提交给法庭,用于证明本案不构成表见代理:案涉合同在签订时没有任何表见代理表象,一审原告和L公司在与假冒的H三建公司以及H三建广西分公司签订合同时存在过错。检索报告如下:

因上诉人H三建公司、H三建广西分公司不服C市人民法院作出的一审民事判决,向市中级人民法院提起上诉,现H三建公司、H三建广西分公司就本案争议焦点,结合最高人民法院类似案件的裁判意见,认为:根据最高人民法院的类似案例的裁判意见,刘某福、秦某平主张本案构成表见代理不应获得支持,以下就各方诉辩意见,结合最高人民法院的裁判案例,提出以下意见:

1.关于所谓员工实施的行为是否构成表见代理。

刘某福、秦某平认为:H三建广西分公司已经通过实质行为来认可庞某欢、庞某太为上诉人H三建广西分公司员工,为涉案工程的代理人。

以上意见毫无根据,且有悖本案事实,理由如下:

(1)庞某太、庞某欢二人并非H三建公司、H三建广西分公司员工,在本案中,刘某福、秦某平未提供任何庞某太、庞某欢与H三建公司、H三建广西分公司签订的劳动合同、工资发放证明文件,相反,在本案一审中,庞某欢自行确认其并非H三建公司、H三建广西分公司的员工。

(2)即使庞某太、庞某欢系H三建广西分公司员工,其行为也不构成表见代理,即庞某太与庞某欢是不是公司员工与代理和表见代理无关,其行为对H三建公司和H三建广西分公司并无效力。

①2020年9月12日《最高人民法院对十三届全国人大三次会议第7477号建议的答复》载明:"最高人民法院发布的《全国法院民商事审判工作会议纪要》对此进行了明确,即应当着重考察盖章之人有无代表权或代理权来认定合同效力,有代表权或代理权的人,即便加盖的是假公章,也应认定其构成有权代表或有权代理。"

再根据最高人民法院民事审判第二庭编写的《〈全国法院民商事审判工作会议纪要〉理解与适用》(人民法院出版社2019年版)第290页载明,既然盖章行为的本质在于表明行为人从事的是职务行为,而从事职务行为的前提是,该自然人不仅须是公司的工作人员,而且还需要有代表权或代理权。这里的代表权指的是法定代表人的代表权。以本案为例，庞某欢、庞某太签订本案相关协议时，并未取得 H 三建公司任何授权。如该书所载明的，"盖章之人如无代表权或超越代理权的，则即便加盖的是真公章，该合同仍然可能会因为无权代表或无权代理而归于无效"。

②最高人民法院裁判案例。

案例1：（公报案例）李某勇与中国农业银行股份有限公司重庆云阳支行储蓄存款合同纠纷案

[案号：(2013)民提字第95号；裁判结果：维持原判]

• **最高人民法院主要裁判意见**

被告方中国农业银行股份有限公司（以下简称农行）负责人即云阳支行行长谭某力作出的行为并不构成表见代理。

构成表见代理，相对人需善意且无过失。"相对人善意且无过失"构成应当包含：一是相对人相信代理人所进行的代理行为属于代理权限内的行为；二是相对人无过失，即相对人已尽了充分的注意，仍无法否认行为人的代理权。案件当事人存在未尽注意合理义务的过失，因此不够成表见代理。

本案中，李某勇不符合善意且无过失的表见代理要求：

一是对谭某力行长的身份未经核实即轻信。李某勇是经刚认识的刘某等陌生人介绍认识"行长"谭某力，谭某力接待李某勇时并未在农行云阳支行办公地点，而是在农行云阳支行云江大道分理处的办公室，作为"行长"的谭某力亲自带李某勇到柜台办理"存款"业务，李某勇因为疏忽，对谭某力作为"行长"不符合常规的做法未产生怀疑，未尽合理注意义务。

二是李某勇对存款过程存在的诸多不合常规操作未产生怀疑。谭某力交给李某勇的《承诺书》载明，农行云阳支行在三个月存款期内承诺对款项"不抵押、不查询、不提前支取"。

因李某勇不符合善意无过错的表见代理构成要件要求，谭某力的行为不构成表见代理。李某勇向谭某力作出的存款意思表示不能视为向农行云阳支行作出的意思表示。李某勇关于在农行云阳支行办公室这一特定环境内，造成其相信谭某力行长身份，确信谭某力代表农行云阳支行，存款业务无须储户亲自到柜台向柜员说明的观点，缺乏依据，本院不予采信。

案例2：厚某昇与中国石油天然气股份有限公司长庆油田分公司第二采油厂、长庆油田分公司第二采油厂华池采油作业区合同纠纷案

[案号:(2016)最高法民申3688号;裁判结果:维持原判]

• 最高人民法院裁判意见

第一，合同相对人主张构成表见代理，不仅应举证证明代理行为存在诸如合同书、公章、印鉴等有权代理的客观表象，而且应当证明其善意且无过失地相信行为人有代理权。

第二，作为国有企业员工，不论是否有权签订合同，由其以个人名义直接收取而非由单位财务部门收取款项明显违背了一般人对国有企业财务管理的基本常识。

第三，案涉建设工程依《招标投标法》第3条属于必须通过招标程序，但是无权代理人未经任何法定程序独自代表单位签订建设工程合同，与法律规定相悖。

第四，双方存有借民事行为各自获取非法利益的情形。综上，相对人无法证明其善意且无过失，法院认定不构成表见代理。

最高人民法院裁判原文:本院经审查认为，原《合同法》第49条规定的表见代理制度不仅要求代理人的无权代理行为在客观上形成具有代理权的表象，而且要求相对人在主观上善意且无过失地相信行为人有代理权。合同相对人主张构成表见代理的，应当承担举证责任，不仅应当举证证明代理行为存在诸如合同书、公章、印鉴等有权代理的客观表象，而且应当证明其善意且无过失地相信行为人有代理权。本案中，首先，杨某兵作为国有企业的员工，无论其是否具有第二采油厂和华池采油作业区授予签订合同的权利，由其个人以各种名义直接收取而非由单位财务部门收取款项，明显违背了一般人对国有企业财务管理的基本常识。其次，申请人厚某昇所主张其与代表第二采油厂的杨某兵签订的多份建设工程合同合法有效，但根据我国《招标投标法》第3条的规定，全部或者部分使用国有资金的项目必须通过招标程序，但杨某兵未经任何法定程序独自代表单位签订建设工程合同，与法律规定相悖……因此，原审法院认定本案杨某兵的行为不构成表见代理、第二采油厂和华池作业区的过失与厚某昇的损失之间不存在因果关系、对厚某昇因杨某兵诈骗造成的损失不承担责任，并无不当。

2.关于如何认定相对人是否善意且无过失。

(1)刘某福、秦某平认为:H三建广西分公司和(业主)L公司签订《建设工程施工合同》和《广西C市南渡镇一河两岸旅游基础设施项目补充协议》在前,刘某福、秦某平与庞某太以H三建广西分公司名义签订合同在后,马某光也到现场考察,因此其不存在过错。

(2)H三建公司和H三建广西分公司认为:刘某福、秦某平在签订所谓的分包合同时,已明知H三建广西分公司的负责人是马某光,但并未向H三建公司及其广西分公司核实庞某太、庞某欢等人身份及H三建公司是否实际承包涉案工程等事宜,在所谓的分包合同缔结前及缔结后均没有要求庞某太、庞某欢等人提供H三建公司及其广西分公司的授权委托书,对于与假冒的H三建广西分公司签订的所谓劳务分包合同过程中,刘某福、秦某平不具有任何的善意,且二人存在重大过失。尤其是,在与庞某太签订合同、履行合同过程中,既没有核实其身份,也未查看任何授权书,其本身具有重大过错。

(3)关于认定表见代理相对方是否存在过错的最高人民法院裁判案例。

案例1:抚州市金锋房地产开发有限公司、福建三盛房地产开发有限公司股权转让纠纷案

[案号:(2017)最高法民申2719号;裁判结果:维持原判]

•最高人民法院裁判意见

第一,是否构成表见代理,取决于是否具有权利外观,相对人是否善意且无过失。本案中相对人同无权代理人订立合同时,无权代理人未出示被代理人的授权文书,不存在权利外观;在协议订立时相对人明知无权代理人非公司法定代表人,并未要求其出示相关授权委托手续,也未向被代理人核实其代理权,存在重大过失。综上,不构成表见代理。

最高人民法院裁判原文:本院经审查认为,关于林某东以福建三盛房地产开发有限公司(以下简称三盛公司)名义与抚州市金锋房地产开发有限公司(以下简称金锋公司)签订《股权转让合同》的行为是否构成表见代理的问题。原《合同法》第49条规定:"行为人没有代理权、超越代理权或者代理权终止后以被代理人名义订立合同,相对人有理由相信行为人有代理权的,该代理行为有效。"根据该条规定,表见代理是无权代理的一种例外,是否构成表见代理,取决于林某东是否具有代理权外观,以及金锋公司是否善意无过失。金锋公司为证明这一主张,提供了一系列媒体报道资料,说明在政府的宣传口径中林某东一直以三盛集团董事长的身份出现,并提出林某东系三盛公司股东南安辉侨温泉花园发展有限公司的法定代表人、与三盛公司法定代表人林某滨是兄弟关系等事实,主张其有理由相信林某东有代理权。本院认为,上述事实不足以证明林某东的行为构成表见代理。首先,林某东的行为不具备代理权外观。林某东签署《股权转让合同》时并未出示任何三盛公司出具的授权文书,金锋公司主张的上述事实即使存在,也仅能说明林某东与三盛公司具有间接持股等关联关系,而不能说明林某东具备代理三盛公司处分股权的权利。

第二,相对人在明知代理人并非被代理人公司法定代表人,且在合同约定将款项转入非被代理人名下的情况下,既未向被代理人核实其代理权,也未要求出具授权书,而仅凭媒体报道等因素相信其有代理权而签订合同,存在重大过失。

最高人民法院的裁判原文:金锋公司信赖林某东具有代理权并非善意无过失。案涉《股权转让合同》处分的是三盛公司持有的抚州三盛房地产开发有限公司的100%股权,合同总价款高达145,718,000元,在金锋公司明知三盛公司的法定代表人是林某滨而非林某东,且合同约定将相关价款汇入添光公司、香港三盛实业公司,而非三盛公司账户的情况下,金锋公司既未向三盛公司核实林某东的代理权,亦未要求林某东出具书面的授权委托手续,而是仅凭媒体报道等因素径行相信林某东有权代表三盛公司签订合同,存在重大过失。因此,原审法院认定林某东的行为不构成表见代理,事实依据充分。

3.关于签订合同后,以此后政府和人民调解委员会的认知来推定签订合同时构成表见代理能否成立的问题。

(1)H三建主要观点:以C市城市管理综合执法大队的材料来认定H三建公司承建案涉项目是错误的。本案所谓的分包合同签订的时间是在2014年12月26日,刘某福交保证金100万元的时间是在2014年12月26日缴纳5万元、2015年1月6日缴纳95万元,要认定庞某太、庞某欢是否构成表见代理,应当是以签约和交款时有关证据和事实是否导致刘某福、秦某平信赖庞某太、庞某欢是H三建公司的代表,但是本案C市城市管理综合执法队的停工通知等材料的作出时间是在2015年6月1日,远远发生在签约和付款之后,与认定是否构成表见代理无关。

无论是C市城市管理综合执法大队的材料,还是C市南渡镇人民调解委员会的材料,抑或庞某太、庞某欢的社会保险材料,这些材料的制作时间或者里面记载的时间都是在所谓的分包合同签订和交款时间之后,即在所谓的分包合同签订和交款之时上述所述事实并未发生,若以事后发生的事实来反推刘某福、秦某平在签约付款时相信庞某太、庞某欢有代理权,并不能令人信服,也无事实依据。

(2)最高人民法院的裁判案例。

案例1:江西宏安房地产开发有限责任公司、南昌县兆丰小额贷款股份有限公司企业借贷纠纷案

[案号:(2017)最高法民再209号;裁判结果:改判]

• **最高人民法院主要裁判意见**

第一,相对人基于对政府公权力部门信任而相信对方有代理权,但政府部门办理抵押登记时间晚于相对人与代理人签订合同的时间,以此认定相对人相信代理人有代理权,依据不足。

最高人民法院裁判原文:关于138号案件中张某生利用私刻的宏安公司的公章办理抵押登记的事实能否用以证明本案中兆丰公司的合理信赖问题。本案借款、担保合同与138号案件中的借款和担保合同系于2012年4月27日同时签订,而弋阳县房管局办理抵押登记的时间是2012年9月28日。兆丰公司关于其基于对公权力部门的信任而相信张某生确实能够代表宏安公司提供担保的诉讼理由,理据不足,本院不予采信。原审判决以张某生使用的该枚印章已为相关政府职能部门确认,兆丰公司基于对该枚公章的合理信赖利益应当得到保护的认定,未能根据法律规定正确审查、认定公司为他人提供担保的代表和代理权限,仅以印章的真伪作为宏安公司是否应当承担责任的判断依据,对法律的理解并不正确,本院予以纠正。

而在本案中,无论是张某生与宏安公司之间的挂靠关系,还是张某生因此而持有相关印章、文件的事实,均不足以表彰其代理权限的存在。首先,张某生挂靠宏安公司开发城北汽车站地产项目的事实,使张某生享有以宏安公司名义对外开展与该房地产开发有关的通常经营业务的代理权外观,但该代理权外观并不能延展至为他人提供担保这一特别事项方面。本院注意到,弋阳县弋江镇杭南长高速铁路客运专线协调领导小组于 2014 年 7 月 9 日所出具的证明,是在一审法院审理本案期间发生,并非兆丰公司在签订保证合同时获知的事实。若以该节事后获知的事实来反推兆丰公司在签约时对张某生代理权限的判断,并不能令人信服。

第二,代理人此前挂靠在公司名下开展经营,但在开展具体业务时,未取得公司授权的,构成无权代理。

最高人民法院裁判原文:本案中,张某生挂靠在宏安公司名下,从事弋阳×××北街居委会城北汽车站的土地开发项目,但就案涉担保事宜,宏安公司不仅没有授权张某生为罗某福的借款向兆丰公司提供担保,且事先并未获悉此节事实,故依法应当认定张某生以宏安公司的名义与兆丰公司签订案涉《保证/最高额保证合同》的行为系无权代理。

第三,表见代理的本质为无权代理,判断是否构成表见代理要从是否具有表见代理的外观、相对方对相关权利外观信赖是否合理、被代理人对该权利外观的存在是否具有可归责性及其程度这三个方面综合考量。

首先,无权代理人是否具有表征代理权存在的外观:在相对人获得了被代理人的章程、股东出资信息、组织机构代码证等证据材料后,已经实际知道无权代理人不是被代理人的股东、法人,仅凭借无权代理人持有印章、贷款卡及自称为被代理人法定代表人的姐夫的口头说明,并不足以证明无权代理人享有相应的代理权外观。

其次,兆丰公司(合同相对人)对相关的权利外观的信赖是否合理:①相对人知道该合同事项的签订需要被代理人公司决议通过,即便是被代理人的法定代表人也不能决定。②合同履行过程中,相对人既未向被代理人核实无权代理人的代理权限,亦未要求无权代理人出示委托书、公司决议等能够证明代理权限存在的证据,被代理人的行为既与其公司经营业务特性不符,也未尽通常情形下的注意义务。③原审判决以张某生使用的该枚印章已为相关政府职能部门确认,兆丰公司基于对该枚公章的合理信赖利益应当得到保护的认定,未能根据法律规定正确审查、认定公司为他人提供担保的代表和代理权限,仅以印章的真伪作为宏安公司是否应当承担责任的判断依据,对法律的理解并不正确,本院予以纠正(最高人民法院认为私刻印章即便被职能部门确认,也不必然导致相对人能够以此要求被代理人承担无权代理的法律后果,笔者注)。

最后,被代理人对该权利外观的存在是否具有可归责性及其程度:①虽然被代理人与无权代理人存在挂靠关系,客观上无权代理人有职务代理的权利外观,但是仅仅局限在工程开发,而涉案合同事项与挂靠工程开发无关;②本案中并无证据表明被代理人同意无权代理人另行刻制印章或者对无权代理人私刻其印章对外开展民事活动存在放任不管的情形。

综上,不构成表见代理。

第四,在合同签订后,相对方未要求对方出示委托书等证明有权代理的证据,相对方未尽到注意义务且存在重大过失。

最高人民法院裁判原文:在张某生所提交的材料既不能证明其系宏安公司的股东,又不能证明其系宏安公司的实际控制人的情况下,在2012年4月17日签订合同至9月29日实际发放贷款这一长达五个多月的时间内,既未向宏安公司核实张某生的代理权限,亦未要求张某生出示委托书、公司决议等能够证明代理权限存在的证据,兆丰公司的行为既与其公司经营业务特性不符,也未尽通常情形下的注意义务。本案中,只要兆丰公司向宏安公司做进一步核实了解,就可以获悉张某生的行为系无权代理,由此可以认定,兆丰公司对张某生的无权代理行为至少属于因重大过失而不知。

4.关于刘某福等将款私自转给庞某太的行为是否构成表见代理。

(1)刘某福、秦某平认为:因庞某太持有H三建广西分公司印章,在与刘某福、秦某平签订合同时都是以H三建公司名义,且将款支付给农某秀后,庞某太向其出示了加盖有H三建广西分公司印章的收据,因此其对100万元款项的支付系善意且无过失,庞某太的行为构成表见代理。

(2)H三建公司认为:对于H三建公司及其广西分公司而言,庞某太、庞某欢并非H三建公司员工,其二人签订所谓的分包合同及收取保证金100万元的行为对H三建公司而言不构成表见代理。

(3)最高人民法院裁判案例:

案例:宁夏龙海房地产开发有限公司与宁夏合木生物技术开发有限公司、杨某国、杨某宁、韦某荣合作开发房地产合同纠纷案

[最高人民法院(2005)民一终字第94号]

- **主要裁判意见**

　　虽然杨某签收《通知》和签订了《补充协议》的行为构成表见代理,但收取投资款的行为不能认定构成表见代理。对于合作开发过程中资金投入的问题,双方在《联合开发协议书》中已有明确约定;此外,双方还对资金专户及相关财务制度作出了明确具体的约定。对杨某个人以公司名义收取对方公司款项的行为,既没有合同约定,也无明确授权,更无相应的证据证明杨某有权代理收取投资款等事项的客观事实。因此,杨某收取投资款的行为不构成表见代理。

　　5. 综上所述,H三建公司并非涉案工程的承包方,庞某太、庞某欢以H三建广西分公司名义与L公司和刘某福、秦某平签订所谓的建设工程施工合同、分包合同的行为,并不构成表见代理,因此,H三建公司及其广西分公司在本案中不应承担任何责任。

- **广西壮族自治区高级人民法院在原告申请再审后作出的最终裁判意见**

　　本案发回重审后,一审判决驳回刘某福、秦某平对H三建公司及H三建广西分公司的诉讼请求,刘某福、秦某平不服提起上诉,二审法院维持原判;二审判决后,刘某福、秦某平向广西壮族自治区高级人民法院申请再审,广西壮族自治区高级人民法院裁定驳回其再审申请。

　　广西壮族自治区高级人民法院经审查认为,关于H三建广西分公司、H三建公司是否应承担本案责任的问题。代理人以被代理人名义签订合同,须取得合法授权。庞某欢、庞某太在签订《广西C市南渡镇一河两岸旅游基础设施建设项目补充协议》和《建设工程劳务分包合同》时,都是以H三建广西分公司委托代理人或代表的名义签名并加盖"H三建广西分公司"公章,但庞某欢、庞某太签订上述合同时,并未取得H三建广西分公司的委托授权,且加盖的公章后来被证实为假公章。刘某福支付的保证金,未转账到H三建广西分公司的账户,而是转给庞某太。本案中无充分的证据证明庞某欢、庞某太是H三建广西分公司的工作人员,也无证据证明庞某欢、庞某太与H三建公司存在内部承包合同关系或挂靠关系,同时本案中亦无庞某欢、庞某太持有H三建广西分公司工作人员的身份证明等能使他人相信庞某欢、庞某太有权代理的其他外观证据。刘某福、秦某平主张庞某欢、庞某太自认H三建广西分公司为其办理了安全员证和上岗证,庞某欢、庞某太上述自认不适用于H三建广西分公司的自认,且缺乏证据支持,应不予采纳。本案中,亦没有证据证实 H 三建广西分公司、H 三建公司曾向刘某福、秦某平支付过工程款。虽然 H 三建广西分公司负责人马某光曾到过案涉项目工地考察,但该行为并不视为 H 三建广西分公司同意参与该项目工程建设并与刘某福、秦某平签订合同。据此庞某欢、庞某太在本案中不具有对外代表 H 三建广西分公司的表象,不构成表见代理,其实施的行为系个人行为,行为后果应由其自行承担。刘某福、秦某平要求 H 三建广西分公司、H 三建公司对本债务承担责任的主张,缺乏理据,原审法院未予支持并无不当。至于本案法律适用的问题。原《合同法》第 49 条与原《民法通则》(2009 年修正)第 66 条并无矛盾,相反,庞某欢、庞某太事前未取得 H 三建广西分公司委托授权,事后未经过 H 三建广西分公司的追认,也没有充分证据证实 H 三建广西分公司知道庞某欢、庞某太以其名义签订合同而不作否认表示,故本案不属于原《民法通则》(2009 年修正)第 66 条规定的"本人知道他人以本人名义实施民事行为而不作否认表示的,视为同意"的情形。综上,刘某福、秦某平的再审申请不符合《民事诉讼法》第 200 条规定的情形。

实战点评与分析

　　同样的案件事实,但不同的策略、技巧和方法,却导致两种截然不同的结果,其中缘由值得深思和总结。从诉讼而言,基本围绕事实和法律适用展开,双方争议的无非也就是事实和法律适用,如何能让法官接受己方主张的事实和法律适用,需要办案人员在事实和证据方面做得更全面,更扎实;在法律适用方面,想得更周全,同时应进行案例检索并制作案例检索报告。具体如下:

　　1. 任何诉讼案件,必须以本案争议焦点(本案争议焦点为是否适用表见代理)为中心,可重点以原告提供的证据、被告提交而原告对真实性无异议的证据和事实、一审庭审笔录和询问笔录入手,寻找一切足以推翻原告请求权依据的事实和证据。

　　之所以从原告提供的证据、被告提交而原告对真实性无异议的证据和事实、一审庭审笔录和询问笔录入手,寻找一切足以推翻原告请求权依据的事实和证据,是因为通过上述证据归纳和反映的事实原告一般不持有异议(如有异议,最多只是对该证据证明目的有争议),通过各方无异议的事实来推理和论述,更容易让法官接受。

　　以本案为例,双方争议焦点为本案能否适用表见代理的规定,原告主张本案应适用表见代理,被告则认为,结合本案事实,不符合表见代理的规定,因此,二审代理律师结合原告一审中提供的证据进行分析:证据2和证据3"企业信用信息公示报告",证据8"广西农村信用社转账业务凭证两张",证据18"C市南渡镇人民调解委员会出具的《人民调解记录》",一审过程中的庭审笔录,法官对南渡镇副镇长的询问笔录等。经对以上证据分析后认为,上述证据不仅不能证明原告证明目的反而证明本案中,原告在与庞某太签订劳务分包合同时存在过错,且本案缺乏表见代理的表象,因此本案庞某太以H三建广西分公司名义与刘某福、秦某平签订合同的行为不构成表见代理,该合同后果由庞某太自行承担。

2. 对于原告的主张,设置多条纵深防线,而不仅仅设置单一的防线:原一审中,H三建公司的防线为,本案加盖的名称为H三建广西分公司印章并非备案印章,系假冒的印章,因此H三建公司并非本案适格被告,不应承担本案责任,代理人的策略为对原告提供的证据全盘否定三性;原二审中,对于一审原告主张,代理律师通过对原告提供的证据、一审笔录、询问笔录进行分析认为,原一审原告提供的证据不仅不能达到其证明目的,反而证明本案原告主张的表见代理事实不能成立,在此基础上,原二审代理律师还收集了其他能否构成表见代理事实的证据等,就此,原二审代理律师设置至少以下四道防线:

其一,原告提供的证据不能证明原告与庞某太签订合同时,庞某太的行为属于表见代理;

其二,原告在签订合同过程中存在过错,不应适用表见代理;

其三,本案中,所有的案涉主体,包括发包人、原告、庞某欢、庞某太以及所有指认收到H三建广西分公司款项的主体,均与H三建公司以及H三建广西分公司无任何资金函件往来,在此情况下,足以证明H三建公司以及H三建广西分公司并未参与本案合同的签订和履行,与本案无关,不应承担本案的责任;

其四,本案如判决H三建公司和H三建广西分公司承担责任,则此判决结果有违常理,且对H三建公司以及H三建广西分公司明显不公,即如果本案H三建公司系承包人或H三建公司参与本案项目,则至少应与案涉任何一主体存在资金往来和函件往来,而本案却并非如此,可见,如判决H三建公司和H三建广西分公司承担责任有违常理。如本案判决H三建公司和H三建广西分公司承担责任,其后果是,H三建公司和H三建广西分公司在本案中未收取任何一分钱,未开具任何一张票据,却被无缘无故承担本案工程款的支付义务,该等后果对H三建公司以及H三建广西分公司而言,显然不公。

3. 对于原告提交的证据,不应简单地对证据三性予以否定,而应从证据的形式、内容结合原告证明目的来论述,才能取得较好的效果。

以本案为例,原告提供证据20和证据21"责令停止建设通知书"、建设行政执法文书送达回证。

原告的证明目的为,该证据证明H三建广西分公司为案涉项目承包人,而一审法院则以此作为认定本案构成表见代理的证据,就此,二审代理律师对该证据并非简单地否定,而是重点从上述证据的内容,结合最高人民法院的裁判案例进行重点论述,最终认为该证据不足以证明原告的证明目的,更不得作为认定构成表见代理的证据,具体论述见上文。

4. 对原告提供的证据、庭审笔录和法官询问笔录,应认真分析,寻找其中对己方有利的证据和事实。

以本案为例,原告提交的证据部分内容、庭审笔录和法官询问笔录均存在对原告不利而对被告有利的事实,应在庭审时加以论述,具体内容见上述第2点。

5. 任何案件,如最高人民法院或当地高级人民法院有类似判例的,应进行案例检索并制作案例检索报告,案例检索报告不能仅简单而千篇一律地将判决书交给法庭,而应结合本案争议焦点,归纳检索案例的裁判要点进行论述。

二、应对原告提供的证据进行逐一分析,如原告证据不足以达到其证明目的,可以运用可视化图表对结论进行展示并向法官呈现,以便法官无须思考即可明白被告的质证意见

案例6-12:广西W商贸有限责任公司(以下简称W公司)与广西N超市有限公司(以下简称N公司)合同纠纷案

• 案情简介

2011年10月28日,原告W公司与被告N公司签订《合作经营合同》,约定原

告提供南宁市×××路×××号某商业广场的第一层至第三层房屋作为合作经营场地,并提供可用的设备和设施;合作经营期限12年;合作经营期间,原告投入的房屋、设备等资产,应由被告在每月月底最后一个工作日前向原告支付使用费15万元。合同签订后,被告入场经营并交纳房屋、设备使用费至2016年8月31日。2016年9月以后,被告未按照约定支付上述费用。被告在2016年12月13日向原告发送解除通知书。后双方因被告退场以及退场迟延产生的场地占用费,原告移交的设备设施赔偿等事宜,发生争议。

• 原告诉讼请求,被告反诉请求

原告诉讼请求:(1)解除原、被告签订的《合作经营合同》;(2)被告依据合同约定组织清算;(3)被告办理交接手续,并归还原告场地;(4)被告支付房屋、设备使用费390万元(从2016年9月1日起暂计至起诉之日止,以后费用计至归还场地之日止);(5)被告支付设备损失费500万元;(6)被告承担本案诉讼费用。

事实和理由:2011年10月28日,原、被告签订《合作经营合同》,约定原告提供南宁市×××路×××号某商业广场的第一层至第三层房屋作为合作经营场地,并提供可用的设备和设施;合作经营期限12年;合作经营期间,原告投入的房屋、设备等资产,应由被告在每月月底最后一个工作日前向原告支付使用费15万元;双方以每个月为一个会计核算周期,双方财务人员进行财务数据的签章确认;合同解除或者终止后,被告应自解除或者终止之日起30日内返还房屋,逾期返还房屋的,应按同期地段房屋的市场租赁价格的二倍向原告支付房屋使用费;合同解除或者终止后,被告应组织清算。双方还对其他内容进行了相应的约定。上述合同签订后,原告依约将房屋及设备交给被告使用,被告也入场进行了经营,并交纳房屋、设备使用费至2016年8月31日。2016年9月以后,被告未能按照约定支付上述费用。原告多次要求被告支付,并表示如果被告不再经营,应及时进行清算,办理交接手续并归还场地,赔偿原告损失。但被告一直置之不理,既未进行清算,也未办理交接手续,且一直派人守住经营场地。2018年2月3日,为保全证据,原告带领东博公证处工作人员到双方合作场地,并对场地的现状进行了保全证据公证并形成了《公证书》[(2018)桂东博证民字第×××号]。公证完毕后,原告将场地保持了现状,未敢擅自使用。在公证过程中,原告发现,原有的很多设备已经不见,且很多设备已经损坏,初步估算,损失高达500万元。被告未按时支付房屋、设备使用费,已经严重构成违约,原告签订合同目的已经无法实现,双方签订的《合作经营合同》应予以解除,被告占用原告场地经营,应按合同约定支付房屋、设备使用费至交还场地时止;被告如不再用原告场地进行经营,应及时进行清算,办理交接手续,并支付房屋、设备使用费至交还场地时止,对于给原告造成的损失应承担赔偿责任。

被告(反诉原告)N公司向一审法院提出反诉诉讼请求为:(1)判令原告将2012~2016年合作经营期间收取的870万元固定收益退还被告;(2)原告将经营亏损599.51158万元支付给被告;(3)本案的诉讼费、审计费、评估费等由原告承担。

● 一审查明的事实

2011年10月28日,被告N公司(甲方)与原告W公司(乙方)签订《合作经营合同》,合同内容如下:(1)合作形式:由甲方投入必要的前期运营资金,派出经营管理团队,并成立"N公司××分公司"作为合作经营的营运机构(以工商注册登记的名称为准),在乙方提供的房屋内经营百货、家电和超市等;乙方不投入资金,仅提供位于南宁市×××号某商业广场的第一层至第三层房屋作为合作经营场地和所有目前可用的设备设施;甲乙双方按本合同约定进行合作经营、共享利润,但乙方不承担经营风险和亏损。(2)履约保证金:乙方将房屋交付甲方并经甲方验收合格后10个工作内,甲方向乙方支付100万元履约保证金,乙方在合作的前5年每年返还10万元给甲方,返还时间为每年的6月30日前,甲方亦可用支付给乙方的相关款项抵扣,剩余50万元仍作为履约保证金,在本合同解除或终止、分公司清算结束后5日内返还给甲方(甲方有权在清算结束后应付给乙方的利润中优先抵扣),如乙方逾期归还履约保证金的,每逾期一日按履约保证金的千分之一支付违约金。(3)合作期限:自本合同生效之日起12年。(4)利润分配比例:200万元以下(含200万元)被告占40%、原告占60%;200万元以上至300万元(含300万元),被告占45%、原告占55%;300万元以上至400万元(含400万元)被告占50%、原告占50%;400万元以上至500万元(含500万元)被告占55%、原告占45%;500万元以上被告占60%、原告占40%。(5)乙方有权解除合同的情形:甲方无故不投入前期运营资金或投入的资金不足导致无法正常经营,无继续合作必要的;甲方不按合同约定向乙方支付履约保证金的;甲方逾期支付房屋、设备使用费达60天以上的;经审计后有利润分配,但甲方无故拖延90天以上未向乙方分配利润的;未经乙同意,甲方及其分公司擅自改变本合同约定的房产使用用途的;甲方利用合作经营的房屋进行违法犯罪活动,严重损害公共利益造成重大社会不良影响的;甲方具有其他严重违约情形。(6)本合同解除或终止后,甲方应自解除之日起30日内将其物品、设备搬离,并向乙方返还合作房屋,否则,视为甲方自动放弃房屋内所有物品、设备的所有权,乙方可任意处置。甲方逾期返还房屋的,还应按同时期同地段房屋的市场租赁价格的二倍向乙方支付违法占用房屋期间的房屋使用费。(7)本合同解除或终止后,甲方应当组织清算。如甲方不组织清算且乙方认为有利润可分配,可以单方委托审计并要求甲方在60天内提供财务资料。若第三方审计机构因甲方不提供完整财务资料导致无法全面清算并无法出具审计报告的,乙方可将履约保证金50万元不予退还,甲方有异议的,可提出诉讼。

  上述合同签订后,原告与被告分别派人于2011年11月12日对移交的设备进行清点,原告同意被告进场开张经营。2016年12月13日,被告向原告发函,主要内容为:根据《合作经营合同》第66条的约定,因连续四年亏损,提出解除合同,收到函件后3日内回复,无回复视为同意;合同解除时间为2016年12月31日。2017年1月1日起与贵公司办理场地、设备交接事宜,计划15个工作日完成。被告于2016年12月26日再次向原告发函,明确:合同履行至2016年12月31日,并要求原告于2017年1月1日办理场地、设备交接事宜和相关事后工作。原告于2017年3月14日回函:同意被告于2016年12月26日提出解除合作经营合同,并要求清理货物、拆除设备货架等,将场地交还原告。2017年8月8日,被告向原告发出公告:明确被告将于2017年8月10日前撤离场地。被告并于2017年8月9日将上述公告在《南国早报》报纸上刊登。之后原告与被告工作人员清点设备时在2011年11月12日交接时的清单中"资产状况"栏中写明设备清点时的情况,清单中有80%的设备存在损坏、生锈、松动等不良状况。原告与被告没有按《合作经营合同》约定对经营期间的财务进行清算,被告没有将房屋、设备返还原告,原告于2018年2月对被告存放的设备等物品进行拍照留存。原告于2018年6月5日以被告没有按合同约定清算和返还房屋、设备构成违约为由诉至本院,请求人民法院支持其诉讼请求。被告以双方合作项目经营亏损为由提出反诉,请求人民法院支持其反诉诉讼请求,并提供总公司年度财务报告。审理中,原告向本院申请对设备损失价值进行评估,本院分别委托广西中天银房地产资产评估有限责任公司和广西华元润丰资产评估有限公司进行评估,因双方当事人无法提供损失明细及必要的评估资料无法开展评估,为此本院终止评估事项。庭审中原告确认房屋已出租给他人。

以上事实,有《合作经营合同》、原告与被告之间的函件、交接前设备清点、无法经营后双方清点设备情况表、《南国早报》报纸、照片、年度报告等证据予以证实。

- **双方本诉争议焦点（本案例主要是以本诉为例进行论述,反诉部分暂且不论）**

1. 被告是否有权根据《合作经营合同》第66条解除合同;

2. 合同解除后,被告是否办理了场地和设备移交,如果办理,则何时办理完成场地和设备的移交;对于被告逾期办理场地设备移交,原告是否有权要求被告支付场地占用费390万元(从2016年9月1日起暂计至起诉之日止,以后费用计至归还场地之日止);

3. 原告主张的设备损失费500万元是否有相应的事实和法律依据,即原告是否提供了充分证据证明设备损失费用金额为500万元,该损失是否应由被告承担,如应由被告承担,则应承担的合同依据和法律依据是什么。

- **一审法院认定的情况和判决结果**

一审法院认定的情况:原告与被告签订的《合作经营合同》是双方当事人的真实意思表示,内容未违反法律、行政法规的强制性规定,应合法有效。

关于合同解除问题。被告于2016年12月13日向原告发出请求解除合同并明确合同解除时间为2016年12月31日,原告于2017年3月14日回函同意解除《合作经营合同》。原告与被告之间的函件属于双方当事人协商解除合同的情形,符合原《合同法》第93条(对应《民法典》第562条)第1款的规定,原告请求解除合同理由成立,本院予以支持。

关于清算问题。原告与被告签订的《合作经营合同》第78条约定本合同解除或终止后,被告应当组织清算。双方已协商并同意解除合同,但至今被告没有组织清算,故原告请求被告履行清算义务理由成立,本院予以支持。

关于房屋、设备使用费问题。《合作经营合同》第45条第1款约定被告在每月的月底最后一个工作日向原告支付房屋、设备使用费15万元。原告在起诉状中认可被告已支付房屋、设备使用费时间为 2016 年 8 月 31 日,被告虽于 2017 年 8 月 8 日向原告发出通知并承诺于 2017 年 8 月 10 日前撤离场地,逾期后被告并没有向原告返还使用的房屋、设备,至原告起诉日止尚有大部分设备没有搬离,实际上被告尚占用房屋及设备,故本案房屋、设备使用费从 2016 年 9 月 1 日起至起诉日即 2018 年 6 月 5 日止共 643 天,原告请求被告支付上述费用计算至起诉日理由成立,本院予以支持。本案房屋、设备使用费为:150,000 元/月÷30 天/月×634 天=3,170,000 元。

关于设备损失费用问题。原告与被告在合同中约定原告交付给被告的设备在合作结束时归原告所有。原告交付给被告的设备在清点时没有损坏,而双方协商解除后,在原告与被告的工作人员清点时原由原告交付给被告的设备中存在损坏的情形,经比对交接前后的设备情况,设备损坏数额大约为 50%,本案因评估部门无法准确作出具体的数额,综合考量本案设备目前的市场价格、使用时间及本合同履行情况,本院认定被告适当赔偿原告设备损失费用 250 万元。

- **一审判决结果**

(1)确认原告 W 公司与被告 N 公司 2011 年 10 月 28 日签订的《合作经营合同》于 2016 年 12 月 31 日解除;

(2)被告 N 公司对《合作经营合同》约定的经营事项进行清算;被告 N 公司向原告 W 公司支付房屋、设备使用费 3,170,000 元;

(3)被告 N 公司向原告 W 公司适当赔偿设备损失 2,500,000 元;

(4)驳回原告 W 公司的其他诉讼请求;

(5)驳回被告 N 公司的反诉请求。

- **二审判决结果**

一审判决后,被告 N 公司不服一审判决提起上诉,南宁市中级人民法院根据双方当事人二审诉讼期间的意愿,N 公司提出用剩余的 70 万元履约保证金冲抵尚欠费用,W 公司表示同意,二审法院根据合同约定及当事人的意愿,从 N 公司应付的房屋、设备使用费中扣减 70 万元,其余均维持原一审判决。

- **广西壮族自治区高级人民法院裁定撤销一审、二审判决,发回重审**

二审判决生效后,N 公司不服二审判决,向广西壮族自治区高级人民法院申请再审,经广西壮族自治区高级人民法院审理认为再审理由成立,对该案提审,提审开庭后,认为原一审、二审认定事实不清,证据不足,裁定撤销原一审、二审判决,发回重审。

- **发回重审后的一审判决结果**

兴宁区人民法院于2022年3月16日作出一审判决。

[案号:(2021)桂0102民初9×××号],判决如下:

(1)确认原告W公司与被告N公司2011年10月28日签订的《合作经营合同》于2016年12月31日解除;

(2)被告N公司对《合作经营合同》约定的经营事项进行清算;

(3)被告N公司向原告W公司支付房屋、设备使用费1,020,000元;

(4)驳回原告W公司的其他诉讼请求;

(5)驳回被告N公司的反诉请求。

- **发回重审后的二审判决结果**

一审判决作出后,原告和被告均不服提起上诉,南宁市中级人民法院于2022年8月30日作出二审判决,判决如下:

(1)维持南宁市兴宁区人民法院(2021)桂0102民初9×××号民事判决第一、二、五项;

(2)撤销南宁市兴宁区人民法院(2021)桂0102民初9×××号民事判决第四项;

(3)变更南宁市兴宁区人民法院(2021)桂0102民初9×××号民事判决第二项为:上诉人N公司向上诉人W公司支付房屋、设备使用费465,000元;

(4)驳回上诉人W公司的其他诉讼请求。

- **原一审二审判决生效后,重新委托的代理律师在提出再审申请、再审庭审、发回重审后的一审、二审开展的工作**

原一审、二审判决生效后,N公司重新委托代理律师,代理律师在现有案件的基础上,申请再审,经广西高级人民法院提审、发回重审后的一审、二审,将原一审判决支持的房屋、设备使用费3,170,000元、设施设备损失2,500,000元,合计5,670,000元,变为最终承担房屋、设备使用费465,000元,案件取得了较好的效果。在原有证据事实不变的情况下,之所以取得如此结果,与N公司重新委托代理律师开展大量有效工作分不开。

N公司重新委托的代理律师接到案件后,对原一审、二审判决依据的证据事实重新审核、梳理,将梳理结果与一审、二审查明和认定事实进行对比,判断一审、二审查明和认定的事实是否明显不符合各方提供的证据,尤其是是否明显与原告自行提供的证据不符;将重新梳理的证据通过图表进行展示;找出一审、二审判决明显违反《民事诉讼法》第200条(对应2023年第211条)之处,以此为突破口和重点,在再审申请书中重点阐述。具体如下:

在原审判决生效后,如提起再审的,则应围绕《民事诉讼法》第211条规定的情形重点展开,主要包括事实和法律适用,在对事实和法律适用审查时,应对案件全部证据材料全面重新核实,尤其是对争议焦点涉及的事实以及认为法院认定事实存在问题的证据和事实重点核实。对事实认定明显错误且足以影响案件结果的,应在再审申请书中重点阐释。

这里尤其需要注意的是,在再审申请书中,没有必要对所有的相关事实——阐释,这样将无法取得好的效果,毕竟负责再审立案的法官无法亲历此前的庭审,也无法倾听当事人的诉辩意见,更无法面面俱到地对案件进行全面审查,在此情况下,必须抓住原审存在的突出而明显的错误(且该等错误需符合《民事诉讼法》第211条规定的情形),重点突出地进行论述,只有这样才能取得好的效果。

就本案而言,原一审、二审判决涉及的主要争议事项包括逾期办理场地移交产生的场地占用费和设施设备补偿两项,且在此前一审、二审过程中双方对此争议极大,因此在提出再审申请时,应着重围绕上述两项,对一审、二审判决就此查明的事实、依据的证据、证据是否充分进行重新核实和梳理,在此基础上,依据双方合同约定和法律规定,判断此两项判决是否有事实、合同和法律依据。

1. 关于场地移交争议点的思考路径和对应开展的工作。

(1)思考路径。

其一,《合作经营合同》解除的具体时间(以合同解除时间为起算点,重新审核各方实施的行为和对应的证据、该行为和证据是否足以证明已经完成场地移交);

其二,双方对合同终止后的场地移交、逾期移交的后果如何约定;

其三,原告提供了哪些证据证明被告未办理场地、设施和设备移交;被告提供了哪些证据证明办理场地、设施和设备移交,除原一审、二审提交的证据外,是否还有其他证据可以证明;

其四,以原告提供的证据和双方对真实性无异议的证据分析,判断能否足以证明被告移交了场地、设施和设备以及何时移交；

其五,对于原被告都提供证据证明各自主张的情况下,关于场地移交仍存在争议,最终只能结合举证规则,综合判定；

其六,为了方便查阅和法官审理案件,可以对合同解除后,关于场地移交发生的事件,按照时间顺序,作出时间轴(可视化图),从图表中寻找事实和展示事实。

(2)对应开展的工作和工作成果。

其一,关于合同解除。原一审、二审判决作出后,原告均没有提起上诉和申请再审,即原告对原一审、二审判决认定的事实无异议,原一审、二审认定合同解除以及解除时间为(原一审判决第一项):原告W公司与被告N公司2011年10月28日签订的《合作经营合同》于2016年12月31日解除。

其二,关于《合作经营合同》对合同解除后设施设备返还的约定。《合作经营合同》第17条规定,"合同解除或终止后,甲方应自解除之日起30日内将其物品、设备搬离,并向乙方返还房屋,否则,视为甲方自动放弃房屋内所有物品、设备的所有权,乙方可任意处置"。

其三,关于原一审、二审提交的证据以外是否还有其他证据证明N公司实际完成了场地的交割。N公司在发回重审后的一审中补充提交了一份证据即W公司发给N公司的函件,发函时间为2017年4月21日,函件名称为《关于要求N公司对我司货架、设备等毁损予以补偿的函》,其中有关交接的内容为"2017年1月1日关闭N公司南铁店。目前,我公司与贵公司在办理交接过程中均发现贵公司在经营过程中已经对我公司原来的货架切割损毁……毁损程度达到40%左右……请贵司对损毁的货架、设备等予以实事求是的补偿,做到完美交接"。

其四,N公司代理律师在再审、发回重审后的一审和二审期间,结合各方无争议的有关场地、设备移交的证据和事实,制作了时间轴,并提交给法庭,图表如下:

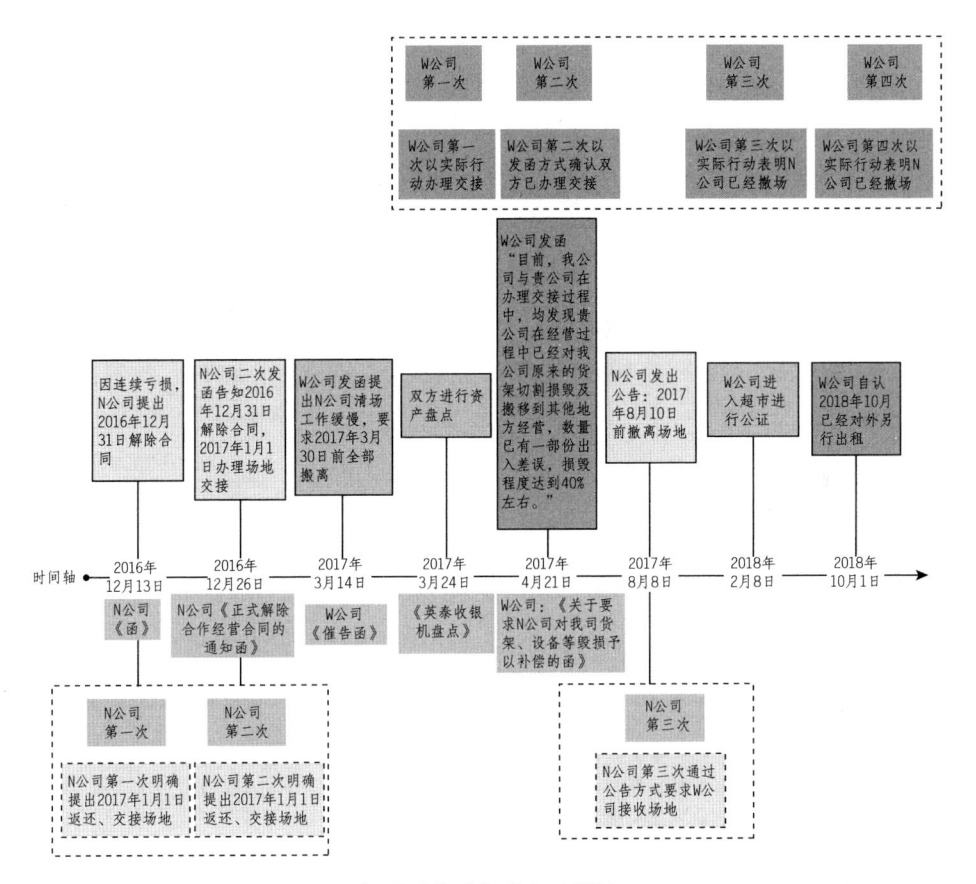

场地设施设备移交时间轴

从以上时间轴可见，N公司在合同解除时以及合同解除后多次催告W公司办理场地和设施设备移交，而W公司至少4次确认已经办理了场地和设施设备移交，该等事实与W公司在原一审主张的事实以及原一审、二审判决认定的事实完全不同。

2.关于设施设备赔偿的思考路径和对应开展的工作。

（1）思考路径。

关于损失补偿问题，简单说就是赔与不赔，赔多赔少的问题；从法律意义上说，就是被告是否应承担赔偿责任，如果需承担赔偿责任，则赔偿金额是多少。

就赔偿金额的多少，主要涉及：原告是否提供了证据证明其损失；如果原告提供了证据证明其损失，其证据证明损失的金额是多少？该损失金额，与被告行为存在的直接因果关系是多少？被告只需要对因其违约行为导致的损失承担责任，与其违约行为并无直接因果关系的损失,被告不需承担。

就本案而言,一审法院认定根据双方签订的合同被告需承担赔偿责任;但在原一审中,原告申请对损失进行鉴定,结果是无法鉴定,换言之,原告未能提供充分证据证明其损失;在无法通过鉴定对设施设备实际损失进行举证的情况下,原一审、二审法院以原告主张的损失500万元,按照双方无异议的合同解除后的交接清点清单为据进行统计,认为损耗率约为50%,就此判决被告承担损失赔偿金额为500万元的50%即250万元,基于此,应重点对原一审、二审判决是否符合证据规则,原告提出的估计的500万元损失所依据的证据进行重点分析、核实,思考路径如下:

被告无须承担责任和损失:根据双方签订的《合作经营合同》约定以及法律规定,被告无须赔偿,一审法院判决被告承担责任是错误的

↓

被告即使应承担损失,但原告未能提供证据证明损失:原一审、二审法院根据原告估计的损失500万元,按照所谓的损耗率判决250万元明显是错误的,因为估计的损失意味着是猜测的损失,而非经据证明的损失,换言之,一审、二审法院背离基本的证据规定,以原告猜测的损失为基础判决被告承担其中的50%,显然是错误的,缺乏事实依据,此点即符合《民事诉讼法》第211条第2项"原判决、裁定认定的基本事实缺乏证据证明的";按最基本的举证规则,根据《合作经营合同》,即使被告需承担设施设备赔偿责任,原告应提供证据证明该损失,如原告未能提供证据证明,则被告无须承担所谓的损失赔偿责任;本案中,原告提出对损失进行鉴定,但最终无法完成,换言之,原告未能举证证明其损失,应驳回其诉请

↓

原告举证证明损失的证据原值远远不足500万元,以500万元为基数认定损失为250万毫无根据,也与事实不符:原告主张其估计的损失建立在其在本案提供的资产购置证据上。为了彻底打掉其证据链,应对提供的资产购置证据进行细致的梳理:针对原告提供的资产购置证据,如与本案相关的资产购置原值(必须是双方认可的资产交接盘点表载明的资产)的证据不足500万元,则一审法院在原告主张500万元损失基础上按照50%判决一定是错误的

↓

一审统计的损坏率明显违背事实:对一审、二审法院认定的资产损耗率50%再次梳理和整理,如双方在合同解除后的交接盘点表中有关损坏比例(损坏数量/总数量=损坏比例)不足50%的,则一审、二审法院以损坏比例为50%判决被告承担赔偿责任也是错误的

(2)以上再审思路,采取层层递进的方式,从是否承担责任到责任金额的多少,围绕原一审、二审法院判决依据的事实和证据重点展开。

关于举证责任,在庭审时重点结合《民事诉讼法》关于举证规则进行论述即可。

在有关事实方面,以原告提供的所有关于资产价值和金额的证据为据,一一查实此部分证据能否证明案涉资产在合同解除以及交接时的实际价值,如果此部分证据能证明前述事项,必须满足以下条件:

其一,原告应首先证明资产的真实存在,即应提供有关资产购买安装的证据,该等证据应充分且能形成证据链,具体包括:合同(主体应为本案的原告即W公司)、购买清单、付款凭单、履行的其他证据(如供货单、对账单、安装完毕后的验收证明文件)、开具的发票等;

其二,原告应证明所购置资产确实用于本案项目,即应能通过合同、供货地址等证据证明将有关物品送至项目或安装在项目上;

其三,原告应证明购置的用于本项目的资产存在于双方交接时的《交接盘点表》,否则购置的资产与本案无关。

本案中,原告提供了《交接盘点表》(该交接清单为双方签订《合作经营合同》后,被告进场时双方工作人员交接时签署的清单),双方对该清单均无异议,因此购置资产应当为《交接盘点表》上记载有的资产,否则即便原告购置有该资产,但该资产显然与本案无关。

按照以上逻辑,对原告提供的有关资产损失的证据一一核实,分析判断与本案有关的资产购买原值金额是多少,如果该金额不足或远远不足500万元,则原一审、二审法院以此为据并考虑一定的损耗作出判决,明显是错误的,且缺乏事实根据。

原告为证明其损失,提供的证据如下:

补充证据目录(2)

案号:(2018)桂0102民初341×××号

提交日期:2018年9月17日

证据编号	证据名称	证据来源	页码	证明内容	备注
1	设施设备清单一览表	自有	1	原告购置设施设备(部分)的成本	复印件
2	柴油发电机组、无排烟水处理装置购销合同、票据	自有	2~7	原告购置设施设备(部分)的成本	复印件
3	智能门锁管理系统订货合同、票据		8~13		
4	消防排风系统工程承包协议、票据		14~19		
5	电气产品购销合同		20~23		
6	配电箱合同、票据		24~27		
7	感应自动门机组、票据		28~29		
8	中央空调合同、票据		30~51		
9	消防设备合同、票据		52~61		
10	灯架合同	自有	62~65		
11	电缆购销合同(宏图中宝)、票据		66~68		
12	防火卷帘门、防火门系统制作及安装合同、票据		69~85		
13	供水设备合同、票据		86~92		
14	货架、水果架、收银台、购物车等采购合同、票据		93~154		
15	电缆购销合同(广西阳工)、票据		155~158		
16	综合软件系统应用集成及技术服务合同、票据		159~163		

续表

证据编号	证据名称	证据来源	页码	证明内容	备注
17	电子秤采购合同、票据	自有	164~169	原告购置设施设备（部分）的成本	复印件
18	厨房排烟设备、厨房设备合同、票据		170~203		
19	商品防盗系统合同、票据		204~208		
20	管道燃气合同、票据		209~218		
21	POS、扫描设备合同、票据		219~234		
22	广告招牌合同、票据		235~248		
23	厨房设备合同、票据		249~269		
24	自助寄存柜合同、票据		270~271		
25	熟食灯车合同、票据		272~273		
26	电梯设备定作、安装合同		274~290		
27	片冰机采购合同、票据		291~293		
28	冷冻冷藏设备合同、票据		294~313		
29	厨房设备采购安装合同		314~318		
30	灯具票据		319~322		
31	双支带罩支架合同		323		
32	供用电安装合同、票据		324~334		
33	变压器采购合同、票据		335~341		

（3）工作成果。

经查,在双方无异议的《交接盘点表》中,原告提供合同的物品购置原值的金额为711,706元,而在这711,706元中,有合同、付款凭单、发票等作为证据的金额为61,470元。为了让法官能迅速而清晰地核对原告提供的证明购置物品损失的证据,代理律师专门制作了图表供法庭参考,具体如下：

W公司提供设施设备相关证据一览表

序号	合同摘要	供方（承包方）名称	签订日期	合同金额（元）	票据金额	是否有付款凭单	是整栋大厦共用还是N公司专用	交接盘点表中与本案标的物相关的金额（元）
1	柴油发电机组、无排烟水处理装置	江苏星光发电设备有限公司	2009年7月2日	552,000	552,000	无	整栋大厦共用	—
2	智能门锁管理系统订货合同	南宁市丰创科贸有限公司	2009年4月13日	59,604	58,054	无	—	—
3	防烟排风系统工程承包合同	山东金光玻璃钢集团有限公司	2009年7月14日	195,000	142,000	有（收款主体:南宁市月莲化工建材店,金额13.2万元）	—	—
4	电气产品购销合同	广西国通科技有限责任公司	2009年7月21日	31,337	35,731	无	—	—
5	配电箱（无合同）	南宁德力西机电成套有限责任公司第二分公司	—	63,153	63,153	110,865	—	—
6	感应电动门机组	福州上尚自动化设备有限公司	2009年8月6日	8500	12,500	无	—	—

续表

序号	合同摘要	供方（承包方）名称	签订日期	合同金额（元）	票据金额	是否有付款凭单	是整栋大厦共用还是N公司专用	交接盘点表中与本案标的物相关金额（元）
7	中央空调制冷系统、送风系统、宾馆155间客房热水系统	广西飞度冷气设备有限公司	2008年9月16日	2,320,000	无	2,036,950	其中冷却塔在六楼，冷凝泵、冷冻泵在地下一层	—
8	消防设备买卖合同	广西南宁北青消防设备有限公司	2009年8月28日	68,000	68,000	无	整栋大厦共用	—
9	柏顺T5支架购买合同	广东省中山市古镇柏顺照明有限公司	2009年8月13日	42,210	无	无	—	—
10	电力线缆购销合同	佛山市宏图中宝电缆有限公司	2009年7月31日	617,537.92	703,735.92	无	—	—
11	电力线缆购销合同	佛山市宏图中宝电缆有限公司	2009年9月24日	21,203	20,380	无	—	—
12	钢质复合防火卷帘门系统制作及安装	南宁特莱威成套设备有限公司	2009年8月13日	307,800	327,919.9	无	一、二、三层超市	36,212
13	木质防火门	南宁特莱威成套设备有限公司	2009年9月1日	16,341	无	无	—	—

续表

序号	合同摘要	供方(承包方)名称	签订日期	合同金额(元)	票据金额	是否有付款凭单	是整栋大厦共用还是N公司专用	交接盘点本表中与本表标的物相关的金额(元)
14	无负压供水设备购销合同	南京宁水机械设备工程有限责任公司	2009年8月19日	98,000	98,000	无	—	—
15	金属货架采购合同	深圳市佳诚商用设备有限公司	2009年11月10日	1,030,000	1,270,099	无	—	—
16	水果架、塑料件及物料、收银台、购物车采购合同	深圳市佳诚商用设备有限公司	2009年11月10日	260,000		无	—	90,850
17	电力电缆、交联电缆购销合同	广西阳工电线电缆有限公司	2009年10月27日	116,401.16	140,401.16	无	—	—
18	综合软件系统应用集成及技术服务合同	上海瑞星软件有限公司	2009年11月13日	182,000	145,600	无	—	—
19	电子秤采购合同	南宁丽昌工贸有限公司	2009年11月19日	66,000	66,000	无	—	23,294

续表

序号	合同摘要	供方（承包方）名称	签订日期	合同金额（元）	票据金额	是否有付款凭单	是整栋大厦共用还是N公司专用	交接盘点表中与本案标的物相关金额（元）
20	厨房设备合同	南宁汇远环保有限责任公司	2010年1月3日	152,725	316,600	无	—	—
21	厨房排烟设备合同	南宁汇远环保有限责任公司	2009年11月16日	71,970			—	—
22	EAS商品防盗系统	广西世纪立林科技有限公司	2009年11月23日	27,500	29,800	无	—	—
23	管道燃气建设合同	南宁管道燃气有限责任公司	2009年11月30日	65,859	76,946.6	无	—	—
24	2009年某购物广场POS、扫描设备采购合同	南宁工控科贸有限责任公司	2009年11月23日	160,300	无	141,000	—	—
25	2009年某购物广场POS、扫描设备采购合同	南宁工控科贸有限责任公司	2010年1月12日	32,200			—	—
26	某购物广场制作、安装墙体广告招牌工程	南宁市队长招牌制作部	2009年	98,750	109,418	无	—	—

续表

序号	合同摘要	供方（承包方）名称	签订日期	合同金额（元）	票据金额	是否有付款凭单	是整栋大厦共用还是N公司专用	交接盘点表中与本案标的物相关金额（元）
27	厨房设备合同书	南宁市广美厨房设备有限公司	2009年12月5日	111,350	109,011.2	131,860	—	61,470
28	自助柜寄存柜购销合同	杭州东城电子有限公司	2009年12月7日	40,000	40,000	无	—	16,000
29	熟食灯车	深圳市上冠商业设备有限公司	2009年12月7日	22,500	22,500	无	—	4500
30	电（扶）梯设备定作合同	康力电梯股份有限公司	2009年5月11日	931,780	931,780	无	整栋大楼共用	354,240
31	康力电梯设备安装合同	广西南宁康力电梯空调有限责任公司	2009年5月11日	185,000	无	129,500	整栋大楼共用	—
32	片冰机销售合同	深圳爱思诺制冷设备有限公司	2009年12月21日	33,000	33,000	无	—	33,000
33	冷冻冷藏设备采购合同	山东小鸭零售设备有限公司	2009年11月13日	950,000	950,000	无	—	38,500

续表

序号	合同摘要	供方（承包方）名称	签订日期	合同金额（元）	票据金额	是否有付款凭单	是整栋大厦共用还是N公司专用	交接盘点表中与本案相关的物的金额（元）
34	厨房设备采购安装合同	南宁市简厨土厨具有限公司	2010年10月9日	188,000	无（开票主体是港瀚商贸有限公司，且开票内容为灯具）	无	—	10,800
35	飞利浦双支带罩支架合同	南宁润华飞利浦照明有限公司	2009年8月6日	42,840	无	无	—	42,840
36	被服厂综合楼配电安装工程	广西南宁国恒供电开发有限责任公司	2009年5月26日	205,000	205,000	无	整栋大厦共用	—
37	南宁被服厂干式变压器、高低压柜配电安装工程合同	南宁启能电气设备有限责任公司	2009年5月26日	1,000,000	无	980,000	整栋大厦共用	—
总计				10,373,861.08	6,527,629.78			711,706

注：上表中"是整栋大厦共用还是N公司专用"一栏的符号"—"是指"N公司专用"。

对上表进行分析如下：

总体逻辑：既然 W 公司以购买货物设备合同作为证据，则与 N 公司损失赔偿有关的证据和货物必须满足以下全部条件：①货物必须出现在进退场时双方交接盘点表中，如果不在，即使购买也无须 N 公司承担；②货物或设施设备应在 N 公司租赁场所控制使用范围内，如果不在，意味着与 N 公司无关；③就有关设施设备的购买，应有完整的证据链，包括合同、付款凭单、发票。

按照以上逻辑，对上表分析如下：

其一，序号 2、3、4、5、6、9、10、11、13、14、17、18、22、23、26 所显示的货物不在交接盘点清单中，上述合同金额为 1,643,396.08 元，此部分与本案无关，不应当计入。

其二，序号 1、7、36、37 虽然出现在交接盘点表中，但存放位置是地下一层等，并非 N 公司经营的 1~3 层，且是整个综合楼共用，因此此部分金额全部计入 N 公司承担不符合事实，此部分涉及金额 1,757,000 元；其他的制冷系统，如中央空调制冷系统，其中的冷凝泵、冷冻泵、水塔等放置在六楼和地下一层，系整个综合楼所用，且交接盘点时未损坏，因此也应扣除，中央空调系统金额为 2,320,000 元，以上合计金额 4,077,000 元。

其三，序号 8、30、31 虽然部分在盘点交接清单中，但合同中只有一部分涉及 N 公司，其他部分是整栋大厦其他的主体使用，如原有的酒店等，涉及全部合同金额为 1,184,780 元。

其四，序号 20、21、27、34 是合同金额大于交接金额，因此只能按照实际交接盘点数计算，合同金额总计 524,045 元，实际交接计算金额为 134,820 元。

其五，关于损坏部分的说明。经对比盘点交接表，结合以上情况，交接盘点表上载明为"坏"的物品原值购买金额为 711,706 元。（该统计的金额仅为原告提供的合同购买原值，对本表的统计和金额的计算不等于 N 公司确认案涉物品的损失金额，亦不等同于 N 公司同意按此金额赔偿）

其六，经统计，有发票，有付款凭单，且在《交接盘点表》中的货物购买原值合同金额为 61,470 元。

(4)经对双方无异议的《交接盘点表》所记载全部设施设备的数量,记载损坏的情况的一一核实和统计,代理人的发现:

原一审、二审的各方代理律师、法官从未认真仔细对盘点表中记载的内容,包括设施设备的总数量,各方在交接盘点记录的"正常""好""坏""部分坏""残旧""生锈"等各自对应的数量进行统计,而仅仅是以《交接盘点表》记录有文字则视为损耗作为认定的依据;经过统计,代理律师发现,盘点表所涉及物品总数量约为6352个/台,记载有部分损坏的至多为313个,比例仅仅为4.9%,记载为损坏的至多为46个,比例最多仅为7.3%,而记载为正常和好的数量至少为4813个,占比至少为75.77%,记载为残旧以及生锈的为759个,占比为11.95%,原一审、二审代理律师、法官均没有做基本的统计,认为资产交接清单中80%的设备存在损坏、生锈、松动,此种观点和认定显然是错误的,错误原因是没有一个人认认真真踏踏实实地对材料进行审核、记录和统计。

3. 结合以上开展的工作,在再审和发回重审后,代理律师从事实和证据,尤其是从证据出发,以统计的数据和事实说话,向法庭陈述,即便原告提供的证据全部得到采纳,但能证明损失的设施设备购买原值,较为充分的证据显示的金额仅为61,470元,原一审、二审认定损坏率为80%,并以50%判决是错误的,因为经统计,记载有部分损坏的至多为313个,比例仅仅为4.9%,记载为损坏的至多为464个,比例最多仅为7.3%,根本不是原审认定的80%。

4. 关于再审、发回重审后的一审、二审,代理律师开展工作的成果、答辩思路等,均体现在答辩状中,以下将发回重审后一审的答辩状内容向读者呈现:

(1)关于《合作经营合同》解除的事由。

《合作经营合同》解除的事由是该项目连续三年未取得利润进行分配,且一直处于亏损状态。

关于亏损,N公司提出、W公司认可。在W公司提交的补充证据目录(1)之证据4,即原告发的电子邮件,其中所附的终止《合作经营合同》协议书第一段载明,"由于甲方在具体经营N公司某店(地址:南宁市×××路×××号),甲乙双方就终止《合作经营合同》达成如下协议:一、甲方于2016年12月13日主动提出提前终止《合作经营合同》,乙方同意提前终止《合作经营合同》,甲方承担房屋设备使用费的截止时间为将房屋及设备设施、货架、货柜交给乙方,为交接结算依据时间"。根据该电子邮件内容,可以证明以下几个事实:其一,终止合同的原因为

N公司×××店经营不善,结合N公司发给W公司终止函可以确定,双方终止协议的原因为经营不善,适用的是《合作经营合同》第66条约定,合作期间,如果甲方经营的本项目连续三年未取得利润进行分配的,甲、乙方任一方均有权解除合同(拆迁导致的不可抗力因素除外),双方的财物设备归各自所有,双方互不追究违约责任,此情形下,甲方经营合作项目的亏损乙方也不予承担。

根据上述约定,《合作经营合同》不仅已经解除,且解除原因是合作项目亏损,根据合同约定在此情形下解除合同的,互不追究违约责任,相应的所谓补偿等也不予追究,因此本案起诉要求支付设备损失费500万元,有违双方约定。

(2)关于场地交接。

①无论法院最后如何判决,必须扣除一个月的房屋设施设备使用费。

双方签订的《合作经营合同》第17条约定,合同解除或终止后,甲方应自解除之日起30日内将其物品、设备搬离并向乙方返还房屋,否则视为甲方自动放弃房屋内所有物品设备的所有权,乙方可任意处置。

根据上述约定,无论如何,合同解除后有一个月的交接期,因此该期限应扣除。对应金额为15万元。

②所谓的设施设备使用费,本案不应支持。

其一,N公司在2016年12月26日发函通知解除合同时,明确载明"2017年1月1日起我公司与贵公司办理场地、设备交接事宜,请贵公司指派专人与我公司对接",根据以上函件,N公司已经提前通知W公司从2017年1月1日起办理交接,未办理交接导致的损失,应由W公司自行承担。

《合作经营合同》第45条约定,"如甲方行使解除合同权利、发生不可抗力情形时,甲方将该房屋门店关闭时,则甲方终止支付本条约定的费用"。根据上述约定,N公司在2017年1月1日起关闭了门店,无须支付所谓的使用费。

其二,虽然W公司未在2017年1月1日办理交接,但是实际完成场地交接或者视为场地交接的时间为双方现场完成清点的时间即2017年3月24日,因为在此前,N公司已经多次通知W公司办理交接,所谓的清点,也就意味着交接,经过双方清点,双方并无异议,W公司也未提出仍有物品在场地内,如果确实要计算场地占用费,最多也只能计算至2017年3月24日,从2017年2月1日起计算,则金额为:150,000元÷30天×51天=255,000元。

其三,N公司提交的证据清单四第一项证据,2017年4月21日,W公司向N

公司发送《关于要求广西N公司有限公司对我司货架、设备等毁损予以补偿的函》,其中W公司提及2017年1月1日关闭N公司南铁店。目前,我公司与贵公司在办理交接过程中均发现贵公司在经营过程中已经对我公司原来的货架切割损毁……毁损程度达到40%左右……请贵司对损毁的货架、设备等予以实事求是的补偿,做到完美交接。以上足以表明:

第一,W公司已经确认双方已经办理交接,只是认为交接不完美。

第二,双方确已办理交接,否则W公司不可能知道设备的毁损率"达到约40%"左右。

第三,W公司强调的是设施设备的补偿,而非场地,换言之,W公司已经认可案涉场地已经移交。

综上,N公司在合同解除后,多次通知催促W公司办理场地和设施设备的移交,且双方亦实际在2017年3月24日办理了清点和交接工作,W公司主张因N公司原因,场地和设施设备一直未交接并主张所谓的场地占用费等,无事实依据。

③关于场地交接的责任,实际上属于证据问题。

《民事诉讼法解释》第91条规定:"人民法院应当依照下列原则确定举证证明责任的承担,但法律另有规定的除外:

(一)主张法律关系存在的当事人,应当对产生该法律关系的基本事实承担举证证明责任;

(二)主张法律关系变更、消灭或者权利受到妨害的当事人,应当对该法律关系变更、消灭或者权利受到妨害的基本事实承担举证证明责任。"

结合本案,N公司提出合同解除,并要求W公司办理交接,关于合同解除,原一审法院认定解除时间是在2016年12月31日,根据双方合同,N公司要求W公司办理交接,且W公司收到了通知,在此情况下,其应当办理,如其办理受到阻碍,W公司应承担举证责任,即其接收场地的权利受到阻碍,如其未能举证证明N公司阻碍了其接收场地,则应由其承担不利后果。

同时,在N公司多次通知W公司交接场地情况下,如W公司不来接收场地,则应查明、探析W公司不接收场地的原因,无法接收场地原因是否为N公司所致。但从本案至今,其未提供任何证据证明W公司前往接收并办理交接过程中,N公司有任何阻碍行为。N公司通知W公司办理交接,W公司不办理接收,由此产生的责任由W公司自行承担。

④如果法院支持W公司主张并认定N公司一直未归还场地,其导致的结果是,只要W公司不来办理,则N公司永远都需承担所谓的场地占用费,极其荒唐。事实上,结合W公司自行提供的证据8《公证书》,2018年2月,W公司毫无障碍地进入场地并进行公证,换言之,即使在没有所谓的交接证据的情况下,W公司也照样接管了场地,并不存在障碍,也证明了场地设备早在W公司掌控范围内。

⑤最后需要强调的是,W公司在2018年2月2日进行公证时,通过公证拍摄的照片看现场已经无任何其他N公司的人员,且其办理公证也未受到任何的阻碍,即意味着W公司其实早已经接管了场地。

⑥原审法院认为N公司大部分设备未搬离是错误的。本案从一开始按照双方的合同约定,由W公司提供场地和大部分设备,N公司基本没有设备。

(3) W公司主张的所谓的设施设备损耗费,没有任何的合同依据和法律依据。

①N公司根据《合作经营合同》第66条解除合同,根据双方约定,双方互不追究违约责任,因此W公司主张设施设备赔偿,违反了双方约定。

结合本案证据,N公司在2016年12月13日、26日发函通知解除合同,均是以连续三年未取得利润为由,而W公司则在2017年3月14日发出催告函,载明"同意解除合作经营合同",根据双方签订的《合作经营合同》第66条,合作期间,如果甲方经营的本项目连续三年未取得利润进行分配的,甲乙任何一方有权解除合同,双方的财物设备归各自所有,双方互不追究违约责任,此情形下,甲方经营合作项目亏损乙方也不予承担。双方均不解除合同的,合同继续履行。

根据以上约定,如N公司存在任何违约行为,W公司不应追究,此责任当然包括了W公司主张的所谓设备损失费用在内,因为N公司不承担违约责任,自然无须承担任何因该合同履行过程中产生的损失,而且根据双方约定,在亏损的情况下解除合同,W公司不需要承担亏损,在此情况下,也就意味着因为其不承担亏损,所以双方互不追究违约责任,所以设备损失费亦不应由N公司承担。

②W公司主张设施设备赔偿,缺乏请求权的基础和法律依据。

本案W公司是以合同纠纷提起诉讼并主张设施设备赔偿,换言之,W公司是以合同为基础法律关系提出诉请,因此其要求N公司予以赔偿,必须提供相应的合同和法律依据:

其一，W公司主张的设备设施费用，并非违约损失。

结合本案，W公司提供场地设备，N公司每月支付15万元房屋、设施设备使用费，而对设施设备进行使用，产生损耗，属于使用的必然结果，除非有证据证明N公司未能按约定的方法使用导致设施设备损坏，因W公司未能证明该设施设备系因N公司未能按约定方法使用，则无法证明N公司存在违约行为，至于解除合同后在办理设施设备交接时存在的损耗，并非N公司违约行为所致，N公司自然无须承担责任。

假设按照W公司的主张，使用房屋、设施设备系租赁，则根据原《合同法》第218条(对应《民法典》第710条)规定，"承租人按照约定的方法或者租赁物的性质使用租赁物，致使租赁物受到损耗的，不承担损害赔偿责任"，对于使用租赁物导致的设施设备损耗并非损失，无须赔偿。

其二，根据本案双方签订的合同，双方并未在合同中约定，N公司需要按照原状返还设施设备，且根据原《合同法》规定，N公司无须赔偿任何设施设备损耗。

原《合同法》第235条(对应《民法典》第733条有轻微变化)规定："租赁期间届满，承租人应当返还租赁物。返还的租赁物应当符合按照约定或者租赁物的性质使用后的状态。"

第219条(对应《民法典》第711条)规定："承租人未按照约定的方法或者租赁物的性质使用租赁物，致使租赁物受到损失的，出租人可以解除合同并要求赔偿损失。"

第218条(对应《民法典》第710条)规定："承租人按照约定的方法或者租赁物的性质使用租赁物，致使租赁物受到损耗的，不承担损害赔偿责任。"

根据以上规定，承租人只有在未按照约定方法或租赁物性质使用租赁物的情况下才需要赔偿，在并无证据证明N公司存在上述情形的情况下，交接时的物品状态，均属于正常的损耗，对此应由W公司自行承担。

尤其是，既然W公司要求赔偿设备损失，W公司应提供相应的依据，包括合同依据和法律规定，但是截至目前，W公司未提供任何依据，相反，双方《合作经营合同》第20条明确约定，上述设备设施所有权及报废处置权归乙方，合作结束时返还给乙方，中途报废的，报废的残值收益归乙方。根据以上约定，双方对合作结束时设备设施的返还和处置进行了约定，其结果至多只是设施设备返还，如果属于损坏不能使用，可以由乙方即W公司自行报废，N公司无须支付其他费用和赔偿。

在没有法律和合同依据的情况下,W公司要求赔偿,毫无依据。

其三,W公司主张的设施设备赔偿,缺乏请求权基础和法律依据。

原《合同法》第220条(对应《民法典》第712条)规定:"出租人应当履行租赁物的维修义务,但当事人另有约定的除外。"出租人即W公司有义务确保设施设备符合使用目的,其未履行,反过来却要N公司赔偿是错误的。就算是双方约定维修由N公司负责,但也仅仅是维修义务,并非对物品按照报废后的损失赔偿。

综上,本案W公司主张的物品损失赔偿,没有任何合同依据和法律依据,该项诉请应予驳回。

(4)W公司主张500万元的设备损失费毫无依据。

①所谓500万元的损失是估算出来的,毫无依据。

W公司一审诉状载明:"在公证过程中,原告发现,原告的很多设备已经不见,且很多设备已经损坏,初步估算,损失高达500万元。"

也就是说,所谓的500万元是估计出来的,完全没有任何证据。涉案房屋总体层高是六层,总建面是1.78万平方米,双方合作使用的是1.2万平方米,还有其他物业是第三方使用。根据双方合同第2条,当时还存在W酒店、中国农村合作信用社、某酒楼等,因此不能将整个大厦建设时W公司安装的全部配套设施一并计入N公司使用并要求N公司赔偿。

②即便是估算,结合W公司陈述的关于500万元计算和推演的依据和逻辑也是完全错误的,理由如下:

W公司据以推理并计算得出500万元损耗,依据是其提供的《补充证据目录(2)》,即其建设大厦时购置的设施设备等,但《补充证据目录(2)》的证据,并未得到采信和作为定案依据,也不在法院查明事实部分,换言之,所谓的证据并非定案依据,因此以未作为定案依据的所谓证据作为依据判决N公司承担250万元的所谓损失赔偿,毫无依据。

③W公司提供的《补充证据目录(2)》中涉及的合同和金额,绝大部分与本案无关。根据本答辩状附件《W公司提供设施设备相关合同一览表》具体如下:

其一,部分货物不在交接盘点清单中,此部分合同金额为1,643,396.08元,此部分与本案无关,不应当计入。

其二,部分货物虽然出现在交接盘点表中,但存放位置是地下一层等,并非N

公司经营的 1~3 层,且是整个综合楼共用,因此此部分全部计入 N 公司不符合事实,此部分涉及金额 1,757,000 元;其他的制冷系统,如中央空调制冷系统,其中的冷凝泵、冷冻泵、水塔等放置在六楼和地下一层,系整个综合楼所用,且交接盘点时未损坏,因此也应扣除,中央空调系统金额为 2,320,000 元,以上合计金额 4,077,000 元。

其三,部分货物在交接盘点清单中,但合同中只有一部分涉及 N 公司,其他部分是整栋大厦其他的主体使用,如原有的酒店等,涉及全部合同金额为 1,184,780 元。

其四,部分货物合同金额大于交接金额,因此只能按照实际交接盘点数计算,合同金额总计 524,045 元,实际交接计算金额为 134,820 元。

其五,关于损坏部分的说明:经对比交接盘点表,结合以上情况,《交接盘点表》上载明为"坏"的物品购买原值金额为:711,706 元。(该金额不视为被告确认为本案损失,统计的金额仅为原告提供的合同购买原值,对本表的统计和金额的计算不等于 N 公司确认案涉物品的损失金额,亦不等同于 N 公司同意按此金额赔偿)

其六,经统计,有发票,有付款凭单,且在《交接盘点表》中的货物购买原值合同金额为 61,470 元。

其七,关于主体的说明。W 公司提供的诸多合同中,其中有多项的采购主体并非 W 公司,对此部分,一并计入 W 公司所谓的损失,属于主体错误,主要包括:柴油发电机,金额为 552,000 元;中央空调系统,合同金额为 2,320,000 元;电梯采购合同,合同金额为 931,780 元,安装成本为 185,000 元;配电安装,金额为 205,000 元;高低压配电安装,合同金额为 100 万元,以上主体均为广西新鸿茂房地产开发有限公司,合计合同金额为 5,193,780 元。

其八,全部证据中,按照 W 公司自行提供的清单,采购时间全部在 2009 年,由此可见,这些货物并非专为履行与 N 公司合同所采购,其庭审中陈述"专门为履行与 N 公司合作经营合同购买,一旦合同终止就做报废处理",毫无依据,且自相矛盾。

④按照 W 公司逻辑,对于所谓记载有损坏的,一律做报废处理,是错误的,毕竟,即便 N 公司承担所谓的责任,也只能是维修,承担的是维修费用,而非以物品作为全损报废的费用,比如手机 2000 元,用了 2 年坏了,维修费用 200 元,但是不

应按 2000 元赔偿。

⑤综上，W 公司推演计算损失的基础完全不可采信，且法院也未将此等证据作为定案依据，但原审法院却根据这些未采纳为证据的文件计算出的金额作为估算金额并乘以 50% 的损耗率得出最终损失是错误的，正所谓皮之不存毛将焉附，没有任何证据作为支撑的估算结果，只能是一审、二审法院的自我判断。

《民事证据规定》第 85 条第 1 款规定："人民法院应当以证据能够证明的案件事实为根据依法作出裁判。"原一审、二审判决显然违反了以上规定。

(5) 以资产盘点表来计算损失的依据是错误的。

①2011 年 12 月 11 日的超市资产盘点表只是对原超市也就是 W 公司原来经营的某超市资产的盘点，并非双方关于损失的交接表。

②超市资产盘点表中的很多资产与本案无关，因为并不在 N 公司经营范围内，根据双方合同约定，N 公司经营的范围为 1、2、3 层，但部分设备设施并不在此范围内，有一些设备则是大楼共用的。依据为双方合同第 2 条，乙方不投入资金，仅提供位于南宁市×××路某商业广场的第一层至第三层房屋作为合作经营场地和所有目前可用的设备设施。

③原一审、二审法院损失计算的方法有误。

按照一审、二审法院认为，经交接清点，其中设备损坏数额为 50%，也就是说，其中有 50% 设备坏了。一审法院认为，坏的数量是一半，然后赔偿 50%，即按照原告主张的货物价格的一半，完全不考虑是否可以修复、折旧以及正常的损耗，此种判决结果显然是错误的。

原一审、二审法院漏查重要事实：W 公司何时自行接管场地设备并出租给他人；本案设备是否存在损坏及其程度、残旧的数量；损坏原因；损坏设备原值、残值；计算损坏赔偿基价及标准、市场价格、使用时间应如何确定等事实都没有查清。其结果导致原一审、二审法院在没有依据的情况下直接以 W 公司自行主张的设备损失 500 万元的 50% 判决由 N 公司承担，缺乏基本的事实依据。

(6) W 公司主张设备设施损坏率达到 80% 纯属编造。

结合一审 W 公司提供的证据 2（证据第 16~28 页），交接盘点表所涉物品总数量约为 6352 个/台，记载有部分损坏的至多为 313 个，比例仅仅为 4.9%，记载为损坏的至多为 464 个，比例最多仅为 7.3%，而记载为正常和好的数量至少为 4813 个，占比至少为 75.77%，记载为残旧以及生锈的为 759 个，占比为 11.95%，一审、二审法院没有做基本的统计,自行认定"资产交接清单中80%的设备存在损坏、生锈、松动等不良状况"并以此作为要求N公司赔偿的依据,显然是错误的。有关交接盘点表所述内容统计具体见下表:

2017年3月24日实际盘点时物品各种状况分类

状况	总数量	正常(好)	坏	部分损坏	残旧(部分残旧)、生锈	备注
统计数据	约6352	至少4813	至多464	至多313	759	最终数据以实际查明为准
统计占比		至少75.77%	至多7.3%	至多4.9%	11.95%	

注:这里需要强调的是,残旧实际上并非损坏,本质上属于物品使用后的正常损耗,根据双方签订的合同以及W公司主张,其认为N公司每月支付的15万元设备使用费相当于租金,根据原《合同法》第218条(对应《民法典》第710条)规定,"承租人按照约定的方法或者租赁物的性质使用租赁物,致使租赁物受到损耗的,不承担损害赔偿责任。"因此对于残旧的物品,无须N公司承担任何赔偿责任,就此,实际上,坏和部分损坏的物品仅仅占全部物品的12.2%。

(7)综合以上补充意见,N公司认为W公司的诉请包括设施设备损耗费和使用费,无事实和法律依据,N公司不应承担,应驳回其诉请。

综上所述,原告的诉讼请求缺乏事实和法律依据,请求驳回原告的诉讼请求。

- **发回重审后的二审判决理由和判决结果**

本院认为,一、关于《合作经营合同》的性质及效力问题。W公司与N公司签订的《合作经营协议》约定N公司提供资金,W公司提供场地、设备,W公司每月固定收取房屋、设备使用费;同时,由N公司进行经营管理,W公司不参与经营管理,也不承担风险亏损,W公司根据合作经营是否盈利享有利润分配权。案涉合同符合《中华人民共和国合同法》第一百二十四条规定的无名合同,该合同内容系双方当事人的真实意思表示,合同内容没有违反法律、行政法规的强制性规定,合法有效,当事人均应恪守履行。

关于本诉部分。1.关于房屋、设备使用费问题。《合作经营合同》第四十五条第一款约定,N公司在每月的月底最后一个工作日向W公司支付房屋、设备使用费15万元,双方均认可房屋、设备使用费从2016年8月31日开始起算,但对截至时间存在争议。根据本案查明事实,2016年12月13日、26日N公司向W公司发函要求提出解除合同,办理场地、设备交接事宜;2017年3月14日W公司回函同意解除合同,要求清理属于 N 公司的货物、拆除设备货架并返还场地等;2017 年 3 月 24 日双方对收银机进行盘点;2017 年 4 月 21 日 W 公司再次发函,从函件内容来看,双方已对设备进行盘点,仅仅只是对于货架、设备损害赔偿问题未能达成一致,故本院认定房屋、设备使用费应计算至 2017 年 4 月 21 日,从 2016 年 9 月 1 日起至 2017 年 4 月 21 日止共 233 天,房屋、设备使用费为 150000 元/月÷30 天/月×233 天=1165000 元,扣减双方均同意用 70 万元履约保证金冲抵尚欠费用,故 N 公司应向 W 公司支付的房屋、设备使用费为 465000 元(1165000 元－700000 元)。一审法院认定房屋、设备的时间截止到 2017 年 8 月 10 日不当,应予以纠正。虽然 2017 年 8 月 10 日 N 公司撤离场地,但原因是 W 公司怠于接收场地导致双方未能办理场地、设备交接手续,由此扩大的损失应由 W 公司自行承担。W 公司上诉主张计算至 2018 年 9 月 30 日将房屋出租给案外人,N 公司上诉主张计算至 2017 年 1 月 1 日,均没有事实和法律依据,本院不予支持。2.关于设备损失费用问题。根据一审法院查明事实,W 公司与 N 公司在办理交接过程中,设备存在损坏的情形,一审法院依法委托评估机构对于设备损失价值进行评估,但因当事人无法提供损失明细及必要的评估资料,导致无法进行评估,W 公司要求赔偿设备损失费,证据不足。W 公司上诉要求支付 500 万元设备损失费的请求,本院亦不予支持。

上诉人 N 公司向上诉人 W 公司支付房屋、设备使用费 465000 元;驳回上诉人 W 公司的其他诉讼请求。

实战点评与分析

1.对原告提供的每一份证据都应该认真审阅,对对方提供的证据,在发表质证意见时,不应简单地对证据三性不认可,而应从该证据的内容,结合案件事实,判断分析该证据能否达到证明目的

本案争议的焦点主要是场地占用费的金额和设施设备赔偿金额如何确定。关于第二项,W 公司申请对损失进行评估,因不具备评估条件而最终未能完成评估,但原告依然提供了证明损失的部分证据,N 公司原一审、二审代理律师并未认真分析这些证据材料,在质证时,仅仅否定三性,这是远远不够的,毕竟,在无法鉴定后,原告证明损失的唯一证据为其提供的补充证据目录(2),而原审法院正是在这些材料的基础上判决 N 公司承担损失赔偿责任。

因此，必须对这些所谓的损失材料进行分析，分析的目的为：其一，推翻原审法院对损失以及损失比例的认定，因此在审核材料的基础上，还必须对材料数据进行分析统计，尤其是统计损坏率；其二，按照 W 公司提供的这些所谓损失的证据，分析判断是否足以证明其损失，如果可以，则能证明损失的金额至多是多少。

正是按照以上思路，经分析统计，再审代理律师发现，原审法院认定的损失率是错误的，且即便按照 W 公司提供的证据，其能证明的损失金额也与判决金额相去甚远，以上足以证明原审法院判决认定事实错误。

2. 善于用表格进行统计分析

本案中，W 公司提供了较多证明损失的证据，N 公司代理人在对这些证据分析研判后，认为有必要对证据进行分类和统计，计算出损失率，而经计算的损失率明显与原审法院认定的完全不一致，足以证明原审判决认定事实错误。

3. 善于运用可视化图，将时间、关系向法官展示

想方设法，让法官在最短时间内，无须思考即可理解当事人提供证据的目的和拟证明事实，是提供证据、组织和展示证据的最终目的。

本案中，关于合同解除后的场地移交，为了能让法官快速了解全过程，再审代理律师以双方对真实性无异议的证据证明的事实为据，制作了时间轴，让法官对合同解除后的场地移交有直观和清晰认识。

关于赔偿，为了向法官展示 W 公司提供的所谓损失证据并不充分，不能作为定案依据，再审代理律师制作了表格，如此可以让法官对 W 公司提供的损失证据存在的问题一目了然。

第七章
Chapter 7 鉴定

鉴定意见虽然只是证据的一种类型，但鉴定意见在具体案件中有着重要甚至决定性的作用，同时鉴定意见在实务中往往也存在较大争议，本书特将鉴定意见作为单独的一章重点论述。

第一节

鉴定意见的概念和作为证据的意义

一、鉴定意见的概念

所谓鉴定意见,是指"具备资格的鉴定人对民事案件中出现的专门性问题,通过鉴别和判断后作出的书面意见"[1]。

《民事诉讼法》第66条规定:"证据包括:……(七)鉴定意见;(八)勘验笔录。证据必须查证属实,才能作为认定事实的根据。"从以上规定可见,鉴定意见是证据的一种类型。从效力上,与其他类型的证据并无二致。但从实务而言,尤其涉及专业领域,经法院委托的鉴定机构出具的鉴定意见基本会作为定案依据,而鉴定意见也往往成为决定案件结果的最主要的证据,包括:决定本案被告是否承担责任,责任金额的大小等。

《民事诉讼法》第66条规定的"鉴定意见"是指由法院委托的第三方有资质的专业机构对专门性问题出具的书面意见。在诉讼前或诉讼过程中当事人单方委托的第三方所作出的意见,一般称为专家意见或咨询意见,并非鉴定意见。

《民事证据规定》第41条规定:"对于一方当事人就专门性问题自行委托有关机构或者人员出具的意见,另一方当事人有证据或者理由足以反驳并申请鉴定的,人民法院应予准许。"根据该规定,当事人一方就专门性问题自行委托有关机构或人员出具的意见,并非鉴定意见,因此,另一方当事人有证据或者理由足以反驳并申请鉴定的,人民法院应予准许。

《建设工程解释一》第30条规定:"当事人在诉讼前共同委托有关机构、人员对建设工程造价出具咨询意见,诉讼中一方当事人不认可该咨询意见申请鉴定的,

---

[1] 李明:《最高人民法院〈关于民事诉讼证据的若干问题〉适用与案解》(上册),法律出版社2021年版,第548页。

人民法院应予准许，但双方当事人明确表示受该咨询意见约束的除外。"根据该条规定，当事人诉讼前委托有关机构、人员对建设工程造价出具的意见，称为"咨询意见"，并非鉴定意见。

二、鉴定意见作为证据的意义

（一）鉴定意见在诉讼中具有重要甚至决定性作用

部分案件涉及专门性问题，法官无法就真伪、成因、因果关系、数量、金额等作出判断，就算法官本人具有相应的专业知识，但也缺少相应的资质，就此类案件，一般只能进行鉴定并由第三方出具意见。比如笔迹印章的真伪鉴定，此种鉴定需有资质的鉴定机构通过专业的设施设备对检材和样本按照规范要求进行比对，这种工作，法官是无法完成的，只能依赖于鉴定机构的鉴定结论。

（二）对于鉴定意见的异议，应尽可能在鉴定阶段解决，如鉴定人不采纳异议的，必须申请鉴定人到庭

尽管鉴定意见只是证据的一种类别，与其他证据的效力并无区别，但由于鉴定机构是法院委托，且涉及专业的问题，而法官又缺少相应的知识，因此法官一般就此问题只能依赖于第三方机构出具的鉴定意见，此种情况导致在涉及鉴定的案件中，以鉴代审的情况屡见不鲜。从庭审而言，证据明显不足以证明待证事实或不应该采信的证据，却被鉴定机构毫无选择地作为鉴定依据并作出相应意见，而法官在鉴定意见出具后按照鉴定意见判决，导致了本不应得到支持的待证事实或金额却通过鉴定得到支持，鉴定机构的判断和决定取代了法官的意见，因此，在涉及鉴定的案件中，如果对鉴定意见有异议，该等异议务必在最终鉴定意见出具前予以解决，而不是等到鉴定意见出具后再行提出。当然如果在鉴定阶段，鉴定机构不同意采纳当事人提出的异议，则在鉴定作出后，应申请鉴定人到庭，通过庭审质证的方式，对其意见提出异议，指出鉴定结论存在的问题，如能得到法官采纳，则可以由一方当事人申请重新鉴定并出具新的鉴定意见或由法官对已经作出的鉴定意见部分采纳或部分不采纳。

案例 7-1：在鉴定意见作出前后，一审法院多次组织双方当事人质证、赴工程现场踏勘，鉴定意见依据充分、程序合法，一审、二审采用鉴定意见作为认定案涉工程造价依据并无不当

——湖北亚华房地产开发有限公司、湖北中民建筑工程有限公司建设工程施工合同纠纷民事申请再审审查民事裁定书

审理法院：最高人民法院

案号：(2021)最高法民申7202号

裁判日期：2021年12月17日

案由：建设工程施工合同纠纷

• 最高人民法院裁判意见

湖北亚华房地产开发有限公司(以下简称亚华公司)申请再审称，(一)原审判决以鉴代审，对于鉴定意见未认真审查，在亚华公司提供了足以反驳鉴定意见的相关证据的情况下，仍错误采纳鉴定意见部分结论，导致相关事实欠缺证据证明。1.施工前双方即约定案涉工程的全部钢材由亚华公司提供，亚华公司也为案涉工程提供了足够的成品钢材，不需要湖北中民建筑工程有限公司(以下简称中民公司)垫购钢材，且双方在施工收尾阶段再次对此进行了确认。原审中鉴定机构以图纸推算的数据明显畸高，与实际用钢量不符。中民公司提供的证据也不能证明其为案涉项目进行了垫购。同时，亚华公司提供的钢材已经加工过，无须中民公司再加工，现场施工环境也客观上不允许进行再加工作业，原审对于亚华公司提出的钢材费用及加工费等相关异议未予支持错误……

中民公司申请再审称，(一)原审以《结算协议》中没有关于逾期付款利息的约定为由认定中民公司已放弃要求亚华公司支付逾期利息，属主观推断，违背本案基本事实。《结算协议》仅是对工程款数额进行确认，并没有中民公司放弃《承诺书》中关于逾期付款利息的文字表述。而2015年《承诺书》对工程款的付款时间以及逾期付款的违约责任作出了明确约定，该承诺是亚华公司自愿作出，应予以遵守。签订《承诺书》时，民间融资成本普遍较高，双方约定的3分月息符合当时民间融资的实际情况，且中民公司在该工程施工过程中实际承担了本不应由己方承担的高额融资成本。根据诚信原则以及契约精神，亚华公司作出承诺后，即

应按照其承诺履行义务。(二)二审以《结算协议》中未对未付工程款的利息进行约定为由,判定"中民公司请求亚华公司按年息24%计算未付工程款利息,没有事实依据和法律依据"错误。《承诺书》的内容是亚华公司承诺按照中民公司完成施工的时间节点向中民公司支付相应的工程款,如逾期付款则对所欠款项,按照月息三分计息作为对中民公司经济损失补偿费。在诉讼过程中,中民公司于2018年11月26日申请鉴定后,于2018年12月10日与亚华公司签订了《结算协议》。《结算协议》对亚华宝塔湾二期2#、6#～9#楼工程价款进行据实结算的计价标准、依据及取费标准等进行了原则性约定,并未对《承诺书》中逾期付款支付利息的承诺进行修改变更。根据《合同法》第78条(对应《民法典》第544条)"当事人对合同变更的内容约定不明确的,推定为未变更"的规定,应视为未变更。二审认定双方就案涉工程决算达成了新的《结算协议》,且该协议对《承诺书》内容进行了变更明显错误。……

本院经审查认为,本案系再审申请审查案件,应当依据亚华公司、中民公司的申请再审事由以及2017年《民事诉讼法》第200条(2023年《民事诉讼法》第211条)的规定进行审查。

关于案涉鉴定意见应否采信以及案涉工程价款的认定问题。根据一审、二审查明的事实,一审法院调取的备案《建设工程施工合同》并未约定合同价格为固定价,且从案涉《结算协议》内容看,双方对案涉工程款的决算方式系约定为据实结算。一审法院根据中民公司的委托并征得亚华公司同意,将案涉工程委托鉴定并不缺乏依据。亚华公司申请再审称原审委托鉴定错误,应参照合同约定的固定价格进行结算理据不足。且在鉴定意见作出前后,一审法院多次组织双方当事人质证、赴工程现场踏勘,鉴定意见依据充分、程序合法,一审、二审采用鉴定意见作为认定案涉工程造价依据并无不当,亚华公司申请再审时针对鉴定意见部分工程量及工程价款提出的异议,也均系一审庭审质证时提出的意见,而亚华公司在一审、二审中均未提交充分证据推翻鉴定意见,其主张一审、二审该部分事实认定错误理据不足,对其该部分再审申请理由,本院不予支持。

关于未付工程款计息标准的认定问题。根据一审、二审查明的事实,案涉《承诺书》第9条约定,"若因资金紧张,不能按时支付到位的所欠余款,则按月息3分计息,我公司支付给贵公司作为经济损失补偿费",该条款中所约定的计息标准明显过高,且双方在之后签订的《结算协议》中对欠付工程款利息计付标准未再作出约定。中民公司申请再审称案涉《结算协议》未对《承诺书》中逾期付款支付利息的承诺进行修改变更，但《承诺书》中也未作出按照年利率24%计息的约定，二审对中民公司要求按照年利率24%计算未付工程款利息的上诉请求未予支持并不缺乏依据，中民公司该部分再审申请理由理据不足，本院不予支持……

综上，亚华公司、中民公司的再审申请均不符合《民事诉讼法》第200条规定的情形。依照《民事诉讼法》第204条第1款、《民事诉讼法解释》第395条第2款之规定，裁定如下：

驳回亚华公司、中民公司的再审申请。

实战点评与分析

1. 鉴定的问题最终仍是证据问题

本案中，亚华公司向最高人民法院申请再审，主要针对的是鉴定意见，而其中涉及争议的问题实际上并非专业问题而是证据问题，亚华公司认为，原一审、二审判决存在以鉴代审的情况，主要理由是原一审、二审庭审中，对于亚华公司认为被申请人证据不足或亚华公司已经提供证据证明的事实，鉴定机构未予采纳，导致了多计算工程造价。比如亚华公司提出，原审判决以鉴代审，对于鉴定意见未认真审查，在亚华公司提供了足以反驳鉴定意见的相关证据的情况下，仍错误采纳鉴定意见部分结论，导致相关事实欠缺证据证明。施工前双方即约定案涉工程的全部钢材由亚华公司提供，亚华公司也为案涉工程提供了足够的成品钢材，不需要中民公司垫购钢材，且双方在施工收尾阶段再次对此进行了确认。原审中鉴定机构以图纸推算的数据明显畸高，与实际用钢量不符。中民公司提供的证据也不能证明其为案涉项目进行了垫购。同时，亚华公司提供的钢材已经加工过，无须中民公司再加工，现场施工环境也客观上不允许进行再加工作业，原审对于亚华公司提出的钢材费用及加工费等相关异议未予支持错误。

以上争议的问题本质实际上是证据问题，但关于证据的争议问题，鉴定机构出具的鉴定意见未采纳亚华公司意见，而法院最终亦采信鉴定意见作出判决，在再审申请阶段，审理法院亦未对亚华公司关于鉴定意见存在的问题一一回应，而是直接认定"在鉴定意见作出前后，一审法院多次组织双方当事人质证、赴工程现场踏勘,鉴定意见依据充分、程序合法,一审、二审采用鉴定意见作为认定案涉工程造价依据并无不当,亚华公司申请再审时针对鉴定意见部分工程量及工程价款提出的异议,也均系一审庭审质证时提出的意见,而亚华公司在一审、二审中均未提交充分证据推翻鉴定意见,其主张一审、二审该部分事实认定错误理据不足,对其该部分再审申请理由,本院不予支持"。

可见,一旦鉴定意见作出后,在鉴定机构未修改鉴定意见前,要推翻鉴定意见的结论是较为困难的,因此对鉴定意见的异议,应尽可能在最终鉴定意见出具前由鉴定机构予以采纳并按照异议出具鉴定意见,否则后续要更改意见确有一定的难度。

2. 变更协议未约定部分,是否视为当事人放弃了该等权利

就本案而言,中民公司对原生效判决申请再审的原因是其认为二审以《结算协议》中未对未付工程款的利息进行约定为由,判定中民公司请求亚华公司按年息24%计算未付工程款利息,没有事实依据和法律依据。再审法院亦支持了原审意见。对此,笔者认为法院的处理和认定不妥。《民法典》第544条规定:"当事人对合同变更的内容约定不明确的,推定为未变更。"根据该规定,如双方对原生效协议进行变更,变更内容约定不明的,视为未变更。换言之,如变更协议未变更的,仍应按照原协议执行,而不能视为放弃了原有协议约定的权利,以本案为例,《承诺书》为亚华公司承诺按照中民公司完成施工的时间节点向中民公司支付相应的工程款,如逾期付款则对所欠款项,按照月息3分计息作为对中民公司经济损失补偿费。《承诺书》系单方民事法律行为,对亚华公司有约束力,此后,双方签订了《结算协议》,该协议虽未约定《承诺书》有关月息3分的补偿费,但不应视为放弃了该权利,毕竟《结算协议》也未对该月息3分补偿费放弃作出明确约定和变更,在此情况下,只能认为《结算协议》有约定的,按该约定,未约定,仍可执行此前有效的《承诺书》内容。当然,《承诺书》约定的月息3分确实过高,法院可据实予以调整,但不应不支持。

案例 7－2：鉴定意见将不能成立的证据作为鉴定依据并出具意见，属于典型的以鉴代审，在对鉴定意见质证时务必提出

——北京城建五建设集团有限公司、内蒙古中服实业有限公司建设工程施工合同纠纷民事二审民事判决书

审理法院：最高人民法院

案号：(2020)最高法民终1285号

裁判日期：2021年7月28日

案由：建设工程施工合同纠纷

• **最高人民法院裁判意见**

本院认为，二审争议焦点是：一、原判决认定的已完工程造价及已付款数额是否正确；二、原判决认定的停工损失和其他损失数额是否正确；三、原判决认定的工程款利息起算时间及计算标准是否正确。

(一)关于原判决认定的已完工程造价及已付款数额是否正确的问题。

北京城建五建设集团有限公司(以下简称城建五公司)上诉主张工程造价应增加工程造价的4%的管理费。内蒙古中服实业有限公司(以下简称中服公司)与城建五公司签订的《施工协议书》对签订《施工协议书》之前的工程款计算和支付及后续施工管理进行约定，已完工程按照内蒙古2009年建筑安装工程定额并结合市场价确定。后续工程管理模式是成立项目管理部，项目管理部向城建五公司支付总承包管理费(总承包范围内工程造价的4%)，城建五公司对项目管理部的其他债权债务均不再负担，盈亏归中服公司，故4%的管理费系中服公司与城建五公司对后续施工管理所做约定，此种管理模式下，城建五公司仅收取管理费。由于案涉工程未能继续施工，鉴定机构对已完工程按照《施工协议书》约定进行造价鉴定，其中已经包含管理费。同时，《施工协议书》第6条第3款约定，后续工程款的支付由甲方、乙方、项目管理部三方另行商议。甲方支付款项合计不超乙方已完工程结算值，即中服公司支付的款项不应超出已完工程结算值。城建五公司要求中服公司另行支付4%管理费，超出了已完工程结算值，并不符合《施工协议书》约定。因此，原判决认定的已完工程造价，并无不当。

城建五公司上诉主张中服公司已付款数额中不应包括中服公司向案外人支

付的商砼款2,411,903元。因已完工程造价中包括商砼等材料费用,城建五公司应向案外人支付材料款,中服公司代城建五公司支付的商砼款应抵顶工程款,原判决对中服公司已付款数额的认定,并无不当。

(二)关于原判决认定的停工损失数额是否正确的问题。

关于原判决认定的停工期间的人员工资和看护费问题。《鉴定意见书》根据城建五公司单方制作的证据,计算停工期间的人员工资,依据并不充分,原判决未予以采纳,并无不当。中服公司提交的相关单位出具的证明能够证明从2013年4月至诉讼中,城建五公司现场看护人员共3人。原判决根据中服公司自认的看护人员工资计算看护费,并无不当。城建五公司要求增加停工期间的人员工资和看护费,依据不足,本院不予支持。

关于停工期间的塔吊租赁费用。施工期间的塔吊租赁费2,860,669元应该属于施工成本,已经计入已完工程造价,不属于停工损失。《鉴定意见书》将施工期间发生的租赁费用作为停工损失不当。原判决对《鉴定意见书》确定的停工损失中的塔吊租赁费予以确认,缺乏依据,本院予以纠正。根据生效判决认定的事实,至案涉塔吊实际拆除,租赁费(含塔吊运费及安拆费、塔吊预埋件等全部费用)共计5,908,333元,除施工期间的塔吊租赁费之外,还有3,047,664元(5,908,333元-2,860,669元)系在中服公司与城建五公司共同决定拆除塔吊之前产生的租赁费用,应作为停工损失。故停工期间的塔吊租赁费损失应调整为3,047,664元。

关于停工期间水电费,现场邻水二次保温和拆塔配合费,职工取暖费,周转材料费和铁厂2014~2017年的电工工资,4标段停工后劳务遣散费,2012年停工损失等问题,当事人一审中向鉴定机构提出异议,鉴定机构予以回复,本院经审查,鉴定机构的意见并无明显依据不足的情形,对双方的上诉主张均不予支持。

因此,中服公司应赔偿城建五公司的停工损失为7,764,103元(计算方式为:7,577,108元-2,860,669元+3,047,664元)。

(三)关于城建五公司主张的其他损失应否支持的问题。

城建五公司主张的其他损失包括利润管理费、欠款融资利息、法院诉讼及强制执行费三部分。

关于法院诉讼及强制执行费等,首先,中服公司与城建五公司成立施工合同关系,中服公司应向城建五公司支付已完工程造价。城建五公司与其他主体成立租赁、买卖合同关系,租赁设备、购买原材料,城建五公司应自行承担因购买原材料等所发生的诉讼成本。城建五公司并未提交证据证明按照《施工协议书》第6条第3款约定将其同第三方签订各项合同提交中服公司作为《施工协议书》附件。城建五公司主张依据《施工协议书》第8条的约定应由中服公司承担相关诉讼成本,依据并不充分。其次,《施工协议书》约定,2013年1月1日前中服公司支付300万元工程款;2013年1月15日前,中服公司支付1500万元工程款;2013年1月25日前,中服公司支付1000万元工程款。后续工程款的支付由中服公司、城建五公司、项目管理部三方另行商议。根据鉴定意见,已完工程实体部分造价为65,614,417元,中服公司共计支付43,845,503元,城建五公司应可支付相关租赁、买卖合同产生的款项,避免产生诉讼和相关费用。城建五公司未能证明法院诉讼产生的执行费、诉讼费、利息、滞纳金等均系因中服公司迟延支付工程款所致,亦未能证明已经尽到减少损失的义务,其要求中服公司赔偿上述费用的依据不足。城建五公司二审提交的证据与本案缺乏关联性,本院不予采纳。

城建五公司主张利润管理费以每年预计可以取得的管理费乘以1.0348(3.48%的税金)计算至起诉之时,对此其并未提交充分证据予以证明,依据不足。此外,城建五公司以其索赔数额为基数,按照年利率15%计算融资利息,亦缺乏合同和法律依据。因此,原判决未支持城建五公司主张的其他损失,并无不当。

(四)关于原判决认定的工程款利息起算时间和计算标准是否正确的问题。

根据原审查明事实,至城建五公司起诉之时,案涉工程由双方共同控制,尚未交付,城建五公司亦未向中服公司提交竣工验收报告。但本案系因中服公司违约导致施工合同未能竣工验收并交付,在城建五公司提起诉讼之前,城建五公司已经向中服公司主张支付工程款。中服公司曾经委托杰信公司对工程造价进行审计,城建五公司予以配合,说明双方已经进入结算阶段。尽管城建五公司不认可杰信公司的鉴定意见,但是能够证明此时中服公司应予支付工程款。杰信公司出具审计报告之日2015年12月5日作为中服公司应付工程款时间更符合本案实际情况。原判决自城建五公司起诉之时计算工程款利息,本院予以纠正。双方对迟延支付工程款利息未予以约定,原判决按照同期银行贷款利率或者同期全国银行间同业拆借中心公布的贷款市场报价利率计算利息,并无不当。

实战点评与分析

1. 鉴定意见将不能成立的证据作为鉴定依据并出具意见,属于典型的以鉴代审,在对鉴定意见质证时务必提出

以本案为例,《鉴定意见书》根据城建五公司单方制作的证据,计算停工期间的人员工资。类似此种情形在工程造价鉴定中屡见不鲜,尤其是停工窝工损失,承包人为证明其停工窝工损失,一般仅仅列一个表,这个表记载了人员名单、工资金额、数量等,这类表格除非对方承认,否则根本不可能作为定案依据,但有的鉴定机构却径直将这些表格记载的数据作为依据,作出停工窝工人员损失费用金额并出具确定性结论,而有的法官亦直接以该结论作为判决依据和金额,由此导致了庭审和《民事证据规定》关于证据的质证和采信变得形同虚设,此种情形就属于典型的以鉴代审。本案中,原审判决认为,此项费用依据并不充分,原判决未予以采纳。

鉴定意见将施工期间产生的塔吊租赁费用计入停工误工损失,显然也是错误的,法院对此意见亦未予采纳。法院认为:关于停工期间的塔吊租赁费用。施工期间的塔吊租赁费 2,860,669 元应该属于施工成本,已经计入已完工程造价,不属于停工损失。《鉴定意见书》将施工期间发生的租赁费用作为停工损失不当。原判决对《鉴定意见书》确定的停工损失中的塔吊租赁费予以确认,缺乏依据,予以纠正。根据生效判决认定的事实,至案涉塔吊实际拆除,租赁费(含塔吊运费及安拆费、塔吊预埋件等全部费用)共计 5,908,333 元,除施工期间的塔吊租赁费之外,还有 3,047,664 元(5,908,333 元 - 2,860,669 元)系在中服公司与城建五公司共同决定拆除塔吊之前产生的租赁费用,应作为停工损失。故停工期间的塔吊租赁费损失应调整为 3,047,664 元。

2. 承包人应自行承担另外采购材料、租赁设备的成本(包括诉讼成本);要求对方承担因其违约行为产生另外采购材料、租赁设备发生纠纷的诉讼费、执行费等,应证明对方违约行为与上述费用的产生存在直接因果关系

本案争议焦点之一为,城建五公司主张的其他损失包括利润管理费、欠款融资利息、法院诉讼及强制执行费三部分。

关于法院诉讼及强制执行费，法院认为城建五公司无法证明与中服公司违约行为存在必然因果关系，因此未予支持，最高人民法院认为，城建五公司与其他主体成立租赁、买卖合同关系，租赁设备、购买原材料，城建五公司应自行承担因购买原材料等所发生的诉讼成本。城建五公司并未提交证据证明按照《施工协议书》第6条第3款约定将其同第三方签订的各项合同提交中服公司作为《施工协议书》附件。城建五公司主张依据《施工协议书》第8条的约定应由中服公司承担相关诉讼成本，依据并不充分。其次，《施工协议书》约定，2013年1月1日前中服公司支付300万元工程款；2013年1月15日前，中服公司支付1500万元工程款；2013年1月25日前，中服公司支付1000万元工程款。后续工程款的支付由中服公司、城建五公司、项目管理部三方另行商议。根据鉴定意见，已完工程实体部分造价为65,614,417元，中服公司共计支付43,845,503元，城建五公司应可支付相关租赁、买卖合同产生的款项，避免产生诉讼和相关费用。城建五公司未能证明法院诉讼产生的执行费、诉讼费、利息、滞纳金等均系因中服公司迟延支付工程款所致，亦未能证明已经尽到减少损失的义务，其要求中服公司赔偿上述费用的依据不足。城建五公司二审提交的证据与本案缺乏关联性，本院不予采纳。

第二节

举证与申请鉴定

一、申请鉴定是行使举证权利、履行举证义务的一种方式

《民事诉讼法》第79条规定:"当事人可以就查明事实的专门性问题向人民法院申请鉴定。当事人申请鉴定的,由双方当事人协商确定具备资格的鉴定人;协商不成的,由人民法院指定。

当事人未申请鉴定,人民法院对专门性问题认为需要鉴定的,应当委托具备资格的鉴定人进行鉴定。"

《民事证据规定》第31条规定:"当事人申请鉴定,应当在人民法院指定期间内提出,并预交鉴定费用。逾期不提出申请或者不预交鉴定费用的,视为放弃申请。

对需要鉴定的待证事实负有举证责任的当事人,在人民法院指定期间内无正当理由不提出鉴定申请或者不预交鉴定费用,或者拒不提供相关材料,致使待证事实无法查明的,应当承担举证不能的法律后果。"

根据上述规定,申请鉴定的一方为对待证事实负有举证证明责任的一方,逾期不申请鉴定或不预交鉴定费,或不提供相关材料,致使待证事实无法查明的,由负有举证责任的一方承担举证不能的法律后果。

案例7-3:适用事实推定应以待证事实无法直接证明作为前提条件

——台新国际商业银行股份有限公司、林某钻保证合同纠纷民事再审
民事裁定书

审理法院:最高人民法院

案号:(2021)最高法民再268号

裁判日期：2021年11月2日

案由：保证合同纠纷

· **最高人民法院裁判意见**

台新国际商业银行股份有限公司(以下简称台新银行)申请再审称，一、本案有新证据足以推翻原审认定事实。(一)二审判决后，台新银行委托上海润家生物医药科技有限公司司法鉴定所进行鉴定，该鉴定所于2021年3月29日出具了沪润司鉴[2021]文鉴字第54号《上海润家生物医药科技有限公司司法鉴定所司法鉴定意见书》(以下简称《司法鉴定意见书》)，鉴定意见为检材时间"2015.07.13"的《担保契约》第16页"担保人签署"处的"JinzuanLin"签名字迹与样本材料字迹是同一人所写。(二)另有新证据《邮件》《通知书》，足以证明台新银行与林某钻之间确实存在保证担保的法律关系。2015年9月4日，台新银行通过邮件向林某钻发送关于扣除保证金的《通知书》，其中提到林某钻为担保人。同日，林某钻签署了上述《通知书》，确认其为本案连带保证人。二、二审法院在缺乏证据证明的情况下，错误地运用日常经验法则认定"林某钻未签署《担保契约》"，本案应当再审。二审法院认为"因在案证据已证明林某钻在《担保契约》签署时不在香港，根据日常经验法则，林某钻主张其未签署《担保契约》的抗辩能够成立"，存在逻辑错误。《担保契约》并未载明合同签订地为香港，根据林某钻提供的出入境记录，林某钻常年往来于内地和香港间，不能以日常经验法则推定协议是在香港签署。台新银行在判决前已将可用于查明案件事实的鉴定检材提交至二审法院，按照日常经验法则，应当推定林某钻签署了《担保契约》。三、原审适用法律错误。(一)本案应当先行确定适用的准据法为香港法律。根据《涉外民事关系法律适用法》第41条的规定，台新银行香港分行的经常居住地位于香港特别行政区，且与保证关系最密切联系的《主契约》(MASTERAGREEMENT)亦约定了适用香港法律，因此本案应当适用香港法律。根据香港特别行政区《法律修订及改革(综合)条例》(第23章)第14条规定以及香港特别行政区的相关判例，口头保证合同亦属合法有效形式。二审判决未明确法律适用，而将书面《担保契约》作为判断林某钻是否承担担保责任的唯一依据，本质上是直接适用内地法律，属于法律适用错误。(二)即便适用内地法律，原审也存在举证责任分配不清，适用法律错误的问题。1.林某钻在一审中申请鉴定，台新银行按法院要求提交检材及比对样本原件后，一审法院最终未进行鉴定,应当由林某钻承担不利后果,认定《担保契约》有效。2.二审法院要求台新银行提供鉴定比对样本而未要求林某钻亲自签署并作为样本,并要求台新银行对鉴定比对样本《台新国际商业银行香港分行开户表格(公司账户)》(以下简称《开户表格》)进行公证认证,过分加重台新银行的举证责任。3.台新银行因新冠疫情、公证认证程序烦琐等客观原因,非因自身故意或者重大过失导致无法及时提交经过公证认证的鉴定比对样本《开户表格》。二审法院拒绝台新银行的延期鉴定申请,属适用法律错误。4.根据台新银行调取本案二审卷宗中的《情况说明》,二审法院于2020年10月18日收到台新银行提交的鉴定样本文件的原件,但因人员调动、不愿再次合议等主观原因,未审查笔迹鉴定样本,亦未启动笔迹鉴定程序,于2020年10月20日寄出判决书,存在重大程序违法。综上,台新银行依据2017年《民事诉讼法》第200条(2023年《民事诉讼法》第211条)第1项、第2项、第6项的规定,请求:1.撤销福建省高级人民法院(2019)闽民终1736号民事判决、福建省泉州市中级人民法院(2019)闽05民初503号民事判决;2.发回重审或改判支持台新银行在原审中的全部诉讼请求。

林某钻辩称,原审法院认定事实清楚,适用法律正确,程序合法,台新银行再审申请理由不成立,依法应当驳回。一、《担保契约》并非林某钻本人签署,台新银行提交的《司法鉴定意见书》《邮件》《通知书》不属于新证据。(一)关于《司法鉴定意见书》,首先,台新银行提交的《司法鉴定意见书》委托人系"上海君伦律师事务所",该鉴定意见因未遵守基本的委托原则而无效,不属于新证据。其次,在原审程序中台新银行亦可以单方委托鉴定,故其在二审结束后单方委托制作的《司法鉴定意见书》不应属于新证据。最后,《司法鉴定意见书》用于鉴定的比对样本文件并非林某钻签署,《司法鉴定意见书》不具有证明效力。(二)《邮件》《通知书》在原审期间已经存在,亦不可以作为新证据提交。林某钻于2014年10月30日将其所拥有的保联(香港)贸易有限公司(以下简称保联公司)的全部股份转让给第三人,邮件载明时间(2015年9月4日)林某钻无权代表保联公司应约口头约定。二、原审认定事实清楚,适用法律正确。(一)二审法院未同意台新银行的再次延期申请符合法律规定。依据2017年《民事诉讼法》第83条的规定,是否准许当事人顺延期限的申请由人民法院决定。在二审法院考量台新银行举证困难已经同意一次台新银行的举证延期申请的情况下,台新银行恶意拖延诉讼进度,二审法院拒绝当事人的延期申请并无不当。(二)台新银行在二审终结后才提交笔迹鉴定申请所需的样本文件,已经超过二审法院书面指定期间,是否根据2015年《民事诉讼法解释》第102条规定采纳相关证据属于案件审理行为,台新银行提交笔迹鉴定样本原件时案件已经审结,二审法院不予认定该份笔迹鉴定样本原件,根据日常生活经验认定林某钻未签署《担保契约》属于准确适用法律,不属于2017年《民事诉讼法》规定的缺乏证据认定事实情形。(三)原审的争议焦点主要在于《担保契约》是否为双方签署,查明过程属于程序性问题,应当适用2017年《民事诉讼法》,原审并无不当。三、台新银行据以主张本案保证责任的主债务,即保联公司对台新银行的债务无法确定,台新银行的诉讼请求无事实依据。台新银行在一审中主张主债权依据的香港高等法院最终判决,在内地并不当然发生法律效力,而台新银行在原审程序中并未就《最终判决》申请内地法院认可,也未针对保联公司的债务在内地提起新的诉讼。因此,台新银行并未提供有效证据证明保联公司对台新银行负有债务。四、案涉《担保契约》违法,即便属实,也属于无效的保证合同。从形式上看,案涉《担保契约》为对外担保,该行为并未经过国家有关主管部门批准和到外汇管理机关办理对外担保登记,该保证合同无效。从实质上看,案涉《担保契约》所担保的主契约、金融交易总协议、TRF交易合同内容是博彩行为,未经批准违反了《国家外汇管理局关于外汇指定银行对客户远期结售汇业务和人民币与外币掉期业务有关外汇管理问题的通知》(已失效,笔者注)。

本院再审认为,本案的争议焦点问题为《担保契约》是否成立以及林某钻是否需要承担保证责任。

本案中,台新银行起诉请求林某钻承担连带担保责任,并提交《担保契约》作为双方成立保证担保法律关系的证据,合同上显示有"JinzuanLin"的签名字样,但林某钻对该合同的真实性不予认可,主张前述签名并非其本人书写。因此,《担保契约》的真实性及其上"JinzuanLin"的签名是否为林某钻本人书写,是影响认定本案法律关系的关键事实,法院应当予以查明。由于合同上签名是否真实的问题专业性较强,在签署人否认其签字真实性的情况下,一般应由负举证责任的当事人提出鉴定申请后,法院委托相关的鉴定机构进行笔迹鉴定。如因客观上检材不够充分、完整,或鉴定条件无法达成导致无法鉴定,法院亦可依据举证责任的分配原则和双方当事人的过错程度,对全案证据进行分析,进而对案件关键事实作出认定。

具体到本案,在一审诉讼中,林某钻申请对《担保契约》上的签名进行笔迹鉴定,一审法院于 2019 年 5 月要求台新银行提交相关合同(《主契约》《金融交易总协议》《BankingFacilities》《担保契约》)文件原件作为鉴定材料,台新银行于 2019 年 6 月 20 日向法院提交上述文件原件,但一审法院未启动鉴定程序,以台新银行未能说明合同签订过程为由,推定《担保契约》系于 2015 年 7 月 13 日在香港特别行政区签署,同时结合林某钻的出入境记录显示其在签署日未在香港特别行政区,进一步推定《担保契约》并非林某钻本人签署。一审法院在本案可以委托鉴定的情况下以推定的事实作为前提事实进而以推定方式认定林某钻未签署案涉合同,未注意到适用事实推定应以待证事实无法直接证明作为前提条件,且本案的前提事实,即案涉合同签订地为香港特别行政区这一事实,亦属于推定得出,不属于确定的事实,作为事实推定的前提依据亦不足。因此,一审法院认定案涉合同并非林某钻签署并驳回台新银行诉讼请求,属于认定事实不清。

在二审诉讼中,台新银行申请对《担保契约》上的签名进行笔迹鉴定,二审法院要求台新银行于 2020 年 9 月 21 日前提交经公证认证的《开户表格》作为鉴定比对样本,台新银行于 2020 年 9 月 16 日向法院申请将提交上述材料的期限延至 2020 年 10 月 30 日,2020 年 9 月 25 日二审法院通知台新银行对其延期申请不予准许并于同日以本案无法启动鉴定程序为由认为台新银行未能证明其主张,作出二审判决,维持原判。本院认为,作为鉴定比对样本的文书与作为证据拟证明案件事实的文书在诉讼中的作用和地位并不完全相同,公证认证手续仅对文书形式上真实性、合法性进行审查,并不能对文件内容的真实性、合法性负责,人民法院根据《民事诉讼规定》第 34 条的规定,通过组织各方对鉴定材料质证同样可以达到这一目的。因此,二审法院要求台新银行须以经公证认证的比对样本进行鉴定,确有不当。同时笔迹鉴定的特殊性在于,当申请鉴定的一方提供检材确有困难时,被鉴定签字真伪的当事人也是持有鉴定材料的一方,法院可要求其亲笔签名提供笔迹样本以供鉴定。如鉴定机构认为重新签名的样本因时间间隔过长等客观原因导致无法鉴定的,法院可再行根据举证责任分配规则认定案件事实。因此,二审法院未经要求林某钻亲笔签名提供检材以供鉴定,而自行作出无法鉴定的结论从而认为本案无法启动鉴定程序,亦有不当。况且,台新银行在 2020 年 10 月 7 日向法院寄送了笔迹鉴定样本等文件,虽晚于法院规定期限且当时已经结案,但二审法院仍应认真研究该事实对案件的影响程度,是否会导致判决结论所依据的前提条件发生变化,据此谨慎处理。

综上所述,本院认为,原审认定基本事实不清,依照2017年《民事诉讼法》第207条第1款、第170条第1款第3项规定,裁定如下：

一、撤销福建省高级人民法院(2019)闽民终1736号民事判决及福建省泉州市中级人民法院(2019)闽05民初503号民事判决;

二、本案发回福建省泉州市中级人民法院重审。

实战点评与分析

1. 鉴定是履行举证义务的方式,未按照法律规定就专门性问题申请鉴定或拒不提供鉴定资料导致无法鉴定的,应承担举证不能的后果

本案中,台新银行提供了《担保契约》作为双方成立保证担保法律关系的证据,合同上显示有"JinzuanLin"的签名字样,林某钻认为并非其本人签名,应提供反驳证据,由于涉及专门性问题,林某钻应通过笔迹真伪鉴定的方式提供反驳证据。就此,林某钻申请了笔迹鉴定。

2. 对于专门性问题应通过鉴定完成,而不能直接进行事实推定;适用事实推定应以待证事实无法直接证明作为前提条件

本案中,对于《担保契约》是否为林某钻本人签署,鉴定是最直接的方法,但一审法院在林某钻已经申请鉴定且台新银行提交《担保契约》作为检材的情况下,以台新银行未能说明合同签订过程为由,未启动鉴定程序,直接推定《担保契约》系于2015年7月13日在香港特别行政区签署,同时结合林某钻的出入境记录显示其在签署日未在香港特别行政区,进一步推定《担保契约》并非林某钻本人签署。此种认定是错误的。

对于笔迹真伪的判断,属于待查明的专门性问题,台新银行已经提供了显示有林某钻本人签字的《担保契约》,林某钻如否认,应申请鉴定以证明该契约并非本人签字,且笔迹真伪的鉴定属于专门性问题,仅仅通过法院的庭审调查等都无法作出判断,因此本案应启动鉴定程序。

至于一审法院的推理,更是荒唐:本案对于《担保契约》是不是林某钻本人签署,通过鉴定即可查明和证明,无须进行所谓的事实推定,因此一审法院适用事实推定显然是错误的。一审法院推定《担保契约》系于2015年7月13日在香港特别行政区签署,通过林某钻出入境记录显示其在2015年7月13

日未在香港特别行政区,而推定该契约并非本人签署。一审法院推定"《担保契约》系于 2015 年 7 月 13 日在香港特别行政区签署"这一事实理由并不充分:《担保契约》显示 2015 年 7 月 13 日在香港特别行政区签署,林某钻出入境记录显示其在 2015 年 7 月 13 日未在香港特别行政区这些事实均属实,但合同文书契约倒签等情况在实务中较为常见,换言之,2015 年 7 月 13 日这个时间并非真实的签署时间在实务中属于正常情况,一旦该时间是倒签,则以签署时间来判断签署时林某钻本人是否在香港显然是错误的,也有违常识。因此一审法院未启动鉴定程序不符合民事证据规定的要求。

3. 鉴定中样本的提交

本案中,二审法院要求台新银行于 2020 年 9 月 21 日前提交经公证认证的《开户表格》作为鉴定比对样本,台新银行于 2020 年 9 月 16 日向法院申请将提交上述材料的期限延至 2020 年 10 月 30 日,2020 年 9 月 25 日二审法院通知台新银行对其延期申请不予准许并于同日以本案无法启动鉴定程序为由认为台新银行未能证明其主张,作出二审判决,维持原判。

以上认定显然是错误的。本案样本,应由林某钻提供,实务中,一般由林某钻书写即可,且本案中,系对显示有林某钻名字的《担保契约》真伪进行鉴定,有关林某钻的其他样本基本由林某钻本人持有。至于二审法院要求提供经公证的《开户表格》进行比对,虽然台新银行未能在规定时间内提供,但《开户表格》仅仅是一份证据,这份证据即便不经过公证认证,也可以通过庭审调查的方式来确定其真实性,而二审法院却以台新银行未能在规定时间内提供经公证的《开户表格》作为样本为由,认为本案无法启动鉴定程序,并认为台新银行未能证明其主张,作出二审判决,维持原判显然是错误的。

诚如再审法院所言,作为鉴定比对样本的文书与作为证据拟证明案件事实的文书在诉讼中的作用和地位并不完全相同,公证认证手续仅对文书形式上真实性、合法性进行审查,并不能对文件内容的真实性、合法性负责,人民法院根据《民事证据规定》第 34 条的规定,通过组织各方对鉴定材料质证同样可以达到这一目的。因此,二审法院要求台新银行须以经公证认证的比对样本进行鉴定,确有不当。同时笔迹鉴定的特殊性在于,当申请鉴定的一方提供检材确有困难时,被鉴定签字真伪的当事人也是持有鉴定材料的一方,法院可要求其亲笔签名提供笔迹样本以供鉴定。如鉴定机构认为重新签名的样本因时间间隔过长等客观原因导致无法鉴定的,法院可再行根据举证责任分配规则认定案件事实。因此,二审法院未经要求林某钻亲笔签名提供检材以供鉴定,而自行作出无法鉴定的结论从而认为本案无法启动鉴定程序,亦有不当。况且,台新银行在2020年10月7日向法院寄送了笔迹鉴定样本等文件,虽晚于法院规定期限且当时已经结案,但二审法院仍应认真研究该事实对案件的影响程度,是否会导致判决结论所依据的前提条件发生变化,据此谨慎处理。

二、单方委托第三方机构出具的专业咨询意见

诉讼前或诉讼过程中,针对待证事实,一方当事人自行委托有资质的第三方出具的意见,并非鉴定意见,可以称之为专业咨询意见。在一方单方委托第三方出具咨询意见的情况下,该意见证明力如何认定,举证责任如何分担?

(一)单方委托的专业机构作出的意见一般不能作为定案依据

对于单方委托的机构作出的意见,由于系单方委托,因此相对方一般并不知情,更不可能参与。由于未参与,对于意见依据的检材和材料,相对方不可能如法院委托鉴定这样进行质证,并可以申请鉴定人到庭,以单方委托第三方出具的意见作为定案依据,无异于剥夺了当事人根据证据规则享有的上述程序权利;尤其是单方委托的情况下,委托人与受托人往往具有某种利益关系,因此,此种结论一般都对委托一方有利,如果以该证据作为定案依据,显然对相对方不利。我国法律亦未规定,单方委托出具的咨询意见能直接作为定案依据。

案例7-4:单方委托作出的鉴定结论,因未纳入民事诉讼程序,保障当事人充分行使诉权,不具有鉴定意见的证据效力

——白山市舜发硅藻土科技有限公司、吉林省新金山建筑工程有限公司
建设工程施工合同纠纷再审审查与审判监督民事裁定书

审理法院:最高人民法院

案号:(2019)最高法民申835号

裁判日期:2019年3月26日

案由:建设工程施工合同纠纷

白山市舜发硅藻土科技有限公司(以下简称舜发公司)申请再审称,原判决符合2017年《民事诉讼法》第200条第2项、第6项规定的情形,请求撤销原判决,发回重审或提审改判;一审、二审、再审诉讼费用由吉林省新金山建筑工程有限公司(以下简称新金山公司)承担。主要事实和理由:第一,舜发公司与新金山公司签订《建设工程施工合同》,合同相对人是新金山公司,至于刘某波、姚某娟是否挂靠在新金山公司名下施工与舜发公司无关,新金山公司作为承包人应对给舜发公司造成的工程质量缺陷承担民事责任。第二,经原审法院委托鉴定,新金山公司不符合设计要求或验收规范的施工部分共8项,且鉴定人员原审出庭时明确,"钢结构的建筑安全储备较小,钢结构构件很难分出主次,能看出来受到破坏的地方是支撑位置"。按照鉴定人出庭作出的说明,钢结构工程中任何部位出现违反设计要求的施工行为都足以导致厂房坍塌的严重后果,支撑位置不符合设计要求则更危及结构安全性。一审第三人在原审庭审中承认,在安装工程中擅自更改设计图,将隔撑的连接方式由螺栓改用自攻钉等,上述证人证言足以证明新金山公司未按图纸施工。新金山公司违反设计要求,擅自变更安装方式,直接危及钢结构的安全稳定性,导致钢结构荷载系数降低,直至房屋坍塌。第三,雪荷载只可能是厂房坍塌的一项因素,厂房设计时已经考虑雪荷载情况。气象资料显示,房屋坍塌前并没有罕见雪灾出现。如果当年的降雪量没有超过五十年峰值或者一百年峰值(房屋设计时采用的雪压标准),按照设计要求施工,不会发生雪荷载压塌房屋的情况。在不能取得雪荷载数据的情形下,法院应在现有证据基础上查明新金山公司应承担的违约责任后径行判决,而不能仅仅依赖于鉴定结论。第四,新金山公司提出厂房坍塌是积雪造成的,新金山公司应对积雪导致厂房坍塌提供相关证据,提供积雪荷载数据,举证责任在新金山公司。鉴定机构要求各方提供实际积雪(冰)荷载数据,因此,提供积雪(冰)荷载数据并非舜发公司单方承担的举证责任;新金山公司不能提供积雪(冰)荷载数据,同样应承担举证不能责任。2015年《民事诉讼法解释》第108条第1款规定,对负有举证证明责任的当事人提供的证据,人民法院经审查并结合相关事实,确信待证事实的存在具有高度可能性的,应当认定该事实存在。鉴定结论中新金山公司有八项施工不符合设计要求或者验收规范,明显违约,原审应当确信案涉厂房坍塌与新金山公司违约间存在关联,确认这一事实具有高度可能性,一审、二审判决援引2015年《民事诉讼法解释》第90条规定,属适用法律错误。第五,吉林省佳翔检测有限公司(以下简称佳翔公司)出具的检测报告,为新金山公司单方委托鉴定,舜发公司并未参与,且该份鉴定报告检测项目不全面,检测结果与原审委托鉴定的鉴定结论相互矛盾,存在重大缺陷,一审、二审法院据此认定案件事实,显失公平。佳翔公司只检测了支撑布置、钢柱截面尺寸、钢构件焊缝外观、螺栓副数、钢构件涂料,没有全面检测,不能证明案涉厂房其他施工项目质量合格。尤其是螺栓个数不符合设计要求、螺栓改用自攻钉连接在檩条上、螺栓外漏扣数多处违反设计要求,导致钢结构荷载系数严重降低。查看佳翔公司出具的检测报告可知,"支撑布置符合设计要求"结论与原审委托鉴定的鉴定结论明显矛盾。由此可见,佳翔公司出具的检测报告存在重大缺陷,不能作为本案证据使用。第六,鉴定机构应当在委托事项范围内出具鉴定结论,不能依据委托鉴定事项出具鉴定结论时,法院应当释明是否委托其他鉴定机构鉴定,或者依据现有情况作出明确的鉴定结论。第七,案涉工程无论竣工后是否检测合格,新金山公司都应对建筑物的主体结构质量承担民事责任。新金山公司应对坍塌厂房承担拆除重建的民事责任。《最高人民法院关于审理建设工程施工合同纠纷案件适用法律问题的解释》第13条(现为《建设工程解释一》第14条)规定,建设工程未经竣工验收,发包人擅自使用后,又以使用部分质量不符合约定为由主张权利的,不予支持;但是承包人应当在建设工程的合理使用寿命内对地基基础工程和主体结构质量承担民事责任。2017年《建设工程质量管理条例》第40条规定,在正常使用条件下,基础设施工程、房屋建筑的地基基础工程和主体结构工程,最低保修期限为设计文件规定的该工程的合理使用年限。因此,即使佳翔公司出具检测合格的鉴定报告,即使舜发公司未经验收擅自使用案涉工程,新金山公司也应对案涉工程主体结构质量承担民事责任,应当承担拆除、重建费用。第八,案涉工程8处施工内容不符合设计要求和验收规范,且由图纸设计的螺栓栓接擅自更改为用自攻钉连接,也是在施工中发生的,新金山公司未举证证明舜发公司在使用后进行了改动。新金山公司应按鉴定意见对厂房、库房存在的质量缺陷进行维修。正因为新金山公司不同意修复,才发生本案纠纷;法院不能因新金山公司拒绝修复而驳回舜发公司提出的诉讼请求。第九,依据原《合同法》第119条(对应《民法典》第591条)规定,舜发公司为了避免损失扩大而对1、3号厂房、3号库房修复加固,由此发生的维修费用99,486元属合理费用,应由新金山公司承担。第十,因房屋坍塌导致产品露天存放受到的损失应由新金山公司赔偿。案涉房屋是用来存放硅藻土的,厂房坍塌必然导致舜发公司物品无处存放。事故发生时气温较低,导致部分产品损失,厂房坍塌是新金山公司违约造成,理应承担赔偿责任。综上,舜发公司厂房在竣工后不足四年时间,发生坍塌的严重后果。任何建筑物在如此短暂的时间坍塌,在没有证据证明属自然灾害的情形下,都是不符合常理的,新金山公司作为承建方,经过鉴定的确存在违约,理应承担赔偿责任。综上,一审、二审判决认定事实错误和适用法律错误,应予纠正。

新金山公司、刘某波、姚某娟称,原判决认定事实清楚,证据确实充分,适用法律正确,应予以维持。

本院经审查认为,本案系建设工程施工合同纠纷。根据舜发公司提出的再审请求,新金山公司、刘某波及姚某娟的意见,本案主要审查的问题为:新金山公司与舜发公司签订的《建设工程施工合同》效力;原判决有关舜发公司未能提供充分证据证明1号、2号厂房坍塌与工程质量存在直接因果关系的认定,是否属于2017年《民事诉讼法》第200条(2023年《民事诉讼法》第211条)第2项规定的"认定的基本事实缺乏证据证明"、第6项规定的"适用法律确有错误"的情形,新金山公司应否承担案涉厂房拆除、重建或修复、加固等民事责任及赔偿因厂房坍塌而造成的库存产品损失。

舜发公司主张,经原审法院委托司法鉴定,案涉工程中八项施工内容不符合设计要求或验收规范,足以证明新金山公司施工质量违约,新金山公司应承担相应违约责任。舜发公司与新金山公司于2014年10月7日签订《建设工程施工合同》,舜发公司、新金山公司与刘某波、姚某娟又于2015年1月7日签订《舜发公司厂区建设工程三方协议书》(以下简称《三方协议书》)。根据原《合同法》第272条(对应《民法典》第791条)第3款的规定,禁止承包人将工程分包给不具备相应资质条件的单位。建设工程主体结构的施工必须由承包人自行完成。根据《最高人民法院关于审理建设工程施工合同纠纷案件适用法律的解释》第1条的规定,承包人未取得建筑施工企业资质或者超越资质等级的、没有资质的实际施工人借用有资质的建筑施工企业名义签订的施工合同无效。原审法院认定,舜发公司、新金山公司与刘某波、姚某娟签订《三方协议书》,刘某波、姚某娟系借用新金山公司资质施工,属实际施工人,并据此认定施工合同无效并无不当。导致施工合同无效的主要缔约过错方为新金山公司和刘某波、姚某娟,两方配合实施的违法违规签约履约行为,与约定和法定的施工标准比较而言,显然全面降低了施工人的施工能力,客观上损害了业主方权益;业主方舜发公司明知违法而配合签约,也存在一定的缔约过错。《三方协议书》明确约定,讼争工程建设项目仍由变更名称后的新金山公司负责,施工人员及义务不变;分承包方对外欠款及对外任何经济纠纷由其自行承担,建设方不承担任何责任义务;建设方将剩余工程款支付给总承包人,分承包方自行前往总承包人处提款等。发包人明知实际施工人施工;合同强调总包分包分层履行施工合同,尚不足以认定发包人与实际施工人直接成立签约履约的合同相对人关系;尽管合同无效,但不足以据此认定总承包人免责或减轻责任。

舜发公司主张,佳翔公司出具的检测报告系新金山公司单方委托,且检测项目不全,原判决据此认定案件事实,依据不足;案涉工程八项施工内容不符合设计要求或者验收规范,1号、2号厂房坍塌属质量缺陷所致具有高度可能性。在气象资料显示厂房坍塌前后未出现罕见雪灾、又不能取得雪荷载数据的情形下,应由新金山公司承担举证不能责任,原判决却适用2015年《民事诉讼法解释》第90条规定,认定舜发公司不能提供充分证据证明1号、2号厂房坍塌与工程质量存在直接因果关系,属适用法律错误。本院认为,2011年《建筑法》第58条规定,建筑施工企业对工程的施工质量负责。建筑施工企业不得擅自修改设计。第60条第1款规定,建筑物在合理使用寿命内,必须确保地基基础工程和主体结构的质量。2017年《建设工程质量管理条例》第26条第1款规定,施工单位对建设工程的施工质量负责;第28条第1款规定,施工单位必须按照工程设计图纸和施工技术标准施工,不得擅自修改工程设计,不得偷工减料。《最高人民法院关于审理建设工程施工合同纠纷案件适用法律的解释》第13条(现为《建设工程解释一》第14条)规定,建设工程未经竣工验收,发包人擅自使用后,又以使用部分质量不符合约定为由主张权利的,不予支持;但是承包人应当在建设工程的合理使用寿命内对地基基础工程和主体结构质量承担民事责任。上述法律、法规、司法解释以及国家颁布实施的其他相关规范性文件均规定,施工人对工程质量负总责,"建筑物在合理使用寿命内,必须确保地基基础工程和主体结构的质量",施工人为工程质量第一责任人。本案工程建设项目在竣工交付使用近4年时发生部分厂房坍塌的重大工程质量缺陷事故,承建讼争建设项目的建筑施工企业新金山公司如认为其应减轻或者免除工程质量缺陷责任的,应对此承担举证责任。原审委托吉林省建筑工程质量检测中心作出的 SFJD 字 2017 第 1009 号《司法鉴定意见书》确认,案涉工程存在 8 处不符合设计要求和验收规范,初步证实存在施工不规范行为。刘某波、姚某娟主张,1 号、2 号厂房坍塌系雪大且未及时清理而屋顶荷载过重所致,但未提供相关证据予以证实。原判决认定,"舜发公司未能提供充分的证据证明 1号、2 号厂房坍塌与工程质量存在直接因果关系",系对证据分析判断不当。

本院认为,佳翔公司作出的检测报告系诉前新金山公司单方委托。鉴定意见因欠缺民事诉讼程序保障,影响鉴定结论的证明力。2017 年《民事诉讼法》第 68 条、2015 年《民事诉讼法解释》第 103 条、第 104 条、第 105 条等法律、司法解释规定,应当按照法定证据运用规则,对证据进行分析判断。未经当事人质证的证据,不得作为认定案件事实的根据。根据 2017 年《民事诉讼法》第 76 条第 1 款及《民事证据规定》有关委托鉴定的规定,当事人申请鉴定,由双方当事人协商确定具备资格的鉴定人;协商不成的,由人民法院指定。实务中,委托鉴定一般采取当事人协商确定一家有资质的鉴定机构或者法院从当事人协商确定的几家鉴定机构中择一选定,法院指定鉴定机构一般采取摇号等随机抽取方式;在法院主持下,经双方当事人当庭质证后确定哪些材料送鉴;鉴定机构及其鉴定人员有义务就鉴定使用的方法或标准向双方作出说明,有义务为当事人答疑,有义务出庭参与庭审质证;允许双方当事人申请法院通知具有专门知识的人出庭,就鉴定意见或者专业问题,形成技术抗辩。2017 年《民事诉讼法》第 78 条规定,鉴定人拒不出庭作证的,鉴定意见不得作为认定事实的根据。在本案中,佳翔公司受新金山公司单方委托作出的鉴定结论,因未纳入民事诉讼程序,保障当事人充分行使诉权,不具有鉴定意见的证据效力。原审根据佳翔公司出具的检测报告,认定案涉工程已经检验为合格,证据不充分。

舜发公司主张,新金山公司应承担案涉工程拆除、重建、修复、加固等相关费用,赔偿因厂房坍塌造成产品露天堆放等损失。原《合同法》第 282 条(对应《民法典》第 802 条)规定,因承包人的原因致使建设工程在合理使用期限内造成人身和财产损害的,承包人应当承担损害赔偿责任。据此,总承包人、实际施工人应对减轻、免除厂房坍塌的工程质量缺陷责任承担举证责任,舜发公司对因厂房坍塌造成的露天堆货等损失的实际发生和实际损失数额等承担举证责任。原审以"舜发公司未提供明确具体的维修方案,而新金山公司亦明确表示不同意修复"为由,驳回发包人赔偿诉请,理据不充分,应在查明损失是否真实存在,与案涉 1 号、2 号厂房坍塌是否存在因果关系等基础上,再作出判断。

综上,舜发公司提出的再审申请符合2017年《民事诉讼法》第200条(2023年《民事诉讼法》第211条)第2项、第6项规定的情形。

依照2017年《民事诉讼法》第204条(2023年《民事诉讼法》第215条),2015年《民事诉讼法解释》第395条(现为第393条)第1款的规定,裁定如下:

指令吉林省高级人民法院再审本案。

实战点评与分析

1. 庭审前,一方单方委托的专业机构出具的咨询意见因欠缺民事诉讼程序保障,影响该咨询意见的证明力

实务中,有不少当事人依据《民事证据规定》第41条(条款内容:对于一方当事人就专门性问题自行委托有关机构或者人员出具的意见,另一方当事人有证据或者理由足以反驳并申请鉴定的,人民法院应予准许),在诉讼前自行委托第三方出具意见,并以此作为证据,同时主张,如对方有异议,应根据该规定提供足以反驳的证据或理由并申请鉴定,否则应以申请人单方制作的意见作为定案依据。

最高人民法院认为,佳翔公司作出的检测报告系诉前新金山公司单方委托。鉴定意见因欠缺民事诉讼程序保障,影响鉴定结论的证明力。2017年《民事诉讼法》第68条(2023年《民事诉讼法》第71条)、2015年《民事诉讼法解释》第103条、第104条、第105条等法律、司法解释规定,应当按照法定证据运用规则,对证据进行分析判断。未经当事人质证的证据,不得作为认定案件事实的根据。根据2017年《民事诉讼法》第76条(2023年《民事诉讼法》第79条)第1款及2008年《民事证据规定》有关委托鉴定的规定,当事人申请鉴定,由双方当事人协商确定具备资格的鉴定人;协商不成的,由人民法院指定。实务中,委托鉴定一般采取当事人协商确定一家有资质的鉴定机构或者法院从当事人协商确定的几家鉴定机构中择一选定,法院指定鉴定机构一般采取摇号等随机抽取方式;在法院主持下,经双方当事人当庭质证后确定哪些材料送鉴;鉴定机构及其鉴定人员有义务就鉴定使用的方法或标准向双方作出说明,有义务为当事人答疑,有义务出庭参与庭审质证;允许双方当事人申请法

院通知具有专门知识的人出庭,就鉴定意见或者专业问题,形成技术抗辩。2017年《民事诉讼法》第78条(2023年《民事诉讼法》第81条)规定,鉴定人拒不出庭作证的,鉴定意见不得作为认定事实的根据。在本案中,佳翔公司受新金山公司单方委托作出的鉴定结论,因未纳入民事诉讼程序,保障当事人充分行使诉权,不具有鉴定意见的证据效力。原审根据佳翔公司出具的检测报告,认定案涉工程已经检验为合格,证据不充分。

2.在发包人明知实际施工人借用总承包人资质的情况下签订的总承包合同,是否能直接约束发包人和实际施工人

本案中,舜发公司、新金山公司与刘某波、姚某娟签订《三方协议书》,刘某波、姚某娟系借用新金山公司资质施工,属实际施工人,对此,发包人舜发公司明知,本案签订的建设施工合同无效。虽然建设工程施工合同无效,但该合同的结算主体和支付主体该如何认定,实务中有争议。

最高人民法院民事审判第一庭2021年第20次专业法官会议纪要认为:"法律问题:借用资质的实际施工人是否有权请求发包人对其施工工程折价补偿?法官会议意见:没有资质的实际施工人借用有资质的建筑施工企业名义与发包人签订建设工程施工合同,在发包人知道或者应当知道系借用资质的实际施工人进行施工的情况下,发包人与借用资质的实际施工人之间形成事实上的建设工程施工合同关系。该建设工程施工合同因违反法律的强制性规定而无效。《中华人民共和国民法典》第七百九十三条第一款规定:'建设工程施工合同无效,但是建设工程经验收合格的,可以参照合同关于工程价款的约定折价补偿承包人。'因此,在借用资质的实际施工人与发包人之间形成事实上的建设工程施工合同关系且建设工程经验收合格的情况下,借用资质的实际施工人有权请求发包人参照合同关于工程价款的约定折价补偿。"

根据以上纪要,发包人明知实际施工人借用资质,在发包人与实际施工人之间形成事实上的施工合同法律关系,建设工程经验收合格的情况下,借用资质的实际施工人有权请求发包人参照合同关于工程价款的约定折价补偿。

但本案中,最高人民法院未持上述意见,主要原因在于由发包人、承包人与实际施工人签订的《三方协议书》,《三方协议书》明确约定,讼争工程建设

项目仍由变更名称后的新金山公司负责,施工人员及义务不变;分承包方对外欠款及对外任何经济纠纷由其自行承担,建设方不承担任何责任义务;建设方将剩余工程款支付给总承包人,分承包方自行前往总承包人处提款等。发包人明知实际施工人施工;合同强调总包分包分层履行施工合同,尚不足以认定发包人与实际施工人直接成立签约履约的合同相对人关系;尽管合同无效,但不足以据此认定总承包人免责或减轻责任。

3. 建设工程质量问题属于专业性问题,应进行鉴定;质量与损失之间的因果关系如何认定,举证责任如何分担

(1)本案中,发包人舜发公司主张案涉工程质量存在问题,并在诉讼中申请法院委托第三方进行鉴定,经鉴定案涉工程八项施工内容不符合设计要求或者验收规范。

(2)本案争议焦点为,原审法院认为,虽然委托的机构出具意见证明案涉工程存在质量问题,但舜发公司仍未能提供证据证明该质量问题与本案事故即1号、2号厂房坍塌存在直接因果关系。

实际上,该问题涉及质量事故发生后举证责任分担的问题。

原审中,发包人认为,委托的第三方出具了鉴定报告,显示案涉工程质量不合格,因此,足以证明案涉事故系因质量造成;但原审法院最终认为仅仅有质量不合格的报告仍不足以证明质量和事故之间的因果关系。

最高人民法院认为:建筑物在合理使用寿命内,必须确保地基基础工程和主体结构的质量,施工人为工程质量第一责任人。本案工程建设项目在竣工交付使用近4年时发生部分厂房坍塌的重大工程质量缺陷事故,承建讼争建设项目的建筑施工企业新金山公司如认为其应减轻或者免除工程质量缺陷责任的,应对此承担举证责任。原审委托鉴定的吉林省建筑工程质量检测中心作出的SFJD字2017第1009号《司法鉴定意见书》确认,案涉工程存在8处不符合设计要求和验收规范,初步证实存在施工不规范行为。刘某波、姚某娟主张,1号、2号厂房坍塌系雪大且未及时清理而屋顶荷载过重所致,但未提供相关证据予以证实。原判决认定,"舜发公司未能提供充分的证据证明1号、2号厂房坍塌与工程质量存在直接因果关系",系对证据分析判断不当。

结合上述分析,最高人民法院认为在发包人提供证据证明质量不合格的情况下,已经就质量与事故之间的因果关系完成了初步举证义务,如对方认为质量与事故并无因果关系的,应提供反驳证据,否则承担不利后果。

(二)单方委托专业机构出具意见,意味着负有举证责任一方完成了初步举证义务,相对方如不同意的,根据《民事证据规定》应有证据或理由足以反驳并申请鉴定

《民事证据规定》第41条规定:"对于一方当事人就专门性问题自行委托有关机构或者人员出具的意见,另一方当事人有证据或者理由足以反驳并申请鉴定的,人民法院应予准许。"

在一方就专门性问题自行委托有关机构或人员出具意见后,另一方该如何举证,《民事证据规定》第41条作了规定,但就该规定,以下事项值得探讨。

1.《民事证据规定》第41条规定的"有证据或理由足以反驳"该如何理解?

笔者认为,在一方当事人就专门性问题委托有关机构或人员出具意见后,另一方可以从以下方面予以反驳:

(1)另一方可以同样委托有资质的第三方机构就同样的问题出具意见。在此情况下,就同一事项,双方均提供了有资质第三方出具的意见,也均属于单方委托,在法院未委托第三方机构鉴定的情况下,由于双方委托鉴定事项属于专门性问题,法官亦无法判断哪一份证据更具有证明力,实际上,笔者认为,两方提供的意见均有证明力,此时,就意味着另一方已经完成了前面所述的"有证据"足以反驳,在此情况下,应视为原负有证明责任的一方未能完成举证责任,且待证的事实仍真伪不明,因此,原负有证明责任的一方应向法院申请鉴定,否则应承担不利后果。

(2)如另一方不委托第三方出具意见,也可以提供其他反驳证据或理由,以证明一方单方委托的机构出具的意见在事实或法律上系明显错误。

总体而言,可以参照《民事证据规定》第40条提供反驳证据或理由,该条规定如下:"当事人申请重新鉴定,存在下列情形之一的,人民法院应当准许:

(一)鉴定人不具备相应资格的;

(二)鉴定程序严重违法的;

(三)鉴定意见明显依据不足的;

(四)鉴定意见不能作为证据使用的其他情形。

存在前款第一项至第三项情形的,鉴定人已经收取的鉴定费用应当退还。拒不退还的,依照本规定第八十一条第二款的规定处理。"

结合上述规定,具体可以按以下要点提供反驳证据或反驳理由:

其一,审核当事人单方委托的机构是否具有相应的资质。

其二,提供双方认可的证据,证明当事人一方单方委托出具的意见明显错误或有违双方无异议的证据。

以建设工程施工合同纠纷为例,比如承包人委托第三方造价机构就工程造价出具了意见,第三方给出的造价系按定额计价。但根据双方合同约定,案涉工程系总价包干合同,并非清单价;很显然,当事人委托第三方出具的意见不符合双方约定,是错误的。此时,可以提供双方签订的施工合同为证据,以合同约定的计价方式予以反驳。

其三,审核该意见的结论是否与合同约定或该当事人自行提供的证据不符。

比如施工合同纠纷中,承包人委托的第三方机构就工程造价和停工误工期间的损失出具意见,但承包人自行提供证据中,有发包人和承包人签订的停工误工补充协议,约定双方互不追究停工误工的责任损失。很显然,此时承包人委托第三方出具的意见明显与双方合同约定不符。

其四,以现有的证据为据,证明当事人单方委托的机构出具的意见与事实不符。

其五,以当事人单方委托的机构出具的意见所依据的证据明显不能作为本案定案依据予以反驳。

比如承包人委托的机构就承包人主张的停工误工损失出具意见,但该意见依据的证据为承包人单方制作的关于停工误工损失的表格,此表格并不能作为定案依据,亦不能证明停误工损失,当事人委托的第三方机构以此作为咨询意见的依据,显然系依据不足。

2.在另一方有证据或理由足以反驳后,是否还必须同时申请鉴定?如不申请,后果如何?

如果按照《民事证据规定》第41条,在一方当事人就专门性问题委托第三方出具意见的情况下,另一方需提供足以反驳的证据或理由并申请鉴定。就该条如何理解实务中存有争议。如果从一般证据规则而言,在一方委托第三方出具意见的情况下,另一方提供了证据或理由并足以反驳,如此意味着原负有举证责任的一方拟要证明的待证事实仍真伪不明,在此情况下,该方仍应继续举证,否则应承担不利后果。

《民事诉讼法解释》第 108 条规定:"对负有举证证明责任的当事人提供的证据,人民法院经审查并结合相关事实,确信待证事实的存在具有高度可能性的,应当认定该事实存在。

对一方当事人为反驳负有举证证明责任的当事人所主张事实而提供的证据,人民法院经审查并结合相关事实,认为待证事实真伪不明的,应当认定该事实不存在。

法律对于待证事实所应达到的证明标准另有规定的,从其规定。"

至于在一方委托第三方出具意见的情况下,另一方提供了证据或理由并足以反驳后,是否还应同时申请鉴定,如不申请,其后果如何?

针对此问题,最高人民法院民事审判第一庭认为:对一方当事人提供的证据,对方当事人可提出证据进行反驳,学理上称为"反驳证据"或者"证据抗辩"。这与一方当事人提出反证(相反证据)直接否认对方本证所证明的要件事实不同。对基于自行委托形成的书面意见,对方当事人当然可以提出"反驳证据",比如指出其自行委托的机构或者人员不具备相关的资格、形成意见的程序严重违法、意见明显依据不足等。如果反驳证据和理由充分,当事人自行委托形成的意见存在问题,那么该专业意见作为证据的效力将被削弱,在提出意见的一方为负举证责任之人的情况下,反驳该意见的一方则无须再行申请法院进行鉴定,因为此时提出专业意见的一方,尚未尽到其举证之责,或者说其主张的事实尚未得到证明。当然,若此时反驳的一方负举证责任,其反驳成功后,仍然要举证证明其事实主张,为此,就有必要申请法院委托鉴定。[①]

---

① 参见最高人民法院民事审判第一庭编著:《最高人民法院新民事诉讼证据规定理解与适用》(上),人民法院出版社 2020 年版,第 407 页。

（三）案例：经法院释明，当事人不同意重新鉴定，亦无相反证据推翻鉴定意见，鉴定机构据实鉴定，鉴定意见能够客观反映工程造价，故法院按照该鉴定意见认定案涉工程各部分造价，符合法律规定

案例 7-5：经法院释明的事项当事人应当按照法院释明的事项办理

——甘肃科源电力集团有限公司、兰州鸿达电力工程有限公司
建设工程施工合同纠纷其他民事民事裁定书

审理法院：最高人民法院

案号：（2021）最高法民申 4491 号

裁判日期：2021 年 7 月 30 日

案由：建设工程施工合同纠纷

甘肃科源电力集团有限公司（以下简称科源公司）申请再审称，申请人依据 2017 年《民事诉讼法》第 200 条第 1 项、第 2 项及第 3 项之规定，请求依法撤销陇南市中级人民法院（2020）甘民初字 30 号民事判决和甘肃省高级人民法院（2021）甘民终 21 号民事判决，重新审理本案，查明事实、作出公正裁决。事实与理由：一、原一审、二审判决认定中标劳务价为 474.4812 万元，但对中标的工程范围未查明，中标价中涵盖的内容也未查明，导致本案的基本事实认定错误。1. 申请人在招标时，工程虽然基本确定，但只是设计图纸，正式的施工图还未出，所以招标时确定的工程量与实际施工的工程量差异非常大。在工程劳务招标前，申请人于 2016 年 7 月 5 日以 596.8317 万元中标涉案工程的总承包。后申请人与建设方国网甘肃电力公司甘南供电公司签订了《国网甘南供电公司虎（家崖）沙湾 110 千伏送电线工程Ⅱ标段工程施工合同》，合同第 1 条约定：该标段线路长约 13.4 千米。本段线路使用铁塔 42 基。第 5 条约定：工程价款按固定总价承包，本项目工程固定总价为 596.8317 万元。但后来涉案工程施工图确定铁塔 36 基，因各种原因一直不能按约完工，国网甘肃电力公司甘南供电公司与兰州鸿升电力有限责任公司签订了《更正》，约定："计划总工期更改为 304 日""本合同 5.1 款工程价款更改为第 2 种方式确定，即固定综合单价承包，(1)项内容无效，(2)项内容补充为本项目工程签约合同总价暂定为 596.8317 万元。"所以，申请人与被申请人中标劳务价

为 474.4812 万元指的是铁塔 42 基,而涉案工程最后实际变更为铁塔 36 基,铁塔数比招投标时少了 6 基,少了 1/7,在结算价款时理应在中标价基础上减少 1/7。另外,依据合同约定,被申请人应该完成全部工程,并且对工程自检消缺、竣工验收等提供劳务,因被申请人对 73 号铁塔没有施工,其他两基线路未完工,所以不仅是工程量未完成,最后的消缺和竣工验收都未完成,对以上被申请人未完成工程劳务费也应依法扣除。2. 申请人与被申请人 2016 年 8 月 26 日签订的《输变电工程施工劳务分包合同》是实际承包的全部内容。2016 年 12 月 26 日的《输变电工程施工劳务分包合同》(金额 40 万元)和 2018 年 9 月 12 日的《输变电工程施工劳务分包合同》(金额 23.1364 万元)与 2016 年 8 月 26 日的合同内容重叠。被申请人虽然以 474.4812 万元中标,但被申请人与申请人最初商定的全部劳务的总价款为 290 万元,在实际施工过程中,双方一致认为 290 万元的劳务费被申请人可能会亏损,为了被申请人的实际利益,双方又给被申请人追加了 63.1364 万元的劳务费,因而才又签订了两份劳务合同。3. 原审对于涉案建设工程合同是否有效未查清。因被申请人没有劳务施工资质,本案招投标行为和劳务分包合同违反法律强制性规定而无效。4. 对 180 万元的《输变电工程施工专业分包合同》,签订该合同的原因仅是应对国网系统的检查,专业分包的事实根本不存在。专业分包的劳务部分显然与原劳务分包合同中的劳务相重叠,重复计算,不符合常理。在实际施工中,所有材料都是由申请人采购并向供应商支付了材料费,这也证明专业分包合同双方并未实际履行。二、根据招标文件和投标文件可以确定,工程量增加 205.13 万元,运距增加人力费 415.63 万元,修便道增加 14.85 万元,三项合计 635.61 万元费用在业主未确认时不应判决申请人承担。1. 依据招标投标文件,全部工程量变更、施工费用增加均以设计单位和业主单位批复为准。甘南虎家崖—沙湾 110 千伏送电线路工程Ⅱ标段《劳务分包商招标报价要求》第 2 条第 9 项规定:"施工现场涉及工程量变更、施工费用变更等相关变更工作,均以设计单位和业主单位批复的正式变更通知单为准,除此之外,总包单位不予接受任何签证。"对于以上报价要求,被申请人承诺全部接受并受其约束。本案中被申请人虽然向申请人提到工程量增加、运距增加、修便道,但设计单位和业主单位对以上变更均未批准,所以被申请人主张的 635.61 万元,不应由申请人承担。2. 对于 205.13 万元工程量增加,其价格鉴定完全违背了基本的市场原则。首先,本案中所涉的实际只是劳务,涉及的水泥、砂子、石头、钢筋都由申请人采购并支付价款,即使工程量增加成立,也只能计算该部分的劳务而不是劳务和材料的合成价款。其次,正常市场混凝土采购价在300元/立方米左右,另加钢材、机械在400元/立方米左右,人工费就算增加也在1000元/立方米左右。所以就算再怎么增加,护壁的合成价正常也不超过2000元/立方米,而鉴定机构鉴定为10,000元/立方米。鉴定机构得出这样超高价的依据只是被申请人的工程进度申报表。对于工程进度申报表申请人的工作人员签收只是说明收到此表,并愿意向上呈报。具体申请人能不能按此支付进度款,那是申请人各部门核对以后的事,这是工程施工过程中正常的工作流程,不应就此认定申请人同意按10,000元/立方米支付护壁增量价款。3.运距增加实际距离不能确定。第一,在另一案件中,陇南市中级人民法院组织被申请人及其他人员对部分运距进行测量,申请人并没有参加,也未签字确认,而且测量所涉案件仍在审理中,所以其数据不能成为本案鉴定的依据。第二,陇南市中级人民法院组织测量的运距只是本案工程的一部分,只涉及19基铁塔,而本案涉及36基铁塔,其中还有1基铁塔未施工,2基铁塔未完工。故涉及的运距肯定不同。第三,对于被申请人向申请人提到的运距增加问题,申请人收到了被申请人报告,并同意由技术人员核对和向业主申报,但业主最终未审核增加,所以申请人履行了自己的义务,依招投标文件规定,申请人不应承担该费用。三、原一审、二审认定的申请人承担114.22万元窝工费及项目部租赁费用事实认定错误,责任不清。1.原一审、二审认定申请人承担窝工费的证据不足。鉴定报告所采用窝工及项目部租赁费用的依据是被申请人提供的其向申请人申报的工作联系单,申请人收到了被申请人的工作联系单,一部分存在一定窝工,但具体窝工量要由技术人员核对,一部分根本未确认,所以窝工情况只能在工程结算时最终确定。2.原一、二审对窝工的责任未分清。根据被申请人的申报来看,窝工也分为两部分,一部分是因为材料未到,另一部分是因为青苗赔偿纠纷。因青苗赔偿纠纷引起的窝工申请人不应承担责任。《劳务分包商招标报价要求》第2条第5项规定,劳务分包商"负责与业主、监理、设计及当地政府及有关部门联系,办理停电、跨越、青苗赔偿等手续"。所以协调青苗赔偿是被申请人的义务。部分村民要价过高而致窝工,在这期间申请人没有过失。所以在申请人没义务也没有过失的情况下,对造成的窝工让申请人承担责任没有事实和法律依据。四、本案事实未查清,最终导致判决结果严重不公。从以下四组数据可以直观地反映出来:1.涉案工程建设方给申请人最终审计结算总工程款为522.8731万元。2.被申请人通过案件诉讼,仅劳务部分就让申请人承担1427.3265万元。3.申请人采购材料和向第三方承担各种费用共计160.387万元。4.依原判决申请人最终在涉案工程中共要支出:1587.7135万元,这是涉案工程实际总工程款的3倍。

本院经审查认为,一、关于涉案工程价款的确认问题。兰州鸿达电力工程有限公司(以下简称鸿达公司)对涉案工程进行施工后,科源公司未及时与其进行结算,鸿达公司自行委托鉴定机构就涉案工程造价进行鉴定。鉴定机构依据鸿达公司提供的案涉工程图纸、《劳务分包合同》、《现场签证审批单》、《工程审极现场查勘底稿》、工程联系单等材料作出了鉴定意见。鸿达公司将提供给鉴定机构的材料,(除施工图纸外)已全部向一审法院提交,一审法院组织双方当事人进行了质证。二审法院传唤鉴定人到庭接受双方当事人质询,并就有关鉴定事项进行了说明。经法院释明,科源公司不同意重新鉴定,亦无相反证据推翻鉴定意见,鉴定机构据实鉴定,鉴定意见能够客观反映工程造价,故原审法院按照鉴定意见认定本案工程各部分造价,符合法律规定。关于各部分工程造价,鉴定意见载明:(1)合同内部分650.71万元;(2)人力运输增加部分415.63万元;(3)修路部分14.85万元;(4)窝工及项目部租赁损失114.22万元;(5)签证增加部分205.13万元。科源公司申请再审对以上各项价款均提出异议,并提出工程增加价款未经业主确认不应予以计算、因青苗赔偿纠纷引起的窝工损失其不应承担等意见,无事实及法律依据,本院不予采纳。

二、关于科源公司申请再审提交的证据的认定问题。科源公司向本院提交5组证据,拟证明其为涉案工程花费材料款、劳务费等费用共计160.387万元,工程增加价款未经业主确认不应予以计算,因青苗赔偿纠纷引起的窝工损失其不应承担,其与业主方约定工程内容发生变化、工程价款应予调整,鸿达公司未完成后期施工和消缺以及涉案工程造价仅为350.1364万元等事实。鸿达公司委托的鉴定机构依据实际发生的工程量对工程造价进行了鉴定,且原一审、二审法院对鉴定意见的内容进行了审查,鉴定意见内容符合本案实际情况。科源公司提交的证据不足以达到其证明目的,不足以证明原审对于工程款认定错误。本案不符合2017年《民事诉讼法》第200条(2023年《民事诉讼法》第211条)第1项规定的"有新的证据,足以推翻原判决、裁定的"情形,故本院对于科源公司提交的证据不予确认。

实战点评与分析

1. 在法院向一方释明应申请鉴定的情况下，应申请鉴定

在诉讼实务中，关于举证责任、鉴定申请、提交证明材料等，在法院向一方明确释明的情况下，应按照法院释明的要求办理，否则可能承担不利后果。

以本案为例，就鸿达公司单方委托第三方出具的造价意见，二审法院向科源公司进行了释明，但科源公司仍不申请鉴定，就此承担不利后果。

再审法院认为："二审法院传唤鉴定人到庭接受双方当事人质询，并就有关鉴定事项进行了说明。经法院释明，科源公司不同意重新鉴定，亦无相反证据推翻鉴定意见，鉴定机构据实鉴定，鉴定意见能够客观反映工程造价，故原审法院按照鉴定意见认定本案工程各部分造价，符合法律规定。"

2. 法官释明权

(1) 法官释明权的概念

"释明"，顾名思义即解释说明，就是将本身存在争议或者模糊不清的事情进行说明，使之变得清晰明了。法官释明权则是指在诉讼程序中，当事人的主张或者陈述意思不明确、不充分，或有不当的诉讼主张和陈述，或者他所举的证据材料不够而误认为足够了，法院都会对当事人进行发问、提醒，启发当事人把不明确的予以澄清，把不充足的予以补充，把不当的予以排除、修正。[①]

(2) 法官行使释明权后，当事人不按照释明的内容办理的后果

在法官向一方行使释明权后，该方当事人未按照释明内容办理（如变更诉讼请求、提供证据、提出鉴定申请等），将可能承担不利后果。

(3) 常见的法官行使释明权的情形

①债权人直接起诉请求公司股东对公司债务承担连带责任的释明。

《九民纪要》第 13 条第 3 项规定，债权人对债务人公司享有的债权尚未经生效裁判确认，直接提起公司人格否认诉讼，请求公司股东对公司债务承担连带责任的，人民法院应当向债权人释明，告知其追加公司为共同被告。债权人拒绝追加的，人民法院应当裁定驳回起诉。

---

① 参见刘敏：《当代中国的民事司法改革》，中国法制出版社 2001 年版，第 150 页。

②合同无效时的释明问题。

《九民纪要》第36条规定:"在双务合同中,原告起诉请求确认合同有效并请求继续履行合同,被告主张合同无效的,或者原告起诉请求确认合同无效并返还财产,而被告主张合同有效的,都要防止机械适用'不告不理'原则,仅就当事人的诉讼请求进行审理,而应向原告释明变更或者增加诉讼请求,或者向被告释明提出同时履行抗辩,尽可能一次性解决纠纷。例如,基于合同有给付行为的原告请求确认合同无效,但并未提出返还原物或者折价补偿、赔偿损失等请求的,人民法院应当向其释明,告知其一并提出相应诉讼请求;原告请求确认合同无效并要求被告返还原物或者赔偿损失,被告基于合同也有给付行为的,人民法院同样应当向被告释明,告知其也可以提出返还请求;人民法院经审理认定合同无效的,除了要在判决书'本院认为'部分对同时返还作出认定外,还应当在判项中作出明确表述,避免因判令单方返还而出现不公平的结果。

第一审人民法院未予释明,第二审人民法院认为应当对合同不成立、无效或者被撤销的法律后果作出判决的,可以直接释明并改判。当然,如果返还财产或者赔偿损失的范围确实难以确定或者双方争议较大的,也可以告知当事人通过另行起诉等方式解决,并在裁判文书中予以明确。

当事人按照释明变更诉讼请求或者提出抗辩的,人民法院应当将其归纳为案件争议焦点,组织当事人充分举证、质证、辩论。"

③报批义务的释明。

《九民纪要》第39条规定:"须经行政机关批准生效的合同,一方请求另一方履行合同主要权利义务的,人民法院应当向其释明,将诉讼请求变更为请求履行报批义务。一方变更诉讼请求的,人民法院依法予以支持;经释明后当事人拒绝变更的,应当驳回其诉讼请求,但不影响其另行提起诉讼。"

④请求履行以物抵债协议的释明。

《九民纪要》第45条规定:"当事人在债务履行期届满前达成以物抵债协议,抵债物尚未交付债权人,债权人请求债务人交付的,因此种情况不同于本纪要第71条规定的让与担保,人民法院应当向其释明,其应当根据原债权债务关系提起诉讼。经释明后当事人仍拒绝变更诉讼请求的,应当驳回其诉讼请求,但不影响其根据原债权债务关系另行提起诉讼。"

⑤合同解除后果的释明。

《九民纪要》第49条规定:"合同解除时,一方依据合同中有关违约金、约定损害赔偿的计算方法、定金责任等违约责任条款的约定,请求另一方承担违约责任的,人民法院依法予以支持。

双务合同解除时人民法院的释明问题,参照本纪要第36条的相关规定处理。"

⑥《民事诉讼法解释》第198条规定:"诉讼标的物是房屋、土地、林木、车辆、船舶、文物等特定物或者知识产权,起诉时价值难以确定的,人民法院应当向原告释明主张过高或者过低的诉讼风险,以原告主张的价值确定诉讼标的金额。"

⑦《最高人民法院关于当前形势下审理民商事合同纠纷案件若干问题的指导意见》第8条规定:"为减轻当事人诉累,妥当解决违约金纠纷,违约方以合同不成立、合同未生效、合同无效或者不构成违约进行免责抗辩而未提出违约金调整请求的,人民法院可以就当事人是否需要主张违约金过高问题进行释明。人民法院要正确确定举证责任,违约方对于违约金约定过高的主张承担举证责任,非违约方主张违约金约定合理的,亦应提供相应的证据。合同解除后,当事人主张违约金条款继续有效的,人民法院可以根据合同法第九十八条的规定进行处理。"

⑧《最高人民法院关于人民法院登记立案若干问题的规定》第2条规定:"对起诉、自诉,人民法院应当一律接收诉状,出具书面凭证并注明收到日期。

对符合法律规定的起诉、自诉,人民法院应当当场予以登记立案。

对不符合法律规定的起诉、自诉,人民法院应当予以释明。"

⑨《公司法解释(三)》第17条规定:"有限责任公司的股东未履行出资义务或者抽逃全部出资,经公司催告缴纳或者返还,其在合理期间内仍未缴纳或者返还出资,公司以股东会决议解除该股东的股东资格,该股东请求确认该解除行为无效的,人民法院不予支持。

在前款规定的情形下,人民法院在判决时应当释明,公司应当及时办理法定减资程序或者由其他股东或者第三人缴纳相应的出资。在办理法定减资程序或者其他股东或者第三人缴纳相应的出资之前,公司债权人依照本规定第十三条或者第十四条请求相关当事人承担相应责任的,人民法院应予支持。"

(4)一方当事人就专门性问题自行委托机构或人员出具专门性意见,另一方应提供足以反驳的证据或理由,否则承担不利后果

一方当事人就专门性问题自行委托机构或人员出具的专门意见,从实务而言,一般对委托人有利,就此,另一方应提供足以反驳的证据或理由,具体包括当事人委托第三方出具的意见程序违法、受委托出具意见的机构不具有资质、出具意见所依据的证据材料未经双方质证或出具意见的依据明显不足,在此情况下,意味着委托方虽然委托了第三方机构或人员就专门性问题出具了意见,但不足以证明待证事实,即待证事实仍处于真伪不明状态,负有举证责任的一方仍应就案涉专门性问题申请鉴定。

本案中,鸿达公司委托第三方出具的意见所依据的证据材料均经双方质证,且科源公司未能提供证据或理由反驳该意见,在法院释明的情况下,仍不申请鉴定,因此其应承担相应的不利后果。

三、是否申请鉴定

(一)最高人民法院对不予委托鉴定事项作了专门规定

《民事诉讼法》规定就查明事实的专门性问题,当事人可以向法院申请鉴定。但何为"专门性问题",《民事诉讼法》未作出规定。这就导致了实务中,有的完全可以通过法院查明事实并依法裁判的事项,当事人也申请鉴定;有的事项需要鉴定完成,但当事人未申请,法院亦没有依职权委托第三方机构鉴定,直接导致案件事实无法查明。就此,最高人民法院专门做了规定,《关于人民法院民事诉讼中委托鉴定审查工作若干问题的规定》(法〔2020〕202号)"一、对鉴定事项的审查"规定:

"1.严格审查拟鉴定事项是否属于查明案件事实的专门性问题,有下列情形之一的,人民法院不予委托鉴定:

(1)通过生活常识、经验法则可以推定的事实;

(2)与待证事实无关联的问题;

(3)对证明待证事实无意义的问题;

(4)应当由当事人举证的非专门性问题;

(5)通过法庭调查、勘验等方法可以查明的事实;

(6)对当事人责任划分的认定;

(7)法律适用问题;

(8)测谎;

(9)其他不适宜委托鉴定的情形。

2.拟鉴定事项所涉鉴定技术和方法争议较大的,应当先对其鉴定技术和方法的科学可靠性进行审查。所涉鉴定技术和方法没有科学可靠性的,不予委托鉴定。"

(二)是否应申请鉴定的判断方法

结合以上规定和实务,笔者总结了是否需要申请鉴定的判断方法:

原告提出鉴定申请,目的是支持其诉讼请求,因此,申请鉴定的事项应能直接证明其诉讼请求。就此,可以从以下方面考虑:

1.如果不申请鉴定,以现有的证据,能否证明待证事实,尤其是,法官能否采信现有证据,并以现有证据为据,在无需任何专业知识的情况下可以直接计算并得出诉讼请求主张的金额。

以建设工程施工合同纠纷为例,从承包人而言,基本诉求无非是:其一,要求被告支付欠付工程款;其二,支付停工误工赔偿;其三,其他责任(如逾期付款的违约责任、利息等);其四,主张对建设工程享有优先受偿的权利等。以欠付工程款为例,承包人提出诉讼请求时,一般提供下列证据:建设工程施工合同后附价格清单(合同计价方式为固定综合单价)、开工令、竣工验收证明文件、过程中的往来函件、签证单、被告付款凭单、原告自行统计的工程造价等。就以上证据,除原告单方统计的造价外,对于造价的确定,法官显然难以根据现有材料确定实际总造价,包括工程量和计价都难以确定,因为就固定综合单价合同一般是按照图纸,通过使用特殊的软件(如广联达或博奥软件),计算出最终的工程造价,此种计算过程显然一般普通人(包括法官)难以完成,属于专门性的事实问题,只能通过鉴定完成,因此此类案件只能由承包人申请鉴定。

2.一旦申请鉴定,可以由第三方专业机构就当事人繁复的证据进行整理、梳理并形成专业意见,此过程也可免去法官对繁杂的证据进行选择和计算(即使计算也可能存在错漏)。比如可得利益中的经营利润损失。有的当事人为了证明经营利润,提供了该公司上一年度全部的经营合同、全部的银行流水、全部的收款证明、全部的缴纳税款证明、全部的支出凭证、全部的发票,然后按照会计准则要求,通过收入减成本和税金,得到上一年度的利润,进而主张被告赔偿利润损失。以上做法看似可行,实际上存在诸多问题,包括:其一,所有的证据均为原告与第三方签订的合同,对方一般情况下不会认可其真实性,就算认可,是否与经营直接关联,还需进一步判断;其二,所有的支出,如果仅仅提供流水难以证明是否与生产经营相关,更何况,很多情况下很多支出并不规范,缺乏银行付款凭单,有的情况下只有收据,这些证据对方必然否认其三性;其三,这些种类繁多的证据材料,让法官整理梳理也需要耗费大量时间和精力,即便如此,法官对哪些收入和支出可以作为计算依据,哪些证据可以采信作为计算依据,也同样面临选择和确定的难题;其四,如果原告都需要耗费大量精力时间来整理梳理这些证据,那么法官可能需要更多时间,即便如此,也未必与事实相符;其五,将这些纷繁复杂的证据材料进行组合运用并按照会计准则计算出利润,需要按照《企业会计准则》以及相关规定计算,法官未必具有此等专业知识;其六,通过申请鉴定,由第三方鉴定机构按照专业的方法对证据材料梳理计算,其计算得出的成果具有较强的证明力,易于被法官采信。可见,此类案件,应申请第三方机构进行鉴定。

例如,最高人民法院在其审理的中国铁路沈阳局集团有限公司、大连鹏坤矿业有限公司财产损害赔偿纠纷[案号:(2021)最高法民申6192号]中认为:"第四,一审法院委托鉴定机构对鹏坤公司的损失数额进行了鉴定评估并出具了鉴定意见,鉴定程序合法,鉴定意见能够作为认定鹏坤公司采矿权价值损失的依据。二审认定沈铁公司应赔偿鹏坤公司的损失数额由经营利润损失及现有资产损失两部分构成。对于经营利润损失,二审法院综合考虑矿产开采为高风险的行业、采矿期间存在的经营风险,结合鹏坤公司经营的矿种为非重要矿产、剩余矿石储量为估算值,以及压覆方的过错程度等因素,酌定为评估值4340万元的50%即2170万元,并无不当。对于现有资产损失,原审中,鹏坤公司提供了机械设备、相关厂房等系用于生产经营的证据,鉴定机构组织双方进行了现场勘验,因矿山无法继续经营,二审认定沈铁公司应按照鉴定结论的评估价值925.66万元全部进行赔偿,亦无不当。"

本案双方争议的焦点之一为沈铁公司向鹏坤公司赔偿的金额该如何确定。鹏坤公司主张的损失包括经营利润损失和现有资产损失两部分,这些损失最终均通过鉴定的方式完成。从本案我们也可以得出,主张可得利益损失(如生产经营利润损失),可以通过申请鉴定的方式完成:通过第三方对损失进行评定,由第三方对生产经营过程中的各种证据材料(如收入证明、纳税证明、支出等)按照会计准则要求进行整理,并按照会计准则要求计算出利润,此种结果,一方面系由有资质第三方出具,另一方面亦可以确保其具有公允性,具有较强的证明力,便于法官采纳和裁判。

四、何时申请鉴定

(一)一般情况下应在一审期间提出鉴定申请

1. 鉴定申请一般应在一审举证期限内提出

鉴定申请一般应在一审确定的举证期限内提出。《民事诉讼法解释》第121条第1款规定:"当事人申请鉴定,可以在举证期限届满前提出。申请鉴定的事项与待证事实无关联,或者对证明待证事实无意义的,人民法院不予准许。"

如一审未申请鉴定导致待证事实无法查明的,当事人的诉讼请求可能无法得到支持。

2. 法院的释明与鉴定申请

《民事证据规定》第30条规定:"人民法院在审理案件过程中认为待证事实需要通过鉴定意见证明的,应当向当事人释明,并指定提出鉴定申请的期间。

符合《最高人民法院关于适用〈中华人民共和国民事诉讼法〉的解释》第九十六条第一款规定情形的,人民法院应当依职权委托鉴定。"

从以上规定可见,对于待证事实,如当事人不申请鉴定的,则法院可以向当事人释明,并指定提出鉴定申请的期限。如经释明,当事人仍不申请鉴定的,将承担不利后果。

但即便如此,法院审理案件最终目的还是查明事实,因此,此类案件一旦当事人上诉,二审法院如认为确实需要鉴定的,则以一审认定事实不清为由,发回重审。

《建设工程解释一》第32条规定:"当事人对工程造价、质量、修复费用等专门性问题有争议,人民法院认为需要鉴定的,应当向负有举证责任的当事人释明。当事人经释明未申请鉴定,虽申请鉴定但未支付鉴定费用或者拒不提供相关材料的,应当承担举证不能的法律后果。

一审诉讼中负有举证责任的当事人未申请鉴定,虽申请鉴定但未支付鉴定费用或者拒不提供相关材料,二审诉讼中申请鉴定,人民法院认为确有必要的,应当依照民事诉讼法第一百七十条第一款第三项的规定处理。"

《民事诉讼法》第177条规定:"第二审人民法院对上诉案件,经过审理,按照下列情形,分别处理:

(一)原判决、裁定认定事实清楚,适用法律正确的,以判决、裁定方式驳回上诉,维持原判决、裁定;

(二)原判决、裁定认定事实错误或者适用法律错误的,以判决、裁定方式依法改判、撤销或者变更;

(三)原判决认定基本事实不清的,裁定撤销原判决,发回原审人民法院重审,或者查清事实后改判;

(四)原判决遗漏当事人或者违法缺席判决等严重违反法定程序的,裁定撤销原判决,发回原审人民法院重审。

原审人民法院对发回重审的案件作出判决后,当事人提起上诉的,第二审人民法院不得再次发回重审。"

根据上述规定,在建设工程纠纷案件中,如一审过程中当事人经法院释明未申请鉴定的,在二审期间,仍可以申请鉴定,如法院认为确实应鉴定的,裁定撤销一审判决,发回重审。

3. 实务要点

(1)对于待证事实,如果确需通过鉴定完成的,必须申请鉴定,而不应等待法院的释明;

(2)在法院释明的情况下,务必就待证事实申请鉴定而不应在承担不利后果后再在二审阶段申请鉴定,毕竟二审阶段是否准许仍存在一定风险;即使二审法院准许鉴定,也是发回重审,如此也将耗费大量的时间、人力和物力。

(二)二审再审程序申请鉴定的争议

1. 二审和再审是否准许鉴定,存在一定争议

从诉讼实务而言,鉴定申请一般是在一审中提出,之所以如此,是因为鉴定意见作为案件关键证据,如果是在二审或再审审理阶段作出,实际上意味着,剥夺了当事人对该证据两审的质证和辩论的权利。但从法律规定而言,并未禁止二审和再审审理阶段申请鉴定。但实际上,关于二审和再审是否准许鉴定,还是存在一定争议,各地法院对此的态度不一:

(1)最高人民法院民事审判第一庭认为:关于当事人在二审或者再审中申请鉴定的问题。在案件进入二审或者再审程序的情况下,对于是否应当启动鉴定方式查明相关事实,法官除了审查该鉴定申请是否与查明案件基本事实有关以及该相关问题是否为必须鉴定才能作出判断等条件外,还需要增加审查一个重要事项,即原审法院是否就相关待查明事实需要鉴定的问题向当事人作过释明。如果原审法院就相关专门性问题的查明予以了充分关注,并对负有申请责任的举证责任一方当事人作过释明,但该当事人经过释明后仍明确放弃司法鉴定或者未按照要求预交鉴定费用,此时,就需要对当事人放弃鉴定是否有正当理由作专门的询问和审查。我们认为,如果当事人无正当理由未按照原审法院指定的期间内申请鉴定,或者申请后未按照要求预交鉴定费用,则可以推定该当事人对相关待证事实的举证权利作了处分,一般可以不再对当事人在二审或者再审中提出的鉴定申请予以准许。①

(2)河北省高级人民法院:二审诉讼中申请鉴定的,人民法院可予准许。人民法院准许后,可以将案件发回一审法院委托鉴定。

《河北省高级人民法院建设工程施工合同案件审理指南》(冀高法〔2023〕30号)第21条规定:"人民法院经审理认为就建设工程价款等专门性问题需要进行鉴定的,应当向负有举证责任的当事人进行充分释明,明确告知其不申请鉴定可能承

---

① 参见最高人民法院民事审判第一庭编著:《最高人民法院新民事诉讼证据规定理解与适用》(上),人民法院出版社2020年版,第394页。

担的不利后果。当事人经释明后未申请鉴定的,可参照民事诉讼法逾期举证的规定,由其承担相应的法律后果。

一审诉讼中负有举证责任的当事人未对工程价款申请鉴定,二审诉讼中申请鉴定的,人民法院可予准许。人民法院准许后,可以将案件发回一审法院委托鉴定,但不得违反民事诉讼法的相关规定。对经一审法院释明未申请鉴定的当事人,可参照民事诉讼法对逾期举证的规定,对当事人进行训诫、罚款。"

(3)北京市高级人民法院:当事人经一审法院释明后,仍不申请鉴定的,应当认定其自愿放弃诉讼权利,表明其对举证不能的后果已经有预期,故二审法院拒绝当事人二审鉴定的申请并无不当。

《北京市高级人民法院关于审理建设工程施工合同纠纷案件若干疑难问题的解答》(京高法发〔2012〕245号)第32条规定:"当事人对工程价款存在争议,既未达成结算协议,也无法采取其他方式确定工程款的,法院可以根据当事人的申请委托有司法鉴定资质的工程造价鉴定机构对工程造价进行鉴定;当事人双方均不申请鉴定的,法院应当予以释明,经释明后对鉴定事项负有举证责任的一方仍不申请鉴定的,应承担举证不能的不利后果……"

2. 实务中,关于二审能否申请鉴定,亦有不同的判例

案例7-6:申请鉴定属于当事人应有的诉讼权利,法律并未规定一审未申请鉴定的当事人不能在二审提出鉴定申请,当事人在二审规定的举证期限内提出鉴定申请并不违反法律规定

——厦门万杰隆集团有限公司、厦门港务贸易有限公司质押合同
纠纷再审审查与审判监督民事裁定书

审理法院:最高人民法院
案号:(2021)最高法民申6301号
裁判日期:2021年9月27日
案由:质押合同纠纷

- 最高人民法院裁判意见

本院认为,一、关于鉴定的质押物是否超范围。根据原审查明的事实,厦门万

杰隆集团有限公司(以下简称万杰隆公司)向厦门港务贸易有限公司(以下简称港务公司)提交的清单载明转移至大顺仓库的质押物有272,589件,而2019年12月16日至23日,鑫八闽公司清点时发现物品实际数量为273,787件。鑫八闽公司称因现场没有吊牌而信息不详的物品有两万多件,无法区分出多出的物品并确定价值,所以实际鉴定273,787件货物。万杰隆公司称其提供的质押物均有吊牌,但并未提供证据予以证明。即使鉴定范围包括了部分非质押物,根据《最高人民法院关于适用〈中华人民共和国担保法〉若干问题的解释》第89条"质押合同中对质押的财产约定不明,或者约定的出质财产与实际移交的财产不一致的,以实际交付占有的财产为准"之规定,本案质押物数量应当以现场清点数量为准,鑫八闽公司现场清点的273,787件货物均属于本案质押物的鉴定范围。关于港务公司出具的收据,因万杰隆公司未提出相反证据证明,原审法院对收据的真实性予以认可并无不当。二审法院系综合本案现有证据而非仅依据港务公司的收据认定鑫八闽公司的鉴定范围不存在问题,并无不当。

二、关于鑫八闽公司出具的鉴定报告的程序和方法是否符合规范要求。万杰隆公司的各项鉴定异议均已在二审质证过程中提出,鑫八闽公司亦在二审出庭接受质询并逐项作出解答,万杰隆公司再审提出的异议缺乏依据,鑫八闽公司的鉴定程序和鉴定方法均按照操作规程进行,原审法院对万杰隆公司的异议不予认可并无不当。且鑫八闽公司的鉴定报告不具有2008年《民事证据规定》第27条[①]第1款"当事人对人民法院委托的鉴定部门作出的鉴定结论有异议申请重新鉴定,提出证据证明存在下列情形之一的,人民法院应予准许:(一)鉴定机构或者鉴定人员不具备相关的鉴定资格的;(二)鉴定程序严重违法的;(三)鉴定结论明显依据不足的;(四)经过质证认定不能作为证据使用的其他情形"规定的需要重新鉴定的情形,故二审法院未批准万杰隆公司重新鉴定的申请并无不当。

三、关于二审法院允许港务公司申请鉴定是否适用法律错误。万杰隆公司作为一审原告,诉请港务公司赔偿质押物损毁造成的损失,则应当由万杰隆公司承担举证责任,证明已损毁质押物的价值。但万杰隆公司在一审中不愿申请司法鉴定,未承担举证责任。港务公司不服一审判决提起上诉,因此负有相应的举证责任,二审法院可以重新确定举证期,由港务公司申请鉴定。且申请鉴

---

① 现为第40条,表述发生变化。

定属于当事人应有的诉讼权利,法律并未规定一审未申请鉴定的当事人不能在二审提出鉴定申请,港务公司亦在二审规定的举证期限内提出鉴定申请,并未违反2008年《民事证据规定》第27条的规定。故二审法院批准港务公司的鉴定申请并无不当。

案例7-7:一审法院《民事诉讼风险提示书》对不按规定申请鉴定的后果作了明确的风险提示,路桥建设公司未向一审法院提出鉴定申请,在二审中申请鉴定超过了申请鉴定的期限,且委托鉴定的资料须经承发包双方共同确认,而该公司提交的证明工程造价的证据不为中交第一公司、公路工程公司所认可,并缺乏证明力,故对路桥建设公司的鉴定申请不予准许

——新疆路桥桥梁工程建设有限责任公司与中国公路工程咨询集团有限公司、中交第一公路工程局有限公司建设工程施工合同纠纷二审案

审理法院:最高人民法院

案号:(2015)民一终字第22号

裁判日期:2015年7月21日

案由:建设工程施工合同纠纷

- **最高人民法院裁判意见**

路桥建设公司在二审中申请依法委托司法鉴定机构进行工程造价鉴定。关于申请鉴定的期限及逾期后果,2008年《民事证据规定》第25条[①]规定:"当事人申请鉴定,应当在举证期限内提出。符合本规定第二十七条规定的情形,当事人申请重新鉴定的除外。对需要鉴定的事项负有举证责任的当事人,在人民法院指定的期限内无正当理由不提出鉴定申请或者不预交鉴定费用或者拒不提供相关材料,致使对案件争议的事实无法通过鉴定结论予以认定的,应当对该事实承担举证不能的法律后果。"一审法院《民事诉讼风险提示书》对不按规定申请鉴定的后果作了明确的风险提示,路桥建设公司未向一审法院提出鉴定申请,在二审中

---

① 现为第31条,内容发生变化。

申请鉴定超过了申请鉴定的期限,且委托鉴定的资料须经承发包双方共同确认,而该公司提交的证明工程造价的证据不为中交第一公司、公路工程公司所认可,并缺乏证明力,故对路桥建设公司的鉴定申请不予准许。

3. 笔者意见

笔者认为,我国法律并未禁止当事人在二审和再审期间申请鉴定,因此应允许当事人在二审和再审期间申请鉴定,而实务中,包括最高人民法院的案例也明确了当事人有权在二审和再审程序中提出鉴定申请。至于提出鉴定申请后的处理,笔者认为,应当以一审认定事实不清为由,发回重审,而不应直接在二审或再审阶段进行鉴定,进而改判,因为鉴定意见属于案件定案的关键证据,从程序而言,应保护当事人对该证据享有一审、二审的质证和辩论的权利,如果仅仅是二审或再审阶段直接进行鉴定,无疑剥夺了当事人对该证据两审质证和辩论的权利,是不公平的。尤其是,二审阶段的鉴定,往往是由于负有举证责任的一方未按法律规定在一审期间提出鉴定申请,此种情况下,本应作出对其不利的认定,一旦二审或再审准许鉴定,意味着负有举证责任的一方不仅没有因为在一审不及时申请鉴定而承担相应不利后果,反而剥夺了对方对鉴定意见两审质证和辩论的权利,此种做法亦有违《民事诉讼法》规定的诉讼诚实信用原则。

五、如何申请鉴定

申请鉴定的目的是证明待证事实,证明待证事实的最终目的是使得原告的诉讼请求得到法院支持,申请鉴定应考虑以下事项。

1. 申请鉴定的事项应能直接证明诉讼请求

如果诉讼请求有赖于鉴定确定的结果,则申请鉴定的事项应能直接证明诉讼请求。比如建设工程施工合同纠纷,承包人向发包人主张支付工程款,此前双方未能就工程结算达成一致,因此,承包人有义务证明已完工程造价,就此,承包人作为原告可以在起诉的同时申请对已经完成工程造价进行鉴定,鉴定机构出具鉴定意见后,可以直接证明待证事实即工程总造价,以鉴定出的工程总造价,减去已经支付金额就可以得出被告应付未付的工程款,上述对工程造价的鉴定直接证明了原告的诉讼请求。

2. 负有提供反驳证据责任的一方，如待证事实涉及专门性问题，亦应申请鉴定

《民事诉讼法解释》第91条规定："当事人对自己提出的诉讼请求所依据的事实或者反驳对方诉讼请求所依据的事实，应当提供证据加以证明，但法律另有规定的除外。

在作出判决前，当事人未能提供证据或者证据不足以证明其事实主张的，由负有举证证明责任的当事人承担不利的后果。"

对于原告提供的证据，如被告否认其真实性，在有的情况下，需提供反驳证据。比如原告提供了显示有被告签字或盖章的证据，如被告认为该签字或盖章并非其本人或单位所签字迹或所盖印章，应申请对签字或盖章的真伪鉴定，如仅陈述签字或盖章系虚假而不申请鉴定的，法官对被告抗辩一般不予采信。

案例7-8：认为对方提供的证据并非本人签字，应申请鉴定

——裘某芬与经纬纺织机械股份有限公司及新疆天盛实业有限公司、雄峰控股集团有限公司、张某海、何某荣、陈某丽、葛某国、汤某芳分期付款买卖合同纠纷再审案

案号：（2016）兵民再13号

裁判日期：2016年8月24日

· 最高人民法院再审裁判意见

再审过程中，经本院委托，新疆恒正司法鉴定中心于2016年4月26日依法作出恒正司鉴[2016]文痕鉴字第100-A号和第100-B号《司法鉴定意见书》，鉴定意见分别为："落款日期为2010年12月16日《个人保证担保函》上共有人签字并按指印处'裘某芬'签名不是裘某芬本人所写。""落款日期为2010年12月16日《个人保证担保函》上共有人签字并按指印'裘某芬'签名处的指印，捺印模糊纹线有重叠不清晰，可供比对的特征少，不具备鉴定条件，无法作出鉴定意见。"

结合上述鉴定意见，新疆维吾尔自治区高级人民法院生产建设兵团分院认为：本案再审中，再审申请人裘某芬主张，其从未同意为天盛公司的债务承担保证责任，也未出具过担保函。根据再审查明的上述事实，已足以否定原一审认定的

"裘某芬向经纬公司出具了《个人保证担保函》"的事实,裘某芬主张的事实成立。现被申请人经纬公司不能提供证据证明裘某芬为天盛公司的债务提供了担保,根据《民事诉讼法解释》第 90 条第 2 款"在作出判决前,当事人未能提供证据或者证据不足以证明其事实主张的,由负有举证证明责任的当事人承担不利的后果"的规定,经纬公司依法应当承担对其不利的法律后果,对其要求裘某芬为天盛公司的债务承担连带清偿责任的诉讼请求,依法不予支持。裘某芬的再审请求理由成立,应予以支持。

实战点评与分析

其一,如认为对方提供的证据中,签字或盖章并非属于本人,应申请鉴定。

本案中,裘某芬认为案涉证据 2010 年 12 月 16 日《个人保证担保函》上的签字和手印并非其本人的,因原一审中,裘某芬未能到庭,因此无法对《个人保证担保函》质证和申请鉴定,在再审阶段,经再审法院委托,由第三方就《个人保证担保函》是否由其本人签字和按手印作出了鉴定并出具意见。

其二,民事证明领域的盖然性规则。

民事证明规则与刑事证明规则最主要区别在于证明标准。民事证据证明标准为盖然性标准,人民法院经审查并结合相关事实,确信待证事实的存在具有高度可能性的即可认定该事实存在。而刑事证明标准则以排除一切合理怀疑为标准。

本案中,2010 年 12 月 16 日《个人保证担保函》上有裘某芬的签字,签字上面加盖了手印。经鉴定,签字并非裘某芬本人签字,但捺印模糊纹线有重叠不清晰,可供比对的特征少,不具备鉴定条件,无法作出鉴定意见。从完整证据意义而言,裘某芬如认为《个人保证担保函》并非其真实意思表示,必须申请鉴定,且必须对签字和指纹同时申请鉴定,这样才能彻底推翻该证据签字和手印的真实性,但实际上,本案只有签字经鉴定并非裘某芬本人签字,指纹手印因不具备鉴定条件,无法作出结论。但法院最终仍认为,根据再审查明的事实,已足以否定原一审认定的"裘某芬向经纬公司出具了《个人保证担保函》"的事实,裘某芬主张的事实成立。这里,法官实际上充分运用了证据证明盖然性规则来作为认定的依据,《民事诉讼法解释》第 108 条规定:"对负有举证证明责任的当事人提供的证据,人民法院经审查并结合相关事实,确信待证事实的存在具有高度可能性的,应当认定该事实存在。对一方当事人为反驳负有举证证明责任的当事人所主张事实而提供的证据,人民法院经审查并结合相关事实,认为待证事实真伪不明的,应当认定该事实不存在。法律对于待证事实所应达到的证明标准另有规定的,从其规定。"

由于本案中,《个人保证担保函》的签字并非裘某芬的,即便手印无法鉴定,也可以认定手印亦非其本人的。

其三,再审阶段是否可以申请鉴定。

本案中,再审法院直接委托鉴定机构对《个人保证担保函》的签字和手印进行鉴定,可见,再审阶段仍可以由法院直接委托鉴定机构鉴定并根据鉴定意见改判。但类似的案件,如台新国际商业银行股份有限公司、林某钻保证合同纠纷案[审理法院:最高人民法院;案号:(2021)最高法民再268号]则是以原审认定事实不清为由,发回重审。关于二审再审能否申请鉴定,实务中有较多争议,有关争议的论述见本节第四点。

3. 申请鉴定的事项应符合双方合同约定和法律规定

申请鉴定的事项必须符合双方合同约定和法律规定,否则即便鉴定机构出具了鉴定意见,该意见也无法作为定案依据,无法直接支持原告诉请或被告反驳意见。

以建设工程纠纷中的造价纠纷为例,如双方合同约定合同价款为总价包干,合同履行期间仅可以就以下事项进行调价:(1)在合同施工期内每月平均单价较投标报价时的该种材料的变化超出±5%部分进行调价;(2)经湖北省或武汉市造价主管部门对定额人工单价调整导致的人工费调整;(3)设计变更项目。由于合同约定的价款为总价包干,因此对合同范围的工程造价无须鉴定也不得申请鉴定,只能就双方约定的可调价事项申请鉴定。如本案申请对工程造价按照当地定额鉴定,显然不符合双方约定,对此申请,法院一般不予准许,就算鉴定机构出具了意见,该意见也不得作为定案依据。

相关法律规定:

《建设工程解释一》第28条规定:"当事人约定按照固定价结算工程价款,一方当事人请求对建设工程造价进行鉴定的,人民法院不予支持。"

4. 申请鉴定的事项应属于鉴定机构可以鉴定或实施的范围

由于申请鉴定属于举证一方的举证责任,如向法院提出鉴定申请并由法院将鉴定事项委托给鉴定机构,鉴定机构认为现场或现有材料无法作出鉴定并作出退回鉴定的处理,意味着申请鉴定一方的举证责任未能完成,申请一方需承担举证不能的后果。

有的情况下,因为时过境迁,鉴定事项如现场不复存在(如现场已经修复),因此无法进行鉴定;有的鉴定事项,根本没有机构可以作出鉴定。因此在提出鉴定申请前,应考虑申请事项是否有相应的机构可以受理和鉴定,是否属于鉴定机构可以进行鉴定的事项。

案例7-9：侵权案件，原告应就损害事实与其主张的侵权行为存在因果关系承担证明责任

——广西烟农农业生产资料有限公司、中国农业科学院柑桔研究所
产品责任纠纷民事申请再审审查民事裁定书

审理法院:最高人民法院

案号:(2021)最高法民申7323号

裁判日期:2021年11月30日

案由:侵权责任纠纷

• **最高人民法院裁判意见**

本院经审查认为,广西烟农农业生产资料有限公司(以下简称广西烟农公司)的再审申请不符合2017年《民事诉讼法》第200条(2023年《民事诉讼法》第211条)第2项、第6项规定的应当再审之情形,应予驳回。具体理由如下:

关于原审判决适用法律问题。中国农业科学院柑桔研究所(以下简称农科院柑桔研究所)在交付案涉种苗时已取得重庆市农业委员会审核批准的主要农作物种子生产许可证、农作物种子经营许可证,且附有经检疫合格取得的植物检疫证书(出省),符合2015年《种子法》关于种子生产经营许可的规定。《种子法》并未规定出售种子必须配有种子质量合格证,而《重庆市农作物种子管理条例》已失

效。本案系广西烟农公司因购买的沃柑种苗在种植过程中检测出衰退病和碎叶病,与农科院柑桔研究所就该种苗是否存在产品质量问题导致出现损害结果而产生的争议,原审法院适用《产品质量法》进行认定并无不当。因此,原审并不存在适用法律确有错误的情形。

关于举证责任分配问题。2015年《种子法》第46条(2021年《种子法》第45条)规定:"种子使用者因种子质量问题或者因种子的标签和使用说明标注的内容不真实,遭受损失的,种子使用者可以向出售种子的经营者要求赔偿,也可以向种子生产者或者其他经营者要求赔偿……"《产品质量法》第26条第1款规定:"生产者应当对其生产的产品质量负责。"第41条第1款规定:"因产品存在缺陷造成人身、缺陷产品以外的其他财产(以下简称他人财产)损害的,生产者应当承担赔偿责任。"本案中,即使如广西烟农公司主张的案涉种苗即农科院柑桔研究所生产销售的种苗,双方签订的《柑桔容器苗买卖合同》明确载明案涉沃柑种苗尚未完成病毒脱毒处理,广西烟农公司对此完全明知,且未在验收期间就涉诉产品质量提出异议,亦未提交相应证据证明其购买时种苗已存有衰退病和碎叶病或质量不符合标准。因此,在不能排除柑桔苗木衰退病和碎叶病由嫁接、机械传播等其他原因所致的情况下,无法根据现有证据推定农科院柑桔研究所出售案涉种苗的未脱毒行为与损害事实存在因果关系。广西烟农公司对上述因果关系负有举证责任,其所举证据仍未尽到举证义务,故原审判决认定广西烟农公司应当承担举证不能的不利后果,驳回其诉讼请求有相应的法律和事实依据。

关于原审是否消极鉴定的问题。重庆市南川林业司法鉴定所、重庆市林业司法鉴定中心均因无法鉴定作出退鉴处理,且广西烟农公司和原审法院均未找到其他鉴定机构对案涉因果关系进行鉴定,上述事实能够证明原审法院依法对当事人的申请进行了委托鉴定,广西烟农公司认为原审法院存在消极鉴定的主张缺乏事实依据。

实战点评与分析

1. 侵权案件,无论是一般侵权还是特殊侵权,受害人有义务就损害事实与行为之间的因果关系提供证据证明

侵权案件,根据过错的证明责任,分为一般侵权和特殊侵权,一般侵权案件中,受害人有义务就过错、违法行为、违法行为和损害事实的因果关系、损害

事实提供证据证明；而特殊侵权，一般包括无过错责任和过错推定两种情形。但无论是一般侵权还是特殊侵权，受害人均有义务提供证据证明损害事实与行为之间存在直接因果关系。

就本案而言，广西烟农公司认为农科院柑桔研究所出售种苗未脱毒导致其在种植过程中检测出衰退病和碎叶病，就此，其应提供证据证明种苗未脱毒与检测出的衰退病和碎叶病具有直接因果关系，否则承担不利后果。

2. 就专门性问题，负有举证证明责任的一方申请鉴定，但最终无法完成鉴定的，由申请一方承担不利后果

就本案而言，由于未脱毒与检测出的衰退病和碎叶病具有直接因果关系的认定系专门性问题，因此只能申请鉴定，但选出的鉴定单位无法鉴定，意味着当事人未能完成对待证事实的举证证明责任，当事人应承担不利后果，重庆市南川林业司法鉴定所、重庆市林业司法鉴定中心均因无法鉴定作出退鉴处理，且广西烟农公司和原审法院均未找到其他鉴定机构对案涉因果关系进行鉴定，上述事实能够证明原审法院依法对当事人的申请进行了委托鉴定，广西烟农公司认为原审法院存在消极鉴定的主张缺乏事实依据。

3. 出卖人瑕疵担保责任的问题

本案中，双方签订的《柑桔容器苗买卖合同》明确载明案涉沃柑种苗尚未完成病毒脱毒处理，广西烟农公司对此完全明知，且未在验收期间就涉诉产品质量提出异议，在此情况下，能否再以该瑕疵为由主张权利。

《民法典》第613条规定："买受人订立合同时知道或者应当知道第三人对买卖的标的物享有权利的，出卖人不承担前条规定的义务。"

《民法典》只是规定了出卖人权利瑕疵担保责任和减轻或免除该责任的情形，但未规定质量瑕疵担保责任以及减轻或免除该等责任的情形。笔者认为，一般情况下，如买受人已经知道质量存在瑕疵仍购买的，表明买受人自愿承担相应的风险，买受人此后一般不得以此为由主张权利，除非该等质量免责条款或告知条款明显违反强制性法律法规或有损公序良俗。

比如《消费者权益保护法》第22条第1款、第2款规定："经营者应当保证在正常使用商品或者接受服务的情况下其提供的商品或者服务应当具有的质量、性能、用途和有效期限；但消费者在购买该商品或者接受该服务前已经知

道其存在瑕疵,且存在该瑕疵不违反法律强制性规定的除外。

经营者以广告、产品说明、实物样品或者其他方式表明商品或者服务的质量状况的,应当保证其提供的商品或者服务的实际质量与表明的质量状况相符。"

如果有关瑕疵涉及公共利益和安全,即便合同一方对该瑕疵明确告知,仍不能免除责任,双方签订的合同也将因损害社会公共利益而被法院认定为无效。

例如,最高人民法院指导案例170号"饶某礼诉某物资供应站等房屋租赁合同纠纷案",其裁判要点为:违反行政规章一般不影响合同效力,但违反行政规章签订租赁合同,约定将经鉴定机构鉴定存在严重结构隐患,或将造成重大安全事故的应当尽快拆除的危房出租用于经营酒店,危及不特定公众人身及财产安全,属于损害社会公共利益、违背公序良俗的行为,应当依法认定租赁合同无效,按照合同双方的过错大小确定各自应当承担的法律责任。

六、鉴定申请提出并为法院所受理后该如何准备材料

鉴定申请提出并为法院所受理后,法院将依照法定程序选择鉴定机构,一旦鉴定机构确定,后续工作主要包括鉴定费的缴纳、现场踏勘、按照鉴定机构要求提交材料等。

根据《民事证据规定》,当事人必须缴纳鉴定费,并提供鉴定材料,如因未按时缴纳鉴定费或不按要求提交鉴定材料导致待证事实无法查明的,由申请鉴定一方承担不利后果。

《民事证据规定》第31条规定:"当事人申请鉴定,应当在人民法院指定期间内提出,并预交鉴定费用。逾期不提出申请或者不预交鉴定费用的,视为放弃申请。

对需要鉴定的待证事实负有举证责任的当事人,在人民法院指定期间内无正当理由不提出鉴定申请或者不预交鉴定费用,或者拒不提供相关材料,致使待证事实无法查明的,应当承担举证不能的法律后果。"

除了按照鉴定机构要求提供鉴定材料外,为了取得更好的效果,还可以按照以下方法整理和提交材料。

1. 整理和提交鉴定材料的原则:让鉴定机构在最短时间内可以理解申请鉴定的目的、要点,引导鉴定机构按照当事人的设想完成工作。

从诉讼程序而言,当事人向法院申请鉴定,法院将申请书和有关证据材料移交给鉴定机构,鉴定机构出具意见,在此情况下,鉴定机构往往只能根据法院委托书和移交的证据材料出具意见,但由于鉴定人未参加庭审,在出具意见前未能与双方当事人有充分沟通,有时难免无法完全理解当事人申请鉴定的目的、鉴定意见需要达到的深度,如果不另外对鉴定申请作出说明,对材料按照申请鉴定的目的重新编排和组合,无法让鉴定机构在短时间内理解申请一方申请鉴定的目的,更无法从法院移交的纷繁复杂的材料中发现并找出对当事人有利的关键性证据,由此导致最终出具的意见未能达到申请人申请鉴定的目的或要求达到的深度。

2. 可以在提交鉴定申请书基础上,就申请鉴定事项、拟要达到的深度、当事人主张详细要点、对应的证据材料进行进一步的说明,将该说明对应的材料附在申请书后面,便于鉴定机构在最短时间内了解和理解申请鉴定的目的、要点以及对应的材料。

3. 对于鉴定机构要求提供的样本(此类案件一般为印章或笔迹真伪的鉴定),应注意以下事项:

(1)因提交的样本须经质证,因此该样本所反映的事实不应与本案当事人的主张以及提交的证据等相矛盾,否则此类样本一律不得提交。

(2)提交的样本应尽可能系在办理行政类事务或司法事务中产生,比如向政府提交的办理某种许可时的申请书或此前在其他案件中向法院提交的起诉状(加盖有法院回执章)。此类样本由于系提交给政府部门或司法部门,一般情况下不存在后期伪造、变造或将有关文书时间倒签的情形,较易得到鉴定机构、对方当事人和法院的认可。

(3)尽可能使提交的样本亦能形成证据链,强化待证事实。

案例 7-10：整理和提交鉴定材料的原则：让鉴定机构在最短时间内可以理解申请鉴定的目的、要点，引导鉴定机构按照当事人的设想完成工作

● **案情简介**

具体可以参见本书第二章第二节第三点第一部分"案例"。

该案二审中，N 公司代理律师发现，出卖人 B 公司与买受人 N 公司签订的商品房买卖合同后面所附的图纸与 B 公司提交给房产部门办理权属登记的产权测绘图存在重大差异，无法办证，为此 B 公司也多次与 N 公司协商，要求重新签订商品房买卖合同。该案件 B 公司只是主张违约金，未主张未付的房款。

就剩余未付房款，出卖人 B 公司另行向法院提起诉讼，在起诉支付剩余房款的案件一审过程中，买受人 N 公司代理律师主张，图纸之间的差异对比，属于专门性问题，法官亦无法通过庭审事实查明的方式予以认定，因此，向法院申请就图纸之间的差异申请鉴定。差异点主要包括房号、图纸显示的房屋功能、面积等，申请人希望鉴定机构更为全面深入地将差异点在意见书中载明，为了能让鉴定机构理解申请人的意见，N 公司代理律师做了以下工作，并将相应成果通过法官提交给鉴定机构。

▲鉴定申请书部分内容。

● **申请事项**

对附件一的图纸（商品房买卖合同所附图纸）与附件二的图纸（B 公司提交给房产部门办理权属登记的产权测绘图纸）是否相一致作出鉴定，如果不相一致的，说明不一致之处。

● **事实与理由**

就申请人（N 公司）与被申请人（B 公司）房屋买卖合同纠纷一案，申请人认为：

就被申请人出售给申请人的房屋，申请人提交的用于备案的 99 本《商品房买卖合同》以及该 99 套房屋的备案证明所附的部分房屋平面图（附件一图纸）与被申请人提交给政府部门用于办理权属登记的 2007 年版产权测绘报告附图（附件二图纸）完全不符合。由于二者不一致，案涉房屋至今无法办理权属登记，责任由被申请人承担。根据《民事诉讼法》第 79 条规定，提出鉴定申请。

▲对申请事项作进一步说明。

考虑到以上申请事项较为简单,难以达到申请人所要求的深度,如深度无法达到申请人的要求,将无法全面深入地鉴定出图纸不同之处,其结果是得出的鉴定意见可能无法达到申请人在本案中的证明目的,因此,申请人在法院委托鉴定机构后,就申请鉴定事项以及成果需要达到的深度和广度做了说明,具体如下。

关于有关鉴定申请事项的说明

南宁市中级人民法院:

就贵院受理的 B 公司诉 N 公司房屋买卖合同纠纷一案(案号:(2021)桂01民初2×××号),N公司在诉讼过程中提出了鉴定申请,现就鉴定申请有关事项说明如下:

一、关于鉴定申请第一项的说明

申请人 N 公司提出鉴定申请的第一项为:

对附件一的图纸与附件二的图纸是否相一致作出鉴定,如果不相一致的,说明不一致之处。

对于以上申请事项,恳请鉴定机构主要就以下方面进行对比,并就差异原因进行说明,具体为:

(1)面积差异对比:通过对比图纸,找出图纸显示的房屋面积差异、差异数以及导致面积差异的原因(如是否为设计变更所致或其他原因所致)。

(2)布局差异,具体是指:两个图纸对各部分功能的划分,比如,图纸中电梯(含货梯)位置是否一致;原来是楼板的,后来变成镂空的中庭等,鉴定单位对于差异之处应明确说明,说明内容包括但不限于布局变化前后的位置、名称。

(3)房号差异,涉案签订的房屋买卖合同和备案显示房屋数量为99套,但2007年由测绘公司南宁市 HJ 商贸有限责任公司进行产权测绘时,房屋套数变成120套,具体变化可以在图纸上显示并找出原因,比如 A 区 4 楼,备案图纸的房号就是一个房号即 A 区 4 层书城,而变更后的图纸,则为两个房号,A区4层电影院和22号库房,其房屋位置也不同,因此应当对房号不一致,以及不一致的原因作出说明(比如 A 区 4 层,变化原因之一是原来图纸中,房屋的房号以及房屋范围没有包括功能用房,该处原来是货梯,后来图纸变更以后,就变成了库房,所以前后两套图纸的房屋房号不同)。

(4)两个图纸反映的房屋的设计变更,包括但不限于:结构形式(含内部结构)、户型、空间尺寸、朝向等是否一致。比如 A 区 2 楼,备案图纸是 3 个影厅、1 个健身房、1 个主题商场;2007 年测绘图纸变成整体一个商场,因此整个的前后内部结构、户型、空间尺寸等完全不一致。

(5)功能和用途是否一致。比如 A 区 2 楼,备案图纸是 3 个影厅、1 个健身房、1 个主题商场;2007 年测绘图纸变成整体一个商场,面积增加了 541.84 平方米。

▲为了能让鉴定机构进一步了解鉴定申请人的意图,且方便鉴定机构查看差异部位,申请人还将此前已经自行做好的差异对比表以及对应的图纸来源提交给法官并由法官移交给鉴定机构,此对比表虽然系申请人单方制作并非证据,但可以更为全面完整展示申请人申请鉴定的目的,对比需要达到的深度和广度,只有达到此等深度和广度,才能足以证明申请人申请鉴定需要证明的待证事实。具体对比表格如下。

M 项目某商业广场商铺备案图纸与测绘报告图纸不同点汇总

备案的 99 份合同		2007 年测绘报告		备案的图纸与 2007 年测绘报告图纸差异的具体表现(鉴定附件 1 与附件 2 的差异)
序号	房号	序号	房号	
1	A 区 1 层 76 个商铺	1	A 区一层 76 个商铺	1.内部结构不同:备案的图纸上 A-010A 和 A-090 商铺的北面与空调新风机房紧密相连,没有通道,但测绘报告图在同样的位置则是一个通道;2.房屋不同:备案图纸中有 A-002 和风机房,但测绘图纸没有 A-002 号房屋和风机房。

续表

备案的99份合同		2007年测绘报告		备案的图纸与2007年测绘报告图纸差异的具体表现(鉴定附件1与附件2的差异)
序号	房号	序号	房号	
2	A区2层主题商场	2	A区2层商场	1.房屋不同:序号2~5的房号,备案时是5套房屋,2007年测绘报告变成只有一套房屋;2.内部结构、户型、尺寸和朝向不同:备案时是分隔成5个房屋,测绘报告变更成一套房屋,测绘报告图纸内部无分隔;3.面积不同:备案时5套房屋面积为3224.87平方米,测绘报告变更为3766.71平方米,面积差异为541.9平方米;4.功能用房变动:备案时的图纸标注的两台货梯从A区东面变动到A区的西面;5.设计图差异导致扩建:备案时东北角约450平方米位置是空的,而测绘图增加建设了约450平方米的建筑。
3	A区2层1号电影院	—	—	^
4	A区2层2号电影院	—	—	^
5	A区2层3号电影院	—	—	^
6	A区2层健身房	—	—	^
7	A区3层精品店	3	A区三层电影院	1.房号不同:备案时是3个房号,测绘报告图纸变为2个房号;2.面积差异:备案时是3318.16平方米,测绘报告是3798.72平方米,差异面积为480.56平方米;3.内部结构、尺寸、户型差异:内部分隔变动,房屋由3套变更为2套;4.房屋功能用途变化:备案的3楼是精品店、包厢、影院,测绘报告图纸变更为影院和库房,且库房在备案时是不存在的;5.内部布局变化:备案时的布局是精品店、影院和包厢分隔,但测绘图纸是将备案时的精品店、影院和包厢合并为影院,并且取消分隔;把备案时的货梯位置改为库房,货梯移到A区的西北角;6.设计图差异导致扩建:备案时东北角约450平方米位置是空的,而测绘图增加建设了约450平方米的建筑。
8	A区3层包厢	4	A区三层13#库房	^
9	A区3层电影院	—	—	^

续表

备案的99份合同		2007年测绘报告		备案的图纸与2007年测绘报告图纸差异的具体表现(鉴定附件1与附件2的差异)
序号	房号	序号	房号	
10	A区4层书城	5	A区四层电影院	1.房号不同:备案时是1个房号,测绘报告图纸变成两个房号;2.房屋功能用途不同:备案时是书城,测绘报告图纸变成影院和库房;3.面积不同:备案面积是2488.19平方米,测绘报告图纸变成2121.72平方米,差异面积为366.47平方米;4.内部结构、户型、尺寸和朝向不同:备案时的图纸显示的3层影院的上部即4层部分比测绘报告图纸显示的3层影院的上部即4层部分扩大,此外,测绘时的图纸显示3层影院的上部即4层部分增加了另外两个影院上部;另外,备案的书城有局部位置在测绘报告图纸中变为3层影院的上部和改为空调机房;5.部分功能用房变化:备案时图纸显示的货梯位置是在东北角,在测绘报告图纸变更为西北角,属于设计变更和用途变更;6.房屋功能用途变动:备案时图纸显示的是书城,但测绘报告图纸显示的是电影院的休息大厅的顶部和空调机房;备案时书城的其他区域,在测绘报告图纸中改为电影院;7.设计图差异导致扩建:备案时东北角约450平方米位置是空的,而测绘报告图纸增加建设了约450平方米的建筑。
		6	A区四层22#库房	

续表

备案的99份合同		2007年测绘报告		备案的图纸与2007年测绘报告图纸差异的具体表现(鉴定附件1与附件2的差异)
序号	房号	序号	房号	
11	A区5层精品店1号	7	A区五层商场	1.房屋数量变动:备案时是5个精品店,测绘报告图纸则变为一个商场;2.面积变动:备案时的面积为3371.81平方米,测绘报告图纸变为3825.22平方米,相差453.41平方米,变化原因是备案时东北角约450平方米位置是空的,而测绘图增加建设了约450平方米的建筑;3.部分功能用房变动:备案时图纸显示的电梯在A区东北角,测绘报告图纸改到了西北角;4.内部结构、户型、尺寸和朝向不同:备案时是5套房屋,测绘报告图纸则取消5套房屋的分隔;5.房屋功能用途的变化:备案时是精品店,测绘报告图纸则是商场。
12	A区5层精品店2号	^	^	^
13	A区5层精品店3号	^	^	^
14	A区5层精品店4号	^	^	^
15	A区5层精品店5号	^	^	^
16	B区1层商场1号	8	B区一层商场	1.房屋数量变动:备案时是5个房号,测绘报告图纸变为2个房屋;2.面积变化:面积由原来备案的6505.98平方米变动为测绘报告图纸显示的6554.85平方米,差异面积为48.87平方米;3.房屋功能用途变动:备案时的房屋用途为商城,测绘报告图纸显示为商城和库房;4.内部结构、户型、尺寸变动:备案时为5个商城,测绘报告图纸变为1个,即测绘报告图纸取消了商城备案时的分隔;5.结构变化:备案时图纸显示有3个通道,正大门有两处自动扶梯,没有观光梯;测绘报告图纸上没有通道,正大门没有自动扶梯,但是有观光梯。
17	B区1层商场2号	9	B区一层5#库房	^
18	B区1层商场3号	^	^	^
19	B区1层商场4号	^	^	^
20	B区1层商场5号	^	^	^

续表

备案的 99 份合同		2007 年测绘报告		备案的图纸与 2007 年测绘报告图纸差异的具体表现(鉴定附件 1 与附件 2 的差异)
序号	房号	序号	房号	
21	B 区 2 层商场	10	B 区二层商场	1. 房屋数量变化:备案图纸是一套房,测绘报告图纸变成 9 套房;2. 面积差异:备案图纸的面积为 9036.03 平方米,测绘报告面积为 8097.67 平方米,差异面积为 938.36 平方米;3. 公共部分功能变动:备案图纸上 B 区有 3 个镂空的中庭,而测绘报告图纸上只有一个镂空中庭;备案图纸显示的正大门只有两处自动扶梯,没有观光梯,测绘图纸正大门则没有自动扶梯,有观光梯;4. 内部结构、户型、尺寸变动:备案时房屋内部并未按照 9 套房分隔,但是测绘图纸显示是 9 套房,相应的有内部分隔;5. 功能变动:备案时全部为商城,但测绘报告图纸则变为商城和库房。
		11	B 区二层 6#库房	
		12	B 区二层 7#库房	
		13	B 区二层 8#库房	
		14	B 区二层 9#库房	
		15	B 区二层 10#库房	
		16	B 区二层 11#库房	
		17	B 区二层 12#库房	
		18	B 区二层 44#库房	

续表

备案的99份合同		2007年测绘报告		备案的图纸与2007年测绘报告图纸差异的具体表现(鉴定附件1与附件2的差异)
序号	房号	序号	房号	
22	B区3层商场	19	B区三层商场	1.房屋数量变化:备案图纸是一套房,测绘报告图纸变成9套房;2.面积差异:备案图纸的面积为9039.04平方米,测绘报告面积为8091.5平方米,差异面积为1007.54平方米;3.公共部分功能变动:备案图纸上B区有3个镂空的中庭,而测绘报告图纸只有一个镂空中庭;备案图纸显示的正大门只有两处自动扶梯,没有观光梯,测绘报告图纸正大门则没有自动扶梯,有观光梯;4.内部结构、户型、尺寸变动:备案图纸房屋内部并未按照9套房分隔,但是测绘报告图纸显示是9套房,相应的有内部分隔;5.功能变动:备案图纸全部为商城,但测绘报告图纸则变为商城和库房。
		20	B区三层14#库房	
		21	B区三层15#库房	
		22	B区三层16#库房	
		23	B区三层17#库房	
		24	B区三层18#库房	
		25	B区三层19#库房	
		26	B区三层20#库房	
		27	B区三层21#库房	

续表

备案的99份合同		2007年测绘报告		备案的图纸与2007年测绘报告图纸差异的具体表现(鉴定附件1与附件2的差异)
序号	房号	序号	房号	
23	B区4层商场	28	B区四层商场	1.房屋数量变化:备案时是一套房,测绘报告图纸变成9套房;2.面积差异:备案时的面积为9661.52平方米,测绘报告图纸面积为8694.99平方米,差异面积为966.53平方米;3.公共部分功能变动:备案时B区有3个镂空的中庭,而测绘报告图纸只有一个镂空中庭;备案图纸显示的正大门只有两处自动扶梯,没有观光梯,测绘报告图纸正大门则没有自动扶梯,有观光梯;4.内部结构、户型、尺寸变动:备案时房屋内部无分隔,但是测绘报告图纸显示是9套房,相应的有内部分隔;5.功能变动:备案时全部为商城,但测绘报告图纸则变为商城和库房。
		29	B区四层23#库房	
		30	B区四层24#库房	
		31	B区四层25#库房	
		32	B区四层26#库房	
		33	B区四层27#库房	
		34	B区四层28#库房	
		35	B区四层29#库房	
		36	B区四层30#库房	

续表

备案的99份合同		2007年测绘报告		备案的图纸与2007年测绘报告图纸差异的具体表现(鉴定附件1与附件2的差异)
序号	房号	序号	房号	
24	B区5层商场	37	B区五层商场	1.房屋数量变化:备案时是一套房,测绘报告图纸变成9套房;2.面积差异:备案时的面积为9661.96平方米,测绘报告图纸面积为8747.78平方米,差异面积为914.18平方米;3.公共部分功能变动:备案时B区有3个镂空的中庭,而测绘报告图纸只有一个镂空中庭;备案图纸显示的正大门只有两处自动扶梯,没有观光梯,测绘报告图纸正大门则没有自动扶梯,有观光梯;4.内部结构、户型、尺寸变动:备案时房屋内部无分隔,但是测绘报告图纸显示是9套房,相应的有内部分隔;5.功能变动:备案时全部为商城,但测绘报告图纸则变为商城和库房。
		38	B区五层31#库房	^
		39	B区五层32#库房	^
		40	B区五层33#库房	^
		41	B区五层34#库房	^
		42	B区五层35#库房	^
		43	B区五层36#库房	^
		44	B区五层37#库房	^
		45	B区五层38#库房	^

▲结果。

鉴定机构最终基本按照以上表格出具了最终的鉴定意见,取得该意见后,申请人将该证据作为另案二审新证据,该证据得到另案二审法官采纳,法院认定B公司对无法办理权属登记存在过错,并作出了部分改判。

▲律师点评:

当事人申请鉴定的目的是证明待证事实,而鉴定机构对申请人申请事项的了解一般也只能依据鉴定申请书,但有时候鉴定申请书未必能将当事人鉴定申请拟要达到的目的、鉴定意见需要达到的深度和广度以及呈现结果的形式完整无误表达清楚,此时需要代理律师就上述内容进行更为详尽的论述,同时可以将己方的成果向鉴定机构展示,由此可以引导鉴定机构按照申请人的方向进行鉴定并出具结果。本案中,代理律师为了能让鉴定机构更进一步了解当事人申请鉴定的目的、鉴定拟要达到的深度以及此后鉴定意见的结果该如何呈现,特别制作了说明和表格,而鉴定机构亦基本按照申请人的要求,出具了相应深度和广度的意见。只有达到此种深度和广度,才能更直观更充分地证明待证事实。

综上,在涉及鉴定的案件中,代理律师绝不可提出一个申请就了事,而应想方设法在现有合法框架范围内,通过其他的方式(包括制作特别说明、表格、图)将己方申请鉴定的目的更直观、简单地向鉴定机构充分表达,尽可能引导鉴定机构按照当事人申请鉴定的意图,将鉴定结果以当事人想要的方式呈现和表达出来。

第三节

对当事人提出的鉴定申请提出异议

当事人提出鉴定申请后,对方可以提出异议,如何提出异议,如何提出异议更容易得到法官的支持,以下就此作专门论述。

申请鉴定是负有举证责任一方举证的方式,是因为待证事实涉及专门性问题,只能通过鉴定完成,从相对方而言,如负有举证责任一方提出的鉴定申请未能得到法院准许,即意味着该方当事人无法通过鉴定完成其举证责任,该方将可能承担举证不能的不利后果,因此,对于申请鉴定一方提出的鉴定申请,对方可根据案件情况提出异议,以达到法院不准许鉴定的目的,进而使负有举证责任一方无法通过鉴定证明待证事实并最终达到驳回其诉讼请求的目的。

对鉴定申请提出异议,一般可以从以下方面考虑。

一、结合案件证据和事实,根据法律规定,无须鉴定

有的案件,根据双方合同约定或法律规定,无须鉴定或不准许鉴定,一旦启动鉴定程序,必然违反双方合同约定和法律规定,在此情况下,如一方申请鉴定的,对方应提出异议,并建议法院驳回其鉴定申请。

以建设工程施工合同纠纷为例,案件存在两种情形的,对于工程造价的鉴定申请,法院不予准许:

1. 合同约定的价款为总价包干,则一方在工程竣工验收后对工程造价申请鉴定的,根据《建设工程解释一》规定,法庭应不予准许。但如果是对合同约定的可以调价的情形进行鉴定的,则法庭应予准许,比如合同约定设计变更导致的工程造价增加可以调价,合同履行期间人工费、钢筋、混凝土可以调价等,此时,申请鉴定的事项并非合同约定范围内的工程造价,而是可以调价的部分。

《建设工程解释一》第 28 条规定:"当事人约定按照固定价结算工程价款,一方当事人请求对建设工程造价进行鉴定的,人民法院不予支持。"

2. 在起诉前双方已经就工程造价结算达成一致,诉讼中一方申请鉴定的,法院不予准许。

在起诉前双方已经就工程造价结算达成一致,意味着双方已经就结算事宜签订了合法有效合同,除非一方当事人提供证据证明该结算书存在无效或可撤销情形,否则结算书对双方具有约束力,在此情况下,一方申请对造价鉴定的,法院不予准许。

《建设工程解释一》第 29 条规定:"当事人在诉讼前已经对建设工程价款结算达成协议,诉讼中一方当事人申请对工程造价进行鉴定的,人民法院不予准许。"

案例 7-11:应尊重当事人对结算方式约定所体现出的意思自治

——郓城县建筑公司、山东万里置业有限公司建筑工程施工合同纠纷案

审理法院:最高人民法院

案号:(2018)最高法民申 4174 号

裁判日期:2019 年 3 月 28 日

案由:建设工程施工合同纠纷

• 最高人民法院裁判意见

郓城县建筑公司(以下简称郓城公司)向本院提出再审请求:1. 撤销(2017)鲁民终 1723 号民事判决;2. 山东万里置业有限公司(以下简称万里公司)向郓城公司支付工程款 20,042,092.64 元,并按人民银行公布的同期同类贷款利率支付逾期利息 500,000 元(自 2014 年 8 月 1 日起至判决生效之日止),以上合计 20,542,092.64 元;3. 全部诉讼费用由万里公司承担。

事实和理由:二审判决证据采信错误,导致认定事实错误。

1. 郓城公司没有"请求参照合同约定支付工程价款",而是要求根据公平公正的原则通过工程造价鉴定确定工程价款后再支付工程价款。

2. 二审判决所谓的"郓城公司没有证据证明涉案合同的约定非出于自愿"的举证责任划分失衡,让郓城公司承担举证涉案合同的约定非出于自愿的责任不

公平。

3. 应对涉案工程造价进行司法鉴定。理由是：第一，涉案《建设工程施工合同》第一部分中约定的工程价款25,780,000.99元无效。Ⅰ.《建设工程施工合同》第一部分协议书第1条"工程概况"明确约定"群体工程应附承包人承揽工程项目一览表（附件1）"，而附件1"承包人承揽工程项目一览表"确定工程造价为29,744,606元（29,744,606=14,715,959+940,722+4,860,982+9,226,943），与该合同第一部分协议书第5条合同价款25,780,000.99元自相矛盾。Ⅱ.《建设工程施工合同》第一部分协议书第6条"组成合同的文件"第9款约定"组成本合同的文件包括工程报价单或预算书"，6份书面工程预算书的合计工程造价26,513,422.25元，与第一部分协议书第5条合同价款25,780,000.99元自相矛盾。Ⅲ.《招标文件》明确规定施工计划投资3050万元，《招标文件》第五章第1条具体编制说明如下约定："5.其他有关说明　①不考虑降水,土方工程暂不计入；②室外庭院围墙、台阶,室外回填土暂不计入；③顶棚不抹灰；外墙保温暂不计算；④地面饰面层外按施工图设计施工；⑤门窗:暂不计算；⑥厨房、卫生间室内地砖及内墙面砖不镶贴,入户管线铺设至相应位置；⑦阳台:室内地砖不镶贴,内墙面混合砂浆抹面……⑨户内所有灯具均为白炽灯；⑩卫生间散热器采用钢铝复合暖气片；⑪楼梯扶手、栏杆、护栏业主自理,暂不计算；⑫户内均设固定电话、宽带互联网接口和有线电视插座；⑬户内各房间按设计要求安装开关、插座；⑭燃气到户,IC电表、水表、气表、热量表按图计算；⑮门磁开关、幕帘式探测器、红外探测器、紧急报警按钮只预埋管；⑯塔吊暂按照每栋楼一台计算。6.费用计取:各类费用按规定计取。7.材料:甲（万里公司）供材料主要有钢材、水泥、商砼、门窗、外墙保温。"也就是说,在存在门窗、保温等甩项,特别是甲方供钢材、商砼、水泥的情况下,涉案工程计划投资就已经高达3050万元,与协议书第5条合同价款25,780,000.99元自相矛盾。Ⅳ.山东鲁正信工程造价咨询有限公司出具的万和世家别墅工程项目的工程造价报告证明:涉案工程的真实工程造价为59,406,143.22元,远远超过备案合同约定工程总价25,780,000.99元,如果以备案合同约定的工程总价25,780,000.99元作为结算工程款的依据,显失公平。另外,《招标文件》第九章"合同主要条款"约定"《建设工程施工合同》（GF-1999-0201）中的内容与本招标文件中的内容不一致时,以本招标文件中约定内容为准",则涉案工程的工程款应当以《招标文件》中确定的工程款计算方法算出。

第二，涉案合同约定的较低的固定工程总价，实际是万里公司为了规避应缴纳的税费的4%缴纳农民工工资保证金、2.6%的劳保费、1.2%的墙改基金和散装水泥费，要求郓城公司予以配合而签订，不是其真实意思表示。

第三，涉案工程不能适用固定价承包。《建筑工程施工发包与承包计价管理办法》①(中华人民共和国建设部第107号)第12条规定："合同价可以采用以下方式：(一)固定价。合同总价或者单价在合同约定的风险范围内不可调整……"《建设工程价款结算暂行办法》(财建〔2004〕369号)第8条：合同工期较短且工程合同总价较低的工程，可以采用固定总价合同方式。根据上述规定，采用固定总价合同的工程应该具备下列条件：工程量小、工期短，估计在施工过程中环境因素变化小，工程条件稳定并合理；工程设计详细，图纸完整、清楚，工程任务和范围明确；工程结构和技术简单，风险小；投标期相对宽裕，承包商可以有充足的时间详细考察现场，复核工程量，分析招标文件，拟订施工计划。根据上述规定，如果采用固定总价合同，还应该约定风险范围。也就是说即使采用固定总价合同，也应当约定一个风险范围，在约定的风险范围内不可调整。案涉合同约定的固定工程总价为25,780,000.99元，工程量巨大，工期长，投标期紧，不符合可以签订固定总价合同的条件，故签订固定总价的工程施工合同无效。

尤其需要说明的是，涉案工程实际总价也远远超出了合同约定的工程总价的风险范围，并且还有大量签证变更部分未能计入工程结算总价款(合同明确约定签证变更部分由双方在固定总价外另行结算)，实际工程价款与约定的固定工程总价的差额部分严重超出了郓城公司对风险的预期，二审判决仅以涉案工程施工合同约定的固定工程总价作为工程结算值显失公平。

第四，对涉案工程施工蓝图范围内的土建及安装工程(含设计、签证变更部分)造价进行司法鉴定，以审计工程造价或者以鉴定的涉案工程单位建筑面积造价来判定涉案工程的总造价，切实可行。一审期间，郓城公司就依法提出对涉案工程(包含设计变更、签证部分)进行工程造价司法鉴定，但一审法院决定仅对涉案工程的设计变更、签证部分进行工程造价司法鉴定，郓城公司向一审法院递交了司法鉴定异议、司法鉴定听证申请书等文件，并每天向一审法院的承办法官特快专递邮寄司法鉴定异议、司法鉴定听证申请书等文件，持续了一周的时间。但

---

① 已被2013年《建筑工程施工发包与承包计价管理办法》废止。

是一审法院在没有对异议及申请做任何回复的情况下,就在判决中确认郓城公司自动放弃了工程造价司法鉴定申请。一审法院关于工程造价司法鉴定的程序违法。因此,应当对涉案工程(包含设计变更、签证部分)进行工程造价司法鉴定。

本院认为,郓城公司申请再审事由不能成立。

郓城公司申请再审事由不符合2017年《民事诉讼法》第200条(2023年《民事诉讼法》第211条)第2项规定。

第一,二审判决确认一审判决依照《最高人民法院关于审理建设工程施工合同纠纷案件适用法律问题的解释》(已失效)①第2条"建设工程施工合同无效,但建设工程经竣工验收合格,承包人请求参照合同约定支付工程价款的,应予支持"规定,认定本案工程价款应按照《建设工程施工合同》约定的固定总价结算,并无不当。这是因为,当建设工程施工合同无效,只存在无效合同当事人之间的互相返还或折价补偿的问题。由于施工投入已经物化到建设工程中,故不能原物返还,只能折价补偿。至于补偿标准,《最高人民法院关于审理建设工程施工合同纠纷案件适用法律问题的解释》(已失效)第2条参照合同约定的补偿计算方式,符合当事人真实意思表示且一般低于鉴定方式确定的价款。如果按照郓城公司申请再审主张的通过鉴定确定工程价款,就会得出当事人从无效合同得到的回报高于有效合同的结果,违反了任何人不得从自身违法行为中受益的原则。这也会间接促使更多的施工方想尽办法让施工合同无效。这也有违合同法尽量让合同有效的原则。因此,无效施工合同前提下,承包人一般不能超过合同约定价款范围主张工程价款。进而,郓城公司关于通过工程造价鉴定确定工程价款的主张,违反了该条的起草本意,故二审判决认可一审判决适用《最高人民法院关于审理建设工程施工合同纠纷案件适用法律问题的解释》(已失效,笔者注)第2条,已经最大限度保护承包人合法权益,并无不当。

第二,二审判决关于让郓城公司承担其非自愿签订案涉合同证明责任的认定,并无不当。根据"谁主张,谁举证"的举证责任一般原则,郓城公司要让法院采信其关于案涉合同并非其自愿签订的主张,就必须举证证明其在签订案涉合同时确非自愿为之,而不能将证明责任分配给被告方万里公司,由后者证明郓城公司是自愿签订案涉建设工程施工合同。

---

① 类似条款现对应《民法典》第793条。

第三，二审法院未对案涉工程造价进行鉴定，依据充分：

1.《最高人民法院关于审理建设工程施工合同纠纷案件适用法律问题的解释》(已失效)第2条"建设工程施工合同无效，但建设工程经竣工验收合格，承包人请求参照合同约定支付工程价款的，应予支持"规定就排除了施工合同无效但建设工程竣工验收合格情况下，通过鉴定确定工程价款的方式适用。

2.《最高人民法院关于审理建设工程施工合同纠纷案件适用法律问题的解释》第22条(现为《建设工程解释一》第28条)规定："当事人约定按照固定价结算工程价款，一方当事人请求对建设工程造价进行鉴定的，不予支持。"该条表明，应尊重当事人对结算方式约定所体现出的意思自治，不能事后又以造价鉴定方式违反该约定。

3.案涉建设工程施工合同约定的工程价款条款有效。郓城公司在申请再审中提出与案涉施工合同约定的25,780,000.99元矛盾的有：案涉施工合同附件承包人承揽工程项目一览表确定工程造价为29,744,606元；6份书面工程预算书合计工程造价26,513,422.25元；招标文件明确约定，施工计划投资3050万元(不包括门窗、保温等甩项)；案涉工程造价报告确认案涉工程实际造价为59,406,143.22元。另外，《招标文件》第九章还明确案涉工程款应以招标文件确定的工程款计算方法算出。对此，承包人承揽工程项目一览表中记载的各项工程造价总计29,744,606元，包含了郓城公司承包范围外的甩项部分的造价，该数额与约定合同价款不一致，并不影响对双方当事人采取固定价形式约定合同价款的认定。6份书面工程预算书只是对案涉工程相关施工项目造价的预先估算，并不是双方约定的最终结算价款。而从施工行业一般经验可知，预算价与结算价经常出现不一致情形，故预算价与约定结算价的不一致与约定结算价是否有效没有必然联系。同样，《招标文件》规定施工计划投资3050万元，也只是施工前对工程投资造价的预先估算，并非双方约定的最终结算价款。计划投资款与结算款不一致情形在施工行业更为常见。至于单方委托有关机构出具的造价咨询意见，并非诉讼中司法机关对外委托鉴定机构所制作的鉴定意见，其证明力不足以否定案涉施工合同约定的结算价款。最后，所谓案涉施工合同中内容与招标文件不一致，以招标文件为准的前提是两者是同一内容。显然，计划投资款、工程预算款等与施工合同约定的结算价款性质和内容并非完全相同。故本案工程价款也不存在以招标文件计划投资款为准的问题。

4. 郓城公司没有证据证明万里公司是为规避应缴纳税费而与其约定较低的固定工程总价。郓城公司虽然在申请再审时提出万里公司是为规避应缴纳的农民工工资保证金、劳保费和墙改基金、散装水泥费等而要求郓城公司签订总价较低合同,但对此观点,郓城公司并未提供充分证据予以证明,依法不予采信。

5. 案涉工程采用固定总价承包不违反相关规定。郓城公司申请再审主张,根据《建筑工程施工发包与承包计价管理办法》第12条、《建设工程价款结算暂行办法》第8条规定,案涉工程不符合上述条文关于固定总价承包的条件。从上述第12条"合同价可以采用以下方式:……"以及第8条"合同工期较短且工程合同总价较低的工程,可以采用固定总价合同方式"文义解释可知,上述条文并未强制规定固定总价合同方式只能适用于合同工期较短且总价较低的工程。事实上,上述规范性文件也并非法律、行政法规中的效力性强制性规范。也就是说,即便当事人约定违反上述规定,也不会当然无效。至于郓城公司所称实际工程价款与约定固定工程总价的差额部分超出其风险预期,二审判决依据约定固定总价作出判决显失公平的问题,则与商事交易风险自担有关,郓城公司作为专业施工企业,在签订合同时应对约定价款下案涉工程施工可能存在的商业风险有充分判断,现仅以实际价款与固定总价差额超出其预期为由主张显失公平,依据不足。

6. 原一审判决只对案涉工程设计变更、签证部分进行工程造价司法鉴定,并无不当。根据案涉施工合同约定,案涉工程实行总价固定,也即合同双方已事实上排除了对案涉工程整体鉴定评估这一方式。至于施工中后来出现的工程设计变更、签证部分则不属于约定的总价固定范畴。因此,原一审法院为确定设计变更部分造价等可以委托司法鉴定,而郓城公司以全部工程造价均应鉴定为由提出异议并拒不配合法院就设计变更部分造价委托鉴定则缺乏依据。对该异议,原一审法院不予采纳并进而认定郓城公司放弃工程造价鉴定申请并无不当。

实战点评与分析

1. 合同约定的造价为固定总价或总价包干的,一方申请鉴定,人民法院不予准许

本案中,双方合同约定价款总价包干,因此只能对设计变更、签证等进行司法鉴定。一审判决只对案涉工程设计变更、签证部分进行工程造价司法鉴定,并无不当。根据案涉施工合同约定,案涉工程实行固定总价,也即合同双方已事实上排除了对案涉工程整体鉴定评估这一方式。

相关法律规定：

《建设工程解释一》第28条规定："当事人约定按照固定价结算工程价款，一方当事人请求对建设工程造价进行鉴定的，人民法院不予支持。"

2. 合同约定以及组成合同的文本与合同约定存在不一致时如何解释

本案中，再审申请人郓城公司在申请再审时提出与案涉施工合同约定的25,780,000.99元矛盾的有：案涉施工合同附件承包人承揽工程项目一览表确定工程造价为 29,744,606 元；6 份书面工程预算书合计工程造价26,513,422.25元；《招标文件》明确约定，施工计划投资3050万元（不包括门窗、保温等甩项）；案涉工程造价报告确认案涉工程实际造价为59,406,143.22元。另外，《招标文件》第九章还明确案涉工程款应以《招标文件》确定的工程款计算方法算出。

对以上存在矛盾之处该如何理解，实际上涉及合同条款解释。《民法典》第142条规定："有相对人的意思表示的解释，应当按照所使用的词句，结合相关条款、行为的性质和目的、习惯以及诚信原则，确定意思表示的含义。无相对人的意思表示的解释，不能完全拘泥于所使用的词句，而应当结合相关条款、行为的性质和目的、习惯以及诚信原则，确定行为人的真实意思。"

本案中，再审法院认为，承包人承揽工程项目一览表中记载的各项工程造价总计 29,744,606 元，包含了郓城公司承包范围外的甩项部分的造价，该数额与约定合同价款不一致，并不影响对双方当事人采取固定价形式约定合同价款的认定。6 份书面工程预算书只是对案涉工程相关施工项目造价的预先估算，并不是双方约定的最终结算价款。而从施工行业一般经验可知，预算价与结算价经常出现不一致情形，故预算价与约定结算价的不一致与约定结算价是否有效没有必然联系。同样，《招标文件》规定施工计划投资3050万元，也只是施工前对工程投资造价的预先估算，并非双方约定的最终结算价款。

各方对合同条款理解产生争议，应按照所使用的词句，结合相关条款、行为的性质和目的、习惯以及诚信原则，确定意思表示的含义。

本案中，再审法院在解释存在的矛盾时，运用以下方法：

其一,文义解释。关于承包人承揽工程项目一览表中记载的各项工程造价总计 29,744,606 元与合同总价不一致,从承包人承揽工程项目一览表中记载的各项工程造价总计 29,744,606 元条款本身文义看,该金额包含了郓城公司承包范围外的甩项部分的造价,该数额与约定合同价款不一致,并不影响对双方当事人采取固定价形式约定合同价款的认定。

其二,结合本案合同条款、行为性质和目的解释。从行为人本意以及行为性质看,预算书只是对案涉工程相关施工项目造价的预先估算,并不是双方约定的最终结算价款。而从施工行业一般经验可知,预算价与结算价经常出现不一致情形,故预算价与约定结算价的不一致与约定结算价是否有效没有必然联系。因此,预算书与合同约定的固定总价不一致并不影响合同固定总价的认定。

3. 合同无效,但工程经验收合格,可以参照合同价款折价补偿

本案中,最高人民法院认为,建设工程施工合同无效,只存在无效合同当事人之间的互相返还或折价补偿的问题。由于施工投入已经物化到建设工程中,故不能原物返还,只能折价补偿。至于补偿标准,2004 年《最高人民法院关于审理建设工程施工合同纠纷案件适用法律问题的解释》(已失效,笔者注)第 2 条参照合同约定的补偿计算方式,符合当事人真实意思表示且一般低于鉴定方式确定的价款。如果按照郓城公司申请再审主张的通过鉴定确定工程价款,就会得出当事人从无效合同得到的回报高于有效合同的结果,违反了任何人不得从自身违法行为中受益的原则。这也会间接促使更多的施工方想尽办法让施工合同无效。这也有违合同法尽量让合同有效的原则。因此,无效施工合同前提下,承包人一般不能超过合同约定价款范围主张工程价款。进而,郓城公司关于通过工程造价鉴定确定工程价款的主张,违反了该条的起草本意,故二审判决认可一审判决适用 2004 年《最高人民法院关于审理建设工程施工合同纠纷案件适用法律问题的解释》(已失效,笔者注)第 2 条,已经最大限度保护承包人合法权益,并无不当。

二、当事人申请鉴定的事项并非专门性问题,不属于鉴定的范围

《最高人民法院关于人民法院民事诉讼中委托鉴定审查工作若干问题的规定》(法〔2020〕202号)的"一、对鉴定事项的审查"规定:

"1.严格审查拟鉴定事项是否属于查明案件事实的专门性问题,有下列情形之一的,人民法院不予委托鉴定:

(1)通过生活常识、经验法则可以推定的事实;

(2)与待证事实无关联的问题;

(3)对证明待证事实无意义的问题;

(4)应当由当事人举证的非专门性问题;

(5)通过法庭调查、勘验等方法可以查明的事实;

(6)对当事人责任划分的认定;

(7)法律适用问题;

(8)测谎;

(9)其他不适宜委托鉴定的情形。

2.拟鉴定事项所涉鉴定技术和方法争议较大的,应当先对其鉴定技术和方法的科学可靠性进行审查。所涉鉴定技术和方法没有科学可靠性的,不予委托鉴定。"

案例7-12:司法鉴定的对象只能是查明事实的专门性问题,不得对事实问题的法律性质作出认定

——天津京铁实业有限公司、中铁物资集团西南有限公司执行异议之诉
　再审审查与审判监督民事裁定书

审理法院:最高人民法院

案号:(2019)最高法民申3348号

裁判日期:2019年9月4日

案由:执行程序中的异议之诉

• 最高人民法院裁判意见

天津京铁实业有限公司(以下简称京铁公司)申请再审称:其一,原审判决认

定京铁公司存在抽逃注册资金700万元、对天淇公司的增资款1000万元未实际到位这两部分事实并无证据证明。一审法院委托会计师事务所进行了专项司法审计鉴定。鉴定意见为:"一、2009年9月25日天淇公司向京铁实业支付700万元,应属正常的还往来款,并不属于抽逃出资700万元;二、京铁实业向天淇公司增资1000万元,还反映在天淇公司的账上,京铁实业并不构成增资1000万元不到位的情况。"该鉴定报告进行了庭审质证,鉴定人亦就该鉴定意见出庭作证。中铁物资集团西南有限公司(以下简称中铁西南公司)未能举出任何相反的证据推翻《鉴定报告》。其二,原审判决错误适用2013年修正前的《公司法》第29条以及2014年《最高人民法院关于适用〈中华人民共和国公司法〉若干问题的规定(三)》第13条第2款、第14条第2款。其三,原审法院在作出二审判决的同日,以(2017)川执复67号执行裁定书撤销广元中级人民法院(2015)广执异字第7号执行裁定,发回重新审查。但仅将《执行裁定书》邮寄送达京铁公司和天淇公司,直至两个月后才送达二审的民事判决书。本案审理历时三年,两级法院具有明显的对抗最高人民法院法律监督,地方保护,徇私舞弊,枉法裁判行为。

本院认为,京铁公司的再审申请事由不符合2017年《民事诉讼法》第200条(2023年《民事诉讼法》第211条)第2项、第6项、第13项规定的情形,依法不能成立,其再审申请,不予支持。本案不应当再审。

经审查,京铁公司于2009年9月7日依据天淇公司的股东会决议向天淇公司增资800万元,该款已存入天淇公司的银行账户并经过验资及天淇公司《章程修正案》确认。2009年9月25日天淇公司即以往来款名义向公司股东京铁公司分两笔共计转款700万元。此节事实,双方均无异议。京铁公司否认该行为是抽逃注册资金,而系归还此前借款,京铁公司应当承担举证证明责任。京铁公司提交的两张借款单和大额资金使用联签申请表上记载的借款人分别为"刘某钰"、"营销分公司"和"宋某"、"营销分公司",反映的情况是"营销分公司"向京铁公司借款,用于向天淇公司支付钢材款,而非京铁公司向天淇公司提供借款。京铁公司提交的该两笔银行付款单记载款项性质为"预付钢材款""往来款",与京铁公司主张的该两笔款项为天淇公司向其借款,相互矛盾。依据2017年《民事诉讼法》第76条(2023年《民事诉讼法》第79条)规定,司法鉴定只能查明事实的专门性问题,不得对事实问题的法律性质作出认定。案涉款项的往来事实究竟是否构成抽逃注册资金,属于人民法院审判职责。京铁公司主张的专项司法审计鉴定意见不符合法律规定,且与其提交的证据矛盾,不能作为证据使用。原审判决认定京铁公司存在抽逃出资700万元非无理据。

2011年4月20日,天淇公司作出股东会决议,公司注册资本由1000万元增至2000万元。京铁公司主张其于2012年6月27日向天淇公司增资1000万元。在2013年《公司法》修正前,对于公司新设、增资等均要求实缴并验资。天淇公司作出股东会决议增资1000万元、京铁公司主张实际增资1000万元的行为发生在2012年以前,判定京铁公司出资是否到位,应当适用2013年修正之前的《公司法》(2005年修订)。京铁公司未能提交相应的出资证明书、验资报告,不能证实其已履行出资义务,原审法院判决京铁公司在未出资本息范围内对公司债务不能清偿的部分承担补充赔偿责任,并无不当。

2015年《民事诉讼法解释》第394条(2022年《民事诉讼法解释》第392条)规定:"民事诉讼法第二百条第十三项规定的审判人员审理该案件时有贪污受贿、徇私舞弊、枉法裁判行为,是指已经由生效刑事法律文书或者纪律处分决定所确认的行为。"京铁公司并未提交上述规定的证据,其该项主张,不予支持。

实战点评与分析

1. 司法鉴定只能查明事实的专门性问题,不得对事实问题的法律性质作出认定

本案中,一审法院委托了第三方鉴定机构对是否存在抽逃出资和出资不实进行鉴定,鉴定机构最终意见认为:"一、2009年9月25日天淇公司向京铁实业支付700万元,应属正常的还往来款,并不属于抽逃出资700万元;二、京铁实业向天淇公司增资1000万元,还反映在天淇公司的账上,京铁实业并不构成增资1000万元不到位的情况。"

但以上意见,法院并未采纳,未采纳原因在于,审计机构对案件除了进行事实描述外,还对事实的性质做了评定,就此最高人民法院不予认可,并认为,依据2017年《民事诉讼法》第76条(2023年《民事诉讼法》第79条)规定,司法鉴定只能查明事实的专门性问题,不得对事实问题的法律性质作出认定。案涉款项的往来事实究竟是否构成抽逃注册资金,属于人民法院审判职责。京铁公司主张的专项司法审计鉴定意见不符合法律规定,且与其提交的证据矛盾,不能作为证据使用。原审判决认定京铁公司存在抽逃出资700万元非无理据。

以上认定实际上引申出一个问题：司法鉴定和审判的边界如何确定。实务中常见的以鉴代审，本质上就是因为未能清楚界定二者边界，其结果是鉴定人的鉴定意见非法侵害了法院的司法审判权。就此笔者认为在实务中，为避免以鉴代审，可以从以下方面考量：

其一，鉴定人的鉴定意见所依据的证据材料是否经过质证，如未经质证，不得作为鉴定依据，否则属于典型的以鉴代审，侵犯了司法审判权；

其二，鉴定人的鉴定意见是否擅自采信法院未予认定的证据，或以明显不能成立的证据作为鉴定依据，此种情况下亦属于以鉴代审，是错误的；

其三，是否超出了待证事实的范围擅自定性，以本案为例，审计机构超出查明事实范围，即往来款这一事实，对股东京铁公司是否存在抽逃出资和出资不实进行定性，显然是错误的，侵犯了司法审判权；

其四，鉴定的事项是否属于法院可以通过庭审查明的事实，如果属于，则无须鉴定，一旦鉴定，也将可能属于以鉴代审，侵犯司法审判权。

2. 目标公司与股东之间的往来款或借款，在无其他证据证明的情况下，有可能涉嫌抽逃出资

从本案而言，类似操作其实在公司与股东之间较为常见，尤其是在公司治理不规范，公司基本受控于控股股东的情况下更为常见。股东将公司资金转出，一般在账上记为往来款或其他应收款，但此种操作实际上涉嫌抽逃出资。股东从公司取得资金，一般是通过公司利润分配的方式，而不是通过往来款或借款方式，以本案为例，最高人民法院认为，经审查，京铁公司于2009年9月7日依据天淇公司的股东会决议向天淇公司增资800万元，该款已存入天淇公司的银行账户并经过验资及天淇公司《章程修正案》确认。2009年9月25日天淇公司即以往来款名义向公司股东京铁公司分两笔共计转款700万元。此节事实，双方均无异议。京铁公司否认该行为是抽逃注册资金，而系归还此前借款，京铁公司应当承担举证证明责任。

3. 公司股东未实际履行出资义务，应在未出资本息范围内对公司债务不能清偿的部分承担补充赔偿责任

本案中，京铁公司对增资的1000万元未实缴，法院最终认定京铁公司需

在该金额范围内就公司债务不能清偿部分承担补充赔偿责任。

实务中争议在于,如增资过程中约定的实际缴纳增资款期限未届至,股东是否需要承担该等补充责任。笔者认为一般情况下不应该承担,因为股东系根据增资协议进行增资,如果在债权人主张清偿债务时,加速股东缴纳增资款的时间提前到期,无异于侵犯了股东在增资协议中享有的期限权利,此种判决结果是错误的。

《九民纪要》第6条规定:"在注册资本认缴制下,股东依法享有期限利益。债权人以公司不能清偿到期债务为由,请求未届出资期限的股东在未出资范围内对公司不能清偿的债务承担补充赔偿责任的,人民法院不予支持。但是,下列情形除外:

(1)公司作为被执行人的案件,人民法院穷尽执行措施无财产可供执行,已具备破产原因,但不申请破产的;

(2)在公司债务产生后,公司股东(大)会决议或以其他方式延长股东出资期限的。"

2023年《公司法》第54条:"公司不能清偿到期债务的,公司或者已到期债权的债权人有权要求已认缴出资但未届出资期限的股东提前缴纳出资。"

三、鉴于本案证据事实,当事人的诉讼请求不应得到支持,因此没有必要鉴定;或者申请鉴定的事项无论结果如何,均不影响对案件事实的认定

1. 对于申请人提出的鉴定申请,相对方也可以从其诉讼请求应否得到支持提出异议,即如果当事人的诉讼请求明显不能成立,该诉讼请求依据的待证事实自然无须鉴定,此种异议既可以达到异议的效果,也可以强化己方答辩意见。

争议:"当事人诉讼请求不应得到支持"并非法律规定不予鉴定的事项,且从诉讼程序而言,如果案涉待证事实属于专门性问题,当事人就有权根据《民事诉讼法》第79条向人民法院申请鉴定,当事人就待证事实提出的诉讼请求能否得到支持并非判断是否准许鉴定的标准和法定事由;如果在未作出判决前即以当事人主张不能得到支持为由拒绝当事人提出的鉴定申请,明显剥夺了当事人举证的权利以及申请鉴定后就鉴定意见发表辩论意见的权利,尤其是,我国实行的是两审终审

制,一审法院对当事人的诉讼请求不予支持不等于二审法院就持有同样的观点,如果一审法院不给予鉴定,意味着就专门性问题,当事人未能提供证据支持,即便二审法院拟要支持当事人诉讼请求也因缺乏鉴定意见作为证据而无法支持。

因此,笔者认为,目前很多法院为避免麻烦,对于当事人提出的属于鉴定范围的鉴定申请不予准许,其理由往往是认为该项诉讼请求不予支持因此不予准许,以上做法和观点既没有法律依据,也剥夺了当事人就专门性问题举证辩论的权利,是错误的。笔者认为,即便法院认为对当事人的诉讼请求不予支持,但该待证事实确实属于专门性问题,也应该准许鉴定,在鉴定完成后,亦可以对当事人的诉讼请求不予支持。

2. 就申请鉴定的事项,无论鉴定结论如何,都不影响对有关待证事实的认定的,无须鉴定。

有的案件,如当事人申请鉴定的事项无论结果如何,都不影响对待证事实的确认,法院一般不准许该项申请,比如合同纠纷,双方当事人均在合同上加盖了真实合法有效的公章,在合同盖章部分,一般也会有当事人的授权代表签字,在此类案件中,如加盖的公章真实合法有效,一方当事人认为所签字迹为代签或伪造而申请对签字的真伪鉴定,此种申请可不予准许,因为即便鉴定出并非本人签字,但所加盖印章真实,在此情况下,无论签字是否真实,都不影响合同的成立。

相关法律规定:

《民法典》第490条第1款规定:"当事人采用合同书形式订立合同的,自当事人均签名、盖章或者按指印时合同成立。在签名、盖章或者按指印之前,当事人一方已经履行主要义务,对方接受时,该合同成立。"

《最高人民法院关于人民法院民事诉讼中委托鉴定审查工作若干问题的规定》(法〔2020〕202号)的"一、对鉴定事项的审查"规定:"1. 严格审查拟鉴定事项是否属于查明案件事实的专门性问题,有下列情形之一的,人民法院不予委托鉴定:……(3)对证明待证事实无意义的问题;……"

《民事诉讼法》第79条第1款规定:"当事人可以就查明事实的专门性问题向人民法院申请鉴定。当事人申请鉴定的,由双方当事人协商确定具备资格的鉴定人;协商不成的,由人民法院指定。"

案例 7-13：一审未准许工程质量鉴定不仅影响当事人的实体权利，而且影响当事人的程序利益，剥夺当事人的举证权利

——新疆昆仑工程建设有限责任公司、新疆联合利丰房地产开发有限责任公司建设工程施工合同纠纷案

审理法院：最高人民法院

案号：(2019)最高法民终1863号

裁判日期：2019年12月27日

案由：建设工程施工合同纠纷

• 最高人民法院裁判意见

上诉人新疆昆仑工程建设有限责任公司(以下简称昆仑公司)因与被上诉人新疆联合利丰房地产开发有限责任公司(以下简称联合利丰公司)建设工程施工合同纠纷一案，不服新疆维吾尔自治区高级人民法院(2018)新民初91号民事判决，向本院提起上诉。本院依法组成合议庭对本案进行了审理。

本院认为，联合利丰公司在一审时提起反诉，请求昆仑公司赔偿因施工质量不合格造成的损失800万元(最终以司法鉴定为准)，为此联合利丰公司在一审时申请依据施工图纸对已完成工程进行工程质量鉴定并计算已完成工程不合格需返工及加固修复的费用，一审以联合利丰公司未提供工程质量存在缺陷的相关证据未完成基本举证义务为由未准许鉴定申请。工程质量是否合格，是否需要进行修复以及修复费用的确定均属于专业问题，根据《民事诉讼法》第76条(2023年《民事诉讼法》第79条)第1款的规定，联合利丰公司对此有权向法院申请鉴定，一审未准许工程质量鉴定不仅影响当事人的实体权利，而且影响当事人的程序利益，剥夺当事人的举证权利。

另外，双方当事人对案涉桩基基础工程款结算依据存在争议，昆仑公司认为应当以其与山西冶金岩土工程勘察总公司签订的《联众国际大厦地基处理及桩基工程施工承包合同》作为结算依据；联合利丰公司认为应当以其与昆仑公司签订的《联众国际大厦建设工程施工补充协议》作为结算依据。在双方对结算依据存在重大争议的情况下，鉴定机构可按照双方主张的结算依据分别作出造价鉴定作为法院裁判依据。本案中鉴定机构仅依据昆仑公司主张的结算依据作出该部分

工程造价,重审时可依据联合利丰公司主张的结算依据作出补充鉴定意见。

依照《民事诉讼法》第170条(2023年《民事诉讼法》第177条)第1款第4项的规定,裁定如下:

一、撤销新疆维吾尔自治区高级人民法院(2018)新民初91号民事判决;

二、本案发回新疆维吾尔自治区高级人民法院重审。

实战点评与分析

1. 建设工程施工合同纠纷中的质量、造价、修复费用等属于专门性问题,可通过鉴定完成举证

《建设工程解释一》第32条第1款规定:"当事人对工程造价、质量、修复费用等专门性问题有争议,人民法院认为需要鉴定的,应当向负有举证责任的当事人释明。当事人经释明未申请鉴定,虽申请鉴定但未支付鉴定费用或者拒不提供相关材料的,应当承担举证不能的法律后果。"

本案中,联合利丰公司在一审时申请依据施工图纸对已完成工程进行工程质量鉴定并计算已完成工程不合格需返工及加固修复的费用,但一审法院未予准许,理由是联合利丰公司未提供工程质量存在缺陷的相关证据未完成基本举证义务。一审法院认定是错误的,虽然联合利丰公司未能提供工程质量存在缺陷的证据,但质量是否合格属于专门性问题,联合利丰公司有权申请鉴定,即在此情况下,联合利丰公司通过鉴定来完成其举证责任,法院应予准许,否则必然意味着剥夺了当事人举证权利。

2. 在双方对结算依据存在重大争议的情况下,鉴定机构可按照双方主张的结算依据分别作出造价鉴定意见供法院裁判,而不应由鉴定机构自行决定采信哪一份证据而作出唯一的结论,如此意味着以鉴代审,代替法院对证据予以认定

本案中,针对桩基基础工程,出现了两份不同的合同,分别为昆仑公司与山西冶金岩土工程勘察总公司签订的《联众国际大厦地基处理及桩基工程施工承包合同》;联合利丰公司与昆仑公司签订的《联众国际大厦建设工程施工补充协议》。在双方对结算依据存在重大争议的情况下,鉴定机构可按照双方主张的结算依据分别作出造价鉴定供法院裁判。

法律依据:国家质量监督检验检疫总局、住房和城乡建设部颁布的《建设工程造价鉴定规范》(GB/T 51262—2017)4.7.3 "当事人对证据的真实性提出异议,或证据本身彼此矛盾,鉴定人应及时提请委托人认定并按照委托人认定的证据作为鉴定依据。如委托人未及时认定,或认为需要鉴定人按照争议的证据出具多种鉴定意见的,鉴定人应在征求当事人对于有争议的证据的意见并书面记录后,将该部分有争议的证据分别鉴定并将鉴定意见单列,供委托人判断使用。"

案例 7-14:《询问笔录》系单方陈述,且未经生效裁判认定,在无其他证据佐证的情况下,不足以证明当事人主张

——上海明凯市政工程有限责任公司与云南福林碧海景观园林绿化工程有限公司建设工程施工合同纠纷案

审理法院:最高人民法院

案号:(2018)最高法民申 3029 号

裁判日期:2018 年 6 月 29 日

案由:建设工程施工合同纠纷

• 最高人民法院裁判意见

上海明凯市政工程有限责任公司(以下简称上海明凯公司)申请再审称:第一,原审法院认定事实不清,根据伪造的证据作出错误判决。第二,原审法院程序违法,多次妨碍上海明凯公司依法行使诉讼权利。第三,在原审判决中,出现多处明显错误。(1)2014 年年底和 2015 年年初昆明遭遇极寒与事实不符;(2)原审法院采信的《竣工台账》《第二年度复检申请》等文件均未经上海明凯公司签收或确认;(3)原审法院采信的云南福林碧海景观园林绿化工程有限公司(以下简称福林碧海公司)伪造的《竣工台账》存在多处明显错误,与事实严重不符;(4)2015 年 9 月 29 日《补充协议》与事实严重不符;(5)原审判决认定的各项款项金额的数据来源、计算依据及计算逻辑存在严重错误。上海明凯公司依据《民事诉讼法》第 200 条(2023 年《民事诉讼法》第 211 条)第 1 项、第 2 项、第 3 项之规定申请再审。

上海明凯公司向本院提交《询问笔录》用以证明福林碧海公司员工李某飞在

手机通话中承认私盖公章;提供云南省专业气象台《情况说明》《昆明市2014年11月1日~2015年2月28日气象数据统计结果》《昆明市2010—2015年月平均气温和月最低气温统计结果》用以证明2014年年底至2015年年初不存在极寒等气象灾害;提供2016年3月30日《关于对老320国道(大板桥段)升级改造工程道路破损进行修复的通知》、2016年5月19日《关于"确保老320国道6.30通车及结算"通知》、2016年5月25日《关于老320国道升级改造工程绿化工程死亡苗木补种及更换的函》、2017年5月12日《老320国道升级改造工程二标段绿化工程现场巡检会议纪要》和《质量安全监督巡检记录》用以证明福林碧海公司的绿化工程不符合合同约定及设计要求,原审判决认定工程已竣工验收合格与事实不符。本院认为,《询问笔录》系单方陈述,且未经生效裁判认定,在无其他证据佐证的情况下,不足以证明上海明凯公司关于《补充协议》等9份证据上上海明凯公司印章系福林碧海公司员工私自加盖的申请再审主张;极端天气并非死亡苗木补植的唯一原因,上海明凯公司提交的气象资料不能证明上海明凯公司对死亡苗木的补植免于承担责任;昆明空港投资开发集团有限公司出具的通知函件等不能否定原审判决认定的工程竣工验收合格的事实。因此,上海明凯公司申请再审提交的证据材料均不属于2015年《民事诉讼法解释》第387条、第388条和2008年《最高人民法院关于适用〈中华人民共和国民事诉讼法〉审判监督程序若干问题的解释》第10条规定的再审新证据,本院不予采纳。

本院经审查认为,上海明凯公司的申请再审事由不能成立,理由如下:

一、关于原审对影响案件基本事实的关键证据的认定是否恰当问题

上海明凯公司在一审中对《竣工台账》《关于老320国道升级改造工程二标段苗木死亡清单》《关于老320国道升级改造工程二标段绿化工程死亡苗木及补植清单》《补充协议》《昆明空港经济区老320国道升级改造绿化工程的补充协议》《完工验收申请报告》《水费支付申请表》《昆明市老320国道绿化工程第二年度复检申请》《证明》等的真实性提出异议并申请鉴定。经鉴定,上述九份证据材料中的印章除《完工验收申请报告》《昆明市老320国道绿化工程第二年度复检申请》《证明》中的印章因模糊无法比对外,均为真实的上海明凯公司项目部印章。原审法院综合本案其他证据材料,确认《完工验收申请报告》《昆明市老320国道绿化工程第二年度复检申请》《证明》中上海明凯公司项目部印章的真实性并无不当。上海明凯公司申请再审称上述证据均系福林碧海公司伪造,但未提供证据

予以证明,其申请再审提供《询问笔录》用以证明福林碧海公司员工李某飞在手机通话中承认私盖公章,但《询问笔录》系上海明凯公司员工单方向公安机关所作的陈述,未经生效裁判认定,在无其他证据佐证的情况下,缺乏证明力。此外,虽然《关于老320国道升级改造工程二标段苗木死亡清单》上"情况属实陈某2015年9月25日"字迹并非陈某书写,但并不能否认清单中印章的真实性,不能证明该清单系伪造。

二、原审法院未予同意上海明凯公司司法鉴定申请、未采纳上海明凯公司单方委托鉴定的意见是否合理问题

上海明凯公司除申请对签字、印章真实性作出鉴定外,同时申请对上述九份证据的形成时间、顺序进行鉴定。由于对证据材料形成时间、形成顺序鉴定得出的结论不能证明证据材料是否伪造、其内容是否真实,故原审法院未予鉴定并无不当。福林碧海公司对上海明凯公司单方委托作出的鉴定不予认可,原审法院不予采纳并无不当。

三、原审法院是否程序违法,妨碍上海明凯公司行使诉讼权利问题

上海明凯公司以其一审委托诉讼代理人陈述的事实经过,申请再审主张一审存在压制其辩论质证、强行要求其在证据交换笔录中签字等程序违法行为,一方面该陈述并无其他证据佐证不足以证明其主张的事实客观存在,另一方面其诉讼权利在二审中亦充分行使,故本院对该再审申请事由不予采纳。

实战点评与分析

1.《询问笔录》系上海明凯公司员工单方向公安机关所作的陈述,未经生效裁判认定,在无其他证据佐证的情况下,缺乏证明力

询问笔录是很多代理人在诉讼中采用的一种证明方式,此种方式简单而言就是由当事人或代理律师对被询问人制作询问笔录,然后将此笔录提交给法庭。

对此种笔录,在被询问人未到庭的情况下,几乎没有证明力,毕竟此种笔录系当事人或代理律师制作,其真实性难以得到保证,笔者认为视被询问人身份,此类笔录分为单方陈述和证人证言,以本案为例,询问的对象为当事人员工,因此法院认为系单方陈述,如果询问的是第三人,此种笔录系证人证言,在证人未到庭的情况下,不能单独作为定案依据。从实务而言,此种笔录证明力

极低,如果确实要被询问人到庭,倒不如将问题直接在法庭上进行询问,没有必要事先制作成所谓笔录,综上,类似笔录笔者认为在实务中一般并无必要制作并提交给法庭作为证据。

2.如申请鉴定的事项对待证事实的查明并无必要,换言之,无论申请鉴定的事项结果如何,都不影响法官对案件事实的认定,此种鉴定法官一般不予准许

以本案为例,上海明凯公司在原审认为《竣工台账》《关于老320国道升级改造工程二标段苗木死亡清单》《关于老320国道升级改造工程二标段绿化工程死亡苗木及补植清单》《补充协议》《昆明空港经济区老320国道升级改造绿化工程的补充协议》《完工验收申请报告》《水费支付申请表》《昆明市老320国道绿化工程第二年度复检申请》《证明》等证据加盖的印章虚假,就此申请对印章真伪的鉴定,同时还申请对上述9份证据的形成时间、顺序进行鉴定。对于印章真伪的鉴定申请,原审法院予以准许并委托鉴定机构进行鉴定,经鉴定,上述9份证据材料中的印章除《完工验收申请报告》《昆明市老320国道绿化工程第二年度复检申请》《证明》中的印章因模糊无法比对外,均为真实的上海明凯公司项目部印章。

原审法院对上述9份证据的形成时间、顺序进行鉴定的申请未予准许,是因其认为对证据材料形成时间、形成顺序鉴定得出的结论不能证明证据材料是否伪造、其内容是否真实。对此,笔者认为,在有关签字或盖章被认定为真实的情况下,除非有其他证据佐证,仅仅对文书形成时间鉴定并无意义,因为形成时间的先后一般无法否定签字盖章的真实性,此类案件要解决的是意思表示的真实性问题,只要意思表示真实,无论先表示还是后表示,都不影响其效力;即便证明存在倒签,但从实务上而言,倒签亦属正常,不能因为存在倒签就否定签字盖章的真实性,因此对于形成时间的鉴定,原审法院未予准许。

除对形成时间申请鉴定外,在一审中,上海明凯公司还对案涉工程质量及造价均提出鉴定申请,二审中仍以同样的事实和理由提出相同的质量、造价鉴定申请,但均被驳回,二审法院[案号:(2017)云民终942号]认为:一审法院经审理后认为,双方所签《补充协议》确认对案涉工程进行了验收;进入养护期后,发生昆明保税区空港片区项目建设申请新3××国道开口以及开口人

员在路口进行道路围堵,加之昆明无雨、气候干燥、苗木需水等情况,造成养护作业中断后苗木和种植土损失,这些情况均不是福林碧海公司的原因造成,故对上海明凯公司提出的质量鉴定申请不予准许;验收后双方签署了《竣工台账》,对工程造价进行结算,亦对其造价鉴定申请不予准许。一审法院未准许上海明凯公司提出的案涉工程质量、造价鉴定申请符合本案证据反映的实际情况,本院予以维持;对上海明凯公司二审中提出的案涉工程质量、造价鉴定申请亦不予准许。

从以上认定可见,对于已经经过庭审举证质证证明和查明的事实,一方申请鉴定的,法庭一般不予准许。其中有关工程造价鉴定,由于双方已经进行了结算并签署《竣工台账》,对已经结算的工程造价申请鉴定的,法院不予准许。

相关法律规定:

《建设工程解释一》第 29 条规定:"当事人在诉讼前已经对建设工程价款结算达成协议,诉讼中一方当事人申请对工程造价进行鉴定的,人民法院不予准许。"

《最高人民法院关于人民法院民事诉讼中委托鉴定审查工作若干问题的规定》规定:"1. 严格审查拟鉴定事项是否属于查明案件事实的专门性问题,有下列情形之一的,人民法院不予委托鉴定:

(1)通过生活常识、经验法则可以推定的事实;

(2)与待证事实无关联的问题;

(3)对证明待证事实无意义的问题;

(4)应当由当事人举证的非专门性问题;

(5)通过法庭调查、勘验等方法可以查明的事实;

……"

3. 民事证据证明标准:盖然性标准

《民事诉讼法解释》第 108 条规定:"对负有举证证明责任的当事人提供的证据,人民法院经审查并结合相关事实,确信待证事实的存在具有高度可能性的,应当认定该事实存在。

对一方当事人为反驳负有举证证明责任的当事人所主张事实而提供的证据,人民法院经审查并结合相关事实,认为待证事实真伪不明的,应当认定该事实不存在。

法律对于待证事实所应达到的证明标准另有规定的,从其规定。"

就本案而言,经鉴定,9份证据材料中的印章除《完工验收申请报告》《昆明市老320国道绿化工程第二年度复检申请》《证明》中的印章因模糊无法比对外,均为真实的上海明凯公司项目部印章。在此情况下,原审法院综合本案其他证据材料,确认《完工验收申请报告》《昆明市老320国道绿化工程第二年度复检申请》《证明》中上海明凯公司项目部印章的真实性,此种认定系根据民事证据中的盖然性证明标准作出,毕竟其他类似的证据材料经鉴定印章系真实的,因此可以推定因印章模糊无法进行鉴定的证据材料的印章亦属真实。

第四节

对鉴定意见如何审核和质证

在法院受理鉴定申请并指定鉴定机构后,相对方该如何将己方的异议反映在鉴定意见上、在鉴定意见出具后如何对鉴定意见进行审核和质证,都值得深入研究探讨,本节将围绕以上问题,以相对方的角度,对以上问题进行论述。

一、对鉴定的依据进行审核

(一)审核要点

1.鉴定所依据的证据材料必须经质证

《民事证据规定》第34条规定:"人民法院应当组织当事人对鉴定材料进行质证。未经质证的材料,不得作为鉴定的根据。

经人民法院准许,鉴定人可以调取证据、勘验物证和现场、询问当事人或者证人。"

鉴定依据的证据材料,必须经质证,未经质证,不得作为鉴定的依据。因此,对于鉴定依据的证据材料,务必核实是否已经经过质证,以未经质证的证据材料作为鉴定依据的鉴定意见因缺乏依据而不得作为定案依据。

相关法律规定:

《最高人民法院关于人民法院民事诉讼中委托鉴定审查工作若干问题的规定》的"二、对鉴定材料的审查"规定:"3.严格审查鉴定材料是否符合鉴定要求,人民法院应当告知当事人不提供符合要求鉴定材料的法律后果。

4.未经法庭质证的材料(包括补充材料),不得作为鉴定材料。

当事人无法联系、公告送达或当事人放弃质证的,鉴定材料应当经合议庭确认。

5.对当事人有争议的材料,应当由人民法院予以认定,不得直接交由鉴定机构、鉴定人选用。"

2.鉴定争议问题本质上仍是法律问题

鉴定意见出具后,对于鉴定意见的争议,最终仍体现在鉴定依据的证据材料上。按照最高人民法院规定,对于哪些材料可以作为鉴定依据,哪些不能作为鉴定依据,其决定权在法院,换言之,只有经法院认定的证据才能作为鉴定依据。但实务中,由于审理案件的法官对涉及的专业并不熟悉,对于哪些材料可以作为鉴定依据,哪些不能,法官也难以判断,加之很多鉴定涉及的材料繁多(比如建设工程纠纷,涉及结算造价的材料,少则几千页,多则几万页),法院在短时间内亦难以对材料一一作出认定,因此,法官一般会将双方确定作为鉴定材料的证据全部移送给鉴定机构,此时必然导致鉴定机构出具的意见所依据的证据材料,即便不能作为定案依据,也仍被鉴定机构采纳作为鉴定意见所依据的材料。因此,对鉴定意见进行审核,首先应重点审核该意见出具所依据的证据材料。

有的鉴定意见会将鉴定依据的证据材料进行较为详细的罗列,有的则只进行大致的罗列,在此情况下可以向法院提出申请,要求鉴定机构就鉴定依据的材料列出清单。对于有争议的金额,应要求鉴定机构就争议金额依据的证据材料,计算过程和计算依据作出解释。只有这样,才能有针对性地对鉴定意见进行质证。

3.对于鉴定依据的证据材料明显不能作为证据或针对该证据材料,此前已经提供反驳证据的,应当提出异议并申请鉴定人到庭

对于鉴定依据的证据材料明显不能作为证据的,在申请鉴定人到庭的情况下,可以就此与鉴定人进行对质,在庭审时,亦可建议鉴定人就同一事项存在相互矛盾证据即原告与被告的证据对同一事实存在不同甚至相互矛盾的证据的情况下,根据不同的证据材料出具不同的结论,并由法院根据案件证据决定采纳哪一个结论。对于同一事实存在不同的证据,如果任由鉴定机构仅仅出具一份确定性意见,而不出具两份不同意见,其结果是法院只能采信一份,此时对另一方而言显然有违公平,也直接导致鉴定机构的意见直接代替了法院的裁判,属于对法院裁判权的不当侵犯。

相关法律规定:

《建设工程解释一》第34条:"人民法院应当组织当事人对鉴定意见进行质

证。鉴定人将当事人有争议且未经质证的材料作为鉴定依据的,人民法院应当组织当事人就该部分材料进行质证。经质证认为不能作为鉴定依据的,根据该材料作出的鉴定意见不得作为认定案件事实的依据。"

4. 有的案件中,鉴定机构就同一事项,必须出具两份不同的结论,供合议庭参考和采纳

建设工程施工合同纠纷中,比较常见的情况是:

其一,未招先定案件,即在招投标之前,双方当事人已经就价款、方案等进行了实质性谈判并签订合同,此后再进行招投标,此类案件,招投标之前签订的合同以及经过招投标签订的合同均无效,此时针对同一工程,出现两份不同的合同,两份合同有关造价、双方权利义务并不相同,法院需要结合案件证据确定实际履行的是哪一份合同,并按照实际履行的合同来确定工程造价和双方权利义务。此时鉴定机构应分别根据两份合同对工程造价出具意见供合议庭参考选择。

相关法律规定:

《建设工程解释一》第24条规定:"当事人就同一建设工程订立的数份建设工程施工合同均无效,但建设工程质量合格,一方当事人请求参照实际履行的合同关于工程价款的约定折价补偿承包人的,人民法院应予支持。

实际履行的合同难以确定,当事人请求参照最后签订的合同关于工程价款的约定折价补偿承包人的,人民法院应予支持。"

其二,阴阳合同。所谓阴阳合同,是指双方在招投标完成并根据招投标文件签订合同后,再行签订实质性背离招投标合同的合同,前一份合同为阳合同,后一份合同为阴合同。此类案件,针对同一工程,亦存在两份不同的合同,根据《建设工程解释一》规定,对于工程造价、质量、工期和范围,应按照阳合同予以认定。此种案件,就同一工程亦出现不同的合同,鉴定机构一般应根据两份不同的合同分别出具造价意见供合议庭参考选择。

相关法律规定:

《建设工程解释一》第22条规定:"当事人签订的建设工程施工合同与招标文件、投标文件、中标通知书载明的工程范围、建设工期、工程质量、工程价款不一致,一方当事人请求将招标文件、投标文件、中标通知书作为结算工程价款的依据的,人民法院应予支持。"

第23条规定:"发包人将依法不属于必须招标的建设工程进行招标后,与承包人另行订立的建设工程施工合同背离中标合同的实质性内容,当事人请求以中标合同作为结算建设工程价款依据的,人民法院应予支持,但发包人与承包人因客观情况发生了在招标投标时难以预见的变化而另行订立建设工程施工合同的除外。"

《民事证据规定》第36条规定:"人民法院对鉴定人出具的鉴定书,应当审查是否具有下列内容:

(一)委托法院的名称;

(二)委托鉴定的内容、要求;

(三)鉴定材料;

(四)鉴定所依据的原理、方法;

(五)对鉴定过程的说明;

(六)鉴定意见;

(七)承诺书。

鉴定书应当由鉴定人签名或者盖章,并附鉴定人的相应资格证明。委托机构鉴定的,鉴定书应当由鉴定机构盖章,并由从事鉴定的人员签名。"

住房和城乡建设部颁布的《建设工程造价鉴定规范》(GB/T 51262—2017)第4.7.3条规定:当事人对证据的真实性提出异议,或证据本身彼此矛盾,鉴定人应及时提请委托人认定并按照委托人认定的证据作为鉴定依据。如委托人未及时认定,或认为需要鉴定人按照争议的证据出具多种鉴定意见的,鉴定人应在征求当事人对于有争议的证据的意见并书面记录后,将该部分有争议的证据分别鉴定并将鉴定意见单列,供委托人判断使用。

(二)案例:人民法院组织双方选定鉴定机构后,该鉴定机构所依据的鉴材应由当事人质证方能进行鉴定,未进行质证,相关鉴定结论不应采信

案例7-15:成都嘉诚天下公共设施有限公司、四川华南金旭建工集团有限公司建设工程施工合同纠纷再审审查与审判监督民事裁定书

审理法院:最高人民法院

案号:(2019)最高法民申5742号

裁判日期:2019年12月27日

案由:建设工程施工合同纠纷

·最高人民法院裁判意见

成都嘉诚天下公共设施有限公司(以下简称嘉诚公司)依据2017年《民事诉讼法》第200条(2023年《民事诉讼法》第211条)第1项、第2项、第6项之规定申请再审,请求:(1)撤销(2018)川民终1019号民事判决;(2)改判四川华南金旭建工集团有限公司(以下简称华南公司)限期对承建的案涉工程质量问题承担修复义务,驳回华南公司要求支付质保金的反诉请求,或将本案发回重审。事实和理由:第一,二审法院未采纳西南交通大学(以下简称西南交大)鉴定中心鉴定结论,认定工程不存在质量问题错误。(一)西南交大鉴定中心是接受法院委托为本案进行的司法鉴定,其得出的结论最具有客观公正性。(二)西南交大鉴定中心的鉴定报告中提到的众多质量问题,是依据现场勘察结果和国家发布的强制性建筑工程质量验收规范和技术规程得出的,与鉴定所依据的图纸是否就是华南公司实际施工时的图纸这一问题无关。(三)工程存在的质量问题与施工方案和工艺无关,不能因为按逆作法施工就对工程质量打折扣。(四)二审法院以嘉诚公司没有提供鉴材为由,根据《最高人民法院关于审理建设工程施工合同纠纷案件适用法律问题的解释(二)》第14条(现为《建设工程解释一》第32条)第1款的规定,认定嘉诚公司应承担举证不能的法律后果,属于事实认定和适用法律错误。(五)四川省建筑科学研究院的检测结论是在工程没有完工的情况下于2011年7月出具的,根本不能反映出工程质量的真实情况,不能作为本案认定事实的证据使用,应采信西南交大鉴定中心的司法鉴定结论。二审法院无视西南交大鉴定中心鉴定报告所附现场照片,忽视了混凝土强度和D-016号《工程施工技术联系单》中不符的情况。第二,根据《最高人民法院关于审理建设工程施工合同纠纷案件适用法律问题的解释》第13条(现为《建设工程解释一》第14条)及《建筑法》第60条之规定,华南公司施工范围为土建主体工程,对工程质量承担终身责任既属于法律强制性规定,也是合同约定义务,不因擅自使用或工程已竣工验收合格而免除。第三,华南公司承建工程存在严重质量问题,本身就属于违约行为,提供合格工程是其先行合同义务,嘉诚公司作为后义务履行方有权拒绝履行,在工程没有修复合格之前当然有权拒付质保金。

本院认为,本案再审审查主要围绕以下问题:一是二审法院关于案涉工程质量以及华南公司不承担维修整改责任的认定是否正确;二是嘉诚公司是否应当退还华南公司剩余质保金及利息。

关于第一个问题。根据《最高人民法院关于审理建设工程施工合同纠纷案件适用法律问题的解释(二)》第15条、第16条规定(现为《建设工程解释一》第33条、第34条),人民法院组织双方选定鉴定机构后,该鉴定机构所依据的鉴材应由当事人质证方能进行鉴定,未进行质证,相关鉴定结论不应采信。华南公司主张西南交大鉴定中心所作鉴定结论所依据的鉴定材料并未经过质证,嘉诚公司主张经过了质证并向本院提交了一审法院卷宗正卷(复印件),但经本院组织双方当事人核对,嘉诚公司并未举出一审法院组织双方当事人在鉴定结论作出前对鉴定材料进行质证的证据。此外,经本院向作出鉴定报告的西南交大鉴定中心书面函询,鉴定机构表示华南公司在一审中提交的编号为D-001、D-015、D-016、D-019、D-020、D-063的《工程施工技术联系单》等证据,未纳入西南交大鉴定中心的上述鉴定。上述《工程施工技术联系单》涉及的设计变更指令是工程质量是否符合设计要求的重要依据,西南交大鉴定中心未将其纳入鉴定范围,明显存在鉴定依据不足的情形。因此,二审法院据此不予采信西南交大鉴定中心的鉴定结论,并无不当。

本案二审过程中,二审法院根据华南公司申请调取了嘉诚公司委托四川省建筑科学研究院对案涉工程进行的"主体结构的安全性鉴定"结论。该鉴定系嘉诚公司在诉讼前所委托,使用了案涉工程的项目合同、结构设计图、质量保证资料、隐蔽工程验收资料、岩土工程勘察报告等鉴定材料,依据材料齐全,工程所涉各方当事人包括建设单位、施工单位、监理单位均未提出异议。嘉诚公司在本案诉讼中,虽然对该份鉴定不予认可,但并未举示足以推翻其结论的相反证据。二审法院采信四川省建筑科学研究院对案涉工程进行的"主体结构的安全性鉴定"结论,并无不当。因此,嘉诚公司关于华南公司承担维修整改责任的主张缺乏事实和法律依据,本院不予支持。

关于第二个问题。本院认为,嘉诚公司在华南公司施工期间收取的质保金质量保证期已经届满,已经产生逾期支付的利息,且已经过人民法院的生效判决确认。因此,二审法院根据《最高人民法院关于审理建设工程施工合同纠纷案件适用法律问题的解释(二)》第8条(现为《建设工程解释一》第17条)第1项规定,认定嘉诚公司应当退还华南公司交纳的剩余质保金及利息,并无不当。

综上,嘉诚公司的再审申请不符合2017年《民事诉讼法》第200条规定的情形。依照 2017 年《民事诉讼法》第 204 条第 1 款、2015 年《民事诉讼法解释》第 395 条(2022 年《民事诉讼法解释》第 393 条)第 2 款之规定,裁定如下:

驳回嘉诚公司的再审申请。

实战点评与分析

1. 鉴定机构鉴定所依据的鉴材应由当事人质证方能进行鉴定,未进行质证,相关鉴定结论不应采信;未将一方提交的重要证据纳入鉴定依据,其鉴定结论明显依据不足,对其鉴定结论,法庭不予采纳

本案中,关于案涉工程质量,一审法院委托西南交大鉴定中心作出鉴定结论,但一审法院、二审法院均未采信该结论,主要原因包括:鉴定结论所依据的鉴材未经质证;鉴定结论未将华南公司在一审中提交的编号为 D-001、D-015、D-016、D-019、D-020、D-063 的《工程施工技术联系单》等证据,纳入西南交大鉴定中心的上述鉴定依据,上述《工程施工技术联系单》涉及的设计变更指令是工程质量是否符合设计要求的重要依据。

基于上述原因,一审、二审法院以该鉴定结论依据不足为由不予采信。

相关法律规定:

《民事证据规定》第 34 条规定:"人民法院应当组织当事人对鉴定材料进行质证。未经质证的材料,不得作为鉴定的根据。

经人民法院准许,鉴定人可以调取证据、勘验物证和现场、询问当事人或者证人。"

2. 一方就专门性问题委托第三方出具的咨询意见,委托的一方未提供证据推翻的,应作为定案依据

(1)一方就专门性问题委托第三方出具的咨询意见,委托的一方未提供证据推翻的,应作为定案依据。

本案二审过程中,二审法院根据华南公司申请调取了嘉诚公司委托四川省建筑科学研究院对案涉工程进行的"主体结构的安全性鉴定"结论。该鉴定系嘉诚公司在诉讼前所委托,使用了案涉工程的项目合同、结构设计图、质量保证资料、隐蔽工程验收资料、岩土工程勘察报告等鉴定材料,依据材料齐全,工程所涉各方当事人包括建设单位、施工单位、监理单位均未提出异议。

嘉诚公司在本案诉讼中,虽然对该份鉴定不予认可,但并未举示足以推翻其结论的相反证据。二审法院采信四川省建筑科学研究院对案涉工程进行的"主体结构的安全性鉴定"结论,并无不当。

(2)办案实务:在建设工程施工合同纠纷中,有的承包人在起诉前自行委托有资质的第三方出具造价专业咨询意见,该意见载明的内容对该方有约束力,其中记载的不利于己方的事实,在未提供相反证据的情况下,应予确认。比如承包人委托第三方造价咨询机构出具的咨询意见中,其中包括工期逾期扣款、违反安全质量扣款等,此等扣款应视为承包人的自认,即便对方不提供相应扣款证据,法庭亦应予以采纳;再如,其中涉及工程量的计算如对委托的一方不利的,亦应作为定案依据,比如土方工程,承包人委托的第三方对土方计量时,放坡系数按照0.33计算,但实际上按照图纸可以按照0.67的比例放坡,在此情况下,法庭可按照0.33计算放坡比例。

这里需要提醒读者特别注意,很多被告对原告自行委托的第三方机构出具的意见不重视,原因是,被告代理人认为,此意见为单方委托,法院应不会采纳,在发表意见时,仅简单地对该证据三性不认可;此种质证方式,往往忽视了该意见中对原告不利的事实,而这些事实无须被告举证即有可能被法庭采信。

二、将鉴定意见与己方答辩意见以及己方对申请鉴定一方主张的金额进行对比,对比遵循从大到小的顺序,找出之间的不同点,就不同点各自的依据、计算方法进行对比论证,分析判断鉴定机构的意见是否有充分的事实和法律依据,计算依据和金额是否正确,是否有合同约定或法律规定;如认为鉴定机构出具的意见依据不足、计算金额有误,应提出反驳意见并将反驳意见依据的证据、证据来源附在意见后面提供给法庭

(一)找出鉴定机构出具的意见与己方答辩意见的差别并结合证据进行分析判断

鉴定涉及金额的(如工程造价鉴定),鉴定机构出具的意见与己方答辩意见最直观的差别在于数据的差异,如鉴定意见与己方自行核算的金额有差异的,可以以差异金额为线索,就差异的原因、两种不同意见依据的证据材料、计算方式的差异、各自计算方式依据的标准等进行对比,综合案件材料,看哪一个结论更符合事实和法律,依据的证据更充分,如经对比,己方意见更符合案件事实且有充分证据予以证实的,则可以向法院提出异议并附证据材料,同时附上计算过程、计算公式以及计算结果。鉴定意见与己方核算数据存在差异,该采纳哪一种意见,法院如何裁判,最终皆属于证据问题,因此在庭审质证以及与鉴定人对质时,最重要的还是就各自意见依据的证据发表意见并结合己方主张所依据的证据进行质证。

在对比鉴定意见与己方主张金额时,可按照二者差异金额大小依次对比。

(二)鉴定机构计算金额必须有相应的合同依据和法律规定,对于缺乏合同依据和法律规定的计算以及金额,应提出异议

以建设工程施工合同中的造价纠纷为例,鉴定机构计算工程总价只能根据合同约定的计价方式,如合同未约定的,则一般按照当地政府部门颁布的定额。鉴定机构脱离合同约定计价方式作出的鉴定意见,明显不能作为定案依据。

相关法律规定:

《建设工程解释一》第19条规定:"当事人对建设工程的计价标准或者计价方法有约定的,按照约定结算工程价款。

因设计变更导致建设工程的工程量或者质量标准发生变化,当事人对该部分工程价款不能协商一致的,可以参照签订建设工程施工合同时当地建设行政主管部门发布的计价方法或者计价标准结算工程价款。

建设工程施工合同有效,但建设工程经竣工验收不合格的,依照民法典第五百七十七条规定处理。"

案例7-16:建设工程造价鉴定意见包括确定性意见、推断性意见和供选择性意见

——中建新疆安装工程有限公司、新疆锦贸鑫能源有限公司等建设
　　工程施工合同纠纷民事二审民事判决书

审理法院:最高人民法院

案号:最高法民终 212 号

裁判日期:2022 年 7 月 29 日

案由:建设工程施工合同纠纷

•**最高人民法院裁判意见**

对工程造价鉴定意见的质证、认证。

2018 年 7 月 16 日,中建新疆安装工程有限公司(以下简称中建公司)申请对已施工全部工程造价及停工窝工损失进行鉴定。一审法院组织双方当事人共同选定新德旺公司为案涉工程造价鉴定机构。2018 年 8 月 7 日,一审法院向新德旺公司出具了鉴定委托书,委托该公司对案涉工程造价进行鉴定。2019 年 3 月 23 日,新德旺公司作出《鉴定征求意见稿》。2019 年 11 月 12 日,新德旺公司作出新德旺(价鉴)字第 20180011 号《工程造价鉴定意见书》,载明案涉工程确定造价和供选择性意见造价合计为 121,105,639.7 元(不含甲供材),其中确定性意见为 98,264,886.67 元,供选择性意见为 22,840,753.03 元。

2021 年 1 月 12 日,新德旺公司作出新德旺(鉴)字第 20210002 号《工程造价鉴定意见书》,鉴定意见中载明:根据 2020 年 9 月 21 日现场勘测及 2020 年 12 月 23 日当事人递交的《工程预(结)算书》证据材料,鉴定机构对 2019 年的鉴定意见进行了修改;2020 年 11 月 6 日,接到新疆锦贸鑫能源有限公司(以下简称锦贸鑫公司)递交的假山土方测绘报告,对鉴定意见中部分内容进行了调整;对停工窝工部分作出了调整。案涉工程造价确定性意见为 97,827,364.62 元;供选择性意见为 17,394,221.23 元。停工窝工损失确定性意见为 5308.1 元;供选择性意见为 5,878,745.76 元。以上工程造价部分和停工窝工损失部分合计为 121,105,639.71 元,其中,确定性鉴定意见造价为 97,832,672.72 元,供选择性意见造价为 23,272,966.99 元。

中建公司、锦贸鑫公司分别对工程造价鉴定意见中部分项目及造价提出异议。鉴定人针对各方当事人的异议进行了答复。一审法院针对双方当事人所提异议,分析如下:

(一)关于确定项中调增费用的认定问题。

1.中建公司称,炉(矿)渣、防水粉、砾石未调造价 25,858.72 元;未按业主批价单进行计价的灌浆料等,未计造价 162,579.91 元。鉴定人答复:(1)经复核,关于鉴定意见中炉(矿)渣、防水粉、鹅卵石为业主批价材料,此部分材料忘记调差费用为25,858.72元,其中费用包括争议费用设备、材料采购保管费、安全生产费合计749.6元。(2)经复核,灌浆料为业主批价材料,此部分材料忘记调差费用为162,579.91元,其中包含争议费用设备、材料采购保管费、安全生产费合计4712.91元。一审法院认为,鉴定人的答复,系根据业主批价单进行调价,25,858.72元(25,109.12元+749.6元)中确定性意见需调增金额25,109.12元;162,579.91元(157,867元+4712.91元)中确定性意见需调增金额157,867元。对上述调增的金额,中建公司、锦贸鑫公司再未提出异议,应予以确认。上述两项中的争议金额,在供选择性意见部分予以说明。

2. 中建公司称,基础防腐沥青未按批价单进行调价,鉴定机构少计、漏计乳化沥青费用。虽然新德旺公司2021年6月4日调增84,142.99元,但未按全部调差量调整。鉴定人答复:乳化沥青工程量源自铺贴SBS防水卷材所用材料,经核实厂区铺贴屋面防水卷材定额分析乳化沥青工程量14,728千克,此部分乳化沥青未调差,乳化沥青业主批价6.9元/千克,材料预算价1.379元/千克,少计乳化沥青费用(含税)84,142.99元。调增费用84,142.99元对应的内容不是中建公司关于基础防腐沥青未按批价单进行调价,少计工程价款的问题。经复核,基础防腐环氧煤沥青鉴定终稿中已按同类防腐材料单价考虑,该材料不应再做调整。84,142.99元仅是该工程屋面铺贴SBS防水卷材消耗乳化沥青的调整费用。一审法院认为,中建公司此项异议部分成立,按照鉴定人答复,调增的84,142.99元应计入工程价款中。

3. 中建公司称,鉴定机构少计错计公共管廊钢结构防腐单位工程费用226,304.44元,新德旺公司2021年6月4日在确定性意见中调增103,173.95元,未按少计错计工程量全部调整。鉴定人答复:钢结构喷砂除锈内容因单位错误,工程量输入错误。此部分费用为113,095.66元(103,173.95元+9921.71元),包含争议费用二次搬运费、远征工程费、安全生产费合计9921.71元。一审法院认为,按照鉴定人答复意见,在确定性意见中应调增103,173.95元,9921.71元属于双方争议金额,计入供选择性意见金额中。对于在确定性意见中应调增103,173.95元,双方再未提出异议,应予以确认。中建公司此项异议部分成立。

综上,鉴定人在鉴定意见的确定性意见中,通过核对,调增以上项目及费用,合计370,293.06元(25,109.12元+157,867元+84,142.99元+103,173.95

元)。鉴定意见中原确定性意见工程造价 97,827,364.62 元,则确定性意见工程造价合计为 98,197,657.68 元(97,827,364.62 元 + 370,293.06 元)。

(二)关于供选择项中的项目和费用认定问题。

1. 中建公司称,炉渣、防水粉、砾石未调造价 25,858.72 元;未按业主批价单进行计价的灌浆料等,未计造价 162,579.91 元。鉴定人答复:上述确定项中已计入工程造价 182,976.12 元(25,109.12 元 + 157,867 元)系工程实体费用,5462.51 元(749.6 元 + 4712.91 元)是按照合同约定,已调增的 182,976.12 元需要计取的采购保管费等,因双方对此费用有争议,此项费用计入供选择性意见中,5462.51 元在鉴定意见终稿中未计入。一审法院认为,按照鉴定人答复,上述两项费用为业主批价材料费用中涉及争议的设备、材料采购保管费、安全生产费 749.6 元以及灌浆料费用中包含的争议项设备、材料采购保管费、安全生产费 4712.91 元问题。按照施工合同专用条款 23.3 条(6)约定,发包人所供设备、材料采购保管费按采购价的 1% 计取,承包人采购材料采保费按 1% 计取。此部分 5462.51 元(749.6 元 + 4712.91 元)是鉴定人按照施工合同约定调增,依据充分,此项费用 5462.51 元应计入工程造价。

2. 中建公司称,屋面分隔缝 520,945.48 元,有分项报验资料,监理盖章,应当列入确定项。鉴定意见中载明:锦贸鑫公司对屋面分隔缝定额无异议,只是称中建公司未按屋面分隔缝具体施工,应属于质量问题,根据鉴定规范 5.6.5 工程质量争议发包人申请工程质量鉴定。一审法院认为,按照鉴定意见及鉴定人答复,锦贸鑫公司对于鉴定人按照定额计算该项费用无异议,提出中建公司未按屋面分隔缝具体施工,但并未对此提供反驳证据。经庭审中向鉴定人核实,现场已施工。则该项费用 520,945.48 元应当计入工程造价。

3. 中建公司称,合同附件附表 1 中明确约定了二次搬运费、远征工程费要计取,且明确了取费标准,二次搬运费 386,931.23 元、远征工程费 1,223,496.08 元,应当列入确定项造价。鉴定意见中关于二次搬运费载明:锦贸鑫公司对此费用有异议。鉴定意见根据以下依据确定:(1)双方签订的施工合同已约定该费用计取方式及费率;(2)施工中中期计量对此费用已予认可;(3)根据《新疆建筑安装费用定额》二次搬运费按实际发生计取,不发生不计取。鉴定意见中关于远征工程费载明:锦贸鑫公司对此费用有异议。鉴定意见根据以下依据鉴定:(1)双方签订的施工合同已约定该费用计取方式及费率;(2)施工中中期计量对此费用已予认可;(3)根据《新疆建筑安装费用定额》规定,按远离基地超过25千米,不超过则不计取。一审法院认为,按照鉴定意见及鉴定人答复,施工中中期计量的证据系《施工预(结)算书》,《施工预(结)算书》系锦贸鑫公司提供的证据,其认可作为结算工程款的依据。双方签订的施工合同附表1《单位工程费用汇总表》中列明二次搬运费、远征工程费的取费说明及费率,系双方自愿约定,且双方在中期计量时对此认可,则二项费用合计1,610,427.31元(386,931.23元+1,223,496.08元)应计入工程造价。锦贸鑫公司没有据以反驳的证据,对其不同意计取的意见不予采纳。

另外,针对公共管廊钢结构防腐费用中的争议项问题。鉴定人答复:钢结构喷砂除锈内容因单位错误,工程量输入错误,此部分费用为113,095.66元,包含争议费用二次搬运费、远征工程费、安全生产费合计9921.71元。上述费用的确定项中计入的费用103,173.95元为钢结构喷砂除锈内容,系工程实体费用,9921.71元是按照合同约定,已调增的103,173.95元需计取的二次搬运费、远征工程费。一审法院认为,如上所述,双方签订的施工合同附表1《单位工程费用汇总表》中列明二次搬运费、远征工程费的取费说明及费率,系双方自愿约定,则基于工程实体费用调增,产生二次搬运费、远征工程费9921.71元也应计入工程造价。锦贸鑫公司关于不予计取的意见证据不足,且不符合合同约定,不予采纳。

4. 中建公司称,工程联络单中涉及的工程造价13,477,223.18元,应当计入工程造价,中建公司提供的项目例会会议纪要、工程联络单应作为双方结算依据,锦贸鑫公司在2018年8月2日的质证意见中认可工程联络单的真实性,锦贸鑫公司也提供了部分工程联络单,工程联络单是真实合法有效的证据,是双方对工程变更及实际情况作出的一致意见。鉴定意见中载明:依据《最高人民法院关于审理建设工程施工合同纠纷案件适用法律问题的解释》(法释〔2004〕14号)第19条(现为《建设工程解释一》第20条)规定,当事人对工程量有争议的,按照施工过程中形成的签证等书面文件确认。中建公司提出施工过程中有相关会议纪要证明该项目工程联络单可以作为结算依据,但未收到中建公司提供的相关证据。鉴定人答复:终稿作出后的质证过程中,中建公司提供了《会议纪要》,根据《会议纪要》"可以作为结算依据"的约定可以计算费用。经查,上述《会议纪要》载明"自开工到竣工之前的工程联络单可以作为结算依据"。锦贸鑫公司称"可以"作为但不是"应当",不能证明已施工。一审法院认为,按照鉴定意见及鉴定人答复,涉及

13,477,223.18元费用的工程联络单中均有锦贸鑫公司签字、盖章。锦贸鑫公司在2018年8月2日的质证意见中认可工程联络单的真实性,应予以确认。锦贸鑫公司在之后的质证及庭审中否认上述工程联络单的真实性,但没有提供足以反驳的证据。且有锦贸鑫公司、监理人员等签名确认的《会议纪要》中载明"自开工到竣工之前的工程联络单可以作为结算依据",则鉴定人核算的13,477,223.18元应计入工程造价。锦贸鑫公司关于不予确认的意见证据不足,不予采纳。

另外,中建公司称,鉴定意见漏计土方外运、回运单位工程费用1,858,852.02元。鉴定人答复:单体土方外运、回运属于工程联络单内容,工程联络单作为争议资料,在鉴定意见中已将其作为争议问题列入供选择性意见。(1)关于工厂办公楼、职工食堂、倒班宿舍楼土方外运、回运费用问题,2019年5月20日,双方当事人在法院质证过程中,锦贸鑫公司向法院提供工程联络单ZJXJ-JMX-LLD-10065-2014,工程联络单内容为三栋建筑土方为余土外运,回填土不计运输费。(2)关于消防设施消防水池土方扣除数据不相同,经过复核,供选择性意见中工程联络单金额少计44,954.08元,关于工程联络单供选择性意见由13,432,269.10元调整为13,477,223.18元。一审法院认为,针对鉴定人的答复,中建公司、锦贸鑫公司均未提出不同意见。则应以鉴定人调整的数额44,954.08元为准,但鉴定人明确答复,44,954.08元包括在13,477,223.18元中,故不再计算。中建公司主张的其他费用证据不足,不能成立。

5.关于中建公司所称鉴定机构漏计九张工程联络单费用的问题。中建公司称,鉴定机构漏计九张工程联络单,费用601,847.36元,应予全部调整计入工程造价。(1)关于工程联络单ZJXJ-JMX-10040-2014、ZJXJ-JMX-10047-2014的费用认定问题。鉴定人答复:前期没有注意到工程联络单ZJXJ-JMX-LLD-10040-2014关于门口和进入厂区主道路的厚度不同的问题。后经核对,工程联络单后附资料表明大门口戈壁垫层厚度按300mm考虑,工程联络单ZJXJ-JMX-LLD-10040-2014为1#大门进入厂区主道路,戈壁厚度应按设计图纸要求的400mm考虑,调整厚度差部分费用为80,451.62元。经过复核鉴定计算底稿,工程联络单ZJXJ-JMX-10047-2014涉及的戈壁土垫层厚度鉴定意见已按400mm考虑,具体详见工程联络单后附的计算底稿。一审法院认为,按照鉴定人答复,工程联络单ZJXJ-JMX-LLD-10040-2014经鉴定人核实调增费用80,451.62元符合实际,依据充分,应计入工程造价。工程联络单ZJXJ-JMX-

10047-2014 的费用已经计入,不存在漏计的费用问题。对于中建公司关于漏计的意见不予采纳。

(2)关于工程联络单 ZJXJ-JMX-10092-2014 的费用认定问题。鉴定人答复:工程联络单 ZJXJ-JMX-10092-2014 涉及管沟土方开挖回填已在管道鉴定意见中计算,关于道路铺设完成后二次恢复(工程联络单要求利用原回填的戈壁土回填),鉴定意见中未考虑。经核对,工程联络单 ZJXJ-JMX-10092-2014 过路段的开挖后的戈壁料恢复费用应予计算,此部分费用为 8983.28 元,列入供选择性意见。一审法院认为,按照鉴定人答复,如上所述,按《会议纪要》中约定"可以作为结算依据",此部分鉴定意见中未计入的费用 8983.28 元应计入工程造价。

(3)关于工程联络单 ZJXJ-JMX-10112-2014 的费用认定问题。鉴定人答复:工程联络单 ZJXJ-JMX-10112-2014 涉及的室外消火栓为地上消火栓,工程联络单要求已在消火栓位置安装完短管及配套法兰弯管。关于工程联络单要求的后期安装消火栓的工作坑(工作坑按 $1.2m \times 1.2m \times 0.8m$ 考虑),经复核,鉴定意见终稿未列入鉴定造价,此部分费用为 6427.93 元。一审法院认为,按照鉴定人答复,按《会议纪要》中约定"可以作为结算依据",此部分鉴定意见中未计入的费用 6427.93 元应计入工程造价。

(4)关于工程联络单 ZJXJ-JMX-10113-2014、ZJXJ-JMX-10040-2015、ZJXJ-JMX-10223-2015、ZJXJ-JMX-10028-2016、ZJXJ-JMX-10083-2016 费用的认定问题。鉴定人答复:工程联络单 ZJXJ-JMX-10113-2014 内容是阀门型号变更,因阀门属于甲供材料,该阀门的安装费用在鉴定意见中已计算,变更不影响造价鉴定意见。工程联络单 ZJXJ-JMX-10040-2015 的内容是针对工程联络单 ZJXJ-JMX-10133-2014 设计水泵型号的确认,鉴定意见中水泵安装费用已计算,列入供选择性意见。上述项目费用已计入上述工程联络单 13,477,223.18 元中,不存在漏计问题。工程联络单 ZJXJ-JMX-10223-2015 内容是深度处理组合水池的施工、浇筑降低施工难度方案。经复核,此项费用 19,910.23 元已计入工程本体即确定性意见费用中,不存在中建公司所称的遗漏问题。工程联络单 ZJXJ-JMX-10028-2016 费用已计入上述工程联络单 13,477,223.18 元中,不存在漏计问题。工程联络单 ZJXJ-JMX-10083-2016 工作内容在鉴定意见中已计算,列入卸车区、装车区工程费用中。此部分费用已计入鉴定意见的确定性意见中。因该工程联络单涉及工程主体变更,应列入确定项。一审法院认为,按照鉴定人答复,双方再未提出异议,且没有提供其他反驳证据,对鉴定人的答复意见予以采信。以上鉴定意见中漏计工程联络单费用合计95,862.83元(80,451.62元+8983.28元+6427.93元),应计入工程造价。

6. 中建公司称,甲供材料辅材费用260,041.60元,辅材是中建公司购买,锦贸鑫公司的甲供材中没有辅材,辅材费用应当计入工程造价。鉴定意见中载明:双方对辅材的购买有异议,鉴定机构根据甲供材料单扣除辅材费用,甲供材料单双方盖章齐全,甲供材料单辅助材料对应单体不明确,鉴定造价仅能以现提供的甲供领料单的费用扣除。中建公司称,现场除主要材料以外,辅助材料都是乙供。锦贸鑫公司称,领料单中涉及的辅助材料都应当以甲供材料扣除,批价单不等于实际购买了材料。一审法院认为,因甲供材料单中包括辅材,中建公司不能提供充分的证据证明辅材由其购买,应承担举证不能的责任,对该项费用不予确认。

7. 中建公司称,混凝土基础环氧煤沥青防腐费用804,988.10元应计入工程造价。合同约定本项目材料由施工方采购,施工过程中,锦贸鑫公司自行采购,在前期混凝土基础部分的环氧煤沥青由中建公司采购,混凝土基础在2014年施工完成,完成单项验收,锦贸鑫公司甲供材中的环氧煤沥青采购时间是2015年8月以后,混凝土基础施工时,此部分甲供环氧煤沥青尚未发生,是中建公司采购,该部分费用应计入工程造价。鉴定意见中载明:双方对混凝土基础使用的环氧煤沥青的供货有异议,锦贸鑫公司提出甲供料单有环氧煤沥青材料,但供料单重点环氧煤沥青工程量较小。中建公司提出施工过程中计价环氧煤沥青按乙供材料提供,双方仅口头提出,未提供相应证据。一审法院认为,按照鉴定意见及鉴定人答复,中建公司提供批价单中有环氧煤沥青材料,甲供领料单中也有环氧煤沥青材料,不能确定是中建公司购买。中建公司口头称混凝土基础防腐环氧煤沥青材料是中建公司提供,但除了批价单没有其他证据予以佐证。中建公司没有提供足以证明其购买该材料的证据,应承担举证不能的责任,对其所称的该部分费用不予确认。

8. 中建公司称,临边防护费用328,027.58元应当计入工程造价,鉴定机构列入供选择项没有依据。鉴定意见中载明:锦贸鑫公司提出合同签订的安全生产费包含临边防护费用;中建公司提出施工过程中中期计量临边防护费用计取,此费用不包含在安全生产费中。鉴定人答复:中建公司称施工过程中业主审批的工程预(结)算书计算了临边防护费用和安全生产费,临边防护费用不包含在安全生产费中。按照施工合同专用条款23.3条(9)约定,安全生产费执行财企〔2012〕16号文件(已失效)规定,土建工程按工程造价的2%计取进入结算,安装工程按工程造价的1.5%计取进入结算。按照财企〔2012〕16号文件规定,安全生产费包括临边防护费。安全生产费已经按2%计取,计入确定性意见。则不应再单独计取此项费用。一审法院认为,按照鉴定意见及鉴定人答复,安全生产费包含临边防护费用,中建公司主张不含临边防护费用及应单另计算临边防护费用依据不足,不予支持。

9. 中建公司称,双方有工程联络单,现场土方除了开挖回填土方和外运土方以外,其余土方均用至假山,假山土方费用437,522.06元应计入工程造价。鉴定人答复:2020年9月29日锦贸鑫公司委托新疆佳昊鑫源测绘评估有限公司测量假山土方量为60,654.5m³。鉴定人根据图纸、现场资料、工程联络单计算假山土方量为89,066.76m³。中建公司对鉴定人计算土方量无异议。锦贸鑫公司认为应以其委托测绘部门测量的数据为准。60,654.50m³土方量费用是934,020.95元,双方无争议已计入确定项;争议项即差额437,522.06元。一审法院认为,新德旺公司系经双方当事人同意法院依法委托的鉴定机构,其依据图纸、现场资料、工程联络单等证据计算假山土方量89,066.76m³程序合法,予以采信,双方争议差额437,522.06元应计入工程造价。锦贸鑫公司提供的证据系其自行委托测量的数据,不予采信。

综上,应计入工程造价的费用合计16,157,365.08元(5462.51元+520,945.48元+1,610,427.31元+9921.71元+13,477,223.18元+95,862.83元+437,522.06元)。

(三)其他中建公司认为应计入工程造价的费用认定问题。

1. 中建公司称,装车区钢结构安装项目少计入轻钢屋架安装费用10,500.65元,应计入工程造价。鉴定人答复:轻钢屋架鉴定意见中制作为34.59吨,安装费用分为屋架安装和檩条安装内容,终稿中已计入确定项工程造价。计入汽车装车区以钢屋架安装和钢檩条安装费用考虑,按34.59吨计算的安装费用为24,150.57元,不存在少计的问题。一审法院认为,按照鉴定人答复,该费用已计入,则不存在漏计少计问题。对中建公司关于少计费用的意见不予采纳。

2. 中建公司称,鉴定意见漏计抹灰钢丝网即抹灰面金属网片造价1,102,585.32

元。鉴定人答复:若中建公司已全部施工完成金属网片,费用应为719,460.20元,但中建公司对此并未提供证据。经当事人、鉴定人几方现场勘测,梁、柱基本未抹灰,有现场图片为证。中建公司主张已按施工蓝图施工完成,未提交相关验收资料或已完成的证据。一审法院认为,根据鉴定人多次答复,中建公司均没有相关证据证实进行了该项施工。故鉴定意见中列入供选择性意见中虽然计算费用719,460.20元,但该项费用不应当计入工程造价,中建公司自行计算1,102,585.32元证据不足,不能成立,一审法院不予确认。

3.中建公司称,漏计办公区三栋楼屋面的独立柱抹灰单项工程造价101,288.37元。鉴定人答复:工厂办公楼计入分部建筑工程重点单梁独立柱抹灰6566.52元、倒班宿舍楼计入一般装饰工程中屋顶梁独立柱抹灰28,095.61元、职工餐厅计入建筑工程分部中的独立柱单梁抹灰6616.21元,合计41,278.34元。鉴定意见终稿中已经计入确定性意见。一审法院认为,按照鉴定人答复,鉴定意见终稿中已经计入确定性意见,不存在漏计的问题。中建公司自行计算的费用证据不足,一审法院不予确认。

(四)关于窝工损失认定问题。

1.关于2015年甲供台账未登记费用问题。鉴定意见中载明:中建公司提出2015年甲供台账未登记费用,此部分甲供材料缺失甲乙双方签字领料登记台账,缺失证据材料。中建公司提供ZJXJ-JMX-LLD-10087-2014工程联络单作为主张的证据。经查,ZJXJ-JMX-LLD-10087-2014工程联络单载明:"应业主单位要求,10,000m³原料罐组(三)罐本体材料进厂由我单位负责卸车,以实际进厂的材料数量、设备数量及相对应的物资采购合同的单价作为依据,最终结算以总价的1%作为卸车费用"。锦贸鑫公司签署处理意见:以合同约定为准,同等情况不再单出联络单。一审法院认为,该工程联络单载明"以实际进厂的材料数量、设备数量及相对应的物资采购合同的单价作为依据"。中建公司并未提供实际进厂的材料、设备数量及相对应的物资采购合同的单价等证据,其向鉴定机构提供的材料系自行制作的清单明细,没有锦贸鑫公司签字、盖章。故中建公司主张的该项费用没有相应证据证明,一审法院不予支持。

2.关于项目停工期间窝工费用问题。鉴定意见中载明:中建公司提出索赔费用,证据不完善,根据施工合同通用条款第36条索赔要有正当理由,且要有索赔事件发生时的有效证据,索赔事件发生后的28天内,向工程师发出索赔意向通知,承包人应向工程师发出索赔意向。未收到相关索赔证据。一审法院认为,中建公司提供的相关明细、清单、设备数量和单价、窝工时间等都是其自行制作,没有锦贸鑫公司的签字、盖章。中建公司主张的该项费用,没有充分的证据证明,不予支持。

3. 临时工地测量费和使用费问题。鉴定意见中载明:中建公司提出临时土地测量费和使用费由中建公司代锦贸鑫公司缴纳,锦贸鑫公司应归还代缴费用。中建公司提供其与原第七师国土资源局五五园区分局签订的合同,但缴纳具体费用发票或收据未提供给鉴定机构。

经查,施工合同对土地测量费和使用费没有约定。鉴定机构按照中建公司提供发票金额计入确定项5308.10元。一审法院认为,对于鉴定机构计入确定项的5308.10元,锦贸鑫公司没有提供据以反驳的证据,予以确认。中建公司主张该项费用,但没有提供充分的证据证明产生了其主张的费用且应当由锦贸鑫公司承担,应当承担举证不能的法律后果,对其主张的该项费用不予支持。

4. 关于成品保护费问题。鉴定意见中载明:中建公司提出停工期间成品保护费用,此部分内容缺失相关证据资料。按照鉴定人答复,现场勘测时有篷布遮挡现场遗留的材料,但是没有业主锦贸鑫公司签批的证据资料。一审法院认为,中建公司主张该项费用,但没有充分的证据证明实际产生了其主张的费用且应当由锦贸鑫公司承担,应当承担举证不能的责任,对其主张的该项费用不予支持。

5. 关于临时设施费索赔问题。鉴定意见中载明:中建公司提出临时设施费按合同约定全部工程内容考虑搭设,因锦贸鑫公司原因导致合同终止,现场仅完成合同内部分工程内容,锦贸鑫公司应对投入临时设施费用进行补偿。因合同造价为暂定金额,且无具体临时设施搭设图纸,因资料不完善,鉴定机构依据暂估合同价估算此费用。经查,中建公司没有提供充分的证据证明存在该费用及计算该费用的依据及数额。鉴定机构系按照合同价款估算费用2,561,645.22元。一审法院认为,中建公司主张该项费用,但没有充分的证据证明产生其主张的费用且应当由锦贸鑫公司承担,应承担举证不能的责任,鉴定意见估算的费用缺乏证据证明,一审法院不予采信,对中建公司主张的该项费用不予支持。

综上,因双方并未按照和解协议约定的内容履行,诉讼中,中建公司申请对已施工的工程进行造价鉴定,锦贸鑫公司同意鉴定,并一致同意选定新德旺公司作为工程造价鉴定机构,故应当以法院依法委托的鉴定机构所作工程造价鉴定意见及核实的实际费用确定中建公司已施工部分的工程价款。中建公司已施工的工程价款合计114,355,022.76元(98,197,657.68元+16,157,365.08元)。窝工损失,即临时工地测量费和使用费5308.10元。中建公司关于应当按照121,105,639.7元计算工程价款的意见证据不足,不予采纳。锦贸鑫公司关于应当按照99,855,562.99元计算工程款的理由不能成立,不予采纳。

实战点评与分析

1.关于建设工程造价鉴定的结论。

住房和城乡建设部颁布的《建设工程造价鉴定规范》(GB/T 51262—2017)关于造价鉴定意见,规定如下:

"5.11 鉴定意见

5.11.1 鉴定意见可同时包括确定性意见、推断性意见或供选择性意见。

5.11.2 当鉴定项目或鉴定事项内容事实清楚,证据充分,应作出确定性意见。

5.11.3 当鉴定项目或鉴定事项内容客观,事实较清楚,但证据不够充分,应作出推断性意见。

5.11.4 当鉴定项目合同约定矛盾或鉴定事项中部分内容证据矛盾,委托人暂不明确要求鉴定人分别鉴定的,可分别按照不同的合同约定或证据,作出选择性意见,由委托人判断使用。

5.11.5 在鉴定过程中,对鉴定项目或鉴定项目中部分内容,当事人相互协商一致,达成的书面妥协性意见应纳入确定性意见,但应在鉴定意见中予以注明。

5.11.6 重新鉴定时,对当事人达成的书面妥协性意见,除当事人再次达成一致同意外,不得作为鉴定依据直接使用。"

根据上述规定,建设工程造价鉴定意见包括确定性意见、推断性意见和供选择性意见。

鉴定机构作为诉讼中就专门性问题法院委托的第三方机构,其作用在于对工程造价作出公允的评判,鉴定意见并非裁判意见,鉴定机构无权对案件作出裁判,包括对证据和事实的认定,因此有关事实和证据认定的权力在法院。但实务中,双方当事人对事实证据常存有争议,对同一事实甚至出现相互矛盾的证据,在此情况下,鉴定机构应按照上述规定出具供选择性意见,而不能依照自己对案件事实和证据的判断,对争议事实和证据自行认定,否则必然产生以鉴代审的结果,此种做法是错误的。

以本案为例,2021年1月12日,新德旺公司作出新德旺(鉴)字第20210002号《工程造价鉴定意见书》,鉴定意见中载明:根据2020年9月21日现场勘测及2020年12月23日当事人递交《工程预(结)算书》证据材料,鉴定机构对2019年的鉴定意见进行了修改;2020年11月6日,接到锦贸鑫公司递交的假山土方测绘报告,对鉴定意见中部分内容进行了调整;对停工窝工部分作出了调整。案涉工程造价确定性意见为97,827,364.62元;供选择性意见造价为17,394,221.23元。停工窝工损失确定性意见造价为5308.1元;供选择性意见造价为5,878,745.76元。以上工程造价部分和停工窝工损失部分工程造价合计为121,105,639.71元,其中,确定性鉴定意见造价为97,832,672.72元,供选择性意见造价为23,272,966.99元。

鉴定机构出具的意见包括确定性意见、供选择性意见。对于供选择性意见,由法官结合案件事实和证据作出最终裁判。

2. 在造价鉴定过程中,双方对案件事实和证据存有争议的情况下,当事人应该注意的事项:

(1)应要求鉴定机构提供鉴定意见的电子版。

在工程造价争议案件中,鉴定机构出具意见一般都是提供书面的纸质版,但从审核而言(包括对工程量、组价以及计算依据的审核),电子版可以大大方便审核,可以较为快速地查清该意见的工程量计算以及计算过程、组价依据等。

(2)鉴定意见依据的证据明显不能作为鉴定依据的,必须向鉴定机构言明,要求不得将其作为鉴定依据,如鉴定机构仍执意出具意见,应要求鉴定机构将其列入供选择性意见,并将鉴定依据列明,以便于在庭审质证时向法官提出异议。如果在证据明显不能作为鉴定依据的情况下,鉴定机构只出具确定性意见,则当事人必须申请鉴定人到庭,就此项意见与鉴定人进行对质,通过对质,让法官明白,出具的鉴定意见明显不能作为定案依据。

以本案为例,关于项目停工期间窝工费用问题。鉴定意见中载明:中建公司提出索赔费用,证据不完善,根据施工合同通用条款第36条索赔要有正当理由,且要有索赔事件发生时的有效证据,索赔事件发生后的28天内,向工程师发出索赔意向通知,承包人应向工程师发出索赔意向。一审法院认为,中建公司提供的相关明细、清单、设备数量和单价、窝工时间等都是其自行制作,没有锦贸鑫公司的签字、盖章。中建公司主张的该项费用,没有充分的证据证明,不予支持。

从以上意见可见,鉴定机构将索赔停工误工的实际情况以及证据情况列明,交由法院裁判,法院最终结合证据规则,认定中建公司提供的相关明细、清单、设备数量和单价、窝工时间等都是其自行制作,没有锦贸鑫公司的签字、盖章。中建公司主张的该项费用,没有充分的证据证明,不予支持。

(3)对鉴定机构出具的意见不服的,应申请鉴定人到庭接受质询,在开庭前,申请鉴定人到庭的一方务必做好以下准备工作:

其一,拟向鉴定机构提出的问题。

其二,鉴定机构针对问题可能做出的回答。

其三,对于鉴定机构依据的证据明显不足或未经质证的,应要求鉴定机构先就其意见依据的证据给予答复,再相应准备其依据的证据,将该证据向法庭展示和呈现,指出该意见存在的问题(从证据规则角度,不能作为定案依据;该证据未经质证不得作为定案和鉴定依据;该证据与事实完全不相符;该证据系编造和伪造;该证据与其他经各方共同确认无异议的证据存在明显的矛盾;该证据系对方当事人单方制作等),通过此等展示,推翻其意见。

其四,必要时,应申请有资质的专业人员到庭作为己方的专家辅助人,与鉴定机构指派的到庭鉴定人员对质。

相关法律规定:

《民事证据规定》第34条规定:"人民法院应当组织当事人对鉴定材料进行质证。未经质证的材料,不得作为鉴定的根据。

经人民法院准许,鉴定人可以调取证据、勘验物证和现场、询问当事人或者证人。"

第35条规定:"鉴定人应当在人民法院确定的期限内完成鉴定,并提交鉴定书。

鉴定人无正当理由未按期提交鉴定书的,当事人可以申请人民法院另行委托鉴定人进行鉴定。人民法院准许的,原鉴定人已经收取的鉴定费用应当退还;拒不退还的,依照本规定第八十一条第二款的规定处理。"

第40条规定:"当事人申请重新鉴定,存在下列情形之一的,人民法院应当准许:

(一)鉴定人不具备相应资格的;

(二)鉴定程序严重违法的;

(三)鉴定意见明显依据不足的;

(四)鉴定意见不能作为证据使用的其他情形。

存在前款第一项至第三项情形的,鉴定人已经收取的鉴定费用应当退还。拒不退还的,依照本规定第八十一条第二款的规定处理。

对鉴定意见的瑕疵,可以通过补正、补充鉴定或者补充质证、重新质证等方法解决的,人民法院不予准许重新鉴定的申请。

重新鉴定的,原鉴定意见不得作为认定案件事实的根据。"

三、鉴定机构如依据申请鉴定一方提供的证据出具了意见,而己方就该待证事实亦提供了相反证据或反驳证据,应要求鉴定机构分别出具意见,以供法庭参考

(一)对于鉴定事项,合同约定矛盾或鉴定事项中部分内容或证据矛盾,法院暂不明确要求鉴定人分别鉴定的,可建议鉴定机构分别按照不同的合同约定或证据,作出选择性意见,由委托人判断使用

由于鉴定机构无权对证据进行认定,对同一事实,申请人提供了证据,而相对方为反驳其主张,提供了反驳证据,由此,就同一待证事实,出现了相互不同甚至矛盾的证据,在未经法官对证据认定的情况下,鉴定机构一般应根据不同的证据出具

选择性意见供法庭参考,而不应只出具一个确定性意见,如果只有一个意见,法院在裁判案件时无法选择,只能依据该意见作出判决,但此种做法明显不符合法律规定,因为对证据认定的权力归属于法院,而鉴定机构只出具一个确定性意见的做法无异于剥夺了另一方当事人对证据提出异议的权利,以及法官对证据认定的权力。在此种情况下,应向鉴定机构提出建议,要求其除了依据申请一方提供的证据出具意见外,还应就已方提供的证据出具意见,以供法庭参考。

相关法律规定:

住房和城乡建设部颁布的《建设工程造价鉴定规范》(GB/T 51262—2017)

4.7.3 当事人对证据的真实性提出异议,或证据本身彼此矛盾,鉴定人应及时提请委托人认定并按照委托人认定的证据作为鉴定依据。如委托人未及时认定,或认为需要鉴定人按照争议的证据出具多种鉴定意见的,鉴定人应在征求当事人对于有争议的证据的意见并书面记录后,将该部分有争议的证据分别鉴定并将鉴定意见单列,供委托人判断使用。

5.11.1 鉴定意见可同时包括确定性意见、推断性意见或供选择性意见。

5.11.2 当鉴定项目或鉴定事项内容事实清楚,证据充分,应作出确定性意见。

5.11.3 当鉴定项目或鉴定事项内容客观,事实较清楚,但证据不够充分,应作出推断性意见。

5.11.4 当鉴定项目合同约定矛盾或鉴定事项中部分内容证据矛盾,委托人暂不明确要求鉴定人分别鉴定的,可分别按照不同的合同约定或证据,作出选择性意见,由委托人判断使用。

5.11.5 在鉴定过程中,对鉴定项目或鉴定项目中部分内容,当事人相互协商一致,达成的书面妥协性意见应纳入确定性意见,但应在鉴定意见中予以注明。

5.11.6 重新鉴定时,对当事人达成的书面妥协性意见,除当事人再次达成一致同意外,不得作为鉴定依据直接使用。

(二)案例:当鉴定项目合同约定矛盾或鉴定事项中部分内容证据矛盾,委托人暂不明确要求鉴定人分别鉴定的,可分别按照不同的合同约定或证据,作出选择性意见,由委托人判断使用

案例 7-17：在招、投标文件和案涉施工合同中均有"如果乙方清单报价中有通过不平衡报价获得超额利润的项目，在任何时候，甲方都有权对其不合理单价进行调整"的约定，虽然在招投标文件中该约定是在确定变更价款项下，而案涉施工合同中该约定是在价格调整方式项下，但不宜据此认定属于招标人和中标人另行签订的建设工程施工合同约定的工程范围、建设工期、工程质量、工程价款等实质性内容与中标合同不一致的情形

——盛景国信(北京)生态园林有限公司、山东盛华建设工程
有限公司建设工程施工合同纠纷民事二审民事判决书

审理法院:山东省淄博市中级人民法院
案号:(2021)鲁03民终4399号
裁判日期:2022年3月24日
案由:建设工程施工合同纠纷

● **二审法院裁判意见**

一审法院认为，原、被告签订的《山东省马踏湖旅游度假区(一期)建设项目游客中心区域及周边工程施工合同》，系双方当事人的真实意思表示，不违反国家法律、行政法规的强制性规定，不违背公序良俗，合法有效，双方均应按照约定全面履行自己的义务。原、被告之间形成建设工程施工合同法律关系。

本案争议的焦点问题系原告施工的本案工程的工程款金额的确定。本案中，原、被告均同意通过司法鉴定确定工程造价。经原告申请，一审法院依法委托，山东恒德建设工程咨询有限公司出具了鉴定意见书和鉴定意见回复意见书。该两份意见书系鉴定机构凭借自身的专业知识、技术依法出具，对其真实性、合法性、与本案的关联性一审法院予以认定，该两份意见书能够作为本案认定事实的依据。庭审中，原、被告均以回复意见书作出的造价金额 23,680,593.66 元为计算基

础,原告以此为基础增加其主张的其他项目金额,被告以此为基础扣减其认为应扣减的项目金额,因此一审法院认为回复意见书作出的造价金额23,680,593.66元能够作为认定本案工程款金额的基础计算依据。

关于景墙的造价。鉴定机构作出了选择性意见供委托人判断使用。针对选择性意见,原、被告各执一词,各自充分发表了自己的观点和主张。法律规定,当事人对建设工程的计价标准或者计价方法有约定的,按照约定结算工程价款。一审法院认为鉴定回复意见书关于游客中心景墙的工程造价选择性意见一5,476,731.71元更符合事实和双方约定。理由如下:1.被告招标向原告发出投标邀请书,即要约邀请,是希望原告向自己发出要约的意思表示。原告按照被告的招标要求投标,即为要约,是希望与被告订立合同的意思表示。被告经开标、评标和定标,向原告发出中标通知书,原告中标,是被告表明其同意接受原告的投标条件,受承诺效力的约束,即承诺。承诺生效时,即被告向原告发出中标通知书,合同成立。2.《招标投标法实施条例》第57条规定,招标人和中标人应当依照《招标投标法》和本条例的规定签订书面合同,合同的标的、价款、质量、履行期限等主要条款应当与招标文件和中标人的投标文件的内容一致。招标人和中标人不得再行订立背离合同实质性内容的其他协议。《建设工程解释一》第2条第1款规定,招标人和中标人另行签订的建设工程施工合同约定的工程范围、建设工期、工程质量、工程价款等实质性内容,与中标合同不一致,一方当事人请求按照中标合同确定权利义务的,人民法院应予支持。第22条规定,当事人签订的建设工程施工合同与招标文件、投标文件、中标通知书载明的工程范围、建设工期、工程质量、工程价款不一致,一方当事人请求将招标文件、投标文件、中标通知书作为结算工程价款的依据的,人民法院应予支持。本案中,招、投标文件约定"中标单位需同意在签订合同前,接受招标人在总价不变的情况下对综合单价进行平衡",被告有权调整不平衡报价是在工程设计变更的情况下的约定,而不是在价格调整方式中的约定。原、被告签订的建设工程施工合同,将招投标文件及合同中关于工程设计变更的情况下的价格调整方式,变更到了合同价款及价格调整方式中,属于招标人和中标人另行签订的建设工程施工合同约定的工程范围、建设工期、工程质量、工程价款等实质性内容,与中标合同不一致的情形。被告以不平衡报价为由主张调减综合单价与上述法律规定相悖。3.原告按照投标文件包括图纸计算投标价格,按照图纸进行施工,因此图纸、现场、合同三者相符,投标书与《山东省马踏湖旅游度假区(一期)建设项目游客中心区域及周边工程施工合同》中关于景墙的价格约定一致,计量单位均系米,工程数量21米,综合单价224,898.25元,合价4,722,863.25元,内容具体明确,双方均未提出异议,不存在被告辩称的按块计量的问题或者因重大误解而意思表示不真实,并且工作内容除了景石外,还有挖土、回填、外运、夯实、雕刻、装饰等。4.被告辩称原告有通过不平衡报价获得超额利润的项目,在任何时候,被告都有权对其不合理单价进行调整。首先,被告应举证证明原告有不平衡报价的事实。其次,被告还应证明原告获得超额利润的事实。本案中,双方对不平衡报价的价格标准及超额利润的利润标准并无约定,在计量单位、工程数量、综合单价及合价约定明确且无异议的情况下,被告未举证证明原告存在不平衡报价并获得超额利润。同时,一审法院认为,案涉工程系马踏湖旅游度假区(一期)建设项目游客中心区域及周边工程的整体工程,分部分项工程的固定综合单价标准不一,被告单就景墙工程认为原告存在不平衡报价并获得超额利润具有片面性。并且在施工过程中,原告曾因环保清查建筑材料价格上涨幅度大、材料供应困难提出调价申请,被告答复执行合同综合单价,不予调整。在此情况下,对案涉整体工程原告是否会获得利润或者超额利润,更没有证据证明。5.在该焦点问题中,被告提交的截图系单方证据,原告也不认可,一审法院不予采信。综上,一审法院认为鉴定回复意见书关于游客中心景墙的工程造价选择性意见一5,476,731.71元更符合事实和双方约定。

本院认为,当事人二审中主要争议焦点有五:一是关于景墙的造价问题;二是关于施工签证所涉措施费用1,795,289.19元应否计入工程造价的问题;三是上诉人[盛景国信(北京)生态园林有限公司]主张的混凝土桩、挡土墙及苗木移栽等争议部分金额应否扣减的问题;四是应否扣减因税率调整导致税金变化的金额问题;五是关于工程款利息应否支持的问题。

关于景墙的造价问题。首先,双方约定本合同采取固定综合单价计价方式,其中《分部分项工程和单价措施项目清单与计价表》中载明景墙的计量单位为米,工程数量21,综合单价(除税单价)224,898.25元,合价(除税单价)4,722,863.25元。但根据本院查明事实,《工程量清单综合单价分析表》中载明的景墙的综合单价224,898元系按5种石材、每种石材1块计算得出,并非以米为计量单位。故合同中的《分部分项工程和单价措施项目清单与计价表》与《工程量清单综合单价分析表》中的综合单价计价方式不一致,而《分部分项工程和单价措施项目清单与计价表》中景墙的计量单位为米,综合单价(除税单价)224,898.25元,缺乏计算依据。其次,《主要材料/设备价格汇总表》中载明园建工程所需的相应种类石材数量分别为21块,即105块。而根据景墙设计,1米景墙不可能有5块规格分别为6000×500×1100、7000×500×1900、4000×500×2300、5000×500×2900、7200×500×1100的高青色花岗岩整石,整个景墙不可能使用105块相应石材,且整个景墙实际使用上述规格的相应石材数量亦仅有5块,即景墙实际造价与《分部分项工程和单价措施项目清单与计价表》中景墙合价(除税单价)4,722,863.25元相差巨大。再次,在招、投标文件和案涉施工合同中均有"如果乙方清单报价中有通过不平衡报价获得超额利润的项目,在任何时候,甲方都有权对其不合理单价进行调整"的约定,虽然在招投标文件中该约定是在确定变更价款项下,而案涉施工合同中该约定是在价格调整方式项下,但不宜据此认定属于招标人和中标人另行签订的建设工程施工合同约定的工程范围、建设工期、工程质量、工程价款等实质性内容与中标合同不一致的情形。故在景墙实际造价与《分部分项工程和单价措施项目清单与计价表》中景墙合价存在巨大差距情况下,上诉人可以依据前述约定对景墙单价进行调整。综上,根据公平原则,本院认为鉴定回复意见书关于游客中心景墙的工程造价选择性意见二616,135.95元更符合事实和双方约定。一审法院采信鉴定回复意见书关于游客中心景墙的工程造价选择性意见一5,476,731.71元有违公平原则,本院予以纠正。

实战点评与分析

1. 当鉴定项目合同约定矛盾或鉴定事项中部分内容证据矛盾,委托人暂不明确要求鉴定人分别鉴定的,可分别按照不同的合同约定或证据,作出选择性意见,由委托人判断使用

就本案而言,双方争议焦点之一为游客中心景墙的造价。关于景墙的造价,鉴定机构作出了选择性意见供委托人判断使用。意见一的造价为5,476,731.71元,意见二的造价为616,135.95元,之所以存在两个不同意见,关键在于双方合同以及招投标文件中关于景墙造价约定的计价方式不一致,即《分部分项工程和单价措施项目清单与计价表》与《工程量清单综合单价分析表》中的综合单价计价方式不一致。且在招、投标文件和案涉施工合同中均有"如果乙方清单报价中有通过不平衡报价获得超额利润的项目,在任何时

候,甲方都有权对其不合理单价进行调整"。意见一5,476,731.71元系根据《分部分项工程和单价措施项目清单与计价表》中载明景墙的综合单价(除税单价)224,898.25元/米计算得出,意见二则是根据上诉人调整单价得出。一审法院采纳意见一,二审法院采纳意见二。具体理由可见以上判决内容。这里需要注意的是,如果鉴定机构对于争议项,仅仅出具一个确定性意见,则无论一审还是二审都只能采信一个意见,因为法院并非专业机构,在只有一个意见的情况下,其无法选择,只能采信一个确定性意见,如此,即意味着无论是一审法院还是二审法院,都无法结合案件事实,对有关造价进行选择裁判。从当事人而言,在鉴定项目合同约定矛盾或鉴定事项中部分内容证据矛盾时,如果鉴定机构无法采信一方意见出具确定性意见,必须要求鉴定机构出具选择性意见,给己方在一审以及二审留下争取对己方有利意见的空间。

2. 如何理解"招标人和中标人另行签订的建设工程施工合同约定的工程范围、建设工期、工程质量、工程价款等实质性内容,与中标合同不一致,一方当事人请求按照中标合同确定权利义务的,人民法院应予支持"

招标人和中标人在中标后不得签订实质性背离中标合同的合同,所谓实质性背离是指工程范围、工程质量、工程价款、工期等内容与中标合同中的不一致,如招标人和中标人在中标后签订实质性背离中标合同的合同,一方当事人可请求按照中标合同确定权利义务。

但如果招标文件、投标文件均载明了合同调价机制,一方根据合同约定对工程价款进行调价,经调价后的价款是否属于另行签订且实质性背离中标合同的条款,值得探讨;推而广之,如双方在合同中约定,一方有权根据实际情况,对工期、价款、工程范围、质量等进行调整,在合同履行过程中,招标人行使该权利,对工期、质量、工程范围、价款等调整,该如何认定?

从以上二审判决看,二审法院认为:在招、投标文件和案涉施工合同中均有"如果乙方清单报价中有通过不平衡报价获得超额利润的项目,在任何时候,甲方都有权对其不合理单价进行调整"的约定,虽然在招投标文件中该约定是在确定变更价款项下,而案涉施工合同中该约定是在价格调整方式项下,但不宜据此认定属于招标人和中标人另行签订的建设工程施工合同约定的工程范围、建设工期、工程质量、工程价款等实质性内容与中标合同不一致的情形。

就此,笔者认为,合同中如约定一方有权根据实际情况,对工期、工程范围、质量、价款等进行调整,在合同履行过程中,招标人行使该权利,对工期、价款、质量、工程范围等调整,实际上是赋予了该方当事人单方变更合同的权利,只要该等变更不违反强制性法律法规,应予准许;如果该等单方变更,违反强制性法律法规,不应予以准许;如单方变更造成相对方损失的,应予赔偿或补偿。比如当事人单方提高质量要求,则对于因提高质量要求导致的费用增加,应通过签证的方式予以补偿;如降低质量要求并导致工程质量不符合国家标准,则该等变更因最终会损害社会公共利益而无效。

3. 实际签订的合同,除工期、价款、质量、工程范围与中标合同不同构成实质性背离以外,其他条款与中标合同不同是否也属于实质性背离

比如工程进度款支付,中标合同约定工程进度款支付为月进度,但中标后,发包人与承包人签订合同约定工程进度款支付按形象进度,项目完成±00后开始支付工程款。前述对工程进度款支付变更,显然不属于"工期、价款、质量和工程范围"的变更,但按照此变更,意味着承包人须垫资施工至±00,而垫资的结果是利润减少,因此此种变更最终亦导致承包人应取得以及实际取得工程价款减少。此种变更,是否属于实质性背离中标合同?就此,笔者认为,中标后签订的合同中关于进度款支付方式的变更应属于实质性背离中标合同,理由如下:

其一,《建设工程解释一》第2条第1款:"招标人和中标人另行签订的建设工程施工合同约定的工程范围、建设工期、工程质量、工程价款等实质性内容,与中标合同不一致,一方当事人请求按照中标合同确定权利义务的,人民法院应予支持。"以上规定并未规定除"工程范围、建设工期、工程质量、工程价款"以外的其他变更不属于实质性变更;

其二,以上所举进度款支付的变更例子,其最终结果是承包人应取得工程价款的减少,因此进度款支付方式的变更实质还是属于工程价款的变更。

最高人民法院民事审判第一庭认为:"一方面,实质性变更并不等同于合同主要条款、要约主要内容的变更;另一方面,实质性变更应当从是否影响其

他中标人中标、是否较大影响招标人与中标人的权利义务两方面进行考量认定。"①

综上笔者认为,判断中标合同后签订的合同是否属于实质性背离中标合同,可以按照以下路径思考:

其一,如果法律规定属于实质性变更的,则按照法律规定,比如《建设工程解释一》第2条规定的变更;

其二,如果变更内容并非法律明确规定的内容,后续合同的签订是否构成实质性变更,判断的标准在于后续签订的合同是否导致双方权利义务失衡并最终是否导致工程范围、建设工期、工程质量和工程价款的变动,如果是,则意味着后续签订的合同系实质性背离中标合同。

---

① 最高人民法院民事审判第一庭编著:《最高人民法院新建设工程施工合同司法解释(一)理解与适用》,人民法院出版社2021年版,第29页。